북한 녀자

탄생과 굴절의 70년사

KB179234

* 이 저서는 2012년 정부(교육부)의 재원으로 한국연구재단의 지원을 받아 수행된
연구임(NRF-2012S1A6A4021438).

북한 녀자

탄생과 굴절의 70년사

앨피

한반도의 또 다른 반쪽
그들이 꿈꾸는 세상

사회에서 탈북 여성을 만나면 두 번 놀라게 된다. 한 번은 강한 자기주장과 억척같은 생활력에, 또 한 번은 가정이나 지역으로 돌아갔을 때 보이는 그 순종적인 모습에 말이다. 일할 때에는 억척스럽고, 남편이나 국가 앞에서는 순종적인 모순된 태도의 연원은 어디일까? 북한 여성들은 대체 어떠한 삶을 살아왔기에 오늘날과 같은 역설적인 존재가 되었을까? 이 글은 한반도에 거주하는 우리의 또 다른 반쪽에 대한, 오래됐으나 아무도 속 시원히 답해 주지 않은 의문에서 출발했다.

이 의문을 풀기 위해서는 다음의 몇 가지 질문을 먼저 던져야 했다. 1945년 해방 이후 70년간 한반도의 거대한 역사적 전환 과정에서 북한 체제와 젠더는 어떤 변화를 거쳤는가? 둘의 관계는 어떠했는가? 사회주의적 근대화를 추구한 북한 권력이 한반도 북쪽에 구축한 생활 세계와 성 역할은 무엇이었는가? 권력−여성−남성이라는 성주체들이 상호작용하며 펼쳐 보인 젠더 시스템gender system은 어떻게 어떻게 구축되고 작동했는가? 이 책이 답하려는 물음들이다.

기존 북한 사회 및 젠더 관련 연구는 '수령제'라는 북한 정권의 성격에 짓눌려 정권의 여성정책 및 담론 분석에 치중된 감이 없지 않다. 사회와 가정 두 공간에서 이중노동을 수행하지만 그 정치사회적 지위는 낮은 북한 여성을 '피동적 희생자'로 인식하는 권력의 가부장제 관련 연구에 집중된 탓이다. 이러한 접근은 남성과 구별되는 여성의 희생 및 피해를 보여 주는 데 효과적이나, 생물학적 차이Sex를 차별로 만드는 국가권력의 위계 시스템 분석과 이를 극복하려는 양성평등의 젠더Gender 시각으로는 확장되지 못하는 한계가 있다.

북한 권력이 여성에게 가하는 가부장적 통제에 초점을 맞춘 연구들은 권위주의적 국가권력이 '성性의 불평등한 배치'로 여성 권리를 제약하는, 권력의 성불평등한 지배 방식과 여성들의 고통 등을 드러내는 데는 유의미하다. 그러나 권력층의 시각으로 행위자를 인식하면서 역사의 주체인 인간의 의식과 행위 발전을 간과하게 되어, 종국에는 '오늘을 살아가며 내일을 꿈꾸는' 여성 세계를 절대권력에 의해 실종된 것으로 인식되게 된다. 이 같은 접근은 국가권력이 여성에게 가하는 작용만을 보여 줄 뿐이기 때문에, 사회적 위기 국면에서 사회변동의 첨병 역할을 한 여성 세계를 사장시킬 위험이 있다. 그 결과, '사람이 없는 사람 이야기' '가부장 권력의 인식으로만 본 여성 이야기'가 탄생하게 되는 것이다.

기존 북한 연구들이 가부장적 사회문화에 근거하여 여성 문제를 주제별로 다루었다면, 이 글은 1945년 해방 이후 당–국가 체제 수립부터 전쟁, 산업화, 그리고 1990년대 중반 이후 선군정치·시장화·3대 세습이 이루어진 현재까지 북한 젠더 시스템의 역사를 다룬다. 한편으로는 북한의 사회주의적 근대 및 젠더 전략이 시대의 변화에 따라 달라지는 통시적通時的 역사를 다루고, 다른 한편으로는 해방, 전쟁, 산업화, 시장화, 선군정치, 3대

세습이란 각 시대 공간에서 펼쳐지는 공시적共時的 역사를 서술한다.

총 4부 10장과 에필로그에서 다루는 주요 내용은 다음과 같다.

제1부 사회주의적 근대와 젠더 전략은 북한 젠더 시스템의 접근 시각과 함께 지난 70년을 통시적으로 해석할 수 있는 성性의 정치를 다룬다. 1장은 가부장제 분석을 넘어서는 이론과 방법론을 소개한다. 이론적 자원은 젠더 시스템, 사회주의적 근대, 생산과 재생산의 노동 가치를, 방법론적 자원은 권력과 주체의 상호작용, 전통과 근대의 접목 및 갈등, 일상생활의 역사를 키워드로 한다. 2장은 성의 정치다. 민족주의, 여성의 이중역할론, 군사주의가 어떠한 역사적 맥락에서 형성되고 실행되는지를 규명한다.

제2부 해방과 전쟁의 스펙터클은 1945~1953년간 전개된 북한 권력과 젠더의 연계 동학을 밝힌다. 3장 체제 수립과 젠더 형성은 사회주의적 근대 권력이 북한 체제를 수립하는 과정에서 어떠한 젠더 모델이 형성되었는지를 살펴본다. 4장 전시 체계와 젠더, 그리고 가국家國 일체화에서는 먼저 한국전쟁 시기 북한의 총동원 체계 및 전시경제 체계를 후방과 젠더의 시각에서 규명하며 전시 여성의 노동 세계를 밝힌다. 그리고 북한 여성들의 헌신성이 어떠한 역사 과정에서 내면화되었는지를 다룬다. 이를 통해 체제 수립 초기 북한 정권이 제시한 양성평등 정책이 1단계 굴절하게 된 역사를 드러낸다.

제3부 산업화와 젠더 위계 제도화는 1954~1994년간 작동된 북한의 젠더 시스템을 다룬다. 한국전쟁 이후 전후 복구 과정에서부터 본격화된 북한의 사회주의적 산업화 역사와 그 과정에서 제도화된 젠더 위계를 규명하는 것이다. 5장 젠더화된 산업과 노동에서는 북한의 공장·기업소를 중심으로 생산 및 노동 영역에서 위계화된 젠더를 살펴본다. 6장 생활 세계의 침식과 갈등에서는 급속한 산업화를 추진한 권력에 의해 일상의 영역이 어

떻게 침식되었는지, 어떠한 혼란과 갈등이 전개되었는지를 밝힌다. 7장 젠더 위계와 정체성에서는 북한의 산업화 과정에서 초기 양성평등 정책이 어떻게 변형되었는지, 북한 정권이 규율한 '여성의 혁명화와 노동계급화'는 북한 여성에게 어떻게 작용하였는지, 이 과정에서 구성된 북한 여성의 정체성은 무엇인지 등을 밝힌다. 그리하여 북한식 산업화 시기 초기 양성평등 정책이 2단계 굴절하게 된 역사와 구조를 밝힌다.

제4부 시장/선군/세습, 변화하는 젠더에서는 1994년 김일성 사망과 고난의 행군으로 상징되는 북한 체제의 생존 위기 및 시장화를 배경으로, 1995년 이후 현재까지 북한 권력과 여성이 상호작용하며 역동적으로 드러난 북한 젠더 시스템의 변형을 다룬다. 8장 사회변동기 시장과 젠더에서는 북한의 시장이 경제난 이후 인민 생존과 사회 균열 공간으로 변화한 현실과 시장화의 주체인 북한 여성을 다룬다. 그리고 선군시대 정권의 젠더 전략과 함께 북한 여성이 어떻게 시장의 주체로 성장했는지를 살펴본다. 9장 아래로부터의 젠더 전략은 경제 위기와 시장경제 발전 과정에서 드러난 북한 여성의 생존 전략과 발전 전략을 고찰한다. 10장 김정은 정권의 젠더 프레임에서는 3대 세습 정권이 보이고 있는 전통적 젠더 모델의 고수와 현대적 정비 양상을 밝히며 김정은 시대 젠더 시스템의 변형을 규명한다.

결론을 대신하여: 순환하지 못하는 닫힌 시스템의 비극에서는 현재적 의미에서 분단 70년의 북한 젠더 시스템을 총평하는 세 가지 주제를 다룬다.

첫째, 70년의 지속과 변화이다. 먼저 분단 70년간 북한 젠더 시스템의 역사를 통시적으로 분석하며, 크게 김일성 시대와 김정일·김정은 시대를 비교하여 그 지속성과 변화를 규명한다.

둘째, 한국전쟁의 현재적 의미다. 현재까지 북한에 군사주의적 젠더 시스템이 지속되는 주 요인인 한국전쟁의 현재적 의미를 젠더 시각에서 밝힌다.

셋째, 김정은 시대 젠더 시스템이다. 김정은 시대 북한의 젠더 시스템을 구성하는 권력-남성-여성이라는 3대 젠더 주체들의 변화상을 드러낸다. 이를 통해 '북한식 사회주의 체제'의 좌절된 혁명사와 함께, 초기 양성평등 정책의 굴절 및 변형 과정을 성찰해 본다. 그리고 현재까지 25년 넘게 지속되는 북한의 경제 위기·선군정치·시장화 과정에서, 북한 여성이 생계를 책임지는 주체이자 북한 사회 변화의 주체로 부상하게 된 역사를 밝힌다.

필자의 박사학위논문을 출발점으로 삼은 이 책에는, 지난 15년 이상 필자가 연구한 내용과 성과가 녹아 있다. 이 책이 나오기까지 도움을 주신 성균관대학교의 마인섭 교수님, 통일연구원 동료들, 그리고 사랑하는 나의 가족과 출판사에 감사를 드린다. 이 책이 '자유로운 인간들의 공동체'가 실현되는 한반도 민주통일에 미력이나마 기여하기를 바랄 뿐이다.

2017년 3월

지은이

차례

■ **표목차**

제1부

사회주의적 근대와
젠더 전략

1장

가부장제를 넘어

" 가부장제 시각에 바탕한 북한 여성 연구는 대안적 모색이 보이지 않으며 답답하고 지리하게 지탱되는 듯한 북한 사회의 정체적 이미지를 부각한다. 무엇보다 생산과 재생산을 분리하여 여성 노동과 생활 세계를 협소하게 바라볼 뿐 아니라 젠더에 대한 총체적 인식을 가로막는다. 이러한 분리 인식은 여성의 능동적인 삶과 노동 세계를 왜곡할 수 있다. "

북한, 북한 여성을 바라보는 시선

1945년 이래 현재까지 북한의 젠더와 그 시스템을 다룬 체계적 저서는 없다. 이 주제를 북한 여성 연구를 중심으로 부분적으로 다룬 연구들은 크게 두 방향이다. 하나는 북한 여성의 사회적·법적 지위 및 정책을 연구한 것이고, 다른 하나는 북한의 가족 및 여성 생활에 관한 연구이다. 이 연구 중 상당수는 직간접적으로 성性 대립 인식에 따라 북한 사회를 가부장제 사회주의로 인식한다. 남성－지배, 여성－예속이라는 성 대립적 사회 분석법인 가부장제론은 여성 현실을 단면적으로는 설명할 수 있으나, 한 사회의 작동 메커니즘과 변화를 설명하지는 못한다.[1]

　이 연구 경향들은 전근대적 성별 위계 또는 유교 전통으로 북한 사회를 해석하기 때문에 전 시대와 다른 북한 체제와 젠더 특징은 발견하기 어렵게 한다. 또한 체제 변화와 성 역할의 관계, 그리고 변화하는 생활 세계 및

1　실비아 월비 지음, 유희정 옮김, 《가부장제 이론》, 이화여자대학교출판부, 1998, 7쪽.

주체들을 해석하지 못한다. 무엇보다 아직까지 북한 여성 연구는 전체적인 북한 연구 및 한국 여성사 연구에 비해서도 분석 수준이 초보적이다. 즉, 체계적으로 발전하지 못하였고 다음과 같은 특징 및 문제점을 보인다.

첫째, 성별 대립 구조에 따른 가부장제론에 기초하여 북한 사회를 인식한다. 이 관점은 북한 체제의 역사적 변화와 운영 메커니즘을 파악하지 못하는 약점이 있다.

둘째, 북한 사회에 총체적으로 접근하지 못하고 경제생활, 정치 참여, 법제도, 생활 실태 등 부분적으로 접근하는 파편적 연구 경향이다. 이러한 연구들은 북한이라는 연구 대상에 대한 총체적 인식을 드러내지 못한다.

셋째, 한 사회의 물질적 부와 생산양식을 살펴볼 수 있는 '생산'에 대한 고려 없이 '사회적 재생산', 특히 가족 구조나 양육에 한정된 주제에 착목하는 불균형적 연구 경향이다.

넷째, 북한 주민들의 생활 세계와 노동 세계를 역사적 맥락에서 분석하는 연구가 부재하다. 즉, 북한의 현재를 살펴볼 수 있는 역사의식이 드러나지 않는다.

다섯째, 연구 대상에 대한 전반적 고찰 없이 북한 이탈 주민들의 증언에 과도하게 의존함으로써 자칫 분석이 아닌 수기 정리의 성격을 드러낸다. 따라서 사실 여부에 대한 검증 과정이 부족하다.

여섯째, 북한의 광범위한 일차 문헌 분석을 동시에 고찰하는 비판적 독해 과정이 제대로 이루어지지 않는다.

실제로 북한 여성 및 생활에 대한 우리의 연구 대부분이 북한을 가부장제 사회로 규정하고, 성世 구분에 기초하여 북한 사회를 정태적으로 인식하는 경향을 보인다. 급진적 페미니즘 세계관에서 유래된 성별에 따른 사회 분석법인 가부장제 이론은 단면적 현상을 설명하는 데 강점이 있다. 그러나 한 사회의 작동 메커니즘과 변화를 제대로 분석하지 못하는 몰역사성의 한계를 지니고 있다.

사회주의와 가부장제

북한 사회를 비롯한 20세기에 존재했던 현실 사회주의에서 각 영역의 권력자 다수가 남성이었으며, 사회적 지위와 승계에 남녀차별이 존재한 것이 사실이다. 그러나 남성이 여성을 지배하는 구조로 사회가 유지된다는 급진적 페미니즘의 가부장제家父長制 인식은 현실 사회주의의 작동 원리를 시스템 수준에서 총체적으로 해석하는 데 한계가 있다. 이러한 인식으로는 전前 시대와 다른, 그리고 남한 사회와도 다른 북한 사회를 설명하기 어렵다. 무엇보다, 가부장성이 하나의 제도로 작동하는 것과 시스템으로서의 가부장제는 다르다. 가부장제는 문자 그대로 아버지의 지배를 뜻한다. 이때 아버지는 남성이 아니라 사회를 차등하게 지배하며 충성과 복종을 요구하는 권력자이다. 그러므로 권력자를 남성으로 한정할 수 없다.

물론 개별 남성이 상대적으로 높은 사회적 지위와 남성 주류의 사회문화를 이용해 사회와 가정에서 여성에게 직간접적으로 충성과 복종을 요구하는 것이 사실이다. 그러나 모든 남성이 사회를 지배하는 권력자는 아니며, 모든 여성이 남성에게 지배받고 충성하는 것도 아니다. 그러므로 한 사회의 가부장성을 성별 분리의식에 따른 여성에 대한 남성 지배 제도로만 인식해선 안 된다. 오히려 가부장성은 한 사회에 존재하는 물리적이며 제도적인 힘을 가지고 있거나 가지려는 세력에 의한 '위계적 권위 질서'로 인식해야 한다. 이런 의미에서 이 글은 가부장제를 시스템 개념으로 인식하지 않으며, 오히려 여러 다른 성격과 맞물려 있는 하나의 특징이자 제도로 파악한다. 즉, 북한 가부장성의 핵심은 '사회적 위계 제도'이다.

코르나이Janos Kornai에 의하면 스탈린주의에 기초한 고전적 사회주의에서 가부장제는 권력의 자기 정당화 기제이다. 당과 국가 관료 체제는 인민들에게 은혜를 베풀고, 구성원은 그 은혜에 복종하는 구조를 강제한다. 고전적 사회주의의 중앙집권화 및 관료 조직은 최고 지도자를 중심으로 아버지의 역할을 수행하며 자식에 대한 권위와 위계를 지배 이데올로기로 정당화한다. 코르나이는 스탈린식 사회주의 시스템에서 가부장제의 근원을 칸트 철학에서 추론한다. 미성숙한 아이들은 무엇이 이롭고 해로운지를 스스로 판단할 수 없기에, 성숙한 아버지가 무엇이 행복인지 어떻게 행동해야 하는지를 가르치고 돌봐 주어야 한다는 것이다. 현실 사회주의에서 성숙한 아버지는 관료 조직이 되었고, 인민은 미성숙한 아이가 되었다는 주장이다.[2] 이러한 위계 의식에 기초한 가부장의 역할은 사회 구성원을 규율한다는 점에서 관료 조직에게 이데올로기적 정당화를 부여한다.[3]

코르나이는 스탈린식 사회주의 시스템에서 국가계획위원회와 개별 공장의 관계, 공장과 공장 간의 관계, 그리고 공장 내에서 지배인과 당단체 또는 지배인과 노동자의 관계를 가부장적 조정 메커니즘Coordination Mechanism 개념으로 설명한다. 조정 메커니즘은 상급 기관과 하급 기관의 가부장적 권위 및 안면 관계를 중시한다.[4] 이 특성은 왈더Andrew. G. Walder의 연구에서도

---

2 이러한 사고는 레닌의 전위론에도 그대로 드러나고 있다. 즉, 먼저 진리를 깨달은 전위가 대중을 지도하고 올바름으로 이끌어야 한다는 인식이다.

3 Janos Kornai, *The Socialist System: The Political Economy of Communism*, Princeton : Princeton Unive. Press, 1992, pp. 56-57.

4 코르나이는 '고전적 사회주의' 스탈린적 사회주의 체제에서 나타나는 조정 메커니즘을 5가지로 구분하였다. 첫째, 관료적 조정이다. 조정하는 개인이나 집단과 조정되는 개인이나 집단 간에 이루어지는 수직적 연계인 명령에 복종하는 조정이다. 둘째, 시장적 조정이다. 이는 참여자 간의 관계이다. 구매자와 판매자는 법적으로는 평등한 수평적 관계이다. 셋째, 자기통제적 조정이다. 구성원들의 투표와 집합적인 결정으로 이루어지는 조정이다. 넷째, 윤리적 조정이다. 우정이나 동료의식, 연대, 공동체의식, 정중함과 에티켓 등으로 나타나는 조정이다. 그 대가가 돈이나 물질적 상품이든, 행위나 의사소통이든 간에 정신적인 것이다. 다섯째, 가족적 조정이다. 가족 관계에 익

나타난다. 왈더는 '신전통주의' 개념으로 개혁 이전 중국 사회주의의 권위적 성격을 분석하였다. 정치적 충성이 출세의 기회와 특별한 분배, 그리고 여러 보상 체계와 맞물리면서 순종을 이끌어 내는 실질적 인센티브를 제공하고 있다는 논리다. 즉, 후견-피후견Patron-Client 관계망의 제도화이다. 이 위계적 권위는 첫째, 각종 사회집단과 공장에서의 사회관계, 둘째, 이 관계가 유지되는 윤리와 도덕, 셋째, 권력체의 이데올로기적 요구, 넷째, 상위 구성원과 하위 구성원 간의 수혜give and take 관계로 드러난다.[5]

가부장제 젠더 분석의 한계

한 사회의 위계적이며 권위주의적 성격을 성별 대립에 초점을 맞추어 분석하는 급진적 페미니즘은, 이를 사회 분석의 보편적 기준으로 삼아 가부장제 이론을 완성했다. 급진적 페미니즘은 성 불평등을 분석하면서 사회구조의 대립 지점을 남성과 여성으로 분류하며, 지배 집단으로서 남성과 피지배 집단으로서 여성을 대립선상에 놓는다. 즉, 남성이 여성을 지배하며 여성의 예속과 지배를 통하여 불평등의 수혜자가 된다는 것이다. 이 논리

해 결속되는 조정이다. 이 중에서 북한 사회와 가장 관계가 깊은 조정 메커니즘은 관료적 조정과 윤리적 조정이다. 이러한 사회 특징이 여성의 삶과 가장 관련 깊은 것은 가족적 조정이다. Janos Kornai, ibid., pp. 91-108.

5 이러한 사회 특징을 중국의 공장을 중심으로 연구한 왈더는 다음과 같은 제도적 문화의 특징을 강조한다. 첫째, 당 조직과 공장 관리자를 충성스런 혁신적 노동자들과 연계시켜 주는 후견-피후견의 관계망이다. 둘째, 이러한 관계망은 개인적 관계가 아니라 공식적인 조직 관계의 한 부분으로 이 관계망을 통해 당 충원과 지도 실행이 이루어진다. 셋째, 이 관계는 수직적이며 제도화되었기에 안정적이며 상호 이익의 교환이 이루어진다. 넷째, 그 관계는 위로부터 창출되며 공식·비공식적 측면과 인격·비인격적 특징을 모두 갖는다. Andrew. G. Walder, *Communist Neo-Traditionalism: Work and Authority in Chinese Industry*, Berkeley · Los Aneles · London: Univ. of California Press, 1986, pp. 1-27.

는 가부장제 또는 부권제父權制라는 지배 체제를 상정한다. 급진적 페미니스트들은 기존 사회과학에서 소홀히 하였던 개인 생활 문제에 착목하여, 가사노동의 주체와 양상 또는 가정이나 남녀 간 관계에서 누가 대화를 주도하고 대화를 차단하는가 등의 문제를 주목하며 인간 삶 속에서의 남성 지배를 드러냈다. 이들은 케이트 밀레트Kate Millett가 제기한 '개인적인 것이 정치적인 것'이라는 표어로 현대 여성운동의 주류를 형성하였다.[6]

대표적 이론가로는 케이트 밀레트1970, 브라운 밀러Brownmiller, 1976, 파이어스톤Firestone, 1974, 리치Rich, 1980 등이 있다. 이들은 한 사회의 성적 관행이 남성에 의해 사회적으로 구성되며, 남성이 여성에게 자신들의 이해에 맞는 여성성을 강요한다고 주장한다. 또한 여성에 대한 남성의 폭력 문제에 주목하여, 강간과 구타는 심리적으로 문제가 있는 소수 남성들의 문제가 아니라 남성이 여성을 지배하는 일반적 도구라고 말한다. 이 주장에 대한 일반적 비판은 본질주의 경향, 생물학적 환원론 경향, 역사 변화에 대한 몰이해성, 그리고 민족이나 계급에 따른 여성 간의 차이를 제대로 설명하지 못한다는 것이다.[7]

남성 중심의 불평등한 사회가 만들어 내는 여성의 희생과 고통에 착목한 이들은 남성을 적으로 간주하며 경쟁하였다. 이러한 경쟁과 대립 과정에서 소위 '남성문화'라고 일컬어지는 호전성과 전투성, 폐쇄성을 가지게 되

---

6 급진적 페미니즘의 대모로 페미니즘 운동을 주도한 케이트 밀레트는 1970년 탈고한《성의 정치학Sexual Politics》을 통해 정치는 권력 구조적 제 관계라고 정의하고, 남성이 여성을 지배하는 구조를 성과 정치의 연관성으로 파악하였다. 케이트 밀레트 지음, 정의숙·조정호 옮김,《성의 정치학 上》, 현대사상사, 2003, 50쪽. 그리고 나치 국가를 예로 들며 부권제의 남성 우위적 성격은 정치·경제적이라기보다는 오히려 기질적이라고 주장한다. 부족大族적 분위기 속에서 여성 억압을 기반으로 구축한 구조가 권위주의와 맹목적 애국주의, 그리고 군국주의 등 감정의 기제로 활용되었다는 것이다. 케이트 밀레트 지음, 정의숙·조정호 옮김,《성의 정치학 下》, 현대사상사, 2003, 333쪽.

7 실비아 월비 지음, 유희정 옮김,《가부장제 이론》, 이화여자대학교출판부, 1998, 17쪽.

었다. 이들의 주장은 남성 지배, 여성 억압이라는 이분법적 사고에 따른 논리적 오류 이외에 다음과 같은 문제점을 노정하였다. 첫째, 여성의 피해의식을 강화하고, 둘째, 노동여성의 존립 근거인 생산양식으로부터 노동 주체를 분리시켰으며, 셋째, 여성에 의한 권력 행사가 지배라는 권력의 본질을 근본적으로 변화시키지 못하는 현실을 부차화하였다. 역사적으로 지배자로서 권력을 행사했던 소수 여성들은 종종 남성 지배자들보다 더 보수적이며 노동 억압적인 권력을 행사하였다.

　물론 급진적 페미니스트들이 한 사회를 '가부장제[8]'라고 부르는 것에는 중요한 현실적 이유가 있다. 전체 사회를 볼 때 여성은 남성보다 적은 노동의 대가를 받고 승진 기회 또한 적다. 뿐만 아니라 열등한 직업을 가지면서 이중노동에 힘겨워하며 곳곳에서 강간 및 구타를 당하고 있다. 정치기구, 정당, 노조 등은 남성에 의해 지배되고 있으며 여성은 이들 남성에 의해 그리고 자기 자신에 의해 비하되기도 한다.[9] 이는 분명 한 사회의 남성 중심적인 가부장성이라고 칭할 수 있다. 즉, 한 사회를 지배하는 힘이 배타적으로 남성에 의해 주도되고, 국가 행위는 성차별적인 효과를 지니며, 국가의

---

8 성차별에 관한 페미니즘의 핵심적 쟁점 중 하나인 가부장제patriarchal practices와 관련하여 월비가 구분하는 6개의 구조는 가부장적 생산양식, 남성 폭력, 성성sexuality에서 가부장적 관계들, 문화제도 내에서의 가부장적 관계들로 구성되며, 서로 상호작용하고 인과적 관계를 가지면서도 자율적이라고 전제된다. 구체적으로 살펴보면 첫째, 가구 내 가부장적 생산관계는 여성의 가사노동에 대한 동거 남성의 전유 관계를 의미하며, 둘째, 유급노동 내 가부장적 관계는 노동시장에서의 여성에 대한 가부장적 배제 혹은 분리를 지칭하고, 셋째, 국가는 사회 세력의 대립장으로서 정책과 행위를 통해 가부장제 이해에 봉사하며, 넷째, 남성 폭력은 여성이 일상적으로 남성에 대해 경험하는 행동 및 그 효과를 지칭한다. 다섯째, 섹슈얼리티는 강제적 이성애 규범 및 이중적 성 규범을 핵심으로 하며, 여섯째, 문화제도들은 종교, 교육, 미디어 등의 무대에서 성별 분화된 다양한 형태의 주체성을 구성하고, 가부장적 여성에 대한 표상을 창조하는 제도들을 포함한다. 실비아 월비 지음, 유희정 옮김, 같은 책, 이화여자대학교출판부, 1998.
9 앤 쇼우스틱 싸쑨 지음, 한국여성개발원 편,《여성과 국가 : 국가정책과 여성의 공·사영역의 변화》, 한국여성개발원, 1989, 90쪽.

구조는 고도로 성별화되었다는 주장이다.[10]

그러나 급진주의 페미니즘 이론가들이 자칫 간과하는 것은 성기性器 차이에 기초한 생물학적 차이는 단순히 차이일 뿐, 그 자체로 사회적 차별이 될 수 없다는 사실이다. 즉, 성기의 차이와 인구 재생산 능력에 근거한 성별 분업은 공동체의 유지 및 재생산을 위한 역할 차이로 볼 수 있으며 그 자체만으로 어떤 차별을 의미하는 것이 아니다. 차별은 권력 구조가 작동하는 사회적 용어이다. 따라서 남녀 간의 생물학적 차이를 차별로 만드는 원인은 사회구조이자 권력의 작동 메커니즘이다. 여성 차별의 원인이 생물학적 차이 그 자체일 수는 없다.

또한 급진적 페미니즘 이론가들이 종종 제기하는 물리적 힘의 차이에 따른 남성 지배는 논리적으로도 모순이다. 왜냐하면 물리적 힘의 차이에 따른 사회 지배를 설명하려면 아동과 노인, 장애인에 대한 육체적으로 건강한 성인의 지배도 설명되어야만 한다. 결론적으로 성기와 인구 재생산 능력에 기초한 성별 분업이나 물리적 힘에 기초한 역할 분담은 차이일 뿐이지 그 자체가 한 사회의 지배구조를 설명하는 절대적 변수가 될 수 없다. 문제는 이 차이를 차별로 제도화한 정치사회적 구조이자 권력의 체계이다.

하나의 예로 재생산 노동의 공간인 가정을 살펴보자. 저면Lindsey German의 연구에 따르면, 가족 결속력은 배타적이고 억압적인 환경 속에서 노동자들과 노동할 수 없는 사람들의 욕구를 충족시킬 최선의 방법을 찾으려는 노동계급의 이해를 반영한 것이다. 친족적 유대는 불안정한 사회 환경에서 권력에 의존하지 않고 구성원을 부양할 수 있는 주된 원천이 되었다. 이 관점에서 볼 때 적어도 노동계급의 가족은 정치권력에 대항하는 일종의 방어기

---

10 실비아 월비 지음, 유희정 옮김, 《가부장제 이론》, 226쪽.

제인 셈이다. 저먼의 주장에 따르면, 가족의 결속력을 가부장제라는 분석 틀로 접근하며 권력 및 남성 일반의 '가부장적 공모'를 주장하는 논리는, 여성을 속기 쉬운 지적으로 열등한 인종으로 인식하게 하거나 여성에게 수동적인 희생자의 역할을 떠맡긴다. 이렇게 볼 때 사회의 일차적 모순을 남성 지배로 보는 관점은 여성을 역사의 주체가 아닌 객체로 파악하는 것이다. 결과적으로 역설적이게도 여성을 가부장적으로 모욕하는 것이 된다.[11]

북한 여성이라는 모순된 존재

사회주의는 탐욕을 자기 증식하는 자본주의의 병폐적 근대성을 극복하려는 하나의 기획이었다. 그러나 냉전 체제 하에서 지구적 생산력과 권력을 주도하던 자본주의는 현실 사회주의의 극복 대상이 아닌 따라잡아야 하는 경쟁 대상이 되었다. 현실 사회주의는 자본주의의 생산력을 따라잡아 체제의 우월성을 확보하기 위해 자본주의와 경쟁하고 갈등하면서 자본주의를 모방하였다. 이러한 모방은 동시대성이라는 물리적 힘에 의해서도 이루어졌다. 이와 유사하게 급진적 페미니즘도 남성 중심의 병폐적 사회문제를 없애고, 보편적 인권에 기초한 공존과 평화의 질서를 소망하며 출발하였다. 그러나 체제를 운영하는 대부분이 남성인 사회구조 하에서 페미니스트들에게 남성은 경쟁의 대상이 되었다. 사회 모든 공간의 권력을 주도하는 남성과의 경쟁 및 갈등 과정에서 급진적 페미니스트들은 소위 '남성문화'라고 일컬어지는 호전성과 전투성, 그리고 폐쇄성을 습득하고 모방하게 되었다. 이 경향은 북한 사회주의를 연구하는 연구자들에게서도 드러난다. 연구

---

11 린지 저먼 지음, 장경선 옮김,《성·계급·사회주의》, 책갈피, 2003, 59~60쪽.

대상으로서 북한에 대한 묘사·해석·예측을 보면 북한 사회의 폐쇄적인 특징을 고스란히 드러내는 경우를 종종 발견한다. 특히 북한 여성 연구의 가부장제 시각은 대안적 모색이 보이지 않으며 답답하고 지리하게 지탱되는 듯한 북한 사회의 정체적 이미지를 부각한다. 즉, 생활 세계를 중심으로 생존의 위기를 극복하며 발전하고 있는 북한 여성들의 변화와 역동성을 읽어 내지 못하는 것이다. 무엇보다 가부장제 사회체제론의 가장 큰 문제점은, 생산과 재생산을 분리하여 여성 노동과 생활 세계를 협소하게 바라볼 뿐 아니라 젠더에 대한 총체적 인식을 가로막는 데 있다. 이러한 분리 인식은 여성의 능동적인 삶과 노동 세계를 왜곡할 수 있다.

1990년대 이래 국가가 국민들의 생존을 책임지지 못하는 20년 이상의 역사를 경유하며, 현재 북한 사회는 아래로부터 통치 질서가 서서히 해체되고 시장화와 함께 변화하는 주체들이 사회를 이끌어 나가고 있다. 그러나 위로부터는 3대 세습의 김정은 정권이 상징하듯 여전히 수령독재 체제와 양성 불평등한 젠더 규범이 강제되고 있다. 한 사회에 이렇듯 이질적 상황이 공존할 수 있는 이유는 무엇인가? 높은 비율의 여성 생산 활동 참여와 권위주의적 남성문화, 그리고 경제난 속에서 가족을 중심으로 주민 생존을 책임지고 있는 북한 여성, 이렇듯 상호 이질적인 북한 체제와 젠더 특징을 어떻게 해석해야 하는가?

이를 총체적으로 이해하려면 1945년 해방 이후 현재까지 북한 체제와 젠더의 70년 역사를 공시적 축과 통시적 축, 두 측면에서 모두 살펴야 한다. 이때 중요한 것은, 주체사상과 가부장제로 인한 종속적 희생자이며 피해자로서 북한 여성이 겪는 고난에만 초점을 맞춰서는 안 된다는 점이다. 양성 평등 및 젠더의 시각에서 권력이 남성과 여성의 사회적 성 역할을 만들어 내고 이를 제도화한 사회주의적 근대의 전략 및 젠더 전략, 그리고 그 역사와 함께 북한식 사회주의 혁명이 좌절해 가는 굴절과 변형의 역사 속에서,

경제난 이후 아래로부터 능동적인 위기 극복 주체로 떠오르게 된 여성의 역사를 드러내야만 북한 여성의 노동과 삶을 왜곡 없이 응시할 수 있다.

정치·사회·경제적 젠더, 젠더 시스템

이 글의 이론적 자원은 크게 정치사회학과 정치경제학의 연구 영역을 포괄한다. 정치사회학은 기본적으로 정치학과 사회학 간의 학제적 영역이며, 정치경제학은 정치학과 경제학 간의 학제적 영역이다. 현대 정치사회학은 구체적으로 사회와 정치의 연계 관계를 연구하며, 사회와 다양한 사회집단이 어떻게 정치에 영향을 미치고 또 정치는 그것들에 어떤 영향을 미치는지를 탐구한다. 특히 정치사회학은 모든 분석 수준의 권력과 권력 구조를 연구한다.[12]

한편 정치경제학은 정치로 대표되는 상부구조와 경제로 대표되는 하부구조의 권력 양상과 그 원인이자 결과로 드러나는 다양한 정책과 제도 및 관계 등을 연구하며, 한 국가와 사회 차원에서 정치와 경제의 상호 관계성이 어떤 영향을 미치는지 등에 관심을 기울인다. 또한 현대 정치경제학은 정치사회학의 한 범주로도 해석되어 사회경제적 체계 전체를 다루는 이론의 일부를 의미하기도 한다. 정치사회학이 정치학 이외에 정치경제학, 정치인류학, 정치심리학과 연관[13]되어 있고, 정치의 범위와 내용이 방대하기 때

---

12 게오르게 A. 쿠르베타리스 지음, 박형신 외 옮김,《정치사회학》, 일신사, 2003, 21~22쪽.

13 정치심리학은 정치사회화, 정치적 태도, 감정, 의미와 같은 관념을 가지고 정치적 행동의 주관적 차원을 다룬다. 정치인류학은 서로 다른 전통 사회에서 정치적 행동을 유도한 메커니즘을 주목한다. 그러므로 전 사회의 규범, 가치, 관습 등과 같은 문화적 요소 간의 관계뿐 아니라 그것들이 사회권력 구조에 미치는 영향까지 다룬다. 특히 영웅이 아닌 일상인의 정치사를 주목한다. 게오르게 A. 쿠르베타리스 지음, 박형신 외 옮김, 같은 책, 24~26쪽.

문이다.

한 국가 및 사회의 구조와 제도, 정책과 행위 등을 살펴보기 위해서는 다양한 요소를 분석할 필요가 있다. 특히 행위자인 북한의 권력·여성·남성의 3대 성性 주체를 중심에 놓고 이를 둘러싼 물질적 배경과 의식적 행위·태도까지를 연구 범주로 하는 이 글은 정치·사회·경제·역사·심리적 접근이 연계되어야 한다. 그래야만 갈수록 상호의존성이 높아지는 정치와 생활 세계를 행위자의 입장에서 총체적으로 살펴볼 수 있고, 역동적인 북한의 정치사회와 여성을 드러낼 수 있기 때문이다.

그러므로 이 글에서는 정치사회학과 정치경제학의 범주를 통합 및 재구성하여, 북한의 사회주의적 근대의 규율권력과 여성 주체의 역사적 작동 원리 및 특성을 규명하는 데 필요한 이론적 자원으로서 젠더 시스템, 사회주의적 근대, 그리고 생산과 재생산의 노동 가치 동질성을 활용한다.

'젠더gender'란 생물학적 성sex과 달리 정치사회적 제도 및 권력 구조에 의해 구성 또는 재구성된 '사회적 성'을 지칭하는 개념이며, '젠더 시스템gender system'이란 "한 사회가 생물학적인 섹슈얼리티를 인간 활동의 산물로 변형시키는 데 사용하는 제도의 집합"[14]이다. 성적 구별에 따른 체제 운영 방식이자 작동 원리이며, 한 사회에서 성 규범과 성 역할이 이루어지는 젠더 체계를 지칭한다.

시스템system은 대개 체계로 번역되는 데 사전적 의미로는, 물질 체계를 구성하는 다양한 물질적 조직·기구·사물·과정 등과 관념 체계를 구성하는 의식·개념·명제 등이 일정한 조직 원리에 따라 질서 지어진 것으로, 특정한 방식이나 양식으로 서로 결합된 부분들의 총체를 의미한다. 최근 국

---

14 Gayle Rubin, The traffic in women: notes on the political economy of sex. In R. Reitner ed., *Toward an Anthropology of Women*, New York: Monthly Review Press, 1975, p. 159.

제 학술계에서 정의하고 있는 이론적 의미는, 하나의 목적을 이루기 위한 원리에 따라 조직된 "상호 연관된 요소들의 집합an interconnected set of elements"이 시스템이다.[15]

시스템 이론system theory의 기본적 인식은, 하나의 체계는 각 요소들의 단순한 집합체가 아니고 각 요소들을 초월한 추상적 총체도 아니며 상호 연관된 각각의 요소들로 구성된 통일체라고 보는 것이다. 시스템 이론에 따르면, 시스템의 성질은 각 요소들의 상호 연관으로 생겨났으나 개별 요소들의 성질과는 다르다. 즉, 세계의 현상들은 상호 연관되어 있다는 인식에 기초하여, 사회 역시 생태계와 같은 체계이며 유기적으로 역동하는 시스템으로 파악한다.

시스템 이론이 발전하면서 한 사회의 질서 규명뿐 아니라 복잡한 현상을 동태적이고 순환적인 인과관계의 시각dynamic feedback perspective에서 이해하고 해석하거나, 행위자들의 상호작용과 복잡한 적응 방식, 그리고 새로운 질서의 창발emergence 등에 주목하는 시스템 다이내믹스system dynamics와 복잡계complexity theory 등으로 발전하였다. 학문사적으로는 1980년대 이후 의사결정 과학과 심리학 연구의 발전과 연계되어 진화하면서 시스템 사고의 중요성이 대두되었다. 특히 사회학 분야에서는 파슨스의 연구 성과를 발전시키면서 정치학, 경제학, 심리학, 의사소통 이론을 연계하여 주체와 행위, 그리고 환경의 상호작용을 통한 변이 또는 진화에 주목한 사회 체계 이론가인 니클라스 루만Niklas Luhmann의 연구 성과들이 있다.[16]

---

15 Donella H. Meadows, *Thinking in Systems LONDON·STERLING*, VA: Earthscan, 2009, p. 13.

16 대표적 연구 성과물은 다음과 같다. John H. Miller and Scott E. Page, *Complex Adaptive Systems: an introduction to computational models of social life*, Princeton Univ. Press: 2007; 존 레비스 게디스 지음, 강규형 옮김, 《역사의 풍경》, 에코리브르, 2004; Parker, D. & Stacey, R. *Chaos, Management and Economics: The Implications of Non-Linear Thinking*, Institute of Economic Affairs-Hobart Paper 125, London, 1994; Donella H. Meadows, *Thinking in Systems LONDON·STERLING*, VA: Earthscan,

이 같은 시스템 이론의 성과를 주목하는 젠더 시스템 연구는 성적 차별화sexual differentiation의 구조와 의미가 권력의 축과 함께 한 사회의 핵심 조직 원리로 기능할 뿐 아니라, 그것이 젠더화된 인간 주체의 자기 정체성을 구성하는 핵심임을 밝히는 것이다. 또한 여성/남성, 여성성/남성성이 권력과 상호작용하며 어떠한 물질 체계와 관념 체계 속에서 형성·굴절·변형되는지를 다루는 것이다.[17]

일반적으로 젠더 분석은 성기性器의 다름으로 인한 생물학적 차이를 차별로 만드는 공동체의 정치·사회·경제적 구조를 밝히는 데 주력한다. 그러나 이 글에서는 이를 확장하여 한 사회에서 "여성/남성이 된다는 것은 무엇을 뜻하는가? 공간과 시간에 따라 어떻게 달라지는가? 그리고 다양한 사회 내에 있는 여성/남성들의 지위와 어떻게 연관되는가?"[18]에 대한 분석을 중시한다. 이는 여성과 남성의 역할이, 또한 남성성과 여성성에 대해 정치사회적으로 인정된 속성들이 공간과 시간을 가로질러 정의되는 다양한 방식을 주목한다. 젠더 연구는 정치사회적 상호작용을 중시하며 다양한 주체의 행위들과 장소, 그리고 젠더에 대한 사고 및 재현 방식이 서로 연관되

2009; Niklas Luhmann, John Bednarz, Dirk Baecker, *Social Systems*, Stanford University Press. 1996; 발터 리제 쉐퍼 지음, 이남복 옮김, 《리클라스 루만의 사회사상》, 백의, 2002; 니클라스 루만 지음, 박여성 옮김, 《사회체계이론 1》; 《사회체계이론 2》, 한길사, 2007.

17 북한 젠더 분석에 중요한 최근 이론적 성과는 다음과 같다. Judith Butler, *Bodies that Matter*, London: Routledge, 1993; Robert Connell, *Masculinities*, Cambridge: Polity Press, 1995; Deniz Kandiyoti, *Bargaining with patriarchy in Gender and Society 2*, 1988, 274-290; Linda McDowell, *Gender, Identity and Place: Understanding Feminist Geographies*, Cambridge: Polity Press, 1999; H. Moore, *Feminism and Anthropology*, Cambridge: Polity Press, 1988; Gayle Rubin, "The traffic in women: notes on the political economy of sex", In R. Reitner ed., *Toward an Anthropology of Women*, New York: Monthly Review Press, 1975; J. Scott, *Gender and the Politics of History*, New York: Columbia University Press, 1988; S. Walby, *Theorizing Patriarchy*, Oxford: Blackwell, 1990; S. Walby, *Gender Transformations*, London: Routledge, 1997; N. Yuval-Davis and Anthias, F. eds., *Women-Nation-State*, London: Macmillan, 1989; N. Yuval-Davis, *Gender and Nation*, London: Sage, 1997.

18 H. Moore, *Feminism and Anthropology*, Cambridge: Polity Press, 1988, p. 12.

어 있으며 상호 구성적이라는 점을 중시할 필요가 있다.[19]

사회주의적 근대

이성理性에 대한 무한한 신뢰에 기반한 현실 사회주의 실험은 실패하였으며, 실패한 현실 사회주의에서 근대의 공리公理를 발견할 수 있다. 과학·이성·합리주의라는 근대의 공리[20]는 20세기의 자본주의와 사회주의뿐 아니라 식민주의, 민족주의, 군사주의에서 공히 발견되었다.[21] 근대적 주체는 '계산 가능성'으로서 합리성[22]을 요구받았으며, 근대사회는 벤덤의 공리주의적 유토피아에서 확인될 수 있는 "악한을 갈아서 선량하게 만들고, 게으른 자를 갈아서 근면하게 만드는 맷돌"[23]이었다.

한반도에 이러한 근대는 지극히 '낯선' 현상이었으며 일상과 조화되지 못하는 이질적인 것이었다. 외부로부터 도입된 근대는 일상생활을 쉽게 파괴하지 못하였기에 진보로 간주되었고, 서구의 생산력주의와 맞물려 발전으

---

19 린다 맥도웰 지음, 여성과공간연구회 옮김, 《젠더, 정체성, 장소》, 한울, 2010, 31쪽.

20 고미숙, 《한국의 근대성, 그 기원을 찾아서》, 책세상, 2003, 152쪽.

21 푸코는 파시즘과 스탈린주의는 서구의 정치·사회제도에 내재된 특징이 연장되었을 뿐이라고 주장한다. 정당의 조직과 경찰기구의 발전, 강제노동 수용소 같은 억압 기술의 존재는 이미 자유주의 서구 사회에서 형성된 것이며, 스탈린주의와 파시즘은 그 특징을 인수했다는 것이다. 푸코는 파시즘과 스탈린주의라는 이 두 '질병' 또는 '열병'에 대해 다음과 같이 서술했다. "이것들이 우리를 그토록 당황하게 만드는 여러 이유들 가운데 하나는, 그것들의 역사적 개별성에도 불구하고 그것들은 전혀 독창적인 것이 아니라는 점이다. 파시즘과 스탈린주의는 대부분의 사회 안에 이미 들어 있던 메커니즘을 사용하고 또 그것을 확장했다. 그뿐만 아니라 그 내적 광기에도 불구하고 그것들은 대체로 우리의 정치적 합리성의 사상과 과정을 그대로 사용했다." 미셸 푸코 지음, 박정자 옮김, 《사회를 보호해야 한다》, 동문선, 1997, 316~317쪽.

22 김진균·정근식 외, 《근대주체와 식민지 규율권력》, 문화과학사, 2003, 45쪽.

23 칼 폴라니 지음, 박현수 옮김, 《거대한 변환: 우리 시대의 정치적 경제적 기원》, 민음사, 1991, 154쪽.

로 인식되었다. 그러나 전근대와 구별되는 근대의 원리를 절대적 진보라고 볼 수는 없다. 오히려 전근대가 가지고 있는 인간 삶의 통제 방식과 생활 세계의 변화, 즉 권력의 새로운 지배 방식과 생활양식을 근대라고 인식하는 것이 더 적격하다.

1894년 청일전쟁, 갑오 농민혁명, 갑오개혁 등을 필두로 한반도의 역사는 근대적 전환으로 들어섰다. 1894년에서 1910년을 근대적 계몽기라고 한다. 그러나 근대적 계몽의 실험들은 한일병합을 계기로 식민주의와 결합되었으며, 식민지 근대화는 새로운 지배 방식을 선보였다. 1930년대를 기점으로 식민지 근대화는 전쟁 준비를 위한 공장 중심 대량생산 체계로 전환하였다. 이 과정에서 시간과 행위 규칙을 절대화한 테일러주의 노동 과정이 도입되었고, 지배 권력에 의해 가족·학교·병원 등에 규율의 내면화가 추진되었다. 모든 사회 구성원들이 그들의 의지와 무관하게 일상 활동을 통해 제도의 재생산과 변화에 개입하게 되었으며, 이를 통해 지속적으로 자신을 재구성하게 되었다. 이 과정에서 식민지적 근대 주체는 시간과 행동 규율을 내면화하도록 강제되었다.[24]

그러나 일상 생활 세계의 변화는 느리고, 행위자에게 강제와 실행은 동일하지 않았다. 새로운 지배 방식은 새로운 행위자와 생활양식을 강제하지만, 행위자가 어느 날 갑자기 변화되진 않는다. 권력이 가져온 반동과 권위에 대한 두려움으로 새로운 지배 방식에 어쩔 수 없이 동조한다 해도, 생활양식의 변화는 혁명적이지 않으며 '도둑과 같이' 조용히 찾아온다. 그러므로 행위자와 생활 세계의 변화를 추적하기 위해서는 권력의 작용과 함께 드러나는 미세한 갈등들을 주목해야 한다.

20세기에 나타난 사회 체계 중 '비이성적 지배에 대항하는 이성에 대한 믿

---

24 김진균 · 정근식 외, 《근대주체와 식민지 규율권력》, 23~27쪽.

음'에 기초하여 사회적 반동을 조직한 것이 사회주의였다. 그러나 "이성이라는 이름이 기승을 부릴수록, 동시에 온갖 비이성적 현상들이 난무"하였다.[25] 그럼에도 서서히 변화하는 일상의 지점들이 드러나며 '낯선 변화'들 속에서 사람들은 근대를 경험하게 되었다. 일상을 뒤흔드는 거대한 변화가 아니라 그 변화가 일으킨 미세한 갈등 과정 속에서, 행위자는 거대한 변화를 자신의 생활과 사고 체계로 구성하고 재구성한다. 비록 상위 권력과 하위 주체가 각각의 메커니즘으로 구성과 재구성을 반복한다 하더라도, 다른 한편으로 양자는 상호 관계 및 작용 속에서 구성되고 재구성되기 때문이다.

그러므로 이 글에서는 현실 사회주의의 근대화 전략을 '사회주의적 근대'로 명명한다. 현실 사회주의는 서구 자유주의 근대가 지니고 있던 과학·이성·합리주의라는 근대의 공리를 공유하며, 프롤레타리아 독재라는 권력의 중앙 집중화에 기초한 무산자無産者 계급 주도성·목적의식성·생산성·집단성이라는 전략을 추진했다.

무산자 계급 주도성은 '노동자·농민의 국가'라는 깃발을 들게 하였고, 목적의식성은 공산당의 중앙집권적 전위성과 계획의 기초가 되었다. 생산성은 생산력주의, 집단성은 대중조직화의 원리가 되었다. 이 4대 특징은 전통적 카리스마를 중심으로 한 위계적 질서와 근대적 조직 원리에 따라 구성되었다. 그리고 두 요소는 정치사회적 상황 및 조건 속에서 끊임없이 갈등하였다. 북한의 사회주의적 근대화 전략은 이처럼 전통과 근대의 접목 및 갈등을 통해 진행되었고, 북한의 생산과 재생산과정 전반에 나타났다.

근대라는 새로운 지배 방식은 구성원들에게 계산 가능한 합리성을 요구하였다. 그러나 일상의 행위자들은 지배 방식에 노출되는 순간에는 합리적으로 작용하는 듯 보여도, 강제의 속도에 비례하여 변화하진 않았다. 주체

---

25 김진균·정근식 외, 같은 책, 13쪽.

는 전제되는 것이 아니라 만들어지는 것이기 때문이다. 주체는 특정한 정치사회적 과정을 통해 구성되고 재구성된다. 따라서 주체의 구성에서 중요한 것은, 다양한 행위자가 공동체의 정치사회적 변화 과정에서 전 시대와 비교하여 '어떻게 다른 방식으로 살아가는가' '어떻게 다른 방식으로 관계 맺는가' '어떻게 다른 방식으로 말하고 행동하는가', 특히 '어떠한 갈등을 경험하는가?'이다.

근대를 받아들이고 권력과의 관계 속에서 새롭게 형성되어야 했던 주체의 측면에서, '사회주의적 근대'는 식민주의와 생산력주의가 결합된 '식민지적 근대'[26]와는 일정한 차이가 있었다. '식민지적 근대'는 외부로부터의 이질적인 상위 권력의 폭력으로 대중과의 관계에서 배타적 규율권력을 형성하였다. 식민지 시대에 도입된 근대의 공리는 두 가지 이유로 한반도 다수 구성원에게 근대적 규율을 폭넓게 내면화시키지 못했다. 하나는 조선 말기부터 형성되기 시작한 민족주의 이념이 식민주의와 배치되었기 때문이고, 또 다른 하나는 근대적 규율의 내면화에 필요한 물질적 조건인 보편적 생활수준 향상이 일제의 식민화 과정에서 제대로 실현되지 못했기 때문이다. 전자는 의식 세계의 거부로, 후자는 물질세계와의 부적응 때문이었다.

반면 '사회주의적 근대'는 권력[27]이 권력의 정당성을 다수 구성원으로부터 인정받으려 했던 관계적 규율권력이다. 비록 형식적 성격이 강하고 사회주의 규율권력이 공고화되면서 배타성이 강화되었을지언정, 사회주의적 근

26 김진균 · 정근식 외,《근대주체와 식민지 규율권력》, 23~27쪽.

27 이 글에서는 북한 사회에 존재하는 다양한 갈등의 공존과 부침, 접목 등을 중요시한다. 권력의 성격을 정태성이나 고정 불변성으로 보지 않으며, 생산과 재생산의 공간, 그리고 다양한 세력 관계 속에서 벌어지는 투쟁과 갈등, 접목에 주목한다. 미셸 푸코 지음, 박정자 옮김,《사회를 보호해야 한다》, 106~107쪽. 그리고 행위자의 입장에서 북한 사회 곳곳에 존재하는 권력을 '규율권력'이라 정의한다. 그러므로 규율권력은 단순히 정당과 국가기구라는 정치권력체만을 지칭하는 것이 아니라, 생산과 재생산의 공간 및 시간 속에서 일상의 행위자들에게 작용하는 다양한 권력들이다.

대화를 추구한 권력은 끊임없이 대중 설득과 동의를 구하였으며 정당화를 위한 다양한 기제 및 집단 조직을 갖추었다. 또한 권력을 형성하는 과정에서도 목적의식성을 가진 전위vanguard의 조직화와 사회 구성원의 개체화, 그리고 개체화된 구성원을 다시 집단으로 재조직하는 방식으로 규율권력을 형성하였다. 한 마디로, 행위자와 권력 간의 관계를 중요시하였다. 사회주의적 근대화를 주도할 규율권력인 당과 국가 시스템을 수립하는 것과 동시에 북한 사회에 사회주의적 근대 규율이 구성되는 과정은 첫째, 사상개조 사업으로써 전통과의 단절 및 의식개혁, 둘째, 생활개조 사업으로써 생활혁명과 절약 규범, 셋째, 민족 해방과 여성해방의 연계, 넷째, 새로운 양육관 형성의 강제 및 갈등을 통해 드러났다.

여성의 입장에서 북한식 근대 규율권력의 형성은 세 가지 전략에 따른 '사회적 성gender'의 구축 및 갈등 속에서 이루어졌다. 첫째, 새로운 권력의 지향을 내면화하고 이에 헌신할 수 있는 여성 전위의 창출과 이들을 통한 여성 조직화이다. 둘째, 남성 주도적이며 배타적인 대가족 질서를 권력이 상대적으로 쉽게 침투할 수 있는 핵가족 질서로 전환하며 여성의 개체화를 추진했다. 권력의 세포로서 가족을 재구성하고 여성의 사회참여를 추진한 것이다. 셋째, 당과 대중을 연결하는 여성 조직을 건설하여 권력과 직접적인 연계를 갖도록 여성을 집단화하고, 집단화를 통해 사회주의적 집단주의와 권력의 규율을 내면화하도록 한 것이다.

이 세 가지 층위는 단계적 과정이 아니라 서로 혼재되고 맞물리면서 진행되었다. 이 과정에서 '혁신적 노동자–혁명적 어머니'라는 사회주의적 근대 여성 주체가 형성되었다. 이 여성 주체들은 생산 활동 참여와 각종 개혁, 그리고 여성 조직을 통해 권력과 지속적으로 연계되면서 사회주의적 근대의 여성 규율을 경험하게 되었다.

생산과 재생산의 노동 가치

가사노동 논쟁으로 촉발된 생산과 재생산의 관계 및 개념은 현재까지도 논쟁적인 주제이다. 다양한 논의 중 이 글에서는 '사회적 재생산' 이론으로 유명한 이탈리아 경제학자 피치오Antonella Picchio 및 포르투나티Leopoldina Fortunati의 개념에 따라 '생산'은 한 사회의 물질적 부를 창출하는 것으로 정의하고, '사회적 재생산'은 그 사회 구성원들의 생물학적 재생산 및 그 사회를 유지하는 사회적 행위의 재생산까지로 정의한다.[28]

생산 영역의 노동은 대개 임금노동인데, 이는 공장이나 작업장에서 수행되며 그 구조와 조직은 특유한 유형의 협업과 분업, 그리고 기술적 진보도 가져온다. 반면 가정에서 수행되는 재생산 노동은 대개 임금을 받지 않는 것으로, 공장에서와 같은 체계적인 협업과 분업을 필요로 하지 않기 때문에 기술도 제한된 범위에서 사용된다.[29] 생산이 물질적 재화 창출에 초점을 맞춘다면, 사회적 재생산은 비물질적인 공동체의 유지와 관련이 깊다. 사회적 재생산이 사회 성원들의 생물학적 재생산뿐 아니라 그 사회를 유지하는 사회적 행위의 재생산을 의미하기 때문이다.

이 글에서는 생산과 재생산이 둘 다 가치를 창출하는 노동이며 단지 노동 대상과 작업 내용 및 형태, 그리고 생산수단과의 관계 등에서 차이가 있다고 인식한다. 즉, 가치 창출 노동으로서 생산과 사회적 재생산의 동질성에 주목하는 것이다. 또한, 생산과 재생산은 분리될 수 없는 상호의존 관계에 있다는 연관성에 주목한다.

이 같은 관점에 따라 피치오는 고전파 경제학의 임금 개념에 주목하여

---

28 Antonella Picchio, *Social reproduction: the political economy of the labour market*, Cambridge Univ. 1992. p. 1.
29 레오폴디나 포르투나티 지음, 윤수종 옮김, 《재생산의 비밀》, 박종철출판사, 1981, 23~24쪽.

'생산-재생산 관계' 분석의 단초를 마련하였다. 피치오에 따르면, 경제 분석이 사회적 재생산 또는 생산-재생산 관계를 고려하지 않게 된 것은 신고전파 경제학자들이 노동의 사회적 재생산 비용이라는 고전파 경제학의 임금 개념을 '노동의 수요-공급 균형가격'이라는 관념으로 대체하면서이다. 이에 따라 임금은 물질적·정치사회적·역사적 요인들에 의해 외생적으로 결정되는 것이 아니라, 공급과 수요 메커니즘에 따라 내생적으로 결정되는 것이 되었다.[30]

애덤 스미스Adam Smith로 대표되는 고전파 경제학에서 노동은 하나의 상품으로 간주된다. 따라서 상품 가격이 생산 비용에 의해 결정되는 것과 마찬가지로, 노동의 가격은 노동력의 재생산 비용으로 결정된다. 이처럼 노동을 상품에 비유할 수 있는 것은 노동을 생산 가능한 것으로 간주할 때에만 가능하다. 노동이 생산 가능한 것으로 인식될 때에만 노동의 가격, 즉, 임금이 사회적 재생산 비용으로 결정된다고 볼 수 있다. 그런데 노동은 그 생산을 자본가가 직접 조직하지 않는 상품이라는 점에서 '특수한 상품'이다. 즉, 노동이 특수한 상품일 수 있는 것은 노동의 재생산과정 때문이다. 그러므로 노동 가격으로서의 임금은 여타 다른 상품의 가격과는 다르게 결정된다. 임금은 기계적인 수요-공급 메커니즘이 아니라, 물질적·정치사회적·역사적인 사회 조건 및 규범에 따라 외생적으로 결정되는 것이다.[31]

애덤 스미스가 제기한 노동 가치설을 노동력이란 상품의 특수성에 초점을 맞추어 체계화한 사람이 카를 마르크스Karl Marx이다. 마르크스는 불평등한 교환의 거점이자 자본 축적의 핵심으로서 잉여가치를 창출하는 '노동력

---

30 Antonella Picchio, *Social reproduction*, Cambridge Univ. 1992.
31 권현정,《재생산의 위기와 페미니즘적 경제학의 재구성: '사회적 재생산' 개념을 중심으로》, 서울대학교 경제학과 박사학위논문, 2001, 7쪽.

이라는 특수한 상품'을 분석하였다.[32] 마르크스의 임금론에서도 노동력이란 상품의 가격은 고전파 경제학자들의 경우와 마찬가지로 사회적으로 결정된 노동인구의 재생산 비용을 가리키며, 이것은 다른 상품 가격과 비교할 때 외생적으로 결정된다.

한편 스미스로 대표되는 고전파 경제학자들과 동일하게 마르크스 경제학자들의 분석 역시 초점은 사회적 재생산과정이 아닌 생산 및 축적 과정에 맞춰졌다. '가사노동 논쟁'[33]을 통해 드러나듯이, 마르크스는 자본을 위한 임금노동을 자본주의에서의 유일한 노동 형태로 보았다. 생산노동의 사회적 관계와 구별되는 가사노동의 사회적 관계를 간과한 것이다. 마르크스는 성인 노동자들의 노동력을 재생산하는 데 반드시 필요한 요리·세탁·청소와 같은 가사노동 및 다음 세대의 노동력을 재생산하는 양육노동에는 주의를 기울이지 않았다.

마르크스의 임금론은 노동자가 스스로 자신의 노동력을 재생산하는 데 들어가는 비용, 다시 말해 자본가로부터 지불 받은 임금으로 노동력 재생산에 필요한 상품을 구매할 수 있어야 한다는 인식에 기초한다. 그러나 이 인식은 노동력 재생산을 위한 노동이 누구에 의해 어떠한 경로로 이루어지며 어떠한 효과를 발휘하는지를 간과한다. 또한 생산과 재생산의 관계를 기계적으로 사고하게 한다. 결국 인간관계의 연계성 및 인간의 감정과 분리할 수 없는 '특수한 상품'으로서의 노동력이라는, 여타 상품과 구별되는 노동의 고유한 성격마저 희석되게 한다. 이로 인해 가사, 출산, 양육과 같은

---

32 카를 마르크스 지음, 김수행 옮김, 《자본론 I 》, 비봉출판사, 1989.

33 가사노동에 대한 시각은 크게 두 가지다. 하나는 그 자체가 소비되는 일련의 서비스(비물질 생산 및 즉각적 소비)를 위해 사용가치를 생산하는 노동이라는 시각이다. 또 다른 하나는 노동력이라는 생산물을 만드는 노동, 즉 노동 가치론에 기초한 것이다. 폴 스미스 지음, 강선미 옮김, 〈가사노동과 마르크스의 가치론〉, 《여성과 생산양식》, 한겨레, 1986, 182~183쪽. 이 글에서는 후자인 노동 가치론에 기초하여 가사 및 양육 노동을 인식한다.

재생산 양식이 공동체나 국가에 의해 통제되는 이유를 밝히는 적절한 논리를 제공하지 못한다.

반면에 앨프리드 마셜Alfred Marshall로 대표되는 신고전파 경제학에선 일반적으로 노동이라는 상품의 특수성을 인정하지 않는다. 노동의 공급은 가격-수량 간의 수치적 관계로 표현될 뿐이다. 노동 가격은 재생산의 물질적·사회적 과정이 아니라 노동의 양과 자본의 양 사이 기술적 관계에 의해 결정된다. 그러므로 임금 결정은 노동자 가족의 재생산 비용과는 별 관련이 없는 것이 된다. 이 같은 임금 개념의 변화는 생산-재생산 관계를 이해하는 방식을 바꾸어 놓았다. 임금은 더 이상 재생산 양식을 반영한 노동력의 재생산 비용으로 간주되지 않으며, 오히려 재생산이 개별 노동자들의 임금에 달려 있는 것처럼 이해되었다.

이는 인구의 재생산 즉, 인구의 크기와 생활수준이 전적으로 시장에 의해 규율된다고 가정하는 것이다. 이로써 사회적 재생산과정에 관한 분석이 경제 분석에서 간과되는 결과가 빚어졌다. 사회적 재생산과정이 경제학에서 사라지자, 재생산 영역의 구체적 노동도 사람들의 시야에서 사라졌다. 노동인구 중 상당수를 차지하는 가사노동자들이 비가시적 사회 행위자가 되었다. 보이지 않게 된 것은 가사노동과 가사노동자들뿐만이 아니다. 생산과 재생산 간의 관계 역시 비가시적이 되었다. 이 때문에 한 사회를 유지하고 구성하는 핵심적 문제가 여성들만의 협소하고 주변적인 문제로 치부되었다.[34] 대략 서구 19세기를 기점으로 한 공사公私 영역의 분리 및 사私 영역의 주변화·여성화와 유사한 맥락에서, 생산과 재생산 역시 분리되고 재생산 영역의 주변화와 여성화가 이루어졌다.

그러나 이론에서 사라졌다고 현실에서도 사라진 것은 아니다. 현실 세

---

34 권현정,《재생산의 위기와 페미니즘적 경제학의 재구성》, 8쪽.

계에서 재생산 양식이 국가나 가족을 통해 조정되는 메커니즘이 신고전파 경제학자들이 가정하는 것처럼 별다른 갈등이나 마찰 없이 자동적으로 이루어지지는 않는다. 노동인구의 사회적 재생산 비용으로서 임금은 노동자의 전통적인 관습과 물질적 생활수준뿐 아니라, 계급 간 갈등 관계 및 정치사회적 환경을 반영한다. 그러므로 임금은 다양한 제도들로 구체화되고 다양한 사회규범들로 표현되는 정치사회적 요인의 결과물이다.

사회적 재생산 문제가 직접적이고 보편적인 분석에서 배제되면서 역사 및 현실 해석의 중요성도 감소되었다. 따라서 재생산 노동이 지닌 생산노동과의 관계성 및 그 가치를 인정하게 되면 정치경제학은 훨씬 더 넓어지고 심화될 것이다.[35] 이러한 시각은 자본주의적 생산과정 외부에 있는 전前자본주의적 영역과 국가사회주의, 그리고 정치사회 및 문화심리적 재생산과정과의 연계까지도 포괄하게 한다. 또한, 노동의 사회적 재생산과정을 가시화함으로써 생산과 재생산과정에서 여성 노동의 역할을 총체적으로 파악하여, 마침내 여성을 역사의 주체로서 드러나게 할 것이다.

재생산 노동을 업으로 삼는 다수 여성은 권력체나 생산수단과 직접적인 관계를 맺지 않는다. 그리하여 그 여성과 그녀가 주도하는 생활 세계는 역사의 베일 뒤에 가려지곤 한다. 이는 당연히 남성은 물론 여성을 포함하는 인간 역사에 대한 총체적 해석을 어렵게 한다. 남성과 달리 여성은 자신의 노동력을 통해 두 개의 노동 세계를 대면한다. 하나의 노동 세계에서 여성은 가사노동의 담당자로 위치 지워지며, 또 다른 노동 세계에서는 노동자·농민·사무직과 서비스 종사자 등으로 구별된다. 그러나 개별 여성에게 이 두 개의 노동 세계는 결코 분리되지 않는다. 여성 노동의 두 가지 측면을

35 Antonella Picchio, *ibid.*, p. 1.

분리하는 것은 이론에선 가능하나 현실에선 불가능하다.[36]

여성의 사회화를 추진한 현실 사회주의국가의 여성정책이 생산노동을 일차 준거로 삼고 재생산 노동을 생산노동에 종속시키는 과정에서, 여성의 재생산 노동은 생산노동을 가능하게 하는 조건이 되었다. 여성의 노동 세계에서 생산노동이 우선시되고 재생산 노동은 생산노동을 받쳐 주는 역할로 인식된 것이다. 그러므로 북한의 젠더 시스템을 이해하기 위해서는 생산노동을 중시했던 권력의 젠더 전략과 함께 재생산 노동이 어떻게 수행되었는지를 고찰하여야 한다. 이렇게 봐야만 다양한 갈등과 위계적 차별이 구조화된 북한 체제 및 젠더 구조를 이해할 수 있다.

이와 관련하여 우리가 근본적으로 부딪히는 의문은 이것이다. 인간 사회에 존재하는 남녀 차별의 본질을 대체 어디서부터 파악해야 하는가? 이 의문을 풀어 갈 단초는 다음의 세 가지로 요약할 수 있다.

첫째, 인간은 정치사회적 존재라는 점이다. 인간 사회에서 발생하는 모든 문제는 역사적 맥락에서 정치사회적인 것으로 바라볼 때 올바른 시각에 설 수 있다. **둘째**, 사회적 존재로서 인간이 지니는 중요한 특징은 노동 수단을 만들고 노동하는 존재라는 점이다. **셋째**, 인간 사회에서 발생하는 갈등 중 생산하는 자와 명령—소유하는 자 간의 관계를 중시한다.

그러므로 여성 문제는 성기性器의 차이에 기초한 생물학적 성性 차이의 문제가 아니라 생물학적 차이로 인한 성 관계가 정치사회적 환경에서 차별 관계로 정착되었다는 사실에서 출발해야 한다.[37] 급진적 페미니스트 이론가들의 공통된 주장은 남성의 지배가 각기 특수성을 갖고 있는 경제적 생

---

36 심정인, 〈여성운동의 방향정립을 위한 이론적 고찰〉,《여성》1집, 창작과비평사, 1985, 223~224쪽.

37 인간으로서 그녀의 유적類的 본질은 노동하는 존재라는 것이다. 노동은 모든 인간 존재의 일차적인 조건이며 노동이 인간 자신을 창조했다. 인류의 절반인 여성 역시 노동하는 존재이다. 심정인, 같은 글, 205~207쪽.

산양식을 넘어서 존재한다는 것이다. 따라서 생산력이 진보하고 혁명적인 사회 변화가 일어나도 남성 지배는 여전히 남아 있으며 영원하고 시대를 초월해 지속되게 된다. 그러나 이 논리는 두 가지 중요한 결점이 있다. 우선, 한 사회와 행위자가 갈등하며 변화하는 동학動學을 외면하는 정태적인 주장이다. 다음으로, 지나치게 근본주의적이고 결정론적이어서 생산과 재생산 간의 상호 관계 및 사회 시스템에 대한 총체적 해석을 어렵게 한다.

급진적 페미니즘을 대표하는 밀레트는 《성의 정치학》에서 여성들 사이에는 계급 차이와 같은 사회구조적 차이가 없다고 주장하였고, 파이어스톤은 마르크스의 범주를 뒤집어 계급투쟁이 아니라 '성의 투쟁'이 역사의 진정한 원동력이라고 주창하였다. 그리고 경제와 사회체제로부터 분리된 성의 투쟁으로서 분리혁명을 주장하였다. 이들은 여성 억압의 근원을 생물학적 차이와 남성 쇼비니즘chauvinism적 관념으로 설명한다. 그리고 경제로부터 자율적인 이데올로기, 사회 및 국가 성격과 분리된 전일적全一的 가부장제 논리를 제시한다. 이에 따라 남성과 여성 사이의 적대는 체제 및 계급 대립을 압도하는 절대적 대립으로 귀결된다.[38]

여기서 주목할 것은, 가부장제론의 이론적 토대가 생산과 재생산 양식의 단절과 연계되어 있다는 점이다. 그러나 앞서 설명했듯 생산과 재생산 노동은 분리될 수 없다. 생산력 발전은 사람들의 생활 방식에 변화를 초래하기 때문이다. 국가가 수립되고 혈연 외에 각종 조직과 지역에 기반한 집단들이 발달하면서 가족 형태가 더욱 생산에 종속된 것도 한 이유이다. 그러므로 양자는 항상 필연적으로 관계를 맺는다. 그리고 재생산의 형태는 특별한 생산양식에 따라 변화한다. 재생산의 주요 공간인 가정은 생산양식으로부터 자율적인 것도, 생산양식과 분리될 수 있는 것도 아니기 때문

---

38 린지 저먼 지음, 장경선 옮김, 《성·계급·사회주의》, 책갈피, 2003, 86~89쪽.

이다. 즉, 재생산은 생산과 단단히 묶여 있다.[39]

급진적 페미니스트들은 생산양식으로부터 가부장제의 상대적 자율성을 언급함으로써 양자 사이의 관계를 끊고자 했다. 이에 따라 가부장제는 계급과 같은 사회구조에 대해 자율적인 구조로 파악되었다. 그러나 이러한 인식은 정치사회적 변화 발전과 경제적 변화 간의 연관성을 설명하지 못한다. 무엇보다 가부장제에 내재해 있는 기본적 결함은 생산과 재생산 간의 긴밀한 연관성을 파악하지 못한다는 점이다. 생산과 재생산의 연관성은 모든 위계 사회에 존재한다. 종(種)의 재생산이라는 협의의 생물학적 의미에서도 그렇고, 노동력 재생산이라는 광의의 사회적 의미에서도 마찬가지다. 한 사회의 생산양식은 그 사회의 가족 형태를 결정짓는다.[40]

북한 정권은 '혁신적 노동자-혁명적 어머니'라는 생산 및 재생산 영역을 아우르는 젠더 전략을 수행하였다. 이 이중노동은 경제적 위기로 인한 생활 세계의 침식 상황에서 북한 여성을 능동적 행위주체로 드러나게 하는 결과를 초래하였다. 경제적 위기로 인한 사회경제적 비용은 일반적으로 저항하기가 쉽지 않은 사회적 약자들에게 더 많이 전가되는 경향이 있다. 또한, 재생산 노동을 통해 생활 세계를 유지해야 하는 여성에게 경제 위기는 출혈 노동을 수행하게 한다. 경제 위기 과정에서 여성의 출혈 노동은 사회적 충격을 흡수하는 역할을 한다. 여성은 경제 위기로 감소된 가계소득을 보충하기 위해 일차적으로 가정 내 재생산 노동을 증가시킨다. 자신의 노동력을 과다 소비하면서 경제 위기로부터 가족의 생계를 지탱하려 하는 것이다.[41]

---

39 린지 저먼 지음, 장경선 옮김, 같은 책, 90~93쪽.

40 린지 저먼 지음, 장경선 옮김, 같은 책, 95~96쪽.

41 다니엘 엘슨 지음, 김숙경 옮김, 〈구조조정에서 남성 편향〉, 《발전주의 비판에서 신자유주의 비판으로》, 공감, 1998, 137~162쪽.

저발전 국가가 경제 위기 상황에서 국민의 일차적 생존 책임을 가족과 여성의 헌신성에 기대어 체제를 유지하는 양상은 세계 곳곳에서 확인된다. 1929년 세계 대공황 후 대량실업이 발생한 서구 사회에서, 또 1997년 IMF 외환 위기를 맞은 남한 사회에서도 이러한 모습은 쉽게 확인된다. 공장 가동률이 저하되기 시작한 1970년대 중반 이후 북한 역시 체제 유지와 구성원의 생존을 위해 여성의 이중역할 및 헌신성을 제도화하였다. 생활 및 생존에 대한 일차적 책임을 가족과 여성에게 전가하면서 경제 위기가 가져온 사회적 충격을 완화시키는 정책을 추진하였다. 그 결과, 30년 이상 지속된 북한의 경제 위기 속에서 북한 여성들은 다양한 방법을 동원하여 가족의 생존과 생계를 책임지게 되었다.[42] 이는 오랜 경제 위기에도 불구하고 북한이 체제를 유지할 수 있는 하나의 설명력을 제공한다.

이 글에서는 생산과 재생산이 '가치를 창출하는 노동'이라는 점에서 동질성을 가지며 상호 긴밀한 상관성 아래 작동한다고 인식한다. 다만, 서술의 용이함을 위해 세부 주제에 따라 생산과 재생산 영역을 구별하여 북한 여성의 노동 세계를 다룬다. 구체적으로는, '생산'이 소비 가능한 재화나 서비스 상품을 창출하는 노동이라는 관점에 기초하여 공업과 농업, 각종 사회동원社會動員에 소집된 여성 노동을 다룬다. 특히 근대의 특성이 집약된 공업과 공장 내 젠더화된 노동 세계를 주목한다. '재생산'은 한 사회를 유지하고 구성하는 노동으로서, 생활 세계의 유지 및 임신과 출산·가사노동·양육노동에 종사하는 여성 노동에 초점을 맞춘다.

---

42 박현선은 경제 위기 이후 생존을 위한 북한의 가족 전략을 생계 유지 전략, 가족 구조 변화 전략, 사회 연결망 활용 전략으로 분석하였다. 박현선, 《현대 북한 사회와 가족》, 한울, 2003, 35~40쪽.

양성사兩性史와 일상사

현재까지의 북한 체제 및 북한 여성 연구는 수령의 유일지배 체제라는 국가 가부장제 및 '남성 지배-여성 종속'이라는 급진적 페미니즘의 분석 틀을 넘어서지 못하고 있다. 이 글은 이 같은 기존의 틀을 넘어서 시스템 이론 및 양성사兩性史와 일상사 연구의 성과를 접목하여 행위자 중심의 북한 여성을 드러내는 것을 목표로 한다.

한국의 북한 연구에서는 지배 정권을 의미하는 레짐regime과 한 사회의 운영 양식인 시스템system을 둘 다 '체제'라는 말로 번역 혼용한다. 불명확한 개념의 혼용은 '북한=북한 정권=북한 주민'이라는 잘못된 인식을 양산한다. 이렇게 보면 주권국가로서의 북한(조선민주주의인민공화국), 지배 권력으로서의 북한 정권, 구체적인 사회 구성원으로서의 북한 주민이 분리되지 않고 하나로 뭉뚱그려져 그 각각의 역사적 변화를 포착할 수 없을 뿐 아니라 북한 내 행위 주체들의 역동적 관계와 삶의 실체에 다가서기가 어렵다. 우리가 행위자를 중심으로 권력이 사회와 성性주체(여성/남성)를 어떻게 구성하였는지, 어떠한 관계를 맺으며 상호작용하였는지 등을 주목해서 바라봐야 하는 이유이다.[43] 북한 70년 역사에서 '국가-사회-여성/남성' 관계가 역사적으로 제도화된 양상 및 작용-반작용의 갈등은 이러한 관계와 구도를 보여 줄 것이다.

---

43 흔히 여성 문제를 언급할 때 남성에 의한 여성 종속을 상정하는데, 한 사회의 운영 원리를 세밀히 관찰해 보면 여성들이 남성들에 의해 통제력과 권력을 박탈한다기보다는 남성성에 기초한 일련의 체계와 구조가 여성의 지위와 권리를 박탈하고 있다(앤 쇼우스터 씨쑨, 방혜영 외 옮김, 《여성과 국가》, 한국여성개발원, 1989). 개별 남성들에 의한 여성 억압과 폭력 역시 소위 '남성의 본성'이 그 원인이라기보다는 남성적 폭력을 조장하는 체계가 그 근원이다. 그리고 근대 국민국가에서 사회구조에 가장 큰 영향력을 미치고 사회구조를 재편하는 체계의 운영자는 대개 국가권력이다.

여성의 일상사를 연구한 도로테 비얼링Dorothee Wierling은 여성 연구가 여성의 역사만이 아니라 남성을 포함하는 양성사兩性史와 지배 정권까지를 포괄하는 전체 정치사회의 역사를 대상으로 해야 한다고 주장한다. 그리하여 일상사를 일상적 생활 조건의 역사 및 일상에서의 습득과 행위의 역사, 그리고 특수한 정치사회적 경험과 주관적 관점의 역사로 바라본다.[44] 정치사회 범주로서의 성性은 결국 보편적 정치사회의 역사와의 관계 속에서 드러나기 때문이다.

이 같은 시각은 여성 연구를 여성만이 아닌 정치사회와 양성의 입장에서 파악하게 한다. 양성사로 확대된 여성과 남성, 그리고 상호 관계의 역사는 당연히 양성兩性의 일상 속에서 연구되어야 한다. 일상日常이란 남성과 여성이 생활을 유지하고 어려움을 극복하기 위해 계속해서 갈등하며 '협상'하는 영역이기 때문이다. 매일의 삶 속에서 남성과 여성의 관계가 형성되며 누구에게 유리하게 변하는지, 이것이 어떤 의식과 상징으로 표현되는지가 나타나고, 여성과 남성이 지니는 존재 형태의 다양함도 나타난다.[45]

이러한 문제의식에 따라 이 글에서는 '권력과 성주체의 작용–반작용', '전통과 사회주의적 근대의 접목 및 갈등', '일상생활의 역사'라는 3대 서술 방법론을 활용한다.

첫째, 북한의 권력과 여성 주체의 관계를 '작용–반작용'이라는 시각으로 접근한다. 정치권력이 여성 대중에게 근대의 규율을 강제하는 작용을

---

44 예를 들어 비얼링은 '하녀' 연구를 통해 양성과 계급 관계가 하녀의 사회적 경험에 어떻게 배치되는지를 밝혔다. '사회적 범주로서 성과 계급은 어떤 관계에 놓여 있는가'를 분석한 것이다. 여기서 하녀들의 시각은 역사적 상황에 놓여 있는 다른 참여자(행위자)들의 관점, 즉, 주인·경찰·사회 개혁가들의 의식에 연결된다. 도로테 비얼링, 〈일상사와 양성관계사〉, 《일상사란 무엇인가》, 청년사, 2002, 230~231쪽.
45 도로테 비얼링, 같은 글, 232~240쪽.

가하였다면, 여성은 그 강제를 따르기도 하고 이해관계에 따라 거부하기도 했다. 그러나 반작용이 반드시 저항인 것은 아니다. 여성 주체는 자신의 이해에 따라 권력의 규율을 적극적으로 수용하기도 했으며 선택하거나 공조하기도 했다. 권력과의 관계 속에서 새로운 기회를 찾거나 신체를 보호하고 생존을 유지하려 했다. 그러므로 물리적인 '작용-반작용'의 대립 구도가 아닌 이 구도가 낳은 관계의 다양성 및 역동성이 주요 관심사이다.

둘째, 북한의 근대성을 '전통과 사회주의적 근대의 접목 및 갈등'이라는 시각에서 접근한다. 근대는 한편으론 전통과의 단절을 추구하지만, 다른 한편으로는 전통을 근대성으로 재구성하기도 한다. 근대화를 추진하는 권력에게 전통적 대가족제의 특성인 위계성과 집단성은 효과적 통치 기제가 될 수 있다. 실제로 북한 정권의 여성관인 '혁신적 노동자-혁명적 어머니' 모델은 근대적 여성 노동자상과 전통적 어머니상을 사회주의의 생산력주의와 혁명성으로 재구성한 것이다. 그러나 전통과 근대의 특성이 기계적으로 결합되진 않는다. 지속적으로 갈등하며 전혀 새로운 근대성을 창출하기도 한다. 이러한 양상은 권력의 통치술에서도 나타나며, 생활 세계 및 여성의 노동에서도 드러난다.

셋째, 북한의 권력자가 아닌 일상인의 시각에서 아래로부터 드러나는 '생활의 역사'를 주목한다. 북한의 젠더 시스템을 구체적으로 보여 주는 곳은 작업장(공장)·가정·시장을 중심으로 한 일상생활공간이다. 일상은 전통과 구별되는 근대의 양상을 드러내며 동시에 여성의 삶이 가장 생생하게 드러나는 현장이다. 근대 권력이 주도한 거대한 체제 변화의 공간은 권력층의 왕실이 아니라 일상인의 노동 및 생활 세계이기 때문이다.

권력과 주체의 상호작용

주체the subject라는 어휘는 애초 이중적 의미를 내포한다. 이 단어는 '아래로 sub 던지다ject'라는 라틴어에서 유래한다. 어휘 자체에 자발성과 피지배성을 내포하고 있다. 자유의지의 발현인 주체화subjectivation와 복종을 뜻하는 예속 화subjectification는 동전의 양면처럼 서로 통한다.[46] 따라서 권력과 주체의 관계는 일방이 아닌 작용과 반작용의 상호작용을 통해 형성되며 그 과정에서 행위자는 주체화된다.

개인의 자아自我를 연구한 미드George Herbert Mead, 1962에 따르면, 동물은 인간처럼 몸을 소유하고 있지만 인간과는 달리 자신의 몸을 대상화하지는 못한다. 왜냐하면 동물은 몸 그 자체일 뿐 자아가 없기 때문이다. 고도의 지능, 즉 상징화의 잠재적 능력을 갖고 태어나는 개별 인간이 정신을 갖게 되는 것은 타인과의 소통이라는 사회적 관계를 통해서이다. 이 사회적 관계는 언어와 몸짓 등을 통해 이루어진다. 이 상징화 능력을 발현하면서 개별 인간의 정신은 출현하고 동시에 자아가 생긴다.[47]

자아가 사회적 관계를 통해 출현한 후에는 자아의 발달과 사회의 발전이 일방적 관계에서 상호 의존적인 관계로 전환된다. 이후 개인과 사회의 관계는 개인의 자아 및 행위 구조 속에 반영되어 나타난다. 자아는 사회적 환경과 상황을 반영하는 'Me'와 이에 대해 대처하려는 'I'의 결합을 통해 형성된다. 그리고 행위는 외적 환경의 자극에 기계적으로 반응하는 것이 아니라 외적 환경의 자극을 주체적으로 인식하고 해석하는 확인 과정을 거

---

46 조형근,〈역사 구부리기: 근대성에 대한 계보학적 탐색〉,《근대성의 경계를 찾아서: 기원의 전복, 역사의 비판》, 새길, 1997, 31쪽.

47 Mead, 1962: 42~135, 강수택,《일상생활의 패러다임》, 민음사, 1998, 186~187쪽에서 재인용.

처 이루어진다.[48]

이 과정은 정치사회화를 통한 내면화와 연계된다. 내면화internalization는 한 사회의 보편적이거나 지배적인 가치가 개인의 가치로 받아들여지는 과정을 말한다.[49] 내면화는 수용자가 외적 상황이나 영향을 주는 권위로부터 보상을 기대하거나 처벌을 피하기 위해 행동하는 순응이나, 친밀한 관계를 유지하기 위해 자기를 상대에 동일화identification하는 것보다 더 심층적인 영향을 의미한다.[50] 즉, 개인이 권력의 요구나 사회의 보편 가치를 수용하여 사고와 행위의 준거로 삼고 있는 상태를 내면화된 상태라 한다. 그러므로 내면화는 정치사회화를 수용자적 입장에서 바라본 것이다.

그러나 내면화를 개인 수준에서만 분석해서는 안 된다. 정치사회 수준도 동시에 고려해야 한다. 구체적으로는 '위로부터 아래로' 강제되는 정치사회구조와 '아래로부터 위로' 이루어지는 개인 행위의 역동적 관계를 파악해야 한다. 이 관계 속에서 개인은 위로부터 의도된 행동이나 의도되지 않은 행동을 할 수 있다.[51] 행위자 간 상호작용 과정에서 권력으로부터 강제된 요구와 규율이 여타 행위자에게 내면화되거나 배제 및 회피될 수도 있는 주체화를 가능하게 한다.

어느 사회에서든 권력의 지배 규율에 대한 내면화가 전체 사회 구성원에게 일어나는 것은 불가능하다. 이는 획일화되기 어려운 인간 개성의 다양성뿐 아니라, 한정된 자원으로 인한 사회의 갈등 구조 때문이기도 하다. 갈등 이론conflict theory에 따르면, 사회는 지배와 피지배 집단이 대립하고 갈

---

48 강수택, 같은 책, 206쪽.

49 전병재, 《사회심리학》, 경문사, 1981, 268쪽.

50 전병재, 같은 책, 341~343쪽.

51 J. Coleman, "Social Theory, Social Research, and a Theory of Action", in *American Journal of Sociology* 91, 1986, pp. 1309-1335.

등하는 관계로 구조화되어 있다. 정치사회화를 통한 내면화 작업은 정치
권력이나 물질적 자원을 장악한 지배 세력이 권력/자원을 공고화 및 증식
하며 정당성을 확보하기 위해 시도된다. 그러나 자원의 집중도가 증대하며
사회구조의 균열이 심화되면서 지배 이데올로기는 침식된다. 그리고 지배
층이 상징을 조작하고 선전과 검열을 이용하기 때문에 가치 및 태도는 전
일적으로 내면화되지 않으며 항상 갈등이 존재한다.[52]

이러한 문제의식은 일상생활 연구가들에게서도 확인된다. '사사로운 것
의 정치화politicisation of the private[53]를 주장한 알프 뤼트케Alf Lüdtke는 일상인의 목
적의식적 행위를 강조한다. 일상생활은 생산과 재생산과정, 그리고 그 과정
의 참여자들이 어떠한 방식으로 권력의 작용을 받았으며, 어떻게 반작용했
는지를 보여 준다는 것이다. 따라서 계급과 지배 갈등, 그리고 성의 양극화
와 세대 갈등의 동시성이 항상 다층적인 사회적 장場에 대한 관심을 요구한
다.[54] 아그네스 헬러Agnes Heller 역시 사회의 모든 구조적 특징들은 상호 필연
적 연관성을 가지고 있다고 주장한다. 개인은 자신으로부터 독립되어 있는
세계, 즉 구체적 사회관계와 강제되는 체계, 그리고 제도들 속에서 태어나

---

52 최장집, 〈그람시의 헤게모니 개념〉, 《국가이론과 분단한국》, 한울, 1990, 40~41쪽.

53 알프 뤼트케, 〈일상생활의 역사서술-사사로운 것과 정치적인 것〉, 《일상생활의 사회학》, 한울,
2002, 259쪽.

54 뤼트케는 좁은 의미에서 3가지의 일상사적 관심을 제시한다. 첫째, 역사 속의 구체적 개인의 인
생 경로와 경험에 대한 관심이다. 둘째, 그들의 일상 속에서 억압을 경험하는 상황과 사례들을
보여 주려는 시도이다. 특히 노동자의 일상, 그중에서도 노동자의 비공식적 행위에 대한 관심이
다. 셋째, 생활 주체의 적응 전술과 생존 형식에 대한 관심이다(알프 뤼트케, 〈일상이란 무엇이
며, 누가 이끌어 가는가?〉, 《일상이란 무엇인가》, 청년사, 2002, 21, 48, 54~55쪽). 또 다른 일상사
연구가인 하랄트 데네Harald Dehne는 독일의 학술 연구에 일상사적 시각이 도입되면서 두 영역
에서 좋은 결과가 있었다고 밝힌다. 하나는 정치사이다. 정치사가 일상 상황을 함께 고려함으로
써 특정한 역사적 상황이 어떻게 구조화되었는지를 역동적으로 분석할 수 있게 되었다는 것이
다. 둘째, 역사적 생활양식 연구의 전 분야이다. 이를 통해 노동자의 생활 조건·행동양식·습
관·전통·사유 형식들이 특수한 방식으로 주체화되었고, 문화사적·경제사적·민속학적·지
역사적·문화학적·사회학적 연구의 대상이 되었다고 한다. 하랄트 데네, 〈일상에 한 발짝 더
다가섰던가?〉, 《일상이란 무엇인가》, 청년사, 2002, 187쪽.

며 성장한다. 이러한 요구는 전통과 습속을 통해 전승되기도 한다. 그러나 이와 동시에 개인은 자신의 주변 세계를 형성하며 재구성하기도 한다.[55]

규율 권력과 여성 주체의 관계도 마찬가지다. 권력이 여성에게 가하는 작용이 있다면, 권력에 대한 여성의 반작용도 존재할 수밖에 없다.

내셔널리즘과 국민화 모델

근대의 가장 중요한 특징은 민족국가nation-state의 출현과 발전이다. '국가라는 용어는 16세기 초 유럽에서 나타난 중앙집권적 통치 형태로, 18세기 프랑스 혁명과 나폴레옹 전쟁을 거치며 형성된 '민족' 개념과 결합되었다. 유럽에서 발전한 국가주의는 민족주의와 유사한 의미로 사용된, 국가에 대한 감정적 애착과 충성심이 주된 의식의 일종이다. 즉, 특정 국가의 역사와 문화에 대한 강력한 정체감 및 의식을 뜻한다.[56] 이 내셔널리즘nationalism은 20세기 자본주의와 사회주의 모두에서 강력한 이데올로기로 활용되었다. 그리고 20세기 수많은 전쟁을 통해 사회 주체들에게 내면화되었다.

'사회주의적 근대'의 가장 중요한 제도적 특징은 절대권력체인 공산당과 국가의 일체화이다. 사회주의국가는 정치권력의 핵심인 당에 의해 주도되었으며 당과 국가는 일체화되었다. 정치와 경제가 정치로 통합되어 있는 현실 사회주의에서 발전과 체제 능력은 동일시되었으며, 계획합리주의를

---

55 강수택, 《일상생활의 패러다임》, 84~85쪽.

56 게오르게 A. 쿠르베타리스 지음, 박형신 외 옮김, 《정치사회학》, 119~121쪽. 내셔널리즘은 국가주의, 국민주의 또는 민족주의로 번역이 가능하다. 다시 말하면, 이 세 가지가 내셔널리즘이라는 하나의 언어로 동일화되어 있는 것이다. 우에노 치즈코 지음, 이선이 옮김, 《내셔널리즘과 젠더》, 박종철출판사, 2000, 12쪽.

실현하기 위해 강한 국가가 등장하였다. 이 과정에서 마르크스Karl Marx가 주창한 '국가 소멸 테제'와 '자유로운 생산자 연합'이란 새로운 생활양식은 레닌의 《국가와 혁명Gosudarstvo i Revolyutsiya》을 통해 부인否認의 단초가 마련되었다.[57] 그리고 스탈린에 이르러 '발전을 위한 집행자로서의 국가'라는 국가주의 전략으로 현실화되었다.

한편 사회주의 내 '민족nation' 개념은 독일의 사회사상가 카우츠키Karl Kautsky에 의해 제시되었다. 그는 민족을 사회경제적 요소와 문화·언어적 요소로 이루어진 공동체라고 정의하며, 합목적적인 계급 연대와 비교할 때 민족 감정이나 유대 의식이 더 강력하다고 주장하였다.[58] 이것은 그의 '프롤레타리아 애국주의'라는 개념에서 잘 드러난다. 그는 "실제 투쟁에서는 언어공동체가 투쟁공동체보다 더 견고한 유대를 형성한다"며[59] 민족의 중요성을 강조하였다. 1914년 스탈린도 논문 〈마르크스주의와 민족문제〉에서 민족의 중요성을 강조하였다.[60] 실제로 스탈린 시대에 민족주의 이데올로기는 생산 증대와 권력의 정당성 확보 및 사회 통합력을 높이는 기제가 되었다. '일국사회주의론' 또는 '소비에트 애국주의' 등으로 표현되는 이 개념은 스탈린식 사회주의 체제가 수립되고 유지되는 데 핵심 역할을 하였다.[61]

민족주의 이데올로기는 북한에서도 비슷한 역할을 했다. 북한 사회는 일제 식민지 경험과 한국전쟁 당시 미국에 집중 공격을 받은 역사적 특수성이 있었다. 북한 정권은 이 역사적 경험을 저항적 민족주의와 연계시켜 정권의 정당성과 국민 일체감, 그리고 충성의 기제로 사용하였다. 북한 정

---

57 송두율, 《소련과 중국: 사회주의사회에서의 노동자, 농민, 지식인》, 한길사, 1990, 227쪽.

58 박호성, 《남북한 민족주의 비교연구》, 당대, 1997, 101쪽.

59 Kautsky, "Finis Poloniae?", in NZ 14/2/1986, p. 521, 박호성, 같은 책, 102쪽에서 재인용.

60 박호성, 같은 책, 106쪽.

61 공식적 이데올로기 형성은 각각의 사회주의국가별로 일정한 차이가 존재한다. 이 다양성은 체제 발전과 안정, 그리고 강화를 준거로 형성된다. J. Kornai, ibid., pp. 49-50.

권은 '사회주의 애국주의'를 정치사회화 과정을 통해 주민들에게 선전하고 학습시켰으며, 끊임없이 민족주의적 정서와 감정을 불러일으키고 충성을 요구하였다.[62]

이 민족주의적 정서와 충성의 집중화는 한국전쟁을 통해 강화되었다. 전시戰時라는 조건은 공장과 가정의 국가화를 가능하게 했기 때문이다.[63] 또한, 근대국가의 형성과 전쟁, 그리고 대중 참여 확대는 민족주의의 등장과 불가분의 관계에 있었다.[64] 민족주의 정서는 축적을 위한 희생인 내핍 및 충성-복종 이데올로기와 연계되어 권력이 주체에게 가하는 작용의 핵심 요소가 되었고, 전통과 근대의 접목을 촉진하였다. 이에 따라 전통적이며 인격적 지배 양식인 수령제가 노동당의 비인격적인 근대적 성격과 갈등했음에도 불구하고, 다수 구성원의 동의를 얻어 충성-복종 의식이 개개인에게 주체화되었다. 이 과정에서 정치권력이 일상인을 대상으로 구사하는 것이 기억의 정치다.

허시Herbert Hirsh는 "기억의 정치Political of Memory"를 정치권력에 의한 기억의 조작과 망각, 그리고 신화 창조라고 정의한다. 정치권력이 공장·가정·학교·사회집단에서 정치사회화 과정을 통해 집단적 기억을 조작하고 망각시키며 신화를 창조한다는 것이다. 그의 주장에 따르면, 정치권력은 과거를 통해 현재의 사회질서에 정당성을 부여하고 정책을 정당화하는 기억의 정치를 활용한다. 이런 의미에서 기억의 통제는 정치의 한 유형이다.[65]

기억의 정치는 북한 정권이 일상적인 학습 체계와 선전선동으로 수많은

---

62 편집실, 〈사회주의적 애국주의와 력사교양〉, 《근로자》, 1964년 11월 하권, 2쪽.

63 우에노 치즈코 지음, 이선이 옮김, 《내서널리즘과 젠더》, 박종철출판사, 2000, 서문 11쪽.

64 이삼성, 《20세기의 문명과 야만: 전쟁과 평화, 인간의 비극에 관한 정치적 성찰》, 한길사, 2003, 143쪽.

65 Herbert Hirsh, *Genocide and the Political of Memory: Studying Death to Preserve Life*, Chapel Hill & Lonon: The University of North Carolina Press, 1995, p. 23.

영웅과 내핍, 그리고 수령에 대한 충성심과 원초적 복수심을 정치에 활용했던 통치술의 성격을 밝혀 준다. 이 기억의 정치는 권력의 요구를 내면화한 인간으로 개인을 재구성하고, 정치사회화 과정을 통해 그것이 아예 개인적 정체성이 되게 한다. 따라서 개인적 자아는 집단적 자아를 내포하게 되며, 자아는 사회 수준과 개인 수준 둘 다에서 작동되는 것으로 분석되어야 한다.[66] 이 자아의 형성 과정이 앞서 설명한 내면화 과정과 연계된다.

한편 '사회주의적 근대'를 추구하는 정치권력이 지배 권력이 되기 위해서는 전前 사회의 공동체 단위인 대가족제를 해체해야만 했다. 그러면서 봉건적 가족의 특징인 권위와 복종의 관계를 사회과 가족 내에 재강화할 필요도 있었다. 이러한 봉건적 요소는 "국가에 대한 복종과 충성을 획득하기 위해 필요한 태도와 습관"이라고 인식되었기 때문이다.[67] 그러나 엄밀히 말해서, 이는 전근대의 연장 혹은 지속이 아니라 근대의 특징이다. 근대의 민족주의 이데올로기는 혈연적 가족 개념과 연결되어 국가와 개인의 '공동운명론'으로 발전했기 때문이다. 그리고 가족을 국가공동체의 척도로 삼음으로서 국가도 자연적이며 본래적인 조직이라고 믿게 했다.[68]

북한 정권은 사회주의적 근대를 추진하면서 국가와 여성의 공동운명체 이데올로기를 형성했으며, 여성에게 '혁신적 노동자-혁명적 어머니'라는 규율을 강제했다. 이 여성관이 북한 여성의 국민화 모델이며, 전통과의 갈등 및 접목 과정을 거쳐 전체 북한 여성에게 작용하였다.

---

66 Herbert Hirsh, *ibid,*, pp. 135-138.
67 비키 랜달 지음, 김민정 외 옮김, 《여성과 정치》, 풀빛, 2000, 232~233쪽.
68 우에노 치즈코 지음, 이선이 옮김, 《내셔널리즘과 젠더》, 47쪽.

권력의 작용, 행위 주체의 반작용

푸코Michel Foucault는 권력이 있는 곳에 저항이 있으며, 권력관계는 다양한 저항 속에서 형성된다고 했다. 다양한 저항들은 권력 네트워크 도처에 존재하며, 권력관계에서 반대자·표적·버팀목·공략해야 할 모난 부분 역할을 한다. 따라서 저항은 반항 정신과 모든 반란의 원천, 그리고 혁명가의 순수한 규범으로서 유일하고 위대한 거부로 존재하지 않는다. 오히려 제각기 특별한 경우인 여러 저항이 존재한다. 이 저항들은 권력관계에 내재해 있으며, 권력관계의 또 다른 항목이자 "요지부동의 대치물"로 권력관계의 한 부분을 이룬다. 권력관계가 그러하듯 저항 역시 불균등하며 불규칙하게 배분되어 있다. 권력이 다양한 곳에서 다양한 형태로 존재하듯, 저항 또한 그러하다.[69]

개인은 지배-복종, 명령-굴복, 억제-순종과 같은 식으로 권력과의 관계를 정립한다. 권력에 대한 순응은 규율과 통제가 지배적인 사회에서 생존을 유지하기 위한 개인의 선택이며, 개인은 자신의 몸과 마음에 적당하고 필요하며 배려하는 방식으로 반작용한다.[70] 이 반작용 역시 개인의 생존 방식이며 생활의 기술을 익히는 과정이다. 그러므로 중앙집권화된 사회에서 정치 활동이 축소되고 백지화된 것이 아니라 복잡한 공간이 조직된다.[71] 일상생활의 다양한 공간에서 자신을 이롭게 하는 선택과 갈등, 그리고 거래가 이루어지기 때문이다.

---

69 푸코는 저항의 양태를 "가능한 것, 필요한 것, 있음직하지 않은 것, 자발적인 것, 우발적인 것, 외로운 것, 합의된 것, 은밀히 퍼지는 것, 격렬한 것, 화해할 수 없는 것, 재빨리 타협하는 것, 이해 관계로 일어나는 것, 또는 희생적인 것" 등으로 설명한다. 미셸 푸코 지음, 이규현 옮김, 《성의 역사 : 제1권 앎의 의지》, 나남, 1997, 109~110쪽.

70 미셸 푸코 지음, 문경자·신은영 공동옮김, 《성의 역사 : 제2권 쾌락의 활용》, 나남, 1997, 86, 125쪽.

71 미셸 푸코 지음, 이혜숙·이영목 공동옮김, 《성의 역사 : 제3권 자기에의 배려》, 나남, 1997, 101쪽.

르페브르Henri Lefèbvre는 근대의 일상을 연구하면서 다음과 같은 문제를 제기한다. "압력과 공포주의적 억압이 개인적인 자기 억압을 강화시켜 마침내 모든 가능성을 가로막기에 이르렀는가?" 그 답은 명백하다. 결코 그렇지 않다는 것이다. 소위 '인공두뇌화'가 경찰이나 관료 시스템을 통해 실현되는 것처럼 보이지만, 어쨌거나 이 과정 역시 일상생활을 통해, 그중에서도 주로 여성에 의해 수행된다. 그리고 여성도 반항하고 자기주장을 한다는 점에서 남성과 다를 바 없다. 인간은 로봇이 아니기 때문에 결코 위로부터 강제되는 규율을 무조건 따르는 '인공두뇌'가 될 수 없다. 불규칙적이고 다양한 생활 세계는 결코 획일화될 수 없다.[72] 북한 정권이 여성에게 요구한 '혁신적 노동자−혁명적 어머니'라는 이중전략도 비슷한 과정을 겪을 수밖에 없었다.

역사 속에서 여성은 의식적이든 무의식적이든 또는 필연적이든 우발적이든 "변동의 첨병" 역할을 해왔다. 여성은 구조적으로 남성보다 열등한 지위에 있기에 남성들이 신봉하는 주류 가치와는 다른 종류, 때로는 새로운 가치를 선택한다. 중세 상업 활동의 초기 발전을 살펴보면, 그 선구적 역할은 농업 생산양식에서 주변적 존재였던 여성이 담당했다. 이후 공업화가 시작되자, 농촌에서 열등한 지위에 있었던 여성들이 공업사회의 선구자인 노동자가 되었다.[73]

통상 경제적 변동에 따른 개인과 가정의 생존 논리는 개인의 체통과 사회적 지위를 확보하려는 특성과 연관된다. 모든 노동자의 "남부끄럽지 않은respectable 생활을 하려는 꿈"은 소부르주아적 성향의 모방도 아니고, "뒤틀

72 앙리 르페브르 지음, 박정자 옮김, 《현대세계의 일상성》, 106~107쪽.
73 무타 가즈에, 〈가족・성과 여성의 양의성兩義性〉, 《동아시아의 근대성과 성의 정치학》, 푸른사상, 2002, 141쪽.

린 계급의식"도 아니었다. 그 꿈은 한편으론 일상의 불확실성과 불안, 그리고 체념의 반영이었으며, 또 다른 한편으로는 나날의 성공에 대한 열망의 반영이기도 했다. 그러므로 노동자들에게 생존surviving은 체력을 회복하는 것과 남부끄럽지 않은 위치를 확보하는 것이다.[74] 따라서 생존을 위해 좀도둑질을 한다든가 각종 불법 수단을 사용하는 것은 수치나 부끄러움으로 인식되지 않는다.

물론 여성의 일상적 생활정치가 언제나 방어적인 것만은 아니었다. 거기에는 어떤 목적의식이 끈질기게 되풀이되고 있다. 권력의 작용에 직면하여 북한 여성은 끊임없이 자신의 이해에 따른 판단과 행위로써 대응하였다. 이 주체화 과정은 현재 북한 주민의 생존을 책임지고 있는 여성의 모습에서 확인된다.

전통과 근대의 접목 또는 갈등

현실 사회주의는 대개 경제적으론 저발전되고 정치적으로는 서구의 근대적 자유민주주의를 경험하지 못한 국가에서 수립되었다. 서구 선진 자본주의는 봉건적인 지배 질서와 세력을 양분하기도 하고, 때론 격렬하게 권력투쟁을 벌이기도 했다. 이 과정에서 서구 근대화를 주도했던 부르주아는 봉건 질서에서 벗어나고자 대중의 시민권 투쟁을 계몽하였다. 이 계몽의 물결은 오랜 갈등과 타협 속에서 부르주아의 정치력 확보 및 시민 의식의 성장을 가져왔다. 반면에 현실 사회주의는 자본주의의 물질적·제도적 단련

---

74 알프 뤼트게, 〈일상생활의 역사서술-사사로운 것과 정치적인 것〉, 《일상생활의 사회학》, 한울, 2002, 260쪽.

을 경험하지 못한 채 공산주의를 향한 질적 비약을 기획하였다. 이 기획이 실행되는 과정에서 오랜 갈등을 통한 전통과의 단절이나 시민 문화의 형성 등은 경험할 기회가 없었다. 집약적인 사회주의 근대화 전략은 전통과의 공존과 중첩, 갈등의 과정을 통해 국가사회주의로 드러났다.

전통과 근대의 접목 및 갈등에 주목하는 태도는 분명 북한의 젠더 시스템을 동태적으로 해석하게 할 가능성이 높다. 그러나 이 접근법은 단지 북한에 전통적 요소와 근대적 요소가 존재했다는 현상적 설명을 하는 데 그 목적이 있지 않다. 오히려 북한의 근대 전략과 젠더 전략이 결합된 특징들을 '전통의 접목 및 갈등의 시각'에서 파악해 보자는 것이다. 접목과 갈등은 역사문화적 요소로서, 사회구조 및 행위자에게 전승되어 뿌리 깊은 영향력을 발휘하기 때문이다.

앤서니 기든스Anthony Giddens는 대부분의 역사에서 근대성은 전통을 해소시키는 동시에 재건하였다고 주장한다. 서구에서도 전통의 지속과 재창조는 권력이 정당성을 유지하는 데 불가결한 요소였다.[75] 사회주의 연구에서 이에 주목한 대표 학자는 조윗Kenneth Jowitt과 왈더Andrew Walder이다.

조윗은 현실 사회주의는 전 시대의 문화적 특징과 긴밀한 연관성이 있다고 주장한다. 사회주의사회는 이전 시대인 농민 사회의 신분적 특징이 당과 관료제에 의한 비인격적 지배 및 근대적 규범을 실현하려는 사회조직과 접목되어 있다는 것이다. 그는 경제성장을 5단계로 구분한 로스토Walt Whitman Rostow가 주장한 "넓은 개념에서 근대성은 전통에 반대하는 것"이라는 논리를 비판하며, 정치사회 연구에서 전통은 보편화된 경험적 기초와 이론적 유용성을 가진다고 주장한다. 이러한 시각을 지녀야만 조직의 위

---

75 앤서니 기든스, 〈탈전통사회에서 산다는 것〉, 앤서니 기든스 외 지음, 임현진 외 옮김, 《성찰적 근대화》, 한울, 1998, 91쪽.

계와 신분 유형의 분석적 구별, 그리고 경험적 연관을 발전시킬 수 있다는 것이다.[76]

또한 조윗은 신분제 농업 사회가 계급 중심의 사회주의사회로 전환되었으나, 농업 사회의 신분 질서가 여전히 현실 사회주의사회의 주요 특징이라고 본다. 다만, 사회주의는 신분제 사회와 달리 근대적 관료제 중심으로 위계적 집단화를 구성했다는 것이다. 구체적으로 보면, 사회주의에서 전통적 신분제 질서는 정치적으로 '가족화된 당party familalization', 사회적으로는 '가족화된 집단'으로 재구성되었다. 따라서 공산당은 은혜와 충성, 그리고 세습에 따른 후견-피후견 구조로 당원의 충원과 특혜 구조를 제도화했고, 직장·작업반·협동농장에서 기능적인 가족주의가 활용되었다. 그러나 집단노동을 위한 생산단위의 가족화는 신분제 사회의 생산단위인 가족과 달리, 개별 가정을 핵가족화하고 노동 단위별로 확대가족을 구성했다.[77]

북한 정권은 개별 가정의 생산 기능은 제거하고, 노동과 여성·청년·노동자 등으로 특성화된 집단, 인민반·군郡·리里 협동농장 등 생활공간에 가족관계를 확대 적용하였다. 새롭게 구성된 확대가족은 관료제적 연줄망을 통해 당 조직과 긴밀히 연결된다.

조윗은 레닌이 완성하고 스탈린이 제도화한 사회주의 전통과 근대의 접목을 '카리스마적 비인격성charismatic impersonality'으로 정의한다. 사회주의가 개인적 영웅주의라는 전통적 요소와 조직화된 비인격주의organizational impersonalism라는 근대적 요소를 결합하여 당 조직의 카리스마적 비인격성을 구축했다는 것이다. 영웅주의를 개인적 차원이 아닌 조직적 차원에서 활용한 공산당은, 여러 우여곡절을 거치며 카리스마적이며 영웅적인 성격과 조

76 Kenneth Jowitt, *The Leninist Response to National Dependency*, California Univ. 1978, pp. 1-21.

77   Kenneth Jowitt, *ibid.*, pp. 63-73.

직적이며 비인격적인 성격을 사회주의적 근대성으로 재구성하였다. 카리스마적 성격과 근대적 특징은 정치사회적 변화와 역사적 상황에 따라 그 비중에는 차이가 있었으나, 본질적으로는 카리스마적 비인격성을 유지했다.[78]

한편 왈더는 '신전통주의' 개념으로 세 가지 수준에서 '사회주의적 근대'에 내재해 있는 전통과 근대의 접목을 분석하였다. 왈더는 **첫째**, 순종에 제공되는 인센티브를 강조한다. 구성원들을 제약하는 감시 체계와 정치 통제가 있지만, 충성과 순종을 위한 제도가 따로 존재한다는 것이다. 정치적 충성에 주어지는 출세 기회와 차별적 분배, 그리고 여러 보상 체계가 그러하다. **둘째**, 후견-피후견 관계의 제도화이다. 전체주의 시각은 이데올로기적 의도와 당의 공식 입장만을 되풀이한다고 비판하며, 당의 이데올로기적 정향定向이 만들어 내는 의도되지 않는 사회적 결과들에 주목한 것이다. 대표적으로 은혜와 충성의 구조인 후견-피후견 관계를 꼽을 수 있다. **셋째**, 도구적-개인적 연계이다. 하급 관리에 의해 통제되는 공적·사적 재화를 얻기 위해 공식 관계를 교묘히 회피할 수 있는 선물이나 뇌물 등의 도구적-개인적 연계가 광범위하게 존재했다는 것이다.[79]

이 문제의식은 서구의 근대를 연구한 기든스에게서도 확인할 수 있다. 기든스는 전통과 결부되어 있는 친족 유대 같은 구조적 요소가 사회관계의 연줄망을 유지시킨다고 주장한다. 친밀함은 신뢰의 기초이며, 신뢰는 다

---

78 Kenneth Jowitt, *op. cit.*, pp. 34-37. 사회주의사회에 나타나는 위계적 권위체의 도덕적·정치적 특성을 주목한 왈더는, 조윗이 주장한 카리스마적 특성과 이데올로기적 정당이 모두 공통된 신념을 기초로 결합된다는 점에서 결합 가능성을 인정하지만, 카리스마는 이데올로기적 정향의 하위 유형이지 그 반대가 아니라고 주장한다. Andrew Walder, *ibid.*, p. 123.

79 Andrew Walder, *op. cit.*, pp. 2-8. 왈더의 연구에 의하면, 사회주의는 당-국가가 '공장 관리기구The shop office'에 의해 관료적이고 위계적인 구조로 노동자를 지도·통제하였고, 그 과정에서 관료들과 충성 노동자들 간의 후견-피후견 연계망이 형성되었다. 일반 노동자들 사이에도 도구적-개인적 연계망이 형성되었다. 즉, 위계적인 지도와 감시는 노동자들의 비공식적 저항을 광범위하게 불러일으켜, 노동자들은 사적 교환과 안면 관계 등을 통해 상호 협력하였다. Andrew Walder, *op. cit.*, pp. 28-122.

양한 연줄망을 형성하게 하는 신념 양식이다. 또한, 전통은 권위와 밀접하게 연관되어 있는데, 권위는 이중적인 의미를 지닌다. 한편으론 개인 또는 집단이 상대보다 우위에 있으면서 구속력 있는 명령을 내릴 수 있는 자격으로서의 권위이며, 다른 한편으론 존경이나 충성으로 표현되는 지식과 행위, 그리고 복종의 대상으로서의 권위이다. 권위의 이 두 가지 특성이 융합되어 이데올로기가 되거나 비인격화된 권력 수단이 되기도 한다.[80]

북한의 근대는 기든스가 지적한 전통의 접목을 통해 나타났다. 대표적인 것이 수령제라는 전통적·인격적 지배제도이다. 수령제를 가능하게 한 것은 후견-피후견 제도와 각종 감시-규율 제도이다. 이때 절대지도자의 은혜에 대한 '감격感激'과 두려움에 복종하는 '외복畏服'의 균형이 중요하다. 충성과 반역의 법칙은 주군主君의 경우와 부부夫婦의 경우에도 존재하였다.[81] 즉, 북한의 젠더 시스템 역시 전통과 근대의 접목 및 갈등을 통해 구축되었다.

근대 여성의 일상생활사

북한의 젠더 시스템은 일상생활 전반에서 작동한다. 일상은 전통과 구별되는 근대의 양상을 드러내는 동시에, 여성의 삶이 생생하게 나타나는 현장

---

80 앤서니 기든스 외 지음, 임현진 외 옮김, 《성찰적 근대화》, 126~127쪽.

81 마루야마 마사오 지음, 박충석 외 옮김, 《충성과 반역: 전환기 일본의 정신사적 위상》, 나남, 1998, 35쪽. 마루야마 마사오는 일본 천황제 연구에서 충성과 반역은 근대에 내재해 있는 전통적 요소라고 지적한다. 이 전통적 개념이 근대화가 추진된 일본의 메이지 시대에 관철될 수 있었던 이유는 역사적 조건의 사회심리적 성격 때문이다. 그의 연구에 따르면, 역사적 조건은 단지 인간을 둘러싼 당대의 사회 환경으로만 존재하지 않는다. 선행한 역사적 시간 속에서 축적된 다양한 사고 패턴으로 행위자의 내면에 깊숙이 스며들어 있다. 마치 안경을 쓰고 있는 사람이 안경을 의식하지 않고서 사물을 보는 것과 동일하게, 인간은 대부분 무의식적으로 그 패턴에 따라 상황에 대응한다. 마루야마 마사오 지음, 박충석 외 옮김, 같은 책, 15쪽.

이다. 일상생활 연구에서 중요한 점들은 다음과 같다.

첫째, 경제와 정치의 특정한 논리가 아니라 총체적인 생활 논리다. **둘째**, '아래로부터'라는 관점이 대변하듯이 영웅이나 특출한 사람보다는 보통 사람의 생활 세계에 더 큰 관심을 기울인다. **셋째**, 외부 관찰자의 시각이 아니라 내부 참여자의 관점으로 파악한다. 생활인의 경험 세계와 주관적 의미 맥락과 행위를 포착하여 그들의 생활 세계를 재구성한다. 그래서 '내부 시각' 또는 '안으로부터의 관점'으로 불리기도 한다. **넷째**, 일상생활의 행위자인 개인의 주관성을 정태적으로 파악하지 않고 동태적·사회적 맥락에서 파악한다.[82] **다섯째**, 학문 영역 간 경계를 넘어서 철학, 심리학, 역사학, 정치학, 경제학, 민속학, 문학 등 관련 학문들과의 학제적 연구를 강조한다.[83]

헝가리 철학자인 아그네스 헬러는 일상생활의 연구 방법으로 사회 재생산의 구성 요소로서 개인의 재생산을 중요시한다. 그러면서 일상생활을 자신뿐 아니라 동시에 사회 재생산도 가능하게 만드는 개인적 재생산요소들의 집합체로 정의한다. 사람은 구체적인 정치사회적 조건과 욕망의 틀sets, 그리고 구체적 사물과 제도 내에서 태어난다. 따라서 인간의 재생산은 언제나 구체적 세계에 존재하는 어떤 '역사적 인간'의 재생산이 된다. 즉, 사회와의 관계가 인간을 규정한다는 것이다. 인간의 역사에서 자발적이며 동시

---

82 여기서 동태적인 파악이란, 시간적인 차원의 분석을 중요시한다는 것이다. 그리고 사회적인 맥락에서 파악한다는 것은, 사회적 환경과의 상호작용에 대한 분석을 중시한다는 것이다. 이를 통해 일상생활의 관점은 개인과 사회, 주관과 객관 등의 범주들을 대립적으로 설정함으로써 야기되었던 사회과학의 장애를 극복하는 데 기여한다. 강수택, 《일상생활의 패러다임》, 민음사, 1998, 27쪽.

83 강수택, 《일상생활의 패러다임》, 25~27쪽. 일상생활 개념은 각 학문 전통 속에서 다음과 같이 파악되었다. 첫째, 현상학적 전통에서는 '자연적 태도에 기초하여 경험과 사유, 행위가 상호 주관적으로 이루어지는 것', 둘째, 마르크스주의 전통에서는 '개인의 재생산 활동의 총체', 셋째, 상징적 상호작용론의 전통에서는 '자아의 형성과 발전, 표현의 환경으로서 사회적인 상호작용 상황, 특히 대면적인 상호작용'이라는 점에서 특히 강조되었다. 하버마스의 비판 이론에서는 '물질 및 상징의 재생산 영역'으로서 일상생활이 합리화됨으로써 '상징의 재생산 영역'이 되었다. 강수택, 《일상생활의 패러다임》, 35쪽.

에 의식적인 '발생적 활동'은 예외적으로만 가능했다. 평균적인 인간을 고려할 때, 각 개인의 통일성은 언제나 일상생활 속에서 그리고 일상생활에 의해서 구성되어 왔다.[84] 그러므로 일상은 전통 사회와 구별되는 근대와 행위자의 특징을 동시에 보여 준다.

그러나 통일성이 동질성을 의미하지는 않는다. 근대의 일상에서 행위자는 다양한 이질성을 보여 주는 반면에, 법과 제도 등 정치권력의 강제는 행위자에게 동질성을 인식시키고 강요하기도 한다. 그러므로 대중 안에서 일어난 커다란 사회 갈등은 일상생활의 갈등으로부터 발생한다. 일상에서 드러나는 사람들의 행위규범과 준칙, 객관화들을 비교해 보면 도처에서 이질성이 드러나는 것을 확인할 수 있다. 그렇다고 행위의 동질성과 객관화 가능성을 아예 배제하는 것은 아니다. 동질 가능성이 각종 규범의 전제가 되며, 객관화가 이루어질수록 일상생활이 동질화되기 때문이다. 예를 들어 법체계는 비교적 동질적인 객관화이다. 그러나 법에 대한 각 개인의 관계는 이질적인 성격이 강하다.[85] 그러므로 일상생활은 동질성과 이질성이 공존하며 갈등하는 영역이다.

헬러가 근대의 재생산에 초점을 맞추어 일상생활을 연구했다면, 르페브르는 생산과 재생산의 동질성을 주목했다. 르페브르에 의하면, 생산이란 용어는 사회적 시간과 공간까지를 포함하는 정신적 생산과 물건의 제조를 지칭하는 물질적 생산, 그리고 인간 존재의 생산도 포함한다. 그러므로 그에게 생산은 총체적인 사회관계의 생산을 의미한다. 결국 포괄적 의미로 생산은 재생산까지를 포함하는 것이다. 생물학적 재생산만이 아니라 생산

---

84 아그네스 헬러 지음, 노영민 옮김, 〈일상생활의 추상적 개념〉, 《일상생활의 사회학》, 한울, 2002, 111~116쪽.
85 아그네스 헬러, 〈일상생활의 이질성〉, 《일상생활의 사회학》, 한울, 2002, 376쪽.

에 필요한 연장·도구·기술 등의 물질적 재생산과 사회관계의 재생산도 포괄한다. 르페브르는 경제적 토대와 사회구조, 그리고 국가와 이데올로기를 포함하는 상부구조로 삶의 조건을 분석하는 것은 도식이라고 평가한다.[86]

르페브르는 혁명이란 경제와 정치, 이데올로기적 측면만이 아니라 더 구체적으로는 "일상의 종식"이라고 정의한다. 혁명은 일상을 해체하고 변형시키기 위해 우선 일상을 거부하고 일상을 재구성한다. 일상의 위업과 전 시대의 합리성을 부인하는 것이다. 그러므로 일상의 재구성은 근대 혁명의 일부가 된다. 혁명은 제도·관료주의·계획·생산성 합리화 등이 되었다. 그 과정에서 다수의 희망은 배반되고 혁명은 본래의 의미를 잃었다. 르페브르는 근대사회에서 볼 수 있는 생산성 높은 계획노동과 기업의 합리화, 농업의 공업화는 자본주의와 사회주의에서 유사하게 나타난다고 지적하며, 이들을 같은 류의 두 종種으로 인식한다. 특히 저발전이라는 공통점을 가진 제3세계와 사회주의국가는 국가 전략을 실현시키고 일상을 재단裁斷하며 배치했다. 그러나 뒤틀림과 빈틈, 균열과 구멍이 없는 권력은 존재하지 않는다.[87]

근대 여성의 일상사를 연구한 도로테 비얼링은 여성 연구가 여성사가 아닌 양성사적 관점에 기초해야 하며, 양성사의 접근 방법은 전체 사회를 대상으로 해야 한다고 주장한다. 여기서 일상사란 일상적 생활 조건의 역사, 일상에서의 습득과 행위의 역사, 그리고 특수한 사회적 경험과 주관적 관점의 역사이다.

비얼링이 정의한 일상이란, 인간이 행동을 통해 자신의 상황에 직접적

---

86 그리고 도식은 생활의 역동성을 상쇄한다. 앙리 르페브르 지음, 박정자 옮김, 《현대세계의 일상성》, 主流 · 一念, 1995, 66쪽.

87 앙리 르페브르 지음, 박정자 옮김, 같은 책, 72~73, 83~84, 96, 205쪽.

영향력을 행사하는 영역이다. 그러나 일상은 외부로부터 규정되는 성격이 강하기에, 일상의 행위는 일상인의 영향력이 미칠 수 없는 조건에서도 일어난다. 그러므로 사회적 범주로서 성性은 결국 보편적 사회사와의 관계 속에서 드러난다.[88] 일상과 성은 긴밀하게 연결되기 때문이다. 여성은 일상세계 속에서, 즉 비공식적이고 사적이며 권력에 덜 공개되는 영역에서 생활한다. 그리하여 일상생활의 조직과 위기 극복은 여성의 영역으로 간주되었고, 근대 여성은 공장과 가정 노동을 통해, 생활력과 관계망 및 인내력과 유연함을 통해 사회적 영향력을 행사했다.[89] 양성사로 확대된 여성과 남성, 그리고 그 상호 관계는 양성의 일상 세계를 통해 연구되어야 한다. 일상이란 남성과 여성이 생활을 유지하고 어려움을 극복하기 위해 계속해서 갈등하며 협상하는 영역이기 때문이다.

근대 일상의 소외를 연구한 헬러와 동료들은 동유럽의 현실 사회주의에서 왜곡된 사람들의 일상생활에 주목하였다. 그들은 현실 사회주의에서 나타난 일상생활의 왜곡을 자본주의의 경우와 동일하게 '일상생활의 소외'라는 관점으로 파악하였다. 다만, 소외의 기본 조건을 자본이 아니라 국가통제에서 찾은 점이 달랐다. 그 결과, '소비에트 사회'로 보편화할 수 있는 현실 사회주의의 가장 뚜렷한 특징이 '욕구독재제'에 있다는 결론에 이르렀다.

'욕구독재'란 개인에게 강요된 복종과 자연스런 굴종에 근거한 개념으로, 현실 사회주의에서 인간의 욕구가 임의적 혹은 의도적으로 환원되거나 억압되어 개인의 주관적 욕구가 무시되는 경향을 가리킨다. 현실 사회주의에서 각 개인의 생활은 이질적이며 갈등과 분열로 가득 차 있음에도 불구하

---

88 이는 두 가지를 의미한다. 첫째, 사회사를 대변하는 사람들의 사회적 성을 그들의 범주 속에 받아들이는 것, 둘째, 양성사兩性史가 스스로를 전체 사회로 규정하고 양성 관계와 전체 사회 변화 간의 관계를 연구하는 것이다.

89 도로테 비얼링, 같은 글, 232, 236~237쪽.

고, 그들의 의식은 일치·공동의지·사회적 동질성 등과 같은 보편화 범주에 사로잡혀 있다는 것이다. 따라서 개인의 사유思惟는 자본주의사회에서보다 훨씬 물신物神주의적일 것이 강요된다. 물신주의적 사유의 결과로 개인이나 집단은 자신의 이해와 관심을 오해하게 되고, 결국 당과 국가기구의 관료제에 이용당하게 된다는 것이다.[90]

그러나 역사 이래로 소외의 극복을 위한 개별 인간의 충동은 언제나 고갈되지 않고 반복해서 출현했다. 각 개인들은 끊임 없이 소외에 맞서 항거했다. 헬러 등이 연구 대상으로 삼은 동유럽 사회주의 권력 역시 사회문화적 헤게모니를 완전히 장악하지는 못했다. 헬러와 동료들은 동유럽이 몰락하기 전인 1980년대 초에, 이들 나라에서 소비에트식 지배 체제의 위기가 외현화되었다고 주장한다. 위기의 핵심은, 사회 구성체의 재생산과정에서 '외연적 단계로부터 내포적 단계로의 이행'을 국가가 관리할 능력이 없었다는 데 있다. 위기의 정치적 징후는 다양한 사회계층에서 일탈 및 저항 세력이 등장한 것이다. 즉, 지배 체제가 정당성의 위기를 맞은 것이다.[91]

---

90 '욕구독재'란 비판 이론가들이 자본주의사회에 대해 지적한 바 있는 '욕구의 조작 또는 제한'과는 구별되는 개념이다. 욕구의 조작 또는 제한이란 인간의 창조적인 욕구가 자본의 이윤 논리에 복속된다는 의미다. 자본주의에서 개인 결정의 형식적인 자유는 침해되지 않지만, 욕구 구조 자체는 기형화되는 것으로 파악된다(Heller et al., 1983: 9, 254, 289. 강수택,《일상생활의 패러다임》, 272~273쪽)에서 재인용. 그러므로 폴라니Polanyi가 지적했듯이 '사회주의는 산업문명에 내재해 있는 경향'이라고 볼 수 있다. 현실 사회주의는 이념형으로 구상할 수 있는 공정하고 완전한 사회의 갈망이나 구원의 희망과 결합되어서는 안 되는 새로운 사상이었던 것이다. 아그네스 헬러 지음, 강성호 옮김,《역사의 이론》, 문예출판사, 1994, 327쪽.

91 헬러와 동료들은 이와 같은 진단에 근거하여 이 사회가 머지않은 장래에 자유주의적 자본주의가 회복되는 방향이 아니라, 민주적인 사회·진정한 사회주의사회의 방향으로 극복되기를 기대하였다. 그리고 인간 존엄의 일상생활이 이루어지길 희망하였다. 그러나 현실은 그들의 소망에 등을 돌렸다(Heller et al., 1983: 322, 325, 338. 강수택,《일상생활의 패러다임》, 273~274쪽에서 재인용).

2장

성의 정치

" 지난 20여 년간 선군정치를 고수한 북한 정권은 체제 존속을 위해 북한 주민의 '성적 정체성Sexuality'을 군사주의 정책에 따라 구성했다. 남성은 전방의 전사로, 여성은 후방의 전사로 살아야 하는 젠더정책이 강제된 것이다. 여기서 주목할 점은, 군사주의 권력이 병영 체제를 구축하는 과정에서 젠더 위계가 극명해졌다는 것이다. **"**

그렇다면 사회주의 근대화를 추진한 북한 권력의 '성의 정치'는 어떠한 이데올로기를 수반하였는가? 이 장에서 활용할 연구 방법은 프레임 분석Frame Analysis이다.

현대 심리학과 경제학 영역에서도 광범위하게 활용되는 프레임 분석은 사회학 분야에서 가장 발달하였다. 인간의 선택이 어떠한 의식 흐름에 따라 이루어지는지에 대한 심리적·행동학적 탐구 과정에서 진화한 프레임 분석은 특히 담론, 의사소통, 정치, 언론, 사회운동 등의 해석 방법으로 활용된다.[1] 최근에는 정치학에서 '정책의제화' 연구 분야에서 발전하고 있다. 현대 프레임 분석은 1974년 고프만Erving Goffman의 연구로 개념화되었다. 고프만에 따르면, 프레임은 개인이나 집단이 어떤 상황에 의미를 만들고 직간접적 경험을 조직하여 향후 태도 및 행동을 결정짓게 하는 "해석의 도식

---

1 특히 사회운동에 프레이밍 시각framing approach이 도입된 1980년대 중반 이후 스노우David A. Snow를 중심으로 정치사회적 상황 및 환경에 대한 진단 프레이밍과 예측 프레이밍 등이 발전하였다. David A. Snow, Rens Vliegenthart, and Catherine Corrigall-Brown, "Framing the French Riots", *Social Forces*, Volume 86. Number 2, December 2007, pp. 1-32.

schemata of interpretation"이다.[2] 개별 인간이나 유사한 구조에 놓여 있으며 유사한 이해를 공유하는 어떤 집단이, 사회적 사건이나 상황·의제議題를 이해하고 자신/집단의 의견이나 행동을 결정하기 위해 그 결과까지를 생각하고 고려하는 '인식의 틀'을 프레임이라고 할 수 있다.

민족주의와 젠더

북한의 성의 정치에 동원된 첫 번째 이데올로기는 민족주의다. 북한의 국가 형성과 발전, 그리고 위기 상황에서 중요한 역할을 한 민족주의는 북한의 젠더 전략과 여성정책에도 심대한 영향을 미쳤다.

민족주의 전통은 크게 두 가지로 분류된다. 하나는 혈연과 인종에 기반한 영속성을 강조하여 근대 민족국가와 혈연에 기반한 인종공동체 사이의 연속성을 부각시키며, 근대 민족을 인종성과 정치 주권의 결합이라고 인식하는 시각이다.[3] 다른 하나는 근대화, 특히 산업화와 국민국가 형성을 강조하며, 민족을 근대 정치권력의 발명품인 '상상된 공동체'로 간주하여 신민臣民적 결속 및 의무 강제의 특성을 부각시키는 시각이다.[4] 전자는 인종공동체의 연속성을 강조하면서 민족주의가 종족·언어·조상·종교·언어·영토 등 원초적이며 영속적인 유대에 기초해 있다는 논리다. 그러므로 민족은 국가보다 먼저 형성되었고 혈연과 공통의 역사, 그리고 사회문화적 유대에

---

2 Erving Goffman, *Frame Analysis: An essay on the organization of experience*, Cambridge: Harvard University Press, 1974, p. 21.

3 Anthony D. Smith, *The Ethnic Origin of Nations*, Oxford: Basil Blackwell Ltd, 1986.

4 Benedict Anderson, *Imagined Communities-Reflection on the Origin and Spread of Nationalism*, Verso, 1983; Eric. J. Hobsbawm, *Nations and Nationalism since 1780*, N.Y.: The Press of Univ. Cambridge, 1990; Ernest Geller, *Nations and Nationalism*, Oxford: Blackwell, 1983.

기초한 객관적 실체라는 것이다. 후자는 민족은 결코 객관적 실체가 아니며, 국민국가 형성과 근대화라는 역사적 상황 속에서 나타난 주관적 발명품이라는 시각이다.

민족이나 민족주의 이론은 각각의 국가가 겪은 역사적 경험만큼이나 다양하다. 또한 이데올로기로서의 민족주의는 자기완결적 논리 구조를 갖추었다고 보기 어렵다. 민족주의는 그 자체로서 사회변혁이나 정치적 행위 지침을 제공하지 못하기 때문에 주로 다른 사회 이데올로기와 결합되어 나타났다. 그러므로 민족주의를 '이차적 이데올로기'라 부르며, 그 이념적 가변성에 주목한다.

북한의 민족주의를 연구하기 위해서는, 식민의 경험과 공동체의 민족주의가 어떠한 상관관계가 있는지부터 살펴봐야 한다. 제국에 의한 식민 시기를 경험한 사회는 대개 식민지 지배에 대항하는 반식민지 투쟁을 통해, 즉 민족 해방이라는 욕구를 기반으로 민족의식을 형성한다. 그래서 반식민주의의 초기 형태는 민족자치 이념에 기초하고, 정치적 독립을 위한 노력은 사회 발전 욕구와 산업화된 자본주의국가에 대한 종속을 종결시켜야 한다는 갈망과 결합되었다. 그 결과, 민족 해방의 목표는 경제적·정치적 성격을 갖게 되면서 곧잘 사회주의 운동과 결합되었다.

표면상 민족주의와 사회주의는 상충되는 것처럼 보인다. 마르크스주의에 기초한 사회주의자들은 민족 단위로서의 집단 구분을 거부했으며, 노동자계급의 국제적 연대를 강조했기 때문이다. 그런데도 20세기에 사회주의가 민족주의와 결합한 데에는 현실적 필요가 작용했다. 특히 식민지를 경험한 사회에서 사회주의가 발전한 이유는, 사회주의가 실현하려는 공동체의 가치 및 협력 정신이 전통적이며 아직 산업화되지 않은 사회의 집단의식 및 문화에 쉽게 접목될 수 있었기 때문이다. 민족주의와 사회주의는 둘 다 사회적 연대와 집단적 행동을 강조하는 경향으로 결합이 용이하였다.

이 특성 때문에 중국·북한·베트남·캄보디아 등의 반식민지운동은 사회주의 운동과 결합되었다. 이들 국가는 권력을 장악한 이후 자산을 몰수하고 경제적 자원을 국유화하였으며 소비에트 방식의 계획경제를 추진하였다.

사회주의 운동사에서 프롤레타리아 국제주의를 주장한 마르크스와 엥겔스는 1867년 중반까지 민족주의를 배제하고 비판하였다. 그러나 말기에 마르크스는 영국의 식민통치가 아일랜드 산업 발전을 왜곡시켰음을 인식하고, 아일랜드 민족 해방을 영국혁명의 전제 조건으로 삼았다. 민족주의의 긍정성을 주목한 것이다. 이 역사가 레닌의 제국주의론과 민족자결론으로 이어졌다. 이때까지 제3세계에서 사회주의와 민족주의는 해방과 평등사회라는 이념을 공유하며 사회 개혁 과정에서 긍정적인 역할을 하였다. 그러나 1922년 말 스탈린의 중앙집권적 민족정책이 본격화되면서도 그 양상이 변화하기 시작했다.

스탈린은 민족을 '언어·영토·경제생활·공통의 문화 속에서 나타난 심리 구조를 갖춘 역사적으로 성장한 영속적인 공동체'라고 정의하였다. 이 네 가지 요소 중 하나라도 결여되면 민족으로 존재할 수 없다며 소수민족 운동을 탄압하고 중앙집권제를 강화하였다. 이 시기부터 사회주의와 민족주의는 신민적 충성을 강제하는 '사회주의적 애국주의'로 결합되어 급속한 산업화와 통제, 위계 사회를 구조화하는 역할을 하였다.[5] 스탈린적 사회주의 체제를 모방했던 후발 사회주의국가들은 생산 증대와 권력의 정당성 확보, 사회통합력 제고를 위해 소비에트식 민족주의를 활용하였다. 민족주의는 각 민족국가의 상황과 발전 전략에 따라 국가별로 일정한 차이를 가지고 발전하였으나, 20세기 현실 사회주의국가 건설 및 유지에 핵심적 역할을

---

5 임지현, 《민족주의는 반역이다》, 소나무, 2003, 24쪽.

한 것만은 사실이다.[6]

여성과 관계 맺는 방식에서도 민족주의는 비슷한 굴절을 가져왔다. 여성들에게 근대 국민국가의 형성과 발전 과정은 남성과는 차별적인 방식으로 국민화되는 과정이자, 전승된 가부장성을 내면화하는 과정이었다. 대개 민족국가는 남성성과 동일시되면서 이상화되었고, 여성은 남성화된 민족국가를 원호하고 보조하는 역할로 위계화되었다. 근대에 여성이 민족국가와 결합하는 방식은 대략 다섯 가지로 분류될 수 있다.[7]

첫째, 여성은 민족 집단이나 구성원의 생물학적 재생산자로서의 역할을 담당하게 된다. 즉, 여성은 인구 증감에 직접적으로 관련된다.

둘째, 여성은 국가 내에서 민족적·인종적 경계선의 재생산자가 된다. 여기에서 여성의 몸은 자신이 속한 집단의 정체성을 상징한다.

셋째, 여성은 자신이 속한 민족국가의 이념적 재생산에 참여하며, 동시에 전통문화의 담지자가 된다. 특히 여성은 자라나는 젊은 세대에게 그 집단의 전통과 문화유산을 전달하는 역할을 해야 한다.

넷째, 여성은 인종적·민족적 차이의 기표signifier가 된다. 위기에 놓인 조국은 여성으로 은유되고, 여성은 '사랑하는 아들을 전쟁에서 잃은 어머니'라는 독특한 민족주의 담론의 주인공이 된다.

다섯째, 여성은 가족을 지키듯이 위기에 빠진 민족국가를 지키는 적극적 주체가 된다.

그러나 역사적 경험과 조건의 다양함만큼이나 민족국가와 여성의 관계는 다변적이고, 단일한 공식으로 규정하기 어렵다. 그러므로 중요한 것은

---

6 Janos Kornai, *The Socialist System: The Political Economy of Communism*, Princeton: Princeton Univ. Press, 1992, pp. 49-50.

7 정현백, 《민족과 페미니즘》, 당대, 2003, 24~26쪽.

정치사회적이며 역사적인 조건과 맞물려 민족주의가 구체적인 정치 행위 및 정책에 어떠한 기능을 하였는지, 역사적 변화에 따라 그 성격과 역할을 어떻게 변모시켜 여성 세계의 변화를 초래했는지를 분석하는 것이다.

해방 후 소련군의 영향력 하에서 식민 체제 종식과 사회주의국가 건설을 추진한 북한 정권은 민족국가 건설과 여성해방 논리를 연계하여 여성을 국민화했다.[8] 토지개혁·남녀평등권 법령·선거권 부여 등으로 여성을 민족국가 건설의 주체로 재구성하였고, 이러한 사회 개혁을 주도하는 민족국가 건설이 곧 여성해방의 길이 되었다. 이때 민족국가 건설은 여성해방의 선행조건이었다. 그리고 사회주의적 민족국가 건설은 한반도 전체를 대상으로 한 민족국가 건설 의지로 확장되었다. 이러한 북한 정권의 야심은 한국전쟁을 야기했으며, 전쟁 과정에서 북한은 김일성을 중심으로 한 권력의 집중화와 대중 동원 메커니즘을 체계화했다. 전시에 북한 여성은 위기에 빠진 가정과 민족국가를 구하기 위해 헌신하는 주체로 구성되었으며, 전선원호戰線援護

1947년 남녀평등권 법령 발포를 기념하며 여맹(조선민주여성동맹)의 역할을 형상화한 《조선녀성》 7월호.

---

8 여성을 국민화하는 방식은 크게 4가지였다. 첫째는 정치·경제·통제·공적 선전을 통해서이며, 둘째는 지도층의 언설·미디어·이미지 조작 등을 통해서이다. 세 번째는 대중 동원, 네 번째는 생활과 풍속의 구성 또는 재구성을 통해서이다. 이러한 4가지 수준에서 이루어지는 여성의 국민화는 민족국가 건설 이데올로기를 동반하였다. 우에노 치즈코 지음, 이선이 옮김,《내셔널리즘과 젠더》, 박종철출판사, 2000, 23쪽.

(전선 지원)와 후방을 책임지는 역할로 사회 활동이 강제되었다.

전쟁이 끝난 후 북한 정권은 자립경제에 기초한 사회주의국가 건설을 위한 산업화를 주도하며, 1958년 전 산업의 국유화 이후 '사회주의적 애국주의' 담론을 전면화하였다. 공장과 기업소, 그리고 각 대중조직에서는 애국적 결의와 충성이 모든 활동의 핵심 구호가 되었고, 생산 활동과 애국적 충성을 강제하는 여성의 노동계급화와 혁명화가 진행된다. 1960년대 북한은 중中·소蘇 분쟁 과정에서 독자적인 노선을 모색하게 된다. 이 시기 내재적 발전론에 입각한 조선 사회경제사의 체계화가 이루어지며, 식민지 시기 민족 해방운동사·조선문학사와 문화사·철학사·민속학·고고학 등이 발전하였다.[9]

당시 북한의 국내외 정세도 이 같은 흐름을 가속시켰다. 1967년 갑산파 숙청('갑산파'는 일제 식민지 시기에 만주 장백현과 함경북도 갑산군 지역에서 활동한 조선인 공산주의자들로서, 만주에서 무장투쟁을 하던 김일성과 연계하여 해방 이후 김일성파와 함께 북한 정치를 주도하다가 조선로동당 4기 15차 전원회의에서 숙청)과 1968년 푸에블로호 사건(1월 23일, 원산항 앞 공해상에서 북한이 미해군 정보수집함 푸에블로 호를 영해 침범 이유로 납치한 사건)으로 조성된 국내외적 긴장 관계는 절대지도자에 대한 충성을 제도화하고 북한의 전시체제를 강화하는 계기가 되었다. 이러한 정치사회적 분위기를 배경으로 남성 중심적이고 위계적인 군사문화와 함께 남녀 간 성별 위계가 사회 전반에 제도화되었다.

1970년대 들어서 북한은 흉작과 외채 누적, 군사비 과중 등으로 경제 위기에 직면했다. 1973년 남북한 GNP를 비교하면, 남한 396달러와 북한 418달러로 북한이 앞서고 있었다. 그러나 1974년에 들어서 남한 542달러, 북한 461달러로 남한의 경제성장률이 북한을 앞서게 되었다. 탈북민의 증언에

---

9 서동만, 〈북한 체제와 민족주의〉, 역사문제연구소, 《역사문제연구》 2000년 4호, 179쪽.

따르면, 북한 정권은 1974년을 분기점으로 1인당 GNP가 남한에 뒤지기 시작하고, 동유럽 사회주의권의 개혁개방 흐름이 나타나자 독자적인 체제 논리를 전개했다고 한다.[10] 1974년 당내에서 공식 후계자로 인정받은 김정일은 1975년 2월 '속도전 청년돌격대'를 조직하여 세력 확장과 후계자 입지를 굳히기 시작했다.

절대권력의 부자세습체제는 여성에게 가정의 혁명화와 함께 혁명가를 양성하는 어머니로서의 역할을 강조했다. 아버지와 아들로 이어지는 가부장적 위계 체제가 국가 차원에서 이루어진 것이다. 따라서 광범위하게 진행된 여성의 혁명화─노동계급화 정책에도 불구하고, 직장과 가정 내에서의 남녀평등은 지체되거나 퇴조되는 경향을 보였다. 왕조적인 세습 구조와 남성 세습으로 1970년대 중반부터 이전 시대에 비해 여성의 어머니와 아내로서의 역할이 정책적으로 강화되었다. 이 시대 대표적 북한의 여성상은 남편과 아들에게 헌신하는 김일성의 어머니 강반석과 김정일의 어머니 김정숙이었다. 두 인물은 1970년대 중반을 기점으로 진행된 남녀평등 정책의 퇴조를 상징한다.

한편 1970년대 말부터 북한 경제의 문제점이 노골화되었다. 상당한 공장과 기업소가 자재와 원료 부족 등으로 불안정하게 가동되었다. 이 시기부터 《근로자》(조선로동당 기관지) 등 북한의 공식 문헌은 '생산의 정상화'를 지속적으로 강조한다. 동시에 사회주의 진영의 내부 개혁 흐름도 가시화되었다. 이러한 체제 내외적 위기가 1980년대에 더욱 고조되자, 북한은 민족주의 개념에 일대 전환을 도모한다. '우리민족제일주의' '우리식 사회주의'가 핵심 구호로 등장하고, 핏줄과 언어가 강조되기 시작한다. 그리고 체제 안정화와 집단주의적 일체화를 위한 '전통과 민족성'이 두드러지게 선전된다.

---

10 통일원 정보분석실, 《최근 북한 주민 외식변화 동향》, 국토통일원, 1992, 22~23쪽.

즉, "우리민족제일주의를 주장하는 것은 자기 민족을 가장 소중히 여기는 정신과 높은 민족적 자부심을 가지고 혁명과 건설을 적극적으로 해 나가야 한다는 것"이다.[11]

이 시기 북한은 스탈린이 수립한 경제체제에 기초한 '사회주의 민족'과 '자본주의 민족'이라는 개념의 구별을 폐기한다. 이전 시기까지 사회주의가 민족주의의 상위개념이었다면, 1980년대부터는 민족주의가 사회주의의 상위개념이 된다. 동시에 전통 복원 사업이 절대권력 강화와 연결되어 대대적으로 전개되었다. 그리고 마침내 '우리민족제일주의'와 '우리식 사회주의'가 김일성과 김정일 지배 체제를 정당화하는 주체사상의 연장선에서 제기된다. 따라서 이 시기 민족주의는 대내외적 혼란과 위기 속에서 북한 체제를 방어하려는 '방어적 민족주의'로 정의할 수 있다.

공장 가동율이 저하됨에 따라 북한 당국은 기혼 여성의 취업을 권장하지 않았으며, 가내작업반家內作業班이나 가내 부업 강화 등 비공식 노동 분야에 여성들을 배치하였다. 비공식 노동은 공장이나 직장 등의 공식 노동에 비해 식량이나 상품 배급에 불리했으며 사회적 가치도 낮게 평가되었다. 실제로는 동원의 성격이 더 컸다. 따라서 노동정책에서도 양성 불평등성이 드러나기 시작한다.

1990년대 이후 북한은 계속적인 경제 침체와 자연재해로 극심한 식량난에 봉착했다. 90년대 중반부터 식량 배급 체계가 붕괴되고 아사餓死가 속출하였다. 북한 주민들이 식량을 조달하기 위해 여러 지역을 떠돌아다니기 시작하여 유동 인구가 증대되었고, 장마당과 암시장 등 비공식 경제가 활성화되었다. 사회질서와 당의 통제가 이완된 것은 물론이다. 북한 사회의 핵심적 특징인 집단주의적 생활양식이 흔들리면서 각종 일탈 행위가 성행

---

11 김정일, 〈주체사상교양에서 제기되는 몇 가지 문제에 대하여〉, 《근로자》 1987년 7호, 1987, 11쪽.

하였다.

북한 정권은 다시 1930년대 항일 유격대의 '고난의 행군' 정신 및 군軍을 중심으로 약화된 당국가 체제의 사회적 통제 기능을 복원하려 하였다. 즉, 선군先軍정치(1998년 9월 최고인민회의 제10기 1차 회의에서 김정일이 '권한이 강화된 국방위원장에 재추대'되면서 공식 제도화된 군 중심 통치 방식)의 전면화이다. 이 시기부터 북한의 민족주의는 군대를 중심으로 '민족의 위기'를 극복하려는 전투성이 강화된다. 이에 따라 북한 여성에게는 자녀를 군대에 보내 '선군가정'을 만들고 군대를 지원 및 원호하고, 헌신적이고 알뜰한 생활관리로 일상생활의 위기를 극복하며, 생산력을 높여 강성대국 건설의 주체가 되라는 요구가 배당되었다.

사회주의 이중역할 모델

해방 후 소련군과 함께 북한 지역에 들어와 정치권력으로 자리 잡은 김일성과 사회주의 세력은 소련, 특히 스탈린 시기 사회주의 체제를 모델로 국가 건설을 추진하였다. 각종 사회제도는 물론이고, 젠더 전략 또한 소련의 사회제도가 모델이 되었다. 이때 북한의 젠더 전략을 주도한 인물이, 모스크바 동방노력자공산대학을 수학한 사회주의 운동가이자 조선로동당 중앙위원 김용범의 부인인 박정애이다. 1960년대 초반까지 조선민주여성동맹(이하 여맹)의 위원장으로 활동하며 김일성의 충실한 조력자였던 박정애는 정치 세력으로는 소련파에 속하며, 한국전쟁 시기 스탈린상까지 받을 정도로 왕성한 활동을 하는 등 스탈린 시기 여성정책을 북한 지역에 구현한 대표적 인물이다.

북한의 사회체제가 형성 발전되는 과정에서 김일성 세력과 박정애가 주도한 젠더 전략은 재생산 노동을 여성의 고유 역할로 유지시켜 사회 안정화와 통제를 꾀하는 한편, 노동력 수급을 위해 생산 영역에서 여성 노동을 일반화하는 것이었다. 이 젠더 전략은 소련의 여성정책에서 그 기원을 찾을 수 있다. 러시아혁명 당시 여성 볼셰비키(레닌이 주도한 급진파 혁명 세력)는 여성해방에 대한 치열한 논쟁을 전개하였다. 당시 사회주의 여성상 구축에 직접적 영향력을 행사했던 유력

북한 최초의 여맹위원장으로 스탈린상을 받은 소련파 여성 간부 박정애. 《노동신문》 1953년 3월 13일자.

한 여성 볼셰비키는 콜론타이Kollontai와 크룹스카야Krupskaia로 대표된다.[12]

콜론타이는 당시 가장 강력한 여성해방론자로서, 볼셰비키 전통에 따라 여성 노동자와 농민을 변화의 기반으로 사고하면서도 노동자·농민으로서의 문제만이 아니라 결혼·가족제도 등에서 새로운 변화를 추구하여 여성의 전통적 역할에 대한 획기적인 변화를 모색했다. 반면에 크룹스카야는 여성의 교육 기회를 개선하는 문제와 여성이 '어머니-노동자' 역할을 동시에 수행하는 데 필요한 사회적 제 조건의 개선을 추구한 온건한 여성해방론자였다. 소련의 여성해방 모델은 콜론타이의 '신여성' 모델과 크룹스카야

12 러시아혁명 당시 유력한 여성 볼셰비키는 콜론타이와 아르만드, 크룹스카야와 제트킨 그리고 베라 자술리치와 스타쏘바가 있었다. 이 중 콜론타이와 아르만드는 가장 강한 여성해방론자로 여성에 관한 다양한 이슈를 제기하였다. 이에 반해 자술리치와 스타소바는 여성 문제는 전혀 고려하지 않는 대표적인 여성 볼셰비키였다. 차인순, 〈소련여성의 경제적 지위〉, 《여성 연구》 제36호, 한국여성개발원, 1992년 가을호.

의 '어머니-노동자' 모델의 대립 과정에서 만들어졌다.[13]

크룹스카야가 추구한 사회주의 여성상은 교육을 받고 남성과 동등하게 사회 전반에 참여하며, 가사와 양육을 과학적으로 수행하는 여성이었다. 반면에 콜론타이는 궁극적으로 여성의 인성에 관심을 기울이며, 여성의 종속 심리를 파괴하는 문제에 천착하였다. 콜론타이는 남성과의 관계가 단지 인생의 일부분인 지적인 자질을 소유한 노동자로서의 여성을 지향했으며, 인간으로서 여성의 정신적·성적 측면을 고려하였다. 이에 비해 크룹스카야는 마르크스주의의 노동자상과 러시아의 전통적 모성상을 결합시켜 어머니-노동자 모델을 이상화하였다. 이 모델은 말 그대로 여성이 노동자 역할과 어머니 역할을 훌륭하게 조화시켜야 한다는 것이다.

크룹스카야는 생산과 재생산 노동을 완벽하게 수행하는 사회주의적 여성을 창출하기 위해선 국가가 여성들을 원조해야 한다고 주장하였다. 구체적으로 교육 기회와 노동조건의 개선, 모성보호와 가사 부담의 완화를 주장했다. 레닌의 아내인 크룹스카야는 유력한 정치가들과 가까운 정치적 인맥을 형성하였고, 콜론타이는 노동자 자주관리운동을 주도하다 숙청되는 비운을 맞았다. 이후 스탈린이 크룹스카야의 여성론을 사회주의 여성정책으로 제도화하면서 어머니-노동자 모델은 소비에트 여성의 이상적 이미지로 굳혀졌다.[14] 그리고 어머니-노동자 모델은 스탈린식 사회주의국가 건설을 추진한 후발 사회주의국가에 이식되었다. 중국 역시 소련식 여성 모델인 이중역할론이 국가에 의해 '위에서 아래로'의 방식으로 실현되었다. 여기서 주목할 점은, 당시 국가권력에 의한 위로부터의 여성해방이 여성 스스

13 N. C. Noonan, *Two Solution to the Zhenskii Vapros in Russia and the USSR- Kollontai and Krupskaia : A Comparison*, Women and Politics Vol. 11, No. 3. 1991.

14 차인순, 〈소련 여성의 경제적 지위〉, 1992.

로 성 주체 담론을 형성하고 고민할 기회를 차단했다는 점이다.[15]

그리하여 현실 사회주의에서 여성의 역할은 가족과 사회 두 차원을 모두 중시하는 방향으로 굳어졌다. 현실 사회주의의 정책 결정자들은 가정생활에서 여성의 역할은 제한하지 않으면서, 생산 영역에서 여성의 역할을 강조하였다. 경제활동 참여가 가족과 사회에서 여성의 지위를 상승시켜 줄 것이라고 선전한 것은 물론이다. 그러나 소련을 비롯한 현실 사회주의 내부에는 여전히 전통적인 성차별 요소들이 잔존하였고, 여성의 사회 진출은 생산성 제고를 목표로 이루어졌다.

결국 전통적인 남녀 관계에 혁명은 이루어지지 않았다. 여성의 문화적·심리적 억압에 대해서도 거의 언급되지 않았으며, 당 여성 부서와 여성 조직의 주요 과업은 여성의 계급의식을 일깨워 혁명 과업을 이행하고 당에 충성하게 하는 것에 맞춰졌다. 전통적으로 여성의 역할이라고 인식된 가사와 양육은 그대로 여성의 몫으로 남았으며, 여기에 노동자 역할까지 중요한 비중으로 추가되었다. 전통적인 재생산 노동인 일상생활의 관리 및 가사·출산과 양육에 더하여, '국가를 위한' 생산 및 혁명의 새 세대 양성이라는 국가주의적 역할이 부가된다. 이에 따라 여성들은 대거 생산노동에 참여했으나, 그들의 지위가 참여에 비례하여 성장하지는 않았다. 사회주의국가들은 모성이라는 무거운 짐을 국가가 대신 짊어짐으로써 여성의 부담을 줄이겠다며 소위 '모성보호정책'을 실시하였으나, 전통적인 성 역할은 온존하였다.

현실 사회주의권에서 실시된 양육의 사회화는 여성 노동력을 확보하기 위한 노동정책이지, 결코 양성평등 정책이나 어린이의 성장 권리를 보증하

---

15 한지아링, 〈중국 여성 발전상에서의 국가의 역할〉; 다이진후아, 〈성과 내러티브: 현대 중국 영화에서 재현되는 여성〉, 《동아시아의 근대성과 성의 정치학》, 푸른사상, 2002, 79~106, 213~295쪽.

근대적 자녀 양육의 희망적 모습을 표현한 《조선녀성》 1947년 3월호 표지.

기 위한 아동복지 정책이 아니었다.[16] 오히려 정권의 '규율을 내면화한 주체', 즉 '혁명의 후비대'를 재생산하기 위한 교육 및 양육의 사회화였다고 할 수 있다. 실제로 양육의 사회화가 추진되었음에도 가정 양육은 가정의 임무로 방치되지 않았다. 가정 내 어머니의 역할은 사회주의의 정신을 교육하고 정권에 충성하는 사회주의자를 양성하는 것으로 재구성되었다. 즉, 당과 수령에게 충성을 다하는 소위 '혁명의 후비대' 양성이 강제되었다. 양육은 미래의 노동자이자 혁명가를 양성하는 국가사업이 되고, 학교와 가정은 이를 실행하는 구체적 공간이 되고, 교육과 양육은 여성의 주요한 역할이 되었다. 가정에서뿐 아니라 대학교와 전문학교를 제외한 양육과 교육기관에서 '혁명적 사회주의자'를 양성하는 교육 주체는 대부분 여성이었다.

결국 북한을 비롯한 현실 사회주의는 여성에게 이중역할을 강제한 것이다. 더욱이 소련과 동유럽 사회주의에 비해서도 여성 권리에 대한 고민과 갈등을 경험하지 못한 북한 정권은, 소련과 같은 논쟁조차 없이 체제 안정화와 경제 발전을 위해 '위로부터' '강력하고 급속하게' 이중역할 모델을 여

16 우에노 치즈코 지음, 이선이 옮김, 《내셔널리즘과 젠더》, 박종철출판사, 2000, 89~90쪽.

성에게 교육하고 강제했다. 그리고 한국전쟁과 산업화 시기를 거치며 '혁신적 노동자'이자 동시에 '혁명적 어머니'로 북한 여성상이 제도화되었다. 그런데 젠더 전략이 실행되는 과정에서 전통적 어머니 역할에 혁명성을 부과하는 것보다, 여성을 '혁신적 노동자'로 재구성하는 것이 훨씬 어려운 문제였다. 전쟁으로 인한 노동력 손실과 급속한 산업화 정책으로 여성의 노동자화가 중요한 과제로 대두했기 때문이다. 이에 강력한 국가 개입이 일어났다. 여기에 더해 북한의 사회체제가 '수령'이라는 절대권력자를 중심으로 재구성되면서 수령에 대한 절대충성을 노동 및 양육 과정에서 실현하는 주체로서 여성 역할이 강조되었다. 이러한 개인숭배에 기초한 여성 역할의 강조는 다른 사회주의국가에서는 찾아보기 어려운 북한의 특수성이다.

혁신적 여성 노동자

해방 후 북한 정권은 끊임없는 선전과 교육, 각종 동원사업과 강제를 통해 여성에게 노동자가 될 것을 요구하였다. 이 과정을 통해 생산 영역에서 여성의 역할이 재구성되었다. 즉, 혁신적 여성 노동자화가 진행된 것이다. 이 여성정책은 해방 이후부터 진행되었으나 한국전쟁을 경과하며 본격화되었다. 정전停戰이 체결되기 전인 1953년 6월 5일, 조선로동당 중앙위원회 정치위원회는 전후 경제복구건설의 방향을 중공업 우선주의로 천명하였다.[17] 그 구체적 방향은 "자립적 민족경제의 토대를 닦으며 공업화의 기초"를 형성하는 것이었다. 생활 안정화를 위해 경공업과 농업을 동시에 발전시켜야

---

17 김일성, 〈전후경제복구건설방향에 대하여〉, 《김일성 저작집》 7권, 평양: 조선로동당출판사, 1980, 506쪽.

한다는 내용도 더해졌다.[18]

이 같은 경제계획 방향에 따라 물적·인적 투자가 중공업에 집중되고, 이 과정에서 노동 경험과 물리력에서 앞서는 남성 노동력이 중공업에 우선적으로 배치되었다. 그렇다고 해서 전쟁으로 인해 비정상화된 생활을 안정화시키는 사업을 도외시할 수도 없었다. 전쟁으로 파괴되거나 손실된 각종 시설과 생활공간을 산업화 전략에 따라 복구하고 동시에 의식주 생활을 안정시키려면, 중공업에 집중 배치된 남성들을 대체할 노동력을 확보해야 했다. 그 현실적인 대안이 여성 노동력 증대였다.[19]

전후 복구 시기 북한 조선로동당 중앙위원회는 **첫째**, 여성 노동자는 공장에서 증산경쟁운동·노동 생산능률 제고·생산원가 저하·생산물의 질 제고·생산 혁신자들의 선진 경험과 과학 및 기술의 제 성과 연구를 도입할 것, **둘째**, 여성 농민은 농촌에서 영농 준비 보장·토지 개량·관개시설 복구와 확장·선진 농학과 영농 경험 도입, 단위당 수확고 제고·농촌 경리의 사회주의적 개조를 위한 농업협동화 사업에 참가하여 모범을 보일 것, **셋째**, 각 분야 여성 전문가와 사무원은 과학·문학·예술·교육과 보건 위생 사업을 개선 강화할 것 등을 여성의 임무로 제기한다. 그리고 각급 당 단체가 앞장서서 사회 진출을 꺼리는 여성 및 여성의 사회 진출을 반대하는 남성과 투쟁하여 여성의 사회 진출을 활성화해야 한다며 당 주도의 여성사업 강화 방안을 제기한다.[20]

---

18 김일성, 〈우리의 힘으로 강선제강소를 복구하자〉, 《김일성 저작집》 8권, 평양: 조선로동당출판사, 1980, 2쪽.

19 노동력 증대 방향은 크게 4가지로 나타났다. 첫째는 농장, 목장, 과수원, 소기업체들을 정리·병합하여 비생산 노력을 축소하고 생산 노력으로 이동시키는 것이며, 둘째는 여성 노동력을 광범위하게 생산에 인입引入하는 것, 셋째는 화전민들을 공업에 배치하는 것, 넷째는 전체 대중의 '애국적 노력동원'이었다. 〈모든 것은 전후 인민 경제 복구 발전을 위하여: 1953년 8월 8일 조선로동당 중앙위원회 제6차 전원회의에서 진술한 결론〉, 김일성 1956, 75~87쪽.

20 그 외에 넷째, 전체 여성들은 국방력 강화를 위해 인민군대 원호사업을 지속할 것, 다섯째, 일상

이 시기 여성정책의 가장 두드러진 특징은, 여성들을 "사회주의 기초 건설의 믿음직한 역군"[21]으로 세우는 것이었다. 그리고 여성 노동의 강화를 위해 크게 두 분야의 사업을 구체화한다.

하나는 공업 분야의 여성 노동 강화이다. 이를 위해 북한 정권은 여성 노동자들이 결혼으로 생산 현장을 떠나지 않고, 남성 노동자와 동일하게 권력이 요구하는 노동정책을 이행하도록 강제하였다. 먼저 중공업 공장에 있는 여성들이 결혼으로 직장을 그만두지 못하게 했다. 구체적으로는 기계 공장에 여성 노동자, 특히 기능공들이 결혼한 후에도 계속 일할 수 있도록 보육 시설과 세탁소, 식량 공급 등을 우선 보장하도록 하였다.[22]

또한 3개년 계획 완수를 위해 여성 노동자들의 기술 기능 향상과 선진 기술 연구 도입, 증산 경쟁 강화, 생산공정의 합리화, 내부원천內部源泉의 동원과 원료·자재의 절약 등에서의 창의성 발휘를 강조하였다.[23] 작업비판회 강화, 노동규율과 생산 질서 확립, 기술전습제 강화, 오작품 퇴치를 위한 표준조작법標準操作法 엄수와 기술 수준 제고, 매주 1회 기술전습회와 경험교환회 적극 참가, 모범 따라 배우기 운동 등이 구체적으로 전개되었다.[24]

노동 부족과 식량 및 주택 문제를 해결하는 또 다른 대안으로, 남편의 보수로 생활하는 부양가족 전업주부를 생산과 건설에 참여시키는 문제가 논의되었다. 이를 해결하는 방안은 이들이 많이 거주하는 곳에 공장을 세

생활에서 항상 높은 경각성과 긴장되고 동원된 태세로 반동 요소와 암해분자暗害分子를 폭로·분쇄할 것, 여섯째, 일체의 탐오·낭비를 반대하고 절약 저축을 위한 전 인민적 애국운동을 강화할 것, 일곱째, 아동에 대한 교양사업을 강화할 것이 제기되었다. 〈3·8 국제부녀절에 대한 조선로동당 중앙위원회 결정서〉, 《로동신문》, 1955. 3. 04.

21 《로동신문》, 1956. 3. 08.

22 〈기계 제작 공업을 발전시키기 위한 몇 가지 과업〉, 《김일성 저작집》 8권, 1980, 365~366쪽.

23 〈공화국 녀성들은 조국 건설의 힘있는 역군〉, 《로동신문》, 1954. 7. 30.

24 〈생산계획의 실행을 위하여 로력전선에서 싸우는 우리나라 녀성들〉, 《로동신문》, 1954. 7. 30.

우는 것이었다.[25] 이 밖에 여성의 사회 진출을 위해 탁아소와 편의시설을 갖추도록 하고, 여성 노동자들을 높이 평가하고 선전하여 여성의 생산노동 참여를 독려했다.[26]

농업 분야의 여성 노동 강화도 문제였다. 먼저 의류 문제 해결을 위해 해방 이후부터 여맹(조선민주여성동맹. 타 단체에 속하지 않은 만 31~55세 북한 여성들이 의무적으로 가입하는 대중조직)의 주도 하에 진행된 누에치기를 광범위하게 배급했다. 개별적인 진행에는 한계가 있으므로, 여맹원과 여성 당원이 주도하여 뽕나무를 한 해에 최소한 열 그루 이상 심고 잠업협동조합을 조직하도록 하였다.[27]

사실 당시 북한 농업 노동력의 대부분을 여성 농민들이 담당하고 있었다. 이런 상황에서 여성 농민의 집단화는 북한의 농업생산력에 직결된 중대한 과제였다. 여맹은 농업협동화를 위한 기초 작업으로 영세농민들에게 준 국가 대부금이 고리대금을 하는 중농이나 상인 등에게 들어가지 않도록 사회적 운동 형식으로 통제를 강화하였다.[28] 그리고 농촌 노동력의 대부분을 차지하는 여성과 노인의 조건과 상황에 맞게 농업협동화를 단계적으로 추진하였다.[29]

그런데 의외의 대목에서 문제가 생겼다. 현장에서 이 같은 사업을 직접 주도하고 집행해야 할 하부 관료들이 기혼 여성들의 생산과 사회 활동 참여를 쉽게 받아들이지 않은 것이다. 이때까지도 정권의 하부 단위인 각종

25 〈평안북도 당단체들의 과업〉,《김일성 저작집》10권, 1980, 157~158쪽.

26 〈개천군 당단체들의 과업〉,《김일성 저작집》10권, 1980, 80~81쪽.

27 〈전후 복구건설에서 함경남도 앞에 나서는 몇 가지 과업〉,《김일성 저작집》8권 1980, 123쪽.

28 〈령세농민들의 생활을 개선하며 경제사업에 대한 지도를 강화할데 대하여〉,《김일성 저작집》8권, 1980, 228쪽.

29 〈사회주의혁명의 현 계단에 있어서 당 및 국가 사업의 몇 가지 문제들에 대하여〉,《김일성 저작집》9권, 1980, 312쪽.

당단체와 국가기관 간부들은 여성사업을 과소평가하고 형식적으로 진행하고 있었다. 김일성은 이를 강하게 비판하고, 지배인과 당 조직원이 앞장서서 가정부인이 대부분을 차지하는 부양가족 노동력을 생산 영역 안으로 널리 끌어들여 북한 내각 부처인 성^省과 성^省 사이에 노동력을 조절하며 재배치하도록 하였다. 또한, 가정부인들의 사회참여를 촉진시

해방 이후 북한의 농업 노동력은 대부분 여성 농민들이 담당하고 있었다. 북한 정권이 여성 농민 집단화를 추진한 이유이다. 1947년 《조선녀성》 4월호.

킬 '사상개변운동'과 전 단위의 증산 및 절약운동을 전개하도록 하였다.[30]

북한의 여성 노동력이 대대적으로 증대된 것은, 북한의 전 산업이 국유화된 '사회주의적 개조'가 이루어진 1958년 이후이다. 1958년 6월 7일 개최된 조선로동당 중앙위원회 전원회의가 결정한 여성정책에 따라, 1958년 7월 19일 내각결정 84호 〈인민경제 각 부문에 녀성들을 더욱 인입시킬 데 대하여〉가 공포되었다. 이를 근거로 노동당과 내각 각 단위별로 대대적인 여성 노동력 증대와 활용 사업이 진행되었다.[31]

30 〈조선로동당 제3차 대회에서 한 중앙위원회사업총화보고〉, 《김일성 저작집》 10권, 1980, 287~288쪽; 〈로력을 절약하며 대중정치사업을 개선할데 대하여〉, 《김일성 저작집》 10권, 1980, 89~90쪽.

31 김웅기, 《로동》 1958년 9호, 12쪽; 김동찬, 《로동》 1958년 10호, 23~30쪽.

1958년 9월에는 당중앙위원회가 전체 당원들에게 이른바 '붉은 편지'(김일성이 당중앙위원회 이름으로 전체 당원에게 보낸 편지)를 보내어 인민경제 각 부문에 여성들을 더욱 인입시켜야 한다고 지시했다. 이듬해인 1959년 4월에는 전국 여성 사회주의 건설자들에게도 편지 형식의 지침을 내렸다. 이로써 대대적인 여성 노동력 증대가 이루어졌고, 여성들은 "높은 애국적 헌신성과 무궁한 창조적 지혜와 힘을 발휘"하도록 요구받았다. 한 마디로, 이 시기는 북한 여성들이 "사회주의 건설의 촉진을 위하여 한시도 머물지 말아야 하며 계속 전진, 계속 혁신을 일으켜야" 했던 시기였다.[32]

당중앙위원회가 제시한 핵심 정책은 크게 일곱 가지였다.[33]

첫째, 시와 군 소재지에 사는 노동자·사무원의 부양가족들을 지방공업에 인입시킬 것.

둘째, 지방공업에서 제품의 질을 높이고 표준조작법을 준수하게 하기 위하여 각 도에 표준공장標準工場을 하나씩 만들어 지방공장이 그를 따르도록 지도할 것.

셋째, 지방산업은 여성과 농촌의 계절노동력으로 운영하며, 남성 노동력이 요구되는 건재공장·제철공장은 주로 농한기에 농민 노동력으로 생산할 것.

넷째, 중앙 중공업 공장들은 부산물과 폐설물, 그리고 부양가족을 활용하여 생활필수품 직장을 운영할 것.

다섯째, 당·국가·경제·상업 유통·교육·보건 기관 등에서 여성 비율을

---

32 〈사회주의 건설을 위한 투쟁에서의 공화국 녀성들〉,《로동신문》, 1960. 3. 05.

33 〈사회주의 건설의 새로운 앙양을 위하여 나서는 몇 가지 문제〉,《김일성 저작집》 12권, 1981, 533~544쪽.

결정적으로 높일 것.

여섯째, 여성에 대한 사상교양思想教養 사업을 강화하여 그들이 노동을 가장 신성한 의무로 여기고 노동에 자각적으로 성실히 참가하도록 할 것.

일곱째, 고등교육과 중등교육을 받은 가정부인들을 직장에 우선적으로 진출시키는 사업을 강화할 것

이러한 사업들을 통해 새로 생긴 각 지방산업의 주요 노동력은 여성으로 구성되었으며, 각 공장에서 여성 노동자 수가 몇 배나 증가하였다. 한 예로, 서평양 철도공장에는 각 직장에 10여 개의 여성 브리가다бригада 작업반이 있었다. 북한 기업소는 공장과 기업소 아래 여러 직장이 있고, 직장 밑에 여러 작업반이 있는 구조이다. 이 작업반을 소련식으로 '브리가다'라고 부른다. 브리가다 구성원들은 대부분 1958년에 새로 편입된 가정부인들로, 1958년 하반기부터 1959년 3월까지의 기간에만 이 공장의 여성 노동자가 약 3배나 증가했다.[34] 비슷한 시기, 아오지 지구 내 공장·기업소에서는 4~5개월 사이에 1,240여 명의 여성 노동자들이 새로 들어왔다.[35] 여성과 노인이 대부분으로 노동력이 부족했던 농업 분야에서도 노동자·사무원들의 부양가족을 동원하는 방식으로 노동력 문제를 해결하려 했다.[36]

공장노동 경험이 거의 없고 기능을 갖추지 못한 여성 신입 노동자들은 생산을 하면서 동시에 기술 교육을 받아야 했다.[37] 신입 여성 노동력이 배

---

34 〈사회주의 건설의 보람찬 로력 전선에서 3·8 국제부녀절을 맞는 조선 녀성들 평화와 자녀들의 행복을 위하여—서평양 철도 공장 녀성 로동자들〉,《로동신문》, 1959. 3. 08.

35 이들의 편의를 도모하기 위해 지구 내 공장, 기업소에서는 이 기간에 각각 4개의 탁아소와 유치원을 신설하고 기타 목욕탕, 양복부 등을 조직·운영하는 동시에 식료품 가공·판매 사업과 세탁·의류 수리 및 제작을 담당하는 부양가족 생산협동조합을 조직 운영하였다. 〈녀성 로동자들을 위한 위생 시설망을 확장〉,《로동신문》, 1959. 3. 08.

36 〈사회주의적 농촌경리의 정확한 운영을 위하여〉,《김일성 저작집》 14권, 1981, 65쪽.

37 〈로동과 배움의 길〉,《로동신문》, 1959. 3. 08; 〈함경북도 당단체들의 과업〉,《김일성 저작집》 13

《조선녀성》 1947년 5월호. 혁신적인
여성 공장노동자를 형상화했다.

치된 곳은 대부분 경공업·지방
산업·생산협동조합·중공업 공
장의 부산물생산 직장으로 기능
보다는 단순노동 중심의 작업장
이었다. 수많은 생산 품목과 잦
은 생산지표 변경, 불안정한 숙
련화 사업에 더해 생활용품 생
산에 대한 국가투자마저 원활하
지 않은 상황에서 숙련화가 제
대로 진행될 리 만무했다. 계획
달성을 위한 양적 생산문화가
팽배하다 보니 제품의 질도 낮
을 수밖에 없었다. 이렇게 되자
일용품 생산에 대한 검사제도를 엄격히 하는 통제 강화 방식으로 제품의
질을 높이는 정책이 추진된다.[38]

1958년 6월 전원회의 이후 1960년 3월까지 북한 내 산업부문에서 여성
의 비율은 지방공업 부문에서 52퍼센트, 상업 유통 부문에서 45퍼센트, 사
회급양社會給養(각종 음식물을 생산 및 공급) 부문에서는 93퍼센트까지 치솟았다.
구체적인 숫자로는, 경제 각 부문에서 51만 명의 여성 노동자와 사무원이
활동하고 있었다.[39] 그리고 1961년 북한 당권이 소위 '사회주의 공업화'가 완
료되었다고 선전한 제1차 7개년 계획이 시작되었다. 1961년 9월 11일 개최

권, 1981, 212~213쪽.

38 〈제1차 5개년계획을 성과적으로 수행하기 위하여〉, 《김일성 저작집》 12권, 1981, 118쪽.

39 〈3·8 국제부녀절 50주년 기념 평양시 보고대회에서 한 박정애 동지의 보고〉, 《로동신문》, 1960
년 3월 8일.

된 조선로동당 제4차 대회에서 북한 정권은 여성들의 공산주의적 교양을 강화하고 정치의식과 문화 수준을 높여 사회주의 건설에서 노동여성의 역할을 더욱 높일 것과, 노동 현장에 여성 비율이 높아진 상황에서 공장·기업소·농촌에서 여맹 조직을 강화하고 사업을 생산 현장에 더욱 접근시킬 것을 제기한다.[40]

이 같은 사회 흐름 속에서 1961년 현재, 북한에서는 27명의 최고인민회의 대의원을 비롯해 1만 6,500여 명의 각급 인민정권기관 대의원, 140여 명의 농업협동조합 관리위원장 등 1만 8,500여 명의 여성 과학자·기사·기수 기타 전문가들이 활동하였다. 1961년 7월 30일 《로동신문》 사설이 밝힌 제1차 7개년계획 수행을 위한 여성정책의 핵심은, "모든 녀성들로 하여금 항상 당의 의도를 옳게 파악하고 당 정책 관철을 위하여 물불을 헤아리지 않는 당과 혁명에 무한히 충직한 붉은 전사로, 공산주의 도덕 품성의 소유자로 되도록" 하는 것이었다.[41]

이를 위해 **첫째**, 경공업·지방공업·가내작업반 부문에서 여성의 역할을 높일 것. 특히 제품의 품종을 확대하고 질을 개선할 것, **둘째**, 증산과 절약 투쟁, **셋째**, 천리마작업반운동을 인민반으로까지 확대할 것 등이 제시되었다. 그리하여 북한의 "전체 녀성들은 모두가 천리마작업반운동과 천리마인민반운동에 더 광범히, 더 적극적으로 참가하여 생산과 기술문화 혁명에서 보다 큰 집단적 혁신을 일으키는 동시에 자신을 부단히 공산주의적 새형의 인간으로 단련시켜 나가야" 할 것을 요구받았다.[42] 1967년 9월 30일, 김일성은 각 도·시·군당 책임비서들 앞에서 한 연설에서 이에 대하여 다

40 〈조선로동당 제4차 대회에서 한 중앙위원회 사업총화보고〉, 《김일성 저작집》 15권, 1981, 274~290쪽.

41 〈사회주의 건설에서 녀성들의 역할을 더욱 높이자〉, 《로동신문》, 1961년 7월 30일.

42 〈남녀평등권법령 발표 15주년기념회에서 한 박정애 동지의 보고〉, 《로동신문》, 1961년 7월 30일.

음과 같이 그 의의를 밝히고 있다.

녀성들을 사회에 적극 진출시키는 것은 긴장한 로력문제를 풀며 그들을
혁명화, 로동계급화하는 데서 매우 중요한 의의를 가집니다. 녀성들이 직장
에 다니지 않고 가정에나 있어가지고는 자신을 혁명화, 로동계급화할수 없
습니다. 녀성들이 혁명화, 로동계급화되지 못하면 가정을 혁명화할수 없으
며 아들딸들을 혁명적으로 교양할 수 없습니다.[43]

이에 따라 1970년이 되자, 최고인민회의 대의원 73명, 지방 각급 인민회
의대의원 3만 3, 599명, 기사·기수·각 분야 전문가 등 북한의 전문직 여성
의 수는 10만 명을 넘어섰다. 제1차 7개년 계획이 종결된 1970년에 개최된
'3·8 국제부녀절 예순 돐 기념 중앙보고회'는 그때까지 관통된 여성의 혁
명화·노동계급화 정책을 다음과 같이 생산 분야별로 구체화한다.[44]

첫째, 경공업 부문 여성들은 인민 소비품 생산량을 증대하며 모든 소비
품의 질을 높이고 종류를 훨씬 늘리도록 해야 한다. 이때 주요한 선전 논
리는, 경공업은 나라의 전반적 인민경제를 발전시키며 인민들의 생활을
개선하는 데 중요한 의의를 가질 뿐만 아니라 여성들을 부엌일과 잡다
한 가정일에서 해방시키는 중요한 조건이 된다는 것이었다.
둘째, 여성들은 매 군마다 지방산업 공장들을 더 많이 건설하는 문제에
대한 교시(북한 체제에서 수령이 내리는 특별명령)를 관철해야 한다.

---

43 〈경제사업에서 나서는 당면한 몇 가지 문제〉, 《김일성 저작집》 21권, 1983, 415쪽.
44 〈위대한 수령 김일성 동지의 현명한 령도 밑에 우리나라에서 녀성 문제는 빛나게 해결되고 있다〉,
《로동신문》, 1970년 3월 8일.

1970년대 지방산업 증대정책으로 북한의 여성들은 지방공장에서 인민소비품 생산에
주력하게 되었다. 《조선녀성》 1979년 5월호.

셋째, 농촌 여성들은 쌀이 많아야 경제 건설과 국방 건설을 통해 조국
의 자주적 평화통일을 앞당길 수 있다는 자세로 단위당 수확량을 높혀
야 한다.

넷째, 편의봉사·탁아소·유치원·식료상점·옷수리소 등 편의봉사便宜奉仕
부문의 여성들은 인민들에게 더욱 봉사하며, 어머니들과 가정부인들의
애로를 보살펴 제때에 풀어 주어야 한다. 특히 탁아소와 보육원은 미래
혁명의 주인공들을 맡아 키운다는 영예와 긍지로 어린이들에 대한 교양
과 영양 관리, 위생 관리를 강화해야 한다.

다섯째, 교육·문화·보건 부문 여성은 나라의 문화 건설과 후대 교육교
양에 큰 성과를 이루어야 한다.

여섯째, 공장과 농촌, 지역 등 모든 부문과 모든 단위의 여성들은 외화

벌이 운동을 대대적으로 벌여야 한다 등이다.

1970년 11월 2일 개최된 조선로동당 제5차 대회는 지난 10년 동안 진행된 제1차 7개년 계획을 총결하고, 제1차 6개년 계획(1971~1976)의 시작을 선언하였다. 이때 제기된 과업이 '3대 기술혁명'이다. 3대 기술혁명은 공업과 농업을 비롯한 경제 모든 부문에서 기술혁신운동을 대대적으로 전개하여 중노동과 경노동의 차이, 농업노동과 공업노동의 차이를 극적으로 줄이고, 전체 노동력의 45퍼센트에 이르는 여성들을 가정일의 무거운 부담에서 벗어나도록 하는 것이었다.[45] 특히 여성을 가사노동에서 벗어나게 해 주겠다는 식료가공 공업의 혁신에 대하여 김일성은 다음과 같이 선전한다.

아직도 우리의 녀성들은 남자들과 같이 사회에 나가서 일하고도 많은 시간을 가정일에 바치지 않으면 안 되며 따라서 그들은 사회와 가정에서의 이중적인 로력적 부담을 걸머지고 있습니다. 우리는 녀성들을 가정일에서 해방하고 혁명과 건설에서 그들의 역할을 더욱 높이기 위한 기술혁명에 깊은 관심을 돌려야 하겠습니다. 녀성들의 부엌일을 덜어 주기 위하여 나서는 가장 중요한 과업은 식료가공 공업에서 새로운 혁신을 일으키는 것입니다. 여러 가지 부식물 가공을 대대적으로 발전시키고 주식물 가공도 널리 조직하여 모든 식료품을 공업적 방법으로 가공하여 공급함으로써 녀성들이 가정에서 짧은 시간에 간편하게 음식을 만들 수 있게 하여야 하겠습니다.[46]

이 정책으로 각 지역에 밥공장·반찬공장 등이 세워져 여성 노동력을 활

---

45 〈조선로동당 제5차대회에서 한 중앙위원회사업총화보고〉, 《김일성 저작집》 25권, 1983, 273쪽.
46 〈조선로동당 제5차대회에서 한 중앙위원회사업총화보고〉, 《김일성 저작집》 25권, 1983, 277쪽.

용하여 운영되었다. 그러나 반찬공장은 곧 유명무실해졌고 밥공장은 도시 지역에서는 유지되었으나, 밥의 양이 가정에서 해 먹는 것보다 적고 남편들이 가정식을 좋아하는 데다 경제 위기가 증폭되면서 점점 이용 빈도가 낮아졌다.[47]

이 시기부터 국가의 재정적 투자가 거의 없이 군郡 단위 생산을 통해 군민의 생활필수품을 생산하는, 여성 노동력 위주의 지방산업에 대한 당적 지도가 강화되었다. 그 방식은 "김일성 동지의 교시의 진수를 깊이 체득하고 자력갱생의 혁명정신을 높이 발양하여 군내의 무진장한 원료원천을 최대한으로 동원"하는 것이었다. 이에 따라 각 군의 군당 조직부와 선전선동부는 물론이고 청년사업부, 농업부 등 모든 부서 간부들이 해당 사업에서 김일성의 지방공업 교시와 그 구현인 당 정책을 똑바로 인식하여 농장원·사회주의노동청년동맹(이하 사로청원)·청소년·인민반원들이 "전 군중적 운동으로 지방 원료원천을 최대한으로 동원 리용하는 데 발벗고" 나서게 되었다.[48]

그러면서 기혼 여성들의 생산 활동을 강화 및 안착시키며, 중앙 중공업 공장에서는 생활필수품 직장과 부산물 직장을, 주택지구에서는 분공장과 가내작업반을 더욱 발전시켰다. 한 마디로, 조선로동당 제5차 대회에서 제기한 3대 기술혁명을 여성들이 앞장서서 주도하게 한 것이다.[49] 북한 여성들에게 내려진 과업은 여기서 그치지 않았다. 인구 성장과 국가 부양능력 제고, 여성들의 안정적인 생산과 사회 활동을 위하여 1971년 6월 사로청 제6차 대회에서 미혼 성인들의 결혼연령을 남자 32세 이상, 여자 27세 이상

47 윤미량, 《북한의 여성생활》, 서울: 한울, 1991, 209쪽.
48 〈지방공업에 대한 당적 지도를 강화한다〉, 《로동신문》, 1971년 5월 22일.
49 〈수령님께 끝없이 충직한 혁명전사가 되기 위하여 녀성들은 자신을 혁명화 로동계급화하자〉, 《로동신문》, 1971일 7월 30일.

으로 결정하였다.[50]

이러한 역사를 거치며 여성의 노동계급화가 지속되어, 1987년 현재 북한의 여성 경제활동 인구는 남성보다 약 200만 명이 더 많은 것으로 보고되었다.[51] 남성보다 더 많은 여성의 경제활동은 1980년대까지 지속적으로 확대된 지방산업[52] 노동자 대부분이 여성, 그중에서도 기혼 여성이었기 때문이며, 농업 노동력의 대부분도 여성이었기 때문이다. 여기에 지속적으로 발전하다가 1984년 김정일이 주도한 '8·3 인민소비품생산운동'으로 강화된 가내작업반도 그 성원 대부분이 여성이었다. 이렇게 된 데에는 1960년대 중반 국방강화정책에 따라 많은 청장년 남성이 군대에 복무하여 경제활동 인구에서 제외된 영향도 크다. 북한의 여성 노동자 증대는 군(軍) 강화정책과도 맞물려 있는 사업이었던 것이다. 북한 정권이 장기간에 걸쳐 여성의 혁명적 노동자화를 추진한 이유이다.

혁명적 어머니

북한 정권이 추진한 여성정책의 또 다른 축은, 소위 '혁명의 후비대'를 양성하는 혁명적 어머니 역할을 여성들에게 강제하는 것이었다. 노동당의 정책을 대를 이어 수행할 후대 양성 사업은 개별 가정에 한정되지 않았다. 학교와 각종 집단조직 등 제반 사회주의 제도들이 양육에 깊이 개입하였다. 가

---

50 이태영 1981, 32.

51 Eberstadt & Banister 1990, p. 135.

52 6개년 계획 기간(1971~1976)에 북한에는 공장 1,055개가 새로 건설되었다. 또한 제2차 7개년 계획 기간(1978~1984)에는 이보다 더 많은 1만 7,788개의 공장·기업소·직장이 새로 건설되었다. 1970년대 이후 신설된 공장 대부분은 지방산업 공장이었다(리장근 1989, 125~126쪽).

정과 학교, 소년단과 사로청 등의 집단조직 등은 어린이의 습관 형성과 사상교육을 중시하였다. 즉, 규칙적인 생활관리와 일상적인 노동을 통해 시간 규율과 행동 규율을 내면화하게 했으며, 안정적이고 지속적인 사상교육을 통해 당과 절대지도자에 대한 충성을 다짐하게 하였다.

과거 북한의 전통적인 여성상은 남한 지역과 마찬가지로 가정생활관리와 함께 가족공동체를 재생산하는 어머니의 역할에 초점이 맞춰졌다. 농업공동체에서 출산과 양육은 공동체의 질서 유지 및 농업 노동력의 재생산과 직결된 중요한 임무였다. 그러나 국가권력이 출산과 양육을 기획하고 조절·통제하는 것은 대가족 중심의 농업공동체 내부에 깊게 침투하지 못하였다.

해방 후 북한은 근대적인 사회주의국가 건설을 추진하였고, 이 과정에서 농업문화에 기반한 대가족제도는 조금씩 약화되었다. 각종 제도 개혁과 핵가족화, 그리고 여성의 사회 진출은 근대적이며 집단적인 생활 방식과 사상을 강제하였다. 가정에서는 시간과 행동, 그리고 집단 규율을 내면화하며 노동당과 절대지도자에 대한 충성을 훈육하게 하였다. 즉, 시간과 행위의 규율화, 그리고 사상 강화를 통해 전前 사회의 양육 방법을 재구성한 것이다. 그 역할의 주체는 여성이었고, 이 역할을 수행할 여성에 대한 '혁명적 어머니'화가 전개되었다. 이에 대해 김일성은 1961년 11월 16일 개최된 〈전국어머니대회〉(김일성은 이 대회를 계속 이어 갈 생각은 없었던 것 같다. 제2차 〈어머니대회〉는 김정일 시대에 개최된다. 이때 김정일이 1961년 대회를 제1차로 명명했다.)에서 다음과 같이 주장한다.

가정교육에서는 어머니가 중요한 책임을 져야 합니다. 왜 아버지보다도 어머니의 책임이 더 중요하겠습니까? 그것은 아이들을 낳아서 기르는 것이 어머니이기 때문입니다. 어린이의 첫째가는 교양자는 어머니입니다. 어머니는 아이들에게 걷는 것과 말하는 것, 옷 입는 것, 밥 먹는 것으로부터 시작하여 그들에게 필요한 모든 것을 가르쳐 줍니다. 어머니가 아이들에게 첫 교양을 잘 주는가 못 주는가가 아이들의 발전에서 큰 의의를 가집니다. 어머니가 가정교양을 잘 주면 학교에서나 사회조직에서 교양하기 매우 헐합니다. 어머니가 교양을 잘하면 학교에서 공부도 잘하고 사회에 나가서 일도 잘할 수 있습니다. 어릴 때에 어머니한테서 배운 것은 일생 동안 잊어지지 않습니다. 우리들이 제일 오래 기억하고 있는 것은 어머니가 해 준 말씀, 어머니의 모범입니다. 어머니가 준 인상은 사람들의 성격과 습관을 이루는 데 중요한 영향을 줍니다.[53]

김일성은 이러한 방법으로 자녀를 교양한 사례로 항일 투사인 마동희의 어머니를 선전한다. 마동희의 어머니는 아들딸들을 늘 애국주의 정신으로 교양하여, 그들이 모두 다 혁명가가 되게 하였다는 것이다. 마동희는 일제 때 해산 지구에 지하조직을 복구하러 산에서 내려왔다가 일본 경찰에게 붙잡혔다. 일본 경찰은 빨치산들이 있는 지휘부를 대라고 갖은 고문을 다 했으나, 그는 자신이 행여 헛소리라도 하여 지휘부의 위치를 말하지 않을까 염려하여 자기 혀를 깨물어 끊어 버렸고 결국 사형당했다. 그러나 그의 어머니는 결코 좌절하지 않았다. 아들을 사랑하였으나 결코 이기적으로 사랑하지 않았다는 것이다. 자신의 아들이 적 앞에 굴복하지 않고 죽은 것이 마땅하며, 비록 아들이 죽었으나 혁명과 인민에게는 이익이 되었기에 잘되었다고 생각하였다고 한다. 그러므로 마동희의 어머니는 아들의 생명보다 조국과 인민, 그리고 혁명을 더 귀중히 여긴 투사인 것이다. 김일성은 모든 어머니들이 마동희의 어머니처럼 자신의 아들딸들을 혁명적으로 교

---

53 〈자녀교양에서 어머니들의 임무〉, 《김일성 저작집》 15권, 1981, 339쪽.

양한다면, 아이들이 모두 훌륭한 공산주의자로 자라날 수 있을 거라며 혁명적 어머니의 위대함을 선전하였다.[54]

자녀 교양을 잘하기 위해서는 먼저 어머니 자신이 훌륭한 공산주의자가 되어야 했다. 어머니가 실천적인 모범을 보여야 자식이 혁명적 사회주의자로 자랄 수 있다. 청산리에 사는 문정숙은 남편이 한국전쟁 때 전사하였으나, 어린 자식을 데리고도 오빠들의 도움을 받지 않고 살았다. 노동당원으로 절대 놀고먹을 수 없다는 태도 덕분이었다. 그녀는 김일성이 청산리 당회의에 참가했을 때 이 동네에는 아직도 놀고먹기를 좋아하는 기생충 아주머니들이 많다며, 예를 들어 교장 선생의 아주머니와 같은 사람이라고 지적했다. 문정숙은 교장 선생의 부인을 기생충에 비유하며 노동을 통해 자기 힘으로 생활해야 한다고 주장했다. 김일성은 남의 신세를 지지 않고 자신의 힘으로 모든 것을 꾸려 나가려는 문정숙의 "강한 의지와 모든 사업에 이악하게 달라붙는 그의 품성을 높이 평가"하였다.[55] 즉, 당의 요구에 충실하게 당 정책과 사회 활동에 앞장서며, 자식들을 혁명가이자 영웅으로 양육하는 것이 혁명적 어머니가 담당해야 할 임무인 것이다.

이와 같은 김일성의 교시에 따라 여맹은 〈전국어머니대회〉에서 '후대들을 앞날의 공산주의 건설자로 교양육성하기 위한 어머니들의 과업'을 참가자 일동의 결의로 발표한다. 이 자리에서 "가정은 어린이들이 자연과 사회를 알며 그들의 성격이 형성되기 시작하는 첫 학교"로 정의된다.[56] 이 대회

---

54 〈자녀교양에서 어머니들의 임무〉, 《김일성 저작집》 15권, 1981, 340~341쪽.

55 〈자녀교양에서 어머니들의 임무〉, 《김일성 저작집》 15권, 1981, 342~344쪽.

56 〈전국 어머니들에게 보내는 호소문〉, 조선민주녀성동맹, 1962, 46쪽. 그리고 전통의 맥락에서 여성의 인종忍從과 내핍을 다음과 같이 강조한다. "우리 조선 녀성들은 예로부터 재능 있고 근면하며 송죽 같은 절개로 이름난 녀성들이다. 우리는 전통적인 미풍 량속을 더 빛내는 동시에 새 시대의 어머니이며 녀성답게 낡은 사회로부터 물려받은 개인 리기주의를 배격하고 일터에서, 이웃 간에 서로 돕고 서로 이끌어 나가며 온갖 허영과 랑비, 부화를 반대하며 검박하고 검손하게 사는 공산주의적 품성의 소유자가 되어야 한다". 〈전국 어머니들에게 보내는 호소문〉, 조선민주

에서 제시된 혁명적 어머니의 임무는 현재까지도 이어지는 북한 어머니의 양육관으로 자리잡으며 교양·선전된다. 그 내용은 다음과 같다.

첫째, 자녀의 위생문화 사업에 힘써야 한다. **둘째**, 자녀들이 어려서부터 예절과 품행을 갖추도록 생활의 규칙과 규율을 엄격하게 교양한다. **셋째**, 자녀들을 국가와 사회의 이익을 존중하며 집단을 사랑하고 협력하는 정신으로 교양한다. **넷째**, 사회주의적 애국주의 정신으로 교양한다. **다섯째**, 어머니들이 사상의식 수준을 높이고 자녀들을 훌륭히 교양하기 위해서는 어머니 자신이 사회주의 건설을 위한 노동에 적극 참가해야 한다. 어머니는 가정에서는 알뜰한 주부이고 어머니이며 일터에서는 근면하고 유능한 천리마 기수가 되어야 한다. **여섯째**, 공산주의적 도덕 기풍을 확립한다. 부화浮華(실속 없이 겉만 화려함)와 안일을 배격하고 검박하게 생활하는 혁명적 품성을 기른다. **일곱째**, 어머니와 여성의 지식 수준과 문화 수준을 높여야 한다. 문화 위생적인 양육을 위해 일정한 과학 상식과 보건 위생 지식을 갖추어야 한다.[57]

이와 같은 혁명적 어머니의 규범을 여성들에게 내면화시키는 역할을 담당한 조직이 바로 여맹, 즉 '조선민주여성동맹'이다. 1945년 11월 18일에 결성된 북조선민주여성동맹이 1951년 1월 개최된 남북조선여성동맹 합동중앙위원회에서 형식적으로 남조선 여성단체와 통합, 조선민주여성동맹이 되었다. 당시 혁명적 어머니 역할을 수행하기 위해 여맹 조직에 부여된 임무는 다음의 네 가지다.[58]

녀성동맹, 1962, 47쪽.

57 1961년 현재 여맹 중앙위원회 제1부위원장 김옥순은 자녀들을 잘 기르지 못하는 것은 부모로서 더 없는 수치이며, 누구보다도 어머니들의 책임이 크다고 비판한다. 그리고 자녀를 잘 키우지 못하는 원인은 "아동들에 대한 봉건적인 낡은 인습과 식민지 사회에서 되는 대로 살던 락후한 생활습성을 버리지 못하고" 있기 때문이라고 지적한다(김옥순 1962, 51~85쪽).

58 김옥순 1962, 86~89쪽.

첫째, 후대 보육 교양을 위해 여성의 사상교육 수준을 높인다.

둘째, 어머니학교를 강화하고 '천리마 인민반 칭호 쟁취운동'을 전개한다.

셋째, 아동 교양과 양육에서 여성의 역할을 높이는 데 여맹의 역량을 집중한다. 모범 어머니 양성에 노력한다.

넷째, 양육과 여성사업에서 당 정책과 김일성 교시를 수행한다. 탁아소·유치원 사업을 개선하는 데 적극 참가하고 지식 수준이 높고 아동 교양 경험을 가진 여성들을 이 부문에 선발 배치한다. 기존의 보육원·교양원들의 보육 교양 수준을 높이는 사업에 참여하고 연계를 강화한다. 무엇보다 전체 여성들을 당 주위에 단결시킨다.

이와 같은 '혁명적 어머니'라는 여성 과업과 여맹의 임무를 제기하며, 〈전국어머니대회〉의 참가자들은 김일성에게 충성을 맹세한다. 주요 결의 내용을 인용하면 다음과 같다.[59]

첫째, 우리는 언제나 그러하였던 것처럼 당과 수상님이 주신 이 숭고한 과업을 반드시 충실하게 수행함으로써 우리의 자녀들을 당과 인민의 리익을 위하여 모든 것을 다 바쳐 싸우는 훌륭한 공산주의 전사로 길러 내겠습니다.

둘째, 우리는 항상 어린이들의 몸을 깨끗이 거두고 옷차림을 단정하게 하며 위생을 잘 지키도록 교양하며 그들을 사회주의 조국의 깨끗하고 튼튼한 꽃봉오리로 키우겠습니다.

셋째, 우리는 자녀들이 어려서부터 집단과 노동을 사랑하며 집단의 리익을 위하여 투쟁할 줄 알며 동무들 간에 숭고한 동지애의 정신을 소유하도록 교양하겠습니다. 우리는 자녀들을 원쑤를 증오할 줄 알고 사회주

---

59 〈전국어머니대회〉 참가자 일동 1962, 36~40쪽.

의 전취물을 굳건히 지키며 자기의 가정과 학교, 고향과 나아가서 조국을 열렬히 사랑하는 애국자로 길러 내겠습니다.

넷째, 우리는 가정 교양에 세심하고 꾸준한 노력을 기울이는 동시에 자신이 자녀들의 산 모범이 되기 위하여 노력하겠습니다. 한 사람의 어머니이기 전에 우선 사회주의 건설자로서, 공산주의자로서의 높은 품성을 소유하기 위하여 모든 노력을 아끼지 않겠습니다.

다섯째, 우리는 조선의 어머니들답게 우리 인민의 고유한 례의 범절을 잘 지키고 행동에서 겸손하고 생활에서 검박하고 단정한 품성을 소유하겠습니다. 우리는 더 많이 배우고 보다 높은 지식과 기술을 소유하여 자녀들을 훌륭히 교육 교양할 것이며 가정을 절도 있고 문화적으로 꾸리며 가족과 온 마을이 화목하고 우애와 협조의 정신으로 단합되게 하겠습니다.

여섯째, 우리는 가정 교양에 힘쓰는 동시에 탁아소, 유치원, 학교와 련계를 더욱 강화하며 후대들의 양육을 더 잘 하도록 방조하겠습니다. 우리 자녀들을 반드시 당이 요구하는 수준에서 장래의 훌륭한 공산주의 건설자로 길러 낼 것입니다.

일곱째, 〈전국어머니대회〉에 모인 우리들은 나라의 모든 어머니들과 함께 대회에서 하신 수상님의 교시를 높이 받들고 자녀들을 더 깨끗이 거두어 주며 그들을 공산주의 후비대로 교양 육성하는 사업에서 새로운 전환을 일으켜 당과 수상님의 기대에 어김없이 보답할 것을 맹세합니다.

혁명적 어머니화가 집중적으로 이루어진 공간은 '어머니학교'였다. 어머니학교는 해방 후 문맹 타파를 위해 기혼 여성의 한글교육 모임으로 시작되었다. 그러나 북한 여성을 사회주의 주체로 재구성하기 위해 조직된 어머니학교는 1956년 8월 함경남도 함흥과 청진에서 시작되어 전국에 급속도로 확장되었다. 초기 어머니학교에서는 주로 보건 부문 관련자들이 매 일요일에 부인위생 지식, 유아 양육 방법 등을 교양하였다.[60] 나이 든 어머니들을 상대로 한글 교육을 하기도 했다. 그러나 어머니학교를 여맹이 주도하면서 점차 당이 요구하는 혁명적 어머니를 양성하는 공간으로 활용되었다.

어머니학교는 1960년대에 더욱 발전하여, 1968년 10월에 이르러서는 북한 전역에 11만 2천 곳이 운영되며 기혼 여성 217만 명의 교양을 담당하는 조직으로 성장했다. 어머니학교는 그야말로 "여성들을 교양하기 위한 좋은 근거지이며 중요한 교양 거점"이 되었다. 이에 따라 어머니학교를 단순히 글을 가르치는 곳 아니라 혁명화 거점으로 만드는 지도가 강조되었다.[61]

당시 모범 사례로 선전된 함경남도 영흥군 중앙협동농장의 어머니학교 운영 사례를 살펴보자. 이 협동농장에서는 리당위원회의 지도 하에 여맹 단체가 작업반 단위로 여섯 개의 어머니학교 학습실을 꾸리고 주 1회씩 모임을 운영하였다. 각 작업반의 어머니학교에서는 어린이들의 위생과 언어, 그리고 생활문화 등을 어머니들에게 가르쳤다. 각 학습실에서는 '어머니 벽신문'을 발간했는데, 벽신문에는 위생 상식과 옷차림 등 생활에 관련된 상식을 다루었다. 여맹 단체에서는 학습 내용을 복습시키고자 어머니들의 수준을 고려하여 20명씩 학습조를 조직하였다. 학습조원들은 작업을 하다가 쉴 때면 모여 앉아 배운 것을 이야기하고 생활의 모범을 소개하였다.[62]

일상 양육에서 가장 강조되었던 것은 아이들의 청결 습관 형성이었다. 특히 당시 농촌 가정에서는 어머니들이 아이들의 머리도 한 번 빗겨 주지 않

---

60 〈조선녀성들은 평화와 사회주의를 위한 장엄한 투쟁 속에서 국제부녀절을 맞는다: 모성과 어린이들에 대한 배려〉,《로동신문》, 1957년 3월 8일.

61 그 방법으로 가정을 알뜰하게 꾸리는 문제, 자녀 교양 문제 등을 노래로 만들어 전파하는 방식이 권고되기도 했다. 〈근로단체들의 역할을 더욱 높일 데 대하여〉,《김일성 저작집》23권, 1983, 78쪽.

62 〈어머니 학교를 운영〉,《로동신문》, 1963년 3월 5일.

고, 모자나 가방이 없어도 별로 신경 쓰지 않았다. 이러한 현실에 대해 김일성은 "집에서 아이들을 깨끗하게 거두어야 그들이 학교에 가서도 모든 것을 깨끗하게 할 수 있으며 앞으로 문화적으로 살 수 있는 새로운 인간으로 자라날 수" 있음을 강조했다.[63] 청결 습관은 규율화의 기초였기 때문이다.

그러나 당시에는 아동용 일상품의 생산량이 적어서 농촌까지는 공급되지 못하는 상황이었다. 이러한 상황에서 당이 강조한 것은 어머니들의 '성의'였다. 즉, "어린애들을 잘 키우려는 어머니들의 책임감만 높다면 어떻게 하든지 다 풀 수 있는 것"이라는 의지론이다. 이와 함께 아직까지 유아사망률이 높은 상황에서 전염병에 쉽게 감염되는 아이들의 위생 문제를 어머니들에게 일차 책임지웠다. 이로써 어머니들에겐 생활위생과 개조를 통해 자녀를 건강하게 키워야 하는 의무가 강제되었다.[64]

구체적 예로, 황해북도 여맹의 '양육개조' 사업을 살펴보자. 도 여맹은 어머니의 역할을 강화하여 '어린애들을 잘 거두는 운동', '집을 깨끗이 거두는 운동', '어린애에게 병이 나지 않도록 하는 운동'을 조직하였다. 자체적으로 탁아소와 유치원을 세우기도 하고, 어머니들과 학교 간의 연계를 강화했으며, 학생 과외 생활 지도위원회 사업에 참가하여 학교와 각급 사회교양기관의 힘을 합쳐서 방과후 지도를 강화하였다. 그러면서 여맹은 당 정책과 혁명 전통 교양을 강화하였다. 특히 어머니학교와 근로자학교 운영을 정상화하고자 집중적으로 지도하였다. 어머니학교를 재정비하고 구체적인 계획에 따라 위생 지식·아동 양육에 대한 제반 문제들을 비롯하여 여성들의 교양까지 체계적으로 지도하도록 했다.[65]

63 〈자녀교양에서 어머니들의 임무〉, 《김일성 저작집》 15권, 1981, 347쪽.

64 〈자녀교양에서 어머니들의 임무〉, 《김일성 저작집》 15권, 1981, 348~349쪽.

65 1950년대까지 황해북도 각 가정에서는 어린이 위생에 무관심하였으며, 여맹도 양육개조 사업에서 각급 여맹 단체를 동원하지 못하였다고 한다. 그서 회의가 끝날 즈음에 '아동 교양에 관심을

북한의 대중사업이 그러하듯, 양육개조 사업도 대부분 집중지도 형태인 캠페인식으로 진행되었다. 황해북도 여맹 위원회의 사업 경험만 살펴봐도 김일성의 교시에 따라 집중지도를 한 경우이다. 당 정책의 무게중심에 따라 특정 행사나 기념일에 맞춰 '돌격식'으로 진행되는 캠페인식 사업은 북한 대중사업의 특징이다. 이 같은 사업은 1960년대부터 당 정책에 따라 지속적으로 추진되었다.

1960년대에 구체화되고 1970년대 들어 공고화된 북한의 가정 양육관은 다음과 같은 특징을 갖는다.

첫째, 가정에서 분공分工(일을 나눠 맡김)과 총화를 안정적으로 진행하여 자녀들에게 학습과 노동을 사랑하는 정신을 교양한다. **둘째**, 자녀들의 성격과 취미에 맞게 가정 교양을 강화한다. **셋째**, 당과 혁명에 충실하도록 자녀를 양육한다. **넷째**, 수령의 은혜를 알고 수령에게 충성하도록 자녀를 교육한다. **다섯째**, 어머니들이 모범을 보임으로써 자녀가 보고 배우도록 한다.[66]

한편 북한의 자녀 양육 방법 중 주목해 볼 만한 것으로 '연계양육'이 있다. 혁명의 후비대 양성은 가정뿐 아니라 학교와 어린이 집단인 소년단 활동을 통해서도 이루어졌다. 그리고 각 양육 공간은 서로 연계하여 북한 정권이 요구하는 혁명적 사회주의자 양성에 매진했다. 구체적으로 학교와 가정, 그리고 소년단과 가정의 연계사업이었다. 북한 정권이 추진한 연계양육의 실태를 구체적 사례로 살펴보자.

먼저 김일성의 교시에 따라 학교와 가정의 연계양육을 모범적으로 수행했다는 청진시 수남구역 말음중학교 교원 박영금의 사례를 보자. 이 학교

돌리라'든가, '탁아소, 유치원을 잘 돌보라'는 식으로 일반적인 호소나 강조를 하는 데 그쳤다. 정인옥 1962, 246~262쪽.

66 조선민주녀성동맹, 1962.

에서는 김일성이 제기한, 후대 공산주의자 육성을 위해선 가정—학교—사회교육이 병행되어야 한다는 교시를 현실에 옮겼다. 박영금은 어린이들이 규율이 없고 비위생적인 것은 어머니들의 낡은 생활 습성 때문이라고 판단하고, 자모慈母회의를 열고 호별 방문지도와 모범가정 견학 및 선전에 힘썼다. 박영금이 파악한 가장 큰 문제는, 어머니가 자식을 엄격하게 키우지 않고 맹목적인 사랑을 베푸는 것이었다. 그러나 어머니들을 교육하는 것은 쉬운 일이 아니었다. 제대로 조직도 안 되고 어머니들 사이에 말도 많이 돌았다. 그래서 박영금은 어머니들의 직장에 부탁하여 어머니들을 조직한 후 11개 과외 생활반을 조직하여 아이들을 지도하게 하였다. 직장에 다니는 어머니와 가정에 있는 어머니를 배합하여 두 명씩 생활반 지도자로 선정하고 학습 통제와 지도를 하게 하였다. 생활반에서는 아이들을 출석시켜 학교에서 배운 내용을 복습하도록 하였다. 학생들의 위생 상태도 관리했음은 물론이다.[67]

연계양육은 어린이들의 집단생활 공간인 소년단과 가정 간에도 이루어졌다. 이에 대한 구체적 사례로 황남 배천군 일곡중학교 소년단 지도원 한경숙의 경험을 살펴보자. 학교생활에서 소년단 활동은 사회와 학교를 연결하는 기능을 하였다. 소년단반 생활은 가정에서도 진행되기 때문에 가정과의 연계가 중요했다. 그러나 어머니들이 바쁘기도 하고 소년단에 대한 인식이 좋지 않았다. 그래서 한경숙은 소년단에 각종 그룹을 조직하여 의욕을 높이고, 주기적으로 농촌에 나가 노동 의욕을 부추기는 공연을 하는 등 소년단 차원에서 어머니들을 돕게 하였다. 소년 예술선전대, 소년 위생근위대, 소년 녹화근위대 등을 조직하여 사업을 진행했다.[68]

---

67 박영금 1962, 355~367쪽.
68 이러한 활동으로 소년단원들은 꼬마 선동원으로 꼬마 교양자로 부모님을 도와주게 되었으며,

1967년을 기점으로 김일성의 절대권력이 공고화되고, 이에 따라 북한 여성의 모델은 김일성의 어머니인 강반석이 된다. 강반석의 양육은 크게 두 방향으로 선전되었다. 우선, 자녀를 혁명가로 양육한 산 모범이라는 점이 강조되었다. 강반석은 남편 김형직의 산 모범을 가지고 김일성을 어린 시절부터 열렬한 애국주의 사상으로 교양하였으며, 김일성의 학습을 지도한 훌륭한 선생이었다고 한다. 김일성 이외의 다른 자식들도 혁명의 원칙성과 강의한 의지로 교양하여 모두 다 혁명가가 되게 하였다고 선전되었다.[69]

기혼 여성의 가장 큰 위대함은 자식을 낳아 혁명가로 키우는 것이라는 논리다. 여기서 주목할 점이, 자식을 혁명가로 양육하라는 이 지침을 남편에게서 얻었다는 것이다. 김일성 어머니 강반석은 아버지라는 긍정적인 모범을 통해 자식을 감화시키는 양육 방법을 능동적으로 실천했지만, 강반석의 주체성은 남편의 당부로 성립했다. 교육의 방향은 아버지가 설정해 주고, 어머니는 자식의 일상적인 학습과 생활을 관리한 것이다.

강반석의 사례에서 또 하나 눈에 띄는 점은, 자식에 대한 사랑을 혁명과업에 연결시켰다는 것이다. 강반석은 자식을 개인적 차원에서 사랑한 것이 아니라, 혈연적 사랑을 혁명적 사랑으로 변화시켜 혁명 위업에 연결시켰다. 어려운 살림 형편에도 남편 김형직의 유언대로 김일성을 공부시키기 위해 심혈을 기울였으며, 자식들을 높은 혁명적 경각성으로 교양하고 모든 일을 세심하게 처리하였다.[70]

여기서 혁명하는 사람의 양육은 단순히 자식을 키우는 차원을 넘어, 혁명가를 양성하는 것이라는 논리가 성립한다. 이 같은 대의와 양육 지침 역

이 학교는 1961년 9월 '천리마학교' 칭호를 받았고, 전체 분단의 50퍼센트가 '모범분단' 칭호를 받았다. 한경숙 1962, 327~340쪽.

69 조선민주녀성 중앙위원회 1967, 42~55쪽.

70 조선민주녀성 중앙위원회 1967, 56~67쪽.

시 일찍 사망한 남편의 뜻에 따라 이루어졌다고 선전된다. 김일성과 김일성 어머니의 사례는 일제강점기의 특수한 사례에 머물지 않고 '혁명기' 북한 어머니들의 역할이자 의무로 자리잡게 된다. 북한의 기혼 여성들은 가정 내에서 내핍을 인내하는 생활경제 관리뿐 아니라, 일상적인 교양과 생활의 모범으로서 자식들을 혁명가로 양성하는 사회적 책무까지 지게 되었다.

실제로 전 사회의 혁명화와 여성의 노동계급화가 제도화된 1970년대 이후 '국가 양육'이 강화된다. 이제 자녀 양육은 각 개인이나 가정의 문제가 아니라, 문화혁명과 사회주의사회 건설을 앞당기는 중요한 국가적 과제가 되었다. "어린이들을 사회적으로 키우면 어려서부터 조직생활과 규율생활에 버릇되고 집단주의 정신과 공산주의적 품성이 싹트게 되며 조직적인 생활기풍"을 가지게 되므로, 사회적 양육사업을 통해 어린이들을 길러야 한다.[71] 그렇다고 가정 양육에 대한 강조가 등한시되지는 않았다. 오히려 국가 양육사업에 맞추어 가정에서도 같은 내용으로 자녀를 양육하도록 강제되었다.

그리고 김정일 후계 체제가 가시화된 1970년대 중반 이후부터는 김일성의 아내이자 김정일의 생모인 김정숙이 "위대한 수령님께 끝없이 충직한 주체형의 혁명투사"로 선전된다.[72] 남편인 김일성에게 모든 것을 바쳐 헌신했다는 김정숙의 생애는 북한 전체 구성원에게 '충성의 귀감'이며, 자식을 키워 혁명의 대를 잇게 한 혁명적 어머니의 최고봉으로 선전된다.[73]

---

71 〈조선로동당 제5차대회에서 한 중앙위원회 사업총화보고: 1970년 11월 2일〉,《김일성 저작집》 25권, 1983, 281쪽.

72 근로단체출판사 1980, 4쪽.

73 세부 내용은 박영자, 〈강반석과 김정숙을 본받아〉,《한국현대생활문화사 1970년대》, 창비, 2016, 247~272쪽 참조.

김일성의 부인이자 김정일의 생모인 김정숙이 도천리 여성들을 교양했다는 우물터(왼쪽)와 두만강 망항나루터에 있는 나룻배(오른쪽). 김정숙이 두만강을 건널 때 탔다고 한다. 《조선녀성》 1996년 6월호와 1979년 12월호.

차이의 정치

16세기 절대왕정과 함께 등장한 '국가' 이념이 18세기 말 프랑스혁명 후 자리 잡은 '민족' 이념과 결합하여, '근대 민족국가' 개념이 형성되었다. 19세기 서유럽에서 성장한 이 개념은 20세기 제1차·제2차 세계대전을 경유하며 전 세계의 보편 이념으로 확대되어 각국의 분화와 결합을 촉진했다. 한편 19세기 이후 근대국가권력이 젠더를 구성한 방식은 '시민권을 부여한 남성을 기준으로 여성의 역할을 구획'하는 것이었다. 19세기 영국의 빅토리아 여왕 시대에 서구의 국가권력은 '국가=공적 영역=남성 세계' VS '가정=사적 영역=여성 세계'라는 이원화된 젠더 규범을 이상화하였다.

당시 제도화된 이원적인 젠더 규범은 가정 내 역할 구분뿐 아니라 근대 민족국가와 사회 구성의 모델이 되었으며, 동시에 성차별의 근거가 되어 젠더 위계를 본질적이고 자연적인 생물학적 성차性差와 동일한 맥락에서 이해하게 하였다. 즉, '생물학적 차이'와 '사회문화적 역할과 차별'을 혼재시켜 차이를 차별로 사회화하는 한편, 이를 거스를 수 없는 섭리이자 윤리 도덕으로 구성했다. 인간이란 동일 범주 안에서 여성과 남성의 동질성을 인정하면서도, '시민이며 정상 국민인 남성'을 기준으로 여성의 차별을 구획한 것이다.

특히 국가권력이 전쟁 수행의 대가로 투표권을 포함한 시민권을 일반 남성에게 부여하고, 시민권자 남성들을 기준으로 여성의 '동질성과 차이의 이중성'을 규범화하면서, 여성은 국가와의 관계에서 남성에 비해 덜 직접적이면서 동시에 복잡한 관계를 형성하게 된다. 남성을 기준으로 한 근대 민족국가 건설 및 강화 과정은 한편으론 여성을 남성과 동일하게 근대 민족국가의 주체인 '국민'으로 구성하는 과정이었으며, 다른 한편으론 차이를 근거로 하여 사회문화적으로 전승된 가부장제 및 가정 내 위계질서와 연계한 성 역할과 성차별을 재구성하는 방식으로 나타났다. 이 과정에서 국가권력은 이원적인 젠더 모델을 적극적으로 담론화하며, 성 역할론에 따른 '차이의 정치'를 실시했다. 남성과 여성에게 각기 상이한 역할과 삶의 기준을 제시하고, 이를 '성적 정상상태'로 설파하는 것이다. 이것은 국가가 성 역할을 규범화한 젠더정책의 일환이었으며, 이 젠더정책은 '권력에 의한 성적 규범의 배재와 포섭' 과정을 통해 실현되었다.

이 같은 근대국가권력의 젠더정책은 1917년 사회주의 혁명 이후 전환이 모색되었으나, 자본주의 체제에 대항할 수 있는 강력한 '근대사회주의 민족국가 건설과 강화'라는 스탈린의 일국사회주의론이 실행되면서, 전통적인 어머니 역할에 근대적인 사회 활동 참여가 부가된 형태로 현실 사회주의국가에서도 질적 변화 없이 추진되었다. 또한 제2차 세계대전 이후 식민지배가 종결되고 주권국가를 형성하기 시작한 아시아 지역에서는 대개 민족 담론과 민족주의가 국가 형성 및 발전에 핵심 이데올로기로 작용하였다. 이

때 민족주의 이데올로기는 성 역할론에 따라 이원화된 젠더 구성과 양성 불평등 기제로 작동하였다.[74]

제2차 세계대전 이후 세계 냉전 질서 형성과 민족국가 건설이 보편화되면서 전 세계적 현상이 된 민족주의는, 상부에 대한 충성과 인내와 같은 소위 '남성적 이상Masculine ideal'을 도입해 민족적 정형Stereotype을 사회에 형성시켰다. 당시 국가권력은 사회 구성원인 국민의 의무를 신체적 차이로 나누어 그에 따라 역할 규범 및 국가와의 관계를 규정지었다. 남성 개인의 욕망은 민족국가의 이상으로 구성하고, 남성 국민의 최고 가치를 "조국을 위한 투사"로 이상화하였다. 이때 여성 국민의 최고 가치는 아버지에서 아들로 이어지는 민족국가의 투사를 높이 받들어 보호하고 훈육하는 "어머니 조국"이라는 규범으로 이상화되었다.[75]

20세기 아시아에 수립된 사회주의국가인 북한 역시 스탈린식 일국사회주의론과 피식민 경험의 아시아적 특성을 공유하며, 민족주의에 기초한 여성의 모성적 전통 역할과 근대적 사회 활동 참여라는 이중역할론에 기초하여 여성정책을 수립하고 공고화하였다. 더욱이 1960년대 이후 김일성이란 1인 절대권력자에게 권력이 집중되고, 1970년대 이후에는 그의 아들인 김정일에게 혈연적 권력 이양이 제도화되는 과정에서, 북한은 체제 전반에 가부장적 위계가 구조화되었다. '수령'으로 불리는 절대권력자를 중심으로 전全 사회를 위계적으로 구성한 북한 체제의 가부장성은 전체 주민에 대한 국가권력의 위계성을 극도로 강화했으며, 이 과정에서 젠더 위계 역시 사

---

74 A. Basu, "The Many Faces of Asian Feminism", *Asian Women* 5, Seoul: Research Institute of Asian Women, The Sookmyung Women's Press1997, p. 7.

75 George L. Mosse, *Nationalism and Sexuality*, London: University of Wisconsin Press, 1985; Anthias Floya & Yuval Davis Nira, "Women-Nation-State", J. Hutchinson & Anthony D. Smith eds., *Nationalism: Critical Concepts in Political Science* vol. 4, New York: Routledge, 2000.

회 위계와 연계되어 제도화되었다.

　이후 식량난과 경제 위기를 맞으면서 이 연장선에서 체제 위기를 극복하고자 사회 전반으로 군사주의가 확장되고, 1990년대 중반부터는 북한 정권의 군사주의가 전면화된다. 군대를 앞세워 북한 체제를 수호하고 강성대국을 건설하겠다는 북한의 '선군정치先軍政治'는, 북한의 체제 위기가 드러난 1995년부터 시작되어 1998년 김정일 체제가 공식화되고 체제 재정비를 수행하면서 제도화되고, 2000년대 김정일 정권의 생존 전략으로 구조화되어 북한 체제 전반을 '병영화兵營化'하는 총력전總力戰 체제를 구축하였다. 그리하여 현재까지 조선로동당 및 각급 국가기관 간부층과 군대, 그리고 평양 지역마저 식량 배급이 불안정하고, 그 외 일반 주민과 국경 지역에는 식량 배급이 거의 이루어지지 않는 상황에서도 국방과 군사 사업이 북한 정권에는 가장 중요한 사업이다. 시장Market economy 활동을 중심으로 북한 주민들은 불법과 합법을 넘나들며 처절한 생존 노력을 펼치고 있지만, 이 와중에도 북한 권력은 체제 유지를 위해 사회 전반에 위계적인 군사주의 문화를 더욱 확장하고 강조하고 있다.

　이러한 군사우선정책과 일상화된 전쟁 준비로 북한 군대는 체제 운영의 핵심 조직이 되었다. 이에 따라 군대를 구성하는 남성은 국가를 보위하는 주체로, 여성은 의·식·주를 중심으로 사회공동체의 일상생활을 책임지는 주체로 젠더 역할이 구성되었다. 그리하여 북한 사회에서 남성은 조국을 지키는 전사로서 군대와 군수산업에서 체제 수호 및 국가 안보를 위해 충성과 정열과 다 바쳐야 한다. 여성은 경제난 속에서도 "당과 수령에 대한 높은 충성심과 애국심을 가지고," "인민군 군인들의 살림살이 기풍을 본받아 자기가 사는 집과 마을, 공장과 일터를 선군시대의 맛이 나고 정신이 번

쩍 들게 꾸려야" 한다.[76] 이 같은 젠더 프레임은 김정은 정권에서도 그대로 고수되고 있다. 현재까지도 북한의 국가권력은 여성들에게 사회·지역·가정에서 다음과 같은 역할을 수행하도록 규율하고 있다.

강성국가 건설에서 한몫 단단히 해 나가는 시대의 기수, 혁명의 미래를 키우는 조국의 뿌리로 살고 있는 것이 우리 녀성들이다. … 자식들과 남편들을 당과 조국 앞에 떳떳이 내세울 뿐 아니라 헌신적인 노력으로 부강조국건설을 위한 투쟁에서 지혜와 열정을 다 바쳐 나가고 있는 것이 우리 녀성들의 강인한 모습이다. … 김정일애국주의를 체질화하고 실천에 구현하여 선군조선의 번영기를 열어나갈 우리 녀성들의 혁명적 열정은 날이 갈수록 더욱더 세차게 분출되고 있다. 우리 당의 강성국가 건설 위업을 충직하게 받들어 나가는 녀성들의 대부대가 있기에 비약하는 선군조선의 위용은 더욱 높이 떨쳐지게 될 것이다. … 우리 녀성들은 무한한 헌신으로 사회주의대 가정을 가꾸어 나가는 아름다운 생활의 창조자이다. 우리 동지들을 자기의 친혈육처럼, 사회와 집단을 자기 가정처럼 여기며 진정을 바쳐 가는 것은 우리 시대 녀성들의 고상한 풍모로 되고 있다. 병사들의 친어머니, 친누이가 되어 원군의 길을 끊임없이 이어 가고 있는 녀성들과 녀맹원들, 부모 잃은 아이들을 맡아 키우고 영예군인의 친혈육, 한생의 길동무가 되어 혁명의 꽃을 계속 피워 나가고 있는 우리 녀성들의 뜨거운 사랑과 정은 우리 사회의 생기와 활력의 자양분으로 되고 있다. … 뜨거운 사랑과 정으로 아들딸들을 많이 낳아 키워 혁명의 대, 조국의 대를 군건히 이어 나가는 것은 우리 녀성들의 고유한 미덕으로 되고 있다. 오늘 녀성들 속에는 자식들을 많

---

76 리경림, 〈선군시대에 창조된 생활문화, 군인문화를 적극 따라 배우자〉, 《조선녀성》, 2006년 2월호, 43쪽.

이 낳아 미래의 역군으로 씩씩하게 키우는 어머니도 있고 아들딸 모두를 총 쥔 병사로 내세운 어머니들이 수없이 많다.[77]

미혼 여성들은 군대와 사회에서 여성 특유의 헌신성과 보살핌으로 체제 수호에 기여해야 하며, 기혼 여성들은 가족의 생존을 책임지면서도 자식을 혁명의 3,4세대로 키워 수령과 조국에 충성하는 '선군 가정'을 만들어야 한다. 이렇듯 선군시대 북한 여성들은 준遵전시 상황에서 헌신적이며 이악스러운 생활력으로 가족의 생존과 군대 수호를 책임지도록 강제받고 있다.

지난 20여 년간 선군정치를 고수한 북한 정권은 체제 존속을 위해 북한 주민의 '성적 정체성Sexuality'을 군사주의 정책에 따라 구성했다. 북한 체제를 지속시킬 규범과 동질의 맥락에서 구성된 북한 남성의 남성성Masculine은 불변성과 무조건적 충성심, 동지애, 인내심, 용맹함, 비타협성, 단호함, 무자비함, 적에 대한 증오 등 군인정신을 집약한 것으로, 소위 북한 당권이 선전하는 '총대(총자루)정신'[78] 그 자체이다. 그렇다면 군사주의 정책은 북한 여성의 성적 정체성에 어떠한 영향을 미쳤는가?

선군시대 북한 여성의 여성성Feminine은 은혜에 보답하는 보은報恩의 도덕, 김정일 장군을 우러러 받드는 섬김의 자세, 가정뿐 아니라 군대 및 사회 취약 계층까지 돌보는 돌봄의 윤리, 자신을 바쳐서 공동체를 돌보는 헌신성, 어려운 생활 조건에서도 근면하고 알뜰하며 이악하게 주민 생존을 책임지는 억척스러움 등이다.[79] 선군시대 북한 체제에서 남성은 전방의 전사로, 여

---

77 2014년 3 · 8 국제부녀절을 기념하며 김정은 시대 북한 여성의 도덕과 역할을 제시한 사설, 〈녀성들은 강성국가 건설의 최후승리를 향하여 억세게 싸워나가자〉, 《조선녀성》 2014년 3호, 3~4쪽.

78 김현환, 《김정일장군 정치방식연구》, 평양: 평양출판사, 2002, 204쪽.

79 박영자, 〈선군시대 북한 여성의 섹슈얼리티Sexuality 연구: 군사주의 국가권력의 성性 정체성 구성을 중심으로〉, 《통일정책연구》 15권 2호, 통일연구원, 2006, 129~161쪽.

성은 후방의 전사로 살아야 하는 젠더정책이 강제된 것이다. 여기서 주목할 점은, 군사주의 권력이 병영 체제를 구축하는 과정에서 젠더 위계가 극명해졌다는 것이다. 사회 구성원 전체를 젠더 위계적인 군사적 남성지배 담론에 종속시켜 양성 불평등한 사회체제를 자연스러운 것으로 강제했다.[80]

이 같은 군사주의 젠더 전략에 북한 여성들은 어떻게 대응하였는가? 비록 권력의 강제에 직접 저항하지는 못해도 스스로 생존을 위한 삶의 방식을 찾아 나서며 더 나은 내일을 위해 분투하고 있는, 2000년대 이후 북한 여성들의 생존 전략과 발전 전략을 통해 이를 확인할 수 있다.

80 오오고시 아이코, 〈"참회의 가치도 없다", 코모리 요우이치 · 타카하시 테츠야 엮음, 이규수 옮김, 《내셔널 히스토리를 넘어서》, 삼인, 2000, 162쪽.

제2부

해방과 전쟁의 스펙터클

3장

체제 수립과 젠더 형성

" 생산과 건설은 민족과 여성해방을 위한 '위대한 행위'였으며, 출산과

양육 또한 근대적 사회주의자를 재생산하는 '위대한 행위'로 강조되었

다. 그러므로 '위대한 행위'에는 어떠한 대가도 바라서는 안 되었다. "

이제부터는 사회주의국가 건설 초기, 북한 규율권력과 여성 주체의 형성을 중심으로 북한 체제 수립과 젠더의 형성을 살펴 보자. 해방이라는 거대한 변화 속에서 등장한 새로운 지배 양식인 사회주의적 규율권력이 어떠한 과정을 통해 국가와 사회에 자리 잡았는지, 행위자들은 어떠한 갈등을 경험했는지를 추적하는 것이다. 이 과정을 통해 북한에서 '사회주의적 근대'의 여성 주체와 젠더가 어떻게 형성되었으며, 여성들은 어떠한 노동 및 일상을 꾸리며 갈등했는지를 추적한다.

규율권력의 조직

현실 사회주의국가의 대표적 특징은 절대적 위력을 가진 사회주의 정당이다. 당은 사회주의국가의 건설과 지도의 주체였다. 해방 직후인 1945년 8월 20일, 김일성은 군사정치 간부들에게 "현 단계에서 조선 공산주의자들 앞에 나선 가장 중요한 력사적 임무는 조선혁명의 참모부며 로동계급의 전위

부대인 조선공산당을 창건하는 것"이라며,[1] 자신을 중심으로 한 새로운 지배 세력 구축에 나섰다. 국내에 조직적 기반이 없던 김일성 세력은 당 건설을 위한 주체 확보에 가장 커다란 관심을 가졌고, 당 건설을 위한 주체 형성은 크게 두 방향에서 진행되었다. 그 하나는 "공산주의적 당정치 간부 대열을 조직"하는 것이고, 다른 하나는 "당과 대중을 련결하는 인전대인 대중단체를 조직"하는 것이었다.[2]

이 시기 북한 지역의 정치 지형은 소련군과 함께 온 '김일성계', 국내에서 지하공산당 운동을 벌인 '국내파', 중국에서 공산주의 운동을 한 '연안파', 소련에서 공산주의 교육을 받고 해방 후 북한에 들어온 '소련파'로 구성되어 있었다. 소련군정은 이 세력들을 조율하는 과정에서 김일성계에 힘을 실어 주며 북한 지역에 공산당 건설을 지원하였다. 이 과정에서 서울에 박헌영 중심의 조선공산당(1945.9.11)이 조직되고, 이후 북한 지역에는 김일성 중심의 북조선공산당이 조직되었다. 이후 자세히 살펴보겠으나, 이 북조선 공산당이 당시 북한 지역에 먼저 들어온 중국 연안 지역에서 활동하던 공산주의자들이 세운 '조선신민당'과 1946년 7월 합당하여 현재 '조선노동당'의 기원을 이룬다. 그 외 조선노동당의 우당으로 1945년 11월 3일 창립된 '조선사회민주당'과 1946년 2월 8일 창립된 '천도교청우당'이 있으나, 이 두 정당은 북한의 사회주의헌법 제67조에 담긴 '국가는 민주주의적 정당, 사회단체의 자유로운 활동 조건을 보장한다'는 형식적 민주주의 구현을 과시하기 위한 정당으로 실질적 정당 활동은 하지 않는다.

해방 후 초기 국내 조직은 물론 지역적 기반도 없던 김일성을 중심으로 한 새로운 세력은 지방에 정치 공작원을 파견하여 지배력을 확보하려 하였

---

1 김일성, 〈해방된 조국에서의 당, 국가 및 무력 건설에 대하여〉, 《김일성 저작집》 1, 1979, 251
2 김일성, 《김일성 저작집》 1, 1979, 256~257쪽.

다. 이들은 당시 조선에 불어닥친 혁명의 성격을 '반제반봉건민주주의혁명 단계'로 규정하고, 1945년 9월 20일 당원 확보를 목표로 지방에 파견되는 정치공작원들과의 담화를 통해 조직의 과제를 제시하였다. 이 담화에서 제시된 정치공작원의 임무는 건국 노선에 대한 해설 선전과 대중단체 결성을 통해 대중들 사이에 당의 영향력을 강화하는 것이었다.[3] 당시는 다양한 정치권력이 모여 당과 국가 건설 노선에 개입하던 혼돈의 시기라 각 당과 당원들 간의 반목과 알력이 심각하였다.[4]

1945년 10월 10일, 조선로동당의 전신인 북조선공산당(이하 공산당) 중앙조직위원회가 창립되었다. 당시 북조선공산당의 성격은 '마르크스－레닌주의 당'이었다.[5] 당 중앙조직위원회가 건설되고 본격적인 당 건설 작업에 돌입하였다. 당시 공산당의 상황을 김일성은 다음과 같이 보고하였다.

당원들의 통계가 정확히 정리되지 못하였으며 당원들은 유일당증을 받지 못하였습니다. 당위원회들은 아직 우수한 일군들로서 꾸려지지 못하였으며 많은 공장, 기업소 및 농촌들에서는 아직 당단체들이 조직되지 못하였습니다. 지방 당단체들에서는 입당 절차가 확립되지 못하였기 때문에 당대렬에 친일분자와 기타 적색분자들이 숨어들어 오게 되었습니다. 이 적대분자들은 군중 속에서 우리 당의 위신을 떨어뜨리며 당의 통일을 깨뜨리려고 책동하고 있습니다. 그런데 이런 자들은 평당원들 속에만 있는 것이 아니라 우리 당의 지도기관들에도 있습니다. 례를 들면 양덕군 당위원회 비서 김모라

---

3 김일성, 〈새 조선 건설과 공산주의자들의 당면 과업〉, 《김일성 저작집》 1, 1979, 269~279쪽.

4 이에 대하여 김일성은 1945년 10월 3일 평양로농정치학교 학생들 앞에서 한 강의 〈진보적민주주의에 대하여〉에서, "지금 일부 사람들은 인민들 사이의 화목과 단결에 지장을 주는 좋지 못한 행동들을 하고 있습니다. 어떤 공산당원들은 덮어놓고 민주당을 반대하고…어떤 민주당원들은 덮어놓고 공산당을 반대"하고 있다고 비판했다(《김일성 저작집》 1, 1979, 300쪽).

5 《김일성 저작집》 1, 1979, 309~327쪽.

는 자는 일제 때에 그 군 경찰서 순사부장으로 있었는데 지금은 당단체들을 '지도'하고 있습니다. 양덕군인민위원회 위원장 권모라는 자는 해방 전에 그 군에서 친일단체인 '일진회' 회장으로 있었는데 지금은 '공산당원' 노릇을 하고 있습니다. 이러한 실례들은 이 밖에도 많습니다.[6]

여기서 '당대렬黨隊列'이란 당원들로 구성된 당의 위계적 질서 및 집단 구성을 가리킨다. 당시 4,530명의 당원을 거느리고 있던 공산당의 성분 구성은 노동자 30퍼센트, 농민 34퍼센트, 인테리·상인 기타 36퍼센트였다. 농민과 인테리가 당원의 다수를 차지하는 이유를 김일성은 다음과 같이 지적한다. 첫째, 당일군(당일꾼. 북한의 당 간부)들이 노동자들 속에 들어가지 않고 노동자들이 찾아오기를 기다리고 있는 것, 둘째, 많은 공장과 기업소들에 당세포들이 조직되지 못한 것, 셋째, 입당을 원하는 노동자는 입당 보증인이 1년 이상의 당년한黨年限(입당하여 당원으로 활동한 햇수)을 반드시 가져야 한다는 규정으로 인한 것이다.[7] 그러면서 당내 세력 갈등 관계를 다음과 같이 보고하고 있다.

황해도, 평안북도, 함경남도 당단체들의 내부에 각종 그루빠들이 생겼는데 이것은 당의 통일을 약화시키며 그 위신을 떨어뜨리는 매우 위험한 현상입니다. 일부 지방 당위원회들은 중앙조직위원회의 지시를 무시하거나 혹은 충실히 실행하지 않고 있습니다. 이렇게 함으로써 그들은 당의 민주주의적 중앙집권제 원칙을 란폭하게 위반하며 당내의 규률을 약화시키고 있습니다. 일부 도당위원회들은 자기 사업과 당단체들의 사업에 대하여 중앙조

6 김일성, 〈북조선공산당 각급 당단체들의 사업에 대하여〉, 《김일성 저작집》 1, 1979, 477쪽.
7 김일성, 앞의 논문(《김일성 저작집》 1, 1979), 478~479쪽.

직위원회에 정기적으로 보고하는 것을 의무로 여기지 않고 있습니다. 우리는 중앙조직위원회에서 일하는 한 동무를 함경남도에 파견하였는데 도당위원회가 이 동무를 받아들이지 않은 사실까지 있었습니다. 이 도에서는 중앙조직위원회의 지시가 여러 번 있었음에도 불구하고 아직까지도 공산청년동맹을 민주청년동맹으로 개편하지 않고 있습니다.[8]

당시 당 건설 과정에서 대중과의 갈등은 신의주 사건(1945년 11월)으로 대표되는 학생 시위[9]와 노동자 조직인 직업동맹원들의 권리 요구, 그리고 실력 행사 등을 통해 드러났다. 사동에 있는 공장의 직업동맹원인 노동자들은 "동맹파업 비슷한 것을 조직하고 지배인과 기사들을 때리"기도 하였으며, "직업동맹에 대한 지도는 공산당이 할 일이 아니며 직업동맹은 당의 지도 하에서 사업할 필요가 없다"고 주장하였다.[10]

해방 후 북한 지역에 결성된 공산당은 소련에서 이식된 이질적 제도였다. 따라서 공산당이 무엇인지, 당원은 어떤 사상과 규율을 지녀야 하는지에 대한 경험이 전무했다. 그러므로 공산당원의 정치사상성 및 규율이 무엇인지조차 제대로 인지하기 어려운 상황이었다. "평안북도 보안부장은 첩을 수명이나 둔 부화腐化(불건전)한 자로서 집을 여러 채 차지하였으며 몰수한 일본인 재산을 엄청나게 많이 횡취"하는 일이 비일비재했고, 당원들 사이에 "아래에 내려가 일하라고 하면 거절하며 아래에서 일하는 것을 수치

---

8 김일성, 앞의 논문(《김일성 저작집》 1, 1979), 479~480쪽.

9 김일성은 당 기관들이 대중과의 연계를 잘하지 못하고, 간부들이 공장·기업소·탄광·농촌으로 가지 않음을 지적하며, "그러기 때문에 그들은 지방의 실정을 잘 알지 못하며 군중의 동태를 모르고 있습니다. 이러한 결과 신의주에서는 민족사회주의자들의 사촉 하에 중학생들이 무장을 하고 도당부를 습격한 불상사가 일어났으며 이와 비슷한 사건이 다른 지방에도 있었"다고 밝히고 있다. 김일성, 앞의 논문((《김일성 저작집》 1, 1979), 480~481쪽.

10 《김일성 저작집》 1, 1979, 482~483쪽.

로 생각하는" 풍조가 팽배했다. 간부 배치는 친분과 친척 관계에 의해 좌우되어, 간부인 당원들이 친척과 친구들을 주위에 배치하였다.[11] 이러한 당 내외의 무규율에 대하여 공산당은 유일당증을 발급하여 당원을 검열하고, 타 당과의 노골적인 갈등을 제거하기 위해 통일전선을 강조한다.[12] 특히 규율화된 당원을 조직하여 당의 지배력을 확보해야 했던 새로운 지배 세력은 세력 간 갈등에 민감한 반응을 나타냈다. 1945년 12월 27일, 김일성은 북조선공산당 평안남도 제1차 대표회에서 다음과 같이 밝히고 있다.

오늘 우리 당내에는 지난 시기 조선공산주의운동에 큰 해독을 끼친 종파주의의 잔재가 적지 않게 남아 있습니다. 다 아는 바와 같이 1925년에 창건되였던 조선공산당은 일제의 탄압과 종파분자들의 파쟁으로 말미암아 조직된 지 3년 만에 해산되고 말았습니다. 종파분자들은 여기에서 심각한 교훈을 찾을 대신에 그 후에도 파쟁을 계속함으로써 혁명 발전에 커다란 지장을 주었습니다. 이러한 종파주의의 잔재가 우리 당이 창건된 오늘에도 이모저모에서 작용하고 있습니다. 또한 지금 일부 당원들속에서는 자유주의적이며 개인영웅주의적인 사상 경향이 심하게 나타나고 있습니다. 우리 당대렬에는 과거 국내에서 지하투쟁을 하던 사람들도 있고 장기간 일제의 감옥에서 옥중 생활을 하던 사람들도 있으며 해외에서 이러저러한 투쟁을 하다가 해방을 맞이하여 조국에 돌아온 사람들도 있습니다. 그들은 과거 적지 않은 경우에 분산적으로 활동하면서 조직생활을 통한 체계적인 훈련을 받지 못하였습니다. 그리하여 일부 사람들 속에서는 제멋대로 행동하는 경향이 자라나게 되었습니다. … 과거 투쟁을 같이 하였거나 한 고향에서 왔다

---

11 《김일성 저작집》 1, 1979, 484~485쪽.
12 《김일성 저작집》 1, 1979, 486쪽.

고 하여 서로 결함을 싸고돌고 몰켜다니면서 쑥덕공론을 하며 앞에서는 말하지 않고 뒤에 가서는 조직의 결정을 시비질하는 것과 같은 것은 다 종파주의의 요소입니다. 이와 같은 경향들이 자라면 결국에는 파벌을 형성하게 되고 반당 행위를 하게 됩니다. 당단체들은 종파주의의 사소한 요소에 대해서도 제때에 폭로하고 대중적 비판을 가하며 그것이 다시 살아날 수 없도록 강한 타격을 주어야 합니다.[13]

이에 따라 공산당은 제3차 확대 집행위원회에서 결정한, 당원들과 후보 당원들에게 당증 수여를 위한 심사사업과 도당위원회에 대한 검열사업을 진행하면서 당원들의 규율화를 추진하였다. 1946년 2월 15일 북조선공산당 중앙조직위원회 제4차 확대집행위원회 보고에 의하면, 당시 공산당에서 나타난 주요한 문제를 김일성은 다음과 같이 제기하고 있다.

당내에서 나타나고 있는 가장 주요한 결함은 아직도 분파주의가 있는 것입니다. … 분파주의자들은 당의 경고를 귀담아듣지 않고 종파 행동을 계속하면서 당 사업을 방해하며 당 조직을 와해시키려 하고 있습니다. 그들은 3차확대집행위원회의 정당한 결정을 접수하지 않고 그 집행을 의식적으로 태공怠工(태업)하며 심지어 이 결정을 하부 당단체에 전달조차 하지 않는 반당적인 행위를 하고 있습니다. 특히 함경남도당위원회 책임일군들의 종파적 행동은 매우 엄중합니다. 그들은 혹심한 지방할거주의자로서 당중앙조직위원회의 창설을 반대하였으며 오늘도 조직위원회의 로선과 지도를 거부하면서 지방주의적 종파 행동에만 몰두하고 있습니다.[14]

13 김일성, 〈평안남도 당단체들앞에 나서는 과업에 대하여〉, 《김일성 저작집》 1, 1979, 520쪽.
14 김일성, 〈당내 정세와 당면 과업에 대하여〉, 《김일성 저작집》 2, 1979, 45~46쪽.

김일성이 지적한 문제의 핵심은, 당원들의 규율화와 당성을 가진 주체의 양성이었다. 이를 위하여 당원의 구성성분 개선, 당 조직생활 강화, 당내 사상교양과 사상투쟁 강화, 당 간부들의 자질 향상, 사회단체들과의 사업 강화, 북조선임시인민위원회 강화, 공장·광산·농촌에서 노동영웅운동을 전개하여 "혁명적인 경쟁운동에 적극 참가"할 것 등이 핵심 과제로 제시되었다.[15] 규율화된 당원을 양성해야 했던 공산당은 각종 민주개혁을 통해 농민과 여성을 정권의 핵심 지지 세력으로 규합하였다. 여전히 갈등과 저항이 존재했으나, 당의 기본 세력인 노동자를 당원으로 끌어들이면서 세력을 확대해 간다.

당원 늘리기와 사상교양 등의 사업을 벌여 공산당 내부의 자질과 결속을 다지는 한편으로, 김일성의 공산당은 조선신민당과 통일전선을 구축하며 당 강화사업을 진행하였다. 그리하여 1946년 7월 29일, 북조선공산당 및 조선신민당 중앙위원회 확대 연석회의를 통해 당 통합을 발표하였다. 양당의 통합에서 중요한 구호 중 하나는 '당파 싸움을 하지 말자'는 것이었다.[16] 앞서 설명한 대로 해방 후 북한 지역 내 지도층인 국내파, 연안파, 소련파, 김일성계 등의 당파 투쟁을 의미한다. 한 달간의 통합 작업을 거쳐, 1946년 8월 29일 북조선로동당(이하 북로당)이 창립되었다. 김일성의 북로당 창립대회 보고에 따르면, 북조선공산당과 조선신민당 양당의 통합 과정은 그리 순조롭지 않았다.

일부 공산당원들의 독선적이며 교만한 태도를 지적하여야 하겠습니다. 그들은 말하기를 "어떻게 신민당과 합치느냐?"라고 합니다. 우리는 그들에

---

15 《김일성 저작집》 2, 1979, 49~57쪽. 그 외의 당면 과업으로는 식량 문제 해결과 토지개혁 실시를 위한 원활한 준비 사업이었다(《김일성 저작집》 2, 1979, 57~58쪽).

16 《김일성 저작집》 2, 1979, 321쪽.

게 "언제 그렇게 백이숙제가 되었는가?"라고 물어보아야 할 것입니다. 이러한 것은 무엇보다도 남을 깔보고 자기만 잘났다는 것이며 혁명사업은 자기 혼자만 하는 줄 아는 배타주의적 경향입니다. 이것은 우리 당의 로선과 정책을 리해하지 못하였을뿐아니라 혁명사업이란 전체 혁명동지들이 합심하고 전체 인민대중이 단결하여야만 승리한다는 간단한 진리조차 리해하지 못하는 데서 나온 착오입니다. 심하게 말하면 이것은 종파주의적 경향으로서 우리가 대중적인 정당을 창립하는 데 가장 경계하여야 할 위험한 경향입니다. 이런 경향이 자라면 우리 사업을 아주 망쳐 버릴수 있습니다. 다음으로 엄중한 경향은 우리 당이 '신민당화', '소자산계급화'한다고 하는 말입니다. 이것은 한편으로는 합동을 좋아하지 않는 좌경적 표현이기도 하지만 나는 그보다도 이 경향이 내포하고있는 우경적 독소에 대하여 특별히 경각성을 높일 필요가 있다고 생각합니다. … 또 한 가지 지적하여야 할 것은 당내에서 '대량적인 숙청'이 있을 것이라는 억측입니다. 이것 역시 합당을 꺼리는 소극성의 표현이며 당을 믿지 못하는 경향입니다.[17]

이 대회에서 제기한 '당의 당면 임무'를 봐도 가장 핵심적인 문제는 역시 주체 형성이었다. 주체 형성 문제의 한 축은 당원 규율화와 당 간부 양성의 문제이며, 또 다른 축은 당의 강령·정책·결정을 내면화하는 대중의 형성이었다.[18] 구체적으로 새로 창립된 북조선로동당은 창립대회 결론에서 다음과 같은 총체적인 과업을 제시한다.

그 내용은 **첫째**, 조선의 민주주의 완전 자주독립 실현, **둘째**, 당대렬을 확장하여 당을 확대 강화, 특히 노동자를 비롯한 근로자들 중 선진분자先進

17 김일성, 〈근로대중의 통일적 당의 창건을 위하여〉, 《김일성 저작집》 2, 1979, 377~378쪽.
18 《김일성 저작집》 2, 1979, 379~381쪽.

分子(일과 생활에서 앞서가는 사람)를 적극 받아들일 것하며 당내 종파를 없애고 사상의지적 통일을 보장할 것,[19] 마르크스-레닌주의를 자기의 지도 이론으로 삼을 것,[20] 인민정권 기관들의 기능과 역할을 높일 것,[21] 통일전선사업을 잘하는 것,[22] 사회단체사업을 잘할 것,[23] 경제사업에 힘을 실을 것. 특히 농업 현물세를 제대로 받을 것 등이다.[24] 북로당 창립과 함께 제출된 당의 강령은 다음과 같다.[25]

첫째, 민주주의 조선 자주독립국가를 건설할 것.

---

19 당시 노동당 내에는 다양한 세력 갈등이 존재하였다. 이에 대하여 김일성은 "어떤 동무는 토론에서 노동당에 오가잡탕의 분자들이 들어왔다고 말하였는데 이것은 그릇된 견해입니다. 심지어 어떤 동무들은 노동당에서 당장 청당사업을 하여야 한다느니 뭐니 하고 떠드는데 이것은 아주 옳지 않습니다. … 지금 일부 사람들은 자기만이 가장 진실한 공산주의자인 체하면서 노동당의 창립을 반대하고 있습니다." 김일성, 〈로동당의 당면 과업에 대하여〉, 《김일성 저작집》 2, 1979, 384~385쪽.

20 당의 사상성과 관련하여 김일성은 당시의 세력 갈등을 다음과 같이 지적한다. "지금 일부 사람들이 … 로동당을 내오는 것은 공산당이 신민당에 투항하는 것이라고까지 말하면서 합당을 반대하는데 그것은 곧 좌경입니다. 오늘 이러한 좌경적 구호를 들고 나오는 사람들은 참다운 혁명가가 아니라 가짜 마르크스-레닌주의자들입니다. … 어떤 사람들은 마르크스-레닌주의를 포기하려 하며 당내 규률을 약화시키려 하며 로동당을 민족통일전선체인 듯이 생각하면서 오가잡탕의 분자들까지 당에 끌어들이려 하고 있습니다. 이것은 로동당 안에서 허용할 수 없는 우경이며 당을 파괴하는 아주 나쁜 행동입니다." 《김일성 저작집》 2, 1979, 385~386쪽.

21 공산당 기관과 당원을 중심으로 추동되고 조직된 인민위원회 내에 나타나는 주권기관에 대한 당 대행의 문제점에 대하여 김일성은 다음과 같이 비판하고 있다. "아직도 우리 당 안에는 인민위원회사업을 대행하며 독차지하려는 당원들이 있습니다. 인민위원회는 공산당만을 위한 것이 아니라 북조선의 모든 민주주의적 정당, 사회단체들에 망라된 사람들을 포함한 전체 인민을 위한 것입니다. 그러나 지금 일부 동무들은 다른 정당 사람들이 인민위원회에 들어오는 것을 꺼려합니다." 《김일성 저작집》 2, 1979, 386~387쪽.

22 이에 대하여 김일성은 공산당원들이 "자기의 힘이 크다고 교만하게 행동"하는 것을 비판하며, "겸손하게 행동"할 것을 요구하고 있다. 《김일성 저작집》 2, 1979, 388쪽.

23 사회단체사업에서 나타나는 공산당원들의 문제점에 대하여, 김일성은 "사회단체들에 우당의 당원들도 망라되어 있다는 것을 고려하지 않고 그에 대한 당의 령도를 보장하는 문제에서 그릇된 견해를 가지고 있다"고 비판하고 있다. 《김일성 저작집》 2, 1979, 389쪽.

24 《김일성 저작집》 2, 1979, 382~392쪽.

25 《김일성 저작집》 2, 1979, 393·394쪽.

둘째, 민주주의 인민공화국의 건설을 위하여 전조선적으로 주권을 인민의 정권인 인민위원회에 넘기도록 할 것.

셋째, 일본인, 민족반역자 및 지주들의 소유 토지를 몰수하여 토지 없는 농민, 토지 적은 농민들에게 무상으로 분배하며 북조선의 토지개혁의 성과를 더욱 공고히 하고 전조선에서 토지개혁을 실시할 것.

넷째, 일본 국가, 일본인 단체와 일본인 개인 소유 및 민족반역자들의 소유인 공장, 광산, 철도운수, 체신기관 기타 기업소 및 문화기관들을 국유화할 것.

다섯째, 일체 은행과 기타 금융기관들을 국유화할 것.

여섯째, 노동자, 사무원들에게 8시간노동제를 실시하고 사회보험을 보장하며 여자들에게 남자와 동등한 임금을 지불할 것.

일곱째, 재산의 다소, 지식의 유무, 신앙 및 성별의 여하를 불구하고 만 20세 이상의 조선 인민들에게 동등한 선거권과 피선거권을 부여할 것.

여덟째, 전체 조선 인민에게 언론, 출판, 집회, 연설대회, 시위운동, 당 조직, 동맹조직 및 신앙의 자유를 보장할 것.

아홉째, 여자들에게 정치, 경제, 법률적으로 남자들과 동등한 권리를 보장하며 가족 및 풍습 관계에서 봉건적 잔재를 숙청하며 어머니들과 어린이들을 국가적으로 보호할 것.

열 번째, 인민 교육의 개혁을 실시하며 각종 학교에서의 교육과 교양사업에서 일본 교육제도의 잔재를 숙청하며 재산 형편과 신앙 및 성별을 불문하고 전체 조선 인민에게 공부할 권리를 보장하는 동시에 조선 민족문화예술 및 과학의 정상적 발전을 도모할 것.

열한 번째, 근로대중의 생활을 위협하던 일본 제국주의 세금제도의 잔재를 철폐하고 새로운 공정한 세금제도를 실시할 것.

열두 번째, 민족 군대를 조직하며 의무적 군사징병제를 실시할 것.

열세 번째, 세계의 평화를 위하여 투쟁하는 연방과 평화를 애호하는 각 국가, 각 민족들과 튼튼한 친선을 도모할 것.

당의 강령을 수립하고 본격적인 조직정비 사업에 나선 북로당에게 당 규율 확립은 가장 시급한 과제였다. 당시 당 규율 강화를 위해 가장 많이 지적된 사항은 지방주의, 가족주의 경향이었다. 북로당 함경북도 위원회 제19차 상무위원회에서 한 연설에서 김일성은 "일군(일꾼)들 속에 지방주의, 가족주의 경향이 있고 당의 로선과 결정, 지시를 무조건 집행하는 엄격한 규률이 서 있지 않는 것"을 비판하며 '강철 같은 규율'을 강조하였다.[26]

사상적 차이에 의한 파벌이나 지역 권력을 중앙권력에 철저히 복종시키는 규율권력의 확보는 북로당에게 중요한 과제였다. 그러나 오랜 기간 익숙해 있던 독자적 조직활동과 지옮김(지하활동 습관), 그리고 인격적 연대에 기초한 정치권력은 쉽게 무너지지 않았다. 함경북도 당단체는 중앙당의 지도를 받아들이지 않으며 "만국의 로동자들이여, 단결하라! 싸워서 잃을 것은 철쇄요, 얻을 것은 전세계이다!"라는 구호를 내걸고 독자적인 당사업黨事業(로동당 운영 및 조직사업)을 벌였다. 즉, "당의 로선과 정책을 잘 접수하지 않고 당중앙黨中央(당중앙위원회)의 지시에 복종하려 하지 않"았던 것이다.[27]

한편 규율권력을 실행하고 대중을 규율권력으로 끌어들여야 할 주체인 간부의 문제는 북로당이 전 시기를 걸쳐서 가장 중요하게 생각했던 사업 중 하나였다. 그래서 당중앙을 비롯한 북로당은 당원의 무규율성을 비판하고 중앙당 권력에 복종할 것을 지속적으로 강조한다.[28] 당 규율을 세우는

26 김일성, 〈함경북도당단체의 사업을 개선할데 대하여〉, 《김일성 저작집》 3, 1979, 30쪽.
27 김일성, 앞의 논문(《김일성 저작집》 3, 1979), 31~34쪽.
28 김일성, 앞의 논문(《김일성 저작집》 3, 1979), 35~38쪽.

구체적인 방법으로는 첫째, 사상교양 사업을 매 사업에 결합시키고, 당원들 간에 상호비판 작업을 통해 규율을 확보하며, 둘째, 미국과 이승만 정권에 대한 선전선동을 통해 외적 긴장감을 높혀서 내적인 규율을 확보하는 것이 강조되었다.[29]

　그러나 간부 문제보다 당시 북로당을 더 크게 긴장시킨 문제는, 당의 핵심 지지 기반인 노동자계급과의 갈등이었다. 이러한 갈등은 다른 당과의 관계에서도 드러나고, 당 내부에서도 드러났다. 노동자들 다수가 북로당이 아닌 타 당에 가입하고, 당원들이 노동자 사업을 제대로 조직하지 못하였던 것이다.[30] 여기서 주목할 것은, 주동적인 규율권력(북로당)에 직접적인 대립을 피하려 할 만큼 북로당은 이미 규율권력으로서 자리잡은 상태였다는 것이다. 그래서 북로당을 장악한 김일성계의 중앙권력에 거부감을 가졌던 이들은 정치사상적인 직접 대립을 피하면서 중앙권력에 대한 불만을 간접적으로 드러내는 갈등 양상이 나타났다.[31]

　1946년 11월 3일 도·시·군 인민위원회 위원선거와 1947년 2월 24일·25일 리동인민위원회 선거, 1947년 3월 5일 면 인민위원회 위원 선거를 통해 북로당 당원들 다수가 인민위원회 위원이 되었다. 이로써 북로당은 대중 권력으로서의 정당성을 확보하였다. 이러한 성과에 기초하여 1947년 3월 15일 열린 북조선로동당 중앙위원회 제6차 회의에서 북로당은 당 규율의 재정비를 추진한다.[32] 이 대회에서 김일성은 북로당 당 간부, 당원들과 당단체 등에서 나타난 문제점을 지적하며 당 규율의 재일신을 독려했다.

29 《김일성 저작집》 3, 1979), 39~40쪽.

30 《김일성 저작집》 3, 1979, 41쪽.

31 《김일성 저작집》 3, 1979, 32~33쪽.

32 김일성, 〈일부 당단체들의 사업에서 나타나고 있는 오유와 결함을 퇴치할데 대하여〉, 《김일성 저작집》 3, 1979, 156쪽.

당시 지적된 당사업의 문제점은 다음과 같았다.

첫째, 민주주의민족통일전선에 대한 당의 정책을 제대로 집행하지 못하고 있다. '민주주의민족통일전선'은 통일임시정부 수립에 대비하여 북로당이 조선민주당, 천도교청우당, 조선직업총동맹, 조선민주청년동맹, 예술총연맹, 조소문화사업협회, 불교총무원 등 당시 북한 지역에 있던 정당과 사회단체를 포괄하여 결성한 조직체였다. 그런데 당원들이 특권 의식에 사로잡혀 다른 정당과 협조하려 하지 않으며, 주로 당원들과 민청원들로 조직된 자위대원들이 "민주당(조만식을 초대 당수로 당시 민족주의자들이 결성한 조선민주당의 약칭. 현재는 '조선사회민주당'으로 조선노동당의 정책을 따르고 지지하는 북한 내 형식적 정당) 내에 잠입한 불순분자들과 투쟁한다는 구실"로 "사람들을 비법적으로 심문하고 구타하며 감금함으로써 인민들이 공포감을 가지게 하고" 당에 대해 불만을 가지게 한 것이다.[33] 여기서 '민청'은 2016년 현재 '김일성 김정일주의 청년동맹'으로 칭해지는, 북한 청년들을 대상으로 하는 사회단체의 초기 약칭이다. 청년동맹은 만 14~30세의 청년 학생층이 의무 가입하는, 현재 약 5백만 명이 활동 중인 북한 최대의 대중적 사회단체이다.

둘째, 대중사업에서 좌경적인 경향과 사업 방식, 그리고 일제강점기의 관료식·경찰식 사업 작풍을 여전히 가지고 있는 것이다. 특히 실정을 고려하지 않는 양곡수매사업을 구체적 비판 근거로 제시했다.[34]

셋째, 당사업을 대중과 동떨어져 진행하는 것이다. 즉, 당단체와 당원인 간부들이 "형식적인 만세식 선전선동 방법"으로 사업을 진행하며, 하급

---

33 《김일성 저작집》 3, 1979, 160~161쪽.
34 《김일성 저작집》 3, 1979, 161~162쪽.

당단체 지도사업에 관심을 두지 않는 것이다. 당시에 평안북도 창성군에서는 각 정당, 사회단체 조직들이 제각기 농민들에게 세외 부담을 시키는 현상이 나타났다. 북로당 조직에서는 노동당원 농민들에게서 쌀을 받았고, 민주당과 청우당에서는 자기 당원 농민들에게서 쌀을 거둬들였다. 이에 대하여 김일성은 "농민들에게 비법적으로 세외 부담을 시키는 것은 결국 그들 속에서 우리 당과 인민정권의 위신을 저락시키고 일부 지방에서와 같이 혼란을 일으키게 하는 요인"이라고 지적하였다.[35]

넷째, 국가 재산을 횡령하고 대중을 위압적으로 다루는 사업 작풍이다.[36]

다섯째, 하급 당단체에 대한 형식적이며 관료적인 사업 작풍이다.[37]

여섯째, 당원 인입(영입) 과정에서 위에서 내려보낸 입당자 수를 채우기 위해 심사와 검열을 제대로 하지 않고 입당시킨 것이다.[38]

일곱째, 안면 관계와 친척, 친구 등 인간관계 중심의 사업 작풍이다.[39]

여덟째, 일상 사업에서 비판과 자기비판을 제대로 수행하지 않는 것이다.[40]

이러한 당 간부·당원·당단체의 무규율성을 비판하며, 김일성은 무규율의 원인을 다음과 같이 지적했다.

첫째, 정치사상교양의 부족과 정치적 단련의 부족, **둘째**, 달성한 성과에 도취하여 자만하며 정치적 경각성이 없고 해이해짐, **셋째**, "당단체들이 당원들로 하여금 당적 규률(규율)을 자각적으로 지키고 당 조직생활을 잘하도

---

35 《김일성 저작집》 3, 1979, 162~163쪽.
36 《김일성 저작집》 3, 1979, 163쪽.
37 《김일성 저작집》 3, 1979, 163~164쪽.
38 《김일성 저작집》 3, 1979, 165쪽.
39 《김일성 저작집》 3, 1979, 165~167쪽.
40 《김일성 저작집》 3, 1979, 167~168쪽.

록 그들을 옳게 교양하지 못한 것으로부터 당내에 강철 같은 규률과 조직 생활 기풍이 철저히 서 있지 않으며 하급 당단체들을 조직사상적으로 강화하기 위한 사업을 실속 있게 하지 못한" 것이다.[41]

이에 북로당은 규율권력을 확고히 하기 위해 당원·당 간부·당단체에 다음과 같은 과업을 제시한다. **첫째**, 정치사상교양 사업의 강화, **둘째**, 민주주의민족통일전선사업의 강화, **셋째**, 대중과의 밀접한 연계, **넷째**, 하급 당단체 강화, **다섯째**, 당 규율을 떠나 친우 관계와 정실 관계에 의해 비조직적으로 행동하는 것에 대해 투쟁과 비판, 자기비판을 통해 모든 결함을 폭로하고 시정할 것.[42]

이 같은 당원 강화 및 검증사업을 통해 북로당은 출범 초기 37만 명이던 당원 수가 1948년에 이르러서는 70만 명 이상으로 급증했다. 이 과정에서 지속적인 당적 규율을 확보하려는 규율권력의 노력은 치밀하게 진행되었으며, 그 결과 사회 주동 권력으로서의 입지를 확고히 했다. 그러나 규율 문제는 여전히 규율권력의 가장 커다란 과제였다. 규율은 곧 규율권력의 작동 원리이기 때문이다. 따라서 이는 권력이 파산될 때까지 안고 가야 할 문제였다.

김일성은 1948년 1월 24일 북조선로동당 평안남도 순천군 당대표회의에서 당 건설 사업에 성과와 한계를 다음과 같이 지적하며, 더욱 강한 규율 메커니즘을 제기한다.

당내에서 이색분자들과 종파분자들을 반대하는 결정적인 투쟁이 전개된 결과, 오늘 우리 당은 자기 대렬의 순결성을 보장하고 강철 같은 규률을 확

---

41 《김일성 저작집》 3, 1979, 166쪽.
42 《김일성 저작집》 3, 1979, 169~172쪽.

립한 전투적인 산 조직으로 자라났습니다. 이와 같이 우리 당은 합당 이후 량적으로뿐만 아니라 질적으로 장성하였으며 중앙으로부터 하부 말단에 이르기까지 당의 조직 원칙이 확고히 수립되고 사상적으로 통일된 진정한 마르크스−레닌주의당으로 되었습니다. 이것은 제2차 당대회를 맞이하게 된 오늘 당 건설 분야에서 우리가 달성한 가장 큰 성과라고 말할수 있습니다. 당 건설에서 달성한 성과들 중에서 특히 지적해야 할 것은 세포들이 장성하고 공고화된 것입니다. … 1947년 가을에 각 도당 산하 당단체들의 세포사업을 검열하여 보고 최근에 내가 강계, 개천 등 지방들에서 당세포들의 사업 정형을 료해한 데 의하면 그리고 오늘 이 회의에서 한 여러 동무들의 토론을 분석하여 본다면 … 우리 당이 이와 같이 조직적으로 단결되고 정치 사상적으로 강화되었다 하여 우리는 조금도 자만하여서는 안 되며 승리에 도취하여서는 안 됩니다.[43]

규율권력의 동학은 지속적인 규율의 강화이다. 규율권력으로서 북로당은 먼저 성과를 제기하면서, 다른 한편으로 더욱 강한 당적 규율을 강조한다. 북로당이 제기하는 당사업에서 '빨리 퇴치하여야 할 결함과 약점'은 **첫째**, 당원과 간부들의 정치적 훈련의 부족과 당내 마르크스−레닌주의 사상 교양사업의 미약, **둘째**, 세포사업이 아직도 미약한 것, **셋째**, 실천보다 말이 앞서며 말로만 일하려는 '빈소리꾼'의 존재였다.[44]

43 김일성, 〈우리 당단체들의 과업에 대하여〉, 《김일성 저작집》 4, 1979, 49~50쪽.
44 《김일성 저작집》 4, 1979, 55~58쪽.

당과 국가의 건설

북한에서 당 건설과 국가 건설의 주체는 동일하였으며, 두 사업은 동시에 진행되었다. 1945년 8월 20일 김일성은 군사정치 간부들 앞에서 한 연설에서 "현 단계에서 인민주권이 실시하여야 할 행동강령"으로 다음의 13가지를 제출한다. 그 내용은 다음과 같다.[45]

첫째, 노동자, 농민, 진보적 지식인, 량심적 민족자본가, 량심적 종교인 등 애국적 민주 역량을 총망라하여 민주주의 민족통일 전선을 결성하고 그 기초 위에서 민주주의인민공화국을 수립할 것.

둘째, 언론·출판·집회·결사·신앙의 자유를 보장하며 18세 이상의 남녀 공민들에게는 선거권과 피선거권을 보장하여 줄 것.

셋째, 일제와 친일파들이 소유하던 모든 공장, 기업소, 철도, 은행, 선박, 농장, 수리 기관들과 일체 재산을 몰수하여 국유화할 것.

넷째, 일본인과 친일적인 지주들의 토지를 몰수하여 땅이 없거나 적은 농민들에게 무상으로 분배할 것.

다섯째, 일제의 잔재 세력과 일제가 남긴 일체 잔재 요소를 철저히 숙청할 것.

여섯째, 8시간 노동제와 노동자들의 생활을 위한 최저임금제를 실시하며 실업 노동자들에게 직업을 보장하여 줄 것이다.

일곱째, 문화인들과 기술자들을 사회적으로 우대하고 그들의 생활 조건을 개선할 것.

---

45 김일성, 〈해방된 조국에서의 당, 국가 및 무력 건설에 대하여〉, 《김일성 저작집》 1, 1979, 262~263쪽.

여덟째, 조선 인민의 민족문화를 부흥시키고 우리나라 말과 문자를 발전시키며 점차 의무교육제를 실시할 것.

아홉째, 인민들의 수입과 생활 정도에 의거하는 누진소득세제를 실시할 것.

열 번째, 일제의 금융기관 및 일체 고리대금, 채권을 무효로 할 것.

열한 번째, 정치·경제·문화 각 방면에 걸쳐 남녀평등권을 실시하며 동일 노동에 동일 임금을 지불할 것.

열두 번째, 인권유린과 일체 악형을 금지할 것.

열세 번째, 해방된 조선 민족과 독립된 우리나라를 평등적으로 대하는 민족 및 국가와의 친선을 도모할 것이다.

김일성으로 대표되는 새로운 지배 세력은 당시 북한 사회의 상황을 다음과 같이 인식하고 있었다.[46]

지금 도처에서 각이한 세력을 대변하는 인물들이 나타나 '혁명가', '애국자'로 자처하면서 저마다 자기의 주의주장을 내세우고 조선이 나아갈 길에 대하여 떠들고 있습니다. 어떤 자들은 조선에 봉건제도를 되살려야 한다고 부르짖고 있으며 또 어떤 자들은 부르죠아 제도를 세워야 한다고 떠들고 있습니다. 그뿐 아니라 어떤 자들은 우리 나라가 당장 사회주의의 길에 나아가야 한다고 주장하고 있습니다.

이러한 혼란한 상황을 종식시키고자 김일성을 중심으로 한 새로운 지배 세력은 지방에 정치 공작원을 파견하여 공산당 권력을 강화시키는 방향으

---

46 《김일성 저작집》 2, 1979, 270쪽.

로 국가 건설을 추진하였다.[47] 해방 이후 북한에서는 국가 건설에 대한 다양한 의견이 다양한 정치 세력에 의해 제기되었으며, 특히 민주당을 중심으로 한 민권과 민주주의 요구에 대해 김일성은 부르주아 세력의 주장이라고 비판하였다.[48]

공산당은 새롭게 건설할 국가의 성격은 '민주주의인민공화국'이며, 수행할 과업은 '반제반봉건민주주의혁명'이라고 규정하였다. 1945년 10월 13일, 각 도당 책임일군(일꾼)들 앞에서 한 연설에서 김일성은 "민주주의인민공화국을 건설하기 위하여서는 로동계급과 농민뿐만 아니라 민족자본가도 포함한 모든 애국적 민주력량이 참가하는 통일전선을 결성"하여야 하며, "말로만이 아니라 실지로 인민공화국 창건을 위하여 투쟁하는 과정에서만 군중을 우리 편에 쟁취할 수 있다"고 주장하였다.[49] 민주주의 인민공화국을 건설하기 위해 "공산당원들은 가장 적극적이고 능동적인 역할을 수행하여야 하며 인민대중의 선두에 서서 그들을 이끌고 나아가야" 할 것을 요구받았다.[50]

민주주의 요구에 대해서는, "오늘의 조선에는 미국이나 영국식 '민주주의'가 맞지 않"으며, "서구라파의 '민주주의'는 이미 시대에 뒤떨어졌을 뿐 아니라 만일 우리가 그것을 채용한다면 나라의 독립을 달성하려는 우리의 목적을 실현하지 못하고 다시 외래 제국주의의 식민지로 떨어지고 말 것"을 경고하며, "조선에는 조선 실정에 맞는 새로운 진보적인 민주주의제도를 세워야" 한다고 주장한다. 결과적으로 새롭게 건설될 인민공화국에서 요구하는 주체는 "공산당의 주위에 집결하는" 대중이며, 당원은 대중으로 하여

47 김일성, 〈새 조선 건설과 공산주의자들의 당면 과업〉,《김일성 저작집》 1, 1979, 269~279쪽.
48 김일성, 〈진보적 민주주의에 대하여〉,《김일성 저작집》 1, 1979, 282쪽.
49 김일성, 〈새 조선 건설과 민족통일 전선에 대하여〉,《김일성 저작집》 1, 1979, 332쪽.
50 김일성, 앞의 논문(《김일성 저작집》 1, 1979), 333쪽.

금 규율권력을 인식하고, 권력의 영향력을 확대하기 위하여 "모든 힘을 다하여 대중 속에서" 당의 주장을 꾸준히 선전 선동해야 했다.[51]

같은 날(1945년 10월 13일) 평양 시내 각계 대표들이 베푼 환영 연회에서 김일성은 국가 건설을 위한 중요 과업으로 민족 간부 양성, 인테리들의 역할 강화, 정규 인민무력 창건, 산업시설들과 농촌 복구, 애국적 민주 세력이 민주주의민족통일전선으로 단결할 것을 제기하였다. 이 사업의 중심에는 "근로 대중의 리익을 철저히 옹호하며 민주주의자주독립국가를 건설하기 위하여 투쟁하는 로동계급의 전투적 부대이며 선봉대"인 공산당이 있음을 역설하였다.[52]

이어 김일성은 1945년 10월 18일 평안남도인민정치위원회에서 베푼 환영연에서는 국가 건설을 위해서 "모든 사람들을 애국사상으로 튼튼히 무장시켜야" 한다고 주장한다.[53] 1945년 11월 10일 평양철도공장노동자들 앞에서 한 연설에서는 노동자들의 무규율을 비판하며, 규율을 강조한다.[54] 당시 국가 건설의 주체 형성은 새로운 지배 세력에게는 관건적인 문제였다. 1945년 11월 15일, 김일성은 북조선공산당 중앙조직위원회 제2차 확대집행위원회에서 한 연설에서 당원이 앞장서서 민족통일전선을 강화하고 건국사업을 주도할 것을 지시한다.[55]

새로운 주체를 형성할 구체적인 방도로는 "각계각층 군중을 망라하는 여러 가지 대중단체를 하루빨리 조직"하는 것이 제시되었다. 당시 각 지방에서 여러 대중단체가 조직되었으나 아직 중앙조직은 미비한 상태였다. 새로

51 《김일성 저작집》 1, 1979, 337~338쪽.
52 《김일성 저작집》 1, 1979, 339~344쪽.
53 김일성, 〈새 민주주의국가 건설을 위한 우리의 과업〉, 《김일성 저작집》 1, 1979, 364쪽.
54 김일성, 〈건국도상에 가로놓인 난관을 뚫고나가자〉, 《김일성 저작집》 1, 1979, 400~401쪽.
55 김일성, 〈진정한 인민의 정부를 수립하기 위하여〉, 《김일성 저작집》 1, 1979, 406쪽.

운 국가 건설 주체를 형성하기 위해 북조선공산당은 노동조합, 농민 조직, 통일적인 여성 조직, "공산주의청년동맹을 보다 대중적 청년조직인 민주청년동맹으로 개편" 등을 강조한다.[56] 이 중 여성 조직에 대한 지도를 강조하며, 아직 문맹이 대부분인 여성들에 대한 문맹퇴치사업, 인습적인 생활의 근대적 개선, 건국사업에 대한 적극 진출 독려 등을 강조한다.[57] 여성 다음으로 국가 건설 주체로 주목받았던 대상은 지식인들이었다. 1945년 11월 17일 김일성은 평양 시내 교원, 인테리들 앞에서 한 연설에서, 지식인들이 대중 계몽사업에 앞장서서 민족주의 사상을 널리 교육해야 한다고 강조한다.[58]

그러나 국가 건설 사업은 순조롭지만은 않았다. 앞서 밝힌 당 건설과 국가 건설 과정에서 불거진 다양한 세력들의 갈등은 특히 청년들 사이에서 가장 두드러지게 드러났다. 정치적 지향성의 차이도 있었으나, 당시 청년학생들의 출신이 지주나 소자본가 집안인 경우가 상당했기 때문이다. 특히 평안남도는 이러한 경향이 가장 강한 곳이었다.[59] 1945년 11월 말, 새로운 국가 건설의 핵심 주체이자 규율권력의 안전대 역할을 해야 할 청년사업, 곧 민청 건설 사업은 매우 더디게 진행되었다. 다양한 정당과 계급 이해로 얽힌 조직들이 치열한 세력 갈등을 벌였기 때문이다.[60]

새로운 국가 건설을 위해서는 무엇보다 인민 생활 안정이 최우선 과제였다. 김일성은 1945년 11월 27일 신의주시 군중대회에서 한 연설에서 "인민들의 생활을 안정시키고 개선하여야" 국가 건설을 할 수 있다며, 구체적으로 공장, 기업소 복구 운영, 실업자 구제, 식량 문제를 해결하여 노동자, 사

---

56 《김일성 저작집》1, 1979, 407쪽.

57 《김일성 저작집》1, 1979, 408쪽.

58 김일성, 〈건국사업에서 인테리들 앞에 나서는 과업〉, 《김일성 저작집》1, 1979, 422~427쪽.

59 Armstrong, 2003, pp. 99~106.

60 김일성, 〈애국적 청년들은 민주주의 기발 아래 단결하라〉, 《김일성 저작집》1, 1979, 439~441쪽.

무원, 교직원, 학생들에게 식량을 정상적으로 배급하고, 물가를 안정시켜야 한다고 밝혔다. 그러면서 "인민 생활을 안정 향상시키기 위한 근본 대책은 민주주의적 개혁들을 실시하는 것"이라고 강조했다. 김일성이 언급한 '민주개혁'의 내용은 토지개혁, 주요 산업의 국유화, 단일하고 공정한 세납제와 노동자 및 사무원들에 대한 8시간 노동제 실시 등이었다.[61]

이 같은 개혁을 이끌어 갈 동력은 규율권력의 강화에서 나올 수밖에 없었다. 사회주의라는 새로운 지배 방식을 보호하고, 이 방식에 저항하는 대중을 감시하고 훈육할 수 있는 통제 질서를 시급히 확립해야 했다. 같은 연설에서 김일성은 다음과 같이 밝히고 있다.

오늘 우리 앞에 나선 중요한 과업의 하나는 사회질서를 바로잡는 것입니다. 우리 나라에 조성된 복잡한 정세와 일부 불순분자들의 책동으로 말미암아 지금 사회질서가 문란합니다. 우리 인민들은 해방과 더불어 자유를 찾았지만 아직 사회질서가 혼란되어 응당 행사할 수 있는 권리를 행사하지 못하고 있으며 생활에서 불안을 느끼고 있습니다. 우리는 하루속히 질서를 문란시키는 불순분자들을 철저히 없애며 혼란된 사회질서를 바로잡기 위하여 투쟁하여야 하겠습니다. 사회질서를 세우는 데서 보안기관의 역할을 높이는 것이 중요합니다. 우리는 보안기관 일군들 속에서 인민들을 위협공갈하던 일제 경찰의 잔재를 뿌리빼고 인민을 위하여 충실히 복무하는 기풍을 세우기 위한 투쟁을 강화하여야 합니다. 그리하여 보안기관으로 하여금 참말로 인민의 생명재산을 생활을 잘 보호할 수 있는 기관으로 되도록 하여야 하겠습니다.[62]

61 김일성, 〈해방된 조선은 어느 길로 나갈 것인가〉, 《김일성 저작집》 1, 1979, 456쪽.
62 《김일성 저작집》 1, 1979, 45쪽.

그러나 국가 건설을 위한 주체 형성은 순조롭게 진행되지 않았다. 이때 일어난 대표적인 시위 사건이 앞서 언급한 '신의주 사건'이다. 이 사건은 한 마디로 공산당에 의한 국가 건설에 반대한 학생 시위였다. 1945년 11월 23일 오후, 신의주에서 500~1천 명가량의 중학생들이 대규모 시위를 벌였다. 이들의 핵심 요구 사항은, 공산당 인민위원회에 의해 배치된 중학교 교장들을 해임시키라는 것이었다. 즉, 김일성을 중심으로 한 공산당 세력이 교육과 국가 건설을 주도하는 것, 그리고 소련의 개입이 확장되는 것을 반대하는 시위였다. 이 투쟁은 비무장의 평화 시위였으나 보안기관과 소련 군대, 비밀경찰로 구성된 무장 세력은 학생 시위대에 발포했다. 이때 약 24명의 학생이 죽고, 수백 명의 학생들이 상처를 입었다. 이 사건은 다른 지역의 반공산주의와 반소비에트 시위에 불을 댕겼다. 이 사건이 발생한 직후 김일성은 신의주를 방문하여 정세를 살핀 후, 1945년 11월 27일 시민대회에서 '진정한 공산주의자들'은 이 사건에 개입하지 않았으며 당내 공산주의자 위장 세력의 소행이라고 주장하였다. 그는 도 관청과 인민재판소에 이 사건을 회부겠다고 약속하고, 신의주 학생들을 만나 설득했다. 김일성의 이러한 활동은 산발적으로 일어나던 대중 시위를 가라앉히고 청년조직을 강화하는 데 기여했다.[63]

김일성은 같은 해 12월 7일 평양시 중학생 이상 학생청년 대강연회에서 다음과 같이 이 사건을 평가하고 후과를 경계하고 있다.

지금 반동분자들은 우리 인민의 단결을 파괴하며 우리 민족을 분렬시키려고 교활하게 책동하고 있습니다. 얼마 전에 신의주에서 일어난 학생사건이 이것을 잘 말하여 주고 있습니다. 나는 신의주에서 학생들이 소동을 벌

---

63 Armstrong, 2003, pp. 63~64.

리고 있다는 소식을 듣고 인차 그곳에 갔습니다. 신의주에 가서 학생들에게 왜 그런 행동을 하였는가고 물어보니 그들은 아무것도 알지 못하고 그랬다고 하였습니다. 이 사건은 학생들이 자체로 일으킨 것이 아니라 반동분자들이 배후에서 순진한 학생들을 충동하여 일으킨 것입니다. 전 민족이 단결하여 건국사업을 해 나가야 할 때 … 신의주 학생사건은 우리 민족이 아직 단결되지 못하였다는 것을 보여 주는 것입니다. 이것은 우리 민족의 수치입니다. 건국 초기에 이러한 사건을 일으켜 같은 민족끼리 싸우게 하는 것이 얼마나 나쁜 행동인가 하는 데 대하여서는 더 말할 필요도 없습니다. 신의주 학생사건을 일으킨 자들의 행동은 민족의 단결을 파괴하고 우리 나라에 민주주의자주독립국가를 건설하지 못하게 하려는 극히 반동적인 것이며 결국 이것은 과거 일본 제국주의자들에게 나라를 팔아먹은 매국노들의 행동과 같은 것입니다. … 지금 항간에서는 공산당이 나쁘다는 여론이 돌고 있는데 그것은 반동분자들과 공산주의에 대하여 잘 모르는 일부 사람들이 돌리는 말입니다. 공산주의는 인민대중이 자유롭고 행복하게 잘살 수 있는 사회를 실현하려는 사상입니다.[64]

김일성은 이 사건 또한 당기관·지도일군(간부급 일꾼)들이 대중 속으로 들어가서 사업을 펼치지 못한 탓이 크다고 비판한 것이다. "그러기 때문에 그들은 지방의 실정을 잘 알지 못하며 군중의 동태를 모르고 있습니다. 이러한 결과 신의주에서는 민족사회주의자들의 사촉 하에 중학생들이 무장을 하고 도당부를 습격한 불상사가 일어났으며 이와 비슷한 사건이 다른 지방에도 일어나"고 있다고 당원들의 규율화를 제기하고 있다.[65] 1946년 1월 12

64 김일성, 〈학생들은 민주조국건설에 적극 이바지하여야 한다〉, 《김일성 저작집》 1, 1979, 470~471쪽.
65 《김일성 저작집》 1, 1979, 480~481쪽.

일 해주시 군중대회에서 한 연설에서도 김일성은 각 세력들이 국가 건설을 위해 단결할 것을 호소하였다.[66]

신의주 사건의 여파가 점차 가라앉던 이듬해(1946) 1월 13일, 북조선공산당 황해도 봉산군위원회를 방문한 김일성은 당원이 주도하는 국가 건설 사업의 구체적인 지침을 제시한다. 앞으로 건설되는 국가의 간부는 사상 검증을 거친 당원이거나 공산당에 동조하는 사람이어야 하며, 공산당이 인민 생활 향상을 위해 노력하는 세력임을 보여 주어야 한다.[67]

김일성이 이끄는 새로운 지배 세력은 내적으로는 공산당원의 영향력을 발판으로 새로운 국가 건설을 추진하고, 외적으로는 통일전선을 구축해야 했다. 공산당 외부 세력을 통일전선 전략으로 끌어들이는 한편으로, 공산당의 영향력 아래 모인 이들을 국가 건설의 초동初動주체로 세우려 한 것이다. 이는 각계각층의 다양한 세력이 한자리에 모인 1946년 1월 23일 평안남도 인민정치위원회 제1차 확대위원회에서 거듭 확인되었다.[68]

이처럼 김일성 세력은 신의주 사건 등의 저항을 정치적으로 잠재우면서, 단기간 내에 당원 검증으로 당적 규율을 확보하며 대중단체들을 조직해 나갔다. 그 결과, 1946년 2월 8일 북조선공산당 중심의 국가 틀이 수립된다. '북조선림시인민위원회'(이하 임시인민위원회)가 건설된 것이다. 북조선공산당은 조선공산당 북조선분국의 후신後身으로, 앞서 설명한 대로 1946년 7월 조선신민당과 통합 합의 후 북조선노동당(북로당)이 되었다가, 1949년 6월 김일성이 이끄는 북조선노동당과 박헌영이 이끄는 남조선노동당이 합당하여

66 김일성, 〈진정한 민주주의자주독립국가를 건설하기 위하여 적극투쟁하자〉, 《김일성 저작집》 2, 1979, 5~7쪽.
67 김일성, 〈당대렬을 확대강화하며 당단체들의 역할을 높일데 대하여〉, 《김일성 저작집》 2, 1979, 17쪽.
68 김일성, 〈인민정치위원회는 진정한 인민의 정권기관으로 되어야 한다〉, 《김일성 저작집》 2, 1979, 23~24쪽.

조선노동당(위원장 김일성, 부위원장 박헌영·허가이)이 된다.

새로운 지배 세력은 1946년 2월 8일, 북조선 민주주의 정당·사회단체·행정국·인민위원회대표협의회에서 한 보고에서 통일정부가 수립될 때까지 임시인민위원회가 북조선의 중앙주권기관 역할을 할 것임을 선언한다. 북조선 6도의 인민위원회와 민주주의적 정당, 사회단체 대표들이 참여한 이 대회에서 임시인민위원회 위원들이 선출되고 당면한 중요 과업이 토의되었다. 이때 논의된 주요 과업은 다음과 같았다.

첫째, 지방주권기관들을 튼튼히 꾸리며 주권기관들에서 친일파와 반민주주의 분자들을 철저히 숙청할 것, 둘째, 토지개혁을 실시함으로써 일본 제국주의자들과 민족반역자 및 조선인 지주들의 토지를 몰수하여 농민들에게 무상으로 나누어 주며 산림을 국유화할 것, 셋째, 생산기업소들을 복구 발전시킬 것, 넷째, 철도 및 수상 운수를 복구할 것, 다섯째, 재정금융 체계와 상품 유통 체계를 정비할 것, 여섯째, 기업가와 상인들의 자유로운 활동을 보장할 것, 일곱째, 기업가와 상인들의 자유로운 활동을 보장하며 중소기업을 장려할 것, 이렇게 하여 인민 생활에 필요한 소비품을 해결할 것, 여덟째, 노동운동을 지원하며 각 공장과 기업소들에 공장위원회를 광범히 조직할 것, 아홉째, 나라의 민주주의적 발전에 적응하게 교육제도를 개혁할 것, 열째, 인민대중을 민주주의 사상으로 교양하며 그들 속에서 문화계몽사업을 널리 전개할 것, 열한째, 조선에 관한 모스크바 3국외상회의 결정의 진의를 인민대중 속에서 광범히 해설할 것이었다.[69]

'모스크바 3국외상회의'는 1945년 12월 미국·영국·소련의 외무장관이 모스크바에서 한반도 문제를 논의한 회의로, 이 자리에서 한반도에 임시민주

---

69 김일성, 〈목전 조선정치정세와 북조선림시인민위원회의 조직에 관하여〉, 《김일성 저작집》 2, 1979, 29~33쪽.

정부를 세워 최대 5년간 신탁통치할 것과 미소공동위원회를 설치할 것이 결정되었다. 알려진 대로 이 회의 결정 사항을 둘러싸고 좌우익 간의 대립이 심화되었다. 한반도의 우익 세력은 신탁통치를 반대하였고, 좌익은 처음에는 신탁통치를 반대하다 이후 임시정부 수립이 중요하다고 판단하여 신탁통치 지지로 입장을 바꾸면서 대중으로부터 비판을 받았다.

이처럼 모스크바 3상회의 후 북한 지역에서 조만식이 주도한 민족주의 세력과 여타 사회주의 세력이 찬반 양론으로 대립하는 과정에서, 1946년 2월 소련군의 도움을 받아 김일성을 위원장으로 하는 '북조선임시인민위원회'가 창설되었다. 1946년 말~1947년 초에 걸쳐 각 단위 인민위원회 위원이 선거로 선출되는 등 임시인민위원회는 규율권력으로서의 주도성과 정당성을 확보하였다. 그리고 1947년 2월 각급 단위 선거를 거쳐 북조선임시인민위원회는 북한의 최고 집행기관인 '북조선인민위원회'(북한 정권의 모태)가 된다.

그러나 북한에 새롭게 건설되어야 할 국가의 성격을 두고는 노선별로 입장 차이가 여전했다. 이 가운데 많은 연구를 통해 밝혀진 오기섭의 노동자 권력 옹호론이 있다. 이에 대해 김일성은 1947년 3월 15일 북조선로동당 중앙위원회 제6차 회의에서 다음과 같이 지적하며 오기섭으로 대표되는 노동자 권력 옹호론자들을 비판하고 있다.[70]

오늘 회의에서 그는 자기의 '론문'에서 발로된 결함이 본의가 아닌 것처럼 토론하였는데 그것은 하나의 변명에 지나지 않습니다. '론문'에 그릇된 리론이 한두 곳에 있다면 혹시 실수하여 그렇게 된 것이라고 볼 수 있을는지 몰

---

70 김일성, 〈대중지도방법을 개선하며 올해 인민경제계획 수행을 성과적으로 보장할 데 대하여〉, 《김일성 저작집》 3, 1979, 185~187쪽.

라도 '론문'의 전반적 내용이 그릇된 리론으로 일관되어 있는데 어떠허게 실수라고 볼수 있겠습니까.[71]

여기서 주목할 것은, 당시 갈등 관계에 있던 정치 세력이나 주체들이 김일성의 규율권력에 대한 직접적 저항을 회피하고 있다는 점과 규율권력 역시 직접적 저항을 허용하지 않았다는 점이다. 김일성의 언급은 이때 제기된 노동자 권력 옹호론 비판에 오기섭이 어떻게 대응했으며, 이를 김일성이 어떻게 공격했는지를 고스란히 보여 준다. 이는 당시 규율권력의 힘이 갈등 세력을 숨죽이게 할 만큼 성장했음을 보여 주는 방증이다.

여기서 더 나아가, 김일성은 이 갈등의 파장이 하부로 퍼지지 않도록 기민하게 단속한다. 규율권력에게 가장 민감한 사항은 권력 지반의 동요이기 때문이다.

그가 진정한 당원이라면 또 과오를 고치려고 한다면 응당 당 앞에서 자기비판을 하여야 합니다. 만일 오기섭이 결함을 접수하지 않고 자기는 잘못한 것이 없는데 왜 잘못했다고 하는가 하는 관점을 가지고 비판을 회피하려 한다면 더 엄중한 과오를 범할 것이며 결국 발전하여 나갈 수 없을 것입니다. 결함을 비판하기 두려워하는 것은 소부르죠아적 근성입니다. 오기섭은 자기의 과오를 어물어물해서 넘기려 하지 말고 결함을 다 내놓고 비판하여야 하며 그것을 깨끗이 고쳐야 합니다. 당과 직업동맹에서는 직맹(1945.11.30 결성된 '북조선직업총동맹') 사업에 대한 오기섭의 그릇된 리론을 비판하는 결정서를 채택하여 하급 단체들에 내려보내야 하겠습니다. 당단체들은 당원들과 직맹 일군들 속에서 인민정권 하에서의 직업동맹의 임무와 역할에 대한 해설사업

---

71 《김일성 저작집》 3, 1979, 185쪽.

을 잘하여야 하겠습니다. 그리하여 모든 당원들과 직맹 일군들이 직업동맹 사업에 대한 옳은 인식을 가지고 일해 나가도록 하여야 하겠습니다.[72]

1947년 6월 14일, 북조선 민전 산하 정당 및 사회단체 열성자 대회에서 김일성은 '민주주의조선임시정부' 수립을 제안하며, 지방정권기관의 구성 원칙, 인민의 정치적 자유, 공민의 권리와 의무, 일제 잔재의 청산, 사법기관들의 민주화, 교육과 문학예술 발전을 통한 민족문화 건설, 경제정책 등을 제시한다.[73] 여기서 '지방정권기관'은 지방행정부를 포괄하는 각급 인민위원회를 가리키고, 지방주권기관은 북한 법행정 체계상 선거를 통해 선출되는 각급 대의원회의이다.

1947년 12월 1일, 북조선인민위원회는 제53차 회의에서 화폐개혁을 추진한다. 명목상 "자립적 민족경제의 토대"를 닦으며 "유일화폐제도를 수립하고 자주적인 재정금융체계를 창설"하기 위함이었다.[74] 그러나 사실은 규율 권력의 재정 기반을 일원화하고 확고히 하려는 목적이 컸다. 1948년 2월 8일에는 군대 창설이 선포되어 명실상부한 규율권력의 보호 체계가 수립된다. 그리고 7개월 후인 1948년 9월, 북한 정권이 수립되며 북조선인민위원회는 모든 권한을 정권에 이양하고 해체된다.

이 시기 남한에서는 1948년 5월 10일 미군정의 지원 하에 남한만의 단독선거가 치러진다. 남한 지역에 있던 박헌영 등 남로당 세력은 이에 대응하여 북조선인민회의 제5차 회의 보고 내용을 기반으로 1948년 7월 9일 북로

---

72 《김일성 저작집》 3, 1979, 187~188쪽.

73 김일성, 〈민주주의 조선 림시정부를 세우는 것과 관련하여 모든 정당, 사회단체들은 무엇을 요구할 것인가〉, 《김일성 저작집》 3, 1979, 304~320쪽.

74 《김일성 저작집》 3, 1979, 517쪽.

당이 작성한 헌법을 받아들인다.[75] 이리하여 북로당을 중심으로 진행된 국가 건설이 법적 정당성을 확보한다.

마침내 1948년 9월 8일, 조선민주주의인민공화국 최고인민회의 제1차 회의가 열린다. 이 자리에서 북조선인민위원회의 정권과 권한은 조선민주주의인민공화국 최고인민회의에 이양된다.[76] 이어 9월 10일 조선민주주의인민공화국 최고인민회의 제1차 회의에서 김일성은 '조선민주주의 인민공화국 정부의 정강'을 발표한다. 정강 내용은 **첫째**, 조국통일 투쟁, **둘째**, 친일파·민족반역자들의 법적 처벌, **셋째**, 일제의 법령을 무효로 하며 제반 민주개혁의 발전, **넷째**, 국내 자원을 이용한 민족경제와 민족문화 건설, **다섯째**, 교육·문화·보건사업의 발전, **여섯째**, 각급 인민정권기관의 공고 발전, **일곱째**, 대외정책에서 자유애호국가들과 친선, **여덟째**, 인민군대 강화이다.[77]

이로써 당적 규율은 국가 규율과 동일시되었다. 즉, 당-국가가 일원화된 국가사회주의 권력이 형성된 것이다.

성性. 규율사회의 구성

사회주의적 근대국가 건설을 기치로 내건 규율권력의 작동은 북한 여성의 삶에 심대한 영향을 미쳤다. 규율권력의 최종 목표는 규율의 내면화일 수밖에 없었다. 그러려면 우선 전통적 의식 세계와의 단절이 필요했다.

75 김일성, 〈조선민주주의인민공화국 헌법 실시에 관하여〉,《김일성 저작집》4, 1979, 366~387쪽.
76 《김일성 저작집》4, 1979, 433~436쪽.
77 김일성, 〈조선민주주의인민공화국 정부의 정강〉,《김일성 저작집》4, 1979, 437~442쪽.

해방 후 거대한 변화가 한반도를 술렁이게 하던 그 시기에 북한 여성은 "아이가 앓거나 남편이 앓으면 의사를 청하는 대신에 무당이나 점쟁이를 찾아"갔고, 자식들에게 "일본말을 하며", 일제강점기의 "생활양식을 그대로 답습"하고 있었다.[78]

대다수 북한 여성의 일상은 여전히 비근대적인 의식과 생활에 머물러 있되었다. 이러한 상황에서 사회주의적 여성 규율을 내면화시키기 위해서는 전통과의 단절과 문맹 퇴치, 그리고 계몽이라는 의식개혁 과정이 시급했다. '이성에 대한 무한한 신뢰'에 기초한 사회주의는 그 출발부터 의식 변화를 통한 물질세계의 변화를 추구하였다. 즉, 의식 세계를 사회주의적 합리성으로 조직하여, 그 힘으로 물질세계를 발전시키려는 것이 사회주의의 전략이었다.

당시 북한 주민의 의식개혁을 위해 추진된 대표적인 사업이 '건국사상 총동원운동'이다. 1946년 11월 25일 북조선임시인민위원회 제3차 확대위원회에서, 김일성은 선거사업을 총화하며 인민위원회의 당면 과업 중 하나로 "낡은 사상의식을 개변하기 위한 투쟁"인 '건국사상총동원운동'[79]을 제기한다. 선거를 통해 일차적인 제도적 정당성을 확보한 직후였으니, 이제 전통과의 단절이라는 의식개혁을 통해 사회주의적 근대의 규율을 형성하는 것이 새로운 과제로 떠오른 것이다. 이 연설에서 김일성은 다음과 같이 주장한다.

---

78 《김일성 저작집》 2, 1979, 212쪽.

79 당시 이 운동의 표어는 다음과 같았다. 첫째, 국가 재산으로 사복을 채우는 자는 인민의 원수이다. 둘째, 네거리에서 직장에서 농촌에서 '건달군'을 숙청하자. 셋째, 일하지 않는 자는 먹지 말라. 넷째, 국가의 심장을 파먹는 모리배들을 인민재판에 넘기자. 다섯째, 개인 향락주의를 타도하자. 여섯째, 모든 기관에서 관료주의를 숙청하자. 일곱째, 난료배들과 내동분자들을 숙청으로써 인민주권의 권위를 확립하며 국가법령의 존엄성을 고수하자. 여덟째, 행정기관 내에서 일절 관료주의적 형식주의적 사업 방식을 청산하자. 《조선녀성》, 1947년 1월호, 32쪽.

한 마디로 말하여 우리는 새로운 민주조선의 일군(일꾼)다운 정신과 풍모, 도덕과 전투력을 기르기 위한 사상혁명을 하여야 하겠습니다. 우리는 지난 날 일본제국주의가 남겨 놓고 간 모든 타락적이고 퇴폐적인 유습과 생활 태도를 없애고 생기발랄하고 약동하는 새로운 민주조선의 민족적 기풍을 창조하는 거대한 사상개조사업을 하여야 하겠습니다.[80]

그러자면 먼저 문맹부터 없애야 했다. 해방 직후 북한 지역에는 230여 만 명의 문맹자가 있었다. 그중 65퍼센트가 여성이었으니, 성인 여성의 90퍼센트가 문맹이었다. 그러므로 여성 문맹 퇴치는 권력의 규율을 내면화시키는 데 가장 기초적인 대중사업이었다.[81] 즉, 문맹퇴치사업은 '사회주의적 근대' 여성 주체를 형성하는 출발이었다. 그러나 여성이 글을 배우는 것에 대한 사회적 저항은 물론이고, 여성 자신의 내적 갈등이 여전히 존재하고 있었다. 여성사업 경험을 다룬 북한 문헌은 이를 다음과 같이 지적하고 있다.

특히 적지 않은 녀성들이 봉건 유습에서 벗어나지 못하여 글을 배우러 다니는 것을 부끄러운 일로 여기였고 공부야 남자들이나 해야지 녀성들이 글을 배워서 어디에 쓰겠는가고 그릇되게 생각하고 있었다. 그리고 남편이

---

80 김일성, 〈민주선거의 총화와 인민위원회의 당면 과업〉, 《김일성 저작집》 2, 1979, 554~555쪽.

81 당시 북한은 문맹퇴치사업을 국가의 통일적 지도와 계획 아래 진행하기 위하여 행정 10국의 하나인 교육국 안에 문맹퇴치사업을 지도하는 성인교육부를 내왔으며, 각급 인민위원회 교육 부서들에 성인교육사업을 맡아 보는 부서를 두었다. 또한 북조선 임시인민위원회 행정기구 체계를 통하여 문맹퇴치사업을 진행하였을 뿐 아니라, 비상설적인 문맹퇴치 지도위원회와 검열위원회를 제 정당, 사회단체 대표들로 조직하여 사업이 진행되도록 하였다. 이 사업은 인민경제계획에 맞물려 진행되었다. 문맹퇴치사업을 성과적으로 진행하기 위하여 성인학교들과 교원 문제, 교육에 필요한 교구 비품과 교과서, 학습장, 연필 문제 등을 국가와 사회적 힘을 동원하여 해결하도록 노력하였다. 대대적인 문맹퇴치운동으로 학교의 교실, 민주 선전실, 구락부, 직장 사무실, 살림집 웃방, 과거 야학이나 서당으로 쓰던 낡은 건물들이 수리되어 성인학교로 이용되었다. 학교 교원들로는 대학생을 비롯한 각급 학교 학생들, 교원들, 글을 아는 사람들이 다 동원되었다. 리경혜, 1990, 33~34.

나 시부모들이 안해나 며느리가 글을 배우는 것을 달가와하지 않는 현상도 나타나고 있었다. 그리하여 어떤 녀성들은 글을 배우고 싶어도 집에서 나오지 못하고 있었다. 게다가 적지 않은 가정부인들이 가정적 부담으로 하여 성인학교에 잘 나오지 못하고 있었다.[82]

이 사회적 갈등을 해결하고자 권력과 여맹(조선민주여성동맹)은 다양한 방식을 동원하여 조직적으로 대처하였다. 이때 등장한 구호가 "녀성들이여, 우리 글을 배움으로써 정치교양을 높이고 생활을 향상시키자!"이다. 이에 따라 각종 해설과 강연, 연예 공연, 좌담회, 호별 방문, 출판물, 신문, 방송 등 여러 가지 형식과 방법으로 여성을 포함한 주민들에게 여성들이 글을 배워야 할 필요성과 의의를 인식시켰다. 이와 함께 여성들을 상대로 여성 집단화와 권력규율 내면화를 위한 의식개혁 작업에 착수했음은 물론이다.

우선 여성들을 상대로 한 교양 활동이 있다. 강원도 양양군 여맹 단체에서는 여성으로 구성된 '렬차해설반'까지 조직하여, 하루 두 번씩 열차가 오가는 시간을 이용하여 객차 내에서 해설사업을 진행하였다. 여성들이 교양사업에 원활히 참여할 수 있도록 여건을 조성해 주는 사업도 진행되었다. 성인학교를 가정부인들이 거주하고 있는 지역의 가까운 곳에 세우고, 간이탁아소를 조직하여 여성들이 육아 때문에 교육에 불참하는 사태를 방지했다. 일손 부족으로 따로 시간을 내기 어려운 여성들의 경우에는 일손을 제공하여 여성들의 성인학교 참석을 도왔다.

이뿐만이 아니다. 한 민청 단체에서는 '초급단체공동작업반운동'을 벌여 후원비를 마련, 이 돈으로 나무를 사다가 책상과 걸상을 만들어 성인학교

---

82 리경혜, 1990, 35쪽.

에 보내 주었으며, 아기 어머
니 문맹자들을 위한 간이탁
아소를 꾸렸다.[83]

의식개혁을 기초로 생활
개혁과 생산혁신을 추구한
'건국사상총동원운동'과 관
련하여, 북조선 여맹 중앙위
원회 위원장 박정애는 의식
개혁의 주안점을 다음과 같
이 밝혔다. **첫째**, 새로운 권
력의 규범에 반하는 노동 경
시 풍조, 개인주의, 향락주
의 등을 척결해야 한다. **둘**
째, 일제 잔재인 생산과 국

1947년 북한의 전 인민을 대상으로
전개된 '건국사상총동원운동'은 여
성과 남성에게 각기 다른 실천을 요
구했다. 이때 여성에게 요구된 역할
을 표현한 1947년 《조선녀성》 2월
호 표지.

가 건설에 수동적인 자세를 청산해야 한다. **셋째**, "비관적, 염세적, 타락적"
인 사상을 없애고, "씩씩하고 용감한 건설적인" 사상을 가져야 한다.[84]

건국사상총동원운동은 새롭게 구성되어야 할 주체의 의식개혁과 활동
과업을 제시했는데, 사상개혁은 여성뿐 아니라 전체 인민을 대상으로 한
것이었다. 그런데 여성과 남성에게 각기 다른 실천 조항을 요구하였다. 특
히 남녀평등이라는 국가적 대의명분과는 거리가 있는 의식과 행위 규율을
요구하여 눈길을 끈다.

---

83 리경혜, 1990, 36~37쪽.
84 박정애, 〈建國思想 總動員 運動은 愛國的 人民運動이다〉, 《조선녀성》, 1947년 1월호, 6~7쪽.

먼저, 여성에게 요구된 실천 조항을 원문 그대로 인용하면 다음과 같다.[85]

一. 사상을 굳게 가질 것

1. 일본놈들의 악독한 사상은 뿌리까지도 없살 것
2. 캐캐묵은 차별적 봉건사상을 부시어 버릴 것
3. 인민이 다같이 잘살려는 민주주의 사상을 가질 것
4. 미신을 없새고 과학적 정신으로 나갈 것
5. 여성해방에 대한 바른길을 깨다를 것

二. 실력을 속히 배양할 것

1. 지식과 기술을 배울 것

　가. 한글 우리나라 역사 과학 등 반다시 알어야 할 일반적 지식과 기술을 배울 것

　나. 고등기술과 과학술을 연구할 것

　다. 쏘련의 형편과 그 나아간 생각을 배울 것

　라. 위생에 대한 사상과 지식을 배울 것

2. 생활을 과학적으로 개선할 것
3. 공중도덕을 배워 이것을 실천할 것
4. 사회적 정치적 훈련을 받을 것

三. 사회적 운동을 활발히 할 것

1. 생활 향상을 위한 요구

　가. 가정경제의 공동권리를 찾으려고 할 것

　나. 가정생활에서 사회운동을 위한 자유시간을 얻으려고 힘쓸 것

　다. 산모에 대하여 필요한 물품의 특별배급을 요구할 것

---

85 양병지敎育局, 〈歷史上女性의 地位와 그의 課業〉, 《조선녀성》, 1947년 1월호, 17~18쪽.

라. 자식이 많은 어머니를 위한 국가보상제 실시를 요구할 것

마. 여성의 정치적 사회적 지위를 찾을 것

2. 인민을 위한 대중적 사업

가. 미신 타파운동을 널리 전개할 것

나. 문맹을 없이하는 운동을 활발히 할 것

다. 조직과 선전사업을 활발히 할 것

라. 인민주권을 방해하려는 반동파들과 씩씩하게 싸홀 것

다음으로, 남성에게 요구되었던 실천 조항은 다음과 같다.[86]

一. 과거의 남존여비의 인습을 청산하는가

1. 아들이 나면 기뻐하고 딸이 나면 섭섭히 녁이지 않는가,

2. 아들과 딸을 차별하여 학교에 보내지 않는가

3. 여자의 가정상 노동을 너머나 요구하지 않는가

4. 여자의 섬김을 받으려는 생각이 없는가

5. 식사에 남녀차별을 하지 않는가

二. 남자는 우월감을 갖이 않는가

1. 주먹의 힘을 너머 밋지나 않는가

2. 여성의 장점을 무시하지 않는가

---

86 이 부분에서 특히 남성들의 적극적 원조를 강조하고 있다. "갑자기 조선 여성에게는 큰 소망이 뵈여 졌고 새로운 생활의 길이 열리어 졌기 때문에 오랫동안 어둠 속에서 잠자고 있던 여성들은 눈을 뜨기는 하였으나 해방의 빛이 너무나 밝어서 모든 것이 잘 뵈이지 않었다. 이를테면 굶주린 사람에게 갑자기 맛있는 떡을 주면 힘이 없어서 잘 씹지 못하는것과 마찬가지었다. 조선의 남성들은 이에 대하여 해방적 역할과 구원의 사업을 하지 않으면 안 될 것"이라는 대목에서 남성들이 여성에 대한 시혜를 베풀 것을 설득조로 당부하고 있다. 양병지, 앞의 논문(《조선녀성》, 1947년 1월호, 18~19쪽).

3. 혼인에 대하여 딸의 의견을 존중히 하는가

4. 여자의 승역을 전반적으로 너머 없이 넉이지 않는가

5. 남녀가 같은 봉급을 받을 때에 불평이 있지나 않는가

三. 여성 해방에 관심을 가지는가

1. 여학교의 수효가 부족함을 절실히 늣기는가

2. 여자의 지위가 높아짐을 찬성하는가

3. 여성동맹의 사업을 도아 주는가

여성에게는 봉건적인 의식 세계와의 단절을 통해 과학적 정신을 가질 것, 생산 참여를 위해 실력을 향상시킬 것, 사회주의 근대국가 건설을 위한 사회참여와 생활개혁을 주도할 것 등이 요구되었다. 즉, 남녀평등을 위해선 공세적이고 헌신적인 사상과 실천이 필요함을 명령조로 요구하고 있다. 반면에 남성에게는 남녀평등권 법령에 대한 반발을 의식한 듯, 완곡한 어조로 여성에 대한 시혜와 원조를 당부하고 조심스러운 자아 성찰을 제기하고 있다.

생활혁명과 절약 규범의 '생활개조'

'근대사회'란 근대의 공리公理인 과학, 이성, 합리주의가 생활 속에서 실현되는 사회이다. 근대사회를 이끌어 가는 주체는 생활을 계산하고 조절할 수 있어야 한다. 계산 가능한 합리성에 기초하여, 인간이 생활 세계를 기획하고 조절하고 통제한다는 것이 근대의 중요한 특성이다. 그러나 조선민주주의인민공화국이 수립되던 무렵까지도 북한은 여전히 전근대적인 농촌공동체 질서로 지속되고 있었다. 따라서 초기 북한에서는 의식개혁과 생활 세

계 개혁이 동시에 추진되었고, 의·식·주를 기본으로 하는 생활 세계 개혁의 주체는 여성일 수밖에 없었다. 1946년 11월 김일성이 제기한 '건국사상 총동원운동'은 한편으로는 과학적 생활관리를 여성에게 내면화하려 했던 사업이었다.

북한 정권은 먼저 일상생활에 대한 강한 비판을 통해 여성의 자아 성찰을 요구하였다. 즉, "새벽에 조반하고 조반 먹은 후는 상을 치우고 빨래하고 그리고는 점심 먹고 그담에는 재봉하다가 이어서 저녁을 지어먹고 저녁을 지어먹는 다음에 아해들과 뒤버물려 시간을 보내다가는 그 자리에서 쓰러져 자고마는 이런 생활", "중등학교 나온 여성들도 한번 결혼하여 가정인이 되면 이제는 만사 다 되었다고 신문 한 장 잡지 한 권을 변변히 읽지 않는 이가 많"은 상황을 비판하며, "생활을 능동적으로 가지는 데는 생활설계를 세워야 할 것이고 기술을 닦어야 할 것"이라고 강조하고 있다.[87]

그러면서 여성들이 사회참여는 하지 않으면서 남편이 집안일에 관심을 가지지 않는다고 불평하며 변명만 늘어놓는다고 비판한다. 즉, "남편 되는 사람이 집안일에만 몰두하고 있다고 하면 사회는 누가 바로잡으며 조국은 누가 건창하겠는가"라며, 여성들이 "식사를 하고 어린아해를 키우고 기타 집안일을 보살피기에 어데 짬이 있어야지요"라고 현실적 고충을 토로하는 것은 사회적 실천을 하지 않는 여성들의 변명이라고 비판한다.[88] 즉, 전통적인 가족공동체 관리와 가사노동의 사회적 가치를 인정하지 않은 것이다.

그러나 "여성의 해방이라 함은 '노라'처럼 가정을 버리고 사회로 나가는 것을 의미하는 것은 아니"라며, 가정생활은 여성의 기본적 의무이고, 여성해방을 위해서는 가정생활과 사회생활 둘 다를 수행해야 한다고 주장한

---

87 선덕한, 〈生活技術〉, 《조선녀성》, 1947년 1월호, 22~24쪽.

88 안함광, 〈犧牲的인 奉公心-특히 여성에게 주는 말을 겸하여〉, 《조선녀성》, 1947년 3월호, 18쪽.

다.[89] 이처럼 북한 여성들의 생활을 비판하며, 여성들의 "무능력하고 나태한 생활"의 원인을 과학적 합리성의 부재에서 찾는다. 북한 정권은 이러한 인식에 기초하여 과학적인 생활관리를 다음과 같이 강조한다.

자기 생활을 수학적으로 구성하지 못하며 과학적으로 조직하고 있지 못한다는 것을 자기 고박(고백)하고 있는 것임에 지나지 않는다. … 다시 말하면 자기 생활을 수학적으로 구성하며 하지 못하고 과학적으로 조직하지 못한 산만한 그날마다의 생활을 보내고 있기 때문에 많은 공연한 시간을 비능률적으로 또는 부질없이 낭비하고 있다는 것을 말하고 있는 것임에 지나지 않는다. 여성들은 모름지기 생활의 산만성에서 오는 이러한 공연한 시간을 민족 전체의 이익과 행복을 위하여 이바지하는 유효한 사회적 시간으로 재편성하는 습성을 길러 그것을 몸소 실천하지 않으면 안 될 것이다.[90]

한 마디로, 여성들이 사회생활과 가정생활을 둘 다 병행하지 못하는 것은 생활을 과학적으로 조직하지 못하는 '무능력'에서 기인한다고 주장하며, 시간 규율을 강조한 것이다. 이러한 문제의식에 기초하여 정권은 주부의 하루 생활에 대해 다음과 같은 구체적인 시간 규율과 행동 규율을 제시한다. 즉, "五時-起床, 七時로八時-朝飯, 八時로十時-新聞과 雜誌를 읽는 時間, 十一時-市場에 가는 시간, 十二時-점심, 四時까지-재봉 기타, 六時까지-저녁을 준비하여 먹는다, 八時-가족이 모여 자미롭게 노는 시간. 라디오도 듣고 레코-트도 듣고 하로 지난 이야기를 각각한다, 九時-아이들의 공부를 도와준다. 열시-취침"이다. 이어서, 한 달 계획은 "몇채 주일에

89 선덕한, 《조선녀성》, 1947년 1월호, 23쪽.
90 안함광, 앞의 논문(《조선녀성》, 1947년 3월호), 46쪽.

는 영화 음악회 등 오락 구경을 가는 날, 몇째 주일에는 동무의 가정을 방문하는 날, 몇째 주일에는 여행에 가는 날 혹은 가족이 나가서 식당에서 저녁 먹는 날 이렇게 미리 정"하며, "음식에도 좀 더 과학적이요 다채스러운 계획을 세워야 할 것"이고, 어린이의 위생과 양육에 과학적인 주의를 기울여야 한다는 것이다.[91]

사회주의적 근대화를 달성하기 위해 여성에게 요구되었던 '생활개혁'의 내용을 정리하면, **첫째**, 생산과 학습을 동시에 할 줄 아는 사람이 되어야 한다. **둘째**, 미신을 타파해야 한다. **셋째**, 사치와 한담을 일삼은 시간을 없애야 한다. **넷째**, 생활에 계획을 가져야 한다. **다섯째**, 과거의 낡은 습관과 풍속을 개량해야 한다. **여섯째**, 의복을 생산 활동에 알맞도록 개량해야 한다. **일곱째**, 주택의 불편한 사항을 고쳐 일하기 쉽고 살기 좋게 만들어야 한다. **여덟째**, 생활에 위생 관념을 세워야 한다 등이다.[92]

물질적 조건이 열악한 상황에서 대중에게 근대적 규율을 전파하기 위해서는 **첫째**, 최대한의 내핍, **둘째**, 생산의 증대를 추진해야 했다. 그중 내핍 전략은 사회 전체에 관철되었던 규범으로, 국가 건설의 물질적 토대를 확보하려 한 '건국사상총동원운동'이 제기한 생활혁명 과제 중 여성의 생활과 관련하여 특히 주목할 대목이 바로 절약 규범의 형성이다.

가족 단위로 이루어지는 일상생활을 관리하는 여성들에게 특히 절약 규범은 반드시 내면화해야 하는 중요한 과제였다. 절약 규범을 내면화하기 위해서는 '왜 절약이 필요한가'라는 인식이 공유되어야 했다. 그래야 이를 기초로 의생활과 식생활, 그리고 풍습의 변화 등을 이룰 수 있었다. 정권의 선전과 교육은 다음과 같은 논리로 진행되었다.

---

91 선덕한, 앞의 논문(《조선녀성》, 1947년 1월호), 22~25쪽.
92 주정순, 〈여성의 생활개혁〉, 《조선녀성》, 1947년 4월호, 53~56쪽.

첫째, 건국의 어려움을 선전하여 위기감을 조성하고 동의를 구해야 한다. 국가 건설 사업은 쉬운 일이 아니며 많은 물질적 조건이 구비되어야 하는데, "우리는 그중의 아무것도 가지지 못하"여 "경제적으로 곤난하고도 위급한 가운데서 전진하고 있다는 것을 자각"해야 한다는 것이다. "인민의 한 사람이, 특히 여자 한 사람이 사소한 소비 절약을 하였다고 하여서 그것이 어찌 국가적 의의를 가질 수 있을까 생각하는 사람"도 있지만, "만일 조선 여성들 가운데 이렇게 낡은 생각을 하고 있는 이가 많다면 그만치 조선 건국은 파괴되고 말 것"이다. 즉, "없는 것을 새로 창조하고 부족한 것은 부족한 대로 모-든 난관과 장애를 이를 악물고 뚫고 나가야 살 수 있고 새로운 부하고 강한 나라를 세울 수 있"다는 것이다.[93]

둘째, 전근대적인 생활 습관을 버리고 합리적인 소비의식을 가져야 한다. 먼저 "조선 사람의 경제생활은 아직 가정경제의 범위를 벗어나지 못하고 있으므로 전 여성들이 가정경제생활에서 소비절약운동을 철저히 실행하는 것이 큰 의의를" 가진다. 이러한 의의를 선전하며, "조선 사람은 '입어서 망하고 먹어서 망한다'는 옛적 속담같이 먹고 입는 랑비를 하면서 앉아놀고먹자는 생각만 하는 사람이 많은 형편"이니, "이와 같은 봉건적 일제적 잔재를 하루바삐 숙청하는 동시에 새로운 소비 관념을" 가져야 한다.[94]

셋째, 검소한 의식衣食 생활을 하는 것이 애국이며, 상호 비판을 통해 절약문화를 사회화해야 한다. 자기부터 사소한 절약도 실천에 옮기며, "다른 사람의 랑비 현상에 대하여서 서로 충고하고" 고쳐야 한다. 또한 술, 떡, 엿 등을 만드는 것은 "건국에 필요한 쌀을 랑비하"는 것이고 "인민의 이익에

---

93 주정순, 〈소비 절약〉, 《조선녀성》, 1947년 3월호, 29~30쪽.
94 주정순, 앞의 논문(《조선녀성》, 1947년 3월호), 30쪽.

배치되"는 것이며, 의衣생활도 검소하게 해야 한다.[95]

넷째, 관혼상제와 명절, 세시 풍속 준비는 봉건적 낭비다. "봉건적인 인습으로 관혼상제 등에 랑비가 심"하며, "아직 대부분의 조선의 딸과 어머니들은 결혼할 때의 준비로 필요 이상의 도무지 상상 못할 만한 의복 침구 기타 가재도구 등을 장만하고 그것 때문에 많은 애를 쓰는 편"이다. 또한 "미신을 아직 믿기 때문에 쓰는 물건을 소비하며, 설을 양음력 두 번 쇠는 것 같은 것"은 "봉건적 랑비"이다.[96]

다섯째, 절약을 위한 각종 창의와 재활용 방법을 개발한다. 소비 절약은 국가 및 개인 재산을 절약하는 소극적인 방법과 각종 창의 개발과 폐물廢物을 이용하는 적극적인 방법이 있다면서, 생활 속에서 창의고안創意考案(기술 개발과 생산 증대를 위해 새로운 것을 생각해 냄)을 강조한다.[97]

여섯째, 절약은 자유롭고 행복한 생활을 보장해 준다는 내핍 이데올로기를 내면화한다. 일제강점기 절약운동은 "조선 인민을 더욱 착취하고 약탈함으로써 놈들의 배를 불리기 위한 것"이었으나, "우리의 소비 절약은 이와 달라서 우리의 자유와 행복을 위한 새 나라 건설을 보장하기 위한 절약"이라는 주장이다.[98]

민족 해방과 여성해방의 연계

민족주의는 아래로부터 대중의 희망과 욕구 및 열망을 끌어내어, 이를 위

---

95 주정순, 앞의 논문(《조선녀성》, 1947년 3월호), 31쪽.
96 주정순, 앞의 논문(《조선녀성》, 1947년 3월호), 31~32쪽.
97 주정순, 앞의 논문(《조선녀성》, 1947년 3월호), 32~33쪽.
98 주정순, 앞의 논문(《조선녀성》, 1947년 3월호), 33쪽.

로부터 구성하는 것이라고 할 때, 북한의 민족주의는 위로부터 권력에 의해 구성되었다는 차이가 있다. 위로부터 구성된 민족주의는 아래로부터 대중의 욕구를 이끌어 내면서 여성해방과 결합하였다.

1945년 10월 25일, 김일성은 평양시 여성 일군(일꾼)들 앞에서 권력이 요구하는 여성의 임무를 밝힌다. 그 임무는 **첫째**, 건국사업에 떨쳐나설 것, **둘째**, 사상의식 수준을 높일 것, **셋째**, 일제 사상 잔재와 봉건 유습을 반대하는 투쟁을 전개할 것, **넷째**, 대중적인 민주주의 여성 조직을 결성할 것이다.[99]

여성해방을 위해서는 먼저 여성들이 국가 건설의 주체로 자신을 조직해야 한다고 요구한 것이다. 그리고 이 국가 건설 과제의 사상적 기반이 바로 민족주의였다. 이에 대하여 김일성은 다음과 같이 표현하고 있다.

우리나라 인구의 절반을 차지하는 녀성들은 건국사업에서 수레의 한쪽 바퀴와 같은 역할을 하고 있다고 말할 수 있습니다. 수레가 잘 달리자면 두 바퀴가 다 제대로 굴러야 하는 것처럼 우리의 건국사업이 성과적으로 수행되여 나가려면 남자들과 함께 녀성들이 큰 역할을 하여야 합니다. … 우리의 이 건국사업은 녀성들을 이중삼중의 구속과 온갖 사회적 불평등으로부터 해방하는 위대한 혁명사업입니다. 녀성들은 오직 건국사업에 참가하는 과정을 통해서만 옛 처지에서 벗어날 수 있습니다. … 조선 녀성들은 오래동안 봉건륜리도덕에 얽매여 사회 활동에 나서지 못하고 가정에 파묻혀 있었으며 온갖 멸시와 천대 속에서 눈물겨운 생활을 하여 왔습니다. 우리 녀성들이 과거의 이러한 처지에서 벗어나며 자기들의 사회적 해방을 실현하려면 건국사업에 떨쳐나서야 합니다. … 앞으로 나라 사정이 펴이면 녀성들이 사회사업에 나설 수 있는 좋은 조건들이 조성되겠지만 지금은 그렇지 못합

---

99 김일성, 〈현 국제국내정세와 녀성들의 과업〉, 《김일성 저작집》 1, 1979, 368~373쪽.

"언제나 학습을 첫 자리에 놓고" 학습에 힘쓰는 룡천군 원봉리 여맹원들. 《조선녀성》 1979년 5월호. 해방 직후부터 김일성은 민족해방과 여성해방을 하나로 묶는 전략을 추진하여, 여성들의 사상의식 수준을 높이는 학습을 지속적으로 실시했다.

니다. 그러나 곤난과 애로가 있다고 하여 건국사업에 나서기를 주저해서는 안 될 것입니다. 새 나라를 세워 나가는 크고 아름찬 일을 손쉽게 할 수 있으리라고 생각한다면 그것은 잘못입니다. 우리는 부닥치는 곤난과 애로를 참고 이겨 가면서 건국사업을 해 나가야 합니다. … 녀성들이 사상의식 수준을 높이지 않고서는 새 조선 건설의 참다운 역군이 될 수 없습니다. 정치사상적으로 각성되지 못한 사람은 높은 건국 열의를 발휘할 수 없으며 자기에게 차례진 자유와 권리도 참답게 누릴 수 없습니다. 과거 조선 녀성들은 아무것도 모르다 보니 사회적으로나 가정적으로 가해지는 온갖 천대와 멸시도 응당한 것으로 받아들였고 식민지 나라 녀성으로서의 자기의 비참한 처지도 타고난 팔자라고만 생각하였던 것입니다. 녀성들이 사상의식 수준을 높이고 정치사상적으로 각성하여야 고난에 찬 과거의 쓰라린 생활을 되

풀이하지 않을 수 있으며 행복한 새 생활을 창조해 나갈 수 있습니다.[100]

남녀평등권 법령과 선거를 통한 여성의 정치사회적 진출의 제도적 기초를 마련한 김일성을 중심으로 한 정치권력은, 이제 민족주의에 기반한 당 규율을 가진 주체가 되라고 여성들에게 요구하였다. 민족 해방과 여성해방을 하나로 묶는 전략이었다.

실제로 1946년 8월 29일 북조선로동당 창립을 기념한 논문에서, 여성잡지 《조선녀성》을 발간하는 '조선 여성사' 대표 진백옥은 민족 해방과 여성해방을 연결하는 주장을 펼친다. 진백옥은 논문에서 남녀평등을 중심에 놓고 사회 재구성을 고민할 여지를 아예 봉쇄하며, 오히려 이러한 주장은 민족 해방을 방해하는 파괴적 행동이라고 비판한다.

全民族적으로 제기되는 民族문제에 全民族의 반수를 차지한 여성을 빼놓을 수 없을 것이며 동시에 민족 해방을 떠난 여성해방도 있을 수 없을 것이다. 과거 時는 朝鮮의 민족해방운동과 여성해방운동은 분리하야 여성해방이 맞이 남성에게 대하는 여성운동인 줄 알았고 鬪爭 대상을 남성으로 하였다는 것을 보게 되었든 바이다. 이 결과는 갖이 손잡아 갈 민족 간에 단결을 파괴하였으며 우리의 력량이 감소된 반면에 객관적으로 원수 日本제국주의 강도들을 도와주웠으며 그들을 기쁘게 하여 주었던 것이다. 이러한 운동 방식은 우리들에게 교훈을 주었다고는 할 수 있으되 따라 배울 수는 없는 것이다. 만일 지금 朝鮮의 여성 문제를 朝鮮民族해방과 분리하여서 생각한다면 그는 실현할 수 없는 관렴론 사상에서 나오는 뿌루주아들이 부르짓는 비과학적 리론인 것이다. 진정한 여성해방은 민족 해방과 사회해방이

100 《김일성 저작집》 1, 1979, 368~370쪽.

있어야만 있을 것이다. 지금 朝鮮의 여성 문제는 민족 문제와 떨어질 수 없
는 불가분리의 관계를 가지고 잇는 그야말로 民族해방과 女性해방은 부부
이상의 굳은 맺음이었다는 것을 우리는 철저히 알아야 할 것이다. 운전수가
자기 갈 길을 모르면 언제나 위험할 뿐더러 방황하게 된다. 이와 同意로서
특히 女性의 지도자로 게시는 분들이 자기의 갈 정치로선을 모른다면 자신
을 못 가지고 갈 것만은 능히 알 수 잇는 바이다. 진실로 우리 갈 길은 민족
통일전선을 승리적으로 완成하는 것… 노동黨이야말로 우리 女性 解방의
길을 더욱 열어 주었다.[101]

민족주의를 사상적 기반으로 당 건설과 국가 건설을 하나로 연결시키
고, 당과 국가 건설이 곧 여성해방임을 역설한 것이다. 이는 여성 문제를
국가나 민족 등의 거대 담론과 구별하여 인식할 가능성 자체를 제거하려
는 시도였다. 즉, 민족주의와 여성해방을 결합시켜 여성 집단의 독자적인
요구 제출을 원천 차단한 것이다.

여성 전위, '사회적 성'의 구축

해방 이후 소련군의 후광을 업고 '조선공산당 북조선 분국'을 거쳐 북한의
유력한 정치권력으로 자리잡은 북조선공산당(이하 공산당)[102]은 국내의 정치
적 기반이 약하였다. 공산당이 과거 정치사회적으로 배제되었던 대중을 조

---

101 진백옥, 〈로동당 산생産生과 女性해방과의 관계〉, 《조선녀성》, 창간호, 1946, 84쪽.
102 이에 대해서는 안드레이 란코프 지음, 김광린 옮김, 《소련의 자료로 본 북한 현대정치사》, 오름,
   1999와 와다 하루키 지음, 서동만·남기정 옮김, 《북조선》, 돌베게, 2002 참조.

직하려 한 이유가 여기에 있다. 공산당의 조직 대상 1순위는 노동자계급이었다. 그런데 당시 북한 노동자들은 일제강점기 정치조직적 활동을 한 경험이 있어 상당수가 정치적 연고를 가지고 있었다. 또한, 청년층은 그 출신 성분과 정치적 불안정성으로 인해 일차 조직 대상이되 주의해서 다루어야 할 집단이었다.[103]

이러한 상황에서 공산당이 아래로부터의 정당성을 확보하기 위하여 상대적으로 용이하게 접근할 수 있는 대중은 농민과 여성이었다. 김일성과 공산당이 하부 대중에 주목할 수밖에 없었던 이유를 정리해 보면 다음과 같다. **첫째**, 사회주의 이념 자체에 내재한 무산자 계급 주도성을 확보해야 했고, **둘째**, 당시 불안정한 세력 관계의 갈등을 최소화시키려면 다수결이라는 민주주의 원리를 통해 권력의 정당성을 확보해야 했기 때문이다.

해방 후 북한의 인구구성은 직업적으론 농민이, 성별로는 여성이 다수였다. 역사 속에서 여성은 물리적으로는 다수임에도 불구하고 사회적으론 언제나 '소수자'였으며, 권력의 시야에서 가려져 있었다. 여성은 권력의 지반을 지탱하고 있었으나, 농업문화에 기반한 배타적이고 대규모적인 혈연 공동체 질서 하에서 정치경제적 지위를 점하기 어려웠다. 그 이유는 역설적으로 여성이 해당 공동체를 관리 및 유지하는 생활관리자였기 때문이다. 공동체의 권력자는 남성과 노인이었으며, 여성과 어린이는 공동체를 유지하며 재생산하는 역할을 담당하였다.[104]

해방 후 소련의 후광을 업고 조선에 들어온 김일성과 해외 공산주의 세

---

103 이에 대해서는 Charles K. Armstrong, *The North Korean Revolution, 1945-1950*, N.Y, Cornell Univ. 2003 참조.

104 이에 대한 구체적인 연구는 한국여성연구소 여성사연구실 편, 《우리 여성의 역사》, 청년사, 1999; 한국고문서학회 편, 《조선시대 생활사1》, 역사비평사, 1996; 한국고문서학회 편, 《조선시대 생활사2》, 역사비평사, 2000; 여성한국사회연구회 편, 《한국가족론》, 까치, 1990 등 참조.

력은 '소비에트 사회주의' 모델을 내세웠다. 중앙집중 권력에 의해 위로부터 사회를 구성하는 스탈린 시대 소련식 사회주의를 건설하자는 것인데, 이를 가장 저항 없이 받아들일 수 있는 계층은 여성이었다. 그 이유는 다음과 같다.

첫째, 당시 여성들은 1920년대 세계를 휩쓴 여성해방론을 수용하기 시작한 일제강점기 신여성들이 완고한 사회질서 하에서 좌절과 고통 속에 사라져 가는 것을 직접 목도했고, 1930년대를 경과하며 형성된 진보적인 지식인 여성들은

해방 후 소련의 후광을 업고 조선에 들어온 김일성과 해외 공산주의 세력은 '소비에트 사회주의'를 모델로 북한 여성들에게 여성해방과 여성의 사회참여를 교육했다. 《조선녀성》 1949년 12월호도 중공업에서 활약하는 소비에트 여성 노동자를 표지로 내세웠다.

소련의 남녀평등권에 대해 우호적이었다.[105]

둘째, 해방 이전의 우리 역사 속에서 권력이 정당성을 확보하고자 여성을 전면적이고 직접적으로 조직해 본 적이 없으며, 여성이 권력 형성에 직접적으로 인입되어 본 경험이 거의 없기 때문에 남성에 비해 상대적으로 저항이 적을 수밖에 없었다. 즉, 남성에 비하면 저항을 표출하는 훈련이 되어 있지 않았던 것이다.

---

105 이에 대해서는 신영숙, 〈일제 식민지하의 변화된 여성의 삶〉, 한국여성 연구소여성사연구실 편, 앞의 책, 301~314쪽과 성혜랑, 《등나무집》, 지식나라, 2000 참조.

셋째, 가족공동체 내에서 남성과 노인의 위계적인 권력 질서에 익숙해져 있던 대다수 여성들은 정치권력의 '위로부터의 개혁'을 별다른 갈등 없이 받아들이도록 훈육되어 있었다.

이제 관심은, 이러한 여성들을 어떻게 공산당의 확고한 배후 세력으로 성장시킬지에 모아졌다. 당시 북한 공산당은 권력 형성과 함께 국가 건설과 경제 발전까지 동시에 수행해야 하는 어려운 상황이었다. 그런데 대가족 질서 아래서 사회적 연계가 거의 없던 다수의 여성들을 어떻게 조직하고 생산과정에 참여시킬 것인가.

공산당은 여성들에게 공산당 권력의 정당성을 선전하는 한편으로, 여성의 사회참여를 거부감 없이 설득하고 조직할 수 있는 목적의식적 활동가, 즉 여성 당원의 양성에 집중했다. 여성 당원의 역할은 당연히 '사회주의적 근대의 규율'을 내면화한 여성 노동자를 형성하는 것이었다.[106] 이 같은 과제를 수행하기 위해서는 공산당원이라는 의식이 확고한 여성 전위의 체계적 양성이 필요했다.

이와 관련하여 1946년 6월 3일, 중앙당학교 개교식 연설에서 김일성은 다음과 같이 주장한다.

녀성들은 우리 나라 인구의 절반을 차지하고 있으며 따라서 녀성사업은 매우 중요합니다. 녀성사업을 잘하려면 녀성 간부를 많이 키워야 합니다. 지금 녀성사업이 잘되지 않고 있는 주요한 원인의 하나도 녀성 간부가 적은 데 있습니다. 녀성 간부들이 없으면 우리가 남녀평등권 법령을 발포한다고 하여도 그것을 잘 실현할 수 없습니다. … 앞으로 좋은 녀성들을 당학교에

---

106 이에 대하여 김일성은 당원인 여맹 간부들이 직접 공장에 들어가서 여성 노동자를 조직할 것과 여성 노동자에게 국가 건설 및 경제 발전의 의의를 치밀하게 설명하여 많은 여성 노력영웅이 나오게 조직하여야 한다고 지시한다. 《김일성 저작집》 2, 1979, 212~216쪽.

많이 받아들여 훌륭한 녀성 간부로 키워야 하겠습니다. 그래야 녀성사업도 발전시킬 수 있으며 녀성들 속에 남아 있는 일제사상 잔재와 봉건 유습도 빨리 없앨 수 있습니다.[107]

전통과의 단절을 통한 '사회주의적 근대'의 실현과 권력 강화를 위한 여성 전위 양성 전략을 본격적으로 제기한 것이다. 그러나 남성 중심의 질서에 익숙해져 있던 당 구성원들은 이 주장에 반발한다. 특히 남성 당원들로서는 여성이 목적의식성을 가진 전위가 될 수 있다는 견해를 받아들이기 어려웠을 것이다. 이러한 사실은 김일성의 언술에서도 확인된다.

지금 일부 사람들은 도시 녀성들은 성분이 나쁘다느니, 농촌 녀성들은 호미자루밖에 모르는 무식쟁이라느니 뭐니 하면서 녀성 간부들을 키우기 어렵다고 하는데 이것은 아주 옳지 않은 태도입니다. … 물론 녀성들이 지난 날 배우지 못하다 보니 지식 수준이 낮을 수 있습니다. 그러나 그것은 큰 문제가 아닙니다. 문제는 우리 일군들이 간부로 키울 녀성들을 선발할 줄 모르는 데 있습니다.[108]

여성 전위 양성에 대한 조직적 반발에 맞서 김일성은 간부들이 여성 전위를 양성할 줄 모르는 것이 문제라고 비판한 것이다. 이러한 갈등은 북조선로동당(이하 노동당)이 건설[109]된 이후에도 당 내부에서 심각하게 드러났다.

---

107 김일성, 〈중앙당학교는 당 간부를 키워내는 공산대학이다〉, 《김일성 저작집》 2, 1979, 255~256쪽.
108 김일성, 앞의 논문(《김일성 저작집》 2, 1979), 256쪽.
109 1946년 7월 29일 김두봉을 지도자로 하는 연안파 공산주의자들의 신민당과 김일성을 지도자로 하는 만주파 공산주의자들은 중앙위원회 합동전원회의에서 합당을 공식 선언하고, 한 달에 걸쳐 도·군 및 시 당조직들을 통합하였다. 그 후 1946년 8월 28~30일에 북조선로동당 제1차 대회가 개최되었다. 당시 당위원장에는 김두봉이 선출되었고, 김일성은 부위원장으로 선출되었

1946년 12월 27일 북조선로동당 중앙상무위원회 제18차 회의 결정서를 살펴보면, 당시 노동당 내부에서 여성 전위를 키우는 것에 대한 반발을 확인할 수 있다.

가두세포에 여자 당원이 적을뿐더러 남신구라는 농촌 몇몇 동은 한 동에 녀맹원이 100명 이상씩 되어 있고 그들이 어린애를 업고 열성적으로 사업하는데도 불구하고 그중에 녀당원이 1명도 없는 사실과 또는 농촌 녀성이 한 동에서 1명도 남기지 않고 전부 민주당에 입당하였다는 것이나, 공장의 여자 로동자가 50명씩 되어 생산에 돌격하고 있는 신흥산업사에 녀당원이 1명도 없다는 것 등은 여자 당원 발전을 당이 등한시하고 있는 표증이다. … 정치적 수준이 얕은 녀성들에게 대하여 녀성사업에 진출하라고는 하면서도 당은 이에 대한 구체적 대책과 지도가 없고 당 부녀사업부장에게만 책임을 지우고 여자 문제를 등한시하며 녀자들에 대한 교양사업이 지나간 3월에 간단히 녀맹에서 한 번 있었을 뿐이고 그들로 하여금 자각적으로 나와 곤난을 극복하고 활동할 수 있도록 하는 교양을 못 주었다는 것은 역시 큰 결점이다.[110]

노동당을 주도한 남성 당원들이 여성 전위 양성에 직간접적으로 반발하였음을 확인할 수 있다. 이념적으로는 남녀평등에 동의해도, 뿌리 깊게 내

다. 그러나 김일성은 북조선 임시인민위원회의 위원장으로 민주개혁을 통하여 급속도로 자신의 세력을 확장하였다(안드레이 란코프, 1999, 84쪽). 여기서 하나 주목할 연구는 김두봉과 연안파 세력이 여성해방에 대해 보수적인 사고를 가졌다고 지적한 암스트롱의 주장이다. 그 근거로 김두봉의 나이와 연안파 세력의 보수적인 성장 배경을 들고 있다(C.K. Amstrong, 2003, 92~98쪽).

110 국사편찬위원회, 〈신의주시당의 부녀사업 협조정형에 대하여〉,《북한 관계 사료집》30 상편, 91쪽.

면화된 남성 중심의 가치관과 습속은 여성 전위 형성에 거부감을 갖게 하고 여성 대중의 조직화를 부차적인 사업으로 인식하게 한 것이다. 심지어 시당에서는 하부 단위에 여성 당원이 몇 명인지조차 파악하지 않고 있다. 이는 이들이 여성사업을 당의 사업으로 인식하지 않았으며, 여성사업을 주도할 의지가 없었음을 보여 준다. 당시 당 내부에 여성사업을 두고 구성원 간에 갈등이 있었음을 보여 주는 반증인 것이다.[111]

이 같은 갈등은 이른바 '여성사업'의 위축으로 이어질 수밖에 없었다. 1947년 5월 20일 북조선로동당 중앙상무위원회 제35차 회의 결정서를 살펴보면, 여성 당원 내부에서도 여성 대중을 조직하는 데 선뜻 나서지 못하고 당 내부에서 여성사업을 고립시키는 모습을 확인할 수 있다.

> 녀맹에 나오는 한두 명의 열성당원 외에는 녀당원들이 녀성사업을 방관하며 하등 당원의 임무를 집행하지 못하고 있다. … 부분적으로 지방 당부黨部에서 녀성사업을 당부 부녀사업부에 위탁 식으로 위임하고 심지어는 녀당원에 대한 모든 문제를 여자들로써만 해결하게 하는 당적으로 옳지 못한 사실들이 있다.[112]

여성 사회주의자들 내부에서도 여성동맹 활동을 하는 일부 간부를 제외하고는 여성사업을 부차화하고, 지방 당에서는 여성사업을 당사업으로 인식하지 않았다는 것이다. 1947년 10월 20일 북조선로동당 중앙상무위원회 제46차 회의 결정서를 살펴봐도, 당단체들이 여맹사업 지도에서 여맹

---

111 국사편찬위원회, 앞의 논문(《북한 관계 사료집》 30 상편), 92쪽.
112 국사편찬위원회, 〈녀성사업 강화에 대한 북조선로동당단체의 과업에 대하여〉, 《북한 관계 사료집》 30 상편, 209~210쪽.

초급단체超級團體 책임자 훈련이나 조직 강화 목적의 지도사업을 제대로 수행하지 않았을 확인할 수 있다.[113]

이렇듯 여성 주체를 조직하는 여성 전위 양성은 초기에 수많은 반발과 저항에 부딪혔다. 그러나 당 내부 갈등에 대한 지속적인 문제 제기와 비판, 그리고 각종 민주개혁과 여성계몽이 이어졌고, 이렇게 '양성'된 여성 당원과 활동가 수가 늘어나면서 여성 전위를 바라보는 시각도 바뀌었다. 당의 기대대로 이들은 여성 대중을 권력에 연계시키는 역할을 하였다. 즉, 여성 대중에게 권력의 정당성을 선전하고 대중을 조직화하며, 권력이 요구하는 규율을 내면화시키는 대중 선도의 역할을 담당한 것이다. 이렇게 되자 여성 당원과 함께 여성 노동자, 여성 농민을 비롯하여 권력에 헌신적인 사람들을 체계적으로 교양하고 훈련하는 사업도 병행되었다. 기회가 있을 때마다 여맹 열성자들을 한곳에 모아 놓고 당의 노선과 정책, 지시들을 해설하는 강연회와 좌담회, 더 중요하게는 일대일 면담을 통한 직접적인 조직화가 이루어졌다.[114]

여성 전위를 양성하는 구체적인 훈련 방법은 크게 두 가지였다.

첫째, 직접적인 과제를 주고 그 과제를 완수하는 과정에서 단련되도록 하는 것이었다. 그 과정 속에서 과제 수행에 대한 보고와 검열, 그리고 총화가 진행되었고 지속적으로 문제점을 고쳐 나가도록 하였다. 예를 들어 "한 당원 녀성 동무에게는 누구의 가정을 방문하여 그 집 녀성을 교양하여 녀맹에도 들고 새 조국 건설에도 이바지하도록 할 데 대한 과업을 주고, 어떤 인테리 녀성에게는 녀성 군중 속에 들어가 소설을 읽어 줄 데 대한

---

113 국사편찬위원회, 〈평양시 당단체의 녀성사업 방조정형에 대하여〉, 《북한 관계 사료집》 30 상편, 291~292쪽.
114 리경혜, 1990, 26~27쪽.

분공分工(나누어 맡김)을, 또 다른 인테리 녀성에게는 녀성들의 문맹퇴치사업을 진행할 데 대한 분공을 주었다. 분공을 준 다음에는 그 수행정형(과업을 실행하는 양상)에 대한 보고도 받아 보고 검열, 총화도 해 주면서 좋은 점을 조장 발전시키고 결함은 제때에 시정시키도록" 하였다.[115]

둘째, 제도적으로는 당 양성기관과 국가 양성기관이 둘 다 여성사업에 참여하였다. 예를 들면 평양학원, 중앙당학교, 각급 당 학교, 청년일군(일꾼) 강습소 등을 통해 여성 활동가를 체계적으로 양성하였다.[116]

이처럼 김일성 세력은 사회와 당 내부에서 제기되는 갈등과 저항에 공세적으로 대응하면서, 체계적인 사업과 각종 제도교육을 통해 여성 전위를 단련·양성하였다. 이렇게 창출된 여성 전위는 여성 대중이 사회주의적 근대 규율을 내면화하도록 끊임없이 교양, 선전, 조직화하였다. 이들의 활동은 권력에 정당성과 안정성을 확보해 주면서 북한 규율권력 형성에 중요한 역할을 하였다.

핵가족화와 여성의 개체화

가족공동체의 관리자로서 오랜 세월 정치·경제·사회에서 가려져 있던 여성을 생산과 건설의 주체로 구성하기 위해서는, 먼저 기존 가족공동체 구조를 재구성해야 했다. 김일성을 중심으로 한 사회주의 세력은 여성의 사회참여를 위해 핵가족화와 여성의 개체화를 추진한다. 1946년 제정 공포되고 1947년 제도화된 남녀평등권 법령은 이 같은 재구성 노력을 단적으로

---

115 리경혜, 1990, 27쪽.
116 리경혜, 1990, 29쪽.

보여 준다.

노동법령 발표 약 한 달 후인 1946년 7월 30일, 임시인민위원회는 "일제 식민지정책의 잔재를 숙청하고 낡은 봉건적 남녀 간의 관계를 개혁하며 녀성들로 하여금 문화, 사회, 정치 생활에 전면적으로 참여하게 할 목적"으로 〈북조선남녀평등권에 대한 법령〉을 발표한다. 이 법령은 1947년 2월 개최된 '북조선 도시군 인민위원회 대회'에서 제도화된다. 이 법령의 각 조항과 주요 시행세칙 등을 살펴보고, 그 성격을 '사회주의적 근대' 규율권력의 형성을 위한 핵가족과 여성 개체화에 초점을 맞추어 분석해 보자.[117]

제1조 국가, 경제, 문화, 사회, 정치 생활의 모든 영역에서 여성들은 남자들과 평등권을 가진다.

이 조항을 현실화하기 위해 시행세칙 제3조는 봉건적 유습인 남존여비 사상에서 나온 여성에 대한 학대와 폭행과 기타 일체의 차별적 대우를 금지한다고 규정하고 있다. 얼핏 보면 공민권 사상에 근거한 진보적인 선언 같지만, 이 조항은 사실 여성에게 권력의 규율을 내면화시키기 위한 전제가 된다. 즉, 여성을 근대적인 개인으로, 남성에 종속된 존재가 아닌 개체個體로 인식하게 한 것이다.

제2조 지방주권기관 또는 최고주권기관 선거에서 여성들은 남자들과 동등한 선거권과 피선거권을 가진다.

시행세칙 제1조에서 여성은 남자와 동일한 자격으로 지방도, 시, 군, 면, 리과 중앙 인민위원회 위원을 선거하며, 그 위원에 피선될 권리를 가지며, 국가기관·정당·사회단체·공동단체의 위원 또는 직원이 될 수 있다고 규정

---

117 다음의 내용은 본 법령과 김윤동의 글에 기초한 분석이다. 김일성, 〈북조선남녀평등권에 대한 법령〉, 《김일성 저작집》 2, 1979, 327~328; 김윤동(초대 사법부 법무부장), 〈北朝鮮의 男女平等權에 對한 法令〉, 《조선녀성》, 1947년 7월호, 19~24쪽.

하고 있다. 여성이 선거를 통해 자기 의사를 표출하고 스스로 개체임을 확인할 수 있게 한 이 조항은, 사회적으로 여성의 개체성을 인식시키는 사회적 장치(1인 1투표제)의 근대적 개체성을 마련한 것이다.

제3조 여성들은 남자들과 동등한 노동의 권리와 동일한 임금과 사회적 보험 및 교육의 권리를 가진다.

이 조항은 노동법령 제7조와 제18조와 연계되어 여성에게 국가 사회생활에 적극 참가할 기회와 조건을 주며, 민주주의 국가 건설의 권리와 의무, 그리고 사회보험의 혜택을 갖게 한 것이다. 시행세칙 제2조는 여성도 남자와 같이 교육을 받으며 문화생활을 할 수 있는 권리와 균등한 기회를 보장하여 과거의 불합리한 봉건적 유습을 타파하고 민주 건설의 발전을 요청하는 것이라고 그 의의를 설명하고 있다. 이 조항은 여성이 사회적으로 개체가 될 수 있는 사회경제적 처우를 명시한 것이다.

제4조 여성들은 남자들과 같이 자유결혼의 권리를 가진다. 결혼할 본인들의 동의 없는 비자유적이며 강제적인 결혼을 금지한다.

시행세칙 제8조에 의해 결혼은 당사자 간의 자유의사에 의한 합의로 이루어진다는 '결혼서'를 당사자가 살고 있는 시·면 인민위원회에 제출하도록 하였다. 그곳에서 '결혼서'가 수리되어야만 결혼이 성립된다. '결혼서'에는 첫째, 당사자 자유의사에 의한 합의가 있었다는 것, 둘째, 당사자 쌍방(雙方)이 상대방의 신체 상태(정신병·성병·호흡기병이 있는가 없는가 또는 불구자인가 아닌가 등)를 잘 알고 결혼한다는 것, 셋째, 당사자의 결혼 횟수 및 당사자가 가진 자녀의 수를 기재하도록 되어 있다. 이 조항은 여성의 자율 선택권을 명시한 것이다.

제5조 결혼 생활에서 부부 관계가 곤란하고 부부 관계를 더 계속할 수 없는 조건이 생길 때에는 여성들도 남자들과 동등한 자유 이혼의 권리를 가진다.

이 경우, 모성으로서 아동 양육비를 전 남편에게 요구할 소송권을 인정하며, 이혼과 아동 양육비에 관한 소송은 인민재판소에서 처리하도록 규정했다. 특히 이혼은 가족공동체를 파괴하는 큰 사건이기에 시행세칙에 그 조항을 자세히 두고 있다. 첫째, 합의이혼은 '이혼서'를 당사자가 살고 있는 시·면 인민위원회에 제출하면 이혼이 성립된다(시행세칙 제10조). 둘째, 합의가 되지 않을 시 소관 시·군 인민재판소에 이혼소송을 제기하여 해결한다(시행세칙 제11조). 이때 '일시적 감정'에 기반하였다고 재판부로부터 인정된 경우에는 3개월에서 6개월까지의 일정한 기간 소송 절차를 중지한다. 그 후 다시 이혼소송을 진행한다. 이 지정한 기일에 당사자 쌍방이 다 출두하지 않거나 또는 이혼소송을 제기한 원고原告가 출두하지 않는 때는 이혼소송을 취소한 것으로 인정한다(시행세칙 제12조부터 제16조).

이혼과 관련하여 2회 이상 이혼하려는 자의 이혼소송은 좀 더 신중히 처리하기 위하여 시·군 인민재판소가 아니라 도 재판소에서 관리하기로 되어 있다. 자진하여 2회 이상 이혼을 하려고 하는 경우에는 '이혼서'를 제출할 때, 혹은 이혼소송을 제기할 때 5천 원의 금액을 소관所管 인민재판소에 납부하기로 되어 있다. 그러나 부득이한 사정이 있을 때, 즉 빈궁하여 돈 5천 원은 없고 부부 생활은 더 계속할 수 없는 딱한 사정이 있는 자를 구제하기 위하여 소관 도 재판소의 결정으로 5천 원의 금액을 납부하는 것을 면제할 수 있다(시행세칙 제17조).

제5조 후단(앞의 것이 5조 전단)은 이혼을 할 때 모성으로서 아동 양육비를 전 남편에게 요구할 소송권을 인정하며 이혼과 아동 양육비에 관한 소송은 시군 인민재판소에서 처리하도록 규정한다.

그러나 부부가 다 같이 동수의 자녀를 양육하는 경우는 서로 양육비를 청구할 수 없다. 이 조항은 여성의 행복 추구권과 부계가족과 남성으로부

터의 독립 가능성, 그리고 자녀에 대한 책임성을 밝힌 것이다.[118]

제6조 결혼 연령은 여성 만 17세, 남성 만 18세 이상으로 규정한다.

시행세칙 제9조는 종래의 봉건적 유습으로 인한 조혼 풍속이 가져오는 모든 폐단을 방지하고, 정당한 결혼 생활을 보장하려는 것이라고 그 의의를 밝히고 있다. 즉, 민며느리제나 데릴사위제처럼 어린 나이에 나이 차가 많은 상대와 결혼하는 제도를 금지한 것이다. 권력이 이 조항을 통해 목표로 했던 바는 세 가지다.

첫째, 여성이 경제적·사회적으로 독립하고, 사회적 노동을 통해 개체로서 사회 경험을 하도록 유도하기 위해 사회 풍습으로 만연했던 조혼을 금지하고 만혼을 권장한 것이다. 둘째, 여성이 생산과 건설에 참여하도록 결혼 시기를 늦춘 것이다. 셋째, 대가족 질서를 핵가족 질서로 전환하기 위한 조항이다. 조혼은 다산多産과 일부다처제, 부계가족 강화의 원인이 되었다. 그러므로 조혼 금지는 핵가족화를 앞당기는 중요한 기능을 한다.

제7조 중세기적 봉건 관계의 유습인 일부다처제와 여자들을 처나 첩으로 매매하는 여성 인권유린의 폐해를 앞으로 금지한다(공창, 사창 및 기생제도-기생권법, 기생학교-를 금지한다).

이 조항은 세 가지 성격이 있었다. 첫째는 근대의 특성이라고 할 수 있는 계약의 성격, 즉 개체와 개체의 결합이라는 특성을 가족 구성에 도입한 것이다. 둘째는 농업을 기반으로 한 혈연 공동체 질서를 사회주의적 질서로 재구성하려고 한 것이다. 또한, 혈연적 집단이 권력으로 형성되는 것을 방지하려는 것이다. 즉, 대가족제도가 가지고 있는 완고한 혈연보호주의와 타집단에 대한 배타성을 배제하려는 것이다. 이러한 이유로 핵가족을 제도

---

118 이 조항에서 이혼과 관련한 시행세칙과 제6조 조혼 금지, 제7조의 일부다처제 폐지, 그리고 제8조 상속권은 가족공동체의 재구성과 관련된 것이기에 뒷부분에서 별도로 다룬다.

화하였다. 셋째는 비생산적 소비문화를 통해 남성들의 생산력이 저하되거나 자유주의적인 문화가 지속 또는 생산되는 것을 방지하려는 것이다.

제8조 여성들은 남자들과 동등한 재산 및 토지 상속권을 가지며 이혼할 때에는 재산과 토지를 나누어 가질 권리를 가진다.

이 조항은 여성의 완전한 해방은 경제적 기초를 보장하는 데서 출발한다는 인식을 담고 있다. 상속에서 며느리는 제외되었다. 즉, 딸은 아들과 동등한 상속권이 있지만, 며느리는 시아버지의 재산과 토지를 상속할 수 없다는 것이다. 이혼 시 재산 분할과 자녀 양육비 등에 대한 시행세칙은 제4, 5, 6, 7, 21, 22조에서 자세히 밝히고 있다. 이는 가족 내에서 여성이 경제적 기반을 통한 개체권個體權을 가져야 한다는 대명제를 여성 주체와 가족 구성원에게 밝힌 것으로, 부계가족주의에 기반한 대가족의 형성을 미연에 방지하려는 성격이 있다.

제9조 본 법령의 발포와 동시에 조선 여성의 '권리'에 관한 일본 제국주의의 법령과 규칙은 무효로 한다.

이 조항에 대해 시행세칙 제23조는 기존에 여성의 법률행위 능력과 친권 행사에 관한 부당한 대우, 그리고 여성의 권리를 제한하며 억압한 모든 법령과 규칙을 일제히 무효로 한 것이라고 그 의의를 밝히고 있다. 즉, 여성이 전통과의 단절을 통해 사회주의적 근대 주체가 되어야 함을 명시한 것이다.

이 법령은 공포일로부터 효력이 발생했지만, 뿌리 깊은 봉건적 공동체 질서를 한번에 뒤엎기는 쉽지 않았다. 법령의 시행세칙(제24조부터 제28조까지)에 남녀평등권 법령과 시행세칙의 실시를 강제하는 구체적인 처벌 규정을 둔 까닭이 여기에 있다. 이 처벌 규정은 북조선임시인민위원회 결정 제163호와 제164호인 〈북조선의 봉건 유습잔재를 퇴치하는 법령〉과 〈생명, 건강,

자유, 명예보호에 관한 법령〉이 1947년 1월 24일에 공포됨으로써 전반적으로 개정되는데, 처벌이 더욱 구체화되고 강화된다. 이 중에서 특히 〈북조선의 봉건 유습잔재를 퇴치하는 법령〉은 남녀평등권 법령과 긴밀한 관련이 있었다.[119]

제1조 결혼을 청구한 남자 그의 부모 및 친척 또는 기타 관계자가 청혼 상대자 또는 그의 부모 및 친척 기타 관계자에 대하여 금전, 가축, 재물, 노무勞務를 결혼의 대가로 제공하면, 1년 이하의 강제노동에 처벌한다. 또한 금전, 가축, 재물, 노무를 받은 자는 그 금액에 상당한 벌금에 처벌한다.

제2조 여성을 강제로 결혼시키거나, 결혼 관계를 계속시키거나 또는 결혼의 목적으로 부녀를 기만 유인(속여서 꾀어내는 것)한 자는 2년 이하의 징역에 처벌한다.

제3조 결혼 연령에 도달하지 못한 자와 결혼한 자는 1년 이하의 강제노동에 처벌한다.

제4조 중혼重婚한 자 또는 일부일처제를 준수하지 않는 자는 1년 이하의 강제노동 또는 2천 원 이하의 벌금에 처벌한다. 그러나 이 법령이 시행되기 전에 성립된 사실에는 이 조문을 적용하지 않고 그 당시의 법령을 적용한다. 이 경우에는 당사자 간의 양심에 맡긴다. 이것은 법률의 현실에 대한 최소한도의 양보이다. 그러나 그 당시 중혼죄에 걸리는 경우는 역시 그 당시의 법령에 의하여 중혼죄로 처벌한다.

〈생명, 건강, 자유, 명예보호에 관한 법령〉 중 남녀평등권 법령과 관계가 있는 조항은 제18조이다. 이 조항은 부녀로 하여금 창기 영업을 시킨 자 또

---

119 김윤동, 앞의 논문(《조선녀성》, 1947년 7월호), 24쪽.

는 자진하여 이 영업을 한 부녀를 처벌하는 규정이다. 또한 시행세칙 제27
조에 의해 재판소로부터 양육비를 지불할 의무를 선고받은 자로서 이것을
지불하지 않을 때는 1만 원 이하의 벌금에 처한다고 규정했다.

같은 시기 남한에서는 여성의 선거권 규정만 마련된 상황이었다는 점에
비추어 보면, 북한의 남녀평등권 법령은 가히 혁명적인 조치라 할 수 있다.
이는 특히 여성 엘리트들에게 북한 정권의 우월함을 인정하게 하는 기능
을 하였다. 비록 여성을 권력에 규율화시키는 기초로서 제정된 법령이었지
만, 공산당원과 여맹 등은 남녀평등권 법령 제정의 의의를 다음과 같이 선
전하였다.

첫째, 여성의 사회적 진출과 여성해방의 기초를 마련했다. 특히 여맹의
주장은 눈여겨 볼 만하다.

朝鮮 여성이 종속적 생활을 하여 온 근본 원인은 봉건적 착취 관계로 성
립되는 봉건적 경제기구 위에선 반민주적 사회제도의 탓이었다. 민주주의
국가에서는 군한된 일부 특수계급의 의사로써만 정치가 시행되는 것이 않
이다. 전 인민의 의사의 반영으로써 시행되어야 할 것이다. … 8살 난 남편
에게 17·18세의 안해를 얻어주는 것 … 8세의 신랑이 17·18세의 안해더러
야-너-하며 또 그 안해가 여덟 살 코흘리게 보고 네-네-하면서 서방님
주인님 하던 것을 생각하면 참말로 옛말이라 하지 않을 수 없다. 그러나 이
것은 옛말이 안이라 지금의 3·40대의 인간이 너무도 많은 것을 보아 놀라
지 않을 수 없다. … 이러한 조혼은 생리적 부자연이며 모든 가정 비극과 여
인의 눈물의 원인 …. 또한 이 법령은 여인의 위생학적 향상 보장 … 인신매
매 등 금지 … 축첩제는 여성의 인격을 비하하는 것으로 인신매매와 다처제
는 긴밀한 연관 … 상속에서 남아 본위는 인구의 반수인 여자를 무시하는

특수계급 전제專制의 악습이며 여자의 독립을 무시하는 것이다.[120]

둘째, 은혜에 보답하고 남성들을 잘 설득해야 한다. 다음의 두 여성 노동자의 글을 살펴보자.

… 이러한 권리를 받엇으니 우리 여성들은 완전한 의무 리행에 매진하여야겟고 충분한 실력 배양에 많이 노력하여야겟습니다. 남자 되시는 여러분들은 이에 대한 충분한 리해와 후원으로써 앞으로 더욱 적극노력하시여 이 법령 발표의 본의를 달성시키는 동시에 이즈러짐이 없는 완전한 조선사회의 건설을 기하는 바입니다.[121]

… 남자에게 요구하는 것을 말슴 들인다면 많기도 하지만 무엇보다도 가정생활하는 데 있어서 법령만 가지고 하는 것이 아니라 감정적으로까지 여자에게 남녀평등으로 생각하여 주고 서로서로 도와주고 살림하여 주면 대단히 좋겠습니다.[122]

셋째, 시혜에 대한 보답으로 조국 건설에 앞장서야 한다. 이러한 논리는 주로 남성의 언술을 통해 선전되었다. 이 논리를 선전한 두 남성 간부의 글을 인용하면 다음과 같다.

---

120 북조선민주여성동맹중앙위원회, 〈북조선남녀평등권에 대한 여성 法令 해설〉, 《조선녀성》 창간호, 1946, 87~93쪽.

121 이소조(보건부 직원), 《조선녀성》 창간호, 1946, 96쪽.

122 안옥례(평양고무공장노동자), 〈남녀평등권법령을 보고 : 남성에게 들이는 말슴〉, 《조선녀성》, 창간호, 1946, 95쪽.

…붉은 군대의 원조 하에 인민의 정권이 수립된 북조선과 미군 하에 반동세력이 조장되고 있는 남조선과의 대조되는 형편은 오직 민주조선의 건설만이 여성의 해방을 가져온다는 것을 뚜렷이 가리쳐 준다. 이제 이 력사적 법령을 앞에 놓고 一千五百만 우리 여성은 더욱 깊이 이 원측을 인식하면서 법령의 실시에 용감할 것과 민주조선의 과업에 총돌격할 구든 결의가 있기를 한마듸 부탁할 뿐이다.[123]

…이제야 그대들 앞에 열어진 '참삶'의 대평원의 백화란만한 개화는 그러나 여인 그대 자신들의 철저한 자각과 부단의 분투에서만 올 것임을 통절히 깨달어야 할 것이며 동시에 그 화근을 좀 적고 그 화엽을 파고드는 벌레가 결코 일반 사나히들이라는 종래적 개념이 아니라 이 땅의 모든 발악 이 땅의 모든 행복을 치는 그 소위 '반동독숭'임을 아러야 할 것이며 이것의 구축 이것의 박멸 나아가 민주신조선의 확립과 사수만이 다년 여인천국으로 통하는 길임을 확실히 인식하고 이 길로의 문자 그대로의 총력총진군을 급속히 과감히 전개해야 될 것임니다.[124]

이러한 선전 논리는 여성 당원과 활동가를 중심으로 여성 대중에게 지속적으로 선전·전파되었다. 과거 역사에서 한 번도 권력의 주목을 받지 못했던 여성들로서는 어쨌거나 마다할 이유가 없는 혁신이자 진보였다. 북한 여성들은 정권의 선전 논리를 내면화하기 시작한다. 여기서 기억할 것은, 애초에 북한 권력층에게는 가족 구조 자체를 해체하려는 의도는 없었다는 점이다. 다만, 가족공동체가 유지되는 원리를 혈연에 기초한 배타적 대가

---

123 최용달(북조선사법국장), 〈녀성에게 들이는 말슴〉, 《조선녀성》, 창간호, 1946, 96쪽.
124 리찬북(조선예술총연맹 서기장), 《조선녀성》, 창간호, 1946, 94~96쪽.

족이 아닌 당과 국가의 사회주의적 요구에 충실한 '사회 세포' 중심으로 재구성하려 했고, 이 요구에 부합하는 가족 형식이 핵가족제였던 것이다.

이는 남녀평등권 법령 제5조와 시행세칙 제17조, 제6조의 조혼 금지, 제7조의 일부다처제 폐지, 제8조 상속권의 성격을 분석해 보면 알 수 있다. 남녀평등권 법령 제5조는 부계가족과 남성으로부터 여성의 독립 가능성을 밝힌 조항이다. 시행세칙 제17조는 2회 이상 이혼하려는 자에 대한 규제 조항이다. 복수 이혼자의 이혼소송은 시·군 인민재판소에서 하지 않고 도 재판소에서 관리한다고 되어 있다. 또한, 자진하여 2회 이상 이혼하려는 경우에는 '이혼서'를 제출할 때 혹은 이혼소송을 제기할 때 5천 원의 벌금을 소관所管 인민재판소에 납부해야 한다고 되어 있다.[125]

그런데 여전히 농업공동체 성격이 강했던 북한 사회에서 이혼을 위해 도재판소까지 가야 한다는 것은 이혼을 하지 말라는 소리나 마찬가지였다. 농업 사회의 폐쇄적인 분위기도 그렇지만, 전쟁 등 급격한 사회변동으로 가뜩이나 국가기관에 대한 두려움이 큰 상황에서 이혼을 하자고 상급 재판소까지 찾을 사람은 거의 없었다. 게다가 이혼을 신청할 때 내야 하는 5천 원의 벌금은 1949년 기준 일반 노동자의 4개월치 월급(한 달에 약 1,400원)에 해당하는 꽤 큰돈이었다.[126]

남녀평등권 법령 제6조와 제7조, 제8조는 앞서 설명했듯이 대가족공동체 질서를 핵가족 질서로 전환시키는 기초적인 조항이었다. 핵가족제는 권력의 규율을 내면화하는 데에 대가족제에 비해 비교할 수 없을 만큼 용이하다. 농업 중심 사회에서 대가족은 배타적이고 강고한 권력 구조를 형성하기 때문에 중앙권력이 쉽게 침투하기가 어렵다. 또한 내부의 위계적 질

---

125 김윤동, 앞의 논문(《조선녀성》, 1947년 7월호), 23쪽.
126 김창순, 1982, 391쪽.

서가 방대하고 연계망이 넓으며, 공동체의 생활관리 업무가 많기 때문에 특히 여성이 다른 사회활동에 참여하기 어려운 구조이다. 여성을 정권의 핵심 기반으로 삼으려는 북한 정권으로서는 반드시 핵가족화를 추진해야 했다.

그러나 오랜 세월에 걸쳐 형성된 뿌리 깊은 유습을 법령만으로는 단숨에 바꾸기 어려웠다. 북한 여성들이 자신의 개체성을 자각하고, 이에 대한 인식이 사회 전체에서 일어나게 된 계기는 역시 선거였다. 임시 인민위원회 건설 이후인 1946년 11월 3일 도·시·군 인민위원회 위원 선거와 1947년 2월 24일~25일 리동 인민위원회 선거, 1947년 3월 5일 면 인민위원회 위원 선거는 김일성과 노동당으로서는 권력의 주도성과 정당성을 합법적으로 확보하는 중요한 절차였다.[127] 그런데 이 선거에서 여성의 선거권과 피선거권 행사에 대한 반대 여론이 팽배했다. 김일성을 중심으로 한 권력은 반대 여론을 아랑곳하지 않고 선거 사업을 공세적으로 밀어붙였다. 1946년 11월 1일 평양시민 선거 경축대회에서, 김일성은 이와 관련하여 다음과 같이 연설한다.

어떤 자들은 인민위원회 위원으로 녀성을 선거하지 말며 심지어 녀성을 선거에 참가시키지 말자고 합니다. 이것도 역시 잘못된 생각입니다. 녀성은 인구의 절반을 차지하고 있습니다. 만일 정권기관 선거에나 또는 그 사업에 인민의 반수가 참여하지 않는다고 하면 그 정권을 참된 인민정권이라고는 도저히 말할 수 없을 것입니다. 녀성들은 커다란 힘이며 수많은 녀성들이 남성들에 조금도 못지않게 우리나라를 부흥시키는 사업을 감당하고 있습니다. 우리 나라에서는 녀성들이 모든 분야에서 남성들과 완전히 평등한 권리

---

127 《김일성 저작집》 2, 1979, 418쪽; 《김일성 저작집》 3, 1979, 191쪽.

를 법적으로 보장받고 있습니다. 그렇게 때문에 남녀평등권에 관한 법령은 인민위원회 위원 선거에서도 전적으로 구현되여야 하며 그래야만 그것이 진정한 민주주의적 선거로 될 수 있습니다.[128]

다수결주의에 기초한 민주주의의 구현이라는 대의에 입각하여 여성의 선거 참여를 논한 것이다. 당시 도·시·군 인민위원회 위원 선거에는 총 유권자 451만 6,120명 가운데 99.6퍼센트인 450만 1,813명이 참가했고, 그 절대다수가 민주주의민족통일전선에서 추천한 입후보자에게 찬성표를 던졌다. 찬성 투표 비율은 도 인민위원 선거에서는 97퍼센트, 시 인민위원 선거에서

1946년 11월 3일 치러진 도·시·군 인민위원회 위원 선거 당시 등에 아이를 업고 투표권을 행사하는 북한 여성. 임시 인민위원회를 건설한 김일성 권력은, 반대 여론에도 불구하고 여성의 선거권과 피선거권을 강력하게 밀어붙였다.

---

128 김일성, 〈력사적인 민주선거를 앞두고〉, 《김일성 저작집》 2, 1979, 520~521쪽.

는 95.4퍼센트, 군 인민위원 선거에서는 96.9퍼센트였다. 이 가운데 인민위원으로 당선된 여성은 453명으로 전체 인민위원 수의 13.1퍼센트였다.

김일성은 여성의 정치 진출에 대하여 "다 같은 사람이면서도 낡은 봉건적, 식민지적 조선에서 사람다운 대우를 받지 못하고 짓밟혀 오던 녀성들은 오늘 새 조선에서 당당하게 정치무대에 올라섰으며 인민주권기관에 수많은 자기의 대표들을 보내고 있다"고 그 의의를 밝혔다.[129]

김일성의 기대대로 이 선거는 각 대중조직에 노동당의 권력망과 지지 기반을 형성하는 데 결정적인 역할을 하였다. 특히 선거 선전과 투표 조직화 사업에서 학생과 여성의 역할이 두드러졌다.[130] 선거사업을 지도하는 선거위원으로 6,300여 명의 여성이 참가하였으며, 초등·중등 여학생들은 음악·무용·연극으로 선거와 투표 활동을 전개하였다. 당시 여성 선전원들이 보인 활동은 가히 헌신적이었다.[131]

자성慈城에 사는 최룡여라는 여성은 선거선전원 임무를 다하기 위해 결혼 날짜를 연기했으며, 송금세는 만삭의 몸을 이끌고 선전사업을 진행하였다. 송씨는 사업을 진행하는 도중에 해산을 하였으나 휴양할 생각을 하지 않고 계속 선전사업을 진행하였다. 의주義州의 김예용이라는 여성은 평소 몸이 쇠약했는데도 선거선전원의 책임을 맡고 농촌에 나가 농민들과 생활을 같이하며, 낮이면 그들의 추수를 도와주고 밤이면 그들의 가정에서 편지를 대필해 주면서 선거 선전을 하였다. 결국 김예용은 몸이 점점 쇠약해

---

129 《김일성 저작집》 2, 1979, 542~545쪽.

130 이에 대하여 김일성은 선거사업을 주도한 여성 선전원들의 공로를 치하하며, 이러한 열성은 "우리 인민의 애국심의 표현으로서 우리 건국력사에 길이 남"을 것이라고 치켜세웠다(《김일성 저작집》 2, 1979, 549~560쪽). 《조선녀성》지 기자의 감상문은 당시 선거 상황을 입체적으로 생생하게 전달한다. 특히 여성의 입장에서 바라본 선거 풍경이라는 점이 주목을 끈다. 本社 一記者, 〈選擧日의 感想〉, 《조선녀성》, 1947년 1월호, 64~65쪽).

131 《주선녀성》, 1947년 2월호, 24~25쪽.

져 나중에는 피까지 토했으나 그래도 자기 임무를 다하였다. 희천熙川에 사는 신정희는 자동차 사고로 다리를 다쳐 상처가 채 낫지도 않았는데도 선전원의 중책을 맡아 불편한 몸을 지팡이에 의지해 가며 등에 선거함까지 짊어지고 다니며 선전 활동을 펼쳤다. 장정숙이라는 당시 열세 살 소녀는 어린 몸으로 몇 십 리나 되는 산길을 세 번이나 올라가서 숯 굽는 노동자들에게 선거에 대한 해설 선전을 수행하였다.

당시 선거 선전사업에 동원된 여자 선전원은 인민반 내의 여자 선전원을 포함해 14만 610명에 달하였다. 선거를 치르면서 이 숫자는 눈덩이처럼 불어나, 1946년 11월 3일 도·시·군 인민위원회 위원 선거였는데 채 두 달도 되지 않은 1946년 말이 되자 여맹원 수는 103만 명을 넘어섰다. 당시 북조선민주여성동맹 위원장인 박정애는 선거사업을 통해 여맹원들의 사상 수준과 조직적 훈련이 향상되었다며 다음과 같이 감동을 표했다.

선거 선전원들의 영웅적 거동은 선거 승리를 보장하는 유력한 원인의 하나이며 그중에 여자 선전원들의 열성적이며 희생인 분투는 민주조선 건설사상에 있어서 한 개의 커다란 감격적 사실로 되었다. 선거위원회의 해설에 가정방문대의 자담회에 여성들의 활동은 끊임없었고 민주선거의 기쁨을 전하여 김일성 위원장의 주위에 튼튼히 단결하여 민주주의 자주독립 국가 수립에 매진할 것을 해설하는 여자 선전원들의 영용한 모습은 도시는 물론 산간벽지의 초가모옥에도 찾아갔으니 어린 아해들을 둘러업고 三, 四十리 산길을 거르면서 행하여지는 이러한 희생적인 활동이 어찌 정치적 각성과 조직적 훈련이 없는 여성들의 활동이랴.[132]

---

132 박정애(북조선 민주여맹중앙위원회 위원장), 〈解放된 北朝鮮女性〉, 《조선녀성》 1947년 2월 호, 7쪽.

김일성이 낡은 사상과 의식을 바꾸자며 '건국사상총동원운동'[133]을 제기한 것도 이 무렵이다. 도·시·군 인민위원회 위원 선거에 이어 이듬해인 1947년에는 2월 24일·25일 리·동 인민위원회 선거, 3월 5일 면 인민위원회 위원 선거가 연이어 실시되었다. 당시 농업인구가 대다수를 차지하던 농업 중심 사회에서 세부적인 권력망 형성의 측면에서 도·시·군 선거보다 더 중요한 것이 면·리·동 선거였다. 당연히 여성들이 선거에 기여할 부분도 훨씬 많았다. 면·리·동 단위 선거에서 여성이 해야 할 역할에 대해 당시 노동당 중앙본부 선전선동부장 신고송은 다음과 같이 밝혔다.

이번에 더 많은 수효의 여성을 면과 리의 인민위원으로 파견하여야 할 것입니다. 이번 선거에서는 불순분자를 배제하기 위한 민족적 경각심이 필요합니다. … 이번 선거는 주로 농촌이 무대이므로 특히 농촌 여성의 역할이 중요합니다. … 농촌에는 남조선 반동파들의 앞잡이가 될 가능을 가진 분자들이 많이 있습니다. 그것은 토지를 몰수당한 전 지주들과 인민위원회에 호감을 가지고 있지 못한 자들입니다. 이런 분자들은 전체 인민이 행복한 생활을 할 수 있는 그러한 인민정권보다도 다시 그들에게 토지를 찾아 주는 그러한 전체적인 민주주의적이 아닌 정권이 수립되기를 희망하고 있습니다. 그러기 때문에 이런 점에 있어서 남조선 반동파들은 이런 분자들을 이용하기 위하여 백방으로 노력할 것입니다. 그러므로 우리 농촌 여성들은 일층 경각심을 높이하여 면과 리의 인민위원 후보자 추천에 있어서 이런 분자가 잠입하지 않도록 경계하여야 합니다. … 토지를 가져 보지 못하다가

---

133 1946년 11월 25일 북조선임시인민위원회 제3차 확대위원회에서 한 연설에서 김일성은 선거사업을 총화하며, 인민위원회의 당면 과업 중 하나로 '낡은 사상의식을 개변하기 위한 투쟁'으로 '건국사상총동원운동'을 제기한다. 일차적인 제도적 정당성을 확보한 직후, 전통과의 단절이라는 의식개혁을 통해 사회주의적 근대의 규율을 형성하려 한 것이다. 김일성, 〈민주선거의 총화와 인민위원회의 당면 과업〉, 《김일성 저작집》 2, 1979, 554~555쪽.

자기의 토지를 가지게 된 농촌 여성들이여 당신들에게 토지를 준 인민위원
회에 감사하여 그 토지를 영원히 당신들의 토지로 만들기 위하여 이번 선거
에 열성적으로 참가합시다.[134]

이렇게 면·리·동 인민위원 선거를 '성공적으로' 치르고 나자, 여성 위원
의 수는 전체 위원의 14.77퍼센트에 해당하는 1,986명으로 급증했다. 종합
적으로 1946~1947년도 도·시·군·면·리 인민위원회 위원 선거에서 선출
된 여성 위원 수는 9,488명에 달했다. 이 밖에 1946~1949년 각 성, 국을 비
롯한 각급 인민위원회와 기타 국가기관에서 사업을 담당한 여성 정무원
수는 상·국장을 비롯해서 1,048명이었고, 1,697명의 여성들이 각급 검찰기
관과 재판소에서 복무하였다.[135]

남녀평등권 법령과 구체적인 시행세칙 등으로 여성을 개체화시키기 위
한 법적·제도적 정비를 마친 권력은, 선거를 통해 여성의 개체성을 사회적
으로 인지시켰다. 물론 이 과정에서 기존의 가족공동체적 질서를 고수하
려는 세력과의 갈등이 지속되었다. 그러나 전체적인 흐름을 보았을 때, 김
일성을 중심으로 한 노동당이 권력의 정당성을 확보하는 과정에서 여성의
사회적 지위가 상승한 것이 사실이다. 그러나 이러한 상승은 다분히 형식
적인 측면이 강했다.

이후 북한 권력은 여성의 개체화 정책을 지속하지도 않았거니와, 기존
가족 구조의 위계성과 성 역할 분담을 '굳이' 부인하지 않았다. 정권은 여
성의 개체화에 필요한 제도적 형식을 갖추고 여성의 사회참여를 강제하는

---

134 신고송(노동당중앙본부 선전선동부), 〈면·리 인민위원선거에 있어서도 여성들은 싸운다〉,
《조선녀성》1947년 2월호, 25~26쪽.
135 리경혜, 1990, 72~74쪽.

한편으로, 정권의 규율을 내면화하는 데 도움이 되는 성 역할 분담과 위계
질서가 온존하는 핵가족 제도를 구성하는 데 몰두했다. 여성의 사회적 역
할을 강조하면서도 사회집단 내의 위계성을 그대로 담지한 여성 조직의 집
단 규율을 형성한 것이다. 그 결과, 집단 조직의 운영 원리인 성 역할 분담
과 위계성은 여전히 지속되었다.

그럼에도 불구하고, 한국전쟁 이후에 비하면 여성의 정치적·사회적 지위
에 대한 고민이 북한 정권 초기에 훨씬 더 치열했음은 부인하기 어렵다. 이
러한 경향은 한국전쟁 전후로 최고인민회의 대의원으로 선출된 여성의 숫
자를 통해서도 확인된다. 1948년 8월 25일 개최된 최고인민회의 제1기 대
의원 선거에서 총 572명의 대의원 중 여성 대의원의 수는 69명이었다. 반면
1957년 8월 27일 개최된 최고인민회의 제2기 대의원 선거에서는 전체 215명
의 대의원 중 여성의 숫자는 27명으로 낮아졌다.[136]

이를 비율로 따지면 여성 대의원의 비율이 1948년 8.29퍼센트에서, 1957
년이 7.96퍼센트로 오히려 줄어들었음을 알 수 있다. 한국전쟁 이후 여성의
사회참여가 지속적으로 상승했다는 점을 감안할 때, 북한 여성의 정치적·
사회적 지위는 오히려 낮아졌다고 볼 수 있다.[137]

새 조국 건설을 위한 여성 집단화

여성 전위를 통한 여성 대중의 조직화, 남녀평등권 법령과 선거 실시를 통

---

136 리경혜, 1990, 73쪽.
137 이에 대한 원인과 과정은 전쟁과 산업화 과정에서 규율권력 및 여성 주체의 성격과 관련이 있
    으므로 다음 장으로 논의를 넘긴다.

한 핵가족화, 여성 개체화…. 비교적 단시간 내에 여성 조직화의 사회적 기반을 마련한 김일성 세력은, 이제 여성 집단화 작업에 나서게 된다. 여성들을 집단으로 조직하여 권력과 긴밀한 관계를 맺도록 만드는 것이 정권의 최종 목표였다. 이 같은 목적 하에 진행된 사업이 '북조선민주여성동맹' 건설이다.[138]

'북조선민주여성동맹'은 조선민주여성동맹(여맹)의 전신으로, 1945년 11월 직장 생활을 하지 않는 전업주부들을 주 대상으로 한 사회단체이자 노동당의 외곽단체로 창립되었다. 1951년 1월, 남북의 여성동맹을 통합할 목적으로 '조선민주여성동맹'으로 개칭되었다. 김정은 시대 들어 여맹의 활동이 강화되면서, 2016년 11월 '조선사회주의여성동맹'으로 다시 이름이 바뀌었다.

앞에서도 지적했다시피, 대중조직을 건설하는 문제는 대중 기반이 취약한 당시의 김일성 세력이 권력 주도권을 확보하기 위해 완수해야 하는 중요한 과제였다.[139] 1945년 10월 10일 북조선공산당 중앙조직위원회 창립대회에서 공산당이 '여성의 후원자'를 자처하며, 대중조직의 위상을 '당과 대중을 연결하는 인전대transmission belt'로 규정한 것은 이 때문이다.[140]

1945년 10월 25일 평양시 여성 일군(일꾼)들 앞에서 한 강연에서, 김일성은 다음과 같이 여성 집단화의 중요성을 제기하고 있다.

---

138 이에 대하여 김일성은 1945년 8월 20일 군사 정치간부들 앞에서 한 연설에서 여성 집단화의 의의를 "전체 사회성원의 반수를 차지하는 녀성들을 조직적으로 결속하는 것은 혁명력량을 확대 강화하고 부강한 새 조국 건설을 촉진하는 데서 중요"하다고 밝히고 있다. 김일성, 〈해방된 조국에서의 당, 국가 및 무력건설에 대하여〉, 《김일성 저작집》 1, 1979, 257~258쪽.

139 김일성은 1945년 9월 20일 지방에 파견되는 정치공작원들과 한 담화에서 대중단체의 광범위한 조직과 기존 사회단체 조직들을 민주주의적 방향으로 조직할 것을 강조하며, 이를 통하여 많은 "군중을 묶어세우도록" 하라고 강조한다. 김일성, 〈새 조선 건설과 공산주의자들의 당면 과업〉, 《김일성 저작집》 1, 1979, 279쪽.

140 김일성, 〈우리나라에서 마르크스-레닌주의 당 건설과 당의 당면 과업에 대하여〉, 《김일성 저작집》 1, 1979, 323~327쪽.

녀성들이 자기에게 맡겨진 임무를 잘 수행하려면 대중적인 민주주의 녀성 조직을 가져야 합니다. 녀성들이 하나의 민주주의적 녀성 조직을 내오고 모두가 거기에 망라되여야 단결된 힘으로 새 조국 건설에 이바지할 수 있으며 민주주의적인 교양과 조직적인 훈련을 받고 훌륭한 일군으로 자라날 수 있습니다. 녀성들의 건국 열의가 아무리 높고 그들의 노력이 아무리 크다고 하더라도 모두가 하나의 조직에 뭉치지 않고서는 녀성들 앞에 나선 건국 사업도 사회적 해방을 위한 과업도 성과적으로 실현해 나갈 수 없습니다.[141]

여성을 집단화하지 않으면 새 조국 건설이 어렵다며, 여성의 집단화를 강조한 것이다. 이처럼 김일성은 해방 직후인 1945년부터 여성 조직화에 관심을 기울였다. 그리고 김일성 진영의 적극적인 개입으로 1945년 11월 18일 북조선민주여성동맹이 결성된다. 당시 권력이 요구하는 여성의 역할은 강령으로 표현되었는데, 여맹의 강령은 다음과 같았다.[142]

첫째, 우리는 민주주의적 여성과 대동단결하여 김일성 장군의 20개 정강을 기조로 한 조선민주주의공화국 수립을 위하여 총 역량을 집중함.
둘째, 여성에게 평등한 선거와 피선거권을 준 북조선인민위원회의 정강을 지지하며 이 명예를 전 여성들에게 드리기 위하여 분투함.
셋째, 우리는 민주 건설을 파괴하는 일체 파쇼분자 민족반역자를 박멸하기 위하여 분투함.
넷째, 조선문화의 향상과 정치경제의 건전한 발전을 위하여 분투함.
다섯째, 여성의 문맹 퇴치와 생활개선을 위하여 각 문화운동과 산업 부

---

141 김일성, 〈현 국제국내정세와 녀성들의 과업〉, 《김일성 저작집》 1, 1979, 372~373쪽.
142 《조선녀성》 창간호, 1946년 3쪽.

흥에 적극 참가함.

여섯째, 봉건적 인습과 미신 타파를 위하여 노력함.

사실 여성 문제는 해방 이후 예민한 정치적 문제 중 하나였다. 해방 1년 후인 1946년 8월 17일 한반도 전체 최초의 여성 조직인 '조선부인총동맹'이 서울에 수립되었으나, 북한의 공산당은 '부인'이라는 용어를 무당파적이라 며 거부했다. '부인'이란 용어는 아내를 의미했고, 중산층 주도성을 가졌다 고 거부한 것이다.[143]

하지만 불평등한 성 역할이 뿌리 깊게 이어져 온, 남성 주도의 위계적 사 회문화에서 소위 사회주의 세력도 자유롭지 못했다. 이런 상황에서 여성 대중을 집단화하기란 쉬운 일이 아니었다. 당연히 여성 조직을 비롯한 대 중조직을 신진 세력의 권력 기반으로 만들겠다는 계획은 다양한 갈등을 노정했다.[144] 여성 집단화에 대하여 당시 여성들조차도 "녀자가 무엇을 하 겠는가, 여자가 앞에 나서고서야 일이 되는가고 하면서 건국사업에 나서기 를 주저"하며 "사회사업에 나서고 있는 동무들을 뒤에서 비웃"는 지경이었 다.[145] 그러나 공산당은 당원 조직화와 선전사업을 통해 대중조직 강화를 지속적으로 추진하였다.[146]

북한 여성 조직의 과업이 구체화된 것은 1946년 3월 5일 북조선임시인민 위원회의 이름으로 토지개혁령이 발표되고, 3월 23일 '20개조 정강'이 발표

---

143 C. K. Armstrong, 2003, 93~94쪽.

144 이에 대하여 북조선공산당 중앙조직위원회 제4차 확대집행위원회에서 한 보고에서 김일성은 대중 집단화 사업이 형식적으로 진행되는 것을 지적하고 있다. 김일성, 〈당내 정세와 당면 과업 에 대하여〉, 《김일성 저작집》 2, 1979, 50쪽.

145 《김일성 저작집》 1, 1979, 369쪽.

146 당에 충실한 당원을 동원하여 사회단체에 대한 지도 강화와 대중 교양을 강조하였으며, 특히 당 단체가 사회단체의 간부 양성과 교양에 힘쓸 것을 강조하였다. 《김일성 저작집》 2, 1979, 50쪽.

되면서이다. '무상몰수 무상분배' 원칙에 기초한 토지개혁에 따라 여성은 남성과 동일한 비율의 토지 분배를 받았다. 또한 '20개조 정강' 제4조에 의해 여성은 남성과 동일한 선거권과 피선거권을, 제5조에 의해 정치경제생활에서 남성과 동등한 권리를 약속 받았다.[147]

그러나 여성 문제와 마찬가지로 토지개혁 역시 아무런 저항 없이 진행되진 않았다. 평안남도에서는 관련 구호나 포스터도 붙이지 않은 지방들이 있었고, 황해도에서는 토지개혁법령을 게재한 신문이 농민들의 손에 들어가지 못해서 농민들이 토지개혁이 있다는 사실을 인식하지 못하였으며, 평안북도에서는 인민위원회나 농촌위원회가 아니라 군당이 '토지개혁실시위원회'를 조직하며 마음대로 왜곡 집행하고, 평북도 자성군과 황해도 안악군 그리고 강원도 평강에서는 물리적 저항이 일어났으며, 함흥에서는 토지개혁에 반대하여 전문학교와 중학교 학생들이 시위를 하기로 했다.[148] 당시 "농민들은 토지개혁의 정치적 의의를 철저히 리해하지 못하고 오직 토지분배에만 열중하는"[149] 것이 일반적이었다.

하지만 뭐니 뭐니 해도 토지개혁이야말로 공산당이 빠르게 하부 기반을 형성하고 권력화하는 데 결정적으로 기여한 개혁이었다. 물론 토지개혁 과정에서 아직 골격만 갖춘 대중조직들이 주도적인 활동을 하지 못한 것은 사실이다.[150] 그러나 이후 각종 대중조직은 개혁의 성과를 선전하고 김일성과 공산당을 권력의 중심이 세우는 데 주도적인 역할을 하였다.[151] 특히 여맹이 그러했다.

---

147 《김일성 저작집》 2, 1979, 101, 126쪽.
148 《김일성 저작집》 2, 1979, 155~156쪽.
149 《김일성 저작집》 2, 1979, 156쪽.
150 당시 각 대중조직의 구성원 수는 대략 북조선농민조합연맹 70만 명, 노동조합 35만 명, 여성동맹 30만 명, 민주청년동맹 50만 명이었다. 《김일성 저작집》 2, 1979, 152쪽.
151 《김일성 저작집》 2, 1979, 157쪽.

여맹은 1946년 하반기부터 이듬해까지 토지개혁의 성과를 선전하는 것을 조직의 핵심 활동으로 진행하였다. 이미 진행된 토지개혁의 성과를 널리 선전하여 개혁의 성과를 권력의 강화로 귀결시키는 것은 당시 공산당에게 중요한 문제였다. 이러한 의미에서 토지개혁의 성과를 선전하는 여성의 역할과 농촌 여성의 사회의식 제고가 중요하게 다루어졌다.[152] 다시 말해, 김일성과 공산당은 토지개혁의 성과와 이를 통한 권력의 정당성을 대중조직을 통해 선전하면서 권력을 공고히 한 것이다. 토지개혁령이 발표되고 약두 달 후인 1946년 5월 9일, 북조선민주여성동맹 제1차 대표자회의에 참가한 공산당원 여맹 일꾼들을 상대로 한 연설에서 김일성은 여맹의 총체적인 조직 과업을 이렇게 제시한다.

첫째, 여맹 조직사업의 강화이다. 여맹을 강력한 대중조직으로 만들기 위해 무엇보다 사업의 중심을 근로 여성들과의 사업에 두어야 한다고 강조한다. 김일성은 여맹의 조직사업이 도·시·군·면 소재지를 중심으로한 도시와 가정부인을 중심으로 진행되는 편향이 있다고 지적하면서, 당원인 여맹 간부들이 공장과 농촌에 직접 나가서 생산 여성에 대한 지도를 충실히 하고 그들로부터 배워야 한다고 주장한다.[153]

둘째, 선전·교양사업의 강화이다. 김일성은 여성들의 일상생활에서 "낡은 사회로부터 물려받은 뒤떨어진 인습이 많이 발로되고" 있다고 주장하며, 여성 교양사업 강화와 단련을 통해 "인민정권의 모든 법령과 결정들을 적극 지지하고 그것을 철저히 실행"하게 만들어야 한다고 제기한다.[154]

---

152 《김일성 저작집》2, 1979, 214쪽.
153 《김일성 저작집》2, 1979, 209~210쪽.
154 《김일성 저작집》2, 1979, 210~211쪽.

셋째, 계몽사업과 문맹퇴치운동의 전면화이다. 여맹이 "미신을 타파하며 낡은 생활 습성을 뿌리빼기 위한 계몽사업을 잘하여야" 하며, "여성들 속에서 조선 녀성에게 고유한 아름다운 도덕적 풍모"를 발전시키게 하며, "녀성들이 더 많이, 더 잘 일하도록 하기 위하여 문맹퇴치사업을 힘있게 밀고 나가야" 한다고 강조한다.[155]

넷째, 지식 여성과 가정부인들을 건국사업에 적극 조직 동원해야 한다. 지식 여성들을 문맹 퇴치와 문화계몽사업에 참여시키고 교육·문화·보건 부문 등에 참여하도록 독려하라는 것이다. 해방 이후 많은 지식 여성이 국가사업에 적극적으로 나서지 않고 있음을 지적하며, 여맹에서 이들에 대한 정치사업 강화를 주도해야 한다고 강조한다. 또한 가정부인들이 건국사업에 이바지하도록 다양한 조직과 동원사업을 여맹이 주도해야 한다고 말한다.[156]

한 마디로, 여성들을 계몽하고 국가사업에 참여하도록 조직화하라는 말이다. 이를 위해서는 가족 질서의 재편이 반드시 필요했다. 여성의 성 역할 노동에 의존하며 여성의 사회참여를 가로막는 대가족공동체를 핵가족공동체로 재구성해야만 북한 정권이 주창한 새로운 집단 규율 안으로 여성들을 끌어들일 수 있었다. 핵가족의 제도화와 여성의 개체화, 권력 유지에 필수적인 집단화가 동시에 추진된 것이다.

여성의 집단화란 곧 여성들에게 권력의 규율을 내면화시키는 일이었다. 김일성이 선전과 교양을 거듭 강조한 이유가 여기에 있었다. 당시 북한에서 '사회주의적 근대 여성'을 양성하는 교육 자료이자 선전 도구로 적극 활

---

155 《김일성 저작집》 2, 1979, 212~213쪽.
156 《김일성 저작집》 2, 1979, 214, 217쪽.

용한 매체가 바로 여맹의 기관지인 《조선녀성》이다.[157] 여맹은 《조선녀성》 창간호를 내면서 북한 여성이 여맹으로 집결하여 사상적으로 강화되고 계몽되어 새로운 국가 건설에 이바지해야 한다고 강조하였다. 당시 이 잡지의 책임주필이 쓴 창간사를 살펴보자.

北朝鮮의 진보적 女性들이여! 일체히 일어나 우리나라의 자유와 행복을 보호하기 위해 용감히 결사적으로 애국전선에 나서라 더 한층 民主力量의 發展을 도모하는 北朝鮮民主主義 民族統一戰線委員會 領導 아래 굳게 뭉치여 지금 방방곡곡에 우레같이 터진 女性法令을 절대옹호지지의 歡呼를 재강화하여 女性들의 건국을 위해 싸우는 질적 제고를 위해 나서야 할 것이다. 女性들의 정치의식의 제고와 계몽운동은 女性 간부들의 질머진 任務일 것이다. 전民族의 반수를 점하고 있는 農村婦女 지식부녀 등 廣大한 女性運動이 자각적으로 일어날 때 비로소 朝鮮은 民主主義 完全獨立國家가 건설될 것이다.[158]

여맹으로 대변되는 정권은 특히 지식 여성의 사회참여와 조직화를 여성 집단화의 중요한 기초로 여겼음을 확인할 수 있다.

이에 따라 여맹은 여성 집단 규율의 확립을 위해 노력했다. 당시 여맹의 모든 행사장에서 불린 노래 〈여성동맹가〉를 보면 권력이 요구했던 여맹의 역할과 여성에 대한 규율을 확인할 수 있다. 그 가사를 원문 그대로 인용하면 다음과 같다.[159]

157 김일성, 〈잡지《조선녀성》 창간을 축하한다〉, 《김일성 저작집》 2, 1979, 395~397쪽.
158 책임주필, 〈창간사 : 8 · 15 제일주년기념 창간호《조선 여성》을 내면서〉, 《조선녀성》 창간호, 1946, 5쪽.
159 《조선녀성》 창간호, 1946, 1쪽

〈여성동맹가―명랑하고 활발하게〉(백인준 시, 허갑 곡)

1절 인민을 키우는 사랑의 품에 조국을 지키는 굳은 붉은 피 별 같은 눈동자 함께 치뜨고 우리는 민주에 여성들이다.

2절 어굴한 천대의 력사를 찟고 폭력의 사슬을 끊어버리고 인민의 나라의 뛰어난 우리 조국을 세우는 절반들이다.

3절 여성의 해방이 없는 나라에 진실한 인민의 행복은 없다. 조선의 어머니 조선의 딸을 우리는 세운다.

후렴 민주의 조국, 민주의 깃빨 높이 쳐들고 나가자 뭉치자 여성동맹 사랑과 평화는 우리의 자랑 사랑과 평화는 우리의 자랑.

《조선녀성》 창간호의 표지와 사진은 어떠한가. 창간호 맨 첫 장에 개제된 사진의 제목과 내용을 보면, '역사적 공사 보통강 개수사업'이라는 사진 제목 아래 머리를 딴 처녀가 북조선민주여성동맹의 깃발 아래에서 삽을 들고 있다. 사진 설명에는 "민주여성동맹원의 활약"이라고 되어 있다. 그 다

'역사적 공사 보통강 개수사업'. 《조선녀성》 창간호 표지(왼쪽)와 《조선녀성》 창간호에 실린 또 다른 사진. 개수사업에 참여한 여성들이 집단적으로 어깨에 지게를 메고 개수 자재를 운반하고 있다.(오른쪽)

음에는 "여성들의 올해 상황"이라는 설명과 함께 강 개수사업에 참여한 여성들이 집단적으로 어깨에 지게를 메고 개수 자재를 운반하고 있는 사진이다.

그러나 정권과 일부 여성 '전위'들의 지도와 모범에도 다수 여성들의 생활과 사고방식을 쉽게 바꾸기는 어려웠다. 집단화하기도 어려웠지만, 권력의 규율을 내면화시키기는 더 어려웠다. 1946년 여맹 제1차 대표자 대회 결정서에는 당시 여맹 조직사업의 문제점들이 지적되어 있다.

먼저 맹원의 양적 확대에 비해 질적인 강화가 부족하고, 대중과 지도층이 분리되어 있다는 점이 꼽혔다. 지도층의 통일이 없고 민주집중제에 기초한 회의를 실행하지 못하고, 선전사업이 미약하고 구체적인 선전 방법을 구체적 환경에 적용시키지 못한다는 점도 지적되었다. 이 밖에 선전사업이 일관성이 없고 보편적이지 않다는 의견이었다.[160]

이러한 문제점은 공산당이 신민당과 통합하여 제1당으로서 권력의 입지를 확보한 1947년에도 지속되었다. 이때 신의주 지역에서 드러난 여맹 활동의 문제점을 보면 **첫째**, 신의주시 당 내부에서 여성사업에 대한 관심과 대책 그리고 지도가 부족하다는 것, **둘째**, 간부 몇 명만이 여성운동을 하고 있다는 것, **셋째**, 하부의 실정을 모르고 있다는 것 등이 꼽혔다.[161] 다른 지역도 사정이 비슷했을 것이다.

1947년 5월 20일 북조선로동당 중앙상무위원회 제35차 회의 결정서는 이 문제를 더 구체적으로 열거한다. **첫째**, 여성동맹은 수적으로 광범한 여성들을 결집시켰으나 대중 속에 깊이 뿌리박지 못하였고 특히 가정 여성의

160 〈조선민주여성총동맹 제일차대회결정서〉, 《조선녀성》 창간호, 1946, 17~18쪽.

161 국사편찬위원회, 1946년 12월 27일 북조선로동당 중앙상무위원회 제18차 회의 결정서, 〈신의주시당의 부녀사업 협조정형에 대하여〉, 《북한 관계 사료집》 30 상편, 90~92쪽.

조직이 미약하다, **둘째**, 지방 여맹 간부들이 맹비나 받고 통계 보고나 하는 등 총무 활동에 머물며 기념행사나 화려하게 하면 사업을 다하였다고 생각하는 경향이 있다, **셋째**, 여성들의 교양사업이 극히 부족하다.[162]

1947년 10월 20일 북조선로동당 중앙상무위원회 제46차 회의 결정서도 다음과 같이 문제점을 제기했다. **첫째**, 양적으로 다수의 여성을 집결시켰으나 '민주주의적 애국사상'으로 제대로 교양되지 못하여 국가 건설사업에 열성적으로 동원시키지 못하는 것, **둘째**, 상급 당 결정서를 구체화하지 못하고 세포까지 정확히 집행되지 못한 것, **셋째**, 여맹 리책임자 반장들의 교양사업에서 교양 재료가 체계적으로 선택되고 진행되지 못하고 "닥치는 대로 한 번씩 하는 경향" 등이다.[163]

그러나 여성 집단화는 새롭고 폭넓은 지지 기반을 확보해야만 했던 북한 정권으로서는 포기할 수 없는 사업이었다. 해방 후 또는 북한 정권 수립 시기 북한 지역에서 추진된 여성 집단화 사업은 대체로 다음과 같은 특징이 있었다.

첫째, 헌신적인 여성 활동가 양성을 통한 여맹 사업의 강화를 꾀했다.[164]
둘째, 여맹이 주도하여 문맹 퇴치와 의식개혁, 생활혁명 등 계몽사업을 벌여 여성들에 대한 권력 규율의 내면화를 추진했다. 해방 직후 북한 지역에는 230여 만 명의 문맹자가 있었다. 그중 65퍼센트가 여성이었고, 성

---

162 국사편찬위원회, 〈녀성사업 강화에 대한 북조선로동당단체의 과업에 대하여〉, 《북한 관계 사료집》 30 상편, 209~210쪽.

163 국사편찬위원회, 〈평양시 당단체의 녀성사업 방조정형에 대하여〉, 《북한 관계 사료집》 30 상편, 291~292쪽.

164 김일성은 이에 대하여 "녀맹사업에 대한 당적 지도를 강화하는 데서 나서는 중요한 문제의 하나는 녀성 열성자들을 많이 육성하도록 하는 것"(《김일성 저작집》 3권, 1979, 492쪽)이라고 강조한다. 이에 대한 자세한 내용은 앞서 설명한 여성 선위 장출 참조.

인 여성의 90퍼센트가 문맹이었다. 문맹률을 낮추지 않고서도 어떠한 내면화 사업도 불가능했다. 문맹퇴치사업은 '사회주의적 근대' 여성 주체를 형성하기 위한 기초 사업이자 출발점이었던 것이다.[165]

북한은 문맹퇴치사업을 국가의 통일적 지도와 계획 아래 진행하기 위해 행정 10국의 하나인 교육국 안에 문맹퇴치사업을 지도하는 성인교육부를 만들고, 각급 인민위원회 교육 부서에도 성인교육사업을 맡아보는 부서를 두었다. 또한 북조선 임시 인민위원회 행정기구 체계를 통해 문맹퇴치사업을 진행했을 뿐만 아니라, 모든 정당과 사회단체 대표들로 조직한 검열위원회와 비상설적인 문맹 퇴치 지도위원회까지 만들어 문맹퇴치사업을 진행시켰다.

문맹퇴치사업이 성과를 거두려면 인민경제계획과 맞물려 진행되어야 했으나, 따로 사업비를 책정할 여유가 있을 리 없었다. 학교 교실과 민주선전실, 구락부, 직장 사무실, 살림집 웃방, 과거 야학이나 서당으로 쓰던 낡은 건물 등을 수리하여 부족한 성인학교 교실로 사용하고, 대학생을 비롯한 각급 학교 학생과 교원들, 기타 글을 아는 사람들을 동원하여 절대 부족한 교원 수를 충당했다. 이 밖에 글을 배우는 필요한 학습장이나 교과서, 연필 등 교구 비품 등의 문제를 해결하는 데 국가와 사회적 역량을 총동원하였다.

셋째, 지속적인 동원사업을 벌여 집단 규율을 형성하였다. 1947년에만 해도 여맹은 각 지역별로 다양한 동원사업을 벌였다.[166] 함경남도 여맹에서는 비료공장에 621명을 조직 동원하여 5일간 돌격대 활동을 하였으며, 농촌에서는 각 부락의 개간지 수리 공사에 수많은 인원을 동원했다. 함

---

165 리경혜, 1990, 33~34쪽.
166 《조선녀성》, 1947년 6월호, 46.

주군 개간지 공사에는 1만 1,476명, 영흥군 도로 수선에는 5,495명, 홍월군 도로 수선에 1,987명, 흥남시 개간 공사에 8,500명, 북청군 제방 수리에 440명을 조직 동원하였다. 공적인 사업에만 그런 것이 아니다. 각 가정에서는 가정 부업으로 피복 제작, 양잠·식수植樹·가축 양육을 하였으며, 흥남에선 제작품(여맹원들이 자체의 힘으로 만든 작업에 필요한 물품)을 공장 노동자에게 선물하기도 하였다. 여성들의 노동력을 동원해 기금을 마련하기도 했다. 단천군 요암리 여맹원들은 추운 겨울에 명태속을 따서 리여맹 기금으로 8천 원을 헌납하고, 5천 원은 문맹퇴치위원회에 기부하기도 하였다. 여성들의 노동력이 동원되는 분야와 업무는 다양했다. 신북천 여맹원들은 수송 노동자를 돕기 위해 기관구에 석탄을 퍼 올리는 노동을 했고, 강원도 고성의 통천군은 화재로 인한 이재민을 돕기 위하여 여맹에서 응급구제 대책과 구호품 수집, 전달사업을 하였으며, 평안남도에서는 광산 노동자를 돕는 돌격대를 조직하였으며, 평안북도에서는 여맹에서 연예회(장기자랑 대회)를 개최하여 모금한 6천 원의 축하금을 동리 인민학교에 전액 기부하기도 하였다.

여성해방과 맞바꾼 이중역할

해방 후 북한 정권은 여성과 여성의 노동을 공적 영역으로 끌어내어 정권의 확고한 지지 기반으로 꾸리는 한편으로 사회 전체의 의식개혁을 앞당기려 노력했다. 그렇다면 여성의 사적 영역, 특히 여성 노동의 대표적인 분야인 가사家事는 어떠한 변화를 맞았을까? 한 마디로, 집안일은 권력의 주된 관심사가 아니었다.

북한 권력은 생활개혁과 절약 규범으로 가정생활의 규율을 강제했으나,

이는 어디까지나 사회 전체 개혁의 맥락 안에서였다. 게다가 현실적으로 가정생활은 사회 변화에 더디게 작용하기 때문에 사회주의국가 건설을 위해 가능한 신속하게 규율권력을 창출해야 했던 북한 정권으로서는 가정생활까지 개혁 대상에 올릴 여유가 없었다. 나중에 살펴보겠지만, 물론 여기에는 뿌리 깊은 남성 중심 사회가 안고 있는 근본적인 모순이 노정되어 있다.

　새로운 정권이 북한 여성에게 제시한 행위 규율은 두 가지였다. 하나는 근대적 생산 영역에 여성도 참여하라는 것, 즉, 여성 노동자가 되라는 것이다. 다른 하나는 규율권력의 재생산을 위해 근대적 사회주의자를 출산 및 양육하는 것, 즉 '혁명의 후비대'를 양성하라는 것이다. 이 '이중전략' 중 사회주의국가 건설을 위해 당장 급했던 것은 여성을 근대적 생산 영역으로 인입시키는 것이었다. 이를 위해 김일성 정권은 먼저 노동법 제도부터 완비한다. 1946년 6월 24일 북조선 임시인민위원회는 〈북조선 로동자, 사무원에 대한 로동법령〉을 공포한다. 총 26조로 구성되어 있는 규정 중 여성과 관련한 조항은 다음과 같다.[167]

　제7조 동일한 노동을 하며 동일한 기술을 가진 노력자에게는 연령과 성별을 불문하고 동일한 임금을 지불한다.

　제14조 모든 기업소와 사무소에서 일하는 노동 부녀와 여자 사무원이 임신 중에 있을 때에는 해산 전 35일, 해산 후 42일 간의 휴가를 줄 것을 제정한다.

　제15조 건강 상태에 의하여 전보다 경한 노동에 넘어가야 할 필요를 느끼는 임신 중의 여자는 임신 6개월부터 시작하여 산전휴가에 이르기까지 경한 노동에 넘어갈 수 있으며 그동안의 임금은 최근 6개월간의 평균보수금에 의하여 지불한다.

---

167 《김일성 저작집》 2, 1979, 273~279쪽.

제16조 노동하는 여자로서 만 1세 미만의 유아를 가진 경우에는 1일 2회 30분씩 젖먹이는 시간을 가질 수 있다.

제17조 태모나 유모에게는 제정한 시간 외의 노동과 야간 노동을 금지한다.

제18조 각 기업소, 사무소 및 경제 부문의 노동자, 사무원들에 대한 의무적 사회보험제를 다음과 같이 제정한다. 이 중 두 번째 조항은 임신 및 해산으로 인한 휴가시의 보조금 지불이다.

노동법령 내 여성 관련 조항을 분석해 볼 때, 새로운 권력이 여성을 규율화한 방향은 크게 세 가지로 정리할 수 있다. **첫째**는 여성을 생산 영역으로 인입하기 위한 경제적이며 제도적인 기초를 마련함으로써, 가사와 양육 등을 이유로 생산 활동에 참여하려 하지 않는 여성들에 대한 비판의 근거를 제공했다. 즉, 권력의 시야에 노출되려 하지 않는 여성들에게 간접적인 경고를 보낸 것이다. **둘째**, 규율권력의 재생산을 위한 모성 보호로서 여성에 대한 권력의 시혜성을 내면화시켰다. **셋째**, 제16조에서 보듯 양육에서도 시간 규율을 갖게 했다.

이처럼 초기 북한 정권은 노동법령을 통해 여성들에게 사회주의적 규율을 내면화시키려 했고, 그 효과는 실제 사례에서도 확인된다. 당시 사회에 진출한 두 북한 여성의 글을 살펴보자.

우선, 여성이 인간답게 살 수 있는 조건을 마련해 준 정권에 협조하고 정권이 부여한 과업을 실천하자는 주장이다. "로동법령은 조선의 모든 여성들을 해방할 조건을 만들었으며 남자의 예속에서 벗어나서 와년한 자유와 평등을 얻을 법적 기초가 되었다고 생각합니다. 앞으로 남은 것은 여성이 자각하야 가정에 있어서 스스로 봉건 잔재를 없이하며 나아가서 자본가의 예속에서 해방하야 민주과업을 실천하는 데 적극적으로 협력하야 할 것"

이며, "꾸준한 실천가가 될 것을" 맹세한다는 것이다.[168]

그 다음으로, 이처럼 권력이 여성들을 해방시켜 주었으니 생산 증대로 그 은혜에 보답해야 한다는 것이다. "오늘은 누구의 은혜로… 권리와 자유를 찾게 되였습니까 이것이야말로 우리를 위하야 피를 흘린 붉은 군대의 은혜이며 또는 우리의 지도자 김일성 장군의 은혜라고 저는 생각합니다. 그러면 이 은혜를 어떡게 보답하겠습니까. … 생산품을 증가시켜야겠읍니다. … 해방을 얻은 감사의 뜻은 이 군세인 두 팔로 보답하여 드리겠음을 굳게 맹서"한다는 것이다.[169] 즉, 여성이 인간답게 살 수 있게 해 준 정권에 대해 충성심을 품고 그 은혜에 보답해야 한다고 주장한 것이다.

북조선공산당 중앙위원회 부녀부장이며 초대 여맹 위원장이었던 박정애는 노동법령의 의의를 여성해방과 여성 노동자의 모성 보호라는 측면에서 다음과 같이 밝혔다.

첫째, 경제적 독립을 가능하게 한 여성해방의 첫걸음이다. 즉, "노동 여성과 여자 사무원에게 제일 필수조건인 경제적 독립을 보장하였으며… 아직도 남아 있는 봉건윤리의 잔재를 철저히 파타하여 여성 전반의 진실한 해방을 가져온 구체적 첫걸음"이다.[170]

둘째, 여성 노동자들이 모성을 보호하면서도 경제사회적 지위를 확보할 수 있게 해 주었다. 즉, "모성이 가지는 직무는 인간의 근본적인 자연성일 뿐 아니라 사회적으로도 불가결한 중대한 직무임에도 불구하고 과거에 있어서 노동 여성과 여자 사무원은 이 직분을 수행함으로써 조금도

168 김병혜, 〈勞動法令實施를 當하야〉, 《조선녀성》 창간호, 1946, 31쪽.
169 오국화(정창고무공장직공), 〈解放을 차즌 노동자의 감사〉, 《조선녀성》 창간호, 1946, 30쪽.
170 박정애, 〈勞動法令과 女性〉, 《조선녀성》 창간호, 1946, 33쪽.

가치와 공로를 승인받지 못했을 뿐 아니라 도리여 그로 말미암아 직권의 제한을 받았고 또 그 좁은 직권 안에서도 남성에게 비하여 저율의 임금을 받았으며 또 그 저율의 임금마저 임신 해산 등의 경우에는 박탈당하였다"면서, 노동법령은 "가정과 직장의 조화를 주었으며 나가서 문화적 향상에 노력할 여유를 주었"다는 평이다.[171]

그러나 앞서 언급했다시피 여성의 생산 영역 진출은 순조롭지 않았다. 비단 뿌리 깊은 대가족 중심의 농업공동체 문화만이 문제가 아니었다.

첫째, 사회로 진출하라는 권력의 요구에 대해 여성들 내부의 저항이 만만치 않았다. "지금 어떤 녀성들은 여자가 무엇을 하겠는가, 여자가 앞에 나서고서야 일이 되는가고 하면서 건국사업에 나서기를 주저하고 있으며 심지어 일부 녀성들은 사회사업에 나서고 있는 동무들을 뒤에서 비웃고 있"는 분위기가 팽배했다. 김일성은 여성들의 사회 진출 거부를 "일제 사상 잔재와 봉건적 관념" 때문이라고 인식하였다. 즉, "적지 않은 녀성들이 놀고 먹는 것을 좋은 것으로 생각하고 로동을 천하게 여기며 돈 있는 사람을 부러워하는 것이라든지, 사회사업에 나서기를 주저하며 민족적 자부심을 가지지 못하고 있는 것이라든지, 가문을 따지면서 사람들을 평가하며 무당을 불러 굿을 하고 점쟁이를 찾아가 점을 치는 것과 같은 것들은 다 일제 사상 잔재와 봉건사상 잔재의 표현"이라며 강하게 비판하였다.[172]

---

171 박정애, 앞의 논문(《조선녀성》 창간호, 1946, 33~34쪽). 북한의 여성잡지인 《조선녀성》은 노동법령 발포 1년 사업을 평가하면서, 사회보험제 실시 결과 1947년 2월과 3월 중 의료 혜택을 받은 피보험자가 5만여 명, 가족으로 의료 혜택을 받은 이가 4천여 명, 일시적 노동능력 상실로 인한 보조금을 받은 이가 8천여 명, 산전산후의 보조금 · 유가족 연금을 받은 이가 수많으며, 1947년 내에 휴양소에 2만 300명, 요양소에 1천 명이 가게 되었다고 보고한다. 북조선민주여성동맹 중앙위원회, 〈勞動法令發布 1 週年을 맞으며〉, 《조선녀성》, 1947년 6월호, 6쪽; 〈社說 : 勞動法令發布以後의 北朝鮮勞動女性〉, 《조선녀성》, 1947년 6월호 1쪽.

172 《김일성 저작집》 1, 1979, 369~372쪽.

둘째, 여성의 사회 진출에 대한 남성과 사회 전반의 부정적인 반응이다. 즉, "여성들의 街頭進出(가두진출)에 대해 '요사이 여자들은 미쳤다', '풍기가 물란하다' 라는 등 이상한 눈초리"가 팽배했던 것이다.[173]

이러한 사회적 갈등을 해소하고 여성을 생산 영역으로 이끌어 내기 위해, 김일성은 노동에 대한 인식 전환부터 시도했다.

> 지난날에는 로동을 가장 천한 것으로 여기고 남의 로동을 착취하며 놀고먹는 것을 신성한 것으로 여겨왔습니다. 이것은 착취계급이 부식扶植(영향을 주어 사상이나 세력 등을 뿌리박게 함)한 그릇된 사상입니다. 인민정권 밑에서는 로동이 참으로 신성하고 영예로운 것입니다. 우리 로동자들이 로동을 하면 할수록 나라의 재부는 더 많이 창조되고 이에 따라 그들의 생활도 높아집니다. 우리의 녀성 로동자들은 비록 일본 제국주의 통치 때에 노예살이를 하던 그 공장에서 계속 일을 하고 있으나 지난날과 같이 일제의 압박과 착취를 받는 임금로동자인 것이 아니라 나라의 주인으로서 건국로동에 참가하고 있는 믿음직한 역군입니다.[174]

여성 노동자의 노동이 생계를 위해 어쩔 수 없이 하는 고통스러운 일이 아니라, 새로운 국가 건설을 위한 신성한 행위라는 점을 전 사회적으로 선전한 것이다. 그러면서 김일성은 기혼 여성을 노동자화하기 위해 탁아 문제 해결을 언급한다. "녀성들을 사회에 진출시키려면 어린이들을 사회적으로 키우는 대책"을 세워야 한다고 지시한 것이다. 여맹의 주도로 "가두와 농촌의 살림집 가운데서 여유 있는 방을 내고 어린이들을 많이 길러 본 어머니

---

173 《조선녀성》, 1947년 1월호, 33.
174 《김일성 저작집》 2, 1979, 215쪽.

들을 동원하면 작은 규모의 탁아소를 만들"고, "일정한 문화 수준을 가진 가정부인들을 발동"하는 것이 김일성의 제안이었다. 그러면서 "국가적 조치에 따라 공장과 농촌에 탁아소와 유치원도 많이" 세울 것을 지시한다.[175]

정권의 적극적인 선전과 국가 및 사회단체의 조직화 덕분에 북한 여성의 생산 활동은 조금씩 증가하기 시작했다. 북한 여성이 참여하는 생산노동 분야는 크게 세 가지였다. 첫째는 농업 생산이며, 둘째는 공업 생산이며, 셋째는 각종 노력 동원이었다. 1946년 11월 북한 주민의 의식개혁을 목표로 김일성이 제안하여 추진된 '건국사상 총동원운동'의 목표는 생산증대운동과 결합되었다. 공장과 기업소에서는 '증산돌격운동'으로, 농촌에서는 애국미 헌납운동과 누에치기운동으로, 지역에서는 각종 기반 시설 건설과 보수공사 등으로 나타났다. 북한 여성의 생산노동 영역 참여가 어떤 양상으로 전개되었는지 살펴보면 다음과 같다.

첫째, 농업과 수공업적 직물 생산에서 여성 노동이 조직적으로 확대되었다. 김일성은 "농민의 절반을 차지하는 농촌 녀성들이 농업 생산에 누구보다도 열성적으로 참가하여야"[176] 한다고 역설하며, 곡물과 직물 등 농업 생산에서 여성의 역할을 강조한다. 각종 국가제도를 건설하는 과정에서 농촌 남성들이 인민위원회, 각종 사회단체, 군대 등 주요 국가기관에서 주도적 활동을 하면서 생긴 노동력 공백을 여성의 노동력으로 해결하려 한 것이다.[177]

실제로 해방 초기에는 여성들의 "열의를 높여 알곡 생산을 늘이고 현물

175 《김일성 저작집》 2, 1979, 218~219쪽.
176 《김일성 저작집》 2, 1979, 214쪽.
177 리경혜, 1990, 79~80쪽.

세를 바치도록" 하는 것과 "농업 현물세의 완납으로 건국사업에 이바지"할 것이 강조되었다. 그런데 1947년을 경과하면서 농촌 여성의 주요한 생산 과제는 목화 재배와 누에치기로 바뀌었다. 당시 합성섬유가 없었던 북한에서 목화를 가꾸고 누에치기를 하는 것은 의류 문제를 해결하는 중요한 과제였다. 특히 누에치기운동은 여맹이 조직적으로 주도했다. 또한, 여맹은 농한기를 이용하여 농촌 여성들이 면포 생산을 증대하도록 조직 정치사업을 하였으며, 이러한 활동은 일정한 성과로 이어져 1949년 겨울에 북한 농업 여성들이 생산한 '면포 생산계획량'은 83만 2,639필에 달했다.

둘째, 근대적 공업 생산 체계로 여성을 인입하여 여성 공장노동자를 양성했다. 근대의 공리公理가 생산되고 재생산되는 대표적 공간은 공장이다. 공장노동을 통해 근대 규율을 내면화한 여성 주체를 형성하는 것이 근대화의 한 전략이었다. 그런데 농업사회였던 북한에서 근대적 공장의 여성 노동자는 소수였다.[178]

1946년 말 기준, '북조선직업총동맹'(이하 직맹)에 소속된 여성은 2만 1,761명이었다. 당시 전체 직맹원 수 38만 명의 8퍼센트에 불과했다. 산업별로는 제사製絲(솜이나 고치 따위로 실을 뽑아냄)·방직 같은 섬유공장에 6,969명으로 제일 많고, 그 다음이 인민위원회·정당·사회단체·은행·소비조합 등에서 소속된 사무원 직업동맹원이 4,618명, 세 번째는 학교나 문화기관·병원 노동자로 3,932명이다. 이들 직종은 여성들이 많이 참여하는 부문이었다. 그 밖에 화학공장 4,109명, 광산 2,093명, 토건 1,246명, 금속·식료·목재·교통운수·전기·출판·어업 등을 합하여 4,723명이었다. 이는 당시 공장에서 근대

---

178 최경덕(북조선직업총동맹위원장), 〈職業女性은 全女性의 선봉이다〉, 《조선녀성》, 1947년 2월호, 17~18쪽.

적 생산노동에 종사하는 여성이 극소수였음을 보여 준다.

새로운 사회주의국가 건설을 위해 근대적이며 '혁신적 여성 노동자'를 양성해야 했던 권력의 입장에서, 여성들을 공업노동으로 인입시키는 것은 사회주의적 근대화의 성패가 달린 중요한 문제였다. 1947, 48년 1개년 계획경제를 시작으로 북한 정권은 여성 노동자 양성을 본격화한다. 이러한 노력은 1949년 시작된 2개년 계획에서 강화되었다. 정권이 가장 중점을 두었던 점은 직장 생활을 하지 않는 미혼 여성과 젊은 가정부인을 생산노동에 참여시키는 것이었다. 이러한 노력을 통해 1947년도 인민경제계획을 102.5퍼센트 완수하는 데 성공하고, 여성 노동자 수를 3만 명으로 늘렸다.[179]

근대적 생산노동을 경험하지 못한 여성들의 생산기술 습득 및 기술 수준 향상을 위한 노력도 이어졌다. 이러한 정권의 노력으로 여성 노동자와 여성 기술자는 다음과 같이 증가하였다.

〈표 1〉 한국전쟁 이전 북한 여성 노동자·기술자 성장률(1946~1949)   (단위: 퍼센트)

여성 노동자 성장률		여성 기술자 성장률	
연도	성장률	연도	성장률
1946	100	1947	100
1947	117.8	1948	147.9
1948	161.3	1949	198.1
1949.3	179.1		

출처 : 리경혜(1990, 86)

〈표 1〉을 보면, 여성 공장노동자는 1946년도를 기준으로 1949년 3월에

---

179 기술과 지식이 부족한 일반 여성들은 방직공업, 일용품공업을 비롯한 경공업 부문에서, 교육 수준이 다소 높은 여성들은 부기원, 통계원 같은 사무원으로 일하게 하는 등 사회적 장려와 강제정책을 동시에 실시하였다(리경혜, 1990, 82쪽).

약 180퍼센트로 확대되었으며, 여성 기술자 수는 약 200퍼센트로 급증했다. 그리고 1949년 2개년 계획의 시작과 함께 여성 노동자 수는 1947년 3월에 비해 1950년 3월에 312.1퍼센트로 성장하였다.[180]

이러한 성장은 해방 이후 정권의 지속적인 조직화와 함께 노동법령에 따른 사회보험제, 무료 치료, 정휴양제, 산전산후 휴가제와 공장·광산·기업소·도시에 설치된 104개소의 탁아소와 131개소의 아동공원의 설치 등으로 가능했다. 경공업 중 공예작물과 양잠 면화 재배에는 농촌 여성들 전체가 참여하여 1949년 잠견蠶繭(누에고치의 실로 짠 명주) 생산은 국가계획을 113.9퍼센트 초과 달성했다. 이것은 해방 전 최고 수준인 1944년도에 비해 117.3퍼센트나 성장한 수치였다.

셋째, 가정부인들을 각종 노력 동원에 참여시켰다. 앞서 설명했듯이 여성을 생산노동으로 인입시키는 작업은 쉽지 않았다. 대가족공동체 질서에 익숙한 농업 사회에서 여성을 생산노동자로 전환시키기란 용이한 일이 아니었다. 이러한 현실을 인식하고 있던 정권은 여성이 가정에 있더라도 권력의 시야에서 벗어나지 못하게 하는 조치를 취했다. 바로 각종 동원 체계를 구축한 것이다. "가두街頭 녀성들(전업주부)과 가정부인들이 건국사업에 이바지"[181]한다는 명분은 노력 동원에 정당성을 부여했고, 여맹을 중심으로 가정부인에 대한 교양선전사업이 진행되면서 촘촘한 노력 동원 체계가 조직되었다.[182]

그 대표적인 성공 사례가, 1946년 5월 착공한 보통강 개수공사 때 직업이 없는 여성과 가정부인들이 평양 시민과 함께 보통강 개수공사에 참여

---

180 김영수, 〈남녀평등권법령 실시 4주년을 맞이하는 조선녀성〉, 《조선녀성》, 1950년 7월호, 18쪽.
181 《김일성 저작집》 2권, 1979, 217쪽.
182 리경혜, 1990, 85~86쪽.

한 것이다. 보통강 개수공사는 일제강점기 때 10년 동안 해도 마치지 못한 일이었는데, 이를 불과 55여 일 만에 완성했다고 한다. 북한의 문헌은 이때 여성동원사업을 김정숙이 지도하였다면서, "이때 항일의 녀성 영웅 김정숙 동지께서 보여 주신 빛나는 모범을 따라 녀성들, 가정부인들이 자원적으로 사회적 로동에 참가한 미거美擧"라고 밝혔다. 보통강 개수공사 이후 다양한 형태의 크고 작은 공사에 가정부인들이 '돌격대' 형태나 개별적으로 동원되는 것이 보편적 현상이 되었다.

그러나 뭐니 뭐니 해도 북한 정권이 조직한 여성의 사회노동 가운데 사회주의 근대화 전략의 핵심은 근대적인 공장노동이었다. 당시 어린 여성 노동자를 중심으로 운영된 함흥의 국영 제사製絲(솜 등으로 실을 만드는)공장의 사례는 해방 초기 북한 지역 공장에서 이루어진 사회주의적 경쟁운동과 학습 체계, 공장문화 등을 보여 준다.[183] 이 공장의 여성 노동자 수는 298명이었고, 그중 기능공은 10명이었다. 대부분 농촌 출신이라 공장 안에서 합숙 생활을 하였고, 가정부인은 극히 소수였다. 이 사례를 통해 추론할 수 있는 당시 북한 여성 공장노동자들의 생활 및 문화적 특징은 대략 다섯 가지로 요약된다.

첫째, 사회주의적 경쟁운동이 본격화되었다. 당시 북한 공장에는 개인들뿐 아니라 작업장과 작업장, 각 부, 사무원과 생산자 등 다양한 형태의 경쟁을 부추기는 돌격운동이 조직되었고, 직업동맹실에 일람표가 작성되어 있었다. 각 개인의 하루 생산계획량을 실적에 따라 작성하여 그래프에 붉은 선으로 기입하고, 출근율은 푸른 선으로 기입하였다. 가령 실켜는 공장 세 곳 중 생산율을 제일 높인 공장은 '비행기표', 그 다음은 '기차

---

183 〈공장방문기 : 국영 함흥 製絲 공장을 찾아서〉, 《조선녀성》, 1947년 5월호, 45쪽.

표', 마지막은 '말표'를 부쳐 경쟁을 부추겼다. "금년의 인민경제계획을 완수할려고 생산욕에 불타 매일 '비행기' 쟁탈전이 계속"되었다는 표현은 당시 증산을 위한 사회주의적 경쟁운동이 공장문화로 자리 잡아 갔음을 보여 준다.[184]

둘째, 모범 따라 배우기 명목으로 모범 노동자를 발굴 선전하였다. 함흥 공장에서 가장 모범적인 여성 일꾼은 1946년 말 생산돌격운동 등에 모범 노동자로 표창 받은 이춘자였다. 이 여성 노동자는 당시 17세의 어린 몸으로 자기 책임량의 121퍼센트를 완수하여 동료들의 부러움과 칭찬을 한 몸에 받았다. 이춘자를 보고 분발하여 생산에 몰두하는 박쇠길의 예는, 이후 북한 정권이 칭송한 이른바 '노력영웅'이 되려는 여성 노동자들의 모습을 보여 준다.[185] 참고로 북한에서는 주민들이 모델로 삼아 따라 배워야 할 인물들에게 '영웅' 칭호를 부여한다. 영웅 칭호는 1950년 6월 북한 최고인민회의 정령으로 제정된 명예 칭호로서 공화국영웅과 노력영웅이 있다. '공화국영웅' 칭호는 항일빨치산, 6·25전쟁영웅, 큰 사고 시 김일성 부자의 초상화나 동료들을 구하고 사망한 자폭영웅 등에게 수여하는 칭호인 반면, '노력영웅'은 경제 건설 등 사회 각 분야에서 초인적인 위훈을 세운 자들에게 수여한다.

셋째, 공장에서 생산노동뿐 아니라 체계적 학습까지 수행하였다. 즉, "경제계획 예정숫자(계획지표)를 완수하려는 열성으로 여러 어린 동무들에게 주는 교양으로는 1주에 4회의 성인학교 각 한 번 씩의 학습회 독보회가 있고, 기술강습은 1주에 2회 있는데 총지도원 강습과 직장 종업원 강습이고 토요일마다 비판회"를 여는 등 여성 공장노동자들에게 사회주의적

---

184 《조선녀성》, 1947년 5월호, 45쪽.
185 《조선녀성》, 1947년 5월호, 45~46쪽.

가치와 규율을 체계적으로 학습시켰다.[186]

넷째, 합숙 생활을 하는 어린 여성 노동자들의 신체와 정서까지 고려한 특유의 공장문화가 형성되었다. 함흥 공장에서는 강당을 중심으로 각종 집회를 열어 '혁신노동자' 선전과 교육을 했을 뿐 아니라, '증산 결의대회' 를 열고 "정서적 방면의 교양을 주기 위"해 일요일마다 노래 공부와 재봉 지도 등 각종 여가 생활 프로그램까지 계획했다. 또한, 각종 운동 시설을 갖추어 여성 노동자들의 체력 향상을 도모했다.[187]

다섯째, 이 네 가지 특성들이 결합하여 권력의 규율이 잘 작동하는 집 단주의 문화를 만들어 냈다. 노동자 대부분이 기숙사 생활을 하는 공장 의 일과는 시간표대로 진행되었고, 공장 안 곳곳에는 마이크 장치가 있 어 작업과 생활에서 일상적으로 중앙의 지시와 방침에 따라 행동하는 행위 규율이 형성되었다.[188]

이렇게 생산 영역으로 인입된 여성들은 사회주의적 근대 공장문화 안에 서 정권이 요구하는 근대적 여성 주체로 성장했다. 이른바 '여성 혁신노동 자'의 탄생이다. 국가 건설 초기에 유명한 여성 노력영웅으로 대대적으로 선전되었던 인물로 공업 부문의 섬유공장 노동자 심정희와 농업 부문의 이 선천 등이 있다. 재령군 봉천리에 사는 과부 이선천은 "김제원 '애국미 헌납 운동'에 감격하여 어린 자식 세 명을 다리고 곤궁한 살림에도 쌀 한 섬을 바치어 남성에 못하지 않게 민주 건국에 그 애국열성"을 발휘했다고 칭송 받았다.[189]

---

186 《조선녀성》, 1947년 5월호, 46쪽.
187 《조선녀성》, 1947년 5월호, 46쪽.
188 《조선녀성》, 1947년 5월호, 46쪽.
189 《조선녀성》, 1947년 3월호, 5쪽.

당시 18세에 불과했던 심정희는 1947년 내내《로동신문》과 《조선녀성》 등에 여성 모범 노동자로 선전되었으며, 북조선인민위원회상까지 받았다. 심정희에 대해 당시 직맹위원장이었던 최경덕은 "이 여성은 참으로 북조선의 전 직업여성들의 나아갈 길을 가르쳤으며 … 모든 직업여성들에게 남자들이 흔히 말하는 '여자들이나 할 일'을 찾아서 가치 없는 노력을 하지 말고 용감하게 생산 직장으로 나서라

북한 정권은 모범 따라 배우기 명목으로 모범 노동자를 지속적으로 발굴 소개했다. 《조선녀성》 1950년 1월호 표지를 장식한 김수자 역시 '노력 영웅' 칭호를 받은 모범 노동자였다.

는 구호가 되"었다고 칭송했다.[190]

심정희와 함께 1947년에 모범 여성 노동자로 북조선인민위원회로부터 상을 받은 이들은 재정국상에 평양 연초공장의 최수산라(21세), 산업국상에 국영 성흥 광산의 이매화(36세), 국영 남포 견직공장의 박영자(18세), 평양 제사공장의 최영애(18세)였다. 이들은 성실하며 집단생활에 충실한 "아릿다운 마음의 주인공"들이자, 창발성을 발휘하여 "부단히 노력하고 있는 우리 여성들이 많이 본받아야 할 모범 여성"으로 선전되었다.[191] 심정희를 필두로 혁신적 여성 노동자 양성은 지속적으로 추진되어, 제4차 인민회의에서 표

---

190 최경덕, 〈職業女性은 全女性의 선봉이다〉, 《조선녀성》, 1947년 2월호, 19~20쪽.
191 〈表彰받은 女性模範勞動者들〉, 《조선녀성》, 1947년 5월호, 47~48쪽.

창을 받은 여성 노동자는 50여 명에 달했다.[192]

여성 노동자들에게 요구된 미덕은 비단 노력과 성실만이 아니었다. 기술 발전과 창의고안으로 혁신적 생산 활동을 한 여성 노동자로 1947년 이후 가장 부각된 여성 노동자는 흥남 비료공장의 이분연이었다.

그(이분연)는 새 조국 건설에 이바지할 결심 밑에 기술 기능 수준을 높이기 위하여 꾸준히 노력하였다. 그리하여 얼마 후에는 무기능공으로부터 6급 기능공이 되었으며 자기에게 맡겨진 책임량을 120~130퍼센트씩 넘쳐 수행하게 되었다. 그는 자기 직장에서 가장 힘들고 품이 많이 들던 기름 청정기를 빠이프 장치로 개조하여 스위치만 누르면 탕크 속으로 기름이 흘러들어가도록 함으로써 작업 능률을 300퍼센트로 올라가게 하였다. 또한 압축기와 팽창기에 사용하는 '그란도 바킹' 제작 공정을 개조하여 150퍼센트의 능률을 내게 하였으며 그 질을 높여 종전보다 3배의 수명을 가지게 하였다.[193]

가정 내 여성 역할의 재구성

사회주의 근대화 실현을 위한 혁신적 여성 노동자상과 함께, 정권이 북한 여성들에게 요구한 여성상은 '혁명적 어머니'상이었다.

이는 가정 내 여성 역할의 재구성과 직결되어 있었다. 해방 이후 북한 여성은 농업 생산에 기초한 대가족 관리자에서 근대적 핵가족 관리자로 재구성되었다. 이 관리자에게 주어진 또 다른 임무는, 사회주의적 근대의

---

192 리경혜, 1990, 81쪽.
193 리경혜, 1990, 83쪽.

정신 아래 규율화된 '사회주의적 인간'을 생산하고 양육하는 '혁명적 어머니'가 되는 것이었다.

사회주의적 근대화를 내건 북한 권력은 양육에서 혁명성과 과학성을 담지한 어머니상을 요구하였다. 사회주의적 근대성을 지닌 후대를 양성하기 위해서는 우선 기존 양육관과 방식에 대한 성찰이 필요했다. 이 작업은 당시 북한 어린이들이 처한 상황과 기존 양육 방식에 대한 비판으로부터 시작되었다. 김일성 정권은 전통적인 양육 방식과 일제의 영향으로 "이기주의, 탐욕, 위선, 허위"가 어린이들에게 교육되었다고 비판하고, "이렇게 자라나는 어린이들이 어떻게 민족주의적 조선공화국을 위한 용감하고 헌신적이며 정말 조선 민족과 조국을 위하여 마지막 핏방울까지 바치는 준비된 훌륭한 간부가 될 수 있습니까?"라며 양육에 대한 재인식을 촉구한다. 따라서 "현하現下의 중요한 문제 중 하나는 아동 교양"이 되었다.[194]

특히 가정 내 어린이 교육의 중요성은 자연히 가정 내 어머니의 역할로 이어졌다. 학교교육만으로는 아동 교양이 제대로 이루어지지 않는다. 가정에서 올바로 교양하지 않으면 "아이들은 어떠한 사회적 질서에서던지 복종하지 않는 불량한 아동으로 되며 결국 학교에서도 그 아동은 학교 규률을 문란하게" 만든다. 이러한 인식에 따라 "이러한 아동 교양에 대한 심중한 고려는 물론 어머니에게" 주어졌다.[195]

물론 아버지의 역할이 완전히 배제되지는 않았다. 이상적인 아버지는 자식과 의사소통할 수 있어야 했다. 그러나 이 역할은 어머니와 동시에 수행하는 역할이므로 남성 고유의 역할이라고 할 수 없었다. 사회주의자를 양육하는 의무에서 아버지의 역할은 형식적으로만 언급될 뿐이다. 여기서

---

194 김철우, 〈가정에서의 아동 교양〉, 《조선녀성》, 1947년 3월호, 34쪽.
195 김철우, 앞의 논문(《조선녀성》, 1947년 3월호), 34~35쪽.

주목할 점은, 부모와 자식 간 의사소통의 목적이 부모의 엄격한 태도에 기초한 자식들의 "실행성과 순종성 교양"에 있었다는 것이다.[196]

기존 양육에 대한 성찰은 새로운 양육 규범과 함께 제기되었다. 당연히 새로운 양육 규범은 전통적인 양육 규범과 갈등하며 형성될 수밖에 없었다. 북한 정권이 사회주의적 근대의 주체를 양성하는 양육 규범으로 제시한 내용은 다음과 같다.

첫째, 독립심과 협동심을 키워 주어야 한다. 가정 교양의 중대한 악습은 아이들이 원하는 것을 다 해주려 하는 것이며, 이러한 행동은 "아이들의 태만성을 강화"하는 것이라고 지적한다. 이러한 아동들은 독립적인 생활에서 작은 어려움도 극복하지 못하고 이기주의자가 된다. 즉, "어머니의 귀동貴童, 귀녀貴女는 학교를 좋아하지 아니하며 누구에던지 친선을 도모하지 아니한다. 그리하여 16~17세에 이르면 인정 없는 이기주의자가 된다."[197]

둘째, 책임감과 노동규율을 키워 주어야 한다. 각 가정의 물질적 생활 조건이 다르더라도 각 어린이들에게 "책임과 의무가 있어야 한다"는 것이다. "책임이 적은 것이라 할지라도 아동들은 자기의 책임을 알아야 하며", 스스로 "제때에 실행하는 습관"을 키워 주어야 한다. 구체적으로 자신의 의복, 구두 등을 청소하며, 목공과 철공을 배워 주어 손으로 할 수 있는 일은 스스로 할 수 있게 하여야 한다. 또한 "아동들에게 노력적 교양을 주기 위하여 층간層間에는 가능에 있는 곳에서는 농작업을 진행하게 하며 매일 두세 시간씩 겨울에는 쓰케트판을 건설하여 설산雪山을 타게 하

---

196 김철우, 앞의 논문(《조선녀성》, 1947년 3월호), 35~36쪽.
197 김철우, 앞의 논문(《조선녀성》, 1947년 3월호), 36쪽.

여 아동들의 취미를 끌게 할 것" 등을 주장한다.[198]

셋째, 육체적 노동의 중요성과 공동생활의 기풍을 익혀 주어야 한다. 당시 "학교에서 학생들은 민주주의적 건설에 총동원할 때이나 보통강 공사 삼신탄광 및 기타 공익을 위한 공동적 노력에 동원할 때에는 부모들이 될 수 있는 데까지 자기의 자녀들이 참가하지 말도록 회피"시키는 것이 일반적이었다. 북한의 실제 부모들은 정권의 요구를 따르지 않고 있었던 것이다. 따라서 공동생활에 협동심을 높이고, "개인적 이해보다 공동적 이해를 더 높이 세우"도록 교양해야 한다는 주장이 강조되었다.[199]

넷째, 겸손성과 예의를 교양해야 한다. 자기 부모의 사회적 지위를 이용하여 교사나 선배까지 멸시하는 현상, 선배와 친구 등과의 대화에서 격식을 차리지 못하는 현상, 학교나 집단 조직 모임에서 의자에 앉지 않는 현상 등을 비판하며 근대적 예절교양을 강조한다. "아동들을 정중성으로 교양하는 것은 첫사람의 도덕교양의 중요한 과업 중 하나"로 제기된다.[200]

다섯째, 일관된 훈육 체계를 갖추어야 한다. 가정생활에서 어머니는 온정적이고 아버지는 엄격하여 훈육에서 부모의 태도가 대립적인 것이 일반적이라며, 이것은 아이들이 부모의 눈을 피해 행동하게 하는 원인을 제공하여 "무조직 규률"을 낳는다는 주장이다. 그러므로 "가정교육의 중요한 규정은 부모들과 가정의 어른들은 유일하게 아이에게 대하여 검열과 지시를 하여야 한다. 때문에 가정에서 이 규정을 변함이 없이 실행"해야 하며, "가정에서 부모 간에 어떤 원인으로 말미암아 충돌"이 있을 때에는 아이들이 이를 알지 못하게 해야 된다. 왜냐하면 부모 간의 충돌은

---

198 김철우, 앞의 논문(《조선녀성》, 1947년 3월호), 36쪽.
199 김철우, 앞의 논문(《조선녀성》, 1947년 3월호), 36~37쪽.
200 김철우, 앞의 논문(《조선녀성》, 1947년 3월호), 37쪽.

일관된 훈육을 어렵게 만들기 때문이다.[201]

여섯째, 양육은 국가 건설 사업이다. 양육은 "조선 민주주의적 공화국에 각 방면으로 발전되고 준비된 건설자를 양성하려는 것"이다. 그러므로 "학교 교양은 물론이고 가정에서 참다운 아동 교양을 위하여 분투노력"해야 된다.[202]

비록 정확한 통계자료는 없지만, 부실한 영양 상태와 의료 서비스 및 지식의 미비로 남한이나 북한 모두 미처 성장하기도 전에 사망하는 어린이들이 많았다. 따라서 어린이들을 사회주의적 근대인으로 양육하기에 앞서 유아사망률부터 낮추는 노력이 절실했다. 이 또한 북한 어머니의 중요한 과제가 된다. "8세 전 아동이 사망하는 것은 그 어머니의 책임"이라며, "차대의 국민의 성격을 창조하는 사람은 오직 그의 어머니"이기에 "어머니의 사명이 얼마나 크다는 것"을 인식해야 한다는 주장이었다.[203]

유아사망률을 낮추기 위해 정권이 제시한 구체적인 행위 규율은 다음과 같았다.

첫째, 건강한 노동자를 양성하기 위해 유아 건강에 주의해야 한다. 이를 위하여 유아의 건강 상태를 확인하고 과학적 치료를 할 수 있는 보건법을 미리 익혀야 한다. 즉, "이상 없이 건강하면 放心(방심) 말고 더욱 건강에 주의할 것이며 조금이라도 허약한 기색이 보이면 곧 그 원인을 알아서 일시 바삐 고쳐 주기에 노력해야 할 것"이다.[204]

---

201 김철우, 앞의 논문(《조선녀성》, 1947년 3월호), 37~38쪽.
202 김철우, 앞의 논문(《조선녀성》, 1947년 3월호), 38쪽.
203 김종숙, 〈育兒法의 改良〉, 《조선녀성》, 1947년 5월호, 49~50쪽.
204 김종숙, 〈乳兒健否의 區別法〉, 《조선녀성》, 1947년 3월호, 29쪽.

둘째, 어린이의 발달 과정을 인식하고, 수유 시기부터 규칙적인 시간 규율을 확립해야 한다. 시기별 어린이 발달 과정을 어머니가 인식하도록 교양하며, 특히 "초생아기初生兒期를 경과하고 후 1년 동안에 유아乳兒시기"는 "운동작용과 정신작용의 발달이 심하여 그 어머니의 세밀한 주의를 요할 때"임을 잊지 말아야 한다. 이 시기에 "젖 먹이는 시간은 그의 시간과 회수回數를 정하여 규칙적"이어야 한다.[205]

셋째, 과학적인 육아법을 실행해야 한다. "육아 방법에 있어서 종래의 봉건사회에 유물인 많은 미신을 타파하여 가장 진보적이고 과학적인 방법을 배워 실행할 것"을 강조하며, 구체적인 예와 경험 등을 제시해 준다.[206] 이때 등장한 과학적 육아법이 모유와 시간 규칙에 의한 수유법, 성장 시기별 특징과 건강 상태를 아이의 웃음·울음, 수면, 便(변) 상태 등으로 파악하고, 의복 청결과 과학적인 목욕으로 유아 건강을 유지하는 방법 등이다.[207]

넷째, 과학적 영양 관리다. 이를 위하여 6대 영양소의 역할과 음식 종류, 다양한 요리법, 계절에 따른 합리적인 대체식품 개발 등이 《조선녀성》을 통해 지속적으로 소개되었다.[208]

정권의 이중전략, 이중의 과업

저발전 상황에서 사회주의 혁명을 이루려 했던 북한 권력으로서는 근대적

---

205 권천추, 〈春期小兒衛生〉, 《조선녀성》, 1947년 4월호, 60~66쪽.
206 김종숙, 〈育兒法의 改良〉, 《조선녀성》, 1947년 5월호, 50쪽.
207 김종숙, 앞의 논문(《조선녀성》, 1947년 5월호), 49~50쪽.
208 주은영, 〈榮養에 對한 常識〉, 《조선녀성》, 1947년 6월호, 57~61쪽.

사회주의국가 수립을 위해 여성에게 혁신적 노동자와 혁명적 어머니라는 근대적 여성상을 제시하고 관철시키려 했다. 여성의 변화야말로 정권이 전 사회적으로 진행한 의식개혁과 생활혁명의 추진 동력이었기 때문이다. 여성의 공적인 역할과 사적인 역할을 모두 바꾸려는 '이중전략'이었다.

그러나 여성을 생산 영역에 참여시킴으로서 경제 발전과 여성 역할의 재구성을 실현하고, 동시에 가족 구조의 재구성과 출산·양육을 통해 사회 구성원을 재생산하려는 정권의 이중전략은 현실 여성들의 반발을 살 수밖에 없었다. 이 전략은 노동력 재생산을 위한 생활 노동인 가사노동까지 여성의 몫으로 전제하고 출발했기 때문이다. 즉, 생산·가사·양육 노동이 모두 여성에게 규율화되었던 것이다.

이는 김일성의 여성 주체 인식이기도 했다. 그의 인식을 인용하면 다음과 같다.

"물론 녀성들이 가정일을 하여야 합니다. 그렇다고 하여 녀성들이 가정 일에만 매달려 나라일에서 제외되어서는 참말로 남성들과 평등해질 수 없는 것입니다. … 녀성들을 집구석에 얽매여 놓던 봉건적 인습을 비롯한 낡은 잔재를 없애기 위한 투쟁을 강화하여 모든 가두 녀성들과 가정부인들이 건국사업에 떨쳐나선 남편을 돕고 아이들을 잘 키우며 가정 살림을 알뜰히 꾸릴 뿐 아니라 직접 건국사업에 로력적으로 도움을 주도록 하여야 할 것입니다."[209]

'집구석'이나 돌보는 가사노동은 여성의 본래 영역이라는 성^性 역할 인식이다. 최고위층의 인식이 이러했으니 과중한 과업을 짊어지게 된 여성들의 사회 진출이 용이했을 리 없다. 실제로 여성들이 사회로 진출하면서 다양한 갈등이 생겨나고, 기존의 공동체 질서에 일대 혼란이 일어났다. 1946년

---

209 《김일성 저작집》 2, 1979, 218쪽.

12월 25일 여맹 주최로 진행된 '직업여성좌담회' 회의록에는 여성들의 사회 진출 동기이 불러일으킨 다양한 생활 문제와 갈등이 담겨 있다.

이 좌담회에 참석한 성원은 기자 임은길, 백화점원 임춘복, 미용사 강추옥, 여교원 명후파, 잡지사 직원 진백옥, 김석양이다. 이 좌담회의 목적은 "여성으로서 지금 제기되는 건국사상운동에 대하여 또는 직업을 가진 여성으로서의 생활상이나 기타 모든 문제에 있어서 기탄없는 토의와 의견을 발표"하는 것이었다. 여기서 유의할 점은, 여맹이 주최한 자리였기 때문에 중산층 여성들이 중심이 되어 선전과 조직화 방향을 모색했다는 것이다. 즉, 상대적으로 의식 수준이 높으며, 노동당에 우호적이거나 당원일 가능성이 높은 여성들의 좌담회였다. 그럼에도 불구하고 이는 당시 직업여성의 갈등 양상을 엿볼 수 있는 중요한 자료이다. 이 자료를 토대로 다른 증언과 자료들에서도 공통되게 지적되는, 당시 북한 정권이 관철시킨 이중전략이 야기한 갈등과 사회문제들을 정리해 보면 다음과 같다.[210]

첫째, 당시 여성들이 가정에서 직장으로 나오게 된 동기는 여성의 사회 진출 개척과 자아실현이라는 여성해방 욕구, 가정경제에 보탬이 되려는 마음 정도로 요약된다. 선호하는 직업은 자녀 양육이 상대적으로 용이한 교원이 꼽혔다.

둘째, 직장과 가정생활의 병행에서 오는 대표적인 어려움으로 시간 부족, 가사와 양육 문제가 꼽혔다. 또한 직장에 나가기 때문에 가정을 희생시키고 있다고 생각하며 가족들에게 미안해하고 있다. 이에 대한 대안으로는 의식衣食생활을 간소화하는 것과 가사 및 양육에 대한 국가적 배려 등이 이야기되었다.

---

210 〈職業女性座談會〉,《조선녀성》, 1947년 2월호, 54~60쪽.

셋째, 가족 내 남성 구성원뿐만 아니라 여성들 간의 갈등이 직장 여성들을 힘들게 했다. 특히 직업이 없는 전업주부들이 직장에 다니는 기혼 여성들을 비판하는 경우가 잦았다. 이런 문제에 부딪히면 대개의 남편들은 부인들에게 퇴직을 강요했다.

넷째, 기혼 직장 여성을 가장 힘들게 하는 사람은 역시 남편이었다. 직장에서 회의 등에 참석하여 귀가가 늦을 경우, 대부분의 남편들은 아주 불쾌한 감정을 드러냈다. 따라서 같이 직장 생활을 하면서도 여성들은 자신도 모르게 미안한 감정이 생겨 곤욕스럽다고 토로한다. 특이한 점은, 직장 생활 중 일어날 수 있는 이성 관계에 대해서는 북한 남편들이 거의 걱정하지 않았다는 것이다. 직장 생활에서 남녀가 유별하고, 그런 일에 대해서는 상상도 하지 못하는 사회 분위기 때문이었다. 실제로 당시 직장 내 남녀 관계는 아주 조심스러웠다. 좌담회 내용을 보면, 기혼 여성은 물론이고 미혼 여성조차 직장 내 연애를 꿈도 꾸지 못할 만큼 경직된 분위기였다. "직장에서 혹시 유혹 같은 것 받은 일이 없습니까 처녀니깐…"이라는 질문에, "부끄러워하며 없습니다"라는 대답과 "아이 씩씩하게 일하는 여자가 누가 남자들한테 유혹에 걸리요."라는 대답 등이 나왔다.

부부싸움에 대해서는, 남편이 "상대의 마음은 알지도 못하고 늘 야단하는 일이 많"은 것으로 드러나며, 그 원인에 대해 "조선 남자들은 왜 그렇게 고집이 많은지요"라는 답변과 "조선에서는 남자가 벌어 멕인다는 관념이 뿌리박혀 있는 데 큰 원인"이라고 대답하고 있다. 신문기자로 근무하는 한 여성은 "女子치고는 잘 썼는데 하는" 남성 기자들의 노골적인 표현에 불만을 나타내며, 여자의 능력을 낮게 평가하는 사회적 분위기를 비판하였다. 남성이 가사노동을 외면하는 것에 대해서는 "보통 남자의 자존심이 허락지 않는"다고 보며, 그 원인은 오래된 봉건적 대가족 제도 때문이라고 말한다. 그럼에도 불구하고, 좌담회 참석 여성들은 해방 이후 여성의 사회적 지위가 향상되었다고 느끼고 있으며, 이는 국가적 보호 덕분이라고 말한다.

다섯째, 가정과 직장 생활 병행으로 인한 부부 갈등에 대해 여성들은 주로 참기, 애교 작전, 동정심 작전 등으로 남편의 불만을 잠재우는 것으로 나타났다. 이 갈등을 근본적으로 해소하는 방안으로는 애정과 상호 인격 존중, 가정혁명의 필요성이 제기되었다.

여섯째, 직장 내 남녀평등권 실현 양상과 요구 등은 다음과 같았다. 참석 여성들은 여성이 해야 할 일이 무척 많아진다는 데에서 직장 내 남녀평등의 실현을 체감했다. 그리고 그 대가는 같은 대우를 받는 것이라고 말했다. 이런 사회적 변화로 인해 여성들은 각자 무거운 책임감을 느끼고 있었는데, 권리를 얻기 위해서는 의무를 다해야 하기 때문이다. 직장 내 사상 교양은 백화점 여직원의 경우에 아침 9시부터 10시까지 시사 해설 독보회가 있고, 민청을 통해 일주일에 두 번씩 학술회 등이 진행되었다. 가정을 가진 직장 여성들은 공히 시간적 여유를 필요로 하였다.

이 좌담회 내용에서 나타나듯이, 해방 이후 이중전략을 수행해야 했던 북한 여성 주체들은 일상 속에서 다양한 갈등에 직면하고 이를 해결해 가야 했다. 이러한 갈등에 대해 정권은 양육과 생산을 동시에 강조하며, 생산을 이유로 양육을 소홀히 하는 것을 비판한다. 즉, 여성해방과 남녀평등을 주창하며 남편에게 "밥도 같이하고 어린애도 같이" 양육하자고 노골적으로 주장하는 것은 남녀평등권을 잘못 해석한 것이라며, 여성이 가정과 어린애를 돌보지 않으면 "가정은 불행한 파탄"을 맞고 "여성의 사회적 지위는 얻을 수 없게 될 것"이라고 주장한다.[211]

---

211 김종숙, 〈育兒法의 改良〉, 《조선녀성》, 1947년 5월호, 49쪽.

이는 한 마디로 여성에게 "농촌에서 공장에서 광산에서 각 직장의 모든 부문에서 생산에 창의성을 발휘하여 노력하는 것은 물론이고 가정에 있어서는 여러분의 제일 중요한 육아에 있어 모성으로써 차대(次代)의 일꾼을 길으는 데 좀 더 창의성을 발휘하여 끊임없는 연구를 계속하고 여성 독특하고 세밀한 주의를 하여 자녀 양육에 노력"해야 한다는 이중의 과업을 부여한 것이다.[212] 생산과 건설은 민족과 여성해방을 위한 '위대한 행위'였으며, 출산과 양육 또한 근대적 사회주의자를 재생산하는 '위대한 행위'로 강조되었다. 그러므로 '위대한 행위'에는 어떠한 대가도 바라서는 안 되었다.

---

212 김종숙, 앞의 논문(《조선녀성》, 1947년 5월호), 49-50쪽.

4장

전시 체계와 가국家國 일체화

전체 너성들이여! 조국과 인민을 위하여 전선에 나간 남편들과

오빠들과 아들딸들을 대신하여 더욱 용감히 싸우라!

더욱 빛나는 로력적 위훈을 세우라!

"한국전쟁이 북한 여성들의 삶, 그중에서도 노동 세계에 미친 영향은

기존 북한 관련 연구에서 제대로 조명받지 못한 주제 중 하나이다.

북한 여성들은 전방의 남성을 지원하고 일상의 생존을 지키는 기나

긴 후방전투를 벌였다."

이제 이야기의 배경은 한국전쟁라는 광기의 무대로 바뀐다. 전쟁은 여성과 노동자, 이중으로 타자화된 북한 여성들에게 또 다른 고통스러운 변화와 시련을 안겨 주었다. 그러나 이들의 이야기는 전선과 전투를 중심으로 한 남성 중심적 전쟁 이야기의 뒤에 가려져 또다시 소외되었다. 전쟁은 전선과 전투에서만 벌어지지 않았다.

한국전쟁 당시 북한의 후방에서 일어난 '비전투적 전투'에 대해서는 잘 알려져 있지 않다. 그러나 당시 전쟁이 가져온 피해는 남한보다 북한이 훨씬 더 컸고, 이는 고스란히 여성의 몫으로 남겨졌다. 한국전쟁 때 북한의 사상자 수는 민간인 268만 명, 군인 61만 1,206명이었다. 남한보다 사상자 수가 2배 이상 많았고, 그중 80퍼센트 이상이 민간인이었다.[1] 이 수치가 보여 주

---

1 북한의 사상자 중 민간인은 사망 406,000명, 전상 1,594,000명, 실종 및 포로 680,000명으로 합계 2,680,000명이었다. 군인은 사망 294,151명, 전상 225,949명, 실종 및 포로 91,206명으로 합계 611,206명이었다. 북한의 전체 합계 사상자 수는 3,291,206명이었다. 한편 남한의 사상자 중 민간인은 사망 373,599명, 납북 84,532명, 실종과 포로 303,212명, 전상 229,625명으로 총 990,968명이었다. 군인은 사망 29,294명, 납북 65,601명, 실종과 포로 105,672명, 전상 101,907명으로 총 301,864명이었다. 남한 주민 전체 합계 사상자 수는 1,292,832명이었다. 전광희 외 1992, 66쪽.

듯 전쟁의 비극은 전선보다 후방에서 훨씬 더 대규모로 발생했으며, 피해자 다수는 전투원이 아닌 여성과 노인, 어린이 등 사회적 약자들이었다.

그러나 그중 다수를 차지하는 여성들이 전쟁의 피해자로만 존재했는가? '전쟁 희생자로서의 여성'이라는 논리는 재고再考되어야 한다. 이 같은 피해자 논리는 전쟁의 야만과 여성의 고통을 밝히는 데에는 유의미하지만, 여성을 수동적이고 비주체적인 타자로 인식시키는 경향이 있다. 파괴와 반反 생산의 시기였던 한국전쟁 당시, 북한의 후방에는 여성이라는 '창조와 생산의 주체'들이 활약하고 있었다. 그리고 이는 이후 북한 여성의 정체성을 구성하는 중요한 계기가 되었다.

전사회적 동원체제의 형성

1950년 6월 25일 전쟁을 개시한 북한 정권은, 그 다음날인 6월 26일 이승만 세력이 일으킨 "동족상잔의 내전을 반대하여 우리가 진행하는 전쟁은 조국의 통일과 독립과 자유와 민주를 위한 정의의 전쟁"이라는 김일성의 방송연설을 시작으로 전시체제 돌입을 공식화한다.[2] 북한은 "미제와 그 앞잡이들의 무력침공을 반대하고 조국의 자유와 독립을 고수하기 위한 정의의 조국 해방전쟁"이자 "조국통일위업을 완수하고 전국적 범위에서 민족적 자주권을 확립하기 위한 혁명전쟁"이라고 전쟁의 의의를 밝히며, 모든 힘을 전쟁 승리에 바칠 것을 호소한다.[3]

---

2 김일성, 〈전체 조선인민들에게 호소한 조선민주주의인민공화국 내각수상 김일성장군의 방송연설〉, 《조선녀성》, 1950년 7월호.

3 허종호, 《조선인민의 정의의 조국해방전쟁사 1》, 평양: 사회과학출판사, 98·99쪽.

북한 정권은 먼저 모든 권력을 통일적으로 장악하고 지도하기 위해 군사위원회를 조직하였다. 최고인민회의 상임위원회는 1950년 6월 26일 정령政令(정치적인 명령 또는 법령) 〈군사위원회조직에 관하여〉를 채택하여 통일적 지도기구로서 군사위원회를 조직하고, 김일성을 군사위원회 위원장으로 추대하였다. 군사위원회는 위원회 산하에 내각의 각

1950년 《조선녀성》 7월 호에 실린 〈전체 조선 인민들에게 호소한 조선 민주주의 인민공화국 내각 수상 김일성 장군의 방송 연설〉 부분. 한국전쟁이 북침으로 발발했으며, 전 인민이 '정의의 전쟁'에 참여하여 전쟁 승리를 이끌자고 호소한 이 연설문은 당시 모든 북한 매체에 실려 선전되었다.

성과 국, 그리고 국가 중앙기관과 각 도·시 지방 군정부를 거느린 전시 국가 및 군대의 최고기관이었다. 지방 군정부는 도 또는 시 인민위원회 위원장을 위원장으로 하고, 인민군 대표와 내무기관 대표를 포함하여 구성하였다. 주권과 권력 일체를 군사위원회에 집중시키고 그 지시에 절대 복종하도록 한 것이다. 군사위원회 조직과 함께 당중앙위원회는 이튿날인 6월 27일 전체 당단체와 당원들에게 보낸 편지를 통해 전시 임무를 지시했다.[4]

같은 날, 최고인민회의 상임위원회는 또 다른 정령 〈전시 상태에 관하여〉를 채택하여 전시 상태를 선포하고, 3일 후인 7월 1일에는 정령 〈조선

---

4 허종호, 앞의 책, 123~125쪽. 편지 내용은 첫째, 전시 환경에 맞게 당사업을 개편하고 당 조직의 지도 역할과 당원 역할 강조, 둘째, 당 내부의 혁명적 규율 강화, 셋째, 정권의 프롤레타리아독재 기능 강화와 도피·요언분자 및 간첩·파괴암해분자 적발 숙청, 넷째, 전시 생산 보장, 다섯째, 인민군 후방가족과 부상병 원호사업 강화였다.

민주주의인민공화국 전지역에 동원을 선포함에 관하여〉를 발표한다. 이 정령은 전시 동원 대상자를 1914~1932년에 출생한 전체 공민으로 규정하고, 1950년 7월 1일을 동원 첫날로 삼았다.[5] 즉, 1950년 당시 18~36세 성인 남녀가 일차 병역의무자가 되었다. 이로써 기구 개편과 함께 북한 전역에 전시 상태가 선포되고 전시동원령이 발표되어 전시동원체제가 확립되었다.

각급 정권사업도 전시동원체제로 전환되었다. 특히, "계급적 원쑤들의 파괴암해 책동을 철저히 짓부시고 인민대중을 전시 생산계획 완수에로 조직 동원하는 기능"과 사회질서 유지사업이 강조되었다. 특별무장자위대를 조직하여 지방자위사업을 강화하며, 여맹·민청·직맹·농근맹(조선농업근로자동맹) 등 사회단체의 기능과 역할이 강조되었다. 북한은 1950년 7월 생산·운수·기본건설·노력배치 등 경제 전반을 다시 검토하여, 1950년 3/4분기 인민경제계획을 새로 채택하였다. 그 내용은 건물 등을 새로 짓거나 보수하는 등의 기본건설基本建設 공사 중단, 군수공업에 원료와 자재 우선 보장, 인민군대에 필수품과 식료품의 공급 비중 확대, 군수품 수송 일차 보장이었다. 그리고 연간 계획을 분기별 계획으로 전환하였다. 보건사업도 개편하여 1950년 6월 29일 군사위원회 명령으로 전방구호대가 조직되어 전선에 파견되고, 야전병원 설치와 부상병 치료·후송사업 체계가 갖추어졌다.[6]

단 며칠 만에 전시동원체제가 수립된 것이다. 이 같은 신속한 체제 수립은 1949년부터 북한에서 진행된 동원체제의 결과였다. 1949년부터 이미 북한은 "조국보위의 임무는 공민의 최대의무 최대영예"라는 제목 하에 연속해서 사회 구성원의 동원 의무[7]와 "조국통일 민주주의전선 주위에 굳게 뭉

5 허종호, 앞의 책, 127, 245쪽.
6 허종호, 앞의 책, 128~129쪽; 130~132쪽.
7 《로동신문》, 1949. 5. 18; 《로동신문》, 1949. 5. 20; 《로동신문》, 1949. 5. 22.

쳐" 주저와 동요 없이 일체화될 것을 강조했다.[8] 또한 "조선인민군대는 인민 속에서 나왔으며 철두철미 인민에게 복무하는 인민의 무력이기 때문에 인민들과의 혈연적 관계를 가지고 있으며 인민들로부터 절대한 사랑과 두터운 신망과 열렬한 지지를 받고 있다"며 군軍과 인민의 일체화를 강조하였다.[9] 이 동원체제 사업은 1949년 7월 15일 조직된 조국보위후원회 결성준비위원회가 주도했다.[10]

조국보위후원회는 1949년 8월까지 불과 한 달 보름 만에 하급 단체 2만 5천 개를 조직했는데, 그 회원 수가 총 269만 1천 명에 달했다. 조국보위후원회의 설립 목적은 **첫째**, 인민군대와 인민의 연계를 강화하여 군대를 후원하는 것, **둘째**, 동원체제로 일반 대중을 집단화하는 것, **셋째**, 인민군 후방가족後方家族(나라를 지키기 위해 나선 군인들의 가족) 원호사업이었다. 조국보위후원회는 설립과 동시에 군비마련사업 등을 왕성하게 벌여, 설립 두 달 만인 10월까지 헌납받은 액수가 2,800만 원에 달했다.[11] 조국보위후원회는 인민군 후방가족 원호사업을 항일애국투사 후원사업과 연계하여 진행하였다. 이를 위하여 '애국투사 후원회'라는 기구를 만들었고, 이 기구에는 주민 160만 명이 가입되었다.[12]

이러한 전 사회적인 동원체제의 형성은 1949년 여맹의 기관지인《조선녀성》에도 잘 드러나 있다. 여맹은 지속적인 관개공사 외에 여성 동원, 비행기·함대 등 헌납운동, 군비 마련과 인민군대 가족 원호사업을 각 지역 여

8 《로동신문》, 1949. 5. 21;《로동신문》, 1949. 7. 1;《로동신문》, 1949. 7. 17. 조국통일민주주의전선
　각 도위원회 결성과정에 대해서는 1949년 7월 기간《로동신문》참조.
9 《로동신문》, 1949. 5. 22.
10 《로동신문》, 1949. 7. 17.
11 박명림,《한국전쟁의 발발과 기원 II》, 나남, 1996, 780쪽.
12 《로동신문》, 1949년 12월 30일.

맹의 임무로 삼았다.[13]

1949년부터 본격화된 각종 동원조직과 동원체제 형성으로 한국전쟁 발발 이후 북한이 급속한 전시동원체제를 구축할 수 있었던 것이다. 북한에서 대중적인 동원체제가 가능했던 조건은 **첫째**, 전 구성원을 이념적으로 동원하기 위한 적대와 증오, 그리고 통일을 위한 체계적 이념의 존재, **둘째**, 방대한 동원조직의 존재와 이 조직들과 군대의 직간접적 연계, **셋째**, 구체적인 동원 규정의 존재

'전 조선 녀성들은 인민의 원쑤를 소탕하는 정의의 전쟁에 총궐기하자'. 1950년 《조선녀성》 7월호에는 북한의 초대 여맹위원장 박정애의 전시총동원 선동문이 실렸다.

등이었다. 동원을 위한 각종 이념·조직·규정은 군대와 연결되었고, 개인은 각 단체에 복수가입을 통해 종횡으로 연결되어 있었다.[14]

거미줄처럼 촘촘히 조직화된 동원체제는 실제 전투가 벌어지는 전방뿐 아니라 전선에 대한 보급과 보충을 담당하는 후방에서도 수립되었다. 전쟁이 본격화된 1950년 6월 25일 이후 1953년 정전협정 체결 때까지 다양하고 조직적인 후방정책이 실시되었다. 그리고 그 임무는 곧 후방과 마을 공동체를 책임지는 여성의 역할이었다. 당시 여성들이 후방에서 벌인 주요 사업과 활동, 주요 조직화 과정을 살펴보면 다음과 같다.[15]

---

13 전시동원체제 하에서 여맹의 임무에 대해서는 《조선녀성》 1949년 각 월호 참조.

14 박명림, 앞의 책, 789쪽.

15 구체적이고 풍부한 실태는 박영자, 〈6·25전쟁기 북한의 '후방정책': 후방 전시동원에 대한 《로동신문》 분석을 중심으로〉, 《軍史》 제57호, 국방부 군사편찬연구소, 2005. 12, 235~270쪽.

첫째, 전선 및 유격대 동원이다. 전쟁 발발 후 김일성의 방송연설을 시작으로 정권은 각종 대중집회와 모임을 통해 전선참여운동을 조직하여 주민들을 전방으로 동원하였다. 미군과 한국군의 약진으로 인민군이 후퇴하던 시기에도, 김일성의 지시로 노동당과 사회단체 간부들은 '인민유격대'를 조직하였다. 전선이 치열해지고 청소년까지 전방에 동원되면서 유격대는 자연스럽게 여성과 노인을 주축으로 이루어진다. 당시 유격대의 임무는 적의 지휘부를 기습 소탕하고, 보급선을 끊으며, 적의 통신수단을 파괴하고, 군수창고와 각종 군사시설물을 불지르며, 적 후방을 교란시켜 적들에게 불안과 공포를 주는 것이었다. 인민유격대는 지방당 조직의 지도 하에 지역별로 광범위하게 조직되었다.

둘째, 전쟁 기금 및 재정동원사업이다. 1949년 7월 15일 조국보위후원회 결성준비위원회를 조직한 북한 정권은 군기기금 헌납운동을 대중적으로 전개하였다. 1949년 10월 조국보위후원회의 결정으로 시작된 이 운동은 인민군대 무장장비 강화를 목적으로 비행기, 탱크, 함선 등 군기軍器 마련에 필요한 기금을 헌납하자는 운동이었다. 이 같은 재정동원사업은 전쟁 발발 후 전면화되었다. 전선 식량 조달을 위한 현물세 완납과 애국미 헌납운동 등 각종 재정지원사업이 전 사회적으로 펼쳐진다.

전쟁 발발 이듬해에는 기금 마련을 위한 복권까지 발행되었다. 조국보위후원회 중앙위원회가 군기기금 헌납을 더 많이 조성하기 위해 내각에 조국보위복권 발행을 제의한 후, 1951년 10월 5일부터 전 지역에서 조국보위후원회 중앙위 명의로 일제히 복권이 발행되었다. 그러나 복권 발행 전부터 북한의 각종 기관과 사회단체는 전쟁 기금 마련을 위한 복권 구매를 독려하며 저축운동을 전개했다. 복권 구매 외에 후방의 여성들은 증산과 시간 외 노동, 파철·폐품·유휴자재·곡식 이삭 수집, 약초와 나물 캐기 등 '출혈노동'과 금품·귀중품·재산 헌납 등으로 전시 재정사업에 동원되었다.

셋째, 전선 및 전쟁 피해자 원호를 위한 후방 동원사업이다. 구체적으로는 위문 및 전선원호戰線援護, 인민군 및 유격대 원호, 군인 가족과 전쟁고아 원호사업 등이다. 남성이 부재한 상황에서 몸을 움직일 수 있는 여성들은 거의 다 사회로 진출하거나 동원되어 생산과 사회 유지 활동을 하였다. 정권의 성 역할론에 따라 모든 여성에게 전선원호라는 일차적 활동이 강제되었는데, 특히 전선 및 전쟁 피해자 원호사업은 온전히 후방의 여성 몫이었다. 인민군에게 생필품과 부식물 중심의 위문품 및 위문편지 보내기, 인민군과 유격대 활동을 원호하며 그들의 식사와 의류 문제 등을 해결하기, 그들의 휴식과 간호를 책임지기, 인민군 가족과 전쟁고아들을 돌봐 주기 등 전선원호 사업은 전시 권력으로 조직된 북한 여성들의 1차 과제였다.

내핍과 동원의 전시경제 체계

전쟁 기간에 북한 경제는 전선 상황에 기민하게 대응하도록 분기별 계획으로 전환되었다. 그리고 군수품 생산기업소를 소개疏開·확장하는 동시에, 국영 및 개인 공장, 기업소를 군수품 생산기업소로 개편하였다. 또한 생산협동조합과 같은 이른바 '생산협동경리生產協同經理'를 조직해 일반 주민들이 군수품을 직접 생산하게 했다. 전시경제정책의 목표는 "인민경제 내부에 존재하는 모든 잠재력과 예비를 최대한으로 동원 리용하며 급속히 증대되는 전선의 수요를 우리 인민 자체의 힘으로 해결"하는 것이었다. 즉, 북한의 전시경제는 '총을 쥔 결의로써 마치를 잡자!', '파종도 전선이다!'라는 전투 구

호를 내걸고 전 인민을 동원하는 내핍과 동원의 경제였다.[16]

북한의 전시경제정책이 본격화된 시기는 후퇴 이전 지역을 대부분 수복한 1951년 이후였다. 북한은 당중앙위원회 제3차 전원회의 결정[17]에 따라 1951년 1월 13일 경제 및 문화의 제1차 복구 대책에 관한 결정 제191호, 3월에 내각결정 제237호로 1951년 인민경제 및 문화의 복구발전 계획을 채택하였다. 이 계획으로 1951년 상반기에 광산 20개소, 제철소와 제강소 14개소, 시멘트와 벽돌 공장 12개소, 국영 직물과 양말 공장 15개소 등을 복구한 후 조업을 개시하였다. 또한 교통운수와 중앙과 각 도 간 통신시설 복구를 추진하였다.[18]

1951년 2월과 3월에는 각 사범전문학교와 일부 교원대학, 그리고 기술 전문학교들이 개교하였으며, 민주선전실과 구락부를 복구하고 출판물을 발간하였다. 제3차 전원회의 이후 조선로동당은 대중에 대한 사상교양을 강화하였다. 그리고 사상교양의 거점으로 활용하기 위해 민주선전실을 대대적으로 증설하였다. 그리하여 1950년 하반기에 북한 전 지역에 3,794개였던 민주선전실은 1951년 2/4분기에 1만 2,833개로 늘어났다. 또한 교양 교재 제공을 위해 출판보도 기관들도 급속히 확장 복구되어, 1950년 말 18종이 발행되던 신문이 1951년 상반기에는 27종으로 늘어났다. 그리고 1951년 1월에 내각결정 제193호를 채택하여 여름철 방역사업을 지시했으며, 2월에는 군사위원회 명령 제113호로 국가비상방역위원회를 조직하고 전염병 대책을 세우게 하였다. 인민보건사업을 위하여 진료소와 병원 복구가 추진되었다.[19]

16 력사연구소 민속학연구실, 앞의 책, 18쪽.

17 김일성, 〈조선로동당 중앙위원회 제3차 전원회의에서 한 결론〉, 《김일성 저작집》 6권, 1980, 210~216쪽.

18 강석희, 앞의 책, 278~280쪽.

19 강석희, 앞의 책, 281쪽.

로동당은 1951년 1월 21일 중앙위원회 정치위원회 회의에서 인민 생활 안정을 위해, 파괴된 중앙 경공업과 지방산업공장 복구와 지방산업공장 증설을 결정하였다. 지방산업공장 증설정책은 전시 환경에서는 큰 경공업 공장보다 지방산업공장 건설이 유리하다는 판단에서 나왔다. 지방산업공장들을 건설하면 국가투자를 많이 하지 않아도 생활필수품 생산을 늘릴 수 있기 때문이었다. 이 밖에 생산합작사를 널리 조직하게 하였으며, 개인기업과 가내 부업을 장려하고 식량 문제 해결을 위한 농업현물세 조기 완납 등을 지시했다.[20]

1952년 1월에는 전시 인민경제 운영의 지침이 될 이른바 '전시인민경제계획'이 작성되었다. "모든 내부 원천을 최대한으로 동원하여 파괴된 산업을 빨리 복구 운영"하여, 인민 생활 안정과 전후 산업화 기반을 형성하기 위함이었다.[21] 이와 관련하여 김일성은 1952년 6월 18일 조선로동당 중앙당학교 교직원, 학생들을 상대로 한 연설에서 전후 산업화를 위한 경제계획 방향을 제시하였다. 그 주요 내용 중 하나가 전쟁 경험에 비추어 공업을 합리적으로 배치하고, 군수공업을 발전시키는 것이었다. 일제강점기에 형성된 공업지대가 해안선 일대에 배치되어 폭격과 함포사격에 용이했다면서, 공장과 기업소를 원료지에 가깝고 수송이 편리하며 국방상 안전한 곳으로 옮기게 하였다. 전후 복구의 방향은 공업 발전으로 제시하였다. 공업 발전을 위한 방안은 첫째, 국내 모든 자원과 노력을 동원하며 절약과 저축을 강화할 것, 둘째, 인민들의 적극성과 창의성을 북돋으며 "온갖 곤난과 애로를 용감히 뚫고 나아가도록" 할 것, 셋째, 원조를 효과적으로 이용할 것이었다.[22]

---

20 김일성, 〈전시인민 생활안정을 위한 몇 가지 과업〉,《김일성 저작집》 6권, 1980, 265~268쪽.

21 박태호, 앞의 책, 181쪽.

22 김일성, 〈조선로동당은 조국해방전쟁 승리의 조직자이다〉,《김일성 저작집》 7권, 1980, 241~242쪽.

한편 노동당 중심의 경제사업으로 당의 행정대행行政代行(노동당이 경제 행정 업무까지 직접 관리하는 사업 양상)이 강화되어, 공장의 당세포회의가 행정기술협의회처럼 이루어졌다. 그 예로, 락원기계 제작소 주철직장에서는 당원들이 당세포회의에서 선철과 콕스를 비롯한 연료와 자재를 해결해 달라는 식으로 토론이 진행되었다.[23] 이러한 당의 행정대행은 현재까지도 지속되는 북한 경제의 핵심적 특징이다.

그러나 노동당이 경제정책을 직접 진두지휘해도 당시 북한 경제가 직면했던 문제들은 쉬이 해결되지 못했다. 당시 북한이 안고 있던 경제문제들은 다음과 같다.[24]

첫째, 중공업성은 군수품 생산계획을 미달성하고 일부 군수물자는 전혀 생산하지 못하였으며, 생활일용품 생산은 거의 이루어지지 않았다.

둘째, 국영기업에서 생산한 철이 개인기업으로 들어가 가정용품과 각종 일용품으로 만들어져 시장에서 투기적 가격으로 팔리고 있으나, 국영상업기관과 소비조합 상점에는 상품이 없었다.

셋째, 화학건재 공업성은 생산 준비 사업을 제대로 진행하지 못하였으며, 경공업성은 계획의 60퍼센트밖에 달성하지 못하였다.

넷째, 지방 방직공장에서는 목화가 많이 낭비되고 있을 뿐 아니라 원료를 도난당하고 있으며, 원가는 높아지고 불합격품이 증가하고 있었다. 그러나 어느 누구도 이러한 사실에 대해 책임지려 하지 않았다.

다섯째, 농업성은 1952년 말까지 경작면적을 전쟁 전 수준으로 회복하

23 김일성, 〈락원기계 제작소 주철직장당세포 당원들과 한 담화〉, 《김일성 저작집》 7권, 1980, 262~263쪽.
24 김일성, 〈당의 조직적 사상적 강화는 우리 승리의 기초 : 조선로동당 중앙위원회 제5차 전원회의에서 한 보고 1952년 12월 15일〉, 《김일성 저작집》 7권, 1980, 398~400쪽.

지 못하고 있었다.

여섯째, 재정성의 검열통제사업이 잘 진행되지 않았다. 예를 들어 농민은행은 농민들에게 대부해 줘야 할 자금의 60퍼센트를 기관들에게 대부하는 오류를 범하였다.

정책과 계획에 따라 순조롭게 생산이 이루어지지 않았음에도 불구하고, 그대로 공업화정책은 강행되었다. 공업화를 위한 내핍과 동원정책은 1953년도 경제계획에 그대로 반영되었다. 1953년도 인민경제계획은 "전쟁의 종국적 승리를 앞당기며 파괴된 산업을 계속 복구하고 복구 신설된 기업소들에서 생산을 급속히 증대시키며 전후 복구 건설을 위한 물질 기술적 준비를 갖추는 방향에서 작성"[25]되었다.

1953년은 중공업 위주의 전후 공업화를 본격적으로 준비한 시기였다. 금속·기계 제작·조선업 발전과 광업 등 자연부원自然富源(사회의 경제적 부를 생산할 수 있는 원천이 되는 천연자원)을 개발한 원료 추출, 그리고 수출 증대가 강조되었다. 따라서 금속·기계 제작·화학·건재·조선·전력·채취공업이 핵심 산업이 되었으며, 자재와 자금, 노동력이 부족한 상황에서도 핵심 산업에 집중 투자되었다.[26] 핵심 산업 육성은 국방력 강화와 전후 산업화를 위한 정책이었다. 또한 조선로동당은 공업 생산에 대한 당적 지도 강화를 제기하며, 공업 생산과 노동자에 대한 당 지도를 핵심 과제로 설정했다.[27]

경공업은 생산협동조합을 구성하여 인민들 스스로 생필품을 생산하게

---

25 박태호, 앞의 책, 182쪽.

26 김일성, 〈전후경제복구건설방향에 대하여: 조선로동당 중앙위원회 정치위원회에서 한 결론 1953년 6월 5일〉, 《김일성 저작집》 7권, 1980, 506~510쪽.

27 김일성, 〈당을 질적으로 공고히 하며 공업 생산에 대한 당적 지도를 개선할데 대하여: 조선로동당 중앙위원회 정치위원회에서 한 결론 1953년 6월 4일〉, 《김일성 저작집》 7권, 1980, 504쪽.

하고, 국유화의 기반을 구축하게 했다. 1952년 8월 내각협동단체 지도위원회는 〈생산 및 수산 협동조합 각급 련맹기관들의 지도사업강화방침에 대하여〉, 〈협동조합들에서의 생산원료보장대책에 관하여〉, 〈생산 및 수산 협동조합 조합원들을 위한 사회보험제도에 관하여〉, 〈협동단체들에서 자체 수송수단 관리운영사업을 강화할데 관하여〉 등의 결정을 채택하였으며, 1952년 10월 30일에는 〈협동생산조합들에 대한 북조선중앙은행의 단기대부규정〉에 관한 내각결정 제191호를 채택하였다. 이러한 북한의 경공업 정책은 "생산협동조합원들의 로력적 열성을 더욱 높이며 많은 개인수공업자들을 협동경리에 망라시키게 하는 데서 주요한 의의"가 있었다.

그러나 내핍과 동원정책에도 불구하고, 계획과 현실의 불일치 그리고 미군에 의한 무차별적 폭격은 북한 경제에 심각한 타격을 주었다. 당시 북한 경제가 입은 피해를 금액으로 환산하면 약 4,200억 원이었다. 가장 혹심한 피해를 입은 부문은 공업 부문으로, 8,700여 개의 공장과 기업소 건물, 생산 설비들이 파괴되었다. 농촌 역시 무차별적 폭격으로 37만 정보의 농토가 피해를 입었으며, 농경지가 9만 정보나 줄어들었다. 1949년에 319억 4,400만 원이었던 공업 총생산액이 1952년에는 3년 만에 181억 1,200만 원으로 반토막났다. 곡물 생산도 전쟁 전에는 곡창지대인 남연백벌(황해남도 곡창지대) 없이도 279만 톤을 생산하였는데, 1952년과 53년에는 남연백벌을 포함하고도 220여 톤밖에 생산하지 못했다. 이외에도 전쟁 전 500여 대였던 기관차 수가 전후 100대 정도밖에 남지 않는 등 북한 경제는 전 영역에 걸쳐 심대한 피해를 입었다.[28]

28 박태호, 《조선인민의 정의의 조국해방전쟁사 3》, 평양: 사회과학출판사, 1983, 183쪽; 고상진,
    《조선전쟁 시기 감행한 미제의 만행》, 평양: 사회과학출판사, 1989, 43쪽.

전후 농업협동화의 토대

전쟁 기간에 북한 정권은 농업협동화 구상에 따른 농업정책을 추진했다. 1952년 1월 2일 군사위원회 명령 제212호 〈화학비료 수송 및 공급에 관하여〉를 하달하고, 같은 해 1월 30일 내각결정 제13호 〈1952년도 영농사업준비 및 실행대책에 관하여〉를 채택하며, 비료 공급·농기구·관개용수 등 농업문제를 집단적 방식으로 해결하게 했다.

노동력과 축력畜力(가축 노동력) 부족 문제 역시 집단적 농업노동으로 해결하게 하고, 사회적 동원으로 '로력협조대'를 조직하여 노동력 부족을 해소하게 했다.[29] 그리고 농민은행을 통해 특히 인민군 후방가족과 빈농들에게 현물세와 대여 종곡·양곡 반환을 면제해 주기도 하며, 농업협동화를 지지하고 주도적으로 조직할 세력을 형성하였다.[30]

당중앙위원회 정치위원회는 1952년 12월 빈농과 영세농민들을 '부업협동조합'으로 조직하는 결정을 채택하였다. 이후 1953년 7월까지 농촌 지역에 72개의 부업협동조합이 조직되었다.[31] 농촌 복구를 위해서는 조선농민은행을 통해 부업협동조합 중심으로 대출해 주었는데, 이러한 국가 지원이 전후 급속한 농업협동화의 동력이 되었다. 당시 북한 농민들의 대출금 용도는 〈표 2〉와 같다.

〈표 2〉 조선농민은행의 대출금 용도별 비율(1952~1953)

용도 \ 연도	1952	1953(6.30 현재)
관개시설	10.4	6.0

---

29 박태호, 앞의 책, 184쪽.

30 김일성, 〈평안남도 내 농민대표들과 한 담화〉, 《김일성 저작집》 7권, 1980, 476쪽.

31 력사연구소 민속학연구실, 앞의 책, 99쪽.

부림소(노동력 소) 자금	71.0	72.1
돼지 사육 자금	9.7	14.7
농기구 자금	3.6	3.8
기타	5.3	3.4

출처: 《조선중앙년감》, 1953, 546쪽

정권은 다양한 방식으로 협동농업을 조직했는데, 이는 민족적 미풍양속으로 선전되었다. 특히 전시에 광범위하게 조직된 품앗이반, 소거리반, 노력협조대, 소와 영농 기구의 공유화는 전후 농업협동화의 기초가 되었다. 북한 문헌은 이에 대하여 "사회주의협동경리의 싹으로서 전후 농업협동화를 추진함에 있어서 선구자적 역할"을 했다고 평가한다.[32]

'품앗이반'이란 과거 농촌에서 농번기 협동작업을 위해 만든 조직인 두레를 재구성한 조직으로, 1952년 평안남도에서만 3만 3,525개의 품앗이반이 조직되어 35만 7,715명의 농민이 참여했다. '소거리반'은 건강한 소는 한 마리, 약한 소는 두 마리로 짝을 지어 리 내의 모든 농가들을 조직한 노력 단위였다. 소거리반은 밭갈이뿐 아니라 거름 운반, 낟알 운반까지 1년 내내 지속적으로 운영되었는데, 1952년 평안남도에서만 2만 6,151개가 운영되었다. 북한 당국은 품앗이반과 소거리반은 단순한 전통의 계승이 아니라 새로운 사회주의적 제도라고 그 의의를 선전했다. 품앗이반과 소거리반은 둘 다 연간 운영되는 협동노동조직으로 실정에 따라 다양하게 운영되었다.

'노력협조대'는 품앗이반이나 소거리반과 달리 일종의 전 사회적 동원조직으로, 시기와 상황에 따라 농촌을 지원하는 노력협조대였다. 노력협조대는 각 지방에 따라 '민청돌격대', '전선돌격대', '복수의 돌격대', '녀성제초돌격대', '풀베기돌격대', '추수돌격대' 등 다양한 명칭과 구성원으로 조직되었

---

32 박태호, 앞의 책, 199~200쪽.

다. 이 밖에도 소와 영농 기구를 공동관리·공동구매하고, 각 군 간에 부림소(일소)를 서로 조절하고 돌려 주어 밭갈이와 파종을 하게 하는 등 한정된 자원으로 최대한의 농업생산 효율을 올리는 데 힘썼다.[33]

노동자와 사무원들도 '춘기파종협조대', '모내기협조대', '풀베기지원돌격대', '추수지원대' 등의 명칭으로 바쁜 농사철마다 동원되었다. 인민군과 내무원들은 전투가 없는 시기에 노력협조대를 조직하여 농촌 봄씨 붙임, 경지 복구, 관개공사, 모내기, 김매기 등을 도와주고 지뢰탄과 시한탄을 제거해 주었다. 학생과 전업주부들은 노력협조대 활동 외에 인분뇨, 파벽토 등을 수집하여 농촌에 보내 주었다.[34]

이처럼 농업 지원을 위한 시기별 동원이 전 사회적으로 진행되었으며, 이 제도는 현재까지 지속되는 북한의 농업 노동력 정책이다. 이처럼 북한 정권은 전 사회적 동원 체제를 가동해 농업 노동력 부족 문제를 해결하려 했다.

동원체제의 부작용

그러나 국가적 공익사업에 각계각층의 개인들을 동원하는 체계가 아무런 저항 없이 자리 잡기란 쉽지 않았다. 수많은 혼란과 갈등이 일어났다. 기획과 실행은 다른 문제였고, 계획과 결과 또한 그 차이가 컸다. 중앙권력이 대중을 장악하고자 권력망을 강화하고, 이를 이용해 대중을 더 세밀하게 조일수록 여러 갈등에 봉착하게 되었다.

33 력사연구소 민속학연구실, 앞의 책, 89~98쪽.
34 력사연구소 민속학연구실, 앞의 책, 99~100쪽.

우선 대중 동원을 조직하고 관리하는 관료층에서 중앙권력이 다 알지 못하는 정보나 관리자 권력을 이용하여 사사로이 이익을 챙기는 부작용이 생겨났다. 관료제 내부의 위계적 질서를 이용한 공모 문제도 일어났다. 상위 권력과 하위 대중에 대한 관료의 이중적 태도와, 강제동원에 대한 직·간접적 저항 등의 부작용이 있었다. 그리하여 중앙에서 요구하는 대중과 현실 상황에 대한 각종 실사와 문건을 충실히 작성할수록, 대중들이 긴급히 요구하는 문제는 해결하지 못하는 모순이 벌어졌다. 구체적인 사례를 중심으로 강제동원 체제가 만들어 낸 문제점들을 살펴보자.

첫째, 관료층이 자금과 원료를 유용하거나 비축하는 비리 문제이다. 지방산업관리소 공장 지배인과 관료들의 사례를 보자. 한 식료종합공장 지배인은 허위 영수증 19매로 41만 원을 은행에서 지급받아, 14만 원은 양복을 지어 입고, 8만 원은 계획에 없던 기본건설에 자의적으로 투자했다. 직물공장에서는 생산 자금 49만 원을 방공호, 합숙 보조비, 부업경리 자금 등에 유용했다. 생산 자금을 관료들이 자의적으로 비축하는 일도 허다했다. 한 직물공장에서는 생산 자금 29만 원을 3개월간 업무과장이 그대로 가지고 있었다. 그는 이 자금으로 3개월 후에 킬로그램당 4천 원이 더 비싼 면사를 평양시장에서 구매하여 생산품의 판매 가격이 시장가격보다 높게 만들었다. 한 사무용품 공장 지배인은 4회에 걸쳐 4만 원의 생산 자금을 장기간 가지고 있었는데, 그중 2만 원을 '비상금' 명목으로 자신의 지갑에 넣고 다녔다.[35]

둘째, 관료제 내부의 위계질서에 의한 공모도 벌어졌다. 지방산업관리소 산하 공장 대부분에서 원료 낭비와 유용, 그리고 착복 현상이 나타났는

---

35 〈자금과 원료를 랑비 류용하는 범죄 행위〉,《로동신문》, 1952년 4월 2일.

데, 이러한 불법행위는 관료 간의 위계적 공모로 이루어졌다. 한 식료종합공장에서는 지배인과 경리과장의 공모로 원료인 쌀이 일상적으로 착복되었다. 그 방법은 장부 위조로 원료를 착복하고, 합숙 보조·종업원 보조 등의 명목으로 쌀과 식염을 빼돌리는 것이었다. 이런 부정을 감시해야 할 관리소는 산하 공장에 대한 경리 검열을 실시하지 않았을 뿐만 아니라, 관리소가 나서서 산하 공장들에게 부당한 유용을 강요한 사실까지 있었다.[36]

그 구체적인 실상은 이러했다. 식료종합공장 세 곳에서 생산 자금 167만 원을 불법적으로 가져다가 도내 공장에 111만 원을 대부하고, 나머지 자금을 예산이 승인되지 않은 사무실, 주택 건축 등에 사용하였다. 그리고 관리소 업무부의 부당한 지도에 따라 산하 공장인 식료공장에서 계약 상대 기관이 아닌 직장과 공장에 제품을 직접 판매하여 그 대금을 착복했다. 다른 직물공장에서는 지배인이 4만 7천 원 상당의 제품을 마음대로 친구들에게 선사하는 일이 발생했는데, 이 관리소 산하 공장들과 관리소는 노동당이 '재정규율강화투쟁'을 전개한 지 3개월 이상이 지난 시점까지도 아무런 대책도 세우지 않고 여전히 공공자금을 연회비와 접대비 등으로 사용하였다.[37]

셋째, 전 사회적인 동원 체계가 진행되면서 관료들이 상위 권력과 하위 대중에 대해 위계에 근거한 이중적 태도를 취하는 문제점이 나타났다. 연변군 당위원회에서 군내 간부들이 주민들의 상황과 의견에 따라 사업을 펴기는커녕 오히려 주민의 요구를 무시하고, 주민들에게 불법적으로 금품을 할당 징수하여 연회 등에 사용한 비리가 적발됐다. 1951년도 현

---

36 앞의 기사,《로동신문》, 1952년 4월 2일.
37 앞의 기사,《로동신문》, 1952년 4월 2일.

물세 징수 사업을 총결할 때 사용한다는 구실로 면 대의원과 리 인민위원장에게 쌀과 돈을 내게 하여 연회비로 충당하고, 직책을 남용하여 '일제 경찰식 관리 행사'를 하는 등 이 간부들이 끼친 피해는 컸다. 고서면 당위원장은 일상적으로 하부에 대한 지도를 위협과 욕설로 하였다. 다른 지역에서는 상급에서 파견된 관리가 예산 보장과 주민 동원에만 치중하여 불만을 샀다. 이 관리는 "사업을 못하겠으면 당증을 내놓으라"고 위협하였으며, 명령과 호령으로 사업하여 현물세 납부 부문에서 1등은 하였으나 당과 정권기관으로부터 대중을 이탈시키는 결과를 낳았다.[38]

양덕군 내무서 초급당 간부는 "공명심에 물젖어 상부에는 아첨하고 하부에는 욕설과 호령으로" 대하였다. 또한 직권을 남용하여 국영과 개인 음식점을 돈도 내지 않고 마음대로 이용하였다. 그리고 개인 상인과 담합하여 국가 물자 밀매로 수만 원을 착복하였다. 오강면 분주소장은 인민들에게 호령과 욕설, 심지어 구타까지 하였다. 그리고 중앙의 단속사업을 구실로 주민의 재산을 부당하게 처분하고, 주민들에게 부당한 금품을 징수하였다. 또한 일부 내무원들은 자신의 결혼식을 명목으로 주민들에게 금품을 징수하여 사용했다. 더욱이 간부들이 나서서 하부의 의견과 비판을 억누르고, 주민을 강압과 위협으로 동원하였으며, 주민의 신소申訴(범죄 사실이나 억울함을 신고함)와 요구를 제때 해결해 주지 않았다.[39]

넷째, 주민들을 강제로 동원하면서 생긴 부작용도 만만치 않았다. 평양시 당상 2리에서 벌어진 사업을 보자. 이 지역 간부들은 수방사手紡絲(수방기라는 기계로 뽑은 실) 생산사업을 지도할 때 매 호당 솜 2근씩을 할당하였다. 그러다 보니 기능이 없는 사람은 어쩔 수 없이 시장에서 사서 바치는

38 〈수령의 교시를 실천키 위한 투쟁〉, 《로동신문》, 1952년 4월 7일.
39 〈양덕군 내무서 초급 당 총회에서〉, 《로동신문》, 1952년 4월 7일.

폐단이 일어났다. 또한 리 인민위원회 간부들을 비롯하여 1구 구장과 동 구내 각 인민반장들은 노력동원에서 자신들은 제외하고 군중만 동원하는 등 노력동원이 불공평하게 이루어졌다.[40]

그 구체적 예를 보면, 한 농민은 '말 없이 잘 동원된다'고 하여 1년에 20여 회나 우마를 포함하여 동원한 반면에, '까다로운 사람'이라고 하는 적지 않은 사람들은 1년에 한 번도 동원하지 않았다. 리 간부들은 주민들에게 '8·15 경축비', '조기작물 현물세완납 경축비', '대의원 선거비' 등 세외 부담금 6만 9천 원을 거두어 낭비하였다. 이러한 행위는 구장, 반장에게도 나타났다. 당상 2리 6구장은 '보건 위생비' 명목으로 8천 원의 금품을 거두어 착복하였다. 그런데도 리 간부들은 주민들의 의견을 들으려 하지 않으며 말할 기회조차 주지 않았다. "묻는 첫발부터 언성을 높이어 욕설"을 퍼부었다.[41] 저축사업에서 리 주민들에게 개별적으로 통장을 주지 않고 관리의 용이함을 들어 반장 명의로 저금통장을 총괄 관리하여, 리 주민들이 저금을 꺼리게 만든 사례도 있었다. 인민위원회 간부들 중에는 사업을 간부 중심으로만 진행한 경우도 있었다. 구장·반장들과의 형식적인 사업에 치중하여 허위보고에 만족하고, 구장과 반장들이 주민들에게 멋대로 세외 부담을 시켜도 리 인민위원회에서 이것을 모르거나 방관하였다.[42]

주민들의 이해관계를 고려하지 않고 동원하여 갈등을 초래하기도 했다. 예를 들어 평안남도 평원군 농민들은 품앗이반에 조직되는 것을 싫어하였다. 그 이유는 관리들이 품앗이반을 조직할 때 농민들의 이해관계를 고

---

40 〈리민 총회에서〉, 《로동신문》, 1952년 4월 2일.

41 앞의 기사, 《로동신문》, 1952년 4월 2일.

42 앞의 기사, 《로동신문》, 1952년 4월 2일.

려하지 않고 무작위로 조직했기 때문이다. 김매기 기능 정도와 노력을 제대로 평가하여 정당한 대가를 지불하지 않았으며, 무계획적으로 농민을 동원했다.[43] 이러한 행정 편의적인 사업에 어쩔 수 없이 동원된 농민은 "남의 논밭일은 성의 없이 하고 자기네 것만 잘하는" 방식으로 불만을 표현하였다.[44]

다섯째, 중앙에서 요구하는 각종 문서와 보고 처리에만 치중하느라 정작 긴급하게 처리해야 할 주민의 요구를 실행하지 못하는 등 대중사업을 소홀히 한 경우도 많았다. 정○군 군 당위원회의 사업 방식을 보면, 이 군 당위원회는 한 달 동안 군내의 각 면 당위원회에 '책벌 취소받을 자 명단', '등록 후 책벌받은 자 명단', '면내의 자습당원 명단', '민주선전실 지도원 명단' 등 필요 없는 보고를 수없이 요구하였다. 면 당위원회 간부들이 중앙에서 요구하는 수많은 문서를 작성하다 보니, 대중지도 사업을 제대로 할 수 없는 지경에 이르렀다. 무산군 인민위원회 간부들은 각 면 인민위원회에 군내 농민들의 영농사업 진행 정형을 수많은 보고서로 올릴 것을 지시하였다. 이렇게 되자 면은 리 인민위원회에 지시하여 '○○종자 립선정형', '○○ 준비정형', '우사·돈사·온돌 수의 정형', '영농 기술보급 정형', '퇴비반출 정형', '농기구확보 정형' 등 13가지나 되는 복잡한 통계 보고를 5일에 한 번씩 정기적으로 받았다. 어떤 경우에는 아무 필요도 없는 보고를 매일 받기도 했다.[45]

상황이 이러하니 하부 간부들은 문서 작성에만 매달리게 되어 본 사업

43 〈초보적 성과에 도취한 일꾼들〉, 《로동신문》, 1952년 7월 26일.
44 〈품앗이반 조직 운영 사업에서 얻은 몇 가지 경험〉, 《로동신문》, 1952년 8월 4일.
45 〈불필요한 문서 람발을 퇴치하고 하부에 대한 산 지도를 강화하자〉, 《로동신문》, 1952년 7월 29일.

을 제대로 하지 못했다. 더욱이 무산군 내 리 인민위원회 대부분은 군 인민위원회가 요구하는 문건 작성에 필요한 용지 대금을 마련하기 위해 인민들로부터 금품을 차용하거나 '회사금'을 받았다. 심지어 함흥시 인민위원회 간부들은 토굴을 지으려는 전쟁 피해자들에게 '대지사용 승낙서', '안내도', '배치도', '립면도', '평면도', '별지 제1호 양식', '별지 제2호 양식', '별지 제3호 양식' 등 수많은 문건이 첨부된 허가 신청을 요구하였다. 이런 상황에서 주민의 일상생활에 필요한 긴급한 사안이 제대로 시행될 리 없었다.[46]

기나긴 '후방전투'의 서막[47]

이론적으로 전쟁을 바라보는 시각은 크게 세 가지로 나누어진다. 첫째는 신의 섭리라는 종교적인 인식에 기초한 우주론적 시각이다. 둘째는 자연적이며 동물적인 생존 투쟁이라는 인식에 기초한 생물학적 시각이다. 셋째는 사회공동체의 내외적 갈등이 기존 질서 안에서는 해결될 수 없는 위기 상황에서 발발한, 따라서 인간 사회의 후천적 발명이라는 정치사회적 시각이다.[48] 우주론적 시각과 생물학적 시각은 둘 다 전쟁과 그로 인한 비극의 원인을 인간 외적 조건에서 찾는 반면에, 정치사회적 시각은 그 원인을 인간 사회 내부의 정치적·사회적·문화적 과정 안에서 찾는다.

전쟁은 그 과정에서 인간의 존재 가치나 삶의 이력 따위는 전혀 고려하

46 앞의 기사, 《로동신문》, 1952년 7월 29일.

47 박영자, 〈6 · 25전쟁과 북한 여성의 노동 세계: '파괴와 反생산'의 전쟁에서 '창조와 생산의 주체'였던 여성 연구〉, 《아시아여성 연구》, 숙명여자대학교 아시아여성연구소, 2006.11, 49~84쪽을 수정 보완.

48 이삼성 2003, 46~48쪽.

지 않는 '눈 먼 파괴자'이다. 전쟁은 인간의 물질세계뿐 아니라 정신세계까지도 철저히 파괴하기 때문에, 그 여파가 전후까지도 오랫동안 이어진다. 전쟁은 그러나 동시에 창조자이기도 하다. 파괴적인 전쟁 뒤에 전쟁이 파괴한 정신과 물질을 복구할 새로운 기술과 문화, 제도가 도입·생성되기 때문이다. 이때의 창조란 긍정적 의미가 아니라 이전에 없었거나 없어진 무언가를 새로 형성 또는 복구한다는 뜻이다.[49]

흔히 전쟁과 젠더를 결부지어 접근할 때 두 가지 시각이 있다. 하나는 '전쟁의 피해자로서 여성'에 초점을 맞추는 것이고, 다른 하나는 전시나 전후 여성의 경제활동과 사회적 지위 변화를 주목하는 것이다. 전자는 주로 여성에 대한 학살·강간·폭행 등 주로 전쟁 중 남성이나 국가가 여성들에게 가한 성적 학대를 주목하며 전쟁의 희생자인 여성을 강조한다. 대표적 연구로 일본군 위안부에 대한 연구, 4·3항쟁이나 한국전쟁 중 일어난 좌익이나 피학살자 유가족에게 행해진 경찰·군인·미군·우익단체의 성범죄 연구이다. 후자는 표면적으로 전투가 벌어지는 전선과 전선을 엄호하는 후방으로 나누어진 전쟁에서, '성적 역할분담론'에 따라 남성 중심의 전투가 유지될 수 있도록 각종 물자 보급뿐 아니라 남성 군인들을 지지 및 보호하고, 가족의 생존을 담당하는 여성의 생산 및 경제활동 확대 등을 중시한다.[50] 한국전쟁이 북한 여성들의 삶, 그중에서도 노동 세계에 미친 영향은 기존 북한 관련 연구에서 제대로 조명받지 못한 주제 중 하나이다.

전쟁 피해자로서의 여성 연구는 전쟁의 파괴성과 여성의 처절한 고통을 드러내는데 유효함에도 불구하고, 그 의도와 무관하게 여성을 수동적인 피해자로 인식시키는 경향이 있기 때문이다. 또한 '여성과 사회적 약자 보호'

---

49 박태균 2006, 16~22쪽.
50 이임하 2004, 15~18쪽.

라는 남성 중심적 전쟁 신화가 허위임을 드러내는 역할을 하는 반면에, 거꾸로 '여성은 보호받아야 할 약자'라는 남성 위주의 도덕률이 새롭게 재구성되어[51] 성적 불평등 인식을 구조화시키기도 한다. 이 인식의 저변에는 인간으로서 남성과 동일한 권리를 가진 여성이라는 자연권의 개념과 함께, 사회적 지위는 사회적 기여의 결과라는 평등권 개념이 놓여 있다.

모순되게도 역사적으로 전쟁은 사회공동체의 생산과 재생산에 직접적으로 기여하는 여성의 창조적 활동을 가장 극명하게 드러내는 현장이 되어 왔다. 남성 부재의 전시 노동 현장에서 여성은 가족과 사회의 생존 및 지속을 책임지고 지난한 '후방전투'를 담당해야 했다. 각종 물자 생산과 지원으로 전선의 남성을 보호할 뿐만 아니라, 사회의 다수 구성원이며 약자인 노인과 어린이의 삶을 지켜야 했다. 전장에서 매 순간 생사의 기로에 서야 했던 남성들과 달리, 후방에서 다면적이고 긴 전쟁을 겪어야 했다.

한국전쟁 시기, 북한 여성들도 전방의 남성을 지원하고 일상의 생존을 지키는 기나긴 후방전투를 벌였다. 그들은 파괴된 현장을 복구하고, 생산을 일구는 노동 주체로서 후방을 책임졌다.

생산의 전투화, 공장의 전선화

남성들이 전투에 나가면서 생긴 공장 노동력 공백은 자원이나 동원된 여성들로 메워지기 시작했다. 남편이나 아버지를 전장으로 보낸 여성들부터 차출되다가, 점점 공장 인근의 젊은 여성들로 동원 대상을 넓혀 갔다.

---

51 예를 들어 '과거에 우리 남성들의 능력이 강하지 못하여 여성을 제대로 보호하지 못했으니 앞으로 더욱 강해져서 성공적인 전투를 치러야 한다'는 식의 전쟁시 성적 도덕률을 강화할 위험이다.

그런데 아무리 후방에 있는 공장이라도 안전한 공간이 아니었다. 모든 '적 시설'은 적을 이롭게 할 수 있기에 파괴 대상이 되었다. 특히 군수물자를 생산할 가능성이 큰 북한 지역 공장은 일차 폭격 대상이 되어, 홍남 비료공장·황해 제철소·평양 곡산공장·청진 제강소 등 52개의 대규모 공장이 이미 전쟁 초기에 파괴되었다.[52] 1950년 7월 3일에는 미군기의 폭격으로 공장에 화재가 일어나자, 이 공장의 여성 노동자 송금옥과 공장 여맹원들이 폭격이 계속되는 상황에서도 중요한 생산 시설인 타-빙을 보호하기 위해 젖은 가마니와 철판들을 가져다 기계를 덮고, 불타는 연기 속에서 동력실 건물의 불을 끄기 위해 방화용 모래와 가마니를 집어던져 진화에 성공했다고 한다.[53]

공장에 동원된 여성 노동자들은 파괴된 공장과 시설을 복구하면서, 동시에 전시 물자 생산을 위해 폭격을 피해 가며 기술을 익히고 생산을 지속해야 했다. 모든 물량이 부족한 전쟁 중이라 청장년 남성들이 대거 전선으로 이동한 상황에서도 공장에서는 평시보다 더 많은 계획량을 달성해야 했다. 그러나 별다른 기술이 필요 없는 일반 노동력은 물론이고, 오랜 숙련이 필요한 기술자와 기능공도 태부족이었다. 이런 상황에서는 우선적으로 공장에 동원·배치한 젊은 여성들을 동시에 기술자 겸 기능공으로 만드는 길밖에 없었다. 전쟁 발발 직후 10여 일 사이에 함경북도에서만 2,300여 명의 여성들이 제철, 방직, 제유 등 주요 부문 공장에 진출하였다.[54]

1950년 7월 말, 한 제사製絲공장에서는 남성 노동자 총수의 27퍼센트가 출전出戰하여 이들을 대신하여 여성들이 공장에 들어가 생산 수행과 기술

52 조선중앙년감 1952, 450쪽.

53 《조선녀성》, 1950년 8월호, 23~24쪽.

54 허종호 1983, 251쪽.

전시 탄광에서 남편을 대신하여 일하던 안주탄광 여성 노동자들의 증산 기치 노력을
다룬 기사의 삽화. 《조선녀성》 1950년 7월호.

습득을 동시에 진행한 끝에 전쟁 전 남성 노동자들보다 오히려 더 높은 생산력을 발휘했다.[55] 이 여성들이 1일 3교대제를 2교대제로 전환하고, '시간외 전선로동운동'과 '공휴일 애국로동운동', 그리고 '2인−3인분 초과생산운동' 등을 광범위하게 전개한 덕분이었다. 이러한 생산운동이 전쟁 발발 직후 조직적으로 전개된 결과, 전쟁 직후 첫 10일간의 전국 통계만 보더라도 903개 직장과 8,636개의 작업반에서 연 99만 4,390시간의 시간 외 노동이 이루어졌다.[56]

이 시기에 공식적으로 여성을 공장노동자로 조직·동원한 방법은 크게 세 가지였다.

---

55 《조선녀성》, 1950년 8월호, 36쪽.
56 력사연구소 민속학연구실, 1976, 37쪽.

첫째는 전선에 나간 노동자를 대신하여 근거리에 사는 그들의 부양가족들(여동생, 아내, 누나 등)을 공장으로 동원한 후 기능공으로 만드는 것이었다. 즉, 여성들이 "전선으로 나간 남편과 오빠를 대신하여" 공장과 기업소에 대대적으로 진출하여 전시 생산을 책임지게 했다.[57]

둘째는 전선 출동을 자원한 여맹과 조선로동당, 그리고 국가기관에 열성적이던 여성들을 시기와 정세에 따라 일부는 전선에 보내고 나머지는 광산과 공장으로 전출시키는 것이었다. 1950년 7월 8일, 북한 당국은 10만여 명의 젊은 농촌 여성과 여대생들이 전선 출동을 탄원하여, 일부는 전선에 출동시키고 나머지는 출동 지령이 있을 때까지 공장과 광산의 전시 생산에 복무하도록 생산 현장으로 전출시켰다고 밝혔다. 황해도 신천군 남부면 농촌 여성 120명은 전선출동 탄원서를 제출한 후 부근에 있는 궁홍광산에 배치되어 청년 분갱에서 선광 작업에 열성을 보였으며, 곡산군 덕연광산 부근 농촌 여성 50여 명도 전선출동 탄원서를 제출한 후 백연광산에 배치되어 남성들이 했던 생산노동을 대신하였다.[58]

셋째는 여맹에 의한 조직적 동원 후 공장으로 배치하는 것이었다. 일 사례로, 신의주시 여맹원들은 당국의 지침에 따라 조직 동원되어 전쟁 발발 후 불과 일주일 만에 200여 명이 인근 공장에 배치되었다.[59]

이렇게 가족과 조직을 총동원한 끝에 전쟁 발발 후 3개월 만에 북한에서 공장노동자가 된 여성의 수는 3만 1,366명에 이르렀으며, 1951년 6월까지 함경북도에서만 1만 9천여 명의 여성들이 노동자가 되었다. 각 공장에서

57 력사연구소 민속학연구실 1976, 38.

58 지영, 《조선녀성》, 1959년 8월호, 17쪽.

59 《조선녀성》, 1950년 8월호, 23쪽.

는 노동자 부양가족을 비롯한 각 계층의 여성들을 광범위하게 받아들여 사상교양과 함께 기술전습사업을 동시에 진행하였다. 조직적인 기술전습회와 개별책임제에 의한 기술 전습 등 여러 가지 방법으로 기능공 및 숙련공 양성사업이 진행되었다. 그 결과, 평소에는 신입 노동자들이 몇 개월이나 걸려야 습득할 수 있었던 기능과 기술을 여성 노동자들이 불과 1~2개월 사이에 익히게 되었다.

이 시기에 새로 공장에 들어가 노동자가 된 여성들은 당시 북한 정권의 노동력 정책을 가장 잘 드러내 주는 "남자들의 뒤 일을 녀성들이 맡아하자!"라는 구호에 따라, 전선에 나간 남편과 오빠들이 잡았던 기대와 설비를 익혀 종전에 남자들만이 할 수 있다고 여긴 착암기鑿巖機(광산이나 토목공사에서 바위에 구멍을 뚫는 기계)도 돌리고 소발구운재(소에게 물건을 실어 끌어 나르게 하는 일) 작업까지 하였다.[60]

그러나 공장에서 물자를 생산하려 해도 원료와 자재가 절대적으로 부족했다. 이런 상황에서 계획 생산량을 달성해야만 하는 노동자들은 "절약을 위한 투쟁은 승리를 위한 투쟁이다!"라는 공장 지도부의 지침에 따라 원료와 자재를 극력 절약하는 것 외에, '파철수집운동' 등으로 생산에 쓰일 만한 모든 폐품과 대용 원료들을 대대적으로 찾아 생산에 이용했다. 1952년 초 한 제철소에서는 이 파철수집운동을 꾸준히 벌인 덕에, 넉 달 동안이나 원료를 새로 받지 않고 자체 수집한 파철로 쇳물을 뽑아냈다고 한다. 광산 노동자들은 폭약이 제때에 도착하지 않자, 도처에 있는 불발탄을 해체하여 그 속의 화약을 발파 폭약으로 이용하였다. 폭약을 다져 넣을 구리깡이 떨어지자 참대로 구리깡 대용품을 만들어 생산을 보장했다.

이외에도 각종 창의고안과 선진 작업 방법 도입운동이 전개되어, 금속공

---

60 력사연구소 민속학연구실 1976, 38~39쪽.

업에서는 3~4배, 임업 부문에서는 14배, 채굴 부문에서는 20배까지 능률을 올렸다. 그러나 그 내용을 들여다보면, 이러한 성과는 노동시간 연장과 노동강도 강화 등 모두 노동자들의 피땀을 쥐어짠 결과였다.[61]

전쟁 기간에 북한 공장에서는 '애국적 개인맹세', '전선수첩', '복수기록장' 제도 등을 만들어 노동자들의 생산 증대 결의를 높이고 노동자들을 일상적으로 점검했으며, "후방도 전선이다!"라는 구호로 작업장 내에 전투문화를 조장했다. '생산의 전투화'와 '공장의 전선화'가 추진된 것이다. '창의고안'의 기치 하에 노동시간은 2배 정도 길어졌으며 강도 또한 높아졌다. "전시의 수요를 보장하기 위하여 반드시 필요한 것이라면 기어코 해내"야만 했으며, "여기에서 불가능이라든지 불가피하다는 것은 있을 수 없는 것"이었다. 그것은 "애국적 열의의 부족", "의지의 나약성"으로 규탄되었다. 그리하여 남편의 기대機臺(기계 설비)를 맡은 선반공, 남편의 착암기를 맡은 굴진공掘進工(굴 뚫는 사람), 전선에 자식과 오빠를 보낸 후 탄광·임산 부문 생산 현장에 배치된 여성 운탄공運炭工(석탄 운반공)과 여성 목재 운반공들을 비롯한 여성들의 "억센 투쟁은 전시 배가 증산 보장의 중요한 담보로 되었다."[62]

2016년 현재까지 북한 지역에 있는 지방공장의 노동자들은 거의 여성들로 구성되어 있다. 이것은 지방공장 전략을 정책적으로 추진하였던 한국전쟁 시기부터 현재까지 지속되는 북한의 성별 노동력 배치 정책에 따른 것이다. 1951년 1월 21일, 김일성은 조선로동당 중앙위원회 정치위원회(이하 정치위원회) 회의에서 인민 생활 안정을 위해 파괴된 중앙 경공업 공장과 지방산업 공장들을 복구함과 동시에 최대한 많이 건설하도록 하였다. 전시 환경에는 국가투자를 많이 하지 않고도 생활필수품 생산을 높일 수 있는 지

61 력사연구소 민속학연구실, 1976, 39~41쪽.
62 력사연구소 민속학연구실 1976, 50~53쪽.

방산업 공장 건설이 대규모 경공업 공장 건설보다 유리하다고 판단했기 때문이다. 이와 함께 생산합작사를 널리 조직하도록 하고, 개인기업과 가내부업을 장려할 것과 식량 문제 해결을 위해 농업현물세 징수를 서두르라고 지시했다.[63] 여성 중심으로 노동력을 동원하여 지방에서 자체적으로 생활용품 생산을 해결하도록 한 것이다.

이로부터 약 2개월 후인 1950년 3월 19일, 정치위원회에서 '인민 생활안정을 위한 일용 필수품 증산과 상품류통사업을 강화할 데 대하여'라는 결정이 채택되었다. 이때부터 전쟁 기간에 각 지역별로 지방공장이 새로이 건설되거나 조금씩 공장의 틀을 갖추기 시작했다. 당시 지방공장에서는 가정주부나 노인 등 유휴 노동력을 모아 그들에게 원료 수집과 간단한 생산도구를 이용한 생산을 맡기는, 소규모 수공업 생산이 대부분이었다. 특히 전시에는 평양시를 중심으로 지방공장이 활성화되었는데, 지방공장에서 생산한 전체 일용 필수품의 48퍼센트가 평양시에서 생산되었다. 대다수 여성들로 구성된 평양시 지방산업 노동자들은 파괴된 생산 시설을 복구하고 작업복과 고무신, 빨랫비누, 전구 등 생활필수품과 간장, 된장을 비롯한 식료품과 간단한 농기구들을 생산하였다. 기타 지방공장노동자들도 천, 옷, 식료품, 신발, 비누, 양초, 가죽과 유리 제품, 학용품 등 다양한 일용 필수품을 생산하였다.[64]

한편 여성 노동력 중심의 대표적 경공업 분야인 방직공장에서는 한 사람이 여러 기대機臺(기계 설비)를 맡아보는 '다기대운동'이 전개되었다. 노력영웅으로 뽑힌 평양방직공장의 한 직포공은 '4조2단주회법'을 통해 8대의 직기를 운전하여 1952년도 연간 계획을 11월 4일까지 완수하고 이해에 10만

---

63 김일성 1980, 265~268쪽.
64 강석희 1983, 285~286쪽.

1951년 남녀평등권 법령 발포 5주년을 기념하며 전시 여성의 노동자화
를 독려하는 7월 30일자 《노동신문》.

2,760여 미터의 천을 짜냈다. 이 모범을 따라 같은 공장 직포공들이 헌신
적으로 노동한 결과 1952년에는 1951년에 비해 323만 미터나 더 많은 천을
생산했다고 한다.[65]

　여맹은 공장에 들어가지 않은 가정부인을 중심으로 '로력협조대'와 '생
산대'를 조직하여 원료 수집 및 노력동원 등으로 공장 생산을 보조하였
다.[66] 대유동 광산지구 여맹은 300여 명의 여성들을 '사금채취대'로 조직 동
원하였는데, 동원된 여성들은 미군 전투기의 폭격을 피해 개울가에 대피호
를 파고 옷에 위장을 하면서도 많은 양의 사금을 채굴했다.

65　박태호 1983, 187~188쪽.

66　력사연구소 민속학연구실 1976, 62쪽.

농촌 여성들의 피땀 어린 생산투쟁

청장년 남성들이 대부분 전선으로 동원된 상황에서, 농촌에도 여성과 노인, 어린아이들만 남았다. 그리고 무기 등 주요 전쟁 물자를 생산해야 하는 공장보다, 농촌 지역의 여성 주도 생산 활동이 훨씬 더 광범위하고 절대적이었다. 2006년 현재까지도 북한 농촌을 지키는 대다수의 농민은 여성들로, 북한의 먹거리는 여성들이 생산하는 구조이다. 특히 젊은 여성들이 전시 물자를 생산하는 공장과 광산에 우선 동원되는 상황에서 농작물 재배는 주로 각 지역의 기혼 여성들에게 맡겨졌다.

한국전쟁 당시 농촌이라고 폭격을 피해 갈 수는 없었다. 계속된 폭격으로 살림집과 영농 시설들이 파괴되거나 불탔으며, 노동력·식량·종곡種穀(씨앗으로 쓸 곡식)·축력畜力(가축 노동력) 등이 절대적으로 부족했다. 전쟁 발발 후 농촌에서는 "농산물 증산은 녀성들의 힘으로!"라는 구호에 따라 대대적인 여성 동원이 이루어졌다. 평안남도 순천군 은산면에서만 2,382명의 농촌 여성들로 166개의 '전선로력반'이 조직되는 등, 전국 각지에서 각종 형태의 농촌 여성 동원 체계가 수립되었다.[67] 그 결과, 1950년 북한의 알곡 생산은 전쟁 전 최고 수확 해인 1948년의 생산수준을 오히려 넘어설 정도였다.[68]

물론 이런 결과를 내오는 데에는 중앙정부의 열성적 조직과 동원이 있었다. 북한 당국은 여성 농민들을 중앙의 전시 농업정책에 헌신하도록 만들고자 농업 부분에서 이 사업을 이끌 여성 주체들을 조직하는 데 앞장섰다. 이와 관련한 대표적인 사업이 '녀성보잡이운동'이었다. 소를 부리며 논밭을 가는 사람을 가리키는 보잡이는, 오랫동안 남자들의 영역으로 인식되

---

67 허종호 1983, 255쪽.
68 조선중앙년감 1953, 536~537쪽.

었다. 그런데 이제 남자들이 모두 전선으로 떠났으니 이 일도 여성이 맡아야 했다. 논밭을 가는 보잡이는 이를테면 농업 생산의 기초 작업에 해당했다. 당 조직과 여맹이 우선 농촌사업을 주도할 여성 농민으로 '녀성보잡이운동'을 조직한 이유가 여기에 있었다.

녀성보잡이운동이 내건 구호는 "밭갈이는 녀성들에게 맡기라!", "녀성들이 농사일에서 주인이 되자면 우선 자기 손으로 논과 밭을 갈아야 한다!"였다. 당국은 '기경起耕(논밭을 갊)전습회'를 조직하여 체계적으로 여성 보잡이를 양성하였다. 이 운동 역시 "전선에 나간 남편과 아들과 오빠를 대신하여 식량증산으로 원쑤들에게 복수의 죽음을 주자!'라는 구호와 함께 인민군 후방가족, 애국열사 유가족들을 선두로 진행되었다. 녀성보잡이운동은 급속히 확대되어, 소위 보잡이 선구자들은 리里의 범위를 벗어나 면과 군을 순회하면서 보잡이 강습을 진행하였다. 그리하여 "녀성들이여! 보탑(쟁기 손잡이)을 잡으라! 전시식량증산을 위하여 전선에 나간 남편과 아들과 오빠들을 대신하려거든 그들이 총을 잡은 마음으로 보탑을 잡으라!'라는 구호는 농촌 여성들의 주요 목표가 되었으며, 전국 각지의 모든 논밭이 여성들의 힘으로 일구어졌다.[69]

이와 같은 대대적인 여성동원사업과 여성 농민들의 밤낮 없는 생산 덕에 황해도 안악군 여성들은 1951년 봄에 1950년도보다 58퍼센트나 줄어든 노동력을 가지고도 씨뿌리기를 10~15일이나 앞당겨 끝냈다. 녀성보잡이운동은 지속적으로 확대되어, 함경북도의 경우 1951년에 3,394명의 여성 보잡이가 일하던 것이 1952년 봄갈이에는 거의 세 배에 달하는 9,916명의 여성 보잡이가 참가하였다.[70]

---

69 력사연구소 민속학연구실 1976, 69~70쪽.
70 리경혜 1990, 88쪽.

전시지원사업에는 인력만 동원되는 것이 아니었다. 농사에 필요한 각종 기구들도 지원사업에 동원되어 농촌에는 마땅히 부릴 농기구가 거의 없었다. 인력기경, 후치반, 다수확그루빠 등의 조직이 등장한 것도 이때이다. '인력기경'은 폭격과 전시 물자 수송 등으로 가축 노동력이 절대적으로 부족한 상황에서 사람의 힘으로 밭을 가는 것이며, '후치반'은 김매기 도구인 후치를 밭갈이에 사용해 논밭을 일구는 작업반을 가리킨다. '다수확그루빠'는 농촌 각지에서 다수확 농민들을 중심으로 그들의 경험을 소개 및 선전하는 조직이었다.

흥미로운 점은, 이러한 다수확 사업이 미군과 한국군에 대한 '복수심'을 매개로 진행되었다는 점이다. 당시 황해도 신천군 로월면의 한 여성은 남편과 17명의 친척들을 학살한 미군에 복수할 결의로 다수확투쟁에 모범을 보였다. 농사일이 힘들어 쓰러질 때면 죽은 남편과 친척들을 떠올리며 이를 악물고 일어나 한 알의 낟알도 주워 담았다. 이 여성은 힘들 때마다 미군을 무찌르고 전쟁에서 이기는 데 힘을 보태어 남편과 친척의 복수를 하겠다는 결의를 다졌다고 한다.

북한 당 조직은 농기구가 부족하다고 적게 생산하는 데 만족할 것이 아니라, "자체의 힘으로 없는 농기구들은 만들어 내고 마사진(부서진) 농기구와 농기계들은 수리하여 쓰는 기풍을 세우기 위한 사상교양 사업을 강화하는 한편 좋은 경험을 널리 일반화"하도록 농촌 여성들을 독려하였다. 농촌 각지에는 소농기구 제작과 농기계 수리를 위한 야장간治場間(대장간)이 꾸려져, 영농사업에 필요한 농기구들이 자체 수리·제작되었다. 평안북도 의주군 송장면 운천리 농민들은 자체로 야장간을 차려 놓고 파철을 수집하여 115개의 보습과 485개의 호미 및 수백 개의 낫을 생산해 냈으며, 86개의 제초기와 달구지 등도 수리했다고 한다.

이 밖에도 화학비료가 없는 상황에서 전 군중적인 풀베기운동과 인분

뇨·파벽토 수집운동도 진행되었다. 각 가정에서는 퇴비사, 퇴적장, 재우리, 액비통 등을 갖추고 자급 비료를 생산했다.[71]

그리고 앞서 농업협동화 부분에서 살펴본 대로 품앗이반과 소겨리반 등이 조직 운영되었다. 건강한 소는 한 마리, 약한 소는 두 마리를 짝을 지워 1년 내내 리 내의 모든 농가의 밭갈이는 물론이고 거름과 낟알 운반을 책임졌다. 여기에 전쟁 시기 당이 두레를 본떠 조직한 품앗이반이 연간 운영되는 협동노동조직으로 서로 긴밀하게 연계되었다. 소겨리반이 그대로 품앗이반이 되기도 하고, 소겨리반을 기준으로 그 속에서 품앗이반이 다시 조직되어 운영되기도 하였다. 경우에 따라서는 한 개의 품앗이반에 2~3개의 소겨리반이 조직되기도 하는 등 실정에 따라 다양하게 운영되었다.[72]

이 같은 각종 조직과 운동으로도 모자랄 때에는 시기 및 상황별로 전 사회적 노동력을 집중시키는 '노력협조대'를 꾸렸다. 농업은 특히 봄과 가을에 노동력이 집중되는 계절적인 특성이 강했다. 초기 노력협조대는 각 지방에 따라 '민청돌격대', '전선돌격대', '복수의 돌격대', '녀성제초돌격대', '풀베기돌격대', '추수돌격대' 등 다양한 명칭과 구성원으로 꾸려졌다. 특히 농촌에서는 바쁜 농사철마다 '춘기파종협조대', '모내기협조대', '풀베기지원돌격대', '추수지원대' 등의 이름으로 노동자와 사무원들이 동원되었다. 잠시 전투가 없는 인민군과 내무원들도 노력협조대에 동원되어 파종과 경지 복구, 관개공사, 모내기, 김매기 등을 도와주고 지뢰탄과 시한탄을 제거했다. 농촌 일손 돕기는 학생과 미취업 도시 여성들도 예외가 아니어서, 노력협조대 활동 외에도 인분뇨와 파벽토 등을 수집하여 농촌에 보내야 했다.[73]

---

71 력사연구소 민속학연구실 1976, 70~76쪽.
72 력사연구소 민속학연구실 1976, 89~93쪽.
73 력사연구소 민속학연구실 1976, 94~100쪽.

부족한 농업 일손을 돕는 농촌 동원은 전全 사회 구성원을 대상으로 한 전국적 운동이었다. 이 사업들은 전쟁이 끝난 뒤에도 그대로 이어져, 전후 사회주의 체제 건설의 중요 영역인 농업협동화의 핵심 동력이 되었다. 북한 당국은 전시에 벌인 이 사업들이 "사회주의협동경리의 싹으로서 전후 농업협동화를 추진함에 있어서 선구자적 역할"을 하였다고 평했다.[74] 특히 전시 노력협조대 사업으로 촉발된 전 국가적 동원운동은 2016년 현재까지도 봄가을마다 실시되는 국가적 농촌사업으로 자리 잡았다.

그런데 이 모든 사업이 전쟁 시기에 진행되었음을 기억해야 한다. 농촌 여성들은 평화로운 시기에도 어려웠을 일들을 총탄과 폭격기가 날아다니는 상황에서 목숨을 걸고 완수해야 했다. 북한의 여성 농민들은 당의 명령에 따라 "전선의 용사들이 전호를 파듯이 밭머리에 대피호를 팠으며 전선의 용사들처럼 자신들과 소들을 철저히 위장하고" 폭격 속에서 제철에 농사일을 끝마쳐야 했다. 강원도 회양군 금강면 속사리에서는 여성 농민들이 밭에서 일할 때에는 적삼깃과 머릿수건, 모자와 허리띠에 가랑나무 잎을 꽂아 위장을 하였으며, 소에는 새끼그물을 엮어 씌우고 거기에 가랑잎을 꽂아 위장하였다. 논이나 밭을 갈 때에는 옷에 흙색의 물감을 들였고, 소에 거적을 씌우고 거기에 흙물을 칠했다고 한다.

폭격이 격심할 때에는 야간작업 위주로, 높은 등성이에 감시원을 세워 놓고 적비행기의 선회 방향에 따라 신호하게 하면서 식량을 생산했다. 폭격으로 관개시설과 저수지 등이 파괴되면 복구와 생산을 동시에 진행했다. '비상복구대', '돌격대' 등 폭격 후 복구 작업을 위해 별도의 조직이 꾸려질 정도였다. 특히 전선 지역 농민들은 '전선작업대', '전선공동작업대'로 조직되

74 박태호 1983, 199~200쪽.

어 무장武裝을 한 채 농사를 지어야 했다.[75]

북한 당국이 기댈 것은 여성이 대다수인 농민들의 견고한 사회주의 사상과 충성심뿐이었다. 노동당이 직접 나서서 농촌 및 농민에 대한 정치사상 교육을 지도하고 충성심을 고취하는 데 앞장섰다. 이에 따라 농촌의 민주선전실 사업이 대대적으로 확대 개편되었다. 농민들이 동요하지 않고 전시 식량 생산에 헌신을 다하도록 민주선전실을 정비·강화하고, 당원을 유급有給 선전실장으로 파견하여 농민들을 상대로 한 당 정책 해설과 함께 전시 생산 결의를 높이는 정치사상 학습을 강화했다. 민주선전실의 강화는 농촌 지역에 당 정책을 관철시키고, 여성 농민을 동원하는 중요한 역할을 했다.

한국전쟁 기간에 발행된 《로동신문》을 보면, 민주선전실 사업에 대한 비판과 발전 방향 등을 담은 다양한 사례가 소개되어 있다. 평안남도 양덕군 인민위원회의 경우, 군내 유급 선전실장 33명 중 28명과 군인민위원회 문화선전과장 김기홍, 각 면 선전지도원, 및 군당 선전부지도원 홍정찬 등 기타 다수 문화선전 관계자들이 참석하여 민주선전실 사업을 토론하였다.[76]

김일성은 전시 농민들의 원활한 동원과 악조건을 무릅쓴 식량 생산을 위해서는 "무엇보다도 먼저 농촌진지를 정치사상적으로 튼튼히 꾸리도록" 해야 한다고 지시했다. 지금까지 살펴본 전시 농촌 여성들의 피땀 어린 '생산투쟁'은 모두 이 지시에 따라 조선로동당이 지도한 결과물이었다. 농촌에서 당단체를 강화하고, 각 기관의 주요 성원을 혁명열사 유가족과 전사자 가족, 피살자 가족, 인민군 후방가족 등 조선로동당 정책에 헌신할 수 있는 사람들로 구성하여 농촌 당세포와 리 인민위원회 사업을 강화했다.

75 력사연구소 민속학연구실 1976, 79~89쪽.
76 《로동신문》, 1951년 9. 14.

특히 봄가을에 심해지는 농촌 노동력 부족 문제는 각 기관 및 공장 사무원과 노동자, 그리고 후방 군부대 군무자들까지 총동원하여 해결했다.[77] 이러한 전투적 생산을 독려하고 조직할 때 북한 당국이 제시한 모델은, 일제 강점기에 토벌대와 전투를 벌이는 상황에서도 목숨을 걸고 농작물을 생산했다는 김일성의 항일 무장투쟁 신화와 유격 근거지(유격대의 근거지) 농민들의 생산 활동이었다.

한국전쟁 시기 북한 여성 농민들이 벌인 치열한 생산 활동은 1990년대 북한 식량난 이후 다시금 '영웅적인 농업 생산 모델'로 부활하여 지금까지도 전 사회적으로 선전되고 있다.

국가주의 심성의 내면화

한국전쟁은 북한의 강력한 국가통제 체제와 김일성 세력이 강화될 수 있는 결정적 계기가 되었다. 전시 총동원 체제와 노동당의 지도는 김일성과 노동당 권력을 강화시켰다. 그리고 전 사회적 집단화를 통해 전후 산업화의 기반을 형성하게 했다. 이와 함께 전시 점령군이 자행한 만행과 학살은 북한 주민에게 국가주의를 내면화시켰을 뿐만 아니라, 북한의 각종 감시 및 통제제도에 정당성을 부여했다. 이를 바탕으로 북한 정권은 '국가와 가족의 일체화'를 추진했다. 북한 여성은 스스로 또는 강제로 가족과 국가의 일체화를 경험하였다. 이 과정에서 전쟁이 남긴 상처 혹은 복수심이 권력에 대한 충성심과 결합되면서, 해방 후 전개된 북한의 남녀평등 정책이 1단계 굴절屈折을 하게 된다.

---

77 력사연구소 민속학연구실 1976, 64~65쪽.

전시에 북한 정권이 여성들을 원활히 동원할 수 있었던 경험적 기제는 해방 후 전개된 북한의 남녀평등 정책이었다. 정권은 전시에 여성들을 동원하기 위해 여성들에게 '정권이 여성인 나에게 무엇을 해 주었는가'를 상기시키며, 권력의 정당성을 재확인하는 동시에 은혜에 보답해야 한다는 도덕성을 환기시켰다. 실제로 전쟁 시기에 여성 동원에 앞장선 여성들은 국가가 베푼 은혜를 강조하고, "국가가 나에게 준 이 임무"에 매진할 것을 결의하고 선전한다. 당시 국영 함흥고무공장 지배인이던 로영자는 사회 진출을 통한 여성해방을 강조하면서, 다른 한편으로 도덕성에 호소하는 보은報恩 이데올로기로 여성의 사회 진출과 생산 증대를 촉구한다.[78]

그 결과, 한국전쟁을 거치며 북한 여성은 국가주의에 기반한 국민성을 갖게 된다. 어머니 또는 아내로서만이 아니라 '국민'으로서 자신을 사고하며 행동하게 된 것이다. 전시에 자신을 '국민'으로 사고하고 행동한다는 것은 "조국과 인민을 위하여 우리 민족 력사 발전의 어려운 시기에 내가 무엇을 하였는가?"를 자문해야 하는 것이며, "원쑤에 대한 증오와 조국에 대한 보다 강한 애국적 헌신성과 승리에 대한 자신성 밑에 어떠한 위기가 닥쳐와도 어떠한 고난에 부닥쳐도 어떠한 희생이 요구되여도 능히 감당할 수" 있어야 하는 것이었다.[79]

해방 이후 북한 정권에 의해 국가주의적 심성을 가진 '국민'으로 재구성된 북한 여성은, 전쟁을 통해 자신의 행복과 조국의 안녕을 하나로 인식하는 단계로 나아갔다. 당시 여맹 부위원장이던 조복례는 다음과 같이 표현한다.

78 로영자,《조선녀성》, 1950년 7월호, 24쪽.
79 리금순,《조선녀성》, 1950년 8월호, 22쪽.

각 분야 여성들은 자기들의 진정한 행복을 보장하여 주는 공화국이 없이는 녀성들과 아동들의 권리도 있을 수 없으며 안락하던 가정을 폐허로 만들며 젊은 안해에게 과부의 설움과 귀여운 자녀들을 고아와 죽엄에로 몰아넣은 원쑤 미제를 타승打勝(쳐서 이김)하지 않고서는 조국의 독립과 자유도 있을 수 없다는 것을 너무나도 잘 안다. 때문에 조국의 흥망과 민족의 영예와 후손만대의 운명을 결정하는 원쑤와의 판갈이 싸움에서 승리를 쟁취하기 위하여서는 목숨 바쳐 싸우는 것을 가장 고상한 영예로 생각하기 때문이다.[80]

여기서 흥미로운 점은, 이 논리가 전통의 재구성과 괘를 같이했다는 것이다. 여성들에게 헌신적 애국심을 불러일으키려면 그만 한 정당성을 확보해야 했다. 그 논리는 이런 식이었다.

조국 수호의 꽃으로 사라진 계월향이나 론개는 임진 조국 전쟁 시기에 우리 녀성들이 발휘한 애국심의 일단을 표시하는 것이며, 또한 그것은 조선 녀성의 언제나 참을성 있고 슬기로우며, 또 침착하고 죽음을 두려워하지 않는 고상한 도덕적 품성의 구체적인 표상인 것이다. 조선 녀성의 고유한 이 같은 도덕적 풍모가 오늘의 우리 녀성들에 간직되고 있는 것은 물론이다.[81]

북한 여성은 행복을 보장해 주는 민족과 국가에 충성과 헌신을 다할 것을 요구받았으며, 이러한 행동은 조선 여성의 전통적 도덕 품성을 계승하는 것으로 선전되었다. 그리고 북한 여성들은 국가의 요구에 부응하여 '후방전쟁'을 훌륭히 수행해 냈다. 전쟁이 막바지에 이른 1953년 3월 13일, 《로

---

80 조복례, 《로동신문》, 1951년 7. 30.
81 윤세평, 《로동신문》, 1952년 4. 13.

동신문》 1면 헤드라인은 "녀성들이여! 당신들의 공훈은 우리 조국 청사에 길이 빛날 것이다"라며 여성들의 헌신적인 활동을 치하한다.[82]

남편과 오빠를 대신하여

국가주의 담론은 가족공동체와 동일한 논리로 구성된다. 국가주의에서 가족은 가장 기본적인 사회관계로, 사회질서를 구성원에게 내면화시키는 단위다. 전통적 가족 관계의 핵심은 부父를 기준으로 한 위계질서로, 가족 내 종횡의 혈족 관계는 사회적 거리의 기초가 되었다. 그러므로 가족 내 개인은 독립적 인격체가 아니다. 아버지의 일은 아내의 일이고, 오빠의 일은 누이의 일이었다.[83]

이러한 가족공동체 질서를 내면화한 북한 여성은 "전체 녀성들이여! 조국과 인민을 위하여 전선에 나간 남편들과 오빠들과 아들딸들을 대신하여 더욱 용감히 싸우라! 더욱 빛나는 로력적 위훈을 세우라!"라는 호소와 "복수심과 적개심을 더욱 높이며 조국과 인민을 위하여 전선에 나아간 남편들과 오빠들과 아들딸들을 대신하여 빛나는 로력적 위훈을 세우"라는 국가의 호소에 기꺼이 부응했다.[84]

한국전쟁 시기에 북한 여성들이 얼마나 자발적으로 국가의 요구에 부응했는지를 보여 주는 사례는 많다.

여성 착암공 김춘희는 남편이 인민군에 입대하면서 했다는 "당신은 훌륭

82 《로동신문》, 1953년 3. 13.

83 김동춘 2000, 274~276쪽.

84 조국통일민주주의전선 중앙위원회,《로동신문》, 1951년 3. 9.

한 착암공이 되여 내가 하던 일을 맡아 주시요'라는 말에 "내 걱정은 마시고 부디 잘 싸워 주세요'라고 답한 후, 남편 직장의 착암 조수가 되어 생산과 생활의 모범이 되었다. 김춘희는 특히 남편과 같은 기술자가 되기 위해 노력했다.[85] 여성 운탄부運炭夫 김길녀는 1950년 7월 오빠가 입대하는 날, 자기도 오빠에게 지지 않게 후방에서 싸우겠다는 결의로 운탄부가 되었다. 이후 기능 습득에 전력을 다하여 매일 400퍼센트의 생산능률을 발휘하는 모범 노동자가 되었다.[86] 리 당세포위원장인 장옥금은 세포위원장이었던 남편이 입대하게 되자, 세포총회에서 세포위원장으로 선출되었다. 그녀는 "처음에는 과연 세포위원장의 책임을 감당해 낼 수 있겠는가에 대하여 적지 않은 불안"을 느꼈으나, 남편을 생각하며 열성적이고 모범적으로 활동했다.[87]

전선에 나간 남편이나 오빠, 아들과의 편지 교환은 여성들의 의지를 더욱 높이는 역할을 했다. 전투 과정에서 영웅 칭호를 받은 리태련의 아내 김원순은 남편의 편지에 적힌 "나는 우리 당과 수령을 위하여 굴할 줄 모르는 용기와 용감성을 내어 끝까지 고지를 사수하였소. 당신도 근무자의 안해로서 자기 생활상 곤난을 국가와 인민들의 원호에만 의존하지말고 매사를 자기의 힘으로써 타개함에 용감하시요'라는 "말을 언제나 잊지 않고" 전선원호와 후방사업에 모범을 보였다.[88] 김근하는 "나는 당신과 같이 영용한 인민군대를 남편으로 하고 있는 행복한 안해입니다. 나는 이 영예를 지키여 '기어코 승리하고야 만다'는 굳은 의지를 가지고 싸우고 있습니다'라며 종從의 의지를 드러냈다.[89]

---

85 《로동신문》, 1951년 7. 30.

86 조복례,《로동신문》, 1951년 7. 30.

87 《로동신문》, 1951년 12. 17.

88 《로동신문》, 1951년 11월 18.

89 《로동신문》, 1952년 3월 9일.

이처럼 후방에서 남성들을 대신하고 있는 여성들의 '남편과 오빠를 따르는' 활동에 대해, 북한 남성들은 "후방의 로력전선에서 나를 대신하여 국가 사업에 더 충실"하라는 답장으로 인격적 위계질서를 보여 주었다.[90]

이렇듯 '가국 일체화'라는 정권의 의지에 따라 국가주의적 심성을 내면화한 북한 여성들은 국가의 충실한 세포로 자리 잡았다. 그러나 국가적 종從의 논리에 따라 사회 진출이 강제되어 여성 생산 활동 인구가 증대해도, 여성의 정치사회적 지위는 크게 향상되지 않았다. 여성의 사회적 지위에도 종從의 논리가 그대로 적용되었기 때문이다.

북한 지역을 수복하고 서울을 재점령한 1951년 1월, 김일성은 정권기관을 복구하면서 여성 간부들을 많이 등용하라고 지시하였다.[91] 그러나 각 마을마다 여맹 위원장 등 사업 능력도 있고 당에 충실한 여성이 많았음에도, 세포위원장과 리 인민위원회 위원장은 대부분 남성 노인들로 채워졌다. 즉, 김일성이 지적했듯이, "당과 정부에 무한히 충실하고 적에 대한 증오심이 높고 솔직한 녀성 열성 당원들이 많은데 군당에서는 녀성이라고 해서 그러는지 이런 좋은 녀성 동무들을 간부로 쓰지 않"았다.[92]

복수의 정치, 충성의 조작

북한에서 민족주의가 광범위한 대중 동원에 '동원'된 이유는, 어떠한 개인도 피해 갈 수 없는 혈연관계를 정치적 자원으로 이끌어 낼 수 있었기 때

90 《로동신문》, 1952년 4월 10일.
91 김일성 1980a, 285쪽.
92 김일성 1980b, 237~238쪽.

문이다. 현재까지도 북한의 선전선동 방식은 정서에 호소하고 감정을 자극하는 것이다. 혈연의 고통과 죽음 앞에서 눈물을 머금고 이를 악물며, 복수를 다짐하는 모티프motif는 인류가 공동체를 이루면서 지속적으로 순환되고 정교화되었다. 이러한 복수의 모티프는 이성과 논리를 요구하는 것이 아니라, 감성의 극대화를 통해 즉각적 동원을 가능하게 한다.

복수의 모티프를 끊임없이 구성 및 재구성하는 정치권력이 할 일은 도덕주의적 담론으로 복수의 정당성을 제공하는 것이다. 복수의 정치는 적대자와의 갈등을 더욱 감정적이고 잔인하게 만든다. 특히 여성은 가정의 관리자로서 구성원에 대한 애착과 결합도가 높다. 정치권력이 여성을 총동원하고 여성의 헌신을 이끌어 낼 때 복수심을 선전하는 이유이다. 전쟁 초기부터 여맹은 다음과 같은 과업을 제기하며 복수의 정치를 주도한다.

한메터의 면포 한 덩어리의 석탄도 더 증산하며 한 자의 물자도 더 많이 전선에 수송한다는 것은 곧 미제 략탈자들을 소탕하는 총탄으로 되며 미제 살인도배들의 총탄에 쓰러진 우리 동포들의 원쑤를 갚은 것으로 되며 그만큼 빨리 우리 조국의 완전해방은 촉진될 것이기 때문에 더욱 많은 물자를 전선에 공급할 수 있도록 전반적 생산과정에서 부족되는 일체 로력을 녀성들로써 충당한다는 문제는 동맹의 가장 기본 당면 임무로 제기된다. … 원쑤에 대한 증오와 조국에 대한 보다 강한 애국적 헌신성과 승리에 대한 자신성 밑에 어떠한 위기가 닥쳐와도 어떠한 고난에 부닥쳐도 어떠한 희생이 요구되여도 능히 감당할수 있게 하는 동맹정치교양사업과 선전선동사업을 일층 가감히 전개하여야 할 것이다.[93]

93 리금순, 〈후방의 공고화를 위한 동맹단체들의 과업〉,《조선녀성》, 1950년 8월호, 21~22쪽.

혈족의 죽음과 연계된 복수의 정치술은 대중 동원에 활용되었다. 북한 정권은 전시 가족 붕괴의 주범을 미군으로 지목하고 집중 선전하였다. 이렇게 촉발된 개인의 복수심은 당과 조국에 대한 충성으로 귀결되었다.[94] 1950년 10~11월 약 50일간 북한 지역 점령한 미군과 한국군은 남한 지역에 이루어진 '빨갱이 소탕작전' 이상의 잔인한 학살과 만행을 드러냈다. 당시의 경험은 북한 정권의 대중통치 전략에 중요한 정치적 기제가 되었다. 1951년 이후《로동신문》에는 복수심을 선동하는 기사가 무수하게 실렸다. 이 시기의 대표적 구호는 "미제강도와 리승만역도들의 만행을 복수하고야 말 것이다", "야수 미제와 리승만 역도에게 준엄한 복수의 검을 내리자!"로 집약될 수 있다.[95]

복수심은 비단 자신이 당한 일뿐만 아니라 자식과 남편이 당한 일로까지 확장된다.[96] 복수는 점령 시 벌어진 학살의 잔인성과 결부되어 살아남은 자의 임무가 되며, 김일성은 복수를 실현시킬 지도자가 된다. 즉, 학살과 복수, 충성이 연계되어 '복수의 정치'가 전면화된 것이다.

복수의 정치가 가장 적나라하게 드러난 현장은 인민재판이었다. 점령당한 시기에 점령군을 지원했거나 동조했던 사람들 중 월남하지 않은 사람들은 대부분 인민재판을 통해 처벌받았다. 인민재판은 광기의 현장이었으며, 복수의 정치가 가장 원초적으로 실현된 현장이었다.

수복 후 1951년 함경남도 재판소에서 진행된 공개재판은 검사가 입회했

---

94 오장환, 〈모다 바치자〉,《조선녀성》, 1950년 8월호, 42~43쪽.

95 〈부녀자에 대한 릉욕은 침략자의 중요한 일과〉,《로동신문》, 1951년 1월 19일; 〈기둥에다, 결박하고 불을 질러 인민을 학살-평남도 맹산군에서〉,《로동신문》, 1951년 1월 19일; 〈부녀자의 코와 귀를 꿰 끌고 다니는 "도살자들의 야수적 만행", 평원군 룡호면 리송리에서〉,《로동신문》, 1951년 1월 28일.

96 〈사랑하는 나의 남편의 원쑤를 갚고야 말겠다-결박당한 시체 앞에서 젊은 안해의 맹세〉,《로동신문》, 1951년 1월 28일, 〈아들과 남편의 원쑤를 갚기 위해 목숨 바쳐 싸웠다〉,《로동신문》, 1951년 1월 25일.

음에도 불구하고, 기소 내용이 낭독될 때마다 "군중들의 중오와 격분은 화산같이 불탔으며 '저놈을 우리에게 맡겨라'는 외침"이 재판장을 뒤덮었다.[97] 검사가 입회한, 법적 절차와 공식성이 담보된 재판이 이러했으니 제대로 된 법적 절차도 없이 진행된 마을 단위의 인민재판은 어떠했을지 쉽게 상상할 수 있다.

혈족에 대한 복수심에 기반하여 국가 이데올로기로 재조직된 복수심은, 수복 후 1951년 북한에서 벌어진 모든 대중사업에 적극 활용되었다. 북한 정권이 전쟁 비용을 충당하기 위해 발행한 조국보위복권 한 장을 구매하는 행위조차 그 동인動因은 복수심이었다. 아들을 전선에서 잃었다는 한 여성은 "우리가 사는 한 장 한 장의 복권이 멸적의 전선으로 더 많은 무기를 보내어 미제원쑤들의 가슴패기에 복수의 총탄을 퍼붓게 되리라는 것을 생각하면 더없이 통쾌하다. 나는 미제원쑤놈들의 야수적 폭격으로 학살당한 내 둘째 아들의 원쑤를 갚으려는 생각으로 이 복권을 샀다"고 밝혔다. 남편을 전선에 보낸 한 아내는 "우리의 행복한 생활을 파괴하고 있는 미제 원쑤놈들을 격멸하는 우리 인민군대의 장비를 더 한층 강화하는 것이라면 무엇이나 아까울 것이 없다"고 하였다.[98] 전선에서 남편을 잃은 황해도 한 여성은 "미제를 우리 강토에서 몰아내지 않고는 남편의 원쑤를 갚을 수 없다"며 복권을 구매했다.[99]

복수의 정치는 생산 활동 전반에도 활용되었다. 1950년 10월 미군과 한국군의 북한 지역 점령 시 피난을 갔다가 고향을 찾은 초급 중학교 3학년생인 한 18세 여성은 아버지가 학살당했음을 알고, "미제원쑤놈들에 대한

---

97 〈흉악한 인간백정들에 대한 인민들의 준엄한 심판〉, 《로동신문》, 1951년 9월 19일.
98 〈조국보위 복권 구매열 비등〉, 《로동신문》, 1951년 10월 9일.
99 〈복권구매열 계속 고조-도달한 복권 전무매진〉, 《로동신문》, 1951년 10월 13일.

분노와 적개심이 타올라 막 미여질 듯하였다." 그러나 그녀는 이러한 복수심으로 생산 증대에 매진하고 기술을 배워 노동여성을 양성했다.[100]

그리고 이 복수심은 김일성에 대한 충성심으로 이어졌다. 혈족적 복수심이 권력에 의해 신화화된 절대지도자에 대한 충성으로 전이된 것이다. 집단적 상처가 집단적 복수 의식을 형성하였으며, 집단적 복수 의식이 인격화된 민족체로서 김일성 권력을 강화시킨 것이다. 이것이 북한의 '수령제'가 대중의 동의를 얻을 수 있었던 하나의 이유이다. 이 작업은 앞서 다룬 신민臣民의 제조 과정이다. 즉, 절대지도자와 인격적 위계 관계를 가지는 주체의 형성이다. 이 주체는 사회적·문화적·정치적 지위를 가진 사람들에 의해 복종의 강화와 충성의 맹세가 조작되면서 구성되었다.[101]

김일성은 "자기 생명을 아끼지 않는 애국적 충성"을 요구했고,[102] 여맹 위원장 박정애는 이 "성스러운 과업"을 조직했으며,[103] 선동자들은 "김일성 장군이 가리키는 길로 … 한 사람같이 참가하여 빛나는 최후 승리를 향해 더욱 용감히 앞으로 나아가자!'고 선동하였다.[104] 이 과정에서 이러한 충성심을 구현했다는 영웅이 탄생했고, 이 영웅 신화는 전 인민에게 전파되었다. 이른바 '복수의 정치'가 '충성의 조작'과 결합되면서 전쟁 말기에 이르러 "김일성 원수의 이름은 조선 인민들과 조선 녀성들의 용감성의 상징이며, 영예의 상징이며, 승리의 상징"이 되었고, "조선 인민의 영광스러운 수령이시며 항일 빨치산 투쟁의 전설적 영웅이시며 영웅적 우리 인민군의 조직자이

---

100 〈오서벌의 로력녀성 김락희동무의 투쟁성과〉,《로동신문》, 1951년 12월 16일.

101 Herbert Hirsh, op. cit., p. 131.

102 〈전체 조선인민들에게 호소한 조선민주주의 인민공화국 내각수상 김일성장군의 방송연설〉,《조선녀성》, 1950년 7월호, 5쪽.

103 박정애, 〈전조선 녀성들은 인민의 원쑤를 소탕하는 정의의 전쟁에 총궐기하자〉,《조선녀성》, 1950년 7월호, 11쪽.

104 사설 〈복권을 구매함으로써 우리의 무궁무진한 력량을 시위하자〉,《로동신문》, 1951년 10월 6일.

시며 그의 탁월한 영장이신 김일성 원수 만세!"가 대중적으로 외쳐졌다.[105]

이중역할 모델의 주체화

해방 후 소개된 사회주의 여성 역할 모델은 한국전쟁을 계기로 전 북한 여성을 대상으로 구성되기 시작했다. 사회의 모든 자원을 빨아들이는 전쟁은 여성들에게 사회와 가정의 수호 및 생산이라는 이중의 짐을 지웠고, 북한 정권이 제시한 '혁신적 노동자-혁명적 어머니'라는 이중역할론은 국가적 재난 상황을 맞아 북한 여성들 개개인을 효과적으로 주체화시켰다.

전쟁을 거치며 여성을 비롯한 북한의 사회 구성원들은 자신의 의식과 행위에 권력의 시선을 작동시키는 '자기감시의 시선'을 갖게 됐으며, 권력의 요구에 자신의 이해를 맞추어 재구성하는 기제가 성립했다.[106] 이 여성 주체화의 지표가 바로 혁신적 여성 노동자와 혁명적 어머니였다. 한국전쟁은 북한 권력이 요구하는 여성 주체화의 결정적 계기가 되었다.

혁신적 여성 노동자

대다수 남성이 전선에 진출한 상황에서 북한 정권이 믿을 것은 여성(노동)밖에 없었다. '정의의 전쟁'을 위한 여성의 혁신적 노동을 호소한 김일성의 연설을 시작으로, 각 공장은 전시 총동원체제로 전환되었고 여맹은 증산

---

105 〈조선로동당 중앙 위원회 비서이며 조선민주녀성동맹 중앙위원회 위원장인 박정애의 보고〉, 《로동신문》, 1953년 3월 13일.

106 이진경, 〈근대적 시선의 체제와 주체화〉, 《근대성의 경계를 찾아서: 기원의 전복, 역사의 비판》, 새길, 1997, 287쪽.

투쟁을 조직했다. 각 공장과 작업장에서는 모범 여성 노동자를 중심으로 선동이 이루어지고, 노동규율 엄수·불량품 없애기·생산배가운동 등이 각종 결의대회와 함께 진행되었다. 젊은 여성을 중심으로 전시 생산 활동 참여와 직장 진출이 조직되었다. 전선탄원戰線歎願(전선에 나가기를 간절히 바람)을 한 여성들은 광산과 중공업 등에 배치되고, 사회 진출 자체를 꺼리는 여성들은 경공업과 지방공업, 농업 등 거주지 인근 작업장에 동원되었다.

전쟁 발발 후 전시체제로 전환된 각 공장에서는 "모든 힘과 로력을 전쟁의 승리를 위해 바치자!"라는 구호 아래 전시 생산에 매진했으며, 전쟁 전 모범 공장으로 뽑힌 공장들은 "우승기 받은 영예를 증산에!"라는 구호를 내걸고 직장과 작업반별 증산 경쟁과 불량품 없애기 운동을 전개하였다.[107] 공장과 기업소 여맹은 여성 노동자 및 사무원들의 노동규율 엄수와 노동 생산성 제고를 적극 독려했고, 폭격으로 파괴된 공장과 시설을 복구하며 동요하는 여성에게는 "무자비한 투쟁을 전개"하게 했다. 농촌 여맹은 인민군의 식량 조달을 위해 여성 전선 작업반을 구성하였다.[108]

여성의 노동자화와 생산증대운동은 해방 이후부터 추진되고 있었으나, 사회 전체로 대중화된 것은 전쟁 이후였다. 정권과 여맹은 총동원정책에 따라 혁신적 여성 노동자상을 선전하며 여성들을 선동하였다.[109] 여성 노동자들은 노동시간 연장 수입과 상금까지 전쟁 기금으로 헌납했을 뿐만 아니라 각종 위문품과 위문편지를 전선에 보냈으며, 농촌 여성들은 현물세를 선납하고 포장과 복구에 사용되는 가마니 등을 생산하며 복구사업에 참여했다. 동원사업은 각종 궐기대회와 모범 사례 선전을 통해 조직되었다. 공

107 〈지배인 로영자가 지도하는 국영 함흥고무공장의 사례〉,《조선녀성》, 1950년 7월호, 23쪽.
108 리금순, 〈후방의 공고화를 위한 동맹단체들의 과업〉,《조선녀성》, 1950년 8월호, 21쪽.
109 〈동맹원들의 결전생활〉,《조선녀성》, 1950년 8월호, 23~24쪽.

장에서는 매일 아침 여성들에게 전시 상황을 알리고 모범 사례를 소개하여 여성 노동자들이 생산 결의를 다지게 했다.[110]

이 사업은 1951년부터 더욱 구체화되었다. 북한의 각급 공장과 사업소, 농장에는 노동자들의 생산 활동에 대한 기술적 지도를 직접 책임지는 기사장技師長이라는 행정직이 있었는데, 장석주라는 기사장이 근무하던 공장의 여성 노동자들은 남녀평등권 법령 발포 5주년을 맞이하여 7월 3일 공장 여맹총회를 개최하여 8월 10일까지 매일 1시간씩 일찍 출근할 것과 출근율 100퍼센트를 결의하였다. 그런데 이 공장의 제2여맹반 성형브리가다(브리가다'는 작업반을 의미하는 러시아어. '성형브리가다'는 제품의 형체를 만드는 작업반을 의미한다.) 오길룡, 박명숙은 공장 여맹총회에서 결의한 출근 시간보다 30분 먼저 출근하였고, 점심시간 중 20분을 작업 준비에 할애하여 매일 200퍼센트씩 책임량을 초과 달성하였다. 제3여맹반 박룡우, 박춘하는 열성적인 증산으로 매일 210퍼센트 생산을 증대하였으며, 자신이 속한 브리가다 작업반 견습공을 남녀평등권 법령 발포 기념일인 7월 30일까지 전부 기능공으로 양성할 열의로 근무시간이 끝나면 기술견습사업에 매진하였다.[111]

그러나 남녀의 사회적 역할을 철저히 구분한 전통 사회에서 이제 막 벗어난 일반 여성들이 권력의 기대만큼 신속히 노동규율을 형성하기란 어려웠다. 특히 출근율 문제는 생산의 걸림돌이었다. 당시 여성 출근율에 대한 전체적인 통계는 없다. 다만 《로동신문》 사설에 인용된 바에 따르면, 1951년 8월 한 기업소 채광 부문의 출근율이 82.6퍼센트였다고 한다. 이 사설은 만약 해당 직장 간부들이 노동규율 강화 대책을 제대로 세우고 사업했

<hr />

110 〈비행기 녀성호는 우리의 지성으로〉, 〈농업증산을 녀성들의 힘으로 보장하자〉, 《조선녀성》, 1950년 8월호.

111 〈보다 큰 로력 위훈으로써 남녀평등권 법령 발포 5주년을 기념코자〉, 《로동신문》, 1951년 7월 25일.

다면 출근율이 92퍼센트까지 제고되었을 것이라고 주장했다.[112]

출근율과 관련하여 북한 당국은 전쟁으로 인한 변동 사항을 직장에서 제대로 파악하지 못하고 그에 따른 교양사업을 하지 못하는 것이 그 이유라고 파악했다. 또한, 간부들이 노동규율 문제를 생산과 분리하여 사고하는 바람에 노동력 부족 문제만 제기하고 내부 규율은 강화하지 못하기 때문이라고 보았다.

이에 정권은 내각결정 제27호로 '로동내부질서표준규정' 준수를 지시하며, 그 목적을 "규율을 높이기 위하여서는 반드시 일정한 체계와 절차가 규정되며 행동의 규범이 있어야하기 때문"이라고 밝혔다. "각 직장 당단체들은 정치교양사업과 군중정치 선동선전사업을 꾸준히 전개하여 로동규률을 강화"하고, 당원이 모범이 되어야 한다고 강조했다.[113]

규율 문제와 함께 강조된 것이 창의성과 생산 혁신이었다.[114] 원료와 자재가 절대적으로 부족한 전쟁 시기였다. 창의성과 혁신이란 이런 상황을 타개할 자발적 노력과 헌신의 다른 말이었다. 실제로 창의고안創意考案과 생산 혁신운동은 폐물 활용과 노동강도 강화로 나타났다. 전홍림 지배인이 지도하는 기업소에서는 주물공장의 원료 부족 문제를 해결하기 위해 초급 당 지도로 생산협의회와 경험교환회가 개최되었다. 이 회의에서 발언한 한 주물공장 여성 노동자는 용해로에서 나온 잿더미에서 다 타지 않은 목조로 밥을 지은 경험을 이야기했다. 이 발언을 계기로 공장 내 쌓여 있는 잿더미 속에서 콕쓰(코크스. 원유의 중질유를 거른 찌꺼기를 가열하여 분해할 때 나오는 탄

112 사설 〈전시하 로동규율의 강화를 위하여〉,《로동신문》, 1951년 11월 17일.

113 사설 〈전시하 로동규율의 강화를 위하여〉,《로동신문》, 1951년 11월 17일.

114 현 훈조선직업총동맹중앙위원회 위원장, 〈로력위훈자들의 창의 창발을 일반화하자〉,《로동신문》, 1951년 7월 27일.

소 물질)를 채취하는 광범위한 콕쓰수집운동이 전개되었다.[115]

당시 한 농촌에서 농민들이 "로력과 축력이 적으며 녀성들이 대부분이요 거기에 비행기 폭격까지 심한데 어떻게 땅을 다"루냐며 정권의 동원정책에 항의하는 일이 있었다. 이때 여성 당원인 로신복이 나서서 이야기했다. "한치의 땅도 묵여서야 되겠소 김일성 장군님께서 무엇이라고 하셨는지 아십니까! '금년도 파종은 전선이다'라고 하신 수령의 말씀을 명심하고 곤난을 극복하고 기어코 싸워서 식량을 증산해야 전선의 승리를 보장할 수 있지 않아요." 그 후 로신복은 민청원(민주주의청년동맹원)을 중심으로 품앗이반을 조직하고, 마을에 남은 영농 기술 보유 남성들로 하여금 여성들에게 농사 기술을 가르치게 하였으며, 선두에서 생산 증대와 영농 기술 전습 활동을 벌였다. 여성들이 '힘들어 못하겠다'며 이탈하려고 하면, 당원인 로신복과 김옥순이 그들의 생산을 도와주기도 했다. 여성들은 매일 저녁 품앗이반 별로 경험교환회를 열고, 때로는 야간에 퇴비 운반과 밭갈이를 하고 낮에는 씨앗을 뿌리는 열성을 발휘했다. 또한, 민주선전실에 모여 전선에서 보내온 남편들의 편지를 낭독하며 마을 여성들의 결의를 돋우었다.[116]

공장에서는 각종 기념일 중심으로 여성 궐기대회를 조직하고, 각 작업반에서는 개인별 경쟁 목표를 세워 증산 경쟁을 독려하였다. 이 사업은 1952년 이후 더욱 강화되었다. 전선 지대인 강원도의 한 공장은 1952년 2월 21일부터 3월 10일까지 약 20일간을 3·8 국제부녀절 기념 증산경쟁 주간으로 정하고, 각 브리가다 작업반마다 약 20~30퍼센트의 생산 증대를 결의하였다. 특별기술전습 주간을 정하고 기술 제고와 증산 경쟁운동을 벌였고, 개별 여성 노동자들은 각각 15~20퍼센트의 생산율 증대를 결의하고

115 〈그들은 이렇게하여 난관을 타개극복하였다〉,《로동신문》, 1951년 8월 30일.
116 〈류정마을 녀성들의 빛나는 로력적성과〉,《로동신문》, 1951년 12월 11일.

실제로 초과 증산을 달성했다. 생산 활동 외에도 시간 외 작업 수당을 모아 전쟁고아들에게 보낼 선물을 준비하고, 국제부녀절을 기념하여 소련·중국·헝가리 여성들에게 보낼 편지를 쓰기도 하였다.[117]

1953년 《노동신문》 3월 15일자에 실린 고영숙 사진. 직포공 고영숙은 '노력여성의 귀감'으로 선전되었다.

당시 혁신적 노동자로 여성 주체화의 모델이 된 인물로, 1953년 2월 노력영웅 칭호를 받은 직포공 고영숙이 있다. 소작농 자녀 출신인 그녀는 노력영웅 당운실의 모범을 따라 선진 작업 방법을 꾸준히 연구하여 노동 생산 능률을 현저히 제고하였으며, 생산계획량을 기일 전에 초과 달성하였다. 고영숙은 1952년 3월 평양에서 개최된 '산업운수 부문 전체 열성자 대회'에 참가하여 김일성을 만나 국가훈장 1급을 받았다. 그녀는 이 대회에서 생산공정 개선과 새 작업 방법 적용으로 새 기술 기준량을 창조하고, 연간 기본 생산책임량을 115퍼센트 초과 달성하겠다고 맹세했다. 실제로 이후 고영숙은 공장당과 직맹의 지도와 도움으로 소련의 '혁신노동자' 스타하노프(채탄 공정 혁신으로 노동영웅이 된 소련 광부 알렉세이 스타하노프. 스탈린이 표방한 '새로운 인민'의 표상으로 선정되어 소련에서 그의 이름을 딴 노동생산성 제고 운동이 벌어졌다. 이후 생산 목표량을 초과 달성한 노동자들에게는 '스타하노프 노동자' 칭호가 수여되었고, 북한도 이 영향을 받아 1951년에 '로력영웅' 칭호를 제정했다.)들의 생산수준에 도

---

117 〈3·8절을 맞는 녀성들의 투쟁〉, 《로동신문》, 1952년 3월 3일.

달하고, 그들의 선진 작업 방법을 작업에 적용하기 위해 헌신적으로 노력하여 마침내 성공하였다. 고영숙의 작업 방법은 표준조작법이 되어 빠르게 보급되었고, 노동력과 시간을 절약하여 공장 전체 계획량을 초과 달성하게 했다.

고영숙은 천을 짜는 일에서 보통 7초 걸리던 교체 작업을 5초 내로 단축시켰으며, 실 만드는 제사 작업에서 20초 걸리던 작업을 15초 내에 완수하였다. 그녀의 생산방식은 표준조작법이 되어 전 공장에 보급되었으며, 많은 직포공들이 그 뒤를 따랐다. 고영숙이 창안한 작업 방법이 보급됨에 따라 종래의 표준조작법은 낡은 것이 되었다. 그리하여 3월에는 2월에 비해 52명의 노동력을 절약하고도 수십 대의 기대(기계 설비)를 더 운전할 수 있게 되었다.[118]

전선에 나간 남편과 오빠를 대신해서 노동자가 된 여성들은 계속되는 폭격 속에서도 공장과 농촌을 복구하고 생산 활동에 매진하였다. 이 과정에서 수많은 여성 '혁신노동자'가 탄생했으며, 각 리마다 수십 명의 여성 보잡이가 양성되었다. 이 같은 전시 총동원정책에 따른 노동자화가 진행되면서, 혁신적 여성 노동자는 북한 여성들의 지표이자 '자기감시 기제'로 작동했다.

혁명적 어머니

북한의 여성 주체화의 또 다른 모델은 혁명적 어머니다. 혁명적 어머니 모델이 전체 북한 여성에게 주체화된 계기는 한국전쟁이다. 한국전쟁을 통해 '혁명의 후비대' 양성이라는 어머니 역할이 전면화되었고, 북한 여성들은 혁명적 어머니로서의 주체화 과정을 경험하게 되었다. 당시 무수한 영웅의

---

118 〈로력 녀성의 구감, 직포공 로력 영웅 고영숙〉,《로동신문》, 1953년 3월 15일.

어머니들이 선전되었는데, 그들은 모두 조국을 위해 헌신하라고 자식을 훈육하고 본인이 직접 생활을 책임진 어머니였다. 그들은 전선에서 죽은 자식의 시체를 부여잡고 눈물을 흘리는 것이 아니라, 그 죽음을 칭송하며 복수를 다짐한다.

혁명적 어머니는 먼저 열성자들을 중심으로 구성되었다. 전쟁 초기 영웅 칭호를 받은 리동규의 어머니 신춘화는 일제 때 항일 투쟁을 하였다. 신춘화의 방 벽에는 김일성 초상화가 걸려 있고, 책상 위에는 아들 사진이 있다. 신춘화는 일제강점기에 파업과 투옥 경험, 그리고 원수에 대한 적개심으로 "동규야 나라 없는 백성처럼 살고 죽은 목숨은 없다. 네가 장년하면 꼭 저놈들의 원쑤를 갚고 우리나라를 찾아야 한다"고 훈육하였다.[119] 이

1952년 3·8 국제부녀절을 기념하며 전쟁 중 북한 여성들이 진행한 혁명적 투쟁을 선전하는 여맹위원장 박정애. 《노동신문》 1952년 3월 9일자.

---

119 리성도, 〈영웅 리동규 비행사의 어머니를 찾아서〉, 《조선녀성》, 1950년 8월호, 48쪽.

기사를 쓴 기자는 신춘화를 이렇게 평가한다.

조국을 위해 고난과 굴종을 극복한 어머니, 나는 五十을 넘은 그의 아직
도 무섭게 빛나는 광채 있는 눈에서 조국의 통일을 위하여 영용무쌍한 공
훈을 세운 그의 아들 리동규 비행사를 눈앞에 그렸다. 이러한 어머니의 품
에서 자랐고 그의 손길에서 키워난 리동규 비행사는 지난 7월 11일 22일 만
해도 적기와의 치렬한 공중전에서 4발포격기를 포함한 적기 5대를 격추시
킨 위력을 떨쳤던 것이다. … 강의하고 정의에 군세인 어머니-그는 조선의
젊은 영웅의 어머니다운 고상한 성품과 예지를 갖추고 있었다.[120]

신춘화가 사는 마을의 리 위원장은 "녀사는 아무일에나 열성을 다하며
작년 가을만 해도 면화선납운동을 조직하여 군내에서 1등을 쟁취케 하였
고 뒤이어 수방직 면포생산사업에 있어서도 자기의 책임을 기한 전에 완수
하기 위하여 그 어두운 눈에도 불구하고 밤을 세웠다 하며 특히 이번 "정의
의 전쟁"이 시작되자 증산으로 이바지하겠다는 그는 이미 제초사업을 남보
다 한 발 앞서 하였다"고 선전한다. 그리고 그녀는 기자에게 "아들을 낳았다
가 마음껏 나라에 바칠 수 있는 이것이 얼마나 기쁜 일이요. 이제야 산 보
람이 있는 것 같쉐다. 앞으로 더 많이 하야겠습니다"라는 결의를 전했다.[121]

아들을 전선에 보낸 또 다른 여맹원 어머니는 아들에게 보내는 위문편
지에 다음과 같이 썼다.

---

120 리성도, 앞의 기사, 《조선녀성》, 1950년 8월호, 48~49쪽.
121 리성도, 앞의 기사, 《조선녀성》, 1950년 8월호, 49쪽.

홍엽아!

수원 해방 당시에 너의 부대가 세운 공훈을 신문지상으로 읽어 알게되었을 때 이 엄마는 세상에서 어머니의 기쁨이란 이처럼 큰 것임을 처음으로 알았다. … 홍엽아! 평상시에 성격이 좀 다급한 너는 부디 조급하게 굴지 말고 상부의 지시대로 침착하니 모든 행동을 가져 엄마의 사랑하는 아들이 되어다오. 그리하여 저 더러운 귀축 미제국주의 놈들을 하루속히 소탕하고 이 아름다운 조선의 푸른 하늘 밑에 우리 모다 자유롭고 평화롭게 살아 보자. 홍엽아! 네가 엄마의 몸약한 것을 몹시 근심하였지만 요지음 엄마는 한번도 앓지 않으니 집 근심은 조금도 하지 말고 어서 어서 남진하여 제주도까지 우리의 기빨을 꽂도록 앞으로 달려가라. 승리를 위하여 어서 달려라![122]

먼저 열성자 사례를 중심으로 혁명적 어머니를 여성 주체화의 지표로 소개 선전하고, 다른 한편으로는 소련 여성의 사례를 소개했다.[123] 점령과 학살을 경험하며 기존 북한의 여성상에 복수와 충성 이데올로기까지 더해진 혁명적 어머니 모델은 더욱 부각되었다. 정권은 가정주부들에게 "고아들의 어머니가 되는 것을 영광으로 생각하라! 고아들을 양육하는 것은 조국과 인민을 위하여 숭고한 애국심의 표현이다. 고아들을 양육함에 있어 솔선 참가하라!"라고 선동하였고,[124] 여맹은 전쟁고아 후원과 입양을 조직하였다.

이 사업은 특히 전시에 자식을 잃었거나 자식이 없는 어머니들을 대상

---

122 리임선, 〈전선의 아들에게〉, 《조선녀성》, 1950년 8월호, 50~51쪽.

123 임순득, 〈녀빨치산의 수기-인민군대전사인 아들을 위하여〉, 《조선녀성》, 1950년 8월호, 53~55쪽; 르꾸드레왔트 작, 최금옥 옮김, 〈세처녀 : 전선수첩에서〉, 《조선녀성》, 1950년 8월호, 56~59쪽; 세 처녀는 소비에트 전쟁에서 여성과 어머니들의 모범과 결사 투쟁을 소재로 한 소설이다.

124 〈전체조선녀성들에게 보내는 조국 통일 민주주의전선 중앙위원회 호소문〉, 《로동신문》, 1951년 3월 9일.

으로 조직되었다. 각 지역 여맹이 전쟁고아 입양사업을 하였고, 각종 모임과 좌담회 등을 통해 '혁명의 후비대' 양성이 얼마나 영광된 일인지를 교육했다. 전쟁고아를 입양한 한 어머니는 "우리는 죽어 가는 순간까지 눈을 감지 못했을 이 애들의 어머니를 대신하여 이들을 친혈육처럼 길러 줍니다. 그리하여 이들이 장래 훌륭한 일꾼이 되어 조국에 이바지하도록" 하겠노라 다짐한다.[125] 원산시 신문리의 김숙자는 현재 3남매를 기르고 있음에도 전쟁고아 3명을 자식처럼 양육하였고, 동변리 김수진은 점령 시기에 전쟁고아 6명을 양육하였다.[126] 김선희는 전쟁고아를 8명이나 양육하여 혁명적 어머니로 선전되었다.[127]

지역 여맹은 가정주부들을 조직하여 부근에 있는 전쟁고아 양육 시설인 '애육원愛育院'을 방문하고, 전쟁고아 생활 후원사업을 벌였다. 초기 애육원 사업은 여자 중학생들과 점령 시기 만행을 당했거나 자식을 잃은 어머니들을 중심으로 이루어졌다.[128] 이 사업은 각 리 단위별로 애육원 원아를 위한 생필품과 의류 지원사업으로 발전하였다. 강원도의 리 여맹원들은 1952년 1~2월 기간에만 애육원 원아를 위한 의복을 290벌 만들어 주었으며, 고구마 3두를 선물로 주는 등 각 리별로 애육원 후원사업이 전개되었다.[129]

혁명적 어머니로서 여성 주체화의 모범으로 선전된 윤옥희는 아들 8형제를 모두 인민군에 보냈다. 그녀는 아들들을 전선으로 보낼 때마다 눈물이나 슬픈 기색을 보이지 않고 "남자로 태어나 나라를 위한 일에 죽는 것도 영광이니라 미국놈의 원쑤를 갚고 무사히 돌아오라"고 하였으며, 64세

125 〈전재 고아를 기르는 어머니들의 좌담회〉, 《로동신문》, 1951년 8월 17일.
126 〈3·8절을 맞는 녀성들의 투쟁〉, 《로동신문》, 1952년 3월 3일.
127 〈3·8국제부녀절 맞으며〉, 《로동신문》, 1953년 3월 5일.
128 〈연용복 동무가 지도하는 애육원을 찾아서 행복된 원아들의 생활〉, 《로동신문》, 1951년 9월 21일.
129 〈3·8절을 맞는 녀성들의 투쟁〉, 《로동신문》, 1952년 3월 3일.

의 고령임에도 불구하고 장을 담가 인민군대에 보냈다. 박정애는 윤옥희를 다음과 같이 선전하였다.

이것이 오늘 조국의 독립과 자유와 영예를 위하여 싸우는 조선의 어머니의 전형입니다. 조선 녀성들이 자기 자녀들을 이와 같이 교양하며 조국의 독립과 자유를 위하여 자기 자녀들을 정의의 위업에 내세우는 데 능히 자기들의 개인적 애정을 극복하여, 떳떳한 일로 인식하는 이러한 애국심과 강의성은 우리의 젊은 세대와 후대들을 언제나 조국과 인민을 위한 영웅적 행동에로 불러일으킬 것이며, 어떠한 침략자들도 우리 조국을 정복할 수 없는 중요한 담보의 하나로 되는 것입니다.[130]

그러나 자식을 전쟁에 보내고 전쟁고아를 거둔다고 해서 혁명적 어머니가 되는 것은 아니었다. 혁명적 어머니는 곧 혁신적 노동자가 되어야 했다. 1953년 3·8 국제부녀절 평양시 경축대회에서 박정애는 이중역할의 모범 사례를 다음과 같이 소개한다.

아들 8형제를 인민군대에 보낸 함북 경성군 ○○○리 윤옥기 할머니를 비롯하여 자강도 화○군 안택준 어머니와 강원도 안변군 장순원 어머니들과 같은 조선의 참다운 어머니들의 이름은 조선 녀성들의 큰 자랑으로 되고 있습니다. … 오늘 그 얼마나 많은 조선 어머니들이 원쑤들의 만행에 의하여 사랑하는 자식을 잃었으며 또한 더 살아야 하며 더 살 수 있는 부모 형제들을 학살당하였는가? 그 용서치 못할 범죄자들은 바로 당신들의 눈앞

---

130 〈3·8국제부녀절 기념 평양시 경축 대회에서 진술한 박정애 동지의 보고〉,《로동신문》, 1952년 3월 9일.

전쟁 시기 여성들의 헌신적 활동을 치하하며 적에 대한 분노를 선전하는 《노동신문》 1953년 3월 13일자 기사.

에 움실거리고 있다. 피에 굶주린 사냥개처럼 피 붙은 더러운 잇빨을 내밀고 있는 그놈들을 한 놈도 전진시켜서는 안 된다. 고향에 남아 있는 어머니들은 아들들의 승리를 위하여 한 알의 쌀, 한 알의 ㅇ알이라도 더 많이 전선에 보내기 위하여 한결같이 궐기하고 있다. … 실로 조선의 어머니들은 자기의 아들딸들을 전선으로 보내면서 눈물도 흘리지 않았습니다. 자기 아들딸들을 전송하는 우리의 어머니들에게 어찌 눈물이 없겠습니까? 그러나 우리 어머니들과 우리 조선 인민에게는 자기의 아들딸보다 더 귀중한 조국이 있습니다. 적들의 총검과 발굽에 유린된 우리 조국을 수호하기 위하여서는 우리 조선의 어머니들은 자기의 아들딸들을 적과의 결투에로 보내면서 눈물 대신에 그들을 적에 대한 복수전에로 고무하여 주고 있습니다.[131]

---

131 〈3 · 8국제부녀절 평양시 경축 대회에서 한 박정애의 보고〉, 《로동신문》, 1953년 3월 13일.

항상적 전쟁문화, 여성의 출혈노동

현재까지도 북한 정권은 경제난이 지속되는 상황에서도 연이은 핵실험 등을 감행하며 '선군정치'와 병영兵營 사회화 등 갈수록 탈냉전 시대와 어긋나는 정치를 주도하고 있다. 이에 따라 북한 사회는 다수 남성이 직간접적으로 국방사업에 동원되고 있는 '남성 부재 사회'이다. 이로 인해 여성들이 높은 비율의 사회노동 참여로 자녀 및 부모 부양을 위해 공장·농장·시장에서 동분서주하고 있다. 그럼에도 가부장적 사회 인식이 뿌리 깊게 자리 잡고 있다.

근대국가 형성 이후 여성의 사회참여율과 사회적 지위 향상은 대부분 정비례 관계를 보여 왔다. 여성에게 시민권을 부여함으로써 국가에 대한 여성의 충성과 의무를 강제하기 위함이었다. 특히 국가 총동원 체제로 전쟁을 경험한 사회에서 '여성의 사회노동 참여'는, 비약적이고 직선형인 '정正의 상관관계'는 아닐지라도, 완만하고 나선형인 '여성의 정치사회적 지위 상승'을 가져왔다. 그 구체적 양태와 유형은 다르지만, 중국 및 소련 등 20세기 현실 사회주의국가의 여성 현실은 이 맥락과 크게 다르지 않다.

그러나 이런 역사적 흐름에서 북한 사회는 예외성을 보였다. '여성과 노동'에 대한 아래로부터의 민주주의적 경험이 일어나지 않았기 때문이다. 근대 여성운동은 '남성과 동등한 인간으로서의 여성'의 권리를 실현하려 했고, 그 한계에도 불구하고 근대화와 경제 발전 과정에서 여성의 사회참여와 노동력 유입은 중요한 역할을 했다. 20세기 각국은 여성을 노동시장으로 끌어들이기 위해 시민권과 함께 일정한 정치사회적 지위를 보장해 주어야 했다. 그러나 유독 북한만은 이 '국가와 여성 간 거래 관계'에서 동떨어져 있다. 그 주된 원인은 무엇인가?

크게 두 가지 측면을 고려해야 한다. 하나는 정치적 측면으로, 한국전쟁 이후 현재까지 지속되는 북한 정권의 군사 및 안보 우위, 그리고 전쟁 경험 재생산 정책이다. 다른 하나는 사회문화적 측면으로, 남성 중심적 전투문화의 사회화이다.

북한 정권은 한국전쟁 이후 '반미항전反美抗戰'을 기치로 전후 복구와 경제발전 과정에서도 일상적인 전투성을 제도화하였다. 군수산업을 중심으로 한 중공업 우선주의 정책과 군사경제 병진並進 노선, 그리고 잦은 준準전시 체제로 북한 주민을 동원하는 것이 사회제도로 자리를 잡았다. 여기에 탁아소 시절부터 시작되는 전쟁교육과 직업동맹, 농근맹, 여맹 등 각종 관변 사회단체에서 주입받은 전투문화는 북한 주민의 일상에 항상적인 전쟁문화를 생산하고 공고화시켰다. 이 과정에서 정치권력이 사회 구성원들에게 한국전쟁 경험을 지속적으로 재구성하였음은 물론이다. 그 결과, 그 고통과 파괴의 기억은 영웅적 경험으로 조작, 신화화되었다. 즉, '기억의 정치'가 제도화되고 일상화된 것이다.

허시H. Hirsh는 기억의 정치를 정치권력에 의한 기억의 조작과 망각, 그리고 신화 창조로 정의한다. 정치권력이 공장·가정·학교·사회집단 등에서 집단적 기억을 조작하고 망각시키며 신화를 창조한다는 것이다. 그 목적은 물론 정치권력의 지배와 정책의 정당성 확보이며, 방법은 기억을 통제하는 것이다.[132] 실제로 전후 북한 주민의 생활상은 60여 년 전 전시 북한 사회의 모습을 직접적으로 투영한다. 푸코M. Foucault가 제기한 '정치란 다른 수단에 의해 지속되는 전쟁'이라는 주장이 이처럼 설득력을 갖는 사회도 드물 것이다. 푸코는 권력은 어느 역사적 시점의 전쟁 안이나 전쟁에 의해 확립된 특정한 힘의 관계를 정박碇泊 지점으로 삼는다고 지적한다. 즉, 정치권력이 전쟁으로 형성된 "힘의 관계를 일종의 침묵의 전쟁을 통해 제도와 경제적

---

132 H. Hirsh 1995. p. 23.

불평등, 언어, 그리고 사람들의 육체 안에까지 기입해 넣으려"고 한다는 것이다.[133]

준전시 상황은 필연적으로 남성 중심적 사회문화를 강화하고 여성의 '출혈노동'을 정당화한다. 생존과 일상생활을 유지하기 위한 여성의 생산노동이 갖는 가치는 온전히 인정받지 못하며, 오히려 그다지 중요하지 않은 지극히 사적인 행위로 인식된다. 따라서 현재까지 북한 체제의 경제 현실과 구조 속에서 자력으로는 해결될 수 없는 경제난이 지속되는 상황에서, 하루를 온전히 생계노동에 바치는 여성의 노동은 그 가치를 인정받지 못할뿐더러 노동에 상응하는 사회적 지위는 언감생심인 것이다. 가치를 인정받지 못하니 노동에 대한 권리 역시 있을 리 없다.

이러한 사회문화가 탄생한 역사적 기점이, 지금까지 살펴본 것처럼 한국전쟁이다. 전쟁기 북한 여성들은 전선에서는 간호병과 통신병으로 인민군의 생명과 의식주를 책임지고, 후방에서는 각종 동원 및 지원 등 전선원호 활동뿐 아니라 소위 "남편과 아들을 대신하여"라는 기치 아래 대대적으로 생산노동에 동원되었다. 그러나 여성의 노동 가치와 사회적 지위가 상승하기는커녕 오히려 해방 후 민족국가 건설 시기 사회주의적 평등 이념에 따라 추진된 남녀평등정책이 전쟁을 기점으로 굴절되는 반동이 일어났다. 전쟁 이후 북한 여성의 사회경제활동 참여율은 급격히 증가했음에도, 북한 당국의 여성정책은 보수화되어 여성의 정치사회적 지위는 전쟁 발발 이전보다 오히려 하락하는 역설적인 결과가 초래되었다.

그러나 전시 북한 여성의 노동은, 비록 권력의 동원으로 이루어지고 군사문화와 정치권력에서는 배제되었을지라도, 남성들의 파괴적 성격과는 배치되는 생산과 창조 활동이었음을 주목해야 한다. 바로 이 점이 전쟁과 젠

---

133 미셸 푸코 1997, 34쪽.

더의 관계를 재고하려는 이 책의 주장이기도 하다. 북한 여성은 헌신적 노동을 통해 학살과 파괴의 전쟁 현장에서도 인간과 공동체의 생존과 평화를 위해 가정과 공장 및 농장을 오가며 파괴된 생산구조를 끊임없이 복구하며 공동체를 지켜 냈다. 이 노동의 생산적 가치는 사회와 인간의 물적·인적·정신적 세계를 파괴하며 공동체를 붕괴시키는 전쟁의 '반反생산성'에 대한 간접적 고발이기도 하다.

제3부

산업화와
젠더 위계의 제도화

5장

젠더화된 산업과 노동

북한의 산업화 과정은 계획경제에 대한 믿음과 함께 젠더 위계를 제도화하는 과정이었다고 할 수 있다. 북한에서 '성 역할의 위계 구조화'는 남성이 여성을 지배하기 위한 전략이라기보다는, 계획합리주의라는 사회주의적 근대화 전략과 정권의 대외·대남 상황에 대한 대응 및 지배 질서 변화에 따른 결과물이었다.

근대화를 추진하는 국가들은 야심찬 목표를 설정한다. 즉, 목적 합리주의 계획을 세우고 그에 따른 실행을 규율하는 것이 일반적이다. 이때 중요한 것이 국민적 일체감과 집단화이다. 이를 위해 근대화 국가들은 정치·경제·사회가 일체화되는 체계, 근대화 전략을 정당화하는 이데올로기를 수립한다.[1]

계획합리주의가 초래한 비합리

해방 이후 북한은 '사회주의적 근대'라는 근대화 전략을 수립했다. 이 전략이 가장 잘 구현된 시기가 1953년 전후 복구부터 1980년대를 관통하는 산업화 시기이며, 산업화는 경제뿐 아니라 정치사회를 포괄하는 근대화와 밀

---

1 J. P. Nettl · R. Robertson, *International Systems and Modernization of Societies*, New York, 1968, pp. 43~61.

접하게 관련되어 있다.

북한의 산업화 과정은 남성으로 대표되는 권력이 여성을 지배하는 일방적 구조로 이루어진 것이 아니라 계획경제에 대한 믿음과 함께 젠더 위계를 제도화하는 과정이었다고 할 수 있다. 구체적으로 말해, 노동자와 어머니라는 이중역할에 기초하여 여성을 산업화와 '혁명의 후비대' 양성의 주체로 제도화하는 과정이었다. 그러나 중공업 중심주의에 따른 산업부문의 위계, 냉전 및 남북 대립 상황에서 펼쳐진 군사주의, 그리고 '수령제'라는 위계적 지배 질서와 맞물려 북한 주민의 성 역할은 위계적으로 구조화된다. 그러므로 북한에서 '성 역할의 위계 구조화'는 남성이 여성을 지배하기 위한 전략이라기보다는, 계획합리주의라는 사회주의적 근대화 전략과 정권의 대외·대남 상황에 대한 대응 및 지배 질서 변화에 따른 결과물이라고 이해할 수 있다.

역사적으로 후발 국가의 산업화 과정은 그 속도뿐 아니라 산업 조직과 생산구조 면에서 선진국의 산업화 과정과 차이를 보인다. 특히 속도와 규모, 정신spirit이나 이데올로기, 그리고 노동규율이 중시되면서 국민들에게 정치적 신뢰와 충성, 헌신을 요구하는 경향이 있다. 마르크스주의나 유럽 노동운동에서는 충성이나 순응에 대한 강제는 없었다. 그러나 저발전 상태에서 사회주의 근대화를 추진한 현실 사회주의에서는 규율과 충성 등을 도덕으로 사고하는 태도가 확산되었다. 그 결과, 산업화 시기 현실 사회주의는 사회 구성원에게 첫째, 목표 달성과 내핍, 둘째, 위계적 권위에 대한 복종과 집단화를 통한 전체 이익에 대한 순종, 셋째, 동원 체제로서 군대정신을 강조한다.[2] 노동규율이나 노력영웅, 생산전투 등의 용어가 표현하는

---

2 J. Kornai, *op. cit.*, pp. 57~59. A. Gerschenkron, *Economic Backwardness in Historical Perspective*, The Belknad Press of Harvard Univ., Cambridge, 1962.

가치가 바로 이러한 내핍과 순종의 정신이다. 한 마디로, 저발전 상태의 사회주의는 '생산의 정치'에 몰두한다.

소련의 경험은 19세기 후발 사회주의국가가 거친 산업화의 모든 면을 담고 있다. 소련의 산업화는 중공업과 거대 공장 중심의 계획된 발전으로 요약된다. 이 발전은 비단 경제적 측면뿐 아니라 정치적 측면도 포함하였다. 거센크론A. Gerschenkron에 의하면, 소련 정부는 후진성의 산물로도 볼 수 있으며 산업화는 소련 정부에 순기능을 제공했다. 20세기의 양극체제에서 소련의 경험은 다른 후발 국가의 모델이 되었다. 후발 사회주의국가들은 소련의 경험을 모방하였으며, 산업화 과정에서 소련 모델은 수정되거나 확대되었다.

그런데 소련 등 현실 사회주의의 산업화에는 비숙련 노동자와 낮은 기술 수준, 열악한 생산 시설이라는 현실적 난관이 자리하고 있었다. 이런 상황에서 생산을 증대하고 축적할 길은 노동력에 기반한 생산의 정치였다. 현실 사회주의는 생산의 정치에 계획합리주의를 결합해 급속한 산업화를 추진한다. 경제적으로 앞서는 선진 자본주의국가를 따라잡기 위해 성장의 극대화, 계획의 초과 달성, 질이 아닌 양量의 추구가 중앙 집중화된 계획합리주의와 결합되는 것이다. 이에 따라 투자와 저축 등의 결정도 극도로 중앙화된 축적 전략을 따르게 된다.[3]

이 산업화 전략은 선진 자본주의의 생산방식을 효율적인 것으로 간주하게 만들어,[4] 사회주의에 테일러리즘Taylorism(자본주의 발전의 핵심 전략으로 이야기되는 과학적 노동관리 기법)을 도입하는 아이러니한 결과를 만들어 낸다. "테

3 J. Kornai, *op. cit.*, pp. 160~171.

4 Vladimire Andrle, *Workers in Stalin's Russia : Industrialization and Social Changina Planned Economy*, New York: St. Martin's Press, 1988, p. 83.

일러 체계는 부르주아적 착취의 세련된 야만성과 기계적 동작의 분석, 계산과 통제의 체계 등 일련의 귀중한 과학적 성과들을 통합해 지니고 있다. 사회주의의 실현 가능성은 소비에트 권력과 소비에트 행정조직을 자본주의의 최근 진보와 어떻게 성공적으로 결합시키는지의 여부에 달려 있다"는 레닌의 주장에 따라, 사회주의적 테일러리즘은 소련에서부터 도입되고 현존 사회주의에 전파된다.[5]

그러나 포디즘과 함께 자본주의 발전의 양대 전략으로 꼽히는 테일러리즘은, 말이 좋아서 과학적 방식이지 노동자의 노동을 계량화하여 착취하는 획일화된 노동의 다른 이름이라는 비판을 피할 수 없었다. 사회주의적 테일러리즘이 정착하는 과정에서 노동 대중을 상대로 한 정치사업이 중요한 사업으로 떠오른 이유이다. 현실 사회주의는 생산 활동을 정치에 종속시켰다. 그 대표적 양상이 사회주의 경쟁운동이었다.[6] 또한, 양성평등이라는 이데올로기와 정책으로 여성 대부분을 노동 현장으로 이끌어 내었으나, 계획합리주의에 따른 중공업 우선주의로 공장 내 성 역할은 위계적으로 구조화되었다.

이는 한국전쟁 이후 북한도 마찬가지였다. 북한의 산업화 집중 시기는 통상 급속한 경제성장이 이루어진 1953년 전후 복구 시기부터 60년대까지로 이해되나, 북한 정권이 산업화 전략을 지속한 시기는 1980년대까지로 볼 수 있다. 이 시기에 계획합리주의에 따른 북한의 중공업 우선주의는 생산 부문의 위계를 초래했으며, 생산 부문의 위계는 노동자 간 위계의 원인이 되었다. 북한 여성은 대부분 산업 위계의 하위에 있는 경공업과 지방공업, 그리고 농업에서 활동하였고 이는 다시 성 역할의 위계화를 구조화하

---

5 《레닌 저작집 2》, 735~754쪽; 황태연, 《지배와 이성》, 창작과비평사, 1996, 226쪽에서 재인용.
6 V. Andrle, *op. cit.*, pp. 105~106.

는 원인이 되었다. 전 사회적인 생산의 정치로 생활 세계는 생산에 종속되었으며, 가정 내 여성의 역할도 위계적 지배 질서가 제도화되고 북한 정권의 비합리성이 강화되면서 상하 질서로 구조화되었다.

한편, 급속한 발전정책과 생산의 정치는 현실 사회주의가 내건 '합리주의'를 왜곡시켜 공장과 가정, 사회에서 합리주의의 이반離反 양상이 드러나며 비합리적 현상이 속출했다. 생산의 정치와 이에 대한 복종 요구가 비합리적으로 강화되었고, 이는 다양한 현실 공간에서 갈등을 불러일으켰다. 즉, 정권이 밀어붙인 급속한 산업화를 통한 '사회주의적 근대화' 전략은 개인의 일상생활까지 장악하지 못했고, 일상의 개인들은 국가적 공세에서 자신의 신체와 이익을 지키고자 분투했다.

이 결과는 한편으로 북한의 산업화 전략인 계획합리주의가 초래한 결과이기도 했다. 전시에 여성 노동자가 대거 진출한 지방공업은 중앙공업中央工業에 비해 생산의 자의성이 강하고 공장 규율이 약한 편이었다. 또, 농업에서는 개인 재산의 축적이 공공연히 허용되었고, 여성 노동자가 대다수를 차지하는 가내작업반에서 '장마당'을 통해 판매할 수 있는 생필품 획득이 용이했고 생산과정에서 생산기술을 익힐 수도 있었다. 한 마디로, 북한 내 위계화된 산업 질서 안에서 여성들의 직종은 비교적 규율과 보상 체계가 유동적이고 '자유로운' 편에 속했던 것이다. 이러한 여성 직업군의 특성은 1990년대 '고난의 행군' 이후 북한 여성의 능동적 경제활동과 긴밀한 관련이 있다. 즉, 성 역할의 위계가 오히려 여성의 생존 능력을 강화시킨 것이다.

젠더화된 산업구조

북한의 공장은 지도 단위에 따라 국가계획 단위에서 직접 지도하는 중앙

공장과 각 군郡이 지도하는 지방공장으로 구분할 수 있다.[7] 중앙공장은 생산수단을 생산하는 중공업과 소비재를 생산하는 경공업으로 구분된다. 중공업은 전력공업·석탄공업·광업·금속공업·기계 제작공업·화학공업·건재공업 등 국가 기간산업과 임업으로 구성되어 있다. 중공업은 북한 경제의 중추였으므로, 북한의 산업정책은 중앙 중공업 공장을 기준으로 구성되었다.[8]

북한의 산업화 정책은 공식적으로는 '중공업-경공업 동시발전' 노선을 표방했으나, 실질적으로는 '중공업 우선주의'였다. 중공업 우선주의는 자연스럽게 경공업 등 기타 생산 부문을 중공업 아래에 위치시키는 생산 부문의 위계를 초래했고, 이는 중공업 노동자와 경공업 노동자 간의 위계로 이어졌다. 중공업 공장은 경공업이나 지방산업보다 노동력과 자재, 배급 등을 우선 공급받았고, 노동자의 사회적 지위도 높았다. 반면, 경공업과 지방산업은 모든 부분에서 열등한 대우를 받았다. 그런데 북한의 중앙 중공업 공장노동자는 그 다수가 청장년 남성이었고, 경공업이나 지방산업 공장노동자의 다수는 여성이었다. 생산 부문의 위계가 남녀 노동자 간의 위계를 초래한 이유이다.

---

7 북한의 공장 기업소는 중앙에서 직할 관리하는 특급·1급·2급·3급 기업소 및 지역 단위에서 운영 관리하는 도급 기업소와 지방공장으로 분류된다. 특급 기업소는 1·2·3급 기업소 중 특수 생산물과 군수품 등을 생산하는 기업소이다. 예를 들면, 자강도 일대에 62호 65호 병기 및 화약 생산 공장들과 황해제철소, 김책제철소, 평양방직 공장 등이다. 1급 기업소는 종업원 5천 명, 2급 기업소는 3천 명, 3급 기업소는 5백 명 이상으로 주요 제품을 생산하는 공장·기업소이다. 도영 기업소는 각 시·도에서 관리 운영하는 기업소이다. 지방공장은 군에서 운영하는 중소규모의 공장들이다. 특급과 1·2·3급 기업소는 중앙에서 직접 지도·운영하며, 중앙당 중공업부와 경공업부에서 지도한다. 기타 공장·기업소는 지방 경제지도위원회에서 지도하며 도당 산업부와 군당의 지도를 받는다. 2급 기업소 이상과 일부 3급 기업소에는 공장 내 기계 설비와 자재, 부속품을 자체 생산하기 위해 설치된 공무직장이 있다. 이항구, 앞의 책, 313~316쪽.

8 《경제사전 2》, 424쪽.

중앙공업: 남성 주도 중공업 우선주의

중앙 중공업 공장은 경공업이나 지방공업에 비해 생산규율과 당 규율이 강했으며, 전후 산업군사화 정책에 따라 이른바 '생산전투'가 일상화되었다. 노동자 대부분은 성인 남성이었으며, 여성은 소수의 기사와 기술자를 제외하곤 대개 사무원이나 통계원 등으로 일했다.

한국전쟁의 여파가 어느 정도 가시기 시작한 1956년 이후 북한 정권은 국가 노동력의 전면적 활용을 위한 노동력 증대와 배치 정책을 제시한다. 특히 여성 노동력 활용 정책이 두드러졌다. 이 정책에 따라 남편의 공장에 아내를 취업하게 했다. 1958년 10월 10일, 김일성은 기양 기계공장을 현지 지도하면서, 부양가족을 직장에 받아들이고 부부 간 '기능전습제技能傳習制'를 실시하여 노동력 부족 문제를 해결하라고 지시하였다. 이 지시에 따라 10월~11월 사이 불과 두 달 만에 전업주부 820명이 공장 생산에 참여하게 된다. 그러나 공장에서는 다음 인용에서 확인할 수 있는 다양한 갈등이 나타났다.

> 부양가족들이 무슨 기능을 배우며 무슨 일을 쓰게 하겠는가느니, 우리 직장에는 부양가족 로력이 필요 없다느니 하면서 부양가족 로력을 적지 않게 과소평가하면서 그들을 받아들이지 않으려는 현상 … 자기 안해와 동일한 직장에서 일하는 것을 그리 달가와하지 않았으며 될 수만 있으면 안해와 같이 일하지 않으려는 편향 … 한편 직장에 진출한 가정부인들 가운데서도 자기들은 선반이나 기계 조립과 같은 일은 할 수 없으니 기능이 요하지 않는 창고나 혹은 운반 작업에 돌려 달라고 청원하는 동무들까지…'.[9]

9 림학소, 〈부양가족 로력들에 대한 기능 전습 사업에서 얻은 몇 가지 경험〉,《로동신문》, 1959년 제

상황이 이러했지만, 공장 간부들 입장에서는 어떻게든 당에서 내려온 교시를 관철시켜야만 했다. 각종 관련 선전과 교양사업이 강화되고, 기혼 여성들이 주물·제관·기계·조립 직장 등 남편과 같은 직장에 배치되었다. 인용된 공장에서 부부 간 기능전습제에 소속된 부양가족 수는 532명이었다. 공장에서는 남편에게 부인의 생산과 기술 지도를 맡겼다.[10] 그러나 남성 중심적 군사문화가 팽배한 중공업 공장에서 기혼 여성 대부분은 남편의 일을 보조하는 데 그쳤다.

기혼 여성들을 남편의 공장에 배치하는 노력 외에, 기혼 여성 중심의 직장도 만들어졌다. 기혼 여성의 노동력 활용과 자재 절약 정책에 따라 각 중공업 공장에 생활필수품 직장 설립을 의무화했다. 생활필수품 직장은 중공업 공장에서 나오는 폐설물과 부산물 등 쓰레기로 버려지는 "내부예비內部豫備를 동원 이용하여 인민 소비품을 전문적으로 생산하는 중공업 부문 공장"이었다.

북한은 생활필수품 직장을 중공업 공장의 부대 생산직장으로 정의한다. 북한에서 나온 문헌들을 보면 "생활필수품 직장을 조직하는 것은 온갖 조건과 가능성을 이용하여 모든 공장, 기업소들에서 소비품 생산을 늘여 나가기 위한 합리적인 방도"로 설명되어 있다. 이처럼 생활필수품 직장을 조직하고 확대·강화하는 이유는 크게 세 가지였다. 첫째, 원자재를 합리적이며 효과적으로 이용하고, 폐설물을 적극 회수·이용함으로써 내부예비를 최대한 동원할 수 있게 하며, 둘째, 세탁기·재봉기·냉동기 등 가정용 철제 일용품과 기타 소비품 생산을 확대할 수 있으며, 셋째, "가정부인들을 생산에 널리 인입함으로써 녀성들의 혁명화, 노동계급화를 다그치고 근로자들

12호, 29쪽.

10 림학소, 앞의 논문(《로동신문》 1959년 제12호), 29쪽.

의 세대당 수입을 훨씬 높일 수 있게" 하기 위함이다.[11]

그러나 남성 중심적 생산문화와 목표 달성 규율, 그리고 군사문화까지 팽배한 중공업 공장에서 기혼 여성들로 꾸려진 생활필수품 직장은 외면받았고 생산 효과 역시 크지 않았다. 당의 지시로 산업화 초기에 의무적으로 구성하긴 했으나, 생활필수품 직장은 공장 내에서 다른 직장과 동일하게 인정받지도 관리되지도 않았다. 공장에서는 중앙이 계획한 목표 달성에 매달려 여성 직장을 따로 관리할 여력이 없었고, 중앙 중공업 공장 현장에서는 간부와 노동자를 가리지 않고 여성 노동자를 인정하지 않으려는 남성 중심적 문화가 팽배했다.

이에 대해 김일성은 1961년 12월 1일 개최된 조선로동당 중앙위원회 제4기 제2차 전원회의에서 "요즘에 와서 중공업 공장들이 일용품 만드는 것을 불명예스러운 일로 생각하고 일용품생산 직장을 거의 집어치웠는데 이것은 잘못입니다. 중공업 공장들에서 일용품 생산 직장을 계속 운영하여야 하겠습니다. 이것은 인민들에게 더 많은 생활필수품을 만들어 주게 되니 좋고… 더 많은 수입을 얻을 수 있도록 하니 좋고 어느 모로 보나 좋은 일입니다."라고 했지만, 상황은 바뀌지 않았다.[12]

1960년대 이후에는 산업의 군사화가 더 강화되어, 공장 내 남성 중심적 위계문화가 더 공고화되었다. "군대의 계획이 적과의 싸움을 위한 계획이라면 경제계획은 자연과의 투쟁을 위한 계획"이라며, 계획부터 생산까지 군사규율로 강제하였다.[13] 공장 내 군사문화는 1962년 당중앙위 제4기 2차 전원회의에서 김일성이 '천리마작업반운동' 외에 군대식 '근위공장쟁취운동'을

---

11 《경제사전 2》, 194쪽.
12 김일성, 앞의 논문(《김일성 저작집》 15권, 1981), 392쪽.
13 김일성, 〈모든 힘을 여섯 개 고지의 점령을 위하여〉, 《김일성 저작집》 15권, 1981, 358쪽.

1953년 전후 복구부터 1980년대를 관통하는 산업화 시기에, 북한은 여성들의 노동계급화에 힘썼다. 1979년 《조선녀성》 1월호는 봉화와 청진화학섬유공장에서 일하는 여성 공장노동자들의 모습을 특집으로 실었다.

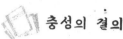

가슴마다 넘치는
충성의 결의

① 《언제나 손에서 책을 놓지 않는 독학가들입니다. 1만페지 책읽기과제를 6월달안으로 끝낼 목표를 세웠지요.》

우리가 송림《애기궁전》 어머니학교를 찾아갔을 때 탁아소녀맹위원장은 이민 딸을 들려주며 학습을 잘하고있는 엄기옥, 전경희, 김봉녀동무들을 소개하는것이였다.

② 평양종합방직공장 청년정방직장에 들어서니 갈매기마냥 날렵한 동작으로 정방기사이를 누비나가는 한 정방공의 모습이 퍼그나 낯익었다. 분기마다 한건이상의 새 기술 혁신안을 내놓겠다는 김봉례로력영웅의 결의를 듣고 우리가 사진기를 꺼내들자 그는 가볍게 손을 흔들며 사진은 결의과제를 수행한 다음에 찍자고 말하였다.

③ 《여보, 새해엔 드락또르정비를 잘해서 단 한시간도 드락또르를 논밭에 그냥 세워두는 일이 없게 하자요.》

《그것뿐이요. 드락또르운전기능급수도 한급씩 더 높여야지.》

운전군 읍협동농장 드락또르운전수들인 장욱순부부가 주고받는 이야기를 들으며 우리는 그들의 다정한 모습을 렌즈에 담았다.

④ 《귀여운 어린이들을 대할 때마다 더더욱 무거운 책임감을 느끼게 되는것이 보육원들의 심정이랍니다. 나라의 기둥감들을 맡아키우는 보육전사진 영예를 안고 어린이보육교양에 온갖 성의를 다하겠어요.》

보육원의 말귀를 알아재끼나 한뜻 어린이의 사랑스러운 얼굴에도 웃음이 함뿍 어렸다. 그 밝은 웃음에는 조국의 찬란한 미래가 비껴있었다.

(사리원시주탁아소 보육원 대석호동무)

⑤ 《어떤 문양을 요구하세요?》

《저에겐 함박꽃무늬로 끝마주세요.》

언제나 손님들로 흥성거리는 평양제1백화점 직물매대 공훈판매원 박옥녀동무는 손님들의 기호에 맞는 색갈고운 천들을 친절하게 내보이며 이렇게 말한다.

《올해엔 주문판매를 더 많이 해서 인민들이 요구하는 상품을 더 잘 공급하렵니다.》

지시하면서 본격화되었다.

"광산, 탄광, 공장들에 근위 칭호를 주는 제도를 내오자는 것입니다. 국가과제國家課題를 잘 수행하고 여섯 개 고지를 점령하는 데서 큰 역할을 한 공장들에 다음 해부터 근위공장 칭호를 주는 것이 좋으리라고 생각합니다. 군대에서도 근위련대, 근위사단이란 것이 있었습니다. 공장들에는 군대에 갔다온 사람들도 많으니 이것을 도입하면 많은 자극을 줄 수 있을 것 같습니다. … 천리마작업반운동은 계속하면서 근위공장쟁취운동을 또 전개하자는 것입니다. 천리마작업반운동은 인간 개조를 잘하고 기술혁신을 일으키며 매 사람이 공산주의적으로 살고 일하게 하는 것을 위주로 할 것이며 근위공장운동은 관리 운영을 잘하고 조직사업을 잘하여 생산을 정상화하며 계획을 분기별, 월별, 일별로 어김없이 수행하고 생산품의 질을 높이는 것을 목표로 삼아야 할 것입니다."[14]

이렇게 해서 군대에서 나온 용어인 '근위近衛'가 북한에서는 특출한 공훈을 세웠거나 생산 성과를 올린 부대나 공장, 개인 등에게 국가가 수여하는 영예로운 칭호가 되었다. 모든 개인은 물론이고 작업장, 공장 등이 생산 성과 증진에 열을 올리는 상황이었으니 공장 간부들이 생활필수품 직장까지 챙길 겨를이 있을 리 없었다. 생필품 직장은 실질적인 관리나 지도는커녕, 무관심을 넘어 남성 노동자들에게 '불명예스러운 일'로까지 여겨졌다. 여기에다 지역에 따라 1958년부터 본격화된 지방산업과 각종 가내작업반이 중공업 공장에서 나오는 폐설물과 부산물 재활용을 맡으면서 중공업 공장 내 생활필수품 직장은 유명무실해졌다.

그러나 1960년대 들어 여성 노동력과 생활소비품 욕구가 증대되면서 북한 당국의 노력이 성과를 거두기 시작했다. 중공업 공장이 아니라 지방산

---

14 김일성, 〈모든 힘을 여섯 개 고지의 점령을 위하여〉, 《김일성 저작집》 15권, 1981, 426~427쪽.

업과 가내작업반에 필요한 설비를 생활필수품 직장에서 생산하는 구조가 만들어진 것이다. 이렇게 되자 1963년 북한은 유명무실해진 중앙공업 각 공장·기업소의 생활필수품 생산을 정상화하고 확대하게 하였다. 지방산업에서 생산하기 힘든 "고급 문화용품, 염화비닐 가공품 등은 중앙이나 도의 선진적 기술장비를 갖춘 기업소에서 집중적으로 생산"하는 것이 용이하다고 판단했기 때문이다. 여기에다 수만 종류에 이르는 일용 필수품을 각종 형태와 규격으로 생산하기 위해서는 다양한 기대機臺와 기계, 그리고 가지각색의 원료·자재·보조자재補助資材가 필요해졌다. 그러므로 상대적으로 원료와 자재, 그리고 기술이 풍부한 중앙 중공업 공장에서 지방산업이 생산하기 힘든 제품을 생산하게 한 것이다.[15]

전체적으로 중앙 중공업 공장의 여성 노동자들은 대부분 사무직이나 통계원, 그리고 보조 노동력으로 활동하였다. 생활필수품 직장은 기혼 여성 노동자가 중심이었으나, 중공업 공장 전체로 보면 그리 비중 있는 직장은 아니었다. 반면에 여성 노동자들은 남성 노동자보다 공장 내 각종 동원 사업에 많이 참여했다. 남성 노동자의 부양가족 대부분은 노동자구 내 경공업이나 지방산업, 그리고 가내작업반에 배치되었다. 여기서 '노동자구'란 1952년 12월 개편된 기업과 노동자들이 집중된 북한의 행정구역 단위로, 당시 북한정권은 도(직할시)—시(구역)·군—읍·리(동·노동자구)의 3단계 행정 체계를 구축했다.

언급했다시피, 여성 노동자들은 경공업 부문에 집중 배치되었다. 경공업은 방직과 식료, 일용공업 등 생활에 필요한 천과 신발, 일용품과 식료품 등 소비재와 원료 제품을 생산했다. 북한은 '경공업 내부균형' 정책에 따라 대규모 중앙 경공업과 중소규모 지방 경공업의 병행 발전을 추진했다. 이

---

15 〈생활필수품 생산에서 새로운 전환을 위하여〉, 《로동신문》, 1963년 7월 29일.

정책은 "소비품 생산의 기술적·경제적 특성과 적은 자금으로 빠른 기간에 경공업기지를 꾸려야 할 현실적 요구" 때문이었다.[16]

1956년 12월 전원회의를 계기로 시작된 북한의 경공업 내부균형 정책은 1958년부터 본격화됐다. 1958년 1월 29일 개최된 경공업성 열성자회의에서 김일성은 "자립적인 경공업기지 창설 방침"을 제시했다. 경공업 부문의 구체적인 과제는 첫째, 섬유 원료를 자체로 해결하는 것, 둘째, 여성을 부엌에서 해방하고 생산 활동에 참여하게 하며, 인민 생활 향상을 위해 식료가공 공업을 발전시키는 것, 셋째, 일용 필수품 품종을 확대하는 것, 넷째, 엄격한 규격제도와 검사제도 강화를 통해 제품의 질을 높이는 것이었다.[17]

북한의 중앙 경공업 공장 중 특히 방직공장에는 미혼 여성과 여성 숙련 노동자들이 집중 배치되어 있었다. 상황에 따라 2~3교대 작업을 하는 방직공장 노동자는 하루 일과 종료 후 기대 청소와 인계를 하는데, 이후 직공장이 개인 생산 실적표를 가지고 오면 작업 검토회의가 진행된다. 이 자리에서 경쟁 우승자와 계획 달성·초과 달성 비율을 발표하고, 경쟁 우승자는 격려와 박수를 받는다. 이들은 대개 합숙을 했는데, 합숙소의 구심은 역시 노력영웅이었다.

평양 제사공장에 노력영웅 당운실은 작업 검토회의 후, 공장 내 핵심 노동자들과 생산에 대한 이야기와 각종 기념일에 맞춘 생산목표 달성 결의 등을 했다. 신입 노동자들에 대한 정보 교환과 교양 대책도 의논했다. 노동자들은 생산에 문제가 생기면 합숙에 모여 노력영웅과 숙련자 등에게 조언을 구하고, 개인사나 책 또는 영화 이야기를 나누며 결속감을 키웠다.[18]

---

16 《경제사전 1》, 80~82쪽.
17 《경제사전 1》, 83~84쪽.
18 〈로력 영웅과 그의 친우들〉, 《로동신문》, 1955년 3월 8일.

중앙 제사·방직공장에는 여성들을 위한 위생 시설이 상대적으로 잘 구비되어 있었다. 1957년 3월 평양방직공장에는 21개 위생초소에 위생지도원이 한 명씩 배치되어 있고, 개별 위생실 4개가 있었다.[19] 1963년 이 공장 탁아소에는 약 2천 명의 어린이가 있었는데, 공장병원의 소아과 의사들이 질병 예방과 치료를 담당하고, 탁아소 직원들은 간식 등을 만들어 주었다. 보육원은 아기 어머니가 입원했거나 집안일을 돌볼 수 없는 경우 아기를 맡아 돌봐 주기도 했다.[20] 모성보호정책이 비교적 잘 관철된 곳이 중앙 경공업 공장이었다. 평양제사공장 등 중앙 경공업 공장에는 구락부, 도서실, 목욕탕, 탁아소, 기숙사 등이 갖추어져 있었다.[21]

그러다 보니 이 공장의 간부들에게는 이러한 여성정책과 근로 환경이 얼마나 '선진적'인지를 여성 노동자들에게 선전하는 업무가 주어졌다. 과거 여성들의 생활과 현재의 삶을 비교하여 지금의 현실에 감사하도록 다양한 경험이 소개 및 전파되었다. 당시 남한 여성들이 처한 궁핍하고 어려운 사정이 비교 대상으로 등장한 것은 물론이다.[22] 1957년 당시 최고인민회의 대의원이었던 일제강점기 소작농 출신 여성은 다음과 같이 말했다.

그때는 참 지긋지긋하고 징그러운 세상 … 당과 정부의 따뜻한 품만이 천대받던 우리 녀성들에게 광명을 주었고 가난과 고통 속에 헤매던 나를 이처럼 행복하고 보람찬 생활에로 인도하여 주었습니다. 그러기에 나는 항상 당의 가르침에 충실할 것이며 자기의 모든 지혜와 힘을 당과 조국과 인민의

---

19 〈조선녀성들은 평화와 사회주의를 위한 장엄한 투쟁 속에서 국제부녀절을 맞는다〉, 《로동신문》, 1957년 3월 8일.

20 〈어머니들이 마음놓고 일할 수 있도록 어린이들을 지성껏 돌봐 준다〉, 《로동신문》, 1963년 3월 12일.

21 〈공장의 녀주인공들, 어제와 오늘〉, 《로동신문》, 1957년 7월 30일.

22 〈남조선 녀성들에 참담한 처지〉, 《로동신문》, 1957년 3월 8일.

리익을 위해 바치겠습니다.[23]

이와 함께 산업화 시기 북한의 중앙 경공업 공장에서는 다양한 생산 증대운동과 이를 뒷받침하는 문화가 전개 및 전파되었다. 이를 크게 다섯 가지 유형으로 정리할 수 있다.

첫째, 설비 이용률을 높여서 생산을 증대하는 운동이 펼쳐졌다. 1960년 개성 직물공장의 설비 이용률은 65.2퍼센트였다. 이 공장에서는 8·15 기념 증산 경쟁운동의 일환으로 설비 이용률 증대운동을 시작했다. 직포공들은 공무동력工務動力(공장에서 기계 설비에 필요한 예비 부품을 생산·공급하는 설비) 직장에만 의존하던 관행에서 벗어나 자기 기대를 직접 관리하자는 운동을 벌였다. '나의 직기 운동', '한 번 더 보기 운동' 등 작업 전에 기대를 청소하고, 작업 후에도 기대를 정비·인계하여 설비 고장으로 기계가 멈추는 시간을 줄이자는 운동이 일어났다.[24] 이 운동은 곧 당단체에 의해 전 군중적 운동으로 확대되었다.

한 명의 직포공이 여러 기대를 관리하는 '다기대운동'도 전개되었다. 이와 함께 기술 수준 제고를 위해 각 직장에서 숙련공이 미숙련공을 맡아 생산과정에서 기능을 전습하는 개별담당제가 실시되었다. 공무동력 직장 노동자들은 기대별 책임제를 정하고 직포공과 연대책임으로 담당 기대를 보수·관리하였다. 일상적 설비 관리를 위해 한 설비 수리공은 주머니를 만들어 허리에 차고 출퇴근 때나 작업 시에 조그마한 못·나트·쇠조각까지 주머니에 주워 넣고 그것을 다시 재생해 쓰거나 가공해서 설

---

23 〈그의 어제와 오늘〉, 《로동신문》, 1957년 3월 8일.
24 〈설비 리용률을 제고하여 직물 생산량을 계속 증대〉, 《로동신문》, 1960년 3월 2일.

비 보수 정비 때 쓰곤 하였다.[25]

둘째, 자재 절약을 통한 생산 증대운동이 전개되었다. 노동자들이 공장에서 주머니를 차고 다니는 운동은 평양 견방직공장 직포 직장의 한 젊은 직포공이 시작했다. 이 여성 직포공은 허리춤에 붉은 주머니 하나를 달고 다니기 시작했다. 붉은 주머니 속에는 헝클어졌거나 때묻어서 버리게 된 파사破絲가 들어 있었다. 그녀는 이 못 쓰게 된 실들을 모아 증산과 절약투쟁의 모범이 되었다. 곧 이 운동은 전체 직포 직장으로 확산되었다.[26]

자재와 원료 부족 문제가 심각해지면서 이 운동은 더욱 강화되었다. 1966년 개성 방직공장 제1직포 직장의 직포공들은 "꽁다리 목관에 감기어 나가는 몇 뼘씩밖에 안 되는 실도 몽땅 회수하여 이어서 천을 짜고 또 '코실'을 방지하고 파사를 내지 않을 데 대한 것 등 이모저모로 세밀히 검토하여 동일한 량의 원자재를 가지고 계획보다 40만 미터의 천을 더 짤 수 있는 예비를 찾았으며, 1등품 비중을 90퍼센트로 높이기 위한 방도도 탐구"하였다. 그리고 교대 작업이 끝난 후 주워 모은 토막실들을 일일이 풀어 이어 놓고야 집으로 갔으며, 아기 어머니들은 탁아소에 가서 젖을 먹이는 시간에도 쉬지 않고 꽁다리 목관에서 한 뼘짜리 실을 풀어 이어 감고, 기대 밑에 떨어지는 하루 몇 그램이 안 되는 솜털도 모아서 1~2월 두 달 동안에만 60킬로그램의 원료를 절약했다.[27]

셋째, 자기 기대를 직접 수리하는 운동이 펼쳐졌다. 자기 기대에 생긴 사소한 고장은 스스로 수리할 수 있게 숙련공들이 수리 방법을 반원들

---

25 앞의 기사(《로동신문》, 1960년 3월 2일).

26 〈천리마 시대의 녀성들〉, 《로동신문》, 1960년 3월 8일.

27 〈슬기롭고 미더운 녀성들〉, 《로동신문》, 1966년 3월 8일.

에게 교육했다. 이 운동은 직포 직장에서 '모범기대 창조운동'으로 발전하였다.[28]

넷째, 연대생산 체계를 강화하여 집단주의적 생산문화를 수립했다. 평양 견방직공장 승창숙 천리마작업반에는 수유기 어머니들로 구성된 '모성작업반'이 있었는데, 이 작업반의 직포기가 자주 멎었다. 30분간의 수유 시간 사이에 직포공 없는 기계가 멎었기 때문이다. 작업반 전체의 생산량을 채워야 했던 작업반원들은 "하루 한 시간, 두 대의 직기 돌리기 운동"을 전개했다.[29] 평양 방직공장 제4직포 직장 천봉녀 천리마작업반은 1960년 처음으로 아기 어머니 작업반을 조직했는데, 당시 출근율은 77퍼센트였다. 이 작업반원들은 어머니들의 출근율을 높이기 위해 담당 조를 나누어 출근율이 낮은 어머니들의 집안일을 도와주고 이들을 교양시킨 끝에 출근율 향상과 생산량 달성을 이루어 천리마작업반 칭호를 받았다.[30]

다섯째, 공장의 가정화를 추진했다. 평양 견방직공장 여지배인 백의명은 공장 생활에 적응하지 못하는 여성을 어머니처럼 보살펴 주었다. 그녀는 고향을 떠나 공장에 취업하였으나 "직장에 나가지 않고 합숙방에서 하루를 보내며 직장에 취미를 가지지 못하고 어디론가 뜨려고만 하는 여성을 어머니의 심정으로" 돌보았다. 공장에서는 백의명을 '지배인 어머니'라고 불렀다.[31] 여성 노동자가 다수인 공장에서는 혁명가요가 일상적으로 불려졌으며, 여성해방을 위한 생산 증대 이데올로기가 선전되

---

28 〈천리마 시대의 녀성들〉, 《로동신문》, 1960년 3월 8일.

29 〈견결하고 슬기롭고 아름답게〉, 《로동신문》, 1961년 7월 30일.

30 〈보람찬 로력 전선에서〉, 《로동신문》, 1962년 3월 8일.

31 〈나라의 주인 된 긍지를 안고〉, 《로동신문》, 1963년 3월 8일.

었다. 당시 여성들이 즐겨 부른 〈녀자 해방가〉의 가사는 이러했다.[32]

1절 만리 창천 반공중에 비행기 뜨고/ 오대양 한복판에 군함이 있다/ 류대주에 울리는 대포 소리에/ 오백 년을 자든 잠을 속히 깨어라.

2절 아가아가 자장자장 너 우지 말아/ 무럭무럭 너는 커서 총칼을 매고/ 여자 해방 찾는 소리 우렁찰 때에/ 너를 따라 우리들도 함께 싸우리.

3절 시어머니 구박과 남편 구속에/ 집안의 감옥 같은 골방에 갇혀/ 세상 형편 구경 못 한 우리 여자들/ 자유 평등 활동 시대 돌아왔도다.

한편, 중앙 경공업의 여성 숙련노동자들이 결혼과 함께 남편 직장 지역으로 이전하는 것이 경공업 공장들에서 큰 문제로 떠올랐다. 김일성은 중앙공업을 중심으로 중공업과 경공업을 동시 배치하게 하여 이 문제를 해결했다. 특히 부부 중 중공업 숙련공이 있으면, 숙련공 직장을 중심으로 배치하게 했다.[33] 그러나 중앙공업은 대부분 중공업과 광업 등이었기 때문에 결혼과 함께 여성들이 남편 직장 지역으로 이전하는 것이 일반적이었다.

경제 건설과 국방 강화를 동시에 추진한 1960년대 중반부터는 남한에 있는 가족이나 한국전쟁 시기 실종된 가족, 남한의 반정부 여학생 등을 선정하여 그들 몫까지 생산하는 운동이 전개되었다. 개성 방직공장 제1직포직장 직포공들은 1966년부터 이 운동을 전개했다. 이 직장에서는 여성 노동자 가족 중 당시 남한에 있거나 전쟁 과정에서 남한으로 가게 된 언니, 아버지 또는 정권이 선전한 남한의 '애국 여학생들'을 각자 작업반원으로

---

32 《로동신문》, 1963년 3월 8일.
33 〈공장에 다시 오기까지〉, 《로동신문》, 1962년 3월 6일.

등록하여 '하루 2미터 더 짜기 운동'을 하였다.[34]

이 운동은 1965년에 개성기계종합공장 김재렬 천리마작업반원이 시작하여 작업반 전체로 파급되었다. 이 작업반에서는 한국전쟁 때 희생된 애국자들, 그리고 각자의 잊을 수 없는 사람들을 작업반원으로 등록하여 그들의 이름을 자기 기대에 붙이고 그들 몫까지 생산했다. 이 운동을 계기로 공장 당위원회는 공산주의 교양과 혁명 전통 교양, 그리고 당 정책 교양에 주력했는데, 가장 효과적인 방법은 작업반원들의 생활 체험을 가지고 교양하는 것이었다. 후퇴 시기에 아버지를 잃은 김상현 동무에게는 "이 애국적 운동에 참가하여 7개년 계획을 기한 전에 완수하는 것이 아버지의 원쑤를 갚는 길이라는 것을 일깨워 주었고", 남한 출신인 한 철근공에게는 "미제와 박정희 도당의 학정 밑에서 신음하는 아버지, 어머니를 구원하기 위해서는 이 운동에서 앞장서 나가야 한다는 것을 해설해 주었으며", 남편이 남으로 끌려갔다는 여성 용접공 아주머니에게는 "이미 다진 결의대로 남편의 몫까지 해내는 것이 남편을 더 빨리 구원하는 길이라는 것을 거듭 이야기해 주는 등 사람들의 생활 감정에 맞게 계속 개별 교양을 심화시켰다." 한편 한영백 천리마작업반원들은 기술혁신과 절약투쟁을 강화하여, 강제 철거당한 서울시 동대문구 숭인동의 남한 주민 2,500여 명에게 주택 170여 세대를 지어 줄 수 있는 자금 마련을 결의하고 증산에 나섰고, 공장 내 30여 개 작업반이 이 운동에 합류했다.[35]

당시 북한 중앙 경공업 공장의 선결 과제는 제품의 질 제고였다. 북한에서 생산되는 제품들의 질이 전반적으로 낮았기 때문이다. 중앙 중공업 공

---

34 〈슬기롭고 미더운 녀성들〉, 《로동신문》, 1966년 3월 8일; 〈대중의 애국 운동을 추동하기 위한 정치 사업〉, 《로동신문》, 1965년 3월 8일.

35 〈대중의 애국 운동을 추동하기 위한 정치 사업〉, 《로동신문》, 1965년 3월 8일.

장 제품에 비해 경공업과 지방공장의 생산품은 질이 더욱 낮았다. 그 이유는 다음과 같다.

첫째, 축적 우선주의 경제 발전 노선이 가져온 결과였다. 축적과 절약이라는 내핍 정책이 소비품 생산을 부차화했기 때문이다.

둘째, 중공업 우선주의에 따라 자재와 노동력, 자금 등 모든 생산요소와 지원이 중앙 중공업 공장에 우선 지원되었기 때문이다.

셋째, 숙련공인 미혼 여성 중 상당수가 결혼과 동시에 남편 직장 지역으로 이동하면서 숙련공 양성이 제대로 이루어지지 않았다.

넷째, 경공업 공장에 주로 배치된 기혼 여성 노동자는 가정과 직장 생활을 병행해야 했기에 남성에 비해 공장 생활에 전념할 수가 없었다.

그러나 상황이 아무리 어려워도 소비품의 질 제고를 미룰 수는 없었다. 1960년대부터 북한 경공업 공장의 핵심 과제가 된 제품 품질 문제를 해결할 방법은 '자력갱생'을 위한 사상교양이었다.

평안북도 구성시에 위치한 구성방직공장에서는 제품의 질을 높이기 위해 공장 당위원회 주도로 "불타는 애국심과 높은 계급적 각오를 가지고 일에 정성을 담도록 방직공들 속에서 사회주의 애국주의교양을 줄기차게" 진행하였다. 방직공들에게 "쓰고 있는 원료 자재는 얼마나 많은 사람들의 노력으로 이루어진 것인가", "질 좋은 천을 더 많이 짜내는 것은 나라의 경제 건설과 인민 생활 향상에 얼마나 큰 의의를 가지는가", "일하고 있는 공장이 어떤 길을 걸어온 공장이며 여기에서 일하는 자신들이 어떠한 긍지와 높은 책임감을 가지고 실 한 오리, 천 한 치에 어떻게 애국지성을 담아야 하겠는가 하는 것 등을 깊이 느끼도록 교양"하였다. 이 교양은 "때와 장소

를 가리지 않고 계속 줄기차게 진행"되었다.[36]

이는 전쟁 시기에 김일성의 지시에 따라 전시 폭격 상황에서도 생산을 지속했으며, 전후 김일성의 현지지도를 받으면서 "공장을 확장하고 생산을 장성시켜 온 영예스러운 공장에서 일한다는 것"을 노동자들에게 내면화시키는 작업이었다. 이러한 사상교양과 함께 "이때까지 그렇게 이야기해도 손에 익지 않아 품이 많이 들고 시끄럽다고 하면서 잘 받아들이지 않던 선진 작업 방법들이 정방공, 직포공들의 의식적인 노력에 의하여 널리 도입되게 되었"고, 몇몇 혁신노동자(노력영웅)들은 1등품을 90퍼센트 이상 내겠다고 결의했다.

공장의 생산과정은 여러 공정이 결합되어 완성되기 때문에 각 공정 간의 생산연대가 중요했다. 공장 행정 참모부는 직포직장에서 생산한 '질 낮은 천'을 분석하여, 공정별로 어느 공정에서 무엇을 잘못하여 그런 천이 생산되었는지를 해당 생산공정에 알려 주었다. 그러면 해당 생산공정에서 그 자료를 가지고 정치사업과 사상투쟁을 벌이는 식이었다. 특히 열흘에 한 번씩 제품 생산라인에 속한 노동자들을 한자리에 모아 놓고, 그동안 생산된 제품을 근거로 성과와 문제점을 구체적으로 알려 주었다. 이 사업은 기술 문제를 가지고 노동자들의 연대책임성까지 높이는 일종의 정치사업이었다.[37]

지방산업: 여성 주도 자력갱생

사업장을 지배하는 군사문화 외에 중앙의 강력한 지도로 중앙공장의 생산규율과 당 규율은 지방산업에 비해 강할 수밖에 없었고, 이는 달리 말

---

36 〈제품의 질을 높이는 첫 공정은〉,《로동신문》, 1967년 3월 6일.
37 〈제품의 질을 높이는 첫 공정은〉,《로동신문》, 1967년 3월 6일.

북한의 지방산업은 여성 노동력이 밀집해 있고, 생산자와 소비자가 동일하다는 특징이 있다. 1979년 혁신노동자로 선발된 두 여성을 축하하는 모습. 《조선녀성》 1979년 8월호.

해 중앙공장 노동자들은 사상과 행동에 훨씬 더 큰 제약을 받았다는 뜻이다. 반면에 '자체의 자원과 노동력'으로 생산 활동을 해야 했던 지방산업 노동자들은 상대적으로 생산 및 활동의 자율성이 높은 편이었다. 이는 1980년대 외현화되어 1990년대 본격화된 경제 위기 이후 북한 여성들이 남성에 비해 자율적인 경제활동을 펼치게 된 원인을 설명해 준다.

예를 들어 공장 가동이 중지되고 배급제가 비정상화된 시기에도 중앙 중공업 공장노동자들은 정상적으로 출근해야 했으나, 지방공장 노동자들은 어느 정도 융통성이 있었다. 생산의 위계가 여성 노동력을 부차화했으나, 이러한 부차화가 오히려 위기 시 상대적으로 자유로운 판단과 행동을 가능하게 했던 것이다.

여성 노동력이 밀집해 있는 지방산업의 주요 특징은, 모든 면에서 '자력 갱생'이 강조되었고 생산자와 소비자가 동일했다는 것이다. 소비품을 생산하는 지방산업 노동자 대부분이 소비를 관리하는 기혼 여성이었기 때문이다. 이러한 특징은 경제 위기 이후 북한 여성이 상대적으로 자유롭게 사적 재산을 축적할 수 있는 기반이 된다. 제품의 근접성은 제품 취득의 용이성과 관련되기 때문이다. 공장에서 몰래 물건을 빼돌려 소비하거나, 빼돌린 물건을 팔아서 다른 소비품을 구매하는 식이었다. 배급이 비정상화되고 소비품이 부족해진 상황에서, 소비품을 생산하는 경공업과 지방산업의 여성 노동자들은 소비품 생산의 노하우뿐만 아니라 소비품 취득에도 유리했다.

북한 여성의 노동 세계를 이해하는 데 기혼 여성 노동자가 다수 근무한 지방산업은 중요한 의미가 있다. 지방산업 정책과 여성 공장노동자의 생산과 생활이 북한의 근대화와 여성의 역할을 규명하는 데 중요한 의의가 있다는 의미다. 여성 노동자, 특히 기혼 여성이 밀집해 있는 지방산업 정책과 생산문화, 그리고 노동양태 등은 이를 잘 보여 줄 것이다.

북한의 지방산업은 지방의 자체 원료로 지방의 소비품 수요를 충족시키기 위해 만들어져, 지방 경제기관에 의해 지도·관리·운영되었다. 지방산업에는 국영 지방산업과 협동단체 공업 생산협동조합 등 중소규모 공업들이 속한다. 북한은 지방산업의 의의를 다음과 같이 평가한다.[38]

첫째, 지방의 자연부원自然富源(사회의 경제적 부를 생산하는 원천이 되는 천연자원), 중앙공업의 부산물과 폐설물, 농업과 부업 생산물 등 지방에 있는 원료와 노동력, 기계 설비를 경제 발전에 이용한다.

둘째, 소비품 생산을 증대하여 지방 주민의 수요를 충족시킨다.

셋째, 국가의 추가 투자가 거의 없이 짧은 기간에 전 인민적 운동으로 소비품 생산을 증대시켜, 중공업 건설에 더 많은 국가투자를 집중하며 사회주의 경제 건설을 촉진한다.

넷째, 공업을 모든 지역에 분포하게 하여 지역 간 생산력 배치의 균형을

---

38 《경제사전 2》, 439~440쪽.

유지하며, 원료 원천지와 소비지에 생산을 근접시키고, 불합리한 수송을 없애며 국가 방위력 강화에도 유리하다.

다섯째, 공업과 농업 간 경제 연계를 강화하고, 도시와 농촌의 차이를 빨리 줄인다.

여섯째, 여성의 노동계급화와 혁명화를 가능하게 하고, 가사 부담을 줄이고 세대당 수입도 늘린다.

전후 복구 이후 지방산업은 북한 산업화 과정의 일익을 담당했다. 중앙 중공업이 국가계획의 중심인 상황에서, 주민 생활에 필요한 소비품 생산을 지방산업이 책임지는 구조로 산업화가 진행되었기 때문이다. 그래서 김일성은 전후 각 도·시·군을 현지지도하거나 교시를 내릴 때마다 지방산업을 강조했다.

1953년 10월 21일, 김일성은 함경남도 당, 정권기관, 사회단체 및 경제기관 일군협의회에서 "경공업과 지방산업을 발전시키는 것은 인민 생활을 개선하며 국가의 수입을 늘여 전후 인민경제 복구건설에 필요한 자금을 확보하는 데서 중요한 의의"가 있다고 말했다.[39] 당시 김일성이 제시한 지방산업 발전정책은, 지방 원료로 소비품을 생산하는 것이었다. 구체적인 예로, 산간지대는 중소규모 전분공장이나 당면공장 등을 짓고, 해안지대는 물고기 내장으로 기름을 만드는 공장 같은 것을 운영하는 것이다. 산업화 초기 북한의 지도 체계는 도당위원회와 도인민위원회의 지도였다. 특히 남한의 지방의회(지방 주권)와 정부(행정)를 합친 역할을 한 도인민위원회가 책임지고

---

39 김일성, 〈전후 복구건설에서 함경남도 앞에 나서는 몇 가지 과업〉, 《김일성 저작집》 8권, 1980, 124~125

지방산업을 강화하게 하였다.[40]

지방산업이 본격화된 것은 1958년 6월 개최된 당중앙위원회 전원회의 이후였다. 이 회의에서 노동당은 주민 생활 향상을 위한 지방산업 확대를 결정했다. 당시 국가계획의 중심을 중공업에 두고 경제 발전을 추진하고 있던 북한 정권에게 소비품 생산은 국가경제 발전에 그리 큰 중요성을 갖지 않았다. 그러나 갈수록 증대되는 생활품 수요와 생활 향상 요구를 외면할 수는 없었다. 그리하여 전원회의 후 불과 3개월 만에 전국적으로 지방산업 공장 944개가 새로 건설되었다.[41]

그러나 3개월 만에 건설된 944개의 지방공장들이 제대로 운영될 리 없었다. 당시 지방산업의 수준은 "살림집 웃방에 베틀을 5~6대 차려 놓고 천을 짜거나, 아주머니들이 독을 서너 개 놓고 문창호지를 만드는 등 열악한 조건"이었다.[42]

김일성은 1958년 9월 25일 개최된 당, 국가, 경제기관, 사회단체책임일군협의회에서 다음과 같이 지방산업 발전정책을 제시한다.[43]

첫째, 각급 당단체 지도로 지방공장 간부의 기업관리 능력 배양, **둘째**,

---

40 김일성, 앞의 논문(《김일성 저작집》 8권, 1980), 125쪽.

41 김일성, 〈사회주의 건설의 새로운 앙양을 위하여 나서는 몇 가지 문제〉, 《김일성 저작집》 12권, 1981, 531

42 김일성, 〈지방산업을 발전시켜 인민 소비품 생산에서 새로운 전환을 일으키자〉, 《김일성 저작집》 25권, 1983: 69

43 지방산업 공장의 운영 체계는 도에서 관리 운영하는 것과 군에서 관리 운영하는 것을 구분한다. 도에서 중요한 의의가 있는 공장들만 도에서 관리 운영하고, 그 밖의 소규모 공장들은 해당 군에서 관리 운영하게 했다. 또한 급속히 발전하는 지방산업 공장들에 대한 체계적인 지도를 위해 각 도인민위원회에 지방산업관리국을 조직하여, 도영공장들을 운영하고 군영공장들을 지도하게 했다. 군영공장이 3개 이상 있는 군인민위원회에는 지방산업관리부를 조직하여 군영공장들을 직접 운영하게 했으며, 시 · 군 당위원회는 산업부를 두고 시와 군내에 국영 · 도영 · 군영 공장들을 지도 통제하게 했다. 김일성, 〈사회주의 건설의 새로운 앙양을 위하여 나서는 몇 가지 문제〉, 《김일성 저작집》 12권, 1981, 533~536.

신설 공장에 대해 6개월에서 1년간 국가 세금 면제, **셋째**, 표준조작법[44] 교육과 표준공장[45] 신설, **넷째**, 여성과 농촌 계절노동력 이용, **다섯째**, 운영체계의 세부화, **여섯째**, 중앙은행의 단기대부 또는 국가 예산 일부 지원, **일곱째**, 기계화 수준 제고를 위해 1959년 각 도에 건설되는 종합기계공장 이용, **여덟째**, 국가계획위원회에서 1959년 경제계획을 국영과 지방산업 부문으로 나누어 따로 작성 등이었다. 이와 함께 경공업성과 건설건재공업성의 중소규모 공장들을 지방산업 부문으로 개편했다. 또한, 각 도 당단체로 하여금 국영공장의 부업 생산을 통제하여 6월 전원회의에서 강조한 국영공장의 생활필수품 직장 운영을 정상화하게 했다. 국영공장의 부업 생산지표를 각 도 지방산업 계획에 포함시키고, 지방 당단체들이 생산 정상화를 지도하게 하는 등의 조치도 이어졌다.

이러한 노력에 힘입어 1958년 이후 지방산업은 비약적으로 발전했다. 1959년 10월 12~15일에는 '전국지방산업 및 생산협동조합 열성자대회'가 열려 지방산업 발전을 위한 노동자들의 헌신이 강조되었다.[46] 1960년대 중반 이후에는 또 다른 이유로 지방산업의 중요성이 새삼 부각되었다. 즉, "전쟁 발발 시 큰 공장들은 소개하여야 하나 지방산업 공장들은 일을 계속할 수 있기" 때문이다.[47]

그러나 폐설물을 주원료로 하는 지방산업 생산물의 품질은 여전히 문제

---

44 생산과정에서 지켜야 할 작업 순서와 기술 규정, 작업 동작을 정해 놓은 규범. 생산과정에서 지켜야 할 제반 조직 기술적 요구 조건들이 규정되어 있다. 《경제사전 2》, 559~560쪽.

45 당 정책에 따른 경제관리 체계가 세워져 있고, 정상적으로 운영되는 공장이다. '본보기공장'이라고도 한다. 대안의 사업 체계가 수립된 1961년 이후 표준공장의 정의는 대안 사업 체계의 요구대로 기업관리가 정규화, 규범화된 본보기공장과 기업소를 칭한다. 온 집단 안에 당의 유일사상 체계가 확고히 서고 대안 체계 요구대로 기업관리 전반이 정규화·규범화된 공장이다. 《경제사전 2》, 559쪽.

46 《경제사전 2》, 296쪽.

47 김일성, 〈평안남도의 10대 과업에 대하여〉, 《김일성 저작집》 18권, 1982, 416~417쪽.

였다. 원료도 좋지 않은 데다가 중앙의 자재와 지원도 거의 없었기 때문에 품질이 향상되지 않았다. 제품 수와 생산량으로만 생산 과제와 생산품 평가가 이루어진 것도 제품의 질을 높이지 못한 요인이었다. 생산품 종류와 수가 너무 많아서 생산의 전문성이 낮았으며, 목표량 달성의 생산문화가 지배적이었기에 질은 부차적인 문제로 치부되었다. 당시 "지방산업 공장들에서 짜는 천은 질이 낮기 때문에 누구도 그 천으로 옷을 해 입으려고 하지 않"았다. 그리하여 김일성은 "편직물공장과 일용품공장을 비롯한 모든 공장들에서 경공업 제품의 질을 높이기 위한 투쟁을 적극 벌려 그 질을" 높이게 하고, 이 사업을 시와 군 당위원장이 책임지게 했다.[48]

그러나 중공업에 비해 지방산업과 경공업의 발전은 뒤쳐졌다. 그 원인을 김일성은 다음과 같이 지적한다.[49]

첫째, 공장 운영과 생산의 역사가 짧다.

둘째, 설비와 자재가 부족하다.

셋째, 국가계획위원회가 무관심하다. 즉, "국가계획을 세울 때에도 경공업 부문에서 요구하는 설비와 자재들을 많은 경우에 크지 않은 것이라고 하면서 잘라 버리고 이 부문에서는 외화도 적게 돌려" 왔다.

넷째, 국방공업에만 주력했다. 특히 "1966년 당대표자회는 조성된 정세에 대처하여 경제 건설과 국방 건설을 병진시킬 데 대한 노선을 내놓았으며 이에 따라 전국요새화, 전민무장화, 전군간부화, 전군현대화 방침을 관철하는 데 많은 추가적 투자"를 했다.

---

48 김일성, 앞의 논문(《김일성 저작집》 18권, 1982), 414쪽.
49 김일성, 〈지방산업을 발전시켜 인민 소비품 생산에서 새로운 전환을 일으키자〉, 《김일성 저작집》 25권, 1983, 43~44쪽.

다섯째, 경공업 분야 간부 지도를 소홀히 했다.

여섯째, 각 공장의 생산지표를 지나치게 자주 변경했다. 심하면 한 달 사이에 여러 번 지표를 변경하여 내려보내 공장에서 생산을 제대로 할 수 없게 했다.

1966년 노동당 중앙위원회 전원회의에서 경제-국방 병진노선을 당의 경제건설 노선으로 확정한 이후 경제의 군사화가 강화되었다. 그러나 경제성장률이 하락하면서 지방산업의 중요성은 오히려 더 커졌다. 김일성은 1970년 2월 27일 전국지방산업일군대회에서 지방산업 발전정책을 다음과 같이 구체화한다.

첫째, 소비품의 가짓수와 양을 증대한다.

둘째, 제품의 질을 제고한다. 당시 소비품의 질이 낮은 구체적 이유로 지목된 것은 생산공정상의 허점이었다. 예를 들어 방직공장은 전前처리 공정과 후後처리 공정을 다 갖추어야 하는데, "어떤 공장에서는 후처리 공정이 없어서 탁탁하지 못하고 줄줄 늘어나는 천을 짜내고 있는가 하면, 어떤 공장에서는 염색 공정이 없어서 물감을 들이지 못하고" 있는 실정이었다.

셋째, 지도와 관리를 개선한다. 구체적으로는, 도인민위원회 지방산업관리국의 기능과 역할을 더 높인다. 지방산업국의 핵심 임무는 자재상사를 통해 지방산업 공장에 필요한 물자를 제공하는 것이다.

넷째, 기술 지도를 강화한다. 구체적으로, 도인민위원회 지방산업국이 지방산업 공장을 직접 지도하며, 해당 성들이 나서서 기술을 지도하게 한다.

김일성은 이러한 지방산업 발전정책에 붙여, 마지막에는 "지방의 창의성과 지방 자체에서 지도할 수 있도록" 할 것을 강조한다.[50]

이후 생산의 위기가 심화되면서 중앙경제에 큰 부담이 되지 않는 지방산업은 더욱 확대되었다. 김일성은 1980년 6월 28~30일 개최된 전국지방산업일군대회[51]에서 1980년 6월 현재 지방산업이 인민 소비품 총 생산액의 절반을 생산하여 인민 생활 향상에 기여하고 있다고 평가하였다. 1980년 지방산업은 1969년에 비해 약 2배로 늘어나, 군마다 평균 18개 이상의 지방산업 공장이 있었다. 1980년 당시 북한에는 약 4천 개의 지방산업과 식료가공 공업이 있었다.[52]

그렇다면 산업화 시기 지방공장의 생산 및 노동문화에는 어떠한 변화가 있었을까? 앞서 제기한 지방산업의 문제를 극복하기 위해 북한 정권은 생산규율 강화와 숙련공 양성, 표준조작법 준수를 강조한다. 지방공장이 많이 건설되면서 기혼 여성의 노동력 증대와 배치는 더욱 확대되었다. 서평양 철도공장에서는 각 직장에 10여 개의 여성 작업반이 있었는데, 작업반원 대부분이 1958년에 들어온 가정부인이었다. 이 공장에서는 몇 개월 사이에 여성 노동자가 약 3배로 늘어났다.[53] 그러므로 기혼 여성들에게 적합한 각종 편의시설도 동시에 증대되어야 했다. 한 예로 아오지 지구 내 공장·기업소에는 불과 4~5개월 만에 1,240여 명의 여성 노동자가 새로 들어왔다. 그래서 중앙 정책에 따라 각 공장·기업소에서는 이 기간에 각각 4개의 탁아소와 유치원을 신설하고, 목욕탕, 양복부 운영 사업, 식료품을 가공

---

50 김일성, 앞의 논문(《김일성 저작집》 25권, 1983), 48~66쪽.

51 이 대회에서는 지방산업의 현대화, 제품의 질 제고와 품종의 확대 문제, 식료 가공공업 발전 문제 등이 주요하게 제기되었다. 《경제사전 2》, 296~297쪽.

52 《경제사전 2》, 439~440쪽.

53 〈평화와 자녀들의 행복을 위하여〉, 《로동신문》, 1959년 3월 8일.

하여 판매하는 사업, 세탁·의류 수리 및 제작을 담당하는 부양가족 생산 협동조합을 조직 운영하도록 했다.[54]

그러나 기혼 여성 노동력이 늘어나는 만큼 양육과 편의시설은 증대되지 않았다. 설치되더라도 제대로 운영되지 않았으며, 오히려 공장에 들어온 여성들이 각종 생산협동조합 성원이 되어 편의봉사 사업을 책임지는 구조가 만들어졌다. 여기에다 앞서 지적한 것처럼 지방공장 생산품의 자재 수준이 워낙 저열하고 제품 수가 많은 까닭에 제품 고급화와 생산 전문성도 쉽게 이루어지지 않았다. 중암 제재공장 일용품직장에서는 30여 종류의 일용품을 생산했는데, 이곳 노동자들은 제재 과정에서 나오는 각종 부산물을 규격별로 골라 쌓아 두었다가 제품 크기와 용도에 따라 활용해야 했다. 건조 시설을 갖추고 젖은 것은 말려 쓰는 등 사소한 목재 부산물도 모조리 생산에 이용했다. 기계 설비 10여 종을 자체 제작하여 노동력을 절약하기도 했다.[55]

그럼에도 지방공장 건설은 대대적으로 추진되어, 1958년 6월의 전원회의 이후 반년여 만에 식료공장 176개, 일용품 공장 385개, 농기구 공장 121개, 건재공장 235개 등 약 1천 개의 지방공장이 신설되었다. 기존 지방공장을 합하면 1959년 기준 약 2천 개의 지방공장이 운영되었고, 지방공장의 총생산은 전국 공업총생산계획의 27.5퍼센트를 차지하였다. 일부 도에서는 그 수치가 1946년 전국 공업총생산액에 해당하였다.[56]

이렇게 지방공장의 규모와 비율이 급증하자, 1959년 북한 노동성에서는 당 정책에 따라 지방산업 공장의 종업원 명단, 출근계산장, 임금지불대장,

54 〈녀성 로동자들을 위한 위생 시설망을 확장〉, 《로동신문》, 1959년 3월 8일.

55 〈30여종의 일용 필수품을 생산〉, 《로동신문》, 1960년 3월 7일.

56 김현섭, 〈지방산업부문 로동행정사업 개선을 위한 당면 문제〉, 《로동신문》, 1959년 제10호, 8쪽.

노동시간 이용계산서 등을 매월 1회씩 작성하여 성에 제출하게 했다.[57] 각 공장의 노동 실태를 파악하려 한 것이다. 노동성은 다음과 같은 지방공장 발전 대책을 세우고 강제하였다.[58]

첫째, 중앙의 각 성을 몇 개 성으로 통합·축소하고, 그 과정에서 구성된 관리 간부와 기술자들을 지방공장에 파견한다.

둘째, 혁신노동자들과 기술자를 배합하여 작업반을 조직한다.

셋째, 노동 경험이 없는 기혼 여성 노동력이 대부분인 지방공장 안에서 다양한 기술 학습을 실시한다. 인근 국영기업소 견학, 경험교환회, 기능 경기 등 다양한 형식과 방법을 사용한다.

넷째, 공장 내 임금기능등급 사정위원회 사업이 제대로 진행되지 않는 것을 비판하고, 노동의 양에 따른 도급제를 정확히 실시한다. 당시 지방 공장에서는 노동조직과 작업 방법의 차이에 따라 동일한 작업 조건에서 동일한 제품을 생산하는 경우에도 노동 기준량이 서로 달랐다. 또한, 생산 품종이 자주 바뀌어 그때마다 임금을 책정해야 했기 때문에 공장 내에서 간부와 노동자가 구두 협상을 벌이는 경우가 많았다. 그러니 부문과 공장에 따라 임금이 불평등하게 지불되었다.

다섯째, 출근율을 높이는 각종 대책을 세워 실행한다.

이와 함께 1960년대 기혼 여성의 사회 진출이 더욱 확대되고, 소비품 수요가 높아지는 추세에 맞춰 생활필수품 생산정책도 구체화하였다. 당시 생활필수품은 가정생활에 필요한 것, 문화휴식 생활에 필요한 것, 여행에 필

---

57 주상철,〈지방산업 공장들에서의 로동통계 작성과 리용〉,《로동신문》, 1959년 제6호, 23~24쪽.
58 김현섭, 앞의 논문(《로동신문》, 1959년 제10호), 9~12쪽.

요한 것, 체육에 필요한 것, 학습과 사무에 필요한 것, 몸단장에 필요한 것, 각종 장식품과 완구, 대중오락 도구 등으로 이전 시기보다 품목이 대거 늘어났다. 이에 따라 중앙 행정경제기관에서 다음과 같은 생활필수품 생산 정책이 제시되었다.[59]

첫째, 중앙공업 각 공장·기업소의 생활필수품 직장 확대와 지도를 강화한다.

둘째, 주민 구성·구매력·기호뿐 아니라 주민들이 요구하는 필수품을 조사하고, 동시에 원료·설비·기술 조건 등을 타산하여 품목별·지표별 계획을 정확히 작성한다.

셋째, 조사를 통해 전국 수요를 파악하고, 원료 및 기술 장비·수송 조건·소비지와 생산지를 고려하여 지방산업을 건설하거나 배치한다.

넷째, 생산 품목을 안정화하여 제품의 질을 개선하고, 협동생산 체계를 강화하여 반제품과 부분품 생산을 확대한다.

다섯째, 고급 직물이나 문화용품, 염화비닐가공품 등은 중앙이나 도의 선진 기술 장비를 갖춘 기업소에서 집중 생산한다.

여섯째, 간장·된장·청량음료 등 식료품과 일반 일용품은 군 단위에서 생산하게 하되, 고급 물품·기름 제품과 지방 특산물은 일부 지역 또는 기업소에서 전문적으로 생산한다.

일곱째, 조건을 고려하고 업종을 세분화하여 가내작업반을 운영한다.

여덟째, 설비 강화와 이용률 증대, 그리고 기술혁신과 제품의 질 제고 운동을 전개한다.

아홉째, 새 제품 생산에 필요한 기계 설비와 부속품을 자체 생산한다.

---

59 〈생활필수품 생산에서 새로운 전환을 위하여〉,《로동신문》, 1963년 7월 29일.

열째, 제품 생산과 질 제고를 위해 필요한 원료와 자재 공급은 주민 동원 체계를 활용한다.

그러면서 노동력 재배치를 통해 여성 노동자로 구성된 지방공장들이 점차 늘어났다. 이러한 공장에서는 당연히 남성들로 구성된 공장의 경우보다 산업화 과정상의 혼란이 더 클 수밖에 없었다.[60]

개천 직물공장은 약 200대의 자동 직기와 설비를 갖춘 중간 규모의 지방공장으로, 지배인은 물론이고 당세포위원장과 사회단체 간부들도 모두 여성이었다. 종업원의 약 70퍼센트가 여성, 그것도 가정부인이었다. 이 공장이 건설된 과정을 보면 당시 여성 주도 지방공장이 어떻게 건설되고 운영되었는지를 살필 수 있다.

첫째, 공장이 지어지기 전에 중앙에서 기계 설비를 내려보냈다. 이 직물공장은 수직기로 천을 짜고 있었는데, 중앙의 기계화 정책에 따라 공장을 지을 건축자재보다 새로운 기계 설비부터 내려보냈다.

둘째, 공장 건물은 노동자와 군민들이 직접 지었다. 중앙의 노동력 배치가 원활히 이루어지지 않았기 때문이다. 공장 내 간부들은 '우리 손으로' 공장을 건설하자는 결의를 모아 냈다. 노동자들은 공장 건설에 쓸 만한 벽돌과 자재들을 산지 사방에서 구했다. 이렇게 자력으로 건설자재를 구하는 와중에 중앙에서 뒤늦게 건축자재가 내려왔다. 그리고 지방 당 조직의 지도에 따라 군에서 노동력이 동원되어 공장 건설에 협조하였다.

셋째, 기술 습득 운동이 전개되었다. 최신 자동 직기가 공장에 설치되었으나 이를 능숙하게 다룰 줄 아는 기술자가 없었다. 초기에는 오히려 수

---

60 〈제 힘으로 공장을 관리 운영하는 녀성들〉, 《로동신문》, 1965년 3월 8일.

직기로 천을 짜는 것만큼도 능률이 오르지 않았다. 일부 여성 노동자들은 손에 익은 수직기를 다시 설치하여 천을 짜려고까지 했다. 그래서 공장에서 한 여성 노동자의 제안으로 전개한 운동이 '일요일에 빈 기대 짜 보기 운동'이었다. 또한, 여성 20명을 조직하여 신의주 방직공장으로 기술 전습을 보냈다. 새로 배치된 젊은 여성 기수(기술자)는 기존의 여성 노동자들에게 직기의 구조·명칭·작용들을 가르쳤다. 이러한 노력으로 불과 두 달 만에 한 명의 노동자가 두 대 이상의 기대를 맡게 되었다.

넷째, 기계 수리도 여성 노동자들이 직접 맡아서 했다. 한 여성이 "우리 녀성들의 힘으로 이 공장을 잘 꾸려 나가자는 것이 애당초의 우리 결심이였으니 그럴 바하고는 기대 수리도 남성들에게만 맡기지 말고 녀성들이 하는 것이 어떻겠어요?"라고 제의한 것이 발단이었다. 하루에도 20여 회씩이나 기대를 뜯어 조립해 보고 부속품 도면도 그려 보는 활동 등으로 여성 기대 수리공이 늘어났다. 당시 공장 곳곳에 붙어 있던 구호는 "남이 한 발자국 걸으면 우리는 두 발자국 걸읍시다. 남들이 빨리 걸으면 우리는 달립시다!"였다.

다섯째, 전 공장에 절약운동이 전개되었다. 각 직포공이 하루 1~2그램씩 원료를 절약하는 운동이 펼쳐지고, 노동자들은 '절약주머니'를 차고 다니며 "다만 티끌만 한 솜이라도 눈에 뜨이는 족족 거둬들이며 파사를 내지 않기 위해 짬만 있으면 모여 앉아 열렬히 의견을 나누고 좋은 깃들은 지체 없이 실천에 옮겨 나가는" 운동을 벌였다.

여섯째, 동시에 제품의 질을 높이는 운동도 일어났다. 짧은 시간에 공장을 새로 꾸리니 각 공정에서 문제가 생겼다. 그러나 직포공들은 상부에 해결해 달라고 요청하지 않았다. 천리마 제5작업반장은 "천에 단 한 점의 기름이나 때도 묻히지 않기 위해 일하는 손을 항상 주부들이 밥을 지을 때처럼 깨끗이 씻고 일한다든가, 부엌 살림살이 돌보듯 기대를 언제나 깨끗이 잘 정비하고 일할 때에는 오직 기대와 천에만 온 정신을 집중시키는 방법"으로 제품의 질을 높였다.

일곱째, 공장을 가정화하였다. 이 직물공장은 대안의 사업 체계에 따라 된장, 간장, 기름, 채소, 고기 등 부식물을 날라다 주는 후방공급 체계를 통해 노동자 생활을 관리하였다. 지배인과 당세포위원장은 피살자, 인민군 후방가족後方家族들의 집을 찾아다니며 회칠과 장판도 해 주고 부엌일도 서로 도와주며 집단적인 공장 생활의 발판을 마련했다.

여덟째, 새 기계가 도입된 후 생산 과제가 1년 만에 4배로 증대되었다. "7개년 계획 달성과 남녘 형제들을 구원하기 위해 작년도의 실적보다 약 4배로 장성된 금년도의 생산 계획을 10월 말 전으로 끝낼 결의를 내걸고 투쟁"하였다. 이와 함께 기술 학습 계획을 마련해 2~3년 내 여성 기사 17명, 여성 기수 60여 명 자체 양성이라는 목표를 세웠다.

그러나 수많은 생산 제품의 종류와 질 낮은 원료와 자재, 그리고 다양한 생산공정으로 각 제품별 표준조작법을 작성하는 것만도 쉽지 않은 일이었다. 그럼에도 지방공장마다 흐름식(테일러 시스템) 생산 방식과 표준조작법 준수가 강제되면서 "대중의 창발성을 동원"하고, "힘을 모으고 지혜를 합쳐" 생산 문제를 해결하게 하였다.[61]

지방공장의 자력갱생 분위기를 조성하는 데에는 김일성도 힘을 보탰다. 김일성은 현지지도 명목으로 지방공장을 방문해 노동자들이 스스로 문제를 해결하도록 자긍심을 북돋웠다. 1966년 8월, 김일성은 노동자·작업반장·직장장·지배인·당비서 등이 모두 여성으로 구성된 지방 타월공장을 방문해 생산 제품의 질이 높다고 칭찬했다. 그러면서 "가정부인들의 로동

61 〈지방 원료를 적극 동원하여 리용하자〉, 《로동신문》, 1967년 3월 3일.

조건과 생활의 구석구석에 이르기까지 친어버이의 심정으로 따뜻이 보살펴 주시였으며 앞으로 공장을 더 잘 꾸리고, 제품의 질도 더 높여 꼭 천리마공장이 되라고 고무"했다고 한다. 이날 혁신노동자들은 그 감격과 영광으로 현지교시 관철투쟁에 나섰다.[62]

공장에서는 김일성의 현지교시를 관철하기 위해 우선 자신을 혁명화하는 투쟁을 벌였다. 김일성 저작과 교시를 학습하며 항일 유격대원들의 "수령에 대한 무한한 충실성, 불요불굴의 혁명정신"을 익혔다. 이 정신을 토대로 공장을 하나의 붉은 집단으로 꾸려 공산주의적으로 일하며 생활하는 혁명적 기풍을 세우고, 기술 문제까지도 스스로 해결하자고 결의했다. 이런 노력으로 100여 차례의 실험 끝에 생산에 차질을 가져온 기술 문제를 해결하는 위업을 달성했다.

이 공장의 여성 노동자들은 특히 작업 효율을 높이고자 작업 공정을 흐름식 생산방식으로 바꾸었다. 군중 동원으로 수백 평방미터의 건물을 건설하는 것은 물론이고, 없는 것은 찾아내고 부족한 것은 만들어 필요한 설비들을 단기간에 만들어 설치하였다. 그리하여 단 두 달 만에 염색 공정을 흐름식으로 기계화하고, 노동력 절약과 생산 증대를 위해 다기대운동을 전개하였다.[63]

북한에서는 주체사상과 유일지배 체제가 구축된 1967년을 기점으로 김일성의 절대권력이 강화된 이후 경제문제를 정치적으로 해결하려는 경향이 제도화되기 시작했다. 이때부터 김일성에 대한 충성이 모든 문제를 해결하는 잣대가 되었다. 당시 지방산업의 모범군으로 선전된 양덕군 지방산업 공장을 통해 이러한 생산문화가 어떻게 공장 내에서 전개되었는지 살펴

---

62 〈충성의 한마음으로 일하며 싸워나아가는 녀성들〉,《로동신문》, 1970년 3월 8일.
63 앞의 기사(《로동신문》, 1970년 3월 8일).

보자.

양덕군 당 조직부는 지방산업의 원료 부족과 제품의 질 문제를 해결하기 위해, 먼저 지방산업 부문 초급당 간부와 자주 만나 김일성의 교시를 체득했다. 북한의 초급당은 당원이 31명 이상인 단위에 조직하는 기층 당조직으로, 초급당 간부 또는 초급당 비서는 이 기층 당조직의 책임자를 가리킨다. 조선노동당의 조직 체계는 중앙당—도당—시·군당—초급당—당세포로 이어져 있다. 김일성의 교시에서 높은 자력갱생 정신을 일깨운 조직부는 군내 원료를 최대한 동원하게 하였다. 당시 군당 간부는 현장 노동자에게 '바께쓰'와 전기다리미를 만들다 남은 철판 조각을 버리지 말고 그것으로 다른 것을 만들 수 있지 않겠는가 물었다. 그러자 규격이 달라서 곤란하다는 답변이 돌아왔다. 군당 간부는 규격이 다르면 압연기로 다시 뽑아 쓰면 되지 않겠느냐고 재차 물었고, 현장 노동자는 생산지표에도 없는 조그마한 것을 만들겠다고 언제 하나하나 고르며 또 그러다가 생산계획을 언제 수행하겠는가 대답하였다.[64] 이처럼 처음에는 당 조직부와 현장 사이에 자력갱생에 대한 '온도 차이'가 존재했다.

군당 간부는 노동자들의 사상에 문제가 있다고 보고 각 공장에 '항일빨찌산 회상기모임'을 조직하였다. 이 모임은 "수령님께 무한히 충직하였던 항일혁명 선렬들의 자력갱생의 혁명정신을 본받아 수령님께 충성을 다하도록 교양"했다. 군당 조직부와 선전 선동부는 물론이고 청년사업부·농업부·여성부 등 모든 부서 간부들이 해당 노동자들에게 지방산업에 대한 수령의 교시와 당 정책을 교육하였다. 그리고 농장원·사로청원·청소년·인민반원들이 동원되어 지방 원료를 수집했다.[65]

---

64 〈지방산업에 대한 당적 지도를 강화한다〉,《로동신문》, 1971년 5월 22일.
65 앞의 기사(《로동신문》, 1971년 5월 22일).

사상성을 앞세운 양덕군은 1971년부터 시행된 6개년 계획의 3년분 과제를 1972년 4월 15일 전에 끝낼 목표로 돌격노동에 돌입했다. '돌격노동'이란 대개 경제나 군사 건설 시 정상보다 빠른 속도로 목표를 달성하기 위한 속도전을 말한다. 그리하여 1971년 7월이 되자 군의 연간 지방산업 생산액 계획을 104퍼센트 초과 수행하고, 14개 공장이 주요 지표별 연간계획을 끝마치는 성과를 거두었다. 1971년 당시 양덕군에는 기념품공장, 제혁공장, 포도술공장, 문방구생산협동조합, 토기공장, 직물공장, 피복공장, 목제품공장, 화학공장, 장공장, 철제일용품생산공장, 악기공장, 철물공장, 박제품공장 등 총 14개 지방산업 공장들이 있었다. 양덕군은 앞의 성과를 바탕으로 군당위원회의 지도에 따라 전 군민을 동원한 원료 수집 및 채취사업을 벌이는 한편으로, 각 공장마다 자체 원료 기지를 마련하고 일용 필수품 원자재를 군내에서 해결하게 했다. 그러면서 수매원과 상업기관원들을 동원하여 수매 원천을 조사하고,[66] 공장끼리 서로 필요한 자재를 교환하며, 주민 요구를 수렴하여 판매제도를 개선했다.[67]

양덕군은 군내 성과에 머무르지 않고 전국 지방산업부문 노동자·기술자·사무원들을 상대로 '사회주의 경쟁'을 제기하였다.[68] 각 군 사이에 사회주의 경쟁운동을 조직하려는 당 정책에 따른 것이었다. 군 중심으로 지방산업 발전을 추진하는 정책에 따라 북한의 모든 군에서 지방공장에 대한 지도를 강화하였다. 당시에 지방산업의 모범군으로는 양덕군 외 창성군이

---

66 북한의 지방산업 중 소규모 소비품 생산이나 상업, 농업 부문은 대개 협동조합 형태로 구성되었다. 따라서 국가계획에 따른 상품 공급도 공식적으로는 국가가 수매를 하고 그 대가를 지불하는 방식을 취한다.

67 〈수령님의 부름따라 양덕군의 지방산업 발전에서 일어난 커다란 혁신〉, 《로동신문》, 1971년 7월 29일.

68 〈양덕군 지방산업부문일군들 직맹열성자회의를 열고 인민 소비품 생산에서 일대 혁신을 이룩할 것을 결의〉, 《로동신문》, 1971년 7월 29일.

있었다.[69]

1973년부터 실시된 '지방예산제'는 군 중심의 산업발전 정책을 제도적으로 뒷받침하는 것으로, 1974년에는 2개 도를 제외하고 모든 도에서 실시되었다. 지방예산제의 실시 목적은 중앙의 지원 없이 각 도에서 지방산업을 책임지고 발전하게 하기 위함이었다. 또한, 각종 봉사사업 개선으로 지방예산 지출을 지방 스스로 충당하게 하였다.[70] 이러한 과정을 거치며 지방산업 발전정책은 지속되어 1980년에는 1969년에 비해 지방공장 수가 약 2배로 늘어나, 군마다 평균 18개 이상의 지방공장이 있었다. 지방산업 공장노동자들은 대부분 여성이었으므로, 지방공장이 확대되면서 여성의 생산 활동 참여율 역시 지속적으로 증대되었다.[71]

젠더화된 산업노동[72]

증대: 여성의 노동계급화와 갈등

산업화 정책에 기초하여 전후 복구를 본격화했던 조선로동당은, 1953년 8월 5~8일 개최된 중앙위원회 제6차 전원회의에서 가장 시급한 문제가 노동력 확보임을 제기한다. 그리고 여성 노동력 증대와 중앙 계획에 따른 활

---

69 〈창성군의 모범을 따라 지방산업 발전에서 새로운 혁명적앙양을 이룩하자!〉,《로동신문》, 1971년 7월 29일.

70 김일성, 〈지방예산제를 더욱 발전시킬데 대하여: 조선민주주의인민공화국 최고인민회의 제5기 제5차회의에서 한 연설 1975년 4월 8일〉,《김일성 저작집》30권, 1985: 224~226

71 리경혜, 앞의 책, 93쪽.

72 박영자, 〈북한의 여성노동 정책(1953-1980년대): 노동계급화와 수평적·수직적 위계를 중심으로〉,《북한연구학회보》제8권 제2호, 2004년 겨울, 북한연구학회, 2004, 137~160쪽을 수정 보충함.

용을 결정하였다.[73] 그러나 이 사업은 원활히 진행되지 않았다. 근대적 생산노동 경험이 없고 가정을 정상화해야 했던 여성들을 각 분야의 노동행정 간부들이 쉽게 조직하지 못한 탓이다. 간부들조차 남성 중심적 생산문화에 익숙해져 있어 여성 노동의 가치를 인정하지 않았고, 그랬기에 취업을 제대로 독려하지 못했다. 대다수의 여성들에게도 취업보다는 가정생활을 안정시키는 것이 우선이었다. 전후 각종 복구와 지역·주택 시설 건설에 여성이 동원되는 상황도 여성의 사회 진출을 가로막는 요인이었다.

여성 노동자 증대 정책이 본격화된 것은 1956년이었다. 1956년 2월 16일, 조선로동당 중앙상무위원회는 "로력을 애호 절약하며 로동 생산 능률을 일층 제고하며 인민 경제 각 부문에 녀성 로력을 광범히 인입하는 사업을 전당적 전 인민적 운동으로 조직할 과업을 제시"하였다. 내각에서는 1956년 2월 17일 결정 제18호로 "인민 경제 각 분야에서 로력을 조절하고 부족되는 로력을 수급 보장하기 위한 대책을 강구 실시하며 특히 로력 원천을 조사 장악하며 각 기업소, 건설장들에서의 로력의 합리적 리용 및 고착을 지도 검열할 것"을 노동 행정기관에 지시했다. 이 지시로 그동안 혼란스럽게 진행되던 노동력 보충과 기관 본위주의적 노동력 조절, 그리고 노동력 유동에 대한 검열이 진행되었다. 검열과 함께 노동력 상황과 동태, 원천 등이 세밀히 조사되기 시작하였다.[74]

중앙권력이 전체 여성의 노동계급화를 추진했음에도 불구하고, 하부의

---

73 김일성,《전후 인민 경제 복구발전을 위하여》, 평양: 조선로동당출판사, 1956, 75~87쪽.

74 전시 노동력 원천조사는 도시 주민을 대상으로 진행되었고, 3개년 계획 시기에는 도시와 농촌의 유휴 노동력을 중심으로 1년에 두 번씩 진행되었다. 제1차 5개년 계획 초기부터는 도시와 농촌의 노동력 원천과 특히 노동자·사무원들의 부양가족, 각급 학교 졸업생, 제대군인까지를 노동력 원천조사 대상으로 지정하여 조사했다. 노동력 원천조사 과정에서 상공업자, 소상인, 기업가, 자유노동자의 비중은 매년 현저히 감소한 반면에, 각급 학교 졸업생과 노동자·사무원의 부양가족 비중은 매년 현저히 증대되었다. 김동찬, 앞의 논문(《로동》, 1958년 제8호), 9~10쪽.

노동행정 간부들은 여전히 사업을 제대로 수행하지 않았다. 즉, 중앙과 하부의 직·간접적 갈등이 드러났다. 중앙권력의 입장에서는 각 공장·기업소 노동행정 간부들이 "유해 직종이니 중로동이니 하는 등의 부당한 구실 밑에 녀성 로력을 될수록 제한하려는 그릇된 경향"을 보인 것이다.[75]

이러한 현실을 인식한 노동성은 분기와 연별로 여성 노동자 증대 계획서를 작성하고 조직적 대책을 지시한다. 그 대책은 첫째, 당 정책에 따라 노동자·청년·여성 조직 등 대중 단체와 함께 여성이 일할 수 있는 직종을 선전하고 탐구할 것, 둘째, 동일한 기업소라도 직종·기대·가공별로 생산 제품과 생산 형태 등을 파악하여 여성의 일자리를 기업소·기대·제품·생산 형태별로 조사할 것, 셋째, 작성된 계획과 조사된 일자리에 따라 여성 동원 대책을 세울 것, 넷째, 탁아소·유치원·대중식당 및 공동 세탁소 등 편의시설을 신설 또는 증설할 것 등이다.[76]

중앙의 강제에 힘입어 1954년을 기준으로 여성 노동력은 1955년 73.5퍼센트, 1956년 143퍼센트, 1957년 164퍼센트로 증가했다.[77] 1955년은 제대군인의 공장 배치와 일상생활 안정화 정책으로 공장·기업소에 기혼 여성이 일시적으로 줄어들었다. 그러나 1956년부터 여성 노동력은 다시 상승하였다. 1957년 경제 각 부문에 새로 배치된 노동자는 16만 8,400명이며, 그중 여성은 4만 3,952명이었다. 여성 노동자의 급격한 증대는 1958년을 기점으로 이루어졌다. 1958년 2월 27일 북한 정권은 〈로력 보충 및 정책에 관한〉 내각결정 제25호를 채택하여 노동력 사업에 대한 행정지도를 체계화하였다. 동시에 노동력 원천조사와 분배, 노동력의 계획적 보충과 조절, 성인 여성의 광범위한

---

75 〈더 많은 녀성 로력을 인입하기 위하여〉, 《로동》, 1958년 제5호, 44쪽.

76 앞의 논문(《로동》, 1958년 제5호), 45쪽.

77 김동찬, 앞의 논문(《로동》, 1958년 제8호), 12쪽.

취업, 노동력의 유동과 불법적 해직 방지 등을 조치하였다.[78]

1958년 6월 말이 되자, 전체 노동자 중 여성 노동자 비율은 23.5퍼센트였다. 그러나 여전히 각 기관과 기업소 간부들은 특히 기혼 여성 노동자화 사업에 적극적으로 나서지 않았으며, 여성 노동의 가치를 인정하지 않으려 했다. 그래서 여성 노동자를 임의로 이동시켰으며, 탁아소·유치원·위생실 등을 구비하지 않았다. 건설 직장에 취업하려는 여성에게 "당신이 높은 곳에서 중로동을 할 수 잇는가?" 하는 식으로 위협하는 현상, 서기·등기원·통계원·잡부까지도 '기관의 특수성'이나 '기술 문제' 등을 제기하며 여성 채용을 등한시하는 현상이 팽배했다. 채용 후에도 직종을 수시로 이동시키고 숙련화를 등한시했다.[79]

이러한 상황을 인식한 북한 정권은 1958년 7월 19일 내각결정 84호〈인민경제 각 부문에 녀성들을 더욱 광범히 인입할 데 관하여〉를 채택하고 이 결정에 따라 1958년 8월 1일 내각명령 제79호를 하달한다. 이 결정과 명령이 강제되면서 기혼 여성을 포함한 여성 노동자 증대사업이 체계화된다. 그 구체적 내용은 다음과 같다.[80]

첫째, 1961년까지 여성 노동자 비율을 교육·문화·보건 부문에서 평균 60퍼센트 이상, 기타 경제 분야에서는 평균 30퍼센트 이상 제고시킨다.

둘째, 여성이 할 수 있는 부문에서 일하는 남성을 점차 여성으로 교체하고, 이 부문 추가 노동력은 반드시 여성으로 보충한다. 이를 위해 각

---

78 김동찬, 앞의 논문(《로동》, 1958년 제8호), 10쪽.

79 김동찬, 〈기관, 기업소 건설장들에서 녀성 로력을 더욱 광범히 인입하자〉, 《로동》, 1958년 제10호, 30쪽.

80 김응기, 〈제1차 5개년 계획에 관한 법령의 정확한 집행을 위하여〉, 《로동》, 1958년 제9호, 12쪽; 김동찬, 앞의 논문(《로동》, 1958년 제10호), 30~32쪽.

도·시·군 구역에 조직된 '남녀로력교체지도위원회'의 기능을 강화한다.

셋째, 직맹·민청·여맹 등 사회단체와 출판보도기관과 연계하여 당과 정부의 여성 노동정책을 선전한다. 그 방법은 취업 후 여성 생활의 변화, 특히 노동 성과에 대한 긍정적 경험을 일반화하는 것이다.

넷째, 부양가족, 애국열사 유가족, 군무원·내무원의 유가족, 후방가족을 대상으로 개별적·집단적 방법을 다 사용하여 기혼 여성을 노동자화한다.

다섯째, 증대와 배치의 용이함을 위해 기관·기업소·건설장에서 자체 채용제를 철저히 실시하도록 한다.

여섯째, 여성 노동자 증대를 위해 탁아소·유치원·공동세탁소 등 편의 시설을 기관·기업소의 기존 건물을 이용하여 마련하고, 이와 관련된 경우 기본 건설계획을 조절한다.

일곱째, 다양한 시간임금제를 실시하고 작업 시간에 따라 탁아소를 운영한다.

여덟째, 대학·전문학교, 노력후비 학교 및 각종 양성기관에서 여성 학생의 비율을 점차 높인다.

아홉째, 여성 노동자의 이동과 직종 변경, 그리고 해직을 통제한다. 해직 이유를 엄격히 검토하여, 자의적으로 여성 노동력을 조절하지 못하게 한다.

이 아홉 가지 사업 내용 중 시간제 노동은 여성 노동자 증대를 위해 1958년 7월 10일 내각결정 제81호로 지시되었다. 시간제 노동제도는 하루 8시간 범위 내에서 4~7시간 동안만 작업하고 시간에 따라 보수를 지급하는 제도이다. 이 제도는 양육과 가사 부담으로 직장에 나오지 못하는 기혼 여성 노동력을 활용하기 위한 정책이었다. 그러나 모든 여성에게 적용되는 것은 아니었다.

1958년 9월 1일 내각비준 제1279호 〈시간제 로력에 대한 로동 임금 및 림시 보조금에 관한 규정〉에 의하면, 시간제 노동자는 국가 및 사회 협동단체 기관·기업소에 근무하는 노동자·기술자·사무원들의 식량 배급 대상자인 부양가족 전업주부, 애국열사 유가족, 인민군 후방가족, 영예 전상자 및 기타 일반 사회보장 대상자로 한정되었다. 1950년대 후반 당시에는 오히려 전체 노동자에 대한 규율 확립과 노동력 이동 억제 조치 등 전 사회적으로 노동 규율이 강화되는 상황이었다. 모든 노동자는 신원보증 서류를 각 기관과 공장에 제출해야 했고, 부양가족 노동자들은 공민증과 부양자의 직장 근무 증명서를 각 공장과 직장에 제출하게 했다.[81]

1958년 10월 7~8일 노동성 주최로 진행된 각 도 노동부장 회의 중 '노력 보충 분과회의'의 남녀 노력 교체와 여성 취업 조건 보장사업에 대한 중점 토론에서 1958년 6월 전원회의 결정을 구체화한다. 이로써 지방산업 노동력의 90퍼센트 이상을 시·군 소재지의 부양가족으로 보충하기로 결정된다.[82]

이듬해인 1959년 3월 3~6일, 전년도의 노동행정사업을 총화하는 노동성 확대회의가 열렸다. 여기서 제출된 보고에 따르면, 1958년 북한의 노동자는 32만 명 증대되었다. 이 중 제대군인 등 청장년의 90퍼센트 이상이 금속·석탄 부문 등 중공업에 배치되었다. 이 시기에 20만 명 이상의 여성이 경제 각 분야에 진출했는데, 그 결과 5만 5천명 이상의 남성이 여성으로 교체되어 중공업에 진출하였다. 이러한 정책으로 1958년도 말에는 전체 노동력 중 여성 비율이 29.6퍼센트로 증대되었다.[83]

---

81 김재덕, 〈시간제 로력을 옳게 리용하자〉, 《로동》, 1958년 제10호, 33쪽; 김동찬, 〈로동 조직 보충 분야에서 반혁명분자들과의 투쟁을 강화하자〉, 《로동》, 1958년 제12호, 42쪽.

82 〈현시기 로동행정 분야에 제기된 과업 실행 대책을 강구-각 도 로동부장 회의에서〉, 《로동》, 1958년 제11호, 6쪽.

83 〈로동행정사업의 새로운 앙양을 위하여〉, 《로동》, 1959년 제4호, 4~5쪽.

여성 노동자 증대정책은 더욱 구체화되었다. 1959년 노동력 계획은 남성을 작업장에 안착시키고, 노동력 증가가 필요할 경우 여성으로 보충하는 것이 원칙이 되었다. 이에 따라 각 공장과 기업소, 건설에 필요한 연간 노동자 규모를 먼저 정한 후 임시노동과 계절노동력 규모를 정하도록 하고, 기업소와 건설장 내부에서 인근 노동자·사무원의 부양가족, 농한기 농촌 노동력, 지방주민 노동력 원천을 조사하여 유동적인 노동력 규모를 설정하게 했다. 노동력 규모가 설정되면 각 작업반별로 여성들이 할 수 있는 부문의 노동력 수요를 계산하여 전체 노동력 중 여성 비중을 정하게 했다. 그 구체적인 방법은 "로력을 합리적으로 조직하며 동원되지 않고 있는 예비들"을 조사하는 것이었다.[84]

1959년 6월 1일부터 종업원 동시조사사업이 실시되어 경제 각 부문에서 일하는 종업원의 연령별·지식 정도별·노동시간제별 노력의 배치와 구성, 노동 연한별 노동자들의 구성, 노동자들의 교대별 배치 정형, 노동의 기계화 수준 및 노동자들의 직종 기능 등급별 구성 상태 등이 조사되었다.[85] 이 정책의 시행으로 1959년 초부터 4월 말까지 4개월 사이에 10만 명의 노동자가 증대되었다. 5월부터 1959년 말까지는 노동자 19만 명 이상을 증대하기로 결정된다. 조직화 대상은 노동자·사무원의 부양가족으로, 이 사업은 지방 노동행정기관이 아니라 각 공장과 기업소가 담당하도록 했다.[86]

이 같은 정책적 노력에도 생산 현장에서는 "자체의 특수성을 구실로 녀성 로력의 인입을 기피하거나 또는 실무 및 기술에 대한 신비주의에 사로

84 김리용, 〈1959년 로동계획 작성에서 제기되는 몇 가지 문제〉, 《로동》, 1958년 제9호, 35~36쪽.

85 김리용, 〈1959년 로동계획 작성에서 제기되는 몇 가지 문제〉, 《로동》, 1958년 제9호, 35~36쪽; 김병천, 〈종업원 동시조사사업의 성과적 보장을 위하여〉, 《로동》, 1958년 제5호, 38쪽.

86 김웅기, 〈사회주의 건설의 가일층의 고조와 로동 행정일군들의 당면 과업〉, 《로동》, 1959년 제6호, 11쪽.

잡혀 인입된 로력도 다수 경우에 기능이 요하지 않는 부차적인 작업에 배치"하는 등의 부작용이 여전하자, 정권은 기혼 여성 노동력 증대와 안착화를 위해 첫째, 탁아소·유치원 등을 기업소 간부들이 책임지고 신설 확장할 것, 둘째, 여성 노동력 증대와 기술 기능 수준을 급속히 제고시킬 것, 셋째, 직장 노동내부 질서규정·노동보호안전 기술규정·작업 행정에서 준수해야 할 제도와 질서 및 노동자의 권리와 의무에 대한 교육 강화, 넷째, 신입 여성 노동자들에게 당 정책과 현지교시를 비롯한 공산주의 교양을 강화하는 등의 구체적 지침을 제시한다.[87]

이러한 정책으로 1956년에 비해 1960년 9월 말 현재 노동자·사무원의 총수는 약 64만 명 증가하였다. 이 중 여성의 수는 1956년 17만 명에서 약 50만 명으로 급증했다. 제1차 5개년 시기에 증가된 노동자 64만 명 중 50만 명은 대부분 기혼 여성이었다. 전체 노동자·사무원 중 여성 비율은 1956년 20퍼센트에서 1960년 9월 말에는 34퍼센트로 증대되었다.[88]

앞서 살펴본 기혼 여성 노동력과 공장의 폐물을 활용하여 생산을 증대하는 사업이 시작된 것이 바로 이 시기다. 중공업 공장에 생활필수품 직장을 만들어지고, 인민반에는 가내작업반 등이 조직되었다. '인민반'은 30가구 수준으로 구성된 북한의 최말단 행정조직으로, 남한의 '동' 단위 밑에 통·반이 있는 것과 유사하다. 이 사업은 1957~1960년 제1차 5개년 계획 시기부터 본격화되었다. 가내작업반은 공장의 반*제품과 폐설물 등을 가져다가 가정에서 완제품 또는 새로운 제품을 생산하는 조직이었다. 가내작업반원들은 일정한 장소에서 공동으로 또는 가정에서 개별적으로 일하였

87 김동찬, 〈녀성들을 보다 광범히 직장에 인입하자〉, 《로동》, 1959년 제7호, 17~18쪽.
88 〈조선민주주의 인민공화국 인민경제 발전 제1차 5개년계획 실행 총화에 대하여〉, 《북한 연구자료집IV》, 아세아문제연구소, 725쪽.

다. 가내작업반원은 공장, 기업소의 생산을 보조하는 한편, 폐설물을 가공하여 여러 일용잡화와 생활필수품·소비품을 생산했다. 그리고 폐기 폐설물·유휴자재·농토산물로 생활일용품과 부식물을 만들어 공급하는 '가내편의'와 주민 일용 필수품들을 수리해 주는 '수리수선편의', 미용과 빨래를 해 주는 '위생편의' 등을 조직하여 직장에 출근하기 어려운 여성들을 노동력으로 활용하였다. 가내작업반의 노동 보수는 노동시간에 관계없이 수행한 작업 생산량에 따라 지불되었다.[89] 1960년 말 현재 가내작업반에 속한 인원은 22만 명에 달하였다.[90]

기혼 여성 노동자의 수는 제1차 7개년 경제계획이 시작된 1961년 이후에도 지속적으로 증대되어, 종업원 총수 중 여성 비율이 1961년 32.4퍼센트에서 1962년에는 34.9퍼센트로 높아졌다.[91] 1971년부터 시작된 6개년 계획(1971~1976)과 군事강화 정책은 기혼 여성 노동자 증가를 부추겨, 1970년대 초 전체 노동력 중 여성 비율은 농업 60~80퍼센트, 경공업 70퍼센트, 임업 30퍼센트, 광산 및 탄광의 지하노동 20퍼센트, 중공업 15퍼센트에 달했다. 그 밖에 사무직 중 각급 학교에서 근무하는 여성 비율은 인민학교 80퍼센트, 중학교 50퍼센트, 기술학교 30퍼센트, 고등학교 20퍼센트, 대학교 15퍼센트였다.[92] 1953~76년 북한 노동자·사무원의 성비性比는 〈표 3〉과 같다.

〈표 3〉 북한 노동자·사무원의 성비性比(1953~1976)   (단위: 퍼센트)

연도	여성 비율	남성 비율
1953	26.2	73.8

89 리창근, 《로동행정사업경험》, 평양: 사회과학출판사, 1989, 70쪽. 리창근(1989), 앞의 책, 71쪽.
90 《조선중앙년감》, 평양: 조선중앙통신사, 1962, 195쪽.
91 《조선중앙년감》, 평양: 조선중앙통신사, 1963, 234쪽.
92 이태영, 《북한의 여성 생활》, 민족통일중앙협의회, 1981, 79~80쪽.

1956	19.9	80.1
1958	29.6	70.4
1959	34.9	65.1
1960	32.7	67.3
1961	32.4	67.6
1962	34.9	65.1
1963	36.2	63.8
1964	38.5	61.5
1971	45.5	54.5
1976	48.0	52.0

출처: 박영자, 〈북한의 여성노동 정책〉, 143~144쪽, 〈표 1〉.

〈표 3〉을 보면, 북한의 여성 노동자 수는 전쟁 말기인 1953년 26.2퍼센트였다가 정전停戰 이후 여성들이 생활 안정화에 주력하고 제대군인과 빈농 등이 노동자가 되면서 1956년 19.9퍼센트로 낮아졌다. 그러다가 노동력 부족과 산업화에 따른 노동력 수요 증대에 따라 1956년부터 본격적으로 여성, 특히 기혼 여성 노동자가 증대되었다. 그리하여 1958년 29.6퍼센트로 증대된 이후 약간의 변동은 있으나 1971년 45.5퍼센트, 1976년 48.0퍼센트로 증대되었다.

이 같은 여성의 노동계급화 정책으로 1987년 현재 북한의 여성 경제활동 인구는 남성에 비해 약 200만 명이 더 많은 것으로 보고되었다. 에버스타트 N. Eberstadt와 바니스터J. Banister가 북한이 발표한 자료에 기초하여 정리한 1980년대 각 생산 분야 참여에서 남녀 경제활동 인구수는 〈표 4〉와 같다.

〈표 4〉 북한의 1986·1987년 직업별·성별 인구(16세 이상)　　(단위: 천 명)

	1986			1987		
	남자	여자	계	남자	여자	계
국영기업 노동자	2,999	3,840	6,830	3,134	4,001	7,135

공무원 · 사무원	855	1,205	2,060	879	1,224	2,103
농민	1,350	1,836	3,141	1,312	1,855	3,167
협동기업 노동자	41	69	110	42	70	112
합 계	5,191	6,950	12,141	5,367	7,150	12,517

주 : 노인, 은퇴자, 노동능력이 없는 자 포함, 군인은 제외됨
출처 : Eberstadt & Banister, 1990, 135

이처럼 여성 경제활동 인구가 남성을 능가하게 된 것은, 1980년대까지 지방산업이 지속적으로 확대된 영향이 크다. 6개년 계획 기간(1971~1976)에 북한에는 1,055개의 공장이 새로 건설되었다. 제2차 7개년 계획 기간(1978~1984)에는 이보다 더 많은 1만 7,788개의 공장·기업소·직장이 새로 건설되었다. 그런데 1970년대 이후 신설된 공장 대부분이 지방산업 공장이었다.[93] 지방산업 노동자 대부분이 여성, 특히 기혼 여성이었고, 많은 남성이 군대에 복무하여 경제활동 인구에서 제외되었다. 따라서 북한의 여성 노동자 증대는 군$軍$ 강화 정책과 맞물려 있었다. 당시 여성을 생산 영역으로 이끌어 내면서 선전된 이데올로기는 다음과 같은 김일성의 언술에서 확인할 수 있다.

녀성들을 사회적 로동에 참가시키는 것은 유휴로력을 합리적으로 쓰기 위해서만 필요한 것이 아닙니다. 녀성들을 로동에 참가시키는 목적은 또한 그들을 온갖 구속에서 완전히 해방하고 그들에게 실질적으로 평등한 사회적 지위를 보장해 주자는 데 있습니다. 그러므로 녀성들을 사회주의 건설에 참가시키는 것을 단순한 행정실무적 조치로 볼 것이 아니라 하나의 큰 정치

---

93 리창근(1989), 앞의 책, 125~126쪽.

사업으로 여겨야 합니다.[94]

전체 여성의 노동자화는 여성의 사회적 지위 향상과 양성평등의 전제라는 논리다. 이렇듯 북한 정권의 여성 노동 증대 정책은 사회적 저항과 갈등에도 불구하고 다양한 방식으로 그리고 꾸준히 진행되었다.

배치: 성별 노동력 배치와 수평적 위계

북한의 노동력 배치정책의 핵심은 생산 부문과 직접부문, 특히 중앙 중공업과 군수산업에 우선 배치하는 것으로 요약된다. 이 정책은 중공업을 중심으로 한 북한의 산업화 과정에서 일관되게 추진되었다. 지역별 노동력 문제는 각 도道의 자체 해결이 원칙이었기에, 지방산업 노동력은 중앙 노동력 배치정책에 중요한 고려 대상이 아니었다. 북한에서 주장하는 노동력의 '적재적소 배치'란 성별·연령·체질·희망·기술 수준에 맞는 배치였으나, 실질적으로는 중공업과 군수산업 강화정책이었다. 따라서 성별 노동력 배치정책은 청장년 남성을 중공업에 우선 배치하는 것과, 여성을 경공업과 지방공업에 집중 배치하는 것이었다. 이 배치정책은 노동력을 효과적으로 이용하고, 노동 생산능률을 높일 수 있으며, 노동력 부족 문제까지 해결할 수 있다고 선전되었다.

북한의 노동력 배치 기준은, 생산 부문과 비생산 부문이라는 경제 분류이다. 생산 부문은 공업·농업·기본건설·대보수·운수·체신·지질탐사·설계·기자재 공급이며, 비생산 부문은 상품유통·편의봉사·수매·양정·국토

---

94 김일성, 〈지도일군들의 당성, 계급성, 인민성을 높이며 인민경제의 관리운영사업을 개선할데 대하여〉,《김일성 저작집》18권, 1980, 518쪽.

관리 및 도시경영·교육·문화·보건·과학 부문 등이다. 생산 부문에서 직접 부문은 공업·농업·기본건설·대보수 부문이며, 나머지는 간접부문으로 분류된다. 이러한 경제 분류에 따라 노동력도 생산과 비생산 부문 노동력으로 분류된다. 그리고 생산 부문 노동력은 직접과 간접부문 노동력으로 분류된다. 구체적으로 노동 대상에 작용하는 형태에 따라 생산과정에 직접 참여하는 직접부문 노동력과 관리·보조를 하는 간접부문 노동력으로 나뉜다.[95]

북한 여성들은 북한의 노동력 증대정책에 따라 배치되었는데, 사회적 노동에 대한 성별 역할 규범이 업종에 단순 적용되는 수준이었다. 주로 경공업과 사무직에 종사하는 남성을 여성으로 교체하며 진행되었고, 이 과정에서 자녀가 많은 기혼 여성은 노동량과 노동시간 조절이 가능한 곳에 배치되었다. 전후 복구 시기에는 전시에 혼재되었던 국영산업 노동자를 기술과 성별 등에 따라 재배치하였다. 제1차 5개년 계획 시기에는 이 배치정책을 협동단체 부문으로까지 확대하여, 각 기업의 노동력 비축 현상이나 분기별 노동력 이동을 없애는 쪽에 집중하였다. 이때 노동력의 유동과 불법적 해직, 그리고 낭비를 집중적으로 비판하고, 도급제 강화와 생활 조건의 개선도 동시에 추진했는데, 특히 각 단위와 공장에서 이루어지는 노동력의 전직과 해직에 대해 행정적이며 법적인 제재를 가하였다는 점이 눈에 띈다.[96]

노동력 모집의 절차와 방법은 원천 부류별 특성에 따라 다르게 진행되었다. 중앙 노동력 계획에 따라 추가 노동력 수요와 산업 특성, 노동력 자연 감소율에 따른 노동력 수요 등을 고려하여 노동력을 모집한 것인데, 계획적인 노동력 보충 대상은 제대군인과 각급 학교 졸업생들이었다. 이들은 각

95 리창근,《우리당에 의한 로동행정리론의 심화발전》, 평양: 사회과학출판사, 1992, 78~87쪽.
96 김동찬, 앞의 논문(《로동》, 1958년 제8호), 10쪽.

도에서 관할하고 노동 행정기관의 노동력 분배계획에 따라 배치되었다. 이들 중 제대군인은 주로 중요 경제 부문인 탄광·광산·제철·제강·제련·수산·임업·건설을 비롯한 중공업과 중노동 부문에 배치되었다. 각급 학교 졸업생들은 기술기능 수준을 고려하여 배치되었다. 노동자·사무원의 부양가족은 거주지 부근 경공업과 지방산업에 집중 배치되었다. 이들은 노동 행정기관의 통제 하에 기관이나 기업소의 자체 채용 절차에 따라 취업되었다.[97]

1962년에는 '남녀로력교체사업'으로 약 4만 명의 청장년 남성이 경노동 부문에서 6개 고지 점령과 관련된 중노동 부문에 배치되었다. 그 빈자리에 기혼 신입 여성 노동자가 배치되었다.[98] 소위 여성의 "체질과 능력에 맞는 일자리에서 일하는 남성 로력을 다른 힘든 부문으로 돌리고 여기에 녀성 로력을 배치하도록 행정적 조치"를 강화한 것이다. 특히 1962년 2월 채택된 내각명령 3호와 1967년 10월 채택된 내각명령 70호는 중요한 역할을 하였다. 이 내각명령에 따라 "부양가족 중에서 로동 능력이 있는 녀성들을 구체적으로 료해 장악하였으며 녀성들이 일할 수 있는 부문에 배치된 청장년들을 탄광, 광산, 림업, 수산 등"에 재배치하고 여성을 그 자리에 배치하는 정책을 강화한 것이다.[99]

이 같은 남성-중공업·군수산업, 여성-경공업·지방공업 위주의 노동력 배치는 1970년대에도 지속되었다. 남성 노동력은 광산·탄광의 갱내 작업, 임업의 채벌·운재 작업, 제철·제강 및 화학의 기본 작업, 농업 중 알곡 생산 부문 등에 집중적으로 재배치하고, 여성들이 할 수 있는 직종과 작업을 정하여 이 부문의 남성 노동자를 여성 노동자로 교체하는 사업을 지속한

---

97 김동찬, 앞의 논문(《로동》, 1958년 제8호), 11쪽.
98 《조선중앙년감》, 평양: 조선중앙통신사, 1963, 234쪽.
99 리경혜, 《여성 문제해결경험》, 평양: 사회과학출판사, 1990, 96쪽.

것이다.[100]

이처럼 여성의 사회 진출과 산업 분야별 노동력 이동이 활발해지자, 북한 당국은 여성을 비롯한 모든 노동력에 대한 통제와 관리를 체계화하기 위해 '노동계획화' 사업을 추진했다. 이 사업은 1964년 계획의 세부화와 1965년 계획의 일원화 정책으로 구체화되었다. 1964년 시작된 노동계획 세부화 정책에 따라 노동자 수가 종업원 총수로 규정되었고, 노동력은 물질적 부를 직접 창조하는 데 드는 '생산노력生産勞力'과 그렇지 않은 '비생산노력'으로 분류되었다. 성별·체질별·나이별·기술 기능 수준별로도 세분화되었다. 또한, 노동생산능률 계획지표가 종업원 1인당 연간 생산액과 주요 현물 생산량으로 정해져, 개별 생산자까지 분기·월·일별로 구체화되었다. 그리고 1965년 일원화 정책이 시행되면서 국가계획위원회를 비롯한 국가계획기관의 역할이 더욱 강화되었다. 노동행정기관과 부서들이 계획 숫자 작성 단계는 물론이고, 계획 수립을 위한 예비 숫자 작성 단계에도 결합하였다. 북한 당국은 이 사업의 목적을 각 분야의 주관주의와 본위주의 척결이라고 하였다.[101]

여성의 경우에는 처녀, 가정부인, 세대주 가정부인, 젖먹이 아이가 있는 가정부인으로 세분되었다. 북한 당국은 경공업·교육·문화·편의봉사 부문 등을 여성에게 적합한 직종으로 규정하고, 이 부문에 여성을 집중 배치하였다. 또한, 각 시기별 경제계획에 따라 배치 기준을 세우고, 성별에 따른 '적재적소 배치' 원칙에 따라 노동력을 배치하였다.[102] 이른바 '노동력의 합리적 배치'로 선전된 이 같은 노동력의 성별 분류가 갖는 의의를 북한의 노동

---

100 《조선중앙년감》, 평양: 조선중앙통신사, 1970, 274쪽.

101 리창근(1992), 앞의 책, 74~75쪽.

102 리기섭, 《조선민주주의 인민공화국 법률제도로동법제도》, 평양: 사회과학출판사, 1994, 126~127쪽.

행정 관련 문헌은 다음과 같이 밝히고 있다.

노동력을 성별에 따라 분류하는 것은 녀성들을 사회적 로동에 적극 인입하고 리용하는 데서 중요한 의의를 가진다. 녀성들은 남자에 비하여 약하며 따라서 힘든 일을 감당하기 어렵다. 또한 여자들은 아이를 낳아 키우고 가정일을 돌봐야 하는 가정적인 부담도 지니고 있다. 또한 여자들은 성격·취미·소질에서 남자와 다른 특성을 가지고 있다. 비교적 섬세하고 깐지고 알뜰한 솜씨는 여자들의 특성이라고 할 수 있다. 남자와 구별되는 여자들의 이러한 특성으로 하여 성별에 따르는 노동력 배치가 필수적인 것으로 제기되게 된다.[103]

이 내용에 따르면, 북한의 여성 노동력 배치정책의 근거는 **첫째**, 여성은 남성에 비해 약하다. **둘째**, 여성은 아이를 낳고 키우며 가사를 책임져야 한다. **셋째**, 여성은 남성에 비해 섬세하고 알뜰하다 등으로 요약할 수 있다. 여기서 북한 정권이 양육과 가사노동을 여성의 기본 의무로 사고하면서, 가정 내 양육과 가사노동의 가치는 인정하지 않고 있음을 확인할 수 있다. 즉, 여성의 사회적 노동을 요구하면서도 여성의 재생산 노동이 지닌 사회적 가치를 인식하는 수준에는 이르지 못한 것이다. 이러한 정권 논리에 따라 사회 양육 시설 이용과 모성보호 정책, 배급제 등은 기혼 여성의 생산노동 참여를 위한 필수 정책이 아니라 정권이 여성들에게 베푸는 시혜가 된다.

기혼 여성의 노동력을 효율적으로 활용하려는 정권 차원의 노력은 계속 이어져, 중공업과 경공업 공장이 최대한 같은 지역에 배치된다. 중앙 중

---

103 리창근(1992), 앞의 책, 78~79쪽.

공업 공장·기업소가 있는 주변에 경공업 공장을, 중앙 경공업 공장이 있는 주변에 중공업 공장을 배치하는 것이 노동당의 방침이었다. 물론 배치의 중심은 경공업 공장이 아니라 중공업 공장이었다. 공장을 신설하는 경우에는 중공업과 경공업 공장을 동시에 건설하고, 중공업 공장만 있는 지역에는 공장에서 나오는 부산물과 폐설물을 이용하는 생활필수품 직장과 가내작업반을 조직하였다.[104]

이 정책에 따라 평양종합방직공장 옆에는 평양방직기계공장 등 중공업 공장이, 자강도에 있는 중공업 공장 주변에는 9월방직공장(공장명)을 비롯한 경공업 공장이 조직되었다. 이러한 공장 '배합배치'에 대해 북한 당국은 "중공업 기업소의 부양가족들과 녀성들을 경공업 공장의 생산로동에 참가할 수 있게 하였을 뿐 아니라 다른 곳에서 더 로력을 가져오지 않아도 되므로 여러모로 좋았다"고 평가했다. 물론 중앙 중공업 공장 주변에 경공업이나 지방산업 공장을 세우는 것이 일반적이었다.[105]

북한 당국은 이러한 공장 배합배치로 여성 노동자가 공장에 안착되면서 첫째, 경공업 공장에 기능공이 늘어나고, 둘째, 제품의 질과 생산율이 높아졌으며, 셋째, 공장 관리 수준도 높아졌고, 넷째, 많은 국가 자금을 절약하였다고 평가했다. 한 개의 공장을 건설하고 운영하려면 노동자와 가족들이 생활할 수 있는 살림집과 문화위생 시설·탁아소·유치원·학교·병원 등을 갖추어야 하는데, 인근 지역에 중공업과 경공업이 동시에 배치되면 그 건설을 한번에 해결할 수 있기 때문이다. 게다가 중공업 공장·기업소의 부양가족으로 경공업 공장을 운영할 수 있으니 일석이조였다.[106]

---

104 리경혜, 앞의 책, 94~95쪽.
105 리경혜, 앞의 책, 95~96쪽.
106 리경혜, 앞의 책, 95~96쪽.

그런데 이 같은 노동계획화 사업이 어느 정도 안정화된 1970년대 후반에 북한의 여성 노동력 정책은 또 한 번의 변화를 맞게 된다. 1978년 4월 최고 인민회의 제6기 제2차 회의에서 북한 정권은 〈조선민주주의인민공화국 사회주의로동법〉을 채택하고,[107] 다음과 같은 작업 부문에 여성이 배치될 수 없도록 규정하였다.

첫째, 연·수은·비소·린·브롬 및 그 화합물·아닐린과 그 유도체를 만들거나 포장하는 직업, **둘째**, 방독면을 쓰고 일하는 유해 작업, **셋째**, 작업장 안 온도가 여성의 건강에 해로울 정도로 뜨겁거나 찬 곳에서 특별한 보호대책이 없이 하는 작업, **넷째**, 유해광선을 다루는 작업, **다섯째**, 심한 진동 속에서 하는 작업, **여섯째**, 끌어당기는 작업, **일곱째**, 수중 작업, **여덟째**, 탄광·광산·지하건설 부문을 비롯한 굴 안의 직접 부문 작업, **아홉째**, 20킬로그램이 넘는 물건을 하루 4시간 이상 다루는 작업 등이다. 이와 함께 공장·기업소의 성별 노동력 배치와 구성 실태를 시기별로 조사하게 했으며, 그때마다 여성들이 일할 수 있는 직종과 작업 부문에 남성이 배치되어 있으면 이를 여성으로 교체하게 했다.[108]

그리고 임산부와 수유기授乳期 여성 노동자를 위해 다음과 같은 업무 배치와 보호정책을 〈사회주의로동법〉에 규정하였다.[109]

첫째, 젖먹이 어린이를 가졌거나 임신한 여성 노동자의 야간 작업 금지.
둘째, 가정부인의 시간 외 노동 또는 휴일 노동 금지.
셋째, 임신 4개월이 넘는 여성의 이동 작업이나 출장 금지.

---

107 리창근(1989), 앞의 책, 28쪽
108 리기섭, 앞의 책, 199~200쪽.
109 리기섭, 앞의 책, 201쪽.

넷째, 한 살 이하 젖먹이 어린이를 가진 여성 노동자들에게 노동시간 내 30분씩 하루 두 번 수유 시간 보장.

다섯째, 임신 6개월 이상 여성 노동자들에게 산전휴가를 받을 때까지 쉬운 업무 배치.

여섯째, 임신한 노동자에게 3미터 이상의 높은 곳에서의 작업 지시 금지.

일곱째, 여성 위생실·탁아소·유치원·어린이 병동·편의시설 의무적 설치.

여덟째, 모든 여성 노동자 특히 임신한 노동자의 정기 신체검사와 건강 검진 의무화이다.

소위 '여성과 모성을 보호하는 정책'이라고 칭해지는 이 규정이 제도화된 데에는 다음의 세 가지 요인이 중첩되어 있다고 볼 수 있다.

첫째, 여성 노동자의 지속적인 생산 활동을 위해서다. 가사와 임신·출산을 여성의 당연한 역할로 인식했기 때문에 여성이 결혼 후에도 안정적인 생산 활동을 할 수 있도록 직종 배치와 관련 규정을 갖출 필요가 있었다.

둘째, 1950년대 말~60년대 중반까지 추진한 여성의 중노동 진출 사업의 실패이다. 1950년대 말 남편이 있는 중공업 공장에 그 아내를 배치하는 사업을 폈으나 이것이 남성 중심적인 작업장 내 반발로 무산되었다. 1958년 10월 10일 김일성은 기양 기계공장을 현지지도하면서, 부양가족을 직장에 받아들이고 부부 간 전습제를 실시하여 노동력 부족 문제를 해결하라고 지시하였다. 이 지시에 따라 10~11월 사이 불과 두 달 만에 전업주부 820명이 공장 생산에 참여했다. 그러나 공장에서는 "부양가족들이 무슨 기능을 배우며 무슨 일을 쓰게 하겠는가느니, 우리 직장에는 부양가족 로력이 필요 없다느니 하면서 부양가족 로력을 적지 않게 과소평가하면서 그들을 받아들이지 않으려는 현상 … 자기 안해와 동일한 직장에서 일하는 것을 그리 달가와하지 않았으며 될 수만 있으면 안 해와 같이 일하지 않으려는 편향 … 한편 직장에 진출한 가정부인들 가운데서도 자기들은 선반이나 기계 조립과 같은 일은 할 수 없으니 기능이 요하지 않는 창고나 혹은 운반 작업에 돌려 달라고 청원하는 동무들까지" 나타나는 등 갈등이 노골화되었다.[110] 이런 분위기에서 여성도 중노동을 할 수 있다는 모델을 세우기 위해 지하 중노동을 하는 착암수鑿巖手 중대·여성 트랙터 운전수 대대를 구성하였으나, 여성들이 병이 들어 해체하거나 불임증이 속출하였다.[111]

셋째, 1960년대 말부터 추진된 전통문화 복원 정책 외에 김일성의 어머니인 강반석 및 1970년대 김정일 세습후계 구도가 잡히고 김정일의 어머니 김정숙을 모델로 하는 봉건적 여성상을 강제하는 정책이 실시되었다. 이에 따라 정치사회적으로 성 역할을 위계적으로 구조화하는 작업이 진행되었다. 그러나 앞서 살펴본 대로 이러한 법과 제도는 소위 '돌격노동' 시기나 각 생산단위의 상황에 따라 쉽게 무시되곤 했다.

여기서 또 하나 주목할 것이 공업과 농업 부문 사이의 노동력 배치 문제이다. 북한의 농업 노동력 중 다수는 여성이었다. 농업협동조합의 여성 농민뿐만 아니라 노동자·사무원의 부양가족들도 각종 동원 체계를 통해 보조 노동력으로 농업에 참가했다. 산업화에 필요한 청장년 남성을 농촌에서 수급하고, 수많은 당과 국가기관의 유급 간부와 지도원 대부분이 남성 농민들이었기 때문에 북한의 농업 노동력 대부분은 여성들일 수밖에 없었

---

110 림학소, 〈부양가족 로력들에 대한 기능 전습 사업에서 얻은 몇 가지 경험〉,《로동》, 1959년 제 12호, 29쪽.
111 이항구,《북한의 현실》, 서울 : 신태양사, 1988, 437쪽.

다. 북한에서는 "로동자는 남자로 형상하지만 농민은 언제나 녀성이 벼단을 안고 있거나 낫을 들고 있는 것으로 형상"할 정도였다.[112]

제1차 5개년 계획이 완료되어 전 산업의 국유화를 이룬 1950년대 말까지 북한은 "공업화의 기초 축성에 필요한 노동력을 농촌에서 확보하는 방향에서 공업 부문과 농업 부문 사이의 노력 문제를 해결"하였다. 북한 문헌은 이에 대하여 "사회주의 공업화의 기초가 축성되기 전까지는 인민경제의 부문구조에서 공업의 비중은 적고 농업이 압도적 비중을 차지하였으며 주민의 절대다수가 농업에 종사"하는 상황에서, "사회주의 공업화의 기초를 쌓는 데 필요한 방대한 로력을 농촌에서 보장받지 않으면 안 되였다"고 주장한다. 산업화 과정에서 주로 청장년 농민을 노동자로 재구성한 것이다. 그러나 1960년 이후 공업과 농업의 불균형 문제가 가시화되자, 우선 농촌의 기존 노동력과 고등중학교 졸업생을 그 지역에 안착시켰다. 그러면서 주로 각종 건설 부문 노동력을 축소하여 농업 부문에 배치하였다.[113]

그러나 이는 전체적으로 안정적인 농업 노동력을 배치한 것이 아니라, 농사일이 많은 모내기와 추수기를 중심으로 농촌 노력동원을 강화한 미봉책에 불과했다. 농촌 노동력 부족 문제에 대한 정권 차원의 대책이 전 사회적 동원노동이었다. 시기별로 농촌 노동력 수요를 조사하여 농촌 동원 계획을 세우고, 이에 근거하여 기관·기업소·학교들이 협동농장과 직접 계약을 맺게 하는 등 이를 위한 사업이 진행되었다. 그러나 동원 계약은 안면 관계나 노동력의 유동 등으로 불안정할 수밖에 없었다. 이에 정권은 노동력 계약 이행을 위한 규율을 강조하였다.[114]

---

112 리경혜, 앞의 책, 98쪽. 《김일성 저작집》과 각종 북한 문헌들은 농촌에서 일하는 사람은 대부분 여성과 노인이라고 지적하고 있다.

113 리창근(1989), 앞의 책, 80~81쪽.

114 리창근(1989), 앞의 책, 83쪽.

이 과정에서 여성 노동력은 중공업 위주의 산업화 정책에 따라 위계적인 특성을 띠며 배치되었다. 북한의 산업부문에서 우위를 차지한 중공업 부문에 남성 노동력이 우선 배치되고, 하위에 있는 경공업과 지방공업, 농업에 여성이 배치됨으로써 노동력 배치의 위계성이 형성되었다. 중공업 부문의 공장과 기업소는 물자 배치와 각종 배급에서 특혜를 받았으며, 경공업과 지방공업, 농업 등에선 상대적으로 '자력갱생'이 강조되었다. 이러한 산업부문의 위계는 노동자 간 위계에도 반영되어, 높은 비율의 생산 활동에도 불구하고 여성 노동자들은 남성 노동자들에 비해 사회정치적으로 낮은 지위를 점하게 되었다.

숙련화: 숙련 과정과 수직적 위계

산업화 시기에 급속히 증대된 여성 노동자들은 대부분 근대적인 생산노동 경험이 없었다. 신입 노동자들이 대거 공장과 기업소에 편입되면서 각 공장과 생산 현장에는 규정 위반·무단결근·지각·조퇴·잡담 등 무규율적인 현상이 만연하였다.[115] 북한 정권은 전체 산업·운수 부문에 강력한 노동규율화 정책을 실시했는데, 특히 여성 노동자에 대해서는 노동규율화와 생산기술 전습사업이 중요한 과제로 떠올랐다. 이때의 노동규율화는 다음의 세 가지 특성을 보였다. **첫째**, 규칙적 시간노동을 통한 시간 규칙과 표준조작법 준수를 통한 행위 규칙 등 근대성의 내면화 정책이다. **둘째**, 당 정책과 사상 교양을 통한 당 규율 내면화 정책이다. **셋째**, 생산의 상호책임과 개별 책임제도를 체계화하여 생산 완수라는 목표 규율을 가지도록 한 것이

---

115 리술봉, 〈인민경제 복구 발전에 있어서 고상한 로동 규율 확립을 위하여〉, 《경제 건설》, 1955년 제2호, 14쪽.

다. 그 다음으로 기술 전습을 위해 북한 정권이 가장 중요하게 추진한 일은, 노동력 유동을 최소화하고 여성 노동자들을 생산 영역의 한 부문과 직종에 안착시키는 것이었다.

가사와 육아 문제로 생산 활동이 불안정한 여성들을 생산 현장에 안착시키기 위해 전후 북한 정권은 다음과 같은 정책을 실시했다. **첫째**, 여성 노동자들이 많은 공장에 우선적으로 탁아소와 유치원을 설치하고, 편의 상점·세탁소·재봉소 등 편의시설을 갖추게 하였다. **둘째**, 인민학교·중학교 교원은 큰 공로가 없어도 30년 이상 복무하면 연금을 받을 때 공로자 대우를 해 주었으며, 간호원들은 20년 이상 복무하는 경우 특별 연봉금을 주었다. **셋째**, 부양가족 기능공 양성사업과 직장 기술학습 등 중단기적인 기술 전습을 시행하였다.[116] **넷째**, 정치사상 교양을 강화하여 노동에 긍지를 갖게 하였다.

노동 숙련화 정책의 핵심은 '일하면서 배우는 교육 체계'였다. 북한의 기술 기능 학습 체계는 양성 목적과 대상의 준비 정도에 따라 구분되었다. 보통 기술 기능 학습은 매주 2시간씩 규정 노동시간 외 진행하며, 연간 100시간을 채우게 하였다. 다만, 새로 조업하는 공장에 새로운 생산공정 및 기계 설비를 움직여야 할 기능공의 경우와 모든 노동자의 기능 수준이 낮아 생산에 지장을 받을 때에는 기술 기능 학습을 야간학습 형태로 일정 기간 매일 진행하게 하였다. 결과적으로 일상적인 시간 외 기술 학습이 강제되었다. 기술 기능 학습반은 직장 또는 작업반 단위로 조직되어, 기술학습반과 기능전습반으로 나뉘었다.

기술학습반 성원들은 기사와 준기사로, 시험에 응시해 국가기술 자격을 받을 수 있었다. 기능전습반은 무기능공을 기능공으로, 기능공을 고급 기

---

116 리경혜, 앞의 책, 173~174쪽.

능공으로 양성하기 위해 작업반 또는 직장을 단위로 직종별로 조직되었다. 기능전습반에서는 노동자들이 담당 기계 설비의 구조와 작업 원리 및 고장 퇴치법, 안전기술 규정을 비롯한 여러 기술 규정, 표준조작법 그리고 규범화된 운전 조작법과 작업 동작의 숙련, 기공구를 다루는 법과 도면 보는 법, 새로운 기술과 선진 작업 방법 등을 체득시켰다. 기혼 여성 노동력에 대한 기술 기능 학습은 학습 과정의 진도표에 따라 주간 학습 과제를 주고 다음 주에 총화하는 방법으로 진행하기도 하였다.[117]

숙련화의 기본 방향은 "자신이 맡은 기대와 작업에 정통하도록 하는 것"이었다. 실현 방법은 **첫째**, 이론은 적게 하고 현장에서 필요한 지식과 기능을 중심으로 교육하기, **둘째**, 노동력 유동을 억제하기, **셋째**, 여성 노동자들이 가사와 양육으로 생산 집중도가 떨어지지 않게 탁아소와 편의시설을 강화하기, **넷째**, 공장·기업소의 자체 숙련화 사업이었다. 자체 숙련화 사업은 "제한된 일부 직종의 기능노동력만 국가적인 양성 체계에서 보장하고 생산자들은 해당 기업소가 책임지고 기술 기능양성사업을 조직하여야 전반적 근로자들의 기술 기능 수준을 높"일 수 있다는 논리에 따라 추진되었다.[118] 자체 숙련화 사업에서 가장 중요한 것은 기술 기능 전승 체계를 통한 숙련화로, 공장 내 기능공과 특수기능공, 주요 기대 운전공 등 숙련 노동자가 신입 노동자나 기능이 낮은 노동자를 한두 명씩 맡아 일하면서 기능을 전습하는 식으로 진행되었다.[119]

그 외 야간 기능공학교 등이 있었지만, 대부분 중공업 남성 노동자의 기술 향상과 관련된 교과목으로 이루어져 여성 노동자들은 제대로 참여할

117 리기섭, 앞의 책, 167~171쪽.
118 리창근(1992), 앞의 책, 113~115쪽.
119 안기필, 〈부산물 직장에서 로동 및 임금 조직〉,《로동》, 1958년 제10호, 46쪽.

수 없었다. 그런데 숙련공 양성사업이 야간 기능공학교를 중심으로 진행되는 바람에, 교과목의 중공업 분야 편중과 기혼 여성들의 양육·가사 부담 등으로 여성들은 고급 숙련 과정에서 배제되는 경우가 많았다. 더욱이 여성들이 배치된 작업장이 전문적인 기술이나 기능을 요하지 않는 곳이 많아서 여성 숙련노동자의 양성은 남성에 비해, 그리고 여성 노동력 증대에 비례하여 발전하지 못했다.

그러나 노동 숙련화는 산업화를 위한 불가결한 과제였기 때문에, 북한 정권은 끊임없이 숙련화 정책을 제시하고 독려한다. 더욱이 1956년 이후 생산노동 경험이 없는 기혼 여성이 공장에 들어오고, 1958년 이후에는 각지에 건설된 지방공업 노동자의 90퍼센트 이상이 여성 노동자로 구성되면서 숙련화 문제는 제품의 질 문제와 직결되었다. 생활필수품과 일용품의 생산량과 질 향상을 위해서 여성에 대한 기능 전습을 강화할 수밖에 없었다.[120]

이를 위해서 북한 당국은 국가 양성기관의 신입생 중 여학생 비율을 높이는 정책을 편다. 당시 국가 양성기관의 성비性比를 보면, 남학생에 비해 여학생의 비율이 현저히 낮았다. "담당 기업소의 성격과 직종의 특수성을 앞에 내세우며 또는 졸업 후 직장 유동률과 체질 관계를 구실로 여학생들을 받아들이는 것을 주저하는 현상"이 팽배했기 때문이다. 그리하여 1958년 이후에는 여성 노동력의 중요성이 강조되며 노동자 양성기관의 여학생 비율이 높아졌다.[121]

그러나 이러한 정책적 노력에도 불구하고, 개별 사업장으로서는 계획한 목표 달성이 우선 과제였기에 신입 노동자 숙련화 사업을 제대로 진행

---

120 김웅기, 〈제1차 5개년 계획에 관한 법령의 정확한 집행을 위하여〉, 《로동》, 1958년 제9호, 13~14쪽.
121 리인규, 〈로력 후비 교육 사업을 가일층 개선하자〉, 《로동》, 1958년 제10호, 4쪽.

할 여력이 없었다. 그래서 신입 노동자들에게 생산 보조 역할을 맡기거나, 이들을 타 부문 또는 잡역 등에 동원하는 정도였다. 그런데도 북한 당국은 1958년에는 재직 기능노동자들의 기능 향상을 위한 기능학교 운영사업, 1959년에는 평균 기능 수준을 한 등급씩 올리는 사업 등 노동 실정과는 동떨어진 사업을 이어 가며 생산 현장에서 기존 기능노동자들이 신입 노동자들의 숙련을 책임지라고만 했다. "기술은 반드시 책을 끼고 강당에 드나들거나 또는 전문학교나 대학에서만 배우는 것이 아니다. 우리가 말하는 것은 로동하면서 배우자는 것이다. 숙련 로동자들은 자기 기술 수준을 계속 높이기 위하여 노력하면서 반드시 기능이 부족한 3~4명의 로동자들을 맡아 책임지고 배워 주는 사업을 더욱 강화"하라는 요구였다.[122]

그러니 숙련화 사업이 제대로 진행될 리 없었다. 주요 노동자구나 지역의 직장 기능학교 평균 출석률이 50퍼센트가 안 되는 조건에서, 기능 전습을 위해 근로자학교를 강화하겠다고 해 봐야 실효를 거두기 어려웠다. 모든 공장·기업소에 있던 근로자학교는 주로 초보적인 표준조작법과 안전기술 등을 교육하는 곳이었는데, 교육 내용 중 생산에 필요한 기능 교과를 강화한 것이다. 교육은 형식적으로 진행되었다. 북한 당국이 진행한 기술교육 체계의 가장 큰 문제점은, 오히려 학습 체계와 훈련 체계 그리고 기타 회의가 너무 복잡했다는 데 있었다. 큰 공장에는 대상에 따라 기능전습제, 직장기능학교, 근로자학교 인민반과 초급반, 각종 분과, 기술학습반 등이 있어 노동자들이 2개 이상의 학습반에 소속되는 경우가 많아 숙련화 사업에 혼선을 가져왔다.[123]

---

122 리인규, 〈제품의 질 제고와 로동 생산 능률 장성에서 기능 양성 일군들의 당면 과업〉, 《로동》, 1959년 제1호, 13~14쪽; 〈생산에서의 기능공양성 및 기능향상사업을 개선강화하자〉, 《로동》, 1959년 제4호, 1쪽.

123 문치수, 〈로동 생산능률제고에서 당면한 몇 가지 문제〉, 《로동》, 1959년 제4호, 11~12쪽

신입 노동자, 그중에서도 여성 노동자에 대한 숙련화 정책은 1959년 제정된 〈직장 기능 전습에 관한 규정〉으로 구체화되었다. 이 규정의 목적은 신입 노동자, 특히 여성 노동자에 대한 체계적인 기능 전습에 있었다. 기능공 양성을 위한 목적과 체계, 방법과 인센티브, 무엇보다 처벌에 관한 내용이 이 규정에 포함되었다. 목표 달성 문화와 함께 숙련공에게 아무런 대가 없이 기술 지도를 요구하다 보니 숙련화 사업이 제대로 실행되지 않는다는 인식이 담긴 규정이었다. 정권은 기술 지도를 의무화하여, 이행하지 않을 시 책임자 임금의 25퍼센트까지 벌금을 부과하는 강도 높은 처벌 규정을 제도화했다.[124]

규정의 제1장에는 기능공 양성을 위한 목적과 체계가 서술되었고, 제2장에는 신입 무기능공과 재직 무기능공, 즉 생산을 독자적으로 수행할 수 없는 노동자들이 전습 대상이라고 규정되었다. 제3장 제10조는 기능 전습을 위해 생산교육과 이론교육을 병행하되 생산교육은 개별적 또는 집체적으로, 이론교육은 집체적으로 실시할 것을 규정하고 있다. 제11조는 생산교육을 집체적으로 실시하는 방법으로 전습생 작업반을 조직하고, 전습 지도자를 작업반장이 책임지고 교육하도록 했다. 이때 전습 지도자는 전습생들의 생산교육만 지도하는 전임 지도자가 하도록 규정하였다. 그리고 숙련기능공에게 1~5명의 전습생을 배속시켜 그의 지도로 생산과정에서 개별적으로 교육받도록 하였다. 제4장에서는 기능 전습 지도에 대한 보수를 규정하였다. 즉, 1개월 이상의 전임 지도자만이 평균임금을 받도록 하였다. 개별적으로 생산과정에서 지도하는 전습 지도자에게는 전습생 1명당 월 2원씩 지불하도록 하였으나, 이 중 반액은 매달 임금에 포함되지만 반액은 해당 전습생이 기능등급 사정에서 목표 등급에 합격한 후 지불하도록 하

---

124 리종옥, 〈직장 기능 전습에 관한 새 규정의 집행을 위하여〉, 《로동》, 1959년 제4호, 25~27쪽.

였다. 그러므로 실질적인 보수의 의미가 없는 기능 전습이었다. 제5장 기능 전습 지도의 제25조는 견습공에 대하여 기능 전습을 시키지 않을 경우 작업반장 등 각 단위 책임자들에게 임금의 25퍼센트까지 벌금을 부과하도록 했다. 이외에 생산과정에 필요한 교육 외에 당 정책과 김일성의 현지교시 교양, 직장 노동내부질서규정과 노동보호 안전기술규정 교육, 작업 행정에서 준수해야 할 제도와 질서, 그리고 노동자의 권리와 의무 교육이 진행되었다.[125]

앞서 지적했듯이 숙련화 사업의 핵심은 노동규율 강화였다. 이 정책은 산업화 초기부터 지속적으로 추진되었으나 정권의 기대치에는 미치지 못했다. 북한 정권은 1959년 11월 14일 내각결정 제67호 〈로동행정사업을 개선강화할 데 대하여〉를 통해 노동규율 강화를 위한 국가계획위원회, 각 성·도 인민위원회의 과업을 제시한다. 그 목적은 각 생산단위와 노동자의 생산량을 높이는 것이었다. 구체적인 방법은 첫째, 도급 임금제 강화, 둘째, 노동규율을 제도화한 '사회주의적 노동행정질서' 수립, 셋째, 생산을 최대화할 수 있는 노동시간 활용이었다. 북한의 노동행정 문헌은 이 규정에 대하여 "근로자들의 로동생활에서 낡은 관습과 비사회주의적인 요소들을 극복하고 사회주의적 로동생활질서가 모든 단위에 지배하도록 하는 데서 근본적인 의의를 가지였다"고 선전했다.[126]

이어서 1961년 1월 7일 내각결정 제9호로 노동규율 강화 정책을 구체화한 〈로동 내부질서 표준규정〉이 승인되었다. 그 내용은 노동시간과 시간 이용, 직장 책임자의 기본 의무, 노동자·사무원의 기본 의무, 노동자·사무원의 채용과 전직 및 해직 절차·책벌 조항 등이었다. 이 규정은 모든 공

---

125 김동찬, 〈녀성들을 보다 광범히 직장에 입입하자〉, 《로동》, 1959년 제7호, 18쪽.
126 리창근(1989), 앞의 책, 23~24쪽.

장·기업소에서 출퇴근, 점심 및 휴식 시간, 출근 정리, 지각, 조퇴, 외출 질서 등 노동자들의 노동 생활과 관련된 모든 문제를 규제하였으며 이를 위반하였을 때의 책벌 형태도 여러 가지로 규정하였다. 이 같은 노동 내부질서 규정은 직장 또는 대중 집합 장소 등 잘 보이는 곳에 게시하여 전체 노동자·사무원들에게 이를 정확히 강제하도록 규정하였다.[127]

이로부터 두 달 후인 1961년 3월 30일에는 제7장 70조로 된 〈로동보호에 관한 규정〉을 채택하여 노동안전·노동위생·안전기술교양·노동시간·휴식·휴가·로동보호 조직과 감독의 제반 원칙들을 규제하고, 1965년 7월 23일에는 내각결정 제39호로 〈조선민주주의인민공화국 로동성에 관한 규정〉을 채택하였다. 특히 로동성 규정은 "대안의 사업 체계의 요구에 맞게 경제관리에서 로동행정사업의 모든 내용을 근로대중의 창조적 힘을 최대한으로 조직동원하는 것으로 일관시킨 중대한 조치"로, 이로써 로동성은 명실공히 북한의 노동행정사업을 담당하는 중앙기관이 되었다고 평가된다.[128]

이처럼 노동규율 확립을 강조하던 숙련화 사업은 1960년대 중반을 기점으로 사상 학습 위주로 전환되었다. 노동당은 1967년 6월 당중앙위원회 제4기 제16차 전원회의에서 노동행정 문제를 토의하고 "로동행정사업은 사람과의 사업이며 중요하게는 근로자들 속에서 로동에 대한 공산주의적 태도를 키우는 사업"이라고 규정하였다. 사회주의 노동행정의 주요 과업은 첫째, 노동자들에게 노동에 대한 공산주의적 태도와 노동규율 강화, 둘째, 노동력 배치의 개선, 셋째, 사회주의 분배원칙의 관철, 넷째, 기술혁명 추진,

---

127 리창근(1989), 앞의 책, 24~25쪽.

128 이 규정 제1조는 "우리나라 로동행정사업의 중앙기관인 로동성이 로동행정부문에서 대안의 사업체계를 확립하며 청산리정신, 청산리방법을 철저히 관철하여야 한다는 것"을 명시했다. 또한 노동력 원천의 조사장악과 배치·후비양성사업·선진적인 노동조직과 작업 방법의 도입·사회주의 분배원칙의 실현·노동규율과 노동보호·사회보험의 수입과 지출에 대한 예산·정휴양 계획의 작성 집행 등에 대한 지도통제 강화를 규정하였다. 리창근(1989), 앞의 책, 25~26쪽.

다섯째, 비생산 노동력의 관리, 여섯째, 간접노동력 축소 등이었다.[129]

이후 북한에는 6개년 계획 기간(1971~76)에 1,055개, 제2차 7개년 계획 기간(1978~84)에는 1만 7,788개의 공장·기업소·직장이 지방산업 위주로 신설되었다. 새롭게 만들어진 사업장에는 부양가족인 기혼 여성들이 대부분 배치되었으나, 이 또한 곧 한계점에 다다랐다. 이제 농촌에도 공장에 공급할 노동력이 없었다. 이러한 상황에서 숙련화 사업은 기술혁신운동을 포함하게 된다. 북한 당국은 대중적 기술혁신운동을 통해 기술 문제를 스스로 해결하도록 지시하고, "기술혁신운동을 생산자 집단의 일상적인 사업으로 전환시키기 위하여 이 운동을 천리마작업반운동과 련결시켰으며 대안의 사업체계가 확립됨에 따라 기술 발전을 작업반 단위로 계획화하고 조직화하는 형태로 발전"시켰다. 이 과정에서 작업반 단위로 '한 달에 한 건 이상의 새기술도입운동'이 전국에 실시되었으며, '생산의 전문화와 기계화, 자동화를 위한 작업반 간 련합혁신운동'을 통한 생산의 연대책임이 강화되었다.[130]

그러나 이 운동들도 결국엔 노동시간 연장과 노동강도 강화를 통한 생산량 증대 방식일 뿐, 실질적인 기술혁신은 이루어지지 못했다. 그럼에도 불구하고, 북한 당국은 1960년대부터 본격화된 기술 기능 제고 정책으로 1970년 북한 경제 각 부문의 기사·기수·전문가 수가 1960년에 비해 4.3배 증가한 약 49만 700명, 농업을 제외한 전체 종업원 총수에서 기술자·전문가 비중이 1960년의 7.2퍼센트에서 1969년에는 15.8퍼센트로 높아졌다고 선전했다. 또한, 공업화가 완성되었다고 선언한 1970년부터 1976년까지 대학도 129개에서 155개로 늘어나 "100만 인테리 대군"을 가지게 되었다고 평했다. 전체 종업원 수 중 기술자·전문가의 수도 1976년 19.2퍼센트에 이르

---

129 리창근(1989), 앞의 책, 27쪽.
130 리창근(1989), 앞의 책, 125~129쪽.

렀으며, 각 협동농장당 기술자·전문가 수는 1969년 17.5명에서 1976년에는 55명으로 늘어났다는 것이다.[131]

이런 흐름에 맞춰 1978년 4월 최고인민회의 제6기 제2차 회의에서는 〈조선민주주의인민공화국 사회주의로동법〉이 채택된다. 노동 생활의 권리와 의무를 규정한 사회주의 노동법의 핵심 내용은, 권력의 요구에 절대 충성하는 노동 규범과 준칙이었다. 주체적 노동 참여·집단주의적 노동 생활·성실한 노동이 주요 노동 규범이었으며, 이를 관철시키기 위한 사상교양思想敎養과 통제 규칙이 제시되었다. 사실 이 내용들은 1960년대 공장·기업소를 대상으로 작성된 노동 규범과 규정들이었다. 다만, 1960년대에 제기된 규범에는 농업협동조합의 노동조직 문제가 포함되어 있지 않았다. 그래서 1960년대에 정책화하고 실험했던 다양한 노동 규범과 규율을 전체 생산 부문, 특히 농업 노동에까지 확대 적용했다는 데 그 의의가 있다. 기혼 여성의 안정된 노동 생활을 위한 탁아소 등 조건 보장도 이때 제도화되었다.[132]

한편, 중공업 우선주의와 군수산업 중심의 산업정책은 심각한 농촌 노동력 부족 문제를 야기했다. 1964년 2월 25일 노동당은 중앙위원회 제4기 제8차 전원회의에서 〈사회주의 농촌문제에 관한 테제〉를 결정한다. 그 내용은 농촌의 수리화와 전기화, 그리고 종합적 기계화와 화학화를 추진하고 새로운 영농법을 도입하여 농업 생산을 '고도로 집약화'하겠다는 것이다.[133] 한 마디로 농업 선진화를 꾀하겠다고 한 것인데, 실제로는 농업 노동자 숙련화를 통한 생산량 증대가 목적이었고, 그 대상은 주로 여성 농민이었다. 농업 집약화 사업은 세 방향에서 진행되었다.

131 리창근(1989), 앞의 책, 142쪽.

132 리창근(1989), 앞의 책, 28~30, 38쪽.

133 김일성, 〈우리나라 사회주의농촌문제에 관한 테제〉, 《김일성 저작집》, 17권, 1982: 196~242

첫째, 여성 농민의 농업기술 향상이다. 농업 생산에서 그 역할이 절대적으로 커진 여성 농민들의 농업기술을 교육을 통해 향상시키자고 한 것인데, 그 교육 내용이 주체사상을 농업에 적용한 '주체농업'이었다. 협동농장에 농업 과학기술지식 선전실을 꾸리고, 이곳에 농업기술 관련 도서와 잡지, 영농 경험 자료와 농업 과학실험 자료 등을 갖춘 다음, '직관교육과 실물교육, 주체농법 강습'을 통해 농민들에게 토양·종자·비료·살초제에 대한 지식 등을 교육하겠다는 것이었다. 얼핏 체계적인 교육 방식처럼 보이지만, '주체농업'의 실제 내용은 노동을 통해 경험을 쌓고 자주적 의식 아래 생산 문제를 '알아서 해결하라'는 것이었다. 예를 들어, 모래밭과 자갈밭을 집단적이고 헌신적으로 일구어 생산을 증대한 사례가 주체농업의 모범이었다. 그러나 북한 당국은 주체농법 교육으로 여성 농민의 기술 수준이 높아졌으며, 여성 농민이 '적지적작適地適作, 적기적작適期適作' 원칙에 따라 품종을 배치하고 토양 조건과 농작물의 특성에 맞게 비료를 주며 평당 포기 수를 높이는 등 '주체농법'적으로 농사를 지을 수 있게 되었다고 평했다.[134]

둘째, 여성 농민이 뜨락또르(트랙터)를 비롯한 농기계를 다룰 수 있게 하는 것이다. 농촌 청년조직 소속의 젊은 미혼 여성을 중심으로 진행된 이 사업은 '모범기계화가정운동'으로 확산되었다. 모범기계화가정운동이란, 한 마디로 농민 부부가 함께 트랙터 운전 기능을 익히는 운동이었다.

셋째, 여성 농민 숙련화 사업을 조직할 여성 간부 양성사업이다. 농촌 노동력의 대부분이 여성임에도 불구하고 협동농장의 관리자나 농촌 당 간부 등은 대부분 남성이었다. 그래서 여맹을 중심으로 여성 간부 양성

---

134 리경혜, 앞의 책, 174~175쪽.

을 독려했다.[135]

그러나 양적 생산에 치중하는 생산문화 속에서 숙련화 사업이 쉽게 뿌리내리기는 어려웠다. 공장이 세운 단기 생산 목표를 달성해야 했던 숙련 노동자들이 신입 노동자 교육까지 담당하는 것은 물리적으로 불가능했고, 물질적 보상 등 그에 대한 동기 부여도 턱없이 약했다. 신입 노동자들 입장에서도 기술 교육이 불안정하게 이뤄지는 상황에서, '일하면서 배운다'는 것은 현실과 거리가 먼 이야기에 불과했다. 그들도 생산 목표 달성이라는 현실에 동참해야 했다.

이 밖에도, 앞서 지적한 대로 다양한 교육체계가 중복되어 오히려 일관되고 안정적인 기술 교육을 방해했을 뿐만 아니라, 노동력 유동과 생산지표의 잦은 변경 등 기존 사회주의에서 나타난 고질적인 생산 저하 요소, 기술 문제를 사상의 문제로 대처하는 정책 등이 북한의 노동자 숙련화 사업을 방해했다.

게다가 당국의 목표와는 달리 여성 노동자들의 숙련화는 남성 노동자들보다도 더디게 진행되었다. 공장과 대학 등 전문적 기술교육기관의 교과과정은 중공업 남성 노동자들에게 필요한 내용들로 구성되었고, 기혼 여성 노동자들은 가사와 양육 문제로 작업 시간 이후 진행되는 전문적 기술 교육에 참여하기 어려웠다. 이렇게 기술을 배울 기회가 적은 신입 여성 노동자들은 대부분 숙련이 필요 없는 잡일 등에 배치되었다.

여성 노동자 숙련화를 외치면서 각종 동원사업에 여성들을 우선 동원하고, 작업장도 필요에 따라 자주 변경하는 편의주의적 관행도 문제였다. 특히 여성 노동자들이 대부분인 경공업 위주의 지방산업 공장에서는 남성

---

135 리경혜, 앞의 책, 176쪽.

노동자들이 많은 중공업 공장보다도 생산지표가 자주 바뀌었으며, 생산품의 가짓수도 더 많았다. 이런 상황에서 제품 생산의 숙련화와 전문화를 기대하기는 어려웠다. 그 결과, 작업장의 간부 및 기술자들은 대부분 남성으로 채워지며 노동 분야에서 성별에 따른 수직적 위계가 제도화된다.

6장

생활 세계의 침식

“ 북한 정권은 가정생활의 도리로서 육친 간의 사랑과 존중을 제기하

지만, 이는 수령으로부터 나온 정치적 생명보다는 하위 범주에 속했

다. 이것이 북한 정권이 주장한 가정생활윤리의 핵심이고 가정혁명화

였다.”

대안 체계와 노동자구 경리위원회

1961년 제1차 7개년 계획을 시작하면서 북한은 새로운 경제관리 체계를 수립한다. 공업 부문은 '대안의 사업 체계'(이하 대안 체계)였고, 농업 부문은 군농업협동조합 경영위원회 체계였다. 대안 체계에 따라 각 공장과 기업소의 최고권력은 공장당위원회가 되었으며, 공장당위원회의 지도로 공업의 군사화가 추진되고, 군농업협동조합 경영위원회는 농업의 공업화를 추진한다.[1]

대안 체계는 해방 이후 소련의 공장 관리제도를 원형으로 제도화된 유일관리제를 대체하였다. 1961년 김일성이 대안전기공장을 현지지도하면서 수립된 '대안 체계'의 특징은 크게 네 가지였다.[2]

---

1 김일성, 〈새로운 경제관리체계를 내올데 대하여〉, 《김일성 저작집》 15권, 1981, 429~472

2 조성대, 〈수상 동지의 현지교시와 그 후의 변혁〉, 《새 기업관리 운영체계 확립에서 얻은 경험대안전기공장》, 평양: 중공업 출판사, 1962, 5~15쪽.

첫째, 군대의 참모부처럼 생산 계획과 생산지도生産指導를 총괄 책임지는 참모부 조직이 꾸려졌다. 이때 참모장은 공장·기업소의 기사장이 맡았다.

둘째, 생산 현장에 자재를 직접 가져다 주는 자재 공급 체계가 만들어졌다.

셋째, 일상생활을 생산에 집중하게 하는 후방공급 체계가 성립했다.

넷째, 공장당위원회가 전체를 총괄 지휘하는 공장·기업소 내 최고기관이 되었다.

대안 체계는 과거 생산과정과 공장 관리에서 나타난 문제점을 유일관리제의 약점으로 지적하며 수립되었다. 공장 내 행정관료와 당관료 간의 갈등, 관료주의와 기관 본위주의, 노동자 무규율성, 자재 부족과 생산 설비 문제로 인한 작업 정지 등이 유일관리제의 문제점으로 지적되었다. 대안 체계는 공장 내 당 권력을 절대화하여 행정관료와 당관료 간 갈등의 소지를 없애고, 노동자들이 생산 현장을 떠나지 않고 생산에 집중시키기 위해 수립되었다.

공업 부문의 대안 체계와 함께 농업 부문의 새로운 경제관리 체계로 만들어진 군농업협동조합 경영위원회는 1961년 12월 김일성의 숙천군 현지지도 과정에서 창설되었다. 농업 생산을 계획화하고, 농장 관리를 공장·기업소 관리처럼 하여 생산 증대와 기술 향상을 높이는 것이 목적이었다. 즉, 농업을 공업화하려는 것이었다.[3]

군농업협동조합 경영위원회는 농업 생산의 무계획성 주먹치기, 기술과 토지개량 사업의 무규율성, 알곡 생산을 방해하는 각종 동원사업, 노동강도 강화에만 주력하는 농업협동조합의 실태를 비판하며 제기되었다. 군인

---

3 《경제사전 1》, 251~252쪽.

민위원회에서 농촌 지도 기능을 분리해 구성한 군 단위 농업지도기관이 군농업협동조합 경영위원회였다. 구체적으로는 군인민위원회에서 농촌경리부와 축산부를 분리하여 이를 중심으로 군 농기계작업소, 농기계수리소 등 농업에 필요한 기관과 기업소들을 통일적으로 지도하는 농업지도기관이었다.[4]

전체적으로 북한의 제1차 7개년 계획은 공업을 군사화하고 농업을 공업화하며 당권력을 제도화한 데 그 의의가 있다. 한 마디로, 공업의 변화를 통해 농업을 변화시키려 한 것이다. 이때 신설된 또 하나의 위원회가 '노동자구 경리위원회'이다. 노동자구 경리위원회는 노동력 재생산의 효율성을 높여 후방공급 체계를 변화시키고, 이러한 문화를 농촌에 전파할 목적으로 만들어졌다.

김일성은 대안 체계를 제기하며 후방공급사업은 노동자들이 "있는 힘과 재능을 다 내어 일하도록 하는 데서 매우 중요한 의의"가 있다고 밝혔다.[5] 즉, 최대 생산을 위해 노동자와 가족 생활관리를 공장에서 책임지게 한 것이다. 대안 체계의 후방공급사업이 나오게 된 배경을 대안공장 후방공급부 지배인 리홍룡은 다음과 같이 이야기했다.

지난 기간 공장에서 후방공급사업을 책임 져야 할 로동공급부는 그 기구로 보나 사업 범위로 보나 매우 소극적으로 조직되어 있었다. 때문에 후방공급사업에서 제기되는 문제들을 직접 조직하고 해결하는 것이 아니라 부문별로 담당한 한 명씩의 지도원들이 공급 전표나 발행하고 직장들에서 공급물자를 받으러 올라오는 수많은 로동자들과 대면하노라고 어느 한 부문

---

4 김일성, 앞의 논문《김일성 저작집》15권, 1981, 464~466쪽.
5 김일성, 앞의 논문《김일성 저작집》15권, 1981, 450쪽.

의 사업도 제대로 못 하였으며 공급부 지도원은 부장에게, 부장은 지배인에게 전표를 전달하는 역할밖에 못 하였다. 한편 대안 로동자구 인민위원회도 로동자구 내 주민들에 대한 후방공급사업을 책임적으로 보장할 수 없게 되여 있었다.[6]

기간 공장의 소극적인 노동자 생활관리 체계를 비판한 것이다. 그리하여 대안 체계에서는 공장에 후방공급 부지배인 직제職制를 신설하게 했다. 그리고 후방공급 부지배인 아래 각 부서로 경리계획부, 식량부, 부식물공급부, 노동보호 물자공급부, 주택관리부, 편의시설부 등을 두었다.[7] 공장이 여러 개 집중되어 있는 곳에서는 김일성의 지시에 따라 노동자구 인민위원회 사업을 강화하여 노동자들에 대한 후방공급사업을 책임지게 하되, 대안 노동자구와 같이 큰 공장이 하나밖에 없는 곳에서는 비상설기관으로서 노동자구 경리위원회를 조직하고 공장의 후방공급 부지배인이 경리위원회 위원장을 겸임하게 하였다.[8]

앞서 설명한 대로 1952년 11월 27일 내각 제24차 전원회의에서 결정된 행정구역 개편안에 따라 '노동자구'가 신설되었다. 당시에는 리里를 강화하는 방향에서 개편이 이루어졌고, 노동자구는 읍과 비슷한 규모의 행정단위로 공업단지에 필요에 따라 구성하게 하였다.[9] 산업화와 함께 노동자구도 확대되어 1991년 현재 북한에는 233개의 노동자구가 있다.[10] 노동자구 경리

6 조성대 외, 앞의 책, 310~311쪽.

7 김일성, 〈새 환경에 맞게 공업에 대한 지도와 관리를 개선할데 대하여〉, 《김일성 저작집》 15권, 1981, 504쪽.

8 조성대 외, 앞의 책, 311쪽.

9 김일성, 〈지방행정체계와 행정구역을 개편할 데 대하여〉, 《김일성 저작집》 7권, 1980, 379~381쪽.

10 지역별 노동자구 분포 상황은 평양시 5개, 개성시 1개, 평안남도 36개, 평안북도 36개, 자강도 22개, 량강도 37개, 황해남도 7개, 황해북도 7개, 함경남도 38개, 함경북도 33개, 강원도 11개이다.

위원회의 주요 역할은 공장노동자 및 그 가족들의 배급과 생활을 관리하는 것이다. 대안 체계 후방공급사업의 의의와 역할에 대하여 김일성은 다음과 같이 주장하였다.

공장에서 후방공급사업을 잘하여 인민 생활에 대한 당과 국가의 배려가 제때에 미치도록 하며 로동자들이 잘먹고 푹 쉴수 있는 모든 조건을 잘 지어 준다면 그들은 사회와 집단을 위한 공동로동에 자기의 모든 능력과 재능을 다 바칠 것이며 생산에서 높은 열성과 창발성을 낼 것입니다. … 그러므로 로동자들에게 부식물을 공급하여 주고 그들의 집을 수리하여 주는 사업으로부터 시작하여 탁아소, 유치원을 잘 꾸리며 수리소, 세탁소, 목욕탕을 비롯한 여러 가지 편의봉사시설들을 운영하는 사업에 이르기까지의 로동자들의 생활상 편의를 도모하기 위한 모든 사업은 마땅히 공장 관리 일군들이 책임지고 조직하여야 합니다.[11]

이와 같은 의의와 역할에 따라 후방공급부 각 부서에는 다음과 같은 역할이 주어졌다.[12]

첫째, 식량부이다. 과거 전표 배분사업으로 사무 처리가 복잡하여 '전표 놀음'만 하느라 다른 부식물 공급과 같은 사업을 하지 못한 한계에서 벗어나, 식량 공급사업을 전문화하게 했다.

둘째, 부식물 공급부이다. 간장, 된장, 두부, 기름, 채소(남새), 고기, 닭알

주로 공장지역, 광산지역, 산림지역, 해안지역 등에 있다. 통일원, 《북한 산업지리도》, 통일원, 1991, 7쪽.

11 김일성, 앞의 논문(《김일성 저작집》 15권, 1981), 501쪽.

12 김일성, 앞의 논문(《김일성 저작집》 15권, 1981), 504~506쪽.

탄광 지역 노동자구에서 남성 노동자들을 독려하는 여맹원들.

"끝없이 실려가는 '검은금'을 볼 때마다 보람"을 느끼는 여성 석탄 운전공.

탄부원들을 돕고 있는 안주노동자구 제20구역 여맹원들.

탄광 합숙실에서 남성 노동자들의 작업복을 챙기는 여성 노동자들의 모습.

"석탄 전선에 타오른 충성의 불길".
《조선녀성》1979년 3월호에는 노동자구 경리위원회의 역할을 보여 주는
다양한 활동상이 소개되었다.

탄광 노동자구에서 남성 노동자들이 더 많은 석탄
을 캐도록 '경제선동'을 하고 있는 여성 노동자들.

여성들로 구성된 의료지원대가 탄광 막장을 찾
아 남성 노동자에게 건강음료를 건네고 있다.

등 부식물을 마련하여 노동자들에게 공급하는 사업을 하게 했다. 이 사업은 부업을 잘 활용하는 것이 중요하므로 부업경리 지도원을 두게 했다. 부업경리 생산물은 상점을 통해 공급하였다.

셋째, 노동보호물자 공급부이다. 이 부서에는 공급원을 따로 두어 노동보호물자를 직장에 내려가 직접 노동자에게 나눠 주게 했다.

넷째, 주택관리부이다. 주택보수사업소를 통해 살림집 관리와 보수를 하게 했다.

다섯째, 편의시설부이다. 식당·합숙·목욕탕·이발소·수리소·세탁소 등 편의시설을 관리하고 운영하게 했다. 이외에 합숙 건물 수리·이부자리·합숙 비품 구입 자금·노동복과 이불 세탁을 하는 세탁소 이용 요금·목욕탕·신발수리소 운영금도 공장이 부담하게 했다.

이 같은 후방공급사업을 지도하고 관리·운영하는 기구가 바로 노동자구 경리위원회(이하 경리위원회)였다. 경리위원회 위원장은 공장 후방 부지배인이 맡고, 부위원장은 노동자구 인민위원회 위원장이 맡게 했다. 또한 부기와 연계 사업을 맡는 사무원 2인을 두어, 통계사업과 각 부서 간 연계, 통지와 독촉 업무를 하게 했다. 위원회 산하에는 상업도매소 소장, 수매상점 지배인, 상점 지배인, 농목장 지배인 등 노동자구 후방공급사업과 직접 관련된 기관과 기업소 책임자들이 다 들어가게 했다.[13]

그리하여 경리위원회가 공장 후방공급기관뿐 아니라 노동자구에 있는 다른 상업 수매·보건·편의봉사·건물 및 시설보수기관을 모두 관리하며, 노동자구 후방공급사업을 총괄 지도하게 되었다. 경리위원회가 관리하는 기관들의 기관의 재산은 전과 같이 각 기관 재산으로 등록하되, 그 관리

---

13 김일성, 앞의 논문(《김일성 저작집》 15권, 1981), 507쪽.

운영은 경리위원회의 지도와 통제 하에 둔 것이다. 경리위원회의 최종 목적은 노동자구에 사는 전체 구성원의 생산 생활을 지원하는 데 있었다. 특히 기혼 여성 노동자와 관련하여 경리위원회는 병원 원장과 노동자구 인민위원회 위원장 주도로 보건과 위생사업을 강화하게 했다. 아이들이 아프면 어머니인 여성 노동자들이 결근하거나 생산을 제대로 하지 못하기 때문이었다.[14]

나중에 전국적으로 확대된 경리위원회 제도의 모델이 된 대안 노동자구 경리위원회가 1962년 당시 후방공급 기지 확대를 위해 벌인 구체적인 사업은 이러했다.[15]

첫째, 계획부는 부식물 공급부와 함께 사업 개선 대책을 세웠다. 노동자구 인민위원회 위원장이 책임지고 매 세대에 30평 이상씩 채소를 심게 하고, 부식물 공급부장은 식료품 수매 상점 직원과 주변 6개 농업협동조합에 나가서 채소와 육류 공급 계약을 맺었다. 공장에서는 계약을 체결한 농업협동조합에 가서 기계 수리 등을 해 주며 계약이 제대로 이행되게 도왔다. 계획부 계획원은 인민반에서 가정주부들의 의견도 듣고, 기관별·인민반별로 주민 수를 파악하였다.

둘째, 식량부는 공급원 2명이 식량 공급소에 가서, 하루에 수백 명씩 카드별 순번대로 식량표를 주고 그 자리에서 즉시 식량을 공급받게 했다.

셋째, 노동물자 공급부는 보호물자를 공급하기 1~2일 전 본인에게 통지하고, 당일 출퇴근 시간과 점심시간을 이용하여 생산 현장에서 직접

---

14 김일성, 앞의 논문(《김일성 저작집》 15권, 1981), 507~509쪽.

15 리흥룡, 〈통일적이며 계획적인 후방 공급 사업〉, 《새 기업관리 운영체계 확립에서 얻은 경험대안전기공장》, 평양: 중공업 출판사, 1962, 313~323쪽.

보호물자를 공급하였다.

넷째, 이발소와 세탁소 직원들도 순번대로 생산 현장에 나가 이발과 작업복의 세탁과 수리를 해 주었다.

다섯째, 탁아소는 기혼 여성 노동자의 결근 현상을 없애기 위해 아이들의 건강과 위생을 관리하였다.

여섯째, 주택문화위생사업을 위해 노동자구 내 교원·의료원·공장 간부들을 동원하여 인민반 가정의 위생검열을 실시하였다.

일곱째, 합숙 근무자들은 호실담당제를 정하고 합숙원들과 함께 생활하면서 이들을 돌보았다. 자체 부업으로 돼지 100여 마리를 키워 합숙원에게 급식하기도 했다.

여덟째, 공장병원도 현장에 직접 가서 노동자들을 치료하였다.

한 마디로, 노동자구 경리위원회는 최대한의 생산을 위해 노동자와 주민의 생활 세계를 생산 활동에 종속시킨 것이다.

한편 각종 조사사업과 노동자구 관리사업에는 기혼 여성과 교원, 의료 관련자들이 동원되었다. 기혼 여성들의 출근율을 높이기 위해 직장상점 이용 정책도 실시되었다. 여성 노동자들이 출근할 때 필요한 물품을 적어서 돈과 그릇과 함께 직장상점에 맡기면 퇴근할 때 찾아갈 수 있게 한 것이다. 탁아소 사업의 강화는 아이들의 건강과 위생 관리 수준을 높였다. 이러한 세심한 관리 덕분에 기혼 여성 노동자들의 생산력과 출근율이 현저하게 높아졌다.[16]

북한 당국이 대안 체계를 통해 생활 세계 변화를 추진한 일차적 목적은 물론 노동자들의 생산 증대에 있었지만, 노동자구에 대한 물자 공급이 원

---

16 조성대 외, 앞의 책, 317쪽.

활하지 않은 이유도 있었다. 상업기관 대부분이 국가 배정 상품을 판매하기 쉬운 중소도시에 주로 공급하고, 노동자구에는 적게 공급했기 때문이다.[17] 1958년 전 산업의 국유화가 실현되기 전에는 식량·간장·된장을 제외한 식료품은 국가가 배정하지 않았고, 국가가 배정하는 공업 상품은 상인들에 의해 거래되었기 때문이다.[18] 이러한 관성은 1958년 전 산업의 국유화 이후에도 크게 개선되지 않았다. 다만, 공공연한 상인 활동만 없어졌을 뿐이다.

이처럼 각종 혼란과 동원 문제가 있었음에도 불구하고, 대안 체계의 후방공급사업은 1960년대 노동자구의 생활 향상에 기여한 측면이 있다. 한 예로, 대부분이 여성 노동자들로 구성된 평양고무공장노동자구 경리위원회 사업을 살펴보자.

이 공장 구내에는 상점·청량음료점·두부공장·제분소·목욕탕·세탁소·이발소·양복부 등 각종 후방 편의시설이 있었다. 공장노동자들이 출근할 때 제분소에 쌀을 맡기면, 퇴근 시 주문에 따라 가루나 국수를 찾아갈 수 있었다. 채소·수산물·장유醬油(간장과 된장 등 장 종류)·자반 등의 식료품도 구내상점에서 구입할 수 있었다. 자체로 빙과류(얼음과자)와 사이다를 만들어 판매하기도 했다.

경리위원회는 사택 마을과 합숙, 식당 관리를 통해 노동자의 일상생활을 관리했다. 주택부에서는 주민들을 동원하여 주택 보수와 부업 농장 사업을 벌였다. 세탁부에서는 탈의실과 합숙을 찾아다니며 빨랫감을 가져다가 빨아 주고, 탁아소 보모들은 염소 사육으로 아이들에게 염소젖을 공급하

---

17 김일성, 〈농촌경리의 금후발전을 위한 몇 가지 문제들에 대하여〉, 《김일성 저작집》 11권, 1981, 49쪽.

18 김일성, 앞의 논문(《김일성 저작집》 11권, 1981), 50~52쪽.

기도 했다. 이러한 후방공급 강화가 공장노동자의 생산성 향상에 기여했음은 물론이다.[19]

그런데 주변 농업협동조합과의 계약을 통해 공급되도록 되어 있는 대부분의 부식물이 제대로 공급되지 않는 문제점이 생겨났다. 공급량 부족과 각 농장·노동자구의 본위주의, 그리고 이중 계약으로 인한 공급 혼란 때문이었다. 생선과 야채 공급은 수송이 문제가 되기도 하였다.[20] 계약규율, 즉 계약상 의무를 수행하는 당사자들이 지켜야 할 준칙이 잘 지켜지지 않는 것은 사전 계약이 제대로 이행되지 않는 북한 경제의 고질적인 문제이다.[21] 이러한 상태에서 부식물 공급 등 후방공급사업이 원활히 진행되긴 어려웠다. 상대적으로 당의 집중 지원을 받는 중앙 중공업 공장이나 핵심 노동자구를 제외하고는, 당의 강제가 있어도 계획대로 실행되지 않았다.

이렇게 되자, 북한 당국은 후방공급사업에 필요한 각종 부식물을 노동자구 내 부양가족들로 하여금 생산하게 했다. 집집마다 가정부인들에게 일정한 땅을 공급하여 야채도 심고 먹이로 쓸 작물을 심어 가축도 기르게 한 것이다. 부업은 여러 형태로 조직하되, 부업 작업은 반드시 집단적으로 해야 했다. 이러한 '부업경리'는 공장·기업소 후방공급부에서 통일적으로 지도하게 하였다.[22] 즉, 노동자구 내에 각종 가내작업반을 조직하여 후방공급사업을 하게 한 것이다.

---

19 〈로동자들의 생활에 대한 세심한 관심〉, 《로동신문》, 1963년 7월 29일.

20 김일성, 〈당면한 경제사업에서 혁명적 대고조를 일으키며 로동행정사업을 개선강화할데 대하여〉, 《김일성 저작집》 20권, 1982, 388쪽.

21 북한은 계약규율을 엄격히 지키기 위해 첫째, 간부들의 기관 본위주의, 지방 본위주의 등을 없애고 계약 이행에서 책임성을 높일 것, 둘째, 협동생산을 잘 조직하고 각 생산단위에서 맡겨진 생산 과제를 지표별·시기별로 완수할 것, 셋째, 생산된 제품을 제때에 넘겨줄 것, 넷째, 위약금·벌금 등 물질적 책임과 법적 통제를 실시하는 것 등 계약 이행에 대한 통제 강화를 강조한다. 《경제사전 1》, 336~337쪽.

22 김일성, 〈쇠돌생산에서 혁신을 일으킬 데 대하여〉, 《김일성 저작집》 19권, 1982, 113쪽.

북한 정권은 노동자구를 강화하여 농촌 마을까지 변화시키려 하였다. 농업의 공업화 정책에 따라, 노동자구를 강화하여 인근 농촌의 위생규율과 생활규율을 확립하려 한 것이다. 이 정책에 대하여 김일성은 1964년 8월 6일 개최된 조선로동당 평안남도위원회 전원회의에서 다음과 같이 지시한다.

로동자구를 알뜰하게 꾸려야 하겠습니다. 문화혁명 수행에서 로동계급은 마땅히 모범을 보여야 합니다. 평안남도에는 거의 모든 군에 큰 공장들이 있고 로동자들도 많기 때문에 로동자들이 로동자구를 꾸리는 데서 모범을 보이면 농민들에게 좋은 영향을 줄 수 있습니다.[23]

먼저 노동자구를 중심으로 위생과 생활규율을 확립한 후, 이러한 생활문화를 주변 농촌으로 전파시키려 한 것이다. 김일성은 농촌문화혁명을 제기하면서 노동자구의 역할을 강조한다. 다음은 1965년 1월 22일 은률광산 당위원회 회의에서 밝힌 내용이다.

로동자구를 농촌문화혁명의 거점이 될 수 있도록 모범적으로 꾸려야 하겠습니다. 지금 이 광산 로동자구는 농촌보다 별로 낫지 못합니다. 집수리도 잘하지 않고 있으며 청소도 깨끗이 하지 않고 아이들도 잘 거두지 않고 있습니다. 이래 가지고서는 농촌문화혁명을 지도할 수 없으며 농촌에 좋은 영향을 줄 수 없습니다. 모든 사람들이 자기 집은 물론, 거리와 마을을 알뜰히 꾸려야 하며 어린이들을 깨끗하게 잘 거두어야 하겠습니다.[24]

그러나 대안 체계가 시작되고 10여 년이 흐른 뒤에도 후방공급사업은 기대만큼의 효과를 거두지 못했다. 1967년 7월 3일 조선로동당 중앙위원회 제4기 제16차 전원회의에서, 김일성은 후방공급사업이 아직도 제대로 진행되지 않는 것에 대해 간부의 잘못을 지적하였다. 간부들이 노동자들의 생활에 관심이 없고, 후방공급사업을 제대로 조직하지 않기 때문이라는 것이다. 이러한 현실을 비판하며 김일성은 군郡(행정구역) 강화 정책에 따라 군을 중심으로 각종 가내작업반을 조직하여 지방들이 자체적으로 후방공급사업을 해결하게 한다.[25] 군이 노동자구 후방공급사업을 책임지게 한 또 다른 이유는, 당시 북한 정권이 '경제 건설과 국방 건설'에 집중했기 때문이다.[26]

일상적 감시와 생산에 종속된 생활

북한 정권은 생산 활동을 위한 재생산과 직결된 노동자들의 일상생활은 물론이고, 개별 가족 간의 관계까지 통제하려 했다. 특히 가정 내에 배타적 결속력이 생기지 않도록 지속적으로 노력하였다. 실제로 기혼 여성의 노동 참여와 양육의 사회화, 생산 지역이 다른 가족 간의 이별 등 정권의 노동정책은 가족 간의 결속을 약화시켰다. 여기에 더해 가족 상호 간의 고발 장려, 인민반을 통한 가정생활 간섭과 통제, 당과 사회단체의 혼인 문제 관여 등 의도적인 '개입'은 가정 내의 결속을 어렵게 했다. 1956년 종파투쟁의 연장선에서 당원 조직 내부에서 본격화된 상호 비판은, '생활총화'라는 형식

---

25 김일성〈당면한 경제사업에서 혁명적 대고조를 일으키며 로동행정사업을 개선강화할데 대하여〉, 《김일성 저작집》 20권, 1982, 387~388쪽.
26 김일성, 앞의 논문(《김일성 저작집》 20권, 1982), 390쪽.

으로 청년 조직·학생 조직·노동자 조직·농민 조직·여성 조직 등 사회적으로 조직된 사회집단을 넘어 가족 내에도 강제되었다. 우리가 잘 아는 '5호담당제'도 이 무렵인 1958년에 시작되었다. 전체 가구를 5호씩 나누고 그 속에 충성분자 1가구씩을 배치하여 주민들의 비행을 감시하게 한 북한의 주민통제제도인 5호담당제는, 1960년대 들어 지역 차원으로 강화되어 도시는 인민반, 농촌은 분조로 일상적 감시 시스템이 제도화되었다. 이 제도는 1958년 7월부터 1973년까지 실시되고 폐지되었다. 1974년 이후로는 대개 30여 가구로 구성된 인민반의 반장이나 선동원 등이 인민반 가구를 감시하게 하였다.

특히 지역에서는 주로 간부 남편을 둔 전업주부가 감시 책임자인 인민반장을 맡아 지역민들을 감시했다. 인민반장은 지역 사회안전부 지시를 받아 관할 반원들의 사상성과 품행, 인간관계 등을 주의 관찰했는데, 만약 인민반원이 큰 범죄를 저지르면 인민반장은 직책 박탈 이상의 처벌을 받았다. 전업주부 외에 공식 직업이 없는 노인 등으로 구성된 인민반원들은 반장의 지시에 따라 각종 동원과 가내작업반 활동, 지역 청소를 하며 정기적으로 인민반 회의에 참석했다. 회의에서는 전업주부를 주 대상으로 사상학습도 했다. 인민반장은 관할 반원의 집을 낮이든 밤이든 언제나 출입할 수 있고, 손님들은 숙박지를 관할 인민반장에게 직접 보고해야 했다. 그렇지 않으면 손님을 맞이한 주민이 인민반장을 찾아가 숙박등록부에 자신의 손님이 어디로부터 며칠간, 무슨 목적으로 방문했는지를 기록해야 했다. 그리고 나면 손님은 공민증, 여행증명서 등과 함께 이 숙박등록부를 가지고 분주소(파출소)에 가서 도장을 받아 다시 자기 거주지 인민반장에게 주어야 했다. 대학생들도 방학 때 집에 오면 인민반장에게 먼저 보고해야 했다.[27]

---

27 안드레이 란코프, 앞의 책, 303~304쪽.

1970년대 후반 당시 안주견직공장과 평양시 중구피복공장의 '공장대학생' 및 여성 노동자들의 '생활총화' 모습. 북한 정권은 사회 각계각층에 각종 조직을 만들어 이른바 '항일유격대식 학습방법'으로 정권의 이데올로기를 선전하고 학습시켰다.

1970년 11월 2일 조선로동당 제5차 대회에서 김일성이 사회안전사업과 사법검찰사업에 대한 당의 영도를 더욱 강화해야 한다고[28] 지시한 후 법적 통제는 더욱 강화되었다. 이런 흐름에 맞춰 1975년 2월 17일 조선로동당 중앙위원회 5기 10차 전원회의에서 노동당이 사상혁명과 사상전을 책임지고,

---

28 김일성, 앞의 논문(《김일성 저작집》 25권, 1983), 354쪽.

국가기구인 인민정권기관은 법적 투쟁을 강화한다는 결정이 내려진다.[29] 그리고 1978년 '사회주의 법무생활지도위원회'의 역할 강화가 제기된다.

사회주의 법무생활 지도위원회가 맡은 초기 임무는 국가기관 간부들의 권력 남용 통제였으나, 점차 일반 주민의 생활 세계를 감시하는 것으로 확대되었다. 즉, "법무생활지도위원회는 준법 교양과 함께 모든 일군(일꾼)들과 근로자들이 법을 철저히 준수하도록 통제사업을 강화"하는 역할을 담당하게 된다.[30]

북한 정권은 1967년 4월부터 1970년 6월까지 벌인 주민재등록사업의 결과를 토대로 전체 주민을 핵심—동요—적대 계층으로 구분하고, 이를 다시 세분화하여 51개 부류로 구분한 '3계층 51개 부류구분사업'(북한 주민 성분조사사업)을 종결시켰다. 그리고 1972년 2월부터 1974년까지 주민요해了解(사정이나 형편을 알아봄)사업을 진행한다. 이때는 남북대화가 시작된 시기로, 출신 성분과 과거 전력에 근거한 요시찰 인물이 검열 대상이었다. 도 또는 군 단위 당위원회 산하에 조직된 '주민연구소조'에서 진행된 이 검열에서는 특히 검열 대상의 친척이 남한에서 어떤 지위에 있는지가 중시되었다. 그 결과가 1970년대까지 평양 시내 경기장들에서 흔히 볼 수 있었던 공개처형이다. 1980년대 이후로는 지방에서만 공개처형이 행해졌다.

새로운 검열 시스템이 도입되고 그 이듬해인 1973년 2월에는 기존의 정치보위국이 국가기관으로부터 독립된 조직인 '국가정치보위부'로 개편되었다. 남한의 안기부(현재 국정원)의 기능을 담당하는 국가정치보위부는, 경찰 업무를 맡은 사회안전부(남한의 경찰청)와 협조하여 주민통제사업을 담당하

---

29 김일성, 〈당, 정권기관, 인민군대를 더욱 강화하여 사회주의대건설을 더 잘하여 혁명적 대사변을 승리적으로 맞이하자〉, 《김일성 저작집》 30권, 1985, 74쪽.

30 림광선, 〈사회주의법규범을 잘 지키는 것은 근로자들의 신성한 의무〉, 《근로자》, 1980년 제3호, 43~48쪽.

게 됐다. 이로써 북한 주민들은 일상적으로, 특히 경제·사회적 사안과 관련해 사회안전부의 통제를 받게 됐으며, 사회안전부에서 정치적으로 문제가 있다고 판정한 이들은 보위부로 이송되는 시스템이 구축되었다.[31]

전체 사회 구성원을 대상으로 한 감시와 연대책임제도는 당연히 가족 구성원 간의 배타적이며 혈연적인 유대 형성도 어렵게 했다. 특히 일제시대부터 선조들의 경력(출신)이 지주나 일제 부역자, 한국전쟁 부역자, 남한 출신인 '적대계층'의 경우 그 정도가 더 심할 수밖에 없었다. 1950~60년대에 북한을 탈출한 탈북민 64퍼센트와 1970년대의 탈북민 20퍼센트 등 대부분 북한의 산업화 시기를 경험한 탈북민 100여 명을 대상으로 1980년 초 국토통일원 조사연구실에서 실시한 실증조사는 산업화 시기 북한의 생활 실태를 잘 나타내 준다.[32]

산업화 시기의 탈북민들이 인식하는 개인·가정·직장·사회단체·국가의 중요도를 우선순위별로 조사한 결과, 국가 → 가정 → 개인 → 직장 → 사회단체 순으로 나타났다. 그런데 이 결과를 해당 탈북민들의 탈북 전 북한 내 생활수준과 연관시켜 보니 흥미로운 차이가 발견되었다. 탈북 전 생활수준이 상류·중류에 속한 이들, 즉, 핵심계층과 동요계층 사람들은 국가→가정 → 직장 → 개인 → 사회단체 순으로 국가 다음으로 가정을 중시하는 모습을 보였다. 그러나 하류계층에 속하는 적대계층의 경우, 국가 → 개인 → 가정 → 직장 → 사회단체 순으로 나타났다. 적대계층일수록 가정에 대한 중요도가 낮았던 것이다.[33] 이 결과는 연좌제에 의한 차별과 감시, 처

---

31 안드레이 란코프, 앞의 책, 285~293쪽.

32 국토통일원d, 앞의 책, 24쪽.

33 국토통일원d, 앞의 책, 39쪽. 한편, 사회단체 등 조직생활에 대한 불만이 가장 높게 나타났는데, 탈북 여성 최봉례 역시 일상생활 중 제일 싫은 것이 조직생활이었다고 밝혔다. 그러나 북한에서는 조직에 참가하지 않고서는 생활할 수 없게 되어 있다. 북한 연구소, 앞의 책, 141쪽.

벌 정책이 적대계층에게 집중되어, 이들 가족 구성원이 안정적으로 생활하기 어려웠다는 점을 간접적으로 드러내 준다.

한편 가정·직장·학교·사회단체·군대 생활에 대한 만족도를 조사한 결과, 학교생활 평균만족도 54.3퍼센트 → 군대 생활 53.4퍼센트 → 직장 생활 44.4퍼센트 → 가정생활 40.0퍼센트 → 사회단체 및 집단생활 37.4퍼센트 순으로 나타났다. 만족도 100퍼센트를 기준으로 볼 때 전반적으로 낮은 만족도를 보였다.[34] 가정의 중요도 인식에 비해 만족도는 낮다는 점도 눈에 띈다.

이 조사로 드러난 또 한 가지 사실은, 한국전쟁 이후 1950년대 후반까지는 학교생활을 제외한 여타 생활에 대한 만족도가 전쟁 이전 시기보다 떨어졌다는 것이다. 그 원인은 전후 복구와 산업화 시기 진행된 대대적인 노력동원 때문인 것으로 분석된다. 실제로 1960년대 주민 만족도는 1950년대에 비해 전체적으로 상승한 것으로 나타났다. 그리고 1970년대에는 가정, 직장, 학교생활에 대한 만족도는 상승했으나, 군대와 사회단체 생활에 대한 만족도는 하락하였다. 1980년대는 1970년대에 비해 모든 부문에서 만족도가 큰 폭으로 하락하였다.[35]

1960~70년대는 북한 주민에 대한 물자 공급이 가장 안정적으로 이루어진 시기다. 1950년대에 비해 생활이 상당히 안정되었다. 그런데 1970년대 중반을 넘어서며 공장 생산이 비정상적으로 이루어졌고, 1980년대 들어서는 주민들이 체감할 정도로 물자 공급이 어려워졌다.

한편 계층 간 지위 이동성 조사에 따르면, 해방 이후부터 60년대까지는 자식이 아버지보다 사회적 지위가 상대적으로 높아졌지만, 70년대 이후에

---

34 국토통일원d, 앞의 책, 47쪽.
35 국토통일원d, 앞의 책, 49쪽.

북한에서는 전후 복구와 산업화 시기에 이른바 대대적인 '노력동원'이 진행
되었다. 사진은 여맹이 주도한 노력동원 모습. 《조선녀성》 1979년 2월호.

는 거의 변화가 없는 것으로 조사되었다.[36] 해방 이후 북한이 각종 사회개
혁을 통해 노동자·농민 출신을 간부로 등용한 점이 반영된 결과이다.

전후 종파투쟁이 본격화되면서 숙청된 세력과 후견-피후견 관계에 있
던 하부 간부들이 좌천 또는 제거되었다. 이로 인해 공백이 생긴 중하층
간부진에 노동자·농민 출신으로 노동당에 신임을 얻은 혁신노동자나 농민
들이 배치되었다. 이러한 무산자계급의 사회적 지위 향상과 종파투쟁, 이
로 인한 간부 재배치 작업은 1960년대에 마무리되었다. 주민분류사업도
1960년대에 총결되어, 북한 사회계층 구조는 1970년 이후 안정화되었다. 때
문에 1970년대 이후에는 계층 간 지위 이동이 거의 없어진 것이다.

1980년 초 국토통일원의 〈북한 주민 의식구조 변화 실태〉가 조사한 또
다른 항목으로 '북한 가정에서 자녀들이 배워야 할 가치관 우선순위'가 있

---

36 국토통일원d, 앞의 책, 73~77쪽.

다. 이 조사에 따르면, 1위가 책임감과 정직성, 2위가 충성심과 성실함, 3위가 결단력과 독립심, 4위가 교양과 예의, 5위가 상상력과 창의성, 6위가 자제심, 마지막 7위가 타인의 입장이나 의견을 존중하는 관용성이었다.[37] 이 결과를 보아도 1970년대 북한의 가정혁명화 정책이 주민들에게 상당 정도 내면화되었음을 확인할 수 있다. 가족 내 관계에서 전통적 덕목으로 꼽히는 효孝나 우애友愛보다는 사회적 덕목이 우선시되기 때문이다. 특히 책임감과 충성심 등은 사회주의사회의 도덕이다.

여기서 북한 젊은이들의 결혼관 조사는 북한 여성들의 가치관과 직결돼 있다는 점에서 흥미롭다. 조사 결과, 1위는 뚜렷한 결혼관이 없음(26퍼센트) → 2위 연애와 중매의 병행(22퍼센트) → 3위 중매결혼(21퍼센트) → 4위 연애결혼 및 당에서 중매하는 결혼이 각각 15퍼센트로 나타났다.[38] 전반적으로 뚜렷한 결혼관이 없이 중매로 결혼하는 것이 일반적임을 알 수 있다. 이와 관련하여 탈북민들은 안정적인 생활의 조건이 되는 당성黨性과 출신성분 등을 중시한다고 밝혔다. 북한 젊은이들이 결혼 조건으로 당성을 중요시 여긴 것은 세계관의 일치를 원했기 때문이라고는 보기 힘들다. 당원이 정치사회적 지위가 비당원보다 더 높고 물자 공급 등 각종 혜택도 받을 수 있기에 당원을 선호하는 것이다. 품질감독원 출신인 탈북 여성 이순복은 이러한 결혼관에 대해 다음과 같이 증언한다.

내가 이 사람하고 결혼하면 경제적으로는 뭐가 이로울 것이고, 나의 사회적 지위는 어떻게 될 것이고, 이 사람하고 결혼하면 처지 개선이 얼마나 될 것인가 다 이런 것 따지죠. 혁명사상 같은 건 안 봐요. 그건 영화에서나 하

---

37 국토통일원d, 앞의 책, 83쪽.
38 국토통일원d, 앞의 책, 85쪽.

는 얘기지요.[39]

이 같은 '현실적인' 결혼관은 이후 북한의 경제 상황을 그대로 반영한다. 1990년대 이후 식량위기로 생존 자체가 불안정한 시기가 되자, 북한 여성들이 선호하는 결혼 상대자는 외화벌이, 상업 관련 종사자, 운전사 등 생활필수품 구입이 상대적으로 용이하고 경제적 능력이 있는 사람들로 바뀐다.

한편 북한 사회에서 공식적으로 인정되는 이혼 사유는 정치사상범, 간통, 판결을 받고 복무 중인 상태 등이다. 기타 이혼 사유 1위는 남녀 어느 한쪽의 출신성분이 나쁜 것으로 판명되었을 때, 2위는 당성이나 가치관이 일치하지 않을 때, 3위는 한쪽 배우자가 계속 바람을 피우거나 폭력을 쓸 때 등이다. 이 밖에 자녀가 없을 때, 한쪽에 애정이 없을 때, 부부의 성관계가 만족하지 않을 때에 이혼하는 것으로 나타났다.[40]

전후 북한 정권은 자유의사에 따른 합의이혼제를 폐지하고 재판이혼을 제도화했다. 자유이혼이 거의 불가능해졌기 때문에 북한 주민의 이혼율은 낮았다. 생활 구조도 남성이 직장에 다니면 부족하더라도 부인과 자녀들이 부양가족으로 생활을 유지할 수 있으나, 남편이 없을 경우에는 무조건 직장에 다녀야 하기에 여성이 이혼을 꺼리는 경향도 있다. 이에 대해 재단사 출신 탈북 여성 강금식은 다음과 같이 증언한다.

결혼해서 부부가 살다 보면 이혼도 할 수 있는데 북한에서는 사상 문제만 없다면 잘 안 하려고 해요. 왜냐하면 여자 혼자 살기 힘든 사회거든요. 배급받기 위해서 직장에도 다시 다녀야 하고 살림도 혼자서 해야 되고요.

---

39 여성한국사회연구소 편, 앞의 책, 256~257쪽.
40 국토통일원d, 앞의 책, 86~88쪽.

살림 중에도 연탄 만들기, 거리 청소 등 힘든 노동을 여자 혼자서 다 해야 하기 때문에 웬만하면 참고 살아요.[41]

여성들이 생존의 득실을 따져 이혼을 꺼리는 것이다. 또한, 가족 구성원 모두 직장 외에도 각종 사회단체 생활로 바쁘기 때문에 아내가 남편의 생활에 깊이 관여할 여유가 없다. 그래서 남편의 외도도 자신에게 해가 되지 않으면 크게 상관없다는 이들도 있다. 이에 대해 최봉례는 다음과 같이 증언한다.

남자들이 바람을 피워도 자기 에미나이한테는 그리 악하게 안 한다 말입니다. 그러니까 나가서 바람을 피워도 내게 해만 없으면 된다, 내가 바빠 죽겠는데 언제 그런 단속하나, 나가서 피울 테면 피워라 하는 여자도 있고 또 어떤 여자들은 못 살겠다 니혼하겠다고 하는 경우도 있디요.[42]

기혼 여성 대부분이 직장 생활을 하거나 각종 동원과 학습에 참여하기 때문에 가족 구성원 간의 결속력이 낮을 수밖에 없다. 최봉례의 증언에 따르면, "북에서는 사로 바빠서 가족끼리 대화하는 시간은 거의 없다"고 한다.[43] 또한 산전산후 휴가가 1970년대까지는 77일이었는데, 이 휴가를 제대로 받은 임산부는 거의 없다고 한다. 토목기사 출신 탈북 여성 장인숙은 1960년대 임산부 시절의 경험을 다음과 같이 증언한다.

---

41 강금식 증언, 여성한국사회연구소 편, 앞의 책, 87쪽.
42 최봉례 증언, 북한 연구소, 앞의 책, 267쪽.
43 북한 연구소, 앞의 책, 116쪽.

임신을 하면 산전 35일, 산후 42일, 도합 77일의 산전산후 휴가를 주게 돼 있었는데, 산전에 제 날짜대로 못 받으면 나머지는 그냥 반납할 수밖에 없었어요. 산모들은 하루라도 휴가를 먼저 받으려고 하지만 병원 측에서는 될 수록 안 주려고 승강이를 하게 되죠. 나도 초산부에다 집도 멀어 제 날짜에 받으려고 어김없이 검진도 받고 했지만 결국 산전휴가는 15일밖에 못 받았어요.[44]

가족 간의 결속을 다질 시간이 없다는 주장은 다음의 산업화 시기 북한 주민의 하루 일과표를 보면 확인할 수 있다.

〈표 5〉 산업화 시기 북한 노동자·사무원의 하루 일과

기상	06:00～06:10	주부는 05:00에 기상, 아침 식사 준비
출근	06:50～07:00	주부 출근 시 유아를 탁아소에 맡김
독보회	07:00～07:30	정기 강연회(07:00～09:00)가 있는 날(수, 금은 생략)
작업 준비	07:30～08:00	
오전 작업	08:00～12:00	주부 유아 수유 30분
점심	12:00～13:00	주부 유아 수유 30분
오후 작업	13:00～19:00	주부 13:00～18:00 유아 수유 30분
학습회, 강습회	19:00～22:00	주부 18:00～19:00
귀가	22:00～23:00	주부 19:30～20:00 주부 퇴근 시 탁아소에서 유아 찾음

출처 : 김학준, 1986, 185쪽.

---

44 여성한국사회연구소 편, 앞의 책, 336쪽.

〈표 6〉 산업화 시기 북한 농민의 하루 일과

기상	05:00	○ 5시면 포탄 껍데기로 만든 종을 치거나 사이렌이 울림
아침 조회	05:00~05:30	○ 지정된 장소에 작업반 또는 분조별 집합 ○ 작업반장 또는 분조장 지휘로 아침 조회(보통 15~30분) ○ 내용은 당의 새 정책과 당면 과제, 업무 지시
새벽 작업	05:30~07:00	○ 각종 작업 도구들 가지고 식사 전 작업 실시 ○ 남은 작업량은 다음 날로 미룸
아침 식사	07:00~08:00	○ 귀가 후 아침 식사
오전 작업	08:00~12:00	○ 오전 10시경 15분간 휴식/ 수유 시간 30분 ○ 아기 어머니들은 탁아소가 가까우면 가서 　수유하고, 멀면 보모가 데리고 와서 수유 후 돌려보냄
점심	12:00~13:00	○ 작업장이 가까운 사람은 집에 가서 점심 식사를 하고, 　먼 곳에서 온 사람은 도시락을 싸움 ○ 아기 어머니들은 아기를 찾아 수유 ○ 독보회, 노래 연습, 주의 사항 듣기 등 진행
오후작업	13:00~19:00	○ 휴식 15분/ 수유 시간 30분 ○ 아기 어머니들은 탁아소가 가까우면 가서 수유하고, 　멀면 보모가 데리고 와서 수유 후 돌려보냄
작업총화	19:00~20:00	○ 작업총화 후 귀가 ○ 귀가 후 여성들은 탁아소에 들러 아이를 데려옴
저녁 식사, 자유시간	20:00~22:00	○ 저녁 식사와 자유시간 ○ 청소와 집안일, 식사 준비 등
학습회와 강연회	22:00~23:00	○ 10시 이후 각종 회의와 강연회 등 ○ 회의는 수시 강연회, 수요 학습회, 　학습에 관한 수시 시험, 목요 강연회 등 ○ 생활총화 중 농장 생활총화는 10일에 1회, 　당 생활총화는 3일에 1회, 기타 사로청 생활총화 등

출처: 이항구, 1988, 183~189쪽과 이태영, 1981, 156쪽 재구성

　표를 보면 알 수 있듯이, 아이가 있는 기혼 여성들은 더 바쁘고 고단한 일상을 보내야 했다. 1960년대를 경과하며 북한 기혼 여성들 대부분은 직장과 가정생활을 병행해야 했다. 기혼 여성들이 좀 더 쉬운 일을 찾게 된 것도 무리가 아니다. 가사와 양육의 1차 책임자로서 만약 승진을 하거나 간부가 되면 생활의 부담은 더 가중되었다. 북한 여성들이 사회적으로 승

진 기회가 적은 것도 사실이지만, 가정 내에서 담당하는 막중한 역할은 여성들의 사회적 성취를 가로막았다.

가정혁명화

가정의 재구성

해방 이후 북한 정권은 남녀평등권 법령, 공민증제도, 선거사업 등을 통해 대가족을 핵가족화하면서 여성을 포함한 전 주민의 개체화를 추진했다. 그러나 한국전쟁을 경과하며 북한의 정책은 국가와 가정의 일체화, 국가 세포로서의 가정을 재구성하는 쪽으로 변화한다. 핵가족화가 강화됐음은 물론이다. 또한, 가정을 안정화시켜 효과적인 통치 구조를 구축하기 위해 협의이혼제를 폐지하고 재판이혼만 허용하는 등 이혼을 제한하였다.[45] 여성의 개체화와 핵가족화 정책은 호적 폐지와 공민증제도에 따라 법적 보호를 받았다. 그러나 주민들의 일상생활 속에서 대가족제가 약화될 수밖에 없었던 결정적 계기는 전후에 진행된 주민계층분류사업과 자유이동 통제, 그리고 사모임 근절 정책이다.

앞서 살펴본 연좌제에 기초한 주민계층분류사업과 출신에 따른 통제는 북한의 사회구조 전반에 큰 영향을 미쳤는데, 특히 적대계층에 대한 차별과 특별관리는 북한 사회 내부를 이질화시켰다. 이는 국토통일원에서 실시한 계층별 탈북민 조사에서도 확인되었다.

이에 따르면, 북한의 적대계층 출신 탈북민들은 북한에서 인간다운 대

---

45 조일호, 앞의 책, 130쪽.

우를 받지 못한 데 대한 불만이 컸다. 그들은 승진과 상급학교 진출, 그리고 직업 배치에서도 감시와 차별을 당해야 했다. 적대계층 주민들은 대부분 중노동 분야에 배치되기 때문에 이로 인한 과중한 노동과 생활고에 대한 불만도 컸다. 더욱이 본인뿐만 아니라 자녀들까지 상급학교 진학과 직업 배치에서 불이익을 입는다는 사실은 이들의 절망감을 가중시켰다. 매일 반복되는 학습과 생활총화, 상호비판이 가져다준 일상적인 불만과 불안감은 비단 적대계층 주민들만의 불만은 아니다.[46]

이러한 불만은 간혹 폭력적인 방식으로 표출되기도 했다. 주민분류와 출신성분에 따른 차별이 원인이 되어 발생한 사건 몇 가지를 살펴보자.

1965년 8월 평안북도 의주군 의주읍에서 당 지도원이던 최석운(34세)이 자신의 처妻를 살해하는 사건이 일어났다. 최석운의 처는 지주 계층 출신이었다. 최석운은 아내의 출신성분으로 출세에 지장을 받게 될까 두려워, 아내를 다리 위에서 떠밀어 죽였다.[47]

차별의 근거 자료인 감시 명단을 빼돌려 불에 태운 사건도 있었다. 1964년 3월, 황해남도 벽성군 당 기요과에 보관 중이던 특수요원(적대세력) 감시 명단이 분실되었다. 수사 결과, 군당 기요과 지도원 김음전이 명단을 훔쳐 소각한 것으로 밝혀졌다. 그녀는 8촌이 월남하고, 6촌이 유엔 부흥위원단 사건에 연루되어 본인을 포함한 세 명 모두 특수요원 감시 명단에 올라 있었다. 김음전은 이런 사실이 밝혀지면 적대계층으로 몰려 전도가 막막해질까 두려워 명단을 빼서 소각했다.[48]

1960년대까지만 해도 이 같은 북한 정권의 정책을 비판하는 시도가 있

---

46 국토통일원c, 앞의 책, 78~83쪽.
47 국토통일원a, 앞의 책, 95쪽.
48 이항구, 앞의 책, 456쪽.

었다. 1964년 10월 황해도 해주교원대학 여대생 이상옥(22세)이 출신성분에 따른 차별정책을 비판하는 삐라를 뿌렸다가 적발되었다. 중농 출신인 그녀는 반공단체인 유엔부흥단이라는 비밀단체에 가담한 후 "김일성은 마적단 두목이다. 김일성아, 피비린내 내지 말라, 제발 출신성분 좀 집어 치워라"는 내용의 삐라를 살포하다가 적발되어 사형에 처해졌다.[49]

1958년 가을 함경남도 신흥군에서는 52세 남성 이 아무개가 협동화 과정에서 재산을 몰수당하자, 농장 수위로 있으면서 소에게 못을 먹여 황소 다섯 마리를 죽게 하는 일이 벌어졌다. 부농 출신이나 노동당원이었던 그는 탈당당하고 용성공장 노동자로 추방되었고, 그의 자녀들은 진학이 불허되고 공장에 배치되었다.[50]

산업화 시기 북한 주민들의 반발을 산 정책은 분류와 차별만이 아니었다. 자유이동 통제와 사모임 근절 정책도 주민들을 가정 내로 고립시키고 왜소화시켰다. 자유이동 통제 조치로 같은 지역에 살지 않으면 아무리 친족 간이라도 왕래가 어려워 결속을 다지기 어려웠다. 실제로 여행증이 필요한 상황에 비해 여행증이 필요 없을 경우에는 친족 간의 접촉도가 3배 이상 높았다.[51]

1970년대 국토통일원 조사연구실에서 당시 탈북민을 대상으로 한 연구에서도 유사한 결과가 나왔다. 이는 북한 정권으로서는 포기할 수 없는 사상 통제와 관련이 있다. 북한 정권은 친척·동문·고향에 따라 사조직이 형성되면 현실에 대한 불만이 자연스럽게 이야기되고, 이 과정에서 가족주의·지방주의·종파주의가 발전할 수 있다고 판단하여 사조직 근절에 나섰다.

49 국토통일원a, 앞의 책, 95~96쪽.
50 국토통일원a, 앞의 책, 96~97쪽.
51 국토통일원d조사연구실, 《북한 주민 의식구조 변화실태》, 국토통일원, 1983, 65~66쪽.

사실 김일성이나 김정일의 생일, 설, 추석 등 4대 명절 외에 주말이나 휴식 개념이 사라지고, 산업화 시기 생산노동과 각종 노력동원이 가열차게 진행되는 상황에서 주민들이 여행을 하거나 사적인 모임을 가질 만한 물리적인 시간 자체가 없었다.[52]

가정혁명화의 생활윤리

북한은 1960년대 이후 '가정의 혁명화' 정책을 본격적으로 추진한다. 1961년 11월 16일 개최된 〈전국어머니대회〉에서 김일성은 "가정은 부모와 처자, 형제자매를 비롯한 육친적으로 가장 가까운 사람들이 모여서 생활을 같이하는 우리 사회의 세포"라고 정의한다.[53] 그러면서 양육 개조와 어머니 역할 강화를 통해 사회주의 조국 건설에 이바지하는 가정이 되어야 한다고 강조한다. 그리고 1967년 9월 30일에 개최된 도·시·군당 책임비서 회의에서 김일성은 사회 진출을 통한 여성의 혁명화·노동계급화는 가정혁명화와 자녀혁명화의 기초라고 밝힌다.[54]

그리하여 여성의 혁명화는 자녀 등 가정혁명화의 토대가 되고, 더 나아가 사회 전체의 혁명화로 이어진다는 논리가 성립한다. 1970년 7월 6일 개최된 조선로동당 중앙위원회 제4기 제21차 전원회의 확대회의에서, 김일성은 가정혁명화는 온 사회혁명화의 출발이며 이를 위해서는 전체 가족 구성원이 사회단체에서 혁명화를 경험해야 하고 이러한 단련 속에서 가정은 자연스럽게 혁명화된다고 말한다.[55] 결국 사회 구성원이 집단생활을 통해 당

---

52 국토통일원c, 앞의 책, 8~9쪽.
53 김일성, 앞의 논문(《김일성 저작집》 15권, 1981), 339쪽.
54 김일성, 〈경제사업에서 나서는 당면한 몇 가지 문제〉, 《김일성 저작집》 21권, 1983, 415쪽.
55 김일성, 〈간부들속에서 당의 유일사상체계를 세우며 혁명화하기 위한 사업을 강화할데 대하여〉,

규율을 습득하고, 습득된 당 규율을 가정에서 공유하며 재강화하라고 요구한 것이다.

> 가정을 혁명화하는 데도 깊은 관심을 돌려야 합니다. 물론 우리 사회에서는 누구나 다 사회정치생활을 할 수 있는 조건이 마련되어 있으며 거의 모든 사람이 사회정치생활을 하고 있습니다. 그렇기 때문에 모든 사람은 사회정치생활을 통하여 혁명화할 수 있습니다. 직장에 나가는 부인은 그가 속한 직장에서 혁명화할 수 있고 남편도 자기 직장에서 혁명화할 수 있습니다. 그리고 학교에 다니는 아이들은 소년단분단에서 혁명화할 수 있으며 학교에 다니는 청년들은 학교 안의 당세포나 사로청 초급단체에서 혁명화할 수 있습니다. 그렇기 때문에 우리나라와 같은 사회주의제도에서 가정혁명화 문제는 온 사회의 혁명화와 뗄 수 없는 것입니다.[56]

모든 기혼 여성이 사회생활에 참여하는 것이 가정혁명화의 출발이라고 한 것이다. 김일성은 생산이나 사회 활동에 참여하지 않는 여성들을 가리켜 "직장에 안 나가는 가정부인들이 모여 앉아 쓸데없는 말공부질을 하고 말썽을 많이 일으키고" 있다고 비판한다. 또한, 간부 부인들이 "사모님이라고 하니 우쭐해서 돌아다니며 되는 대로 행동하고" 있음을 경고한다. 김일성은 정권의 규율을 따르지 않는 여성들을 여맹과 간부 남편들이 안정적으로 교양하도록 했으나, 가장 좋은 방법은 "가정부인들이 직장에 나가 일하며 거기에서 조직생활을" 통해 혁명화하는 것이라고 강조하였다.[57]

《김일성 저작집》 25권, 1983, 183쪽.

56 김일성, 앞의 논문(《김일성 저작집》 25권, 1983), 183쪽.

57 김일성, 앞의 논문(《김일성 저작집》 25권, 1983), 183~184쪽.

이 같은 당 정책을 현장에서 조직해야 했던 여맹은 기혼 여성들을 중심으로 다음과 같은 사업을 강화하였다.

첫째, 당의 유일사상과 혁명 전통 교양 강화이다. 혁명 전통의 핵심은 김일성의 혁명사상, 영도의 현명성, 수령의 혁명 역사이다. 여맹은 이러한 혁명 전통을 여성들에게 학습시키며, 특히 항일운동 당시 김일성의 유격대원들이 김일성에게 보인 수령에 대한 충실성과 투쟁 정신, 그리고 혁명가 품성 따라 배우기 운동을 전개했다.

둘째, 김일성의 어머니인 강반석의 사상과 혁명가 품성을 거울 삼아 여성 스스로 혁명화·노동계급화하도록 교육했다. '조선의 어머니'로 칭송된 김일성의 어머니 강반석은 혁명하는 남편을 어떻게 도우며 자제들을 어떻게 키우고, 시부모는 어떻게 공대하고 가정은 어떻게 혁명화해야 하는지를 보여 준 북한 여성의 모델이었다. 강반석의 조국과 인민을 사랑하는 혁명 정신, 실천투쟁에서 보인 강의성剛毅性과 충실성, 남편과 자녀·친척·친우들에 대한 헌신적인 사랑, 원수에 대한 증오심을 배워 일생을 혁명에 바치는 수령의 참된 혁명전사가 되어야 한다는 것이다.[58] 그 결과로 나온 것이 여맹의 '강반석녀사 따라 배우기' 사업이었다.

셋째, 여성의 혁명화를 위한 조직생활 강화이다. 성실한 집단노동과 조직생활로 개인주의와 이기주의를 청산하고, 공산주의적 집단주의를 내면화하게 한 것이다. 이를 위해 사회주의적 애국주의 교양이 강화되었다.

넷째, 과거의 생활 처지를 되새겨 현실에 만족하고 권력에 충성하게 하였다. 과거의 고통을 현재 생활과 비교하여, 이러한 행복을 가져다준 당과 수령의 은덕에 보답하기 위해 사회주의제도를 목숨으로 지키고, 더욱

---

58 〈김일성동지께 충직한 혁명전사로 모든 녀성을 교양하자〉,《로동신문》, 1969년 7월 30일.

빛내기 위해 사회와 집단을 위한 공동노동에 더 성실히 참가해야 한다는 것이다.

다섯째, 생활절약과 국가 재산 애호절약이다. 절약규율은 특히 여성에게 강조된 덕목이다. 여맹은 생활절약을 사상교양의 주 항목으로 교육하였다. 그리고 대중정치와 군중문화 사업을 위해 여성 동원 체계를 구체화하고 강화하였다.[59]

김일성은 1970년 11월 2일 조선로동당 제5차대회에서 1960년대에 벌인 사업을 총괄하며 "가정을 혁명화하는 데로부터 시작하여 분조와 작업반, 인민반을 혁명화하고 나아가서 직장과 리를 혁명화하여야 하며 본보기를 창조하고 그 경험을 일반화하는 방법으로 점차 온 사회를 혁명화, 로동계급화"할 것을 제기한다.[60] 그리고 1970년대 중반 이후 김정일이 후계자로 내정되면서 김정일의 어머니이자 김일성의 부인인 김정숙이 "위대한 수령님께 끝없이 충직한 주체형의 혁명투사"[61]로 선전되며 강반석에 이은 또 하나의 여성 신화로 형상화된다. 남편인 김일성, "위대한 수령님께 모든 충성을 다 바치며 대를 이어 주체의 혁명위업의 승리를 위해 끝까지 싸워 나가려는 것"으로 〈김정숙녀사 따라배우기 사업〉도 전개된다.[62]

이러한 각종 교양 및 실천사업을 통해 북한 정권이 추진한 가정의 혁명화는, 결국 주체사상에 따른 가정생활윤리, 즉 가정 구성원의 사고와 행동을 규제하는 도덕원리와 행동 규범을 세우는 것이었다. 북한의 가정은 "사

---

59 〈김일성동지께 충직한 혁명전사로 모든 녀성을 교양하자〉,《로동신문》, 1969년 7월 30일.

60 김일성, 〈조선로동당 제5차대회에서 한 중앙위원회 사업총화보고〉,《김일성 저작집》 25권, 1983, 289~292쪽.

61 근로단체출판사,《주체형의 혁명투사의 빛나는 귀감이신 김정숙녀사》, 평양: 근로단체출판사, 1980, 4쪽.

62 근로단체출판사,《주체형의 혁명투사의 빛나는 귀감이신 김정숙녀사》, 5쪽.

회라는 유기체의 기층생활단위"로 사회의 존립과 발전을 위한 사회적 세포가 되어야 했다. 가정은 사회주의적 생활문화와 양육을 통해 사회 발전에 이바지해야 할 의무를 져야 했다. 또한, 사회주의에서는 집단주의가 사회생활의 기초이고 동지적 협조와 단결이 사회관계의 기본이므로, 남녀 사이의 혁명적 동지애가 결혼과 가정생활의 기준이 되어야 했다. 북한 정권은 가정생활의 도리로서 육친 간의 사랑과 존중을 제기하지만, 이는 수령으로부터 나온 정치적 생명보다는 하위 범주에 속했다. 이것이 북한 정권이 주장한 가정생활윤리의 핵심이고 가정혁명화였다. 김일성의 부인 김정숙은 가정생활의 중요성을 다음과 같이 정의한다.

사회적 존재인 사람은 정치경제적인 생활 분야만이 아니라 가정이라는 생활단위 속에서 살며 물질적, 문화적 수요를 충족시켜 나간다. 가정생활 과정에서 사회정치적 및 경제문화적인 과업들을 원만히 수행할 수 있도록 식의주에 대한 수요, 육체의 건강과 휴식에 대한 수요 등을 충분히 보장받아야 사람들은 사회적 과업들을 집행하는 데서 자기의 책임과 역할을 다해 나갈 수 있다.[63]

이를 정리해 보면, 가정생활윤리의 구체적 조건은 수령에 대한 충실성, 구성원 간의 혁명적 동지애, 화목한 생활 기풍, 혁명적 가풍, 자녀 교양 등으로 요약할 수 있다. 이 각각의 조건들을 북한 정권은 전통 사상과 사회주의 사상을 넘나드는 논리로 정당화한다.

첫째, 사회뿐 아니라 가정도 수령에 대한 충실성에 따라 이루고 유지해

---

63 김경숙, 앞의 책, 192~200쪽.

나가야 한다. 수령에 대한 충성은 남녀 간에 사랑하고 아끼는 감정을 일으키는 사상이자 정신적인 바탕이다. 이미 성립된 가정도 수령에게 충성을 다하는 조건에서만 정상적으로 유지되고 끊임없이 강화·발전될 수 있다. 수령의 혁명사상과 당의 노선·정책의 수행 여부가 가정의 유지 및 발전의 기초이다.

둘째, 가족 구성원 간에도 혁명적 동지애를 발휘해야 한다. 가족들 사이의 육친적 사랑이 가정을 이루고 공고하게 하는 도덕적 기초이지만, 혁명하는 사람들은 육친적 사랑을 절대화해서는 안 된다. 왜냐하면 공산주의자들에게는 육체적 생명보다 '사회정치적 생명'이 더욱 귀중하기 때문이다. 육체적 생명이 살아 있다고 해도 참다운 사회적 인간의 제일 생명인 사회정치적 생명이 없으면 죽은 목숨이나 같다. 그러므로 가족들 간의 육체적 사랑은 동지적 사랑에 복종되어야 한다.[64]

셋째, 모든 가족 구성원이 화목한 생활 기풍을 발휘해야 한다. 이것은 사회적 의무를 수행하기 위해 중요한 문제이다. 가족 구성원 간 마음의 단합이 안 되면 그것이 사회생활에도 영향을 미쳐 혁명 과업을 제대로 수행할 수 없게 되고, 자녀 교육교양에도 지장을 주며, 인민반 생활 분위기까지 흐릴 수 있다. 따라서 북한의 모든 가정 성원들은 사회와 집단, 혁명의 이익을 위해 노동과 사회생활을 먼저 사고하고 서로 협조해서 가정의 사회적 임무를 수행해야 한다.

넷째, 가정 안에 혁명적인 가풍을 세워야 한다. 북한에서 모범적이라고 제시한 가풍은, 엄격한 도덕원리에 따라 노동계급의 성원으로서 긍지와 자부심을 가지고 노동자 가정을 꾸리는 것이다. 이러한 가풍을 위해서

---

64 김경숙, 앞의 책, 201~202쪽.

는 가정을 사회와 집단 앞에 복종시켜야 한다.[65]

다섯째, 자녀를 혁명가로 키우는 교양이 중요하다. 북한의 가정은 후대들을 혁명적 인간으로 육성해야 할 사회적 임무가 있다. 가정은 사람이 태어나서 처음으로 둘러싸이게 되는 사회 환경이기 때문이다. 사람이 태어나서 가지게 되는 가정 성원들과의 첫 교제와 접촉은 사회 성원들과 인간관계를 맺는 출발점이다. 사람은 부모, 형제, 자매를 비롯한 가정 성원으로부터 영향을 받으면서 성장한다. 그러므로 가정환경이 어떠한가에 따라 자라나는 새 세대들의 질적 상태와 발전 정도가 좌우된다. 혁명적인 가정환경을 마련해야 새 세대들을 사회적 인간으로 키워 낼 수 있다. 가정교양에서 중요한 것은 무엇보다 어머니가 사회주의 건설에 참가하고 자녀의 모범이 되는 것이다.[66]

그렇다면 김일성이 제시한 가정혁명화가 북한의 실제 가정에서 어떻게 구현되었는지, 수령에 대한 충성심으로 가정을 혁명화했다는 개성직물공장 준비직장의 여성 노동자 김춘임의 사례를 통해 살펴보자.[67]

이 공장에는 전시에 남편과 아들이 사망한 여성이 많았다. 김춘임 역시 전쟁 때 남편을 잃었다. 그녀는 김일성이 공장 현지지도를 와서 다른 노동자들과 같이 손을 굳게 잡아 주었을 때 "너무나 황송하고 감격하여 목이 꽉 메이는 듯"하였다고 한다. 이때부터 그녀는 김일성의 교시를 '심장으로 받들고', 노동당의 지시에 따라 조국과 인민을 위해 일하겠다고 맹세하였다. 그녀는 당과 김일성이 지시하는 길만이 조국 통일을 앞당기고 미제 원수들

---

65 김경숙, 앞의 책, 203~204쪽.

66 김경숙, 앞의 책, 205쪽.

67 김춘임, 〈수령님의 교시를 심장으로 받들고 붉은 가정으로 꾸린 경험〉, 《전국어머니대회 문헌집》, 평양: 조선 녀성사, 1962, 185~193쪽.

에게 끌려간 남편을 만나는 길이며, 생활이 더욱 풍요로워지는 길임을 깨달았다.

김춘임은 공장 당단체와 여맹의 지도로 노동생산성을 높여 상금과 상품을 받고, 공장에서 제일 먼저 지은 '문화주택'도 공급받았다. 공장 근로자학교에 다니며 글도 배웠다. 전국 천리마작업반운동 선구자 대회에서 한 김일성의 교시를 수행하기 위해, 김춘임의 작업반도 천리마작업반운동에 궐기하였는데 그 후 반원들의 생활이 변화되었다고 한다. 그녀는 반원들을 동원하여 공장 주변에 널려 있는 파지와 파고무 등을 수집하고 수매한 돈으로 새끼 돼지 두 마리를 사다 길렀으며, 준비직장에 시계도 사다 걸었다. 그리고 〈좋은 일하기 운동〉의 일환으로 반원들과 의논하여 일요일엔 30리 밖에까지 가서 싸리가지를 베어다가 400여 개의 빗자루를 만들어 공장 전체가 쓰게 하였다. 이러한 노력으로 그녀의 작업반은 '천리마작업반' 칭호를 받았다.

김춘임은 또한 대부분 기혼 여성으로 구성된 반원들과 함께 여성도 생산에서는 천리마 기수, 가정에서는 알뜰한 주부이자 자녀들의 참된 어머니가 되라고 한 당 정책을 실천하기로 결의하였다. 먼저 그녀는 가족 모임을 열고 자녀들에게 미국에 대한 적개심과 복수심을 일깨웠다. 미국이 전쟁을 일으켜 조선 사람을 무참하게 학살했으며, 학교도 집도 아버지도 빼앗아 갔다고 설명한 후, 자녀들에게 모두 학교에서 최우등을 해서 나라의 훌륭한 사회주의 건설자가 되고 조국 통일을 이루어야 아버지를 만날 수 있다고 교양한 것이다. 이처럼 복수심과 혁명심을 꾸준히 교양하고 직장 생활을 통해 노동의 모범을 몸소 보이니, 아이들의 학교 및 가정생활에 규율이 잡혔다고 한다.

결론적으로 "수령에 대한 충실성에 기초하고 혁명적 동지애를 높이 발휘하여 온 가정이 화목하게 생활하며 혁명적인 가풍을 세우고 자녀들에 대한 교양사업에 커다란 힘을 돌릴 뿐 아니라 사회주의적 생활양식을 철저히 확립하는 것은 가정혁명화를 성과적으로 다그치고 사회와 집단으로부터 받은 가정적 의무를 원만히 수행해 나가기 위한 중요한 요구"가 되었다는 것이다.[68] 바로 이러한 논리가 각 사회단체와 학교, 그리고 어머니학교 등을 통해 교육되고 선전된 북한의 '가정생활윤리'이다.

가정과 국가의 이중양육

'혁명의 후비대' 양성을 위한 가정 양육

북한 정권이 가정생활에서 가장 중요시한 것은 자녀 양육이었다. 그래서 양육 방법의 개조와 근대적 양육관의 형성, 양육에 대한 어머니의 일차적 책임을 그토록 강조했다. 김일성은 1961년 11월 16일 개최된 〈전국어머니대회〉에서 그 이유를 이렇게 설명한다.

가정교육에서는 어머니가 중요한 책임을 져야 합니다. 왜 아버지보다도 어머니의 책임이 더 중요하겠습니까? 그것은 아이들을 낳아서 기르는 것이 어머니이기 때문입니다. 어린이의 첫째가는 교양자는 어머니입니다. 어머니는 아이들에게 걷는 것과 말하는 것, 옷 입는 것, 밥 먹는 것으로부터 시작하여 그들에게 필요한 모든 것을 가르쳐 줍니다. 어머니가 아이들에게 첫 교양을 잘 주는가 못 주는가가 아이들의 발전에서 큰 의의를 가집니다. 어머니가 가정교양을 잘 주면 학교에서나 사회조직에서 교양하기 매우 헐합

---

68 김경숙, 앞의 책, 208쪽.

니다. 어머니가 교양을 잘하면 학교에서 공부도 잘하고 사회에 나가서 일도 잘할 수 있습니다. 어릴 때에 어머니한테서 배운 것은 일생 동안 잊어지지 않습니다. 우리들이 제일 오래 기억하고 있는 것은 어머니가 해 준 말씀, 어머니의 모범입니다. 어머니가 준 인상은 사람들의 성격과 습관을 이루는 데 중요한 영향을 줍니다.[69]

김일성은 모범적 자녀 양육 사례로 항일투사인 마동희의 어머니를 선전했다. 마동희의 어머니는 자신의 아들딸들을 늘 애국주의 정신으로 교양하여 자식들이 모두 혁명가가 되었다고 한다. 마동희가 결국 항일 투쟁 중 일제에 의해 사형되었을 때에도 그의 어머니는 결코 좌절하지 않았으며, 자식이 적에게 굴복하지 않고 죽은 것을 자랑스럽게 여겼다. 그 이유는 비록 자식이 죽었으나 그것이 혁명과 인민에게는 이익이 되었기 때문이다. 그러므로 마동희의 어머니는 자기 아들의 생명보다 조국과 인민, 그리고 혁명을 더 귀중히 여긴 혁명적 어머니인 것이다. 김일성은 모든 어머니들이 마동희의 어머니처럼 자기 아들딸들을 혁명적으로 교양하면, 자녀들이 모두 훌륭한 공산주의자로 자랄 수 있다며 혁명적 어머니의 위대함을 선전하였다.[70]

더 바람직한 것은, 어머니 자신이 훌륭한 공산주의자가 되는 것이다. 어머니가 실천적 모범을 보여야 자식이 사회주의자로 양성될 수 있다. 청산리에 사는 문정숙이라는 여성은 남편이 한국전쟁 때 전사하였으나 혼자서 어린 자식을 데리고 살았다. 노동당원으로서 절대 놀고먹을 수 없다는 마음가짐 덕분이었다. 김일성이 청산리 당회의에 참가했을 때, 문정숙은 이 동네에 아직도 놀고먹기를 좋아하는 기생충 아주머니들이 많다며 교장 선생

69 김일성, 〈자녀교양에서 어머니들의 임무〉, 《김일성 저작집》 15권, 1981, 339쪽.
70 김일성, 앞의 논문(《김일성 저작집》 15권, 1981), 340~341쪽.

의 부인을 비판했다. 비판을 받은 교장의 부인은 그 이튿날로 취업했다. 김일성은 남의 신세를 지지 않고 자기 힘으로 모든 것을 꾸려 나가려는 문정숙의 "강한 의지와 모든 사업에 이악하게 달라붙는 그의 품성을 높이 평가"하였다.[71] 당의 요구에 충실하게 당 정책과 사회 활동에 앞장서며, 자식들을 사회주의 영웅으로 양육하는 것이 혁명적 어머니의 임무이기 때문이다.

김일성의 교시에 따라 여맹은 〈전국어머니대회〉에서 "후대들을 앞날의 공산주의 건설자로 교양 육성하기 위한 어머니들의 과업"을 참가자 일동의 결의로 발표한다. 여맹은 이 대회에서 "가정은 어린이들이 자연과 사회를 알며 그들의 성격이 형성되기 시작하는 첫 학교"라고 정의한다. 그리고 전통적인 여성의 인종과 내핍을 강조하는데, "우리 조선 녀성들은 예로부터 재능있고 근면하며 송죽 같은 절개로 이름난 녀성들이다. 우리는 전통적인 미풍 량속을 더 빛내는 동시에 새 시대의 어머니이며 녀성답게 낡은 사회로부터 물려받은 개인 리기주의를 배격하고 일터에서, 이웃 간에 서로 돕고 서로 이끌어 나가며 온갖 허영과 랑비, 부화를 반대하며 검박하고 겸손하게 사는 공산주의적 품성의 소유자가 되어야 한다"는 것이다.[72]

이 대회에서 제시된 혁명적 어머니의 임무는 첫째, 자녀들에게 생활의 규칙과 규율을 엄격하게 교양하며, 둘째, 자녀들에게 국가와 사회집단을 중시하도록 가르치며 사회주의적 애국주의 정신을 교양하고, 셋째, 사상의식의 발전과 올바른 양육을 위해 어머니 자신이 사회주의 건설을 위한 사회노동에 적극 참가하는 것이었다. 즉, 가정에서는 알뜰한 주부이자 어머니이며, 일터에서는 근면하고 유능한 천리마 기수가 되어야 한다는 것이다.

---

71 김일성, 앞의 논문(《김일성 저작집》 15권, 1981), 342~344쪽.
72 〈전국 어머니들에게 보내는 호소문〉, 《전국어머니대회 문헌집》, 평양: 조선 녀성사, 1962, 46쪽. 앞의 논문, 47쪽.

공산주의적 도덕 기풍을 확립해 부화와 안일을 배격하고 검박하게 생활하는 혁명적 품성으로 양육하고, 지식과 문화 수준을 높이고 위생적이며 문화적인 양육을 위해 과학 상식과 보건위생 지식을 지녀야 한다는 것이 혁명적 어머니의 넷째와 다섯째 임무였다.

이와 관련하여 1961년 당시 여맹 중앙위원회 제1부위원장이던 김옥순은 자녀들을 잘 기르지 못하는 것은 부모로서 더없는 수치이며, 그 누구보다도 어머니의 책임이 크다고 비판했다. 자녀를 잘 키우지 못하는 원인은 "아동들에 대한 봉건적인 낡은 인습과 식민지 사회에서 되는 대로 살던 락후한 생활 습성을 버리지 못하고" 있기 때문이라는 것이다.[73]

혁명적 어머니의 규범을 여성에게 교육하는 조직인 여맹은 양육을 위한 여성의 사상교육 강화에 앞장섰다. 이를 위해 어머니학교 강화와 '천리마 인민반 칭호 쟁취운동'을 전개하여 모범 어머니를 양성하는 한편, 탁아소와 유치원 개선 및 보육원 지원사업 등을 펼쳤다. 그러나 여맹의 가장 중요한 역할은 전체 여성들이 당 정책과 김일성 교시를 성실히 이행하도록 하는 것이었다.[74] 1961년 11월 17일 개최된 〈전국어머니대회〉에서는 이러한 여맹의 임무와 혁명적 어머니상이 선언됐는데, 이 선언에는 김일성에 대한 충성 맹세도 담겨 있었다.[75]

첫째, 우리는 언제나 그러하였던 것처럼 당과 수상님이 주신 이 숭고한 과업을 반드시 충실하게 수행함으로써 우리의 자녀들을 당과 인민의 리

---

73 김옥순, 〈후대들을 앞날의 공산주의 건설자로 교양육성하기 위한 어머니들의 과업에 대하여〉, 《전국어머니대회 문헌집》, 평양: 조선 녀성사, 1962, 51~85쪽.

74 김옥순, 앞의 논문, 86~89쪽.

75 1961년 11월 17일 〈전국어머니대회〉 참가자 일동, 〈김일성 원수에게 드리는 편지〉, 《전국어머니대회 문헌집》, 평양: 조선 녀성사, 1962, 36~40쪽.

익을 위하여 모든 것을 다 바쳐 싸우는 훌륭한 공산주의 전사로 길러 내
겠습니다.

둘째, 우리는 항상 어린이들의 몸을 깨끗이 거두고 옷차림을 단정하게
하며 위생을 잘 지키도록 교양하며 그들을 사회주의 조국의 깨끗하고
튼튼한 꽃봉오리로 키우겠습니다.

셋째, 우리는 자녀들이 어려서부터 집단과 노동을 사랑하며 집단의 리
익을 위하여 투쟁할 줄 알며 동무들 간에 숭고한 동지애의 정신을 소유
하도록 교양하겠습니다. 우리는 자녀들을 원쑤를 증오할 줄 알고 사회주
의 전취물을 굳건히 지키며 자기의 가정과 학교, 고향과 나아가서 조국
을 열렬히 사랑하는 애국자로 길러 내겠습니다.

넷째, 우리는 가정교양에 세심하고 꾸준한 노력을 기울이는 동시에 자
신이 자녀들의 산 모범이 되기 위하여 노력하겠습니다. 한 사람의 어머니
이기 전에 우선 사회주의 건설자로서, 공산주의자로서의 높은 품성을 소
유하기 위하여 모든 노력을 아끼지 않겠습니다.

다섯째, 우리는 조선의 어머니들답게 우리 인민의 고유한 례의 범절을
잘 지키고 행동에서 겸손하고 생활에서 검박하고 단정한 품성을 소유하
겠습니다. 우리는 더 많이 배우고 보다 높은 지식과 기술을 소유하여 자
녀들을 훌륭히 교육 교양할 것이며 가정을 절도 있고 문화적으로 꾸리
며 가족과 온 마을이 화목하고 우애와 협조의 정신으로 단합되게 하겠
습니다.

여섯째, 우리는 가정교양에 힘쓰는 동시에 탁아소, 유치원, 학교와 련계
를 더욱 강화하며 후대들의 양육을 더 잘 하도록 방조하겠습니다. 우리
자녀들을 반드시 당이 요구하는 수준에서 장래의 훌륭한 공산주의 건설
자로 길러 낼 것입니다.

일곱째, 〈전국어머니대회〉에 모인 우리들은 나라의 모든 어머니들과 함

남포시 도시건설사업소 유치원.

"세상에 부럼없어라".
근대적 양육사업에 힘쓰는 북한의 유치원 및 탁아소 활동.《조선녀성》 1979년 6월호.

남포제련소 탁아소 주방.

남포시 남흥유치원 새참 시간.

"제일 좋고 제일 아름답고 제일 현대적으로 꾸려진" 송림애기궁전.

남포제련소 탁아소 건강검진.

남포제련소 탁아소의 아이들 침상.

께 대회에서 하신 수상님의 교시를 높이 받들고 자녀들을 더 깨끗이 거두어 주며 그들을 공산주의 후비대로 교양 육성하는 사업에서 새로운 전환을 일으켜 당과 수상님의 기대에 어김없이 보답할 것을 맹세합니다.

이와 같은 권력의 여성 규율을 훈육하는 공간이 바로 '어머니학교'였다. 1956년 8월 함경남도 함흥과 청진에서 시작된 어머니학교는 이후 전국에 급속도로 퍼져 나갔다. 초기 어머니학교에서는 일요일마다 보건 부문 관련자 주도로 부인 위생지식, 유아 양육 방법 등을 기혼 여성에게 교양하였다.[76] 나이 든 어머니들에게는 한글 교육도 실시하는, 말 그대로 어머니들의 학교 역할을 했다. 어머니학교의 성격이 변화한 것은 여맹이 학교 운영을 주도하면서부터이다. 이후 어머니학교는 점차 당이 요구하는 혁명적 어머니를 양성하는 공간으로 활용된다. 그리하여 1960년대 들어 확장을 거듭한 끝에, 1968년 10월에는 북한 전역에 11만 2천 곳의 어머니학교가 들어서게 된다. 어머니학교에 소속된 여성의 수도 217만 명에 이르렀다. 어머니학교는 "여성들을 교양하기 위한 좋은 근거지이며 중요한 교양 거점"이 되었다. 이 공간을 통해 북한 정권은 사회주의 생활문화와 자녀 양육, 그리고 위생 지침 등을 교육하며 권력의 규율을 전파한다.[77]

당시 모범 사례로 선전된 함경남도 영흥군 중앙 협동농장은 리 당위원회의 지도 하에 여맹 단체가 작업반 단위로 6개의 어머니학교 학습실을 꾸리고 주 1회씩 모임을 가졌다. 각 작업반의 어머니학교에서는 어린이들의 위생, 언어의 문화성, 생활문화 등을 어머니들에게 가르쳤으며, 각 학습실에

76 〈조선녀성들은 평화와 사회주의를 위한 장엄한 투쟁 속에서 국제부녀절을 맞는다 : 모성과 어린이들에 대한 배려〉, 《로동신문》, 1957년 3월 8일.
77 김일성, 〈근로단체들의 역할을 더욱 높일데 대하여〉, 《김일성 저작집》 23권, 1983, 78쪽.

서는 '어머니 벽신문'을 발간하였다. 벽신문에는 위생 상식, 옷차림 등 생활 관련 상식들이 실렸다. 여맹 단체에서는 학습 내용을 복습시키기 위해 어머니들의 수준을 고려해 20명씩 학습조를 조직하고, 작업을 하다가 쉴 때면 모여 앉아 배운 것을 이야기하고 생활의 모범을 소개했다.[78]

일상 양육에서 가장 강조된 것은 아이들의 청결 습관이었다. 당시 특히 북한의 농촌 가정에서는 아이들의 머리도 빗겨 주지 않고, 모자와 가방이 없어도 별 신경을 쓰지 않았다. 이러한 현실을 비판하며, 김일성은 "집에서 아이들을 깨끗하게 거두어야 그들이 학교에 가서도 모든 것을 깨끗하게 할 수 있으며 앞으로 문화적으로 살 수 있는 새로운 인간으로 자라날 수" 있음을 강조한다.[79] 청결 습관은 근대 규율의 기초이기 때문이다.

그러나 중공업 우선주의 경제정책과 물자 부족이 맞물리며 아동용 일상품이 제대로 생산되지 않고, 생산되더라도 농촌까지 공급되지 못하는 상황이 계속되자, 노동당은 어머니들의 '성의'를 강조하고 나섰다. "어린애들을 잘 키우려는 어머니들의 책임감만 높다면 어떻게 하든지 다 풀 수 있는 것"이라는 의지론이었다. 이런 상황에서 사망률이 높고 전염병에 쉽게 감염되는 아이들의 건강까지 어머니의 책임으로 강조되었다. 생활 위생과 개조를 통해 자녀를 건강하게 키워야 한다는 의무였다.[80]

이 같은 '양육개조'의 모범 사례로 선전된 황해북도 여맹은 '어린이들을 잘 거두는 운동', '집을 깨끗이 거두는 운동', '어린이를 병들지 않게 키우는 운동'을 전개하였다. 자체적으로 탁아소와 유치원을 세우기도 하고, 어머니들이 '학생 과외생활 지도위원회' 사업에 참가하여 학교 및 각급 사회기관

78 〈어머니 학교를 운영〉,《로동신문》, 1963년 3월 5일.
79 김일성, 앞의 논문(《김일성 저작집》 15권, 1981), 347쪽.
80 김일성, 앞의 논문(《김일성 저작집》 15권, 1981), 348~349쪽.

과 함께 방과후 지도를 하게 하였다. 그리고 당 정책과 혁명 전통 교양을 강화하였다. 황해북도 여맹은 특히 어머니학교와 근로자학교 운영을 정상화시키고자 노력했는데, 어머니학교를 재정비하고 어머니들에게 위생 지식과 아동 양육에 관한 제반 문제를 비롯하여 여성 교양까지 체계적으로 지도하였다.

1950년대 당시 황해북도 각 가정에서는 어린이 위생에 무관심했으며, 여맹도 양육개조 사업을 제대로 펼치지 못했다. 여맹은 그저 회의가 끝날 즈음에 "아동 교양에 관심을 돌리라"든가, "탁아소와 유치원을 잘 돌보라"는 식의 형식적 호소나 강조를 하는 데 그쳤다. 도 여맹 간부들이 하부 여맹 단체를 지도하는 경우에도 대부분 회의나 참가하고 어머니학교를 몇 차례 운영하는 식이었으며, 가내 부업과 동원사업 등에 어떻게 참가하고 있는지 등 일반적 실정과 통계를 이해하는 데 그쳤다. 어머니들은 "아이와 장독은 얼지 않는다"든가, "아이들은 텁텁하게 키워야 몸이 튼튼해진다"면서 어린이 위생에 무관심하였다. 양육개조의 중심이 되어야 할 어머니학교는 실속 없이 비정상적으로 운영되었다. 1961년까지도 황해북도에 있는 320여 개의 어머니학교는 대부분 진료소 간부들에게 위임된 채 방임되었다. 때문에 불안정하게 운영되었고, 정부의 위생 지시를 선전하는 정도였다. 여성 교양을 위한 근로자학교도 사정이 비슷했다.[81]

황해북도 여맹이 모범 사례로 선정될 수 있었던 것은, 북한의 다른 대중 사업이 그러하듯 양육개조 사업도 캠페인 식으로 진행한 덕분이다. 캠페인 이란 김일성의 교시를 좇는 집중지도 형태의 다른 말이다. 당 정책의 무게 중심에 따라 특정 행사나 기념일에 맞추어 '돌격' 식으로 진행되는 캠페인

---

81 정인옥, 〈녀성들 속에서 낡은 생활 인습을 결정적으로 청산하며 아동들을 미래의 공산주의 건설자로 육성하자〉,《전국어머니대회 문헌집》, 평양: 조선녀성사, 1962, 246~262쪽.

식 사업은 북한 대중사업의 특징이다. 양육개조 사업은 북한의 근대화 과정에서 지속적으로 추진되었다.

양육개조 사업과 함께 북한 양육정책의 또 다른 특징으로 꼽히는 것이 '연계양육'이다. 미래의 사회주의자를 양성하기 위한 사업은 주로 학교와 어린이 조직인 소년단 활동을 통해 추진되었는데, 각 양육 공간은 서로 연계하여 사회주의적 인간 양성에 매진했다. 학교와 가정, 그리고 소년단과 가정 등이 양육 과정에 밀접하게 관계되어 있던 것이다. 북한 정권이 추진한 연계양육의 실태를 구체적인 사례 중심으로 살펴보자.

먼저 김일성의 교시에 따라 학교와 가정의 연계양육을 모범적으로 수행했다는 청진시 수남구역 말음중학교 교원 박영금의 사례이다. 이 학교에서는 후대 공산주의자를 육성하기 위해선 가정·학교·사회교육이 병행되어야 한다는 김일성의 교시를 어떻게 현실화할지를 고민했다. 교원 박영금은 학생의 무규율적이고 비위생적 생활이 어머니의 낡은 생활 습성 때문이라고 판단하고, 자모회 개최와 호별 방문지도 및 모범가정 견학과 선전사업을 진행했다. 그녀가 인식한 양육의 가장 큰 문제는, 어머니가 자식을 엄격하게 키우지 않고 맹목적인 사랑을 베푸는 것이었다. 그러나 어머니들을 교육하는 것은 쉬운 일이 아니었다. 제대로 조직도 안 되었고, 어머니들 사이에 말도 많이 나돌았다. 그래서 박영금은 어머니들이 다니는 직장에 부탁하여 11개 과외생활반을 조직하고, 어머니들이 아이들을 지도하게 하였다. 직장에 다니는 어머니와 가정에 있는 어머니를 배합하여 2명씩 생활반 지도자로 선정하고, 학습 통제와 지도를 하게 했다. 생활반에서는 아이들의 출석 관리와 복습을 지도하고, 학생들의 위생 상태도 관리하였다.[82]

82 박영금, 〈가정과 련계를 강화하여 학생들에 대한 교육 교양의 질을 높이겠다〉,《전국어머니대회 문헌집》, 평양: 조선 녀성사, 1962, 355~367쪽.

연계양육은 소년단과 가정 사이에서도 이루어졌다. 황해남도 배천군 일곡중학교 소년단 지도원 한경숙은 소년단을 활성화시키려 했다. 소년단 활동은 사회와 학교를 연결하는 기능을 하므로 이를 가정에서 연계해 주는 것이 중요했다. 그러나 어머니들은 바쁜 데다 소년단에 대한 인식이 좋지 않아서 사업이 제대로 수행되지 않았다. 한경숙은 소년단 내에 소년 예술 선전대, 소년 위생근위대, 소년 녹화근위대 등의 각종 그룹을 조직하여 활동 의욕을 높이고, 학생들이 주기적으로 농촌에 나가 노동 의욕을 부추기는 공연을 하고 어머니들을 돕게 했다. 소년단원들이 부모를 돕는 꼬마 선동원이자 꼬마 교양자로 나선 것이다. 이러한 활동으로 이 학교는 1961년 9월 '천리마학교' 칭호를 받았고, 전체 분단의 50퍼센트가 '모범분단' 칭호를 받았다.[83]

이처럼 해방 이후에 제기되어 1960년대 당 정책을 통해 본격화된 이래 현재까지 지속되는 북한의 가정 양육관은, 가정에서 노동 분담과 총화를 안정적으로 진행하여 자녀들에게 학습과 노동애호 정신을 교양하는 데 초점을 맞추었다. 그 밖에 위생과 공공예절 관념을 세워 주고, 당과 혁명 그리고 개인보다 집단의 이익에 충실하며, 절대 지도자의 은혜를 알고 그에게 충성하도록 자녀를 교육해야 한다는 내용을 담고 있다. 이 과정에서 어머니들이 먼저 모범을 보여야 자녀가 따라 배운다는 관점을 견지했다.

국가 양육, 양육의 사회화

북한의 가정 양육관은 한 마디로 '양육의 사회화'를 의미했다. 양육의 사회

83 한경숙, 〈소년단 단체가 어머니들과의 련계를 강화하여 소년들에 대한 교양 사업과 문화 혁명 과업 수행에 이바지하겠다〉, 《전국어머니대회 문헌집》, 평양: 조선 녀성사, 1962, 327~340쪽.

화는 특히 한국전쟁 후 본격화된 산업화 시기를 경과하며 기혼 여성의 경제활동 증대와 맞물리며 비약적으로 발전하였다. 북한은 1953년 9월 14일 〈어머니와 어린이보호사업을 확대강화할 데 대한〉 내각지시 99호를 발표하였다. 첫째, 전쟁 기간에 지하에 있던 육아원들을 시급히 지상에 이설하고, 둘째, 유아기 자녀를 가진 여성이 20명 이상인 공장과 기업소에 탁아소를 설치하고, 셋째, 여성이 15명 이상인 기업소에 여성 위생실을 구비하며, 넷째, 각 도 종합병원에 소아과를 설치하게 한 것이다.

그러나 앞서 살펴본 대로 각 공장과 기업소 간부들은 탁아소 건설 사업을 등한시하여, 급기야 김일성이 나서서 "행정경제 일군들 속에서 나타나고 있는 녀성 로력을 홀시하며 눈앞에 경제 과업만을 보는 근시안적인 관점과 낡은 사업 태도"를 비판하게 된다. 1956년 2월 평안남도 개천군 천동광산탁아소 현지지도를 통해 김일성이 탁아사업의 발전을 지시한 것은 이러한 맥락에서다. 당시 김일성이 현지지도에 나선 천동광산 탁아소 창문에는 유리가 없었다고 한다. 그나마 여성의 생산 활동 증대와 김일성의 현지지도로 탁아소 수는 1949년 대비 18.7배, 육아원 수는 11배로 늘어났다.[84] 참고로 북한의 육아원은 만 3세 이하 고아들을 양육하는 기관이고, 유치원은 5~6세 취학 전 어린이를 대상으로 하는 취학 전 교육기관, 탁아소는 직장 생활을 하는 어머니들을 위해 1~4세의 어린이를 돌보는 유치원과 비슷한 기관이다.

그러나 양육 문제를 낮잡아 보는 사람들의 인식은 쉽게 바뀌지 않았다. "어린이 보육교양의 직접적 담당자인 보육원(탁아소 교사), 교양원(유치원 교사)들이 자기 사업에 대한 영예감을 가지지 못하고 있었으며 일부 지도일군(간부)들은 생산 일면에 치우쳐 탁아소, 유치원 사업을 잘 돌보아 주지 않았으

84 홍순원, 《조선보건사》, 평양: 과학백과사전출판사, 1981, 549, 550쪽.

며 이 사업에 대한 군중적인 지원도 등한히" 하였다.[85] 전국에 탁아소와 유치원이 증설되었지만, 그 관리와 운영은 발전하지 않았던 것이다. 다음의 두 사례는 1960년대 초 유치원 등 양육기관의 실태와 김일성 교시의 실현 방식, 그 과정에서 제기된 갈등을 잘 보여 준다.

먼저 함남도 함주군 조양 탁아소장 백춘렬이 〈전국어머니대회〉에서 보고한 양육 실태와 현지지도에 의한 탁아소 사업 경험이다.[86] 이 탁아소 보육원들은 대부분 할머니로 어린이들을 그저 달래기만 했고, 눈병이 걸린 아이를 건강한 아이와 놀게 하며, 옷고름으로 눈을 닦아 주는 것이 위험한 일인 줄 몰랐다. 이를 본 어머니들은 "뭐니뭐니 해도 제 자식은 제 잔등에 길러야 마음이 놓인다"며 아이들을 업은 채 논밭에 나가 아무리 노력해도 하루에 겨우 절반 노력이나 채우나 마나 하여 조합영농에 큰 지장을 주었다.

1960년 8월 31일 이 탁아소에 대한 김일성의 현지지도를 수행하기 위해 리 당위원회는 조합 내 민청원들 중 스무 살 정도의 초고중 졸업생 35명을 선발하여 탁아소에 배치하였다. 그러나 어린 보육원들을 본 어머니들은 "아이를 길러 보지 못한 처녀가 어떻게 애기 어머니 노릇을" 하고, "아이에게 어찌 아이를 맡기겠느냐"며 뒷말을 하며 탁아소에 자녀들을 잘 맡기지 않았다.

이에 탁아소장은 핵심 보육원들과 함께 가정방문을 실시했고, 조합 내 전체 여맹원 및 민청원들이 탁아소를 지원하였다. 김일성의 현지교시를 관철하기 위해 총동원체제에 돌입한 것이다. 탁아소에서 자체적으로 식사와 간식 등 급식을 조달하고, 어머니들에게 위생 강습과 홍역 예방사업을 하

85 홍순원, 앞의 책, 646쪽.
86 백춘렬, 〈김일성 원수의 탁아소 사업에 대한 현지교시를 더욱 철저히 관철하겠다〉, 《전국어머니대회 문헌집》, 평양: 조선 녀성사, 1962, 123~143쪽.

였다. 특히 홍역 예방은 50~60년대 중요한 보건사업이었다. 당시 북한 정권은 홍역 예방을 위해 성인 혈청을 주사했는데, 이에 대한 저항이 상당했다. 어머니와 할머니들은 "홍역이야 제구실인데 옛날부터 죽어서도 한다는 제구실을 어떻게 피를 가지고 막아 내겠느냐, 더군다나 홍역을 앓을 때면 피를 다루지 않는 법인데 일부러 피를 뽑다니"라며 거부했다. 이러한 저항에 부딪히자, 보육원들은 집집마다 찾아다니며 홍역 예방의 예를 들어가며 자기들 팔에서 피를 뽑아 아이들에게 놓아 주는 등의 노력을 기울여 부모들의 반발을 무마했다.

원산철도공장 유치원 원장인 정숙례는 모범적인 원아 교육으로 좋은 평가를 받았다. 당시 북한의 유치원에서 중요시한 것은 원아들에게 집단생활과 시간·위생규율을 익히게 하고, 사상학습과 노동 습관화를 놀이와 연계하는 것이었다. 정숙례는 기차놀이를 통해 이를 실천했다. 넓은 운동장에 김일성의 혁명 전적지들과 김일성이 현지지도한 주요 지점들을 정하고 기찻길을 만들어, 어린이들이 만든 기관차로 김일성이 다녀간 곳을 따라 주행하게 하는 식으로 아이들의 충성심을 유도했다. 소꿉놀이를 통해서는 부모에 대한 존댓말을 가르치고, 간단한 노동을 통해 노동에 익숙해지게 하였다. 정숙례는 특히 할머니가 있는 가정과 어머니가 직장에 다니는 아이들은 독립적인 노동 습관이 없다고 평하며, 5명씩 작업반을 구성하여 풀뽑기 경쟁을 시키는 협동조합 놀이 등을 아이들에게 시켰다.[87]

이 두 사례는 김일성의 현지교시 관철을 위해 각 단체가 지원한 덕에 성공할 수 있었다. 현지교시와 단체들의 지원 없이는 탁아소와 유치원 양육의 질이 여전히 잘 보장되지 않았던 것이다. 이를 인지한 북한 정권은 1964

---

87 정숙례, 〈김일성 원수의 현지교시를 받들고 원아들에 대한 공산주의 교양을 더욱 강화하자〉, 《전국어머니대회 문헌집》, 평양: 조선 녀성사, 1962, 292~306쪽.

년 7월 〈유치원 사업을 개선 강화할데 대한 새로운 대책에 대한 내각결정〉을 발표한다.[88] 1966년 10월 전국 보육원·교양원 대회를 소집한 것도 같은 의도였다. 이를 통해 정권은 '혁명의 후대를 양성'하는 직업에 자긍심을 갖게 하고, 보육원과 교양원의 질 개선을 제기한다. 당시 "녀성들 속에는 어린이를 맡아 키우는 사업을 천하게 생각하면서 중학교나 대학 선생을 하라고 하면 좋아하지만 탁아소 보육원을 하라고 하면 하지 않으려고 하는 편향이 적지 않게 있었"다.[89]

이 대회를 기점으로 정권은 본격적인 양육원 양성사업에 나선다. 우선, 젊고 건강한 여성들을 보육원 양성기관에 보내어 보육원의 질을 개선하게 하였다. 당시 농촌의 리탁아소나 공장탁아소에서는 생산노동에 참가하기 어려운 노인이나 장기 환자들 또는 보육원의 역할이 무엇인지조차 몰라 노래 하나 제대로 배워 줄 수 없는 여성들이 보육원으로 일하고 있었다. 그 다음으로, 시·군·구역에 상설 보육원 양성소를 신설하고 보육원 양성사업을 확대하는 한편, 현직 보육원들을 안정화시키고 재교육하여 자질을 높이게 하였다. 교육은 정치교육과 실무교육 두 방향으로 진행되었는데, 특히 헌신성과 창의성을 강조했다. 이렇게 양성 및 재교육된 보육원들에게 직업에 대한 자긍심을 심어 주고자 공로 있는 보육원들에게 노력영웅, 공훈보육원 등의 영예 칭호도 수여했다.[90]

그러면서 1966년부터 대학에 유아원과를 신설하고, 종래 고등중학교 수준이던 직원의 수준을 대졸 수준으로 높이게 했다.[91] 그 와중에도 여성 노동력 증대 추세에 따라 탁아소 수는 급격히 늘어나 1966년 말에는 2만 3

88 윤미량, 《북한의 여성 생활》, 한울, 1991, 96쪽.
89 홍순원, 《조선보건사》, 647쪽.
90 홍순원, 앞의 책, 647~649쪽.
91 윤미량, 앞의 책, 96쪽.

천 250여 개에 달했고, 어린이 87만 7천여 명이 탁아소에서 양육되고 있었다. 그렇지만 양육 문제를 사회문제로 바라보지 못하는 생산단위 간부들의 무관심은 여전하여, 협동농장에서 조금만 관심을 기울이면 탁아소 어린이들에게 먹일 과실이나 고구마 같은 것을 저장해 놓을 수 있음에도 그런 사업 하나 조직하지 않았다. 일부 큰 공장 및 기업소에서는 탁아소 자금을 따로 계획하지 않고, 자금이 없다는 구실로 초보적인 양육 설비 하나 갖추지 않았다.

북한 정권이 각 도 소재지마다 탁아소·유치원 공급소를 설치하고, 시·군 소재지에는 탁아소·유치원 전문상점을 신설하게 한 것은 이 때문이다. 그러면서 공장·기업소·노동자구 상점과 협동농장에 탁아소·유치원 지정매대를 설치하여 탁아소에 필요한 공업품과 식료품을 공급하게 하고, 모든 공장·기업소·협동농장에 부업생산기지를 꾸리고 유아 급식사업을 실시하도록 했다.[92]

1968년 5월에는 내각 직속으로 탁아소·유치원 지도국을 신설하여, 양육기관에 대한 행정지도와 감독, 그리고 후방공급사업을 점검하게 했다. 이에 발맞춰 김일성은 1969년 8월 창성에서 열린 여맹일군협의회에서 주 및 월 탁아소 신설을 제기하고, 한 달 후인 1969년 9월 15일에는 관계부문일군협의회를 소집하여 산부인과와 소아과 병원 시설 강화와 주 및 월 탁아소 조직을 지시하였다. 이러한 정책적 관심에 힘입어 1970년 북한의 탁아소 수는 1960년에 비해 4.6배, 원아 수는 3.6배로 늘어났다.

북한에서 양육의 사회화는 "나라의 모든 어린이들을 국가와 사회의 부담으로 탁아소에 받아 집단적으로 키우는 것은 새 세대들을 어려서부터 혁명의 계승자로 믿음직하게 키우며 모든 녀성들을 널리 사회정치생활에

---

92 홍순원, 앞의 책, 650~651쪽.

김일성의 금천리사적지 현지지도사적비를 방문한 순천읍 탁아소 여맹원들. 《조선
녀성》 1979년 11월호.

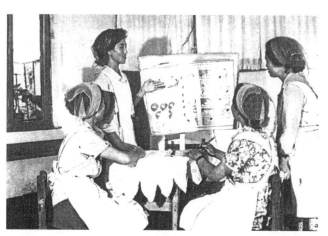

"어버이 수령님께서는 아이들이 어렸을 때 건강이 좋지 못하면 그 영향이 일생 동
안 미친다고 하셨답니다." 아이들의 건강관리를 학습하는 탁아소 여맹원들.

참가시켜 그들을 혁명화, 로동계급화하고 나아가서 온 사회의 주체사상화 위업을 다그쳐 나가기 위한 중요한 요구"였던 것이다.[93]

그러하여 제5차 당대회가 열린 1970년 말, 국가에 의한 양육의 사회화가 제도화된다. 온 사회의 혁명화와 노동계급화 사업이 본격화되면서, 어린이들을 국가적으로 양육하는 것이 문화혁명과 사회주의 건설의 주요 과업이 된 것이다. "어린이들을 사회적으로 키우면 어려서부터 조직생활과 규률생활에 버릇되고 집단주의정신과 공산주의적 품성이 싹트게 되며 조직적인 생활기풍"을 갖게 된다는 것이 그 명분이었다.[94]

1960년대까지 북한 가정 내에서 근대적 양육과 혁명가 양성이 강조되었다면, 1970년대부터는 국가 주도의 '혁명의 후비대 양성'이 제도화된다. 이러한 변화는 온 사회혁명화의 일환으로 어려서부터 집단주의와 당·수령에 대한 충실성을 내면화시키기 위함이었다. 이는 탈북민의 증언으로도 확인된다. 1970년대 이후 북한의 유치원은 낮은 반과 높은 반으로 구분되었는데, 낮은 반에서는 놀이를 위주로 하고, 높은 반에서는 한글과 사상교육을 받는다. 부모의 직장이 큰 기업소나 공장일 경우에는 자녀들이 직장 내 유치원에 다니고, 직장 규모가 작으면 동네 유치원에 다닌다.[95] 1984~1985년 평양에서 유학한 안드레이 란코프는 김일성의 혁명 유적지를 직접 설명하는 유치원 원아의 모습을 다음과 같이 묘사했다. "아이들은 북한의 라디오와 텔레비전에서 흔히 들을 수 있는 영탄조의 목소리로 말하면서 위협하듯이 혹은 열광하듯이 팔을 휘두르려고 노력하지만 마음먹은 대로 되지 않는다. 즉, 혀가 제대로 움직이지 않고 팔의 움직임도 마치 태엽장치가

93 홍순원, 앞의 책, 652~653쪽, 699~700쪽.

94 김일성, 〈조선로동당 제5차대회에서 한 중앙위원회 사업총화보고: 1970년 11월 2일〉, 《김일성 저작집》 25권, 1983, 281쪽.

95 정옥희 증언, 여성한국사회연구소, 《북한 여성들의 삶과 꿈》, 사회문화연구소, 2001, 173쪽.

되어 있는 장난감의 움직임과 흡사하여 웃지 않고는 이 모든 모습을 볼 수 없다. 밥을 먹기 전에도 아이들은 자신들을 보살펴 주는 김일성에게 일제히 감사를 드려야 한다."[96]

이 같은 체계적인 국가 양육을 위해 1970년대에는 양육법과 교육법이 정비된다. 1975년 4월 10일 최고인민회의 제5기 제5차 회의에서 〈11년제 의무교육 실시〉가 결정되고, 1976년 4월 29일 최고인민회의 제5기 제6차 회의를 통해 〈어린이보육교양법〉이 채택되었다.[97] 제5차 회의 결정으로 1975년 9월 1일부터 북한 전역에서 11년제 의무교육이 실시되었다. 1975년 당시 북한 탁아소와 유치원의 어린이 수는 350만 명, 인민학교부터 대학생까지의 수는 470만 명이었다. 따라서 820만 명이 의무교육을 받게 된 것이다.[98]

1976년 제6차 회의에서 김일성은 어린이보육교양법의 채택 목적을 첫째, 모든 어린이들을 집단적인 방법으로 양육하여 당과 수령에 충실한 공산주의자로 키우기 위해, 둘째, 여성의 혁명화·노동계급화를 위해서라고 밝혔다. 1976년 당시 북한 경제에서 여성 노동력이 차지하는 비율은 48퍼센트였다. 여성은 "혁명의 한쪽 수레바퀴"로서 경공업·교육·보건·상업 부문에서 다수를 차지하고 있었고, 특히 농업에서는 절대다수였다. 그만큼 기혼 여성의 노동 생활을 위해 양육의 사회화가 중요한 상황이었다.[99]

해방 이후 1978년까지 북한 내 탁아소와 유치원의 증대 현황은 〈표 7〉과 같다.

96 안드레이 란코프 · 김광린 옮김, 《소련의 자료로 본 북한 현대정치사》, 오름, 1999, 260쪽.

97 김일성, 〈어린이 보육 교양사업을 더욱 발전시킬데 대하여〉, 《김일성 저작집》 31권, 1986, 84쪽.

98 김일성, 〈전반적 11년제 의무교육을 성과적으로 실시하기 위하여〉, 《김일성 저작집》 30권, 1985, 241~242쪽.

99 김일성, 앞의 논문(《김일성 저작집》 31권, 1986), 84~85쪽.

〈표 7〉 북한의 탁아소와 유치원 증대 현황(1946~1978)

구분 연도	탁아소		유치원	
	탁아소 수	수용 인원	유치원 수	수용 인원
1946			64	3,918
1949	12	620	116	8,656
1953	63	2,165	19	1,048
1956	224	6,538	173	12,015
1960	7,624	394,489	4,470	295,485
1966	23,251	877,000[1]	15,218	790,000[2]
1970	35,070	1,420,160		
1975	탁아소와 유치원 약 6만 개, 수용 인원 350만 명			
1978	탁아소와 유치원 약 6만 개, 수용 인원 350만 명			

출처 : 홍순원, 1981, 699쪽; 이태영, 1981, 154쪽을 재구성[100]
주1) 적령기 아동의 70퍼센트
주2)적령기 아동의 60퍼센트

〈표 7〉은 북한의 양육 사회화가 기혼 여성의 경제활동 참여가 본격화된 1956년 이후 비약적으로 발전했음을 보여 준다. 그러나 1975년을 기점으로 현재까지는 산아제한 정책과 식량위기로 유치원 수가 증가하지는 않았을 것으로 보인다. 1970년대 중반을 경과하며 산아제한 정책이 출산 억제로 강화되고, 1990년대 식량위기로 양육기관의 수용 인원은 오히려 축소되었을 가능성이 크다.

---

100 이태영은 1981, 154쪽과 1988, 225쪽에서 동일하게 1970년 북한 내 탁아소 수는 8,600개, 수용 인원은 1,200,000명으로 기록하였고, 유치원 수는 6,800개, 수용 인원은 950,000명으로 기록하였다. 그러나 북한의 보건·양육 관련 문헌인 홍순원, 앞의 책, 699쪽에는 1960년에 비하여 1970년 탁아소 수가 4.6배, 수용 인원은 3.6배가 증가했다고 되어 있다. 북한의 인구 변동, 그리고 1966년 이후 북한의 양육정책을 고찰했을 때 나머지 통계는 동일하나 1970년대 통계는 현격한 차이를 보인다. 1975년과 78년의 양육 시설과 수용 인원 증가를 보아도 북한 문헌에 나온 통계 숫자가 맞다는 판단에 1970년도는 홍순원, 앞의 책, 699쪽에 기초하여 재구성하였다.

생산의 혼란과 갈등

지금까지 살펴본 대로 북한의 계획합리주의는 쉽사리, '계획대로 합리적으로' 작동되지 않았다. 오히려 그 과정에서 온갖 허위 정보와 계획 혼란, 무수한 동원, 부족과 잉여 문제가 사회주의경제를 위태롭게 했다. 이러한 양상은 생산의 혼란과 갈등을 야기했으며, 이는 북한 공장 전반에서 나타났다. 혼란은 특히 지방산업 공장에서 더 노골적으로 드러났다. 북한의 산업화 시기에 나타난 생산 혼란과 갈등 양상을 구체적인 공장 사례를 중심으로 살펴보자.

먼저 생산의 무질서이다. 한 예로 해주시멘트공장 노동자들은 계획에 따라 작업을 하지 못하고, 때로는 무슨 일을 할지 몰라 이 작업장에서 저 작업장으로 돌아다니고 잡담하며 시간을 보내기 일쑤였다. 공장에서는 기계 사고가 반복되어 생산이 자주 중단되었다. 1955년 1월 이 공장의 기계 가동률은 30퍼센트였으며, 생산은 계획의 20.1퍼센트밖에 달성하지 못했다. 강남요업공장 역시 마찬가지였다. 작업 질서가 잡히지 않아 교대인계인수 사업과 표준조작법 준수가 제대로 시행되지 않았다. 따라서 오작품 생산과 기계 사고가 반복되었다. 이러한 문제에 대해 당시 각 공장에서 지적한 원인은 공장규율과 생산규율의 부재, 그리고 한쪽에선 모자라고 한쪽에선 필요 이상으로 많은 부정확한 노동력과 자재 배치였다. 즉, 노동력과 자재의 부족과 잉여가 동시에 존재하며 생산과정에서 무규율과 무질서가 팽배했다는 것이다.[101]

그 다음으로 원료와 자재의 질이 낮고 부족하였으며, 생산요소 부족과

---

101 〈강철 같은 로동규율과 생산 질서를 확립하자〉, 《로동신문》, 1955년 3월 4일.

돌격노동으로 시기별 생산량이 현격하게 차이가 나는 '생산의 파동성'[102]이 일반화되었다. 생산의 파동성은 전후 산업화 시기부터 현재까지 지속적으로 나타나는 북한 경제의 고질적 문제로, "해마다 1/4분기에는 생산이 떨어졌다가 연말에 가서는 후닥닥 올라가며, 분기마다 첫 달에는 생산이 내려가고 분기 말에 가서야 다시 뛰어오르는 현상"이 일·월·년에 걸쳐 나타났다. 때문에 불량품이 많았고, 제품의 질도 상당히 낙후하였다. 1957년 3월 7일자 《로동신문》에 실린 〈독자들의 편지〉를 살펴보면 그 원인과 실태를 구체적으로 확인할 수 있다.

30여 종의 생활 목제품을 생산하는 함흥 목제품공장에서는 자재가 없어 월초에 작업을 하지 못하고 일간 계획을 50~60퍼센트밖에 수행하지 못하였다. 그러다 보니 월말에 돌격식 작업을 하게 되었다. 그 결과 생산 제품 중 오작품과 불합격품이 특히 월말에 급증했다. 1957년 1~2월만 보더라도 월초에는 매 공정에서 불합격품이 1~2퍼센트였는데, 월말에는 10퍼센트에 달하였다. 신의주 화장품공장에서 만드는 장미 화장품은 질이 낮아서 도저히 사용할 수 없을 정도였다. 물론 이 문제는 비단 지방산업에만 있는 문제는 아니었다. 상대적으로 중앙공업보다 원료와 자재, 노동력이 부족한 지방산업에서 그 정도가 심했을 뿐이다. 원산조선소의 기계공구공장에서는 규격이 틀린 공구를 만들어 보내 작업을 할 수 없었고, 또 다른 중공업 공장에서는 북중기계공장에서 제품을 받아 사용했는데 일부 공장 내 자재와 노력으로 제품을 수정해 사용하기도 했으나 대부분은 불량품과 질 낮은 제품을 그대로 보내곤 했다. 이 문제는 공장의 작업을 지연시켜 계획 과

---

102 편집부, 〈계획 규률의 엄격한 준수는 인민경제계획 실행의 기본 조건이다〉, 《경제 건설》, 1955년 제4호, 17쪽. 생산의 파동성은 사회주의 경제에 나타난 고질적이고 일반화된 생산 장애 요소이다. 주요 원인은 첫째, 자재와 노동력의 부족, 둘째, 계획의 번복과 혼란, 셋째, 노동자들의 노동 회피 등이다. J. Kornai, op. cit., pp. 188-191.

제 실행에 지장을 주었을 뿐만 아니라 다른 연관 기업소 사업에도 지장을 주었다.[103] 평안북도 정주영예군인 생산협동조합에서 만든 자물쇠는 보기에는 탄탄해 보였으나, 상점에서 구입한 후 불과 4~5회 만에 잠금 고리가 빠졌다. 이를 분해해 보니 철조각을 두드려서 대강 맞추어 놓은 수준이라 맞물려 있어야 할 부품들이 모두 건들건들했다.[104]

모두 그 원인이 사회주의 경제 내부에 있는 고질적인 문제라 개선이 쉽지 않았다. 평안남도 인민위원회가 도내 지방산업 공장 제품의 질을 개선하기 위해 1959년 3월 3일~4일간 개최한 지방산업부문 일군협의회에서도 유사한 사례들이 논의되었다.

먼저 강서 도자기공장 사례이다. 1958년 이 공장은 국가계획을 114퍼센트 초과했다. 그러나 1등품은 0.35퍼센트에 불과했고, 오작품은 16퍼센트나 되었다. 이것은 원료를 전혀 숙성시키지 않은 채 제품을 생산하고, 건조시 취급상 부주의로 인해 변형 혹은 기포가 생겼기 때문이다. 도 간부가 이 공장의 3일간 생산 정형을 검토한 결과, 흙소지량의 34퍼센트가 벌써 반제품에서 오작이었는데 그중 81퍼센트가 취급상 부주의로 변형된 것이었다. 문제의 원인을 공장노동자들은 설비 부족 때문이라고 하였으나, 평안남도 인민위원회에서는 공장노동자와 간부의 책임성 부족이라고 지적했다. 한편, 앞으로 생산할 제품을 선보이는 전람회 때에는 질 좋은 농기계를 만들고, 본격적인 생산에서는 쓸모 없는 제품을 만든 대동종합공장의 사례도 있었다.[105]

강서·은산·북창군 지방산업 식료공장 간부들은 남이 하는 방법이라는 이유로 선진적인 경험을 도입하려 하지 않고 계속 수공업적 생산방식을 고

---

103 〈제품의 질을 보장하자〉, 《로동신문》, 1957년 3월 7일.

104 〈몇 번 쓰면 고장나는 자물쇠〉, 《로동신문》, 1959년 3월 8일.

105 〈지방산업 제품의 질 제고에서 일대 전환을 가져오자〉, 《로동신문》, 1959년 3월 8일.

수했다. 순안군 직물공장 노동자들은 대부분 신입 기혼 여성 노동자였는데, 도에서 기능공을 보내 주기만을 바라면서 자체로 기능공 양성을 위한 기능전습사업을 하지 않았다. 그 결과, 약 100여 명이 되는 가정부인들이 일하는 공장이 조업한 지 1년이 넘도록 기능자를 단 한 명도 배출하지 못하였다. 안주·덕천 식료공장들은 각종 기술규정과 표준조작법을 제대로 준수하지 않았다. 또한, 무원칙한 원 단위 절약을 주장하면서 제정된 배합규정을 위반하였다. 그 결과 수많은 식료가공품이 불합격품으로 판정되었다. 개천종합공장에서 생산한 260여 대의 우차牛車는 제정된 표준조작법을 위반하여 전량 불합격품 처리되었다.[106]

이상 지방공장 생산과정에서 나타난 '합리주의의 이반' 현상과 그 원인을 정리해 보면, 우선은 설비가 제대로 갖춰져 있지 않은 상태에서 생산 목표 달성을 위한 돌격노동을 하다 보니 다량의 불량품이 생산된 사례가 가장 많았다. 계획량 중심의 평가 기준은 목표량만을 채우기에 급급한 풍토를 조성해 제품의 질을 떨어뜨렸다. 같은 맥락으로, 노동 강화와 계획량 달성 중심의 생산관리는 기술 투자와 지원을 어렵게 했다. 기능 전습을 지시해도 공장 내에서 실질적인 기능전습사업이 제대로 이루어지지 않았다. 기능 전습은커녕 각종 기술규정과 표준조작법조차 지시대로 준수되지 않았다. 그러나 뭐니 뭐니 해도, 원자재의 부족과 절약운동은 표준조작법과 각종 규정을 무의미하게 만들었다. 특히 무원칙한 절약운동은 제품 불량률의 상승으로 이어졌다. 원자재 등 모든 것이 부족한 상황에서 제품의 질까지 올려야 하는 구조적인 모순이 빚은 결과였다.

그러나 모든 것이 결핍과 절약의 문제만은 아니었다. 당 정책과 정책을 관철하는 과정에서는 또 다른 합리주의 이반 현상이 나타났다. 1957년도

---

106 앞의 기사(《로동신문》, 1959년 3월 8일).

경공업성 당위원회 사업은 이를 잘 보여 준다.

우선, 하부의 정보 왜곡이 심각했다. 경공업성은 각 단위에서 수많은 보고서를 제출받았으나, 이를 통해서 기업소 자재관리와 소비 정형 등 공장의 현실을 파악하기 어려웠다. '문서놀음'과 '눈먼 지도서'만 횡행하는 악순환만 거듭되었다. 하부에서 올리는 보고서만 그런 것이 아니었다. 중앙 정책을 관철시키려 한 정책 당국도 혼란스럽기는 마찬가지였다. 1956년 〈생산공정을 기계화·합리화하여 노력을 절약할 데 대한 성령 58호〉가 하달되어 공장과 기업소에서 기계화에 필요한 대규모 설비와 지원을 요구했으나, 설비와 자금 및 기술이 부족한 상황에서 관리국 간부들도 "어찌할 바를 모르고 있었다".

이런 가운데 당에서 주력한 정치사업도 형식적인 사업에 그쳤다. 현지지도에 동원된 지도원들은 공장 초급당단체와 함께 강연과 좌담, 해설사업 등을 벌였다. 그러나 간부 대부분은 "이 공장 저 공장을 돌아다니며 긴 연설만 늘어놓는 형편"이었다.

또 한 가지, 사회주의사회 특유의 관료주의형 비리도 나타났다. 바로 간부 중심으로 사업이 진행되고, 당국자가 담당 간부들과 결탁하는 일이 벌어진 것이다. 성 당위원회는 당 경제정책 관철을 위해 기업소별 '지도검열 카드' 작성과 구체적 검열·지도를 강조했다. 그러나 성 당위원회 성원들은 "자그마한 성과에 도취하여 자만 자족하며 군중에 의거하여 사업할 대신에" 공장·기업소 관리 간부들과의 사업에만 치중하였다. 자재생산 관리국의 지도원들은 공장 사업의 문제점을 규명하려 하지 않고 "심지어는 이를 묵과 조장한 결과를 초래"했다. 즉, 경공업성과 공장 간부들이 후견−비후견 관계 등으로 결탁하거나 서로를 보호하는 문화가 팽배했던 것이다.[107]

---

107 〈당의 경제 정책 관철을 위하여〉, 《로동신문》, 1957년 3월 7일.

계획합리주의가 현실화되는 과정에서 나타난 합리주의의 이반 현상은 수많은 회의와 통계사업을 통해서도 확인할 수 있다. 이러한 실태가 잘 나타난 수풍 건설장 사례를 통해서 북한의 생산문화를 살펴보자.[108]

수풍 건설장의 각 직장에서는 "한 사람을 두 갈래로 갈라도 미처 참가할 수 없으리 만큼 많은" 회의가 진행되었다. 한 예로, 조립사업소 계획부장이 1957년 1월 중 참가한 회의는 다음과 같다. 4일 공사비 확인을 위한 협의회, 트레스트 당위원회, 사업소 당단체회의, 5일 간부회의, 7일 특별경비주간 사업총화 회의, 8일 행정기술협의회, 9일 트레스트 간부회의, 브리가다 생산협의회, 10일 증산 경쟁 지도협의회 등등이다. 회의는 월말로 갈수록 더욱 잦아졌고, 강연회·학습회 같은 모임에 참가한 횟수를 빼고도 한 달 동안 30여 회의에 참석했다. 만일 그가 여성이거나 민청원이었다면 회의 횟수는 더욱 많았을 것이다.

다음으로 수많은 통계표의 작성이다. 생산계획수행 월보月報, 기본건설 투자 및 고정폰드 조업개시 월보, 기술지표 계획수행 월보, 전기사고 월보, 생산 설비 이용 월보, 보호전기기 동작 월보, 노동계획 수행 월보, 기준량 수행 월보, 방향별 실적 월보 등등 50건 이상의 통계가 매달 현장으로부터 사업소나 발전부에, 사업소에서는 트레스트에, 트레스트와 발전부에서는 성에, 한 가지 통계도 2~3부씩 만들어 보내졌다. 이 통계 보고를 기업소가 항상 자동적으로 보내도록 전기성에서는 아예 통계 목록 51종을 명시한 〈1957년도에 진행할 통계목록〉을 인쇄하여 내려보냈다.

이와 같이 전기성 간부들은 수많은 통계 보고로 하부지도를 대체했다. 정기적으로 성에 보내야 할 통계 보고 외에 현장과 기업소에서는 직맹, 민청 또는 지방 인민위원회 혹은 은행에서 요구하는 통계도 제출해야 했다.

---

108 〈혁명적 군중 관점 확립과 령도 방법 개선을 위하여〉,《로동신문》, 1957년 3월 8일.

또한, 연일 내려오는 검열자들도 통계분석으로부터 시작하고 또 통계 보고를 가지고 가야 하므로 현장에서 처리해야 할 통계사무는 더욱 복잡할 수밖에 없었다. 그래서 기사나 기사장들도 밤 늦게까지 통계표와 씨름했다.

이러한 현실에 대해 이 기사를 작성한 《로동신문》 기자는 다음과 같이 표현했다. "이러한 번다한 회의와 잡다한 통계가 모두 다 필요한 것들이겠는가? 일은 언제 하겠는가? 라고 하는 현장일군들의 한탄이 우연하지 않다."

공장이나 사업소 한편에서는 합리주의 이반 현상이 일어나고, 다른 편에서는 규율 강화를 목적으로 한 고발과 상호비판이 벌어지는 형국이었다. 그리고 고발과 비판은 때로 '복수'를 불러왔다. 1957년 개천군 상업관리소장은 외상으로 고급 양복지 등 많은 소비품을 구입했다. 소장의 행동이 이러하니 그 아래 상업과장과 과원, 인수원 등도 모두 같은 행동을 하였다. 이 상황을 알고 있던 상점 판매원 최수옥은 군 당위원장에게 이 사실을 고발하였다. 이 고발로 소장인 박대덕이 군에 불려가 비판을 받았다. 그는 군당에서 나오자마자 당에 자기를 고발한 자가 누구인지를 추적하고 복수를 하기 시작했다. 복수 방법은 자신을 고발한 최수옥을 상점에서 내쫓는 것이었다. 그러나 그녀를 상점에서 내쫓을 근거를 발견하지 못하였다. 그래서 그는 그녀가 "개인 생활이 부화浮華(부도덕)하다는 근거"를 조작하여 군에 보고하였다. 최수옥은 군 상업관리소 간부 지도원에게 불려가서 문책을 받았다. 그녀는 소장의 고발 내용을 인정하지 않고 결백을 주장하였다. 그러자 지도원은 최수옥을 모욕하고 구타까지 하려 했다.[109]

이러한 현상은 곳곳에서 비일비재하였다. 특히 건설장 사례에서 나타난 무수한 회의와 통계 작성 과정에서 '어머니와 같은' 헌신적이고 섬세한 동료 노동자 돌보기를 요구받았던 여성들은, 업무 외에 인간관계로부터 오는 스

---

109 〈비판에 대한 복쑤 행위를 철저히 근절하자〉, 《로동신문》, 1957년 3월 8일.

트레스가 상당히 많았다는 점, 그리고 상업소 사건에서 보듯 여성 비판의 근거로 '개인 생활의 부화', 즉, 남녀 간 애정 문제를 처벌 대상으로 삼은 점은 주목할 만하다.

이렇게 혼란의 50년대와 60년대의 산업화 시기가 지나고, 1960년대 중반 경제와 국방 병진노선이 시작되었다. 북한에서 생산증대운동이 본격화된 시점이다. 수많은 생산증대운동이 벌어졌고, 북한 노동자들은 과거와는 다른 도전에 직면해야 했다. 1965년 개성 기계종합공장의 사례를 보자. 이 공장의 '김재렬 천리마작업반'은 한국전쟁 때 희생된 애국자들과 각자 잊을 수 없는 사람들을 작업반원으로 등록하고, 그 이름을 자기 기대에 붙인 후 그 몫까지 생산하는 운동을 시작하였다.[110]

초기 다른 작업반과 직장들은 남이 하니까 우리도 궐기한다는 식으로 몇몇 사람들이 주관하여 궐기 모임부터 서둘러 댔으나, 일부 작업반에서는 반대로 운동이 성숙된 다음에 한다면서 궐기를 차일피일 미루었다. 그러자 공장 지도부가 나서서 이를 수동적이고 보수적인 '추미주의追尾主義적 태도라고 비판하며 이 운동을 의무화했다. 그 결과, 절약하여 증산한다는 일반적인 구호만 내놓는 작업반이 있는가 하면, 통일된 이후 "남반부 형제들을 구원하기 위한" 단순한 저금운동으로 궐기를 대치하는 경우도 많았다. 사회단체 간부들은 "잡다한 실무적 운동과 궐기모임만 벌려 놓고 사상 교양에 낯을 돌리지 않는 현상"이 팽배했다.[111]

생산 문제에 대응하는 과정에서 나타난 공장 내 당 권력과 행정권력 간의 갈등과 결탁도 계획합리주의의 이반 현상으로 볼 수 있다. 먼저 정치와 기술 간의 갈등 양상을 구성방직공장 사례를 통해 살펴보자.

110 〈대중의 애국 운동을 추동하기 위한 정치사업〉, 《로동신문》, 1965년 3월 8일.
111 〈대중의 애국 운동을 추동하기 위한 정치사업〉, 《로동신문》, 1965년 3월 8일.

이 공장에서는 제품의 질을 높이기 위한 대책을 논의하였다. 이때 행정기술 간부들은 표준조작법 준수와 기술관리를 대안으로 제시했다. 그러나 공장 당위원회는 기술 간부들이 문제를 행정 실무적으로 본다며, "우선 정치사업을 앞세워 사람들의 사상을 움직이는 데 첫째가는 주목을 돌려야 한다"고 주장했다. 대안의 사업 체계 이후 공장 내 절대권력이 된 공장 당위원회 방침에 행정기술 간부들은 직접적으로 저항할 수 없는 상황이었다. 이렇게 사업의 방향은 정치사상성 강화로 결정되었다.[112]

결정에 따라 행정기술 간부들은 기술관리가 아닌 이동속보판과 공장유선방송, 기동예술선동대, 현장이동선전차 등을 통해 제품의 질 제고와 관련된 성과와 부족점을 알려 주는 정치사업을 하게 되었다. 그러나 방직공들이 애국심을 가지고 질 제고 운동을 벌인다고 기술 문제가 해결될 리 만무했다. 제품의 질도 개선되지 않았다. 공장 당위원회는 기술의 중요성을 인식했으나, 그 대안은 "기술자들에 대한 당의 기대가 얼마나 큰가를 알려 주고 그들이 기술 연구 과제 실행에서 자기가 맡은 과제는 어떤 일이 있어도 완성해 놓고야 마는 그러한 혁명적 기질을 가지도록 교양하는 사업"이었다.[113] 결국 기술혁신이 아니라 정치사상 개조를 통해 기술 문제와 기술자와의 갈등을 해소하려 한 것이다.

공장 내 당 권력 역시 생산정책의 문제점을 인식했으나, 당원과 당 관료들은 중앙정책을 거부할 수 없었다. 이 과정에서 공장 내 당 관료들은 오히려 기술행정 관료 등과 결탁하게 된다. 이러한 양상에 대하여 김일성은 1967년 3월 17~24일 개최된 도, 시, 군 및 공장당 책임비서협의회에서 다음과 같이 지적한다.

---

112 〈제품의 질을 높이는 첫 공정은〉, 《로동신문》, 1967년 3월 6일.
113 앞의 기사(《로동신문》, 1967년 3월 6일).

당의 경제정책 집행에서 소극성이 나타나게 된 주요한 책임은 물론 경제지도일군들에게 있지만 그것을 반대하여 적극 투쟁하지 못한 당일군들에게도 일정한 책임이 있습니다. 지난 기간 금속공업성 책임일군들이 그렇게 소극성을 범하였는데도 성산하 공장, 기업소 당책임비서들 가운데 누가 그것을 반대하여 투쟁한 사람이 있습니까? 투쟁하기는커녕 도리여 일부 공장당책임비서들은 경제지도일군들의 소극성에 맞장구를 쳤다고 볼수 있습니다.[114]

기술행정 간부들이 당의 경제정책 집행에 소극적인 것을 비판하면서, 다른 한편으론 당 관료가 기술행정 관료와 결탁하는 현상을 지적하고 있다.

공장 생활의 갈등

전후 복구와 산업화 과정에서 농민 출신 혹은 공장노동 경험이 없는 사람들이 대거 노동자로 편입되었다. 이들은 동작과 시간 규칙에 따른 근대적 노동규율에 적응하기 힘들었다. 북한 정권은 각종 교육과 강제를 통해 노동규율을 강화했으나, 신입 노동자들은 '철의 규율과 질서'가 무엇인지 알지 못하였고, 그저 간부들이 요란하게 떠들어 대는 나와는 상관없는 그 무엇 정도로 여겼다. 산업화를 추진한 북한 정권의 목적은 당연히 공장 내 노동규율 확립과 생산량 증대에 있었다. 정권은 이 목적을 사회주의 경쟁운동으로 실현하려 했다. 그러나 근대적 노동규율을 경험해 보지 못한 노동자들에게 경쟁을 강제하기란 쉬운 일이 아니었다.

---

114 김일성, 〈당사업을 개선하며 당대표자회 결정을 관철할데 대하여〉, 《김일성 저작집》 21권, 1983, 225쪽.

이런 상황에서 북한 정권의 선택은 핵심 노동자층의 형성에 모아졌다. 생산력이 높고 당과 김일성에 대한 충성심이 강한 노동자층을 형성해서 일반 노동자들을 추동하기 위해서였다. 이 정책으로 제1차 5개년 계획 시기부터 수많은 '노력영웅'이 나오게 된다. 당시 노력영웅이 너무 많다는 비판이 팽배했으나, 김일성은 1958년 9월 16일 전국생산혁신자대회에서 "영웅이 많으면 많을수록 좋다"며 북한의 산업화 정책을 주도할 핵심 세력 강화를 주도한다.[115]

그러나 노력영웅이라고 칭해지는 '혁신노동자'들은 다양한 갈등을 노정하며 사회주의 공장문화를 형성한다. 혁신노동자와 기술전문가 간의 갈등, 노동자 내부 계층 갈등, 그리고 각 부서 간의 갈등과 타협은 사회주의 공장문화 특유의 갈등들이라고 할 수 있다. 완전고용 정책과 노동력 부족으로 노동자 해고가 거의 불가능하고 이동 또한 제한되었기 때문에, 제1차 5개년 계획 시기 이후 노동자 대부분은 한 공장과 노동자구에서 노동과 생활을 영위했다. 따라서 공장 내 생산주체 간의 갈등과 타협이 자본주의보다 훨씬 더 구조화되었으며 그 양태 또한 다양하였다.

특히 혁신노동자들이 공장 내의 또 다른 생산주체인 일반 노동자들과 일으킨 갈등은, 사회주의 생산체제의 특징과 20세기 중반 북한 경제체제의 모순을 들여다볼 수 있다는 점에서, 또한 북한 내 여성 노동자의 이중적 위치를 드러낸다는 점에서 의미 있다. 생산력과 충성심이 강한 혁신노동자들은 공장 내 생산정치를 주도하며 공장 운영에 큰 영향을 미쳤다. 이에 대해 일반 노동자들은 비정치화·노동 태만·개인적 반항·생산 회피·노동력 감추기 등 일상의 소극적 노동으로 권력의 요구를 비켜 가기도 했지만, 직접적으로 저항하기도 했다.

---

115 김일성, 〈사회주의 건설에서 소극성과 보수주의를 반대하여〉,《김일성 저작집》12권, 1981, 519쪽.

혁신노동자와 기술전문가 간의 갈등

1950년대 후반부터 많이 배출된 혁신노동자들은 기본적으로 생산 열의와 당 또는 김일성에 대한 충성심이 뜨거워 공장 내에서 각종 사업을 제안하고 과도한 생산 목표를 세웠다. 공장의 기술 및 설비 수준에 대한 이해가 높은 기술전문가들은 이 제안을 반대하거나 제고해 달라고 요구하여 혁신노동자와 빈번히 충돌했다. 그러면 공장 당위원회는 기술자들을 보수주의자라고 비판하며, 기술자들의 의견이 사상성이 결여된 주장이라고 묵살했다. 특히 기술자들이 제기하는 기계와 기술 수준 문제를 가리켜 '기술신비주의'로 몰아 갔다.

김일성도 혁신자들의 열의를 비판하는 기술자들의 주장이 "결국 귀신만이 안다는 것"이라며, 기술과 신비성을 말하는 자는 아무것도 못 하고 학자나 기술자들이 노동자를 무시한다며 혁신노동자들을 옹호했다.[116]

평양종합방직공장의 초급 당비서이며 노력영웅 칭호를 받은 리화순은 다기대운동의 선구자라고 불렸는데, 그녀가 직장에서 두각을 나타낼 당시 일반 노동자들은 방직기대를 28대씩 맡아 관리하고 있었다. 그러나 그녀는 기대 35대를 맡아 관리하여 공장 내 최고 생산량을 기록했다. 이 사례는 구내 속보판 등을 통해 선전되었고, 며칠 후 그녀는 48대의 직기를 맡겠다고 결의했다. 이때, "갑자기 기대 수를 늘리면 천의 질이 떨어진다"며 기술자와 선배들이 반대하였다. 그러나 리화순은 기어이 책임 기대를 늘렸고, 이후 그녀는 공장의 핵심 지도층이 되었다.[117]

여성 노동자들이 대부분인 해주화학공장 허영빈 천리마 청년작업반의

---

116 김일성, 앞의 논문(《김일성 저작집》 12권, 1981), 521~523쪽.
117 근로단체 출판사, 《우리 시대의 영웅들》, 평양: 근로단체 출판사, 1988, 111~112쪽.

사례도 비슷하다. 테일러 시스템을 도입한 후 이 작업반에는 전년 대비 약 3배 많은 계획량이 할당되었다. 그러나 새로운 시설과 설비가 제대로 작동되지 않아 작업을 시작하지 못하고 있었다. 이때 여성 작업반장이 나서서 계획을 달성하겠다며 자의적으로 작업을 개시하였다. 그러나 준비 없이 생산하면 불량품만 양산하고 기계가 손상된다며 기술자인 직공장이 작업을 멈추게 했다. 여성 작업반장은 전쟁 전 이 공장 당위원장이었던 남편의 후광과 반원들과의 친분을 이용하여 자신의 주장을 관철시켰다. 그녀가 노동자를 설득한 논리는 국가계획은 법이라는 것과 "집안 살림을 돌보듯 공장일을 해 나가자!"는 호소였다.[118]

이러한 공장문화가 강화되자 이제 기술자들은 기술 문제를 제기하지 않았으며, 어떤 경우에는 속보 작성 등 선전원 역할을 하기도 했다. 그러나 기술자들의 불만과 저항도 만만치 않았다. 그도 그럴 것이, 공장 당위원회는 기술자들에게 노동자를 사랑하는 '어머니' 역할까지도 요구했기 때문이다.

대안전기공장의 한 작업반 저녁 총화모임에서 기술자에 대한 비판이 제기됐는데, 그 내용이 노동자들이 생산과정에서 기술자를 어머니처럼 따르지 않는다는 것이었다. 이에 대해 노동자와 기술자 간의 갈등을 계속 지켜본 경력 2년의 현장 담당 여성 기술원 강지량은 다음과 같이 결심한다. "자식에 대한 어머니의 그 섬세한 눈길과 극진한 심정으로 맡은 작업반원들이 안타까워하는 것, 알고 싶어하는 것, 불편해하는 것들을 제때에 해결해 주어야겠어. 그러기 위해선 쉬임없이 작업반원들의 형편을 알고 기술 원리에 정통하고 잠을 아끼면서라도 공부를 하여야 해." 강지량은 그 즉시 작업반에 내려가 출근 청소부터 시작하여 각종 잡일 등 보조 노동을 도맡아 했다. 즉, "소박한 언행과 극성스러운 작업반 생활"을 한 것이다. 그렇게 노

118 〈녀성 천리마 기수들의 보람찬 생활〉, 《로동신문》, 1961년 3월 8일.

동자들과 친숙해진 다음에야 그녀는 노동자들에게 기술 기능을 가르칠 수 있었다고 한다.[119]

위 사례들을 통해 두 가지 특징을 확인할 수 있다. 하나는 혁신노동자와 기술자 간의 갈등이 구조화되었으며, 이때 공장 당위원회는 혁신노동자를 옹호했다는 것이다. 그러다 보니 기술자들은 자신의 능력을 감추고 수동적 공장 생활을 이어 가거나, 혁신노동자나 당 관료와 타협하기도 했다. 이후에도 기술과 생산 조건을 무시하는 사상우위 생산정책으로 기술자와 혁신노동자 간의 갈등은 지속되었다.

또 다른 점은, 특히 여성 기술자에게는 어머니의 심정으로 현장 노동자들의 생활을 챙기고 보조 노동까지 하는, 소위 '여성의 섬세함'을 요구했다는 것이다. 따라서 여성 기술자는 기술자 본연의 기술 능력 외에 갈등 조정자 역할까지 떠맡아야 했다.

비단 기술 전문가만 그런 것이 아니다. 노동자의 혁신을 요구한 당 정책과 김일성 교시에 따라 공장 내 다양한 전문가와 혁신노동자들이 갈등을 빚었다. 북한의 공장에는 국가계획위원회의 통제 하에 각 단위의 계획을 세우고 관리하는 '계획원'이란 직급이 있는데, 김일성 현지지도가 있은 후 대안공장의 한 작업반 노동자가 계획원에게 계획량 증대를 요구했다. 이 노동자는 "수상 동지께서 우리에게 가르치신 대로만 일한다면 그 숫자가 너무 적은 것 같습니다"라고 했다. 그러나 계획원은 "동무들의 열의를 알만 합니다. 그러나 계획에는 과학성이 있어야 합니다. 그래야 치자처럼 맞물고 돌아가는 계획이 될 수 있지 않겠습니까?"라며 반대하였다. 그러자 그 작업반에서 자의적인 생산량 증대운동이 일어났고, 그 결과 계획원의 우려대로

119 윤세중, 《천리마 공장 사람들》, 평양: 직업 동맹 출판사, 1965, 40~75쪽.

다량의 불량품이 양산되었다.[120]

이러한 갈등은 생산량을 정하는 정량원과도 나타났다. 대안공장의 한 작업반장이 정량원에게 작업반 노동 정량 증대를 요구했다. 이때 정량원은 "한 대의 조립 성과를 가지고 기술 집단의 엄격한 과학 기술적 타산으로 재정한 기준량을 변동시킨다는 것은 좀 고려할 문제"라고 하였다. 그러자 작업반장은 "생산자가 하는 일은 누구보다 생산자 자신이 잘 알고 있다. 기술 일군은 생산자들의 혁명적 열의도 타산할 줄 알아야 할 것"이라고 비판했다. 정량원은 "내 동무들을 생각해서 하는 말입니다. … 기준량이란 과학적 계산에 의해 사정하는 것입니다. 새 변압기 공정에 대해서는 기술 전문가들이 수십 번 타산하고 결론을 내린 것입니다"라고 대응하였다. 그러나 작업반장은 "과학적인 타산이란 실천적 경험이 안받침 돼야 합니다. 그렇다면 나 자신이 실천적 경험으로 내놓는 이 숫자와 기준량 사이의 차를 메워야 하지 않겠습니까? 이것이 과학이며, 로동자들의 마음을 알아주는 것이 아니겠습니까?"라며 물러서지 않았다.[121]

일단 갈등 상황이 벌어지면 혁신노동자의 요구가 관철될 수밖에 없었다. 공장 내 천리마 작업반장을 비롯한 혁신노동자들은 당위원회의 지원을 받아 세력화된 이들이었기 때문이다. 혁신노동자는 대부분 작업반장들이었고, 작업반원들은 작업반장의 결정을 따라야 했다. 물론 일반 노동자의 의견이 작업반장의 결의와 반드시 일치하지는 않았다.

계획과 생산량 책정 과정에서 갈등은 두 축으로 나타났다. 한 축은 노력영웅이 되기 위하여 생산량을 높이겠다는 노동자와의 갈등이다. 이들이 기술 및 기계 수준을 무시하고 생산량 증대운동을 강행한 결과, 다량의 불

---

120 윤세중, 앞의 책, 97~107쪽.

121 윤세중, 앞의 책, 137~138쪽.

량품이 양산되고 기계 손상과 마모율이 높아졌다. 생산량 증대를 위한 '돌격노동'은 현장 간부인 혁신노동자의 주도로 진행되었다. 즉, 대다수 노동자의 동의가 아니라 저항하기 어려운 지위에 있는 간부들의 권위와 경직된 공장문화가 돌격노동을 가능하게 한 것이다.

또 다른 축은, 생산 계획량을 최대한 낮추려고 하는 노동자와의 갈등이다. 작업반과 노동자들은 대부분 최대한 계획량을 낮추려 했다. 노력영웅의 조건은 높은 생산력뿐 아니라 출신성분·당성 등이 핵심 판단 기준이었는데, 이 기준에 미치지 못한 노동자들은 완전고용 상태에서 최대한의 무사안일을 추구한 것이다.

1960년대 본격화된 창의고안운동 과정에서도 혁신노동자와 전문가들 사이에 갈등이 있었다. 대안공장의 한 혁신노동자는 자신의 창의고안을 실현하기 위해 설계부에 설계 수정을 제안하였다. 설계부에서는 이 제안이 현실적으로 불가능하고 생산 혼란만 초래한다고 반대하였다. 그러자 이 노동자는 설계부원들을 교조주의자라고 비판하며, 공장 당위원회의 도움을 받아 자신의 뜻을 관철시켰다.[122] 이처럼 북한의 기술혁신 사례들은 본래의 취지와 달리 생산 현장에서 오히려 계획과 생산의 혼란을 가중시키는 부작용이 컸다.

노동자 내부 갈등과 저항

공장 내 노동자 간의 갈등은 사회주의 공장문화의 중요한 특징이다. 왜 그러한가. 노동자들은 생산과정과 공장 내 다양한 모임에서 자신을 감시하고 평가하는 공장 간부들과 만나게 된다. 개별 노동자의 생산과 노동량 및 질

---

122 윤세중, 앞의 책, 126~129쪽.

이 정기적으로 평가되고 정치적·경제적 보상과 연결되는 상황에서, 노동자 대부분은 순종적인 태도를 보이려고 노력한다. 그러나 생산성보다 출신과 당성으로 보상이 좌우되면서, 노동자들은 다양하게 분화되고 갈등한다.

북한의 일반 노동자들은 크게 두 가지 유형으로 구분된다. 혁신노동자와 같이 능동적이고 경쟁적인 유형과, 대다수 일반 노동자와 같이 수동적이고 방어적인 유형이 그것이다. 충성에 대한 보상은 출신성분과 당성, 연고緣故 등과 연계되었고, 이 조건이 충족되지 않는 일반 노동자들의 경우에는 생산 증대와 집단활동이 신분 상승과 연결되지 않는다. 따라서 일반 노동자 대부분은 각종 경쟁운동을 부담스러워하고 협상을 통해 회피하려 한다. 이 과정에서 혁신노동자와 일반 노동자 간 분화가 발생한다. 동시에 혁신노동자와 공장 관료 간 후견-피후견 관계가 강화된다.[123] 이러한 양상을 구체적 사례를 통해 살펴보자.

앞서 언급한 다기대운동의 선구자인 리화순은 노력영웅이 되어 사회적 지위가 향상되자 더 많은 기대를 관리하자고 작업반원에게 제안했다. 그러나 작업반원들은 지금 하는 것도 작업반 중에서 가장 앞서는데 공연히 사서 고생할 필요가 있느냐고 반대했다. 그녀로 인해 점점 높아지는 생산량이 일반 노동자들 입장에서는 감당하기 어려웠기 때문이다. 그럼에도 불구하고 리화순은 작업반장의 권위를 내세워 자신의 의지를 작업반원들에게 강제했다. 이 과정은 지속적으로 반복되었다. 그녀는 1964년 10월 25일 김일성을 현지지도 과정에서 만난 감격을 더 많은 기대 관리와 생산량 증대

---

123 A. Walder, op. cit., pp. 147-170. 혁신노동자는 당과 공장 간부와 함께 사회정치적 지위를 갖게 되며, 일반 노동자에 대한 정보를 간부들에게 제공한다. 따라서 명령과 지시에 순응하지 않는 노동자 외에도 자신에 대한 정보가 그들에 의해 간부에게 제공된다는 사실을 아는 일반 노동자들은 그들에게 적대감을 갖거나 자신의 정보를 최대한 숨기려 한다. 이러한 갈등은 사회 갈등과 동일한 양상으로 진행된다. A. Walder, op. cit., p. 167.

로 강제했고, 1965년 연간 계획을 상반기인 5월 4일에 끝마쳤다.[124]

공장의 당 지도원과 일반 노동자 간의 갈등도 살펴보자. 대안공장에서
는 다음 해 계획을 세우는 공장참모부회의 결정에 따라, 지난해에 비해 훨
씬 높아진 작업반 생산량을 군중토의에 제안했다. 공장 참모부회의는 1961
년 대안 사업체계로 체계화된 공장 내 핵심 권력기구로, 보통 당위원회의
주도 하에 참모부 성원인 생산지도부·계획부·기술부·공무동력부 대표와
공장의 혁신노동자가 참가하여 공장 내 중요 사안을 결정한다.[125] 그러나
갑자기 늘어난 생산량 요청에 작업반 반장들은 "많습니다. 지금 우리 작업
반 형편으로는 부하가 너무 셉니다. 더욱이 파동성도 있다는 것을 고려할
때 말입니다"라며 난색을 표했었다. 노동자들은 "날고 뛰는 재간이 있어도
그렇게는 못 합니다"라며 오금을 박았다. 이때 공장 당 지도원은 "모욕감을
느꼈고 부하가" 치밀었다.[126] 그리고 다른 방법을 모색하였다. 먼저 노동자
들이 제기하는 생산 파동성의 원인을 조사했다. 한 젊은 조립반 노동자를
선정하여 그의 몇 달치 작업 실적을 분석한 끝에 생산 파동성을 확인한
당 지도원은, 생산 파동성의 원인을 다음과 같이 추측한다.

생산의 심한 파동성은 자재나 기대 때문에가 아니라 그의 생활에서 일정
한 사고가 있기 때문인 것만 같았다. 그것이 정신적인 생활이거나 또는 물
질적인 생활이거나 간에 그리고 그의 직장 생활이거나 또는 가정에서의 생
활이거나 간에 그 아무모로나 정상이라고 볼 수 없는 생활의 곡절이 있는
것 같았다.[127]

---

124 근로단체 출판사, 앞의 책, 111~114쪽.

125 윤세중, 앞의 책, 32쪽.

126 윤세중, 앞의 책, 37쪽.

127 윤세중, 앞의 책, 39쪽.

이러한 추측을 전제로 노동자의 생활을 조사해 보니 과연 가정불화가 있었다. 그래서 부부 불화를 해결해 주었더니 생산의 파동성이 없어졌다는 것이다.[128] 이 같은 비논리적 문제 해결 방식은 김일성의 교시에 따른 것이었다. 김일성은 1959년 9월 4일 황해제철소 당위원회 확대회의에서 생산 파동성의 원인을 공업관리 간부들이 각 단위 조직사업에 미숙하기 때문이라고 지적하였다.[129] 따라서 구조적인 생산 문제는 간부가 노동자의 생활을 보살펴 주고 사상적으로 단련시켜 결의를 높이면 해결되는 것이었다.

숙련노동자와 신입 노동자 간의 갈등도 있었다. 사리원 탄광에서는 숙련 광부와 신입 광부 간의 갈등이 심각했다. 광산 당국은 숙련노동자가 신입 노동자에게 기술을 가르치는 기술전습제를 지시했으나, 기술 전습이 제대로 진행되지 않았다. 그 원인은 앞서 지적한 바와 같았다. 숙련 광부들은 전체 공장 생산에 집중해야 했고, 그러다 보니 신입 광부를 지도할 여력이 없었다. 기술지도에 대한 인센티브가 거의 없는 것도 주요인이었다. 신입 광부들은 노동 생활에 적응하지 못하고 직장을 옮길 생각만 하거나, 심지어 자신을 무시한다며 숙련노동자와 직접 충돌하기도 했다.[130] 사리원 탄광뿐 아니라 북한의 각 생산단위에서 같은 문제가 빈번히 나타났다. 사실 이는 중국과 소련에서도 광범위하게 나타난 문제로, 중국의 공장문화를 연구한 왈더는 다음과 같이 지적한다.

생산혁신자들은 당과 각종 사회단체를 통해서 간부들과 연계망을 갖게 된다. 이러한 연계망의 확대와 함께 더욱 간부들에게 충성하게 되며, 그들로

---

128 윤세중, 앞의 책, 37~41쪽.
129 김일성, 〈모든 문제 해결에서 중심고리를 튼튼히 틀어잡고 거기에 력량을 집중하자〉, 《사회주의 경제관리문제에 대하여 1》, 평양: 조선로동당출판사, 1970, 194쪽.
130 〈지도와 대중을 결합시켜 낡은 사상잔재를 극복〉, 《로동신문》, 1959년 3월 4일.

부터 보호를 받게 된다. 그 결과, 생산혁신자들은 더 높은 지위를 가지게 된다. 이러한 현상은 일반 노동자들의 적대를 피하기 위한 생산혁신자들의 선택이기도 하다. 소외층과 일반 노동자들에 의한 사회적 고립과 저주는 생산혁신자들로 하여금 공장 간부에게 더 밀착하게 한다. 이 과정에서 생산혁신자와 공장 간부 사이에 후견—피후견 관계가 강화된다.[131]

스탈린 시기 공장과 노동자를 연구한 필쩌D. Filtzer는 소련의 경우에도 노동자 간의 갈등과 분화가 일반적이었음을 밝혔다. 스탈린 시기 공장에서는 당 정책에 충실하고 초과생산을 하는 혁신노동자들을 후원하고, 일반 노동자들은 강한 노동규율로 통제했다. 이러한 압력에 대해 노동자들은 초기에 강력하게 저항하였으나, 정권의 대대적인 공격[132]으로 수동적이고 개별적인 방법으로 저항하게 되었다. 그 방법은 비정치화·이직·노동 태만·결근·작업 중 음주·개인적 반항 등이었다. 스탈린 정권은 혁신노동자와 일반 노동자 간 차별정책을 실시했다. 이로 인해 일반 노동자들이 생산혁신자들을 배척하였으며, 노동자 간 갈등은 증폭되었다. 갈등의 직접적인 원인은 배급의 차별 적용과 일반 노동자에 대한 비판과 통제 강화였다.[133]
　일상적이고 소극적인 노동자 저항뿐 아니라 직접적이고 공세적인 저항도

---

131 A. Walder, op. cit., pp. 169-170.

132 파업이나 집단적 항의에 대한 스탈린의 정책은 두 가지였다. 첫째는 저항 노동자에 대한 분배 통제로 생활에 고통을 주었으며, 둘째는 비밀경찰 등에 의해 주모자나 저항 노동자를 체포하여 감옥이나 노동훈련소로 보냈다. 소련의 경우 1920년대 말에서 30년대 중반까지 1,500만 명에서 2,000만 명이 감옥이나 노동훈련소로 보내졌다. 그리고 1935년에 당원을 정비하여 당 정책에 저항하는 50만 명을 당에서 축출시켰다. Donald Filtzer, Soviet workers and Stalinist industrialization, London : Pluto Press, 1986, pp. 84-85.

133 그러나 이러한 시스템이 정권의 의도대로만 이루어지진 않았다. 공장에서 항상 우세한 배급을 해 줄 수는 없었다. 어떤 곳에서는 모든 노동자들이 특권을 향유했으며, 어떤 지역에서는 생산혁신자들도 거의 혜택을 받지 못했다. 이직자들과 태만자들이 제재되지 않는 공장도 있었다. Donald Filtzer, Ibid., p. 81, pp. 98-99.

있었다. 북한 노동자의 중앙정책과 정권에 대한 직접적 저항 중 상당수는 출신성분에 따른 차별정책에 대한 저항과 생존권 투쟁이었다.[134]

가사노동의 성 역할 구조

가사노동의 역할 구조는 일상생활 속에서 양성평등이 어느 정도 구현되었는지를 살필 수 있는 척도이다. 각종 북한 문헌과 탈북민 조사를 살펴보면, 북한에서는 1960년대까지 양성평등 정책과 여성의 사회 활동으로 가사노동에서 어느 정도 양성평등이 진척되었다. 그러나 군사정책 및 김일성 1인 지배가 강화된 1960년대 말부터 사회적 위계질서가 강해지면서, 1970년대부터는 가사노동에서도 성 역할이 위계적으로 구조화되었다.

1950~60년대 탈북민 조사에 따르면, 당시에는 직장과 가정일에 쫓기는 아내를 도와 남편이 가사를 거드는 것이 자연스럽게 받아들여지고 있었다.[135] 고부 간의 갈등도 며느리가 사회 활동을 하면서 줄어들었다고 한다. 며느리를 심하게 다루면 여맹으로부터 압력을 받고 비판 대상에 오르기도 했다. 며느리의 사회 활동으로 가정일 대부분을 시어머니가 맡아 보기도 했다. 사회 환경 변화가 고부 관계도 대립보다는 협조 관계로 이끌어 간 것이다.[136]

1970년 국토통일원 조사연구실에서 탈북민 90명을 대상으로 실시한 〈북

---

134 북한 주민과 노동자의 저항 사례와 북한 당국의 대응에 대해서는 1960년대 말 귀순한 이항구와 국토통일원의 조사 참조. 이항구, 앞의 책, 433~443쪽, 국토통일원a, 앞의 책, 98~100쪽.

135 그러나 이 증언을 한 탈북민은 남성이기에 남성의 입장에서 이전에 비해 상대적으로 가사노동의 참여율이 높아졌다고 느낄 수 있다. 이태영a, 앞의 책, 56쪽.

136 이태영a, 앞의 책, 57쪽.

한 이질화 실태조사 보고서)에 따르면, 노후에 아들 가정에서 생활하는 노인은 45퍼센트, 딸 가정에서 생활하는 노인은 24퍼센트, 노인끼리 생활하는 비율은 17퍼센트, 양로원 생활이 14퍼센트로 조사되었다. 이 조사 결과를 볼 때, 당시에는 노인들이 노후를 전적으로 아들에게 의존하지 않으며 효 의식은 지속되었던 것으로 판단된다.[137]

북한 남성이 주로 하는 가사노동 종류는 구공탄 만들기, 김장독 묻기, 김장 배추 나르기 등이다. 물론 주부들도 함께 한다. 또한 동네 사람들이 공동으로 하는 화장실 청소, 눈 치우기, 거리 청소 등도 부부가 함께 한다.[138] 그러나 일상 가사인 청소·식사 준비·세탁 등은 여성이 한다.

북한의 의식주 생활을 종합해 볼 때 식사·청소·세탁 관련 가사는 그리 많은 시간과 노력이 들지 않는다. 부식물이 풍부하지 않기에 반찬을 만드는 시간이 길지 않고, 주거 생활공간이 좁기에 청소하는 시간도 별로 들지 않는다. 그러나 물 공급의 불안정성과 가사 도구의 미약, 부엌 구조의 비효율성 등으로 가사노동보다는 가사노동 구조를 갖추는 데 시간과 노력이 더 든다. 물자 부족과 당 정책으로 의식衣食 준비 시간은 적어졌지만, 가사노동의 책임자는 여성이다. 한편 '사회주의 생활양식' 정책에 따라 식량이 많이 소비되는 풍습은 근절했으나, 결혼식과 장례식 등을 위한 음식 준비는 지속되었다. 다만, 물자 부족과 당 정책에 따라 크게 벌이지는 않고 주변의 도움을 받았다. 장례식은 3일장으로 치르는데 이때 직장, 작업반, 인민반, 친척들이 부조를 모아 음식을 해 갖고 와서 식을 치른다.[139]

가사노동의 여성 편중은 북한 교육에서도 확인된다. 북한 교과서에 나

---

137 이태영a, 앞의 책, 58~59쪽.
138 20대 탈북 여성 정옥희 증언, 여성한국사회연구소 편, 앞의 책, 188쪽.
139 봉제공 출신 탈북 여성 최순희(60대) 증언, 여성한국사회연구소 편, 앞의 책, 263~264쪽.

타난 성 역할 구조는 고등중학교 단계로 올라가면서 더 분명해진다. 가사노동을 하는 여성의 모습은 전체 삽화 중 17.6퍼센트를 차지하고, 남성은 1퍼센트도 되지 않는다. 반면 군사 활동에는 여성 삽화가 한 번도 등장하지 않는다.[140] 학교생활 중 학급 청소에서도 여학생은 교실 청소와 미화 활동을 주로 하고, 남학생은 무거운 짐을 운반하거나 운동장 청소 등을 한다. 학교 조직활동인 소년단과 청년동맹 활동을 보면, 남학생은 주로 주요 직책을 맡는 반면에 여학생은 남학생이 사업을 잘할 수 있게 뒤에서 조력하는 역할을 한다. 남녀공학의 경우에는 이러한 경향이 더욱 강하다.[141]

부부가 둘 다 직장 생활을 해도 여성의 가사노동 편중은 지속되었고, 1960년대보다 1970년대 이후 더 강화되었다. 이는 수령제가 가지고 있는 위계문화의 구조화 및 사회주의 생활문화정책 때문이다. 1970년 2월 17일 김일성은 "민족문화유산에 대하여 허무주의적으로 대할 것이 아니라 자라나는 새 세대들에게 그것을 계급적 립장에서 똑바로 알려주어야" 한다며 민족 문화유산의 계승 발전을 제기하였다.[142] 이러한 전통의 복원은 사회와 가정생활에도 영향을 미쳤다. 여성의 사회 활동이 전체 중 약 50퍼센트에 이르자, 북한 정권은 해방 이후 줄곧 비판해 온 양성 불평등성을 방기하였다. 즉, '사회주의적 생활양식'을 강조하며 전통적인 사회문화를 인정하고 필요에 따라 강화한 것이다.[143] 이에 따라 위계적 지배 체제인 수령제와 맞물려 여성의 가사노동 편중은 지속 또는 강화되었다.

---

140 민무숙 외, 앞의 책, 86~87쪽.

141 민무숙 외, 앞의 책, 206~207쪽.

142 김일성, 〈민족문화유산계승에서 나서는 몇 가지 문제에 대하여〉, 《김일성 저작집》 25권, 1983, 25쪽.

143 북한 문헌은 '사회주의적 생활양식'을 고유한 민족적인 것에 사회주의적 내용을 담아 창조되고 완성되는 생활양식이라고 정의한다. 김량제, 〈사회주의생활양식은 사회주의사회에서 사는 사람들의 활동방식〉, 《근로자》, 1979년 제3호, 33쪽.

이와 관련하여 1990년대 말 서울대학교 생활과학연구소가 탈북민 121명을 대상으로 벌인 〈북한의 가정생활문화 실태조사〉는 매우 구체적이다. 전체 북한 주민의 가사노동 시간은 하루 평균 2시간 정도이며, 그중 청소와 땔감 준비가 39분으로 가장 많은 시간이 소요된다. 그 다음으로 음식 준비가 31분, 빨래·바느질, 자녀 돌보기는 각각 25분 정도 소요된다. 설거지는 가장 적은 12분 정도이다. 성별 가사노동 시간은 크게 차이가 나서 하루 평균 여성은 3시간 47분, 남성은 1시간 26분을 가사노동에 사용했다. 성별 가사노동을 보면 남성은 땔감 준비와 공동노동, 여성은 식사·빨래·자녀 돌보기·설거지 등에 집중되어 있다. 북한 남성만을 조사한 결과, 전체 가사노동에는 67퍼센트의 남성들이 참여하였고, 참여자는 하루 평균 2시간을 가사노동에 소비한다.[144] 남성의 가사노동 역할에 대해 탈북 여성들은 다음과 같이 증언한다.[145]

남편들은 남존여비사상이 강해 집에서 전혀 일을 하지 않는다. 남편이 도와주는 일은 쉬는 날에 구멍탄을 찍거나 물을 길어다 주는 정도이다. 남편이 부인 일을 도와주면 남자답지 못하다는 평을 듣는다.

가족이 외출할 때 부인이 애기를 업고 손잡고 머리에 짐을 이고 가도 남편은 단지 옆구리에 간단한 짐을 끼고 갈 뿐이다. 여자도 이를 당연한 것으로 생각하고 남편에게 기대조차 하지 않는다.

---

144 한편 남한 노동자 부부의 가사노동 시간은 남편이 평일에 17분, 휴일에 1시간 46분이다. 남한 남성에 비해 북한 남성의 가사노동 참여 시간은 하루 평균 1시간 이상 길다. 이기춘 외, 앞의 책, 138~139쪽.

145 이기춘 외, 앞의 책, 140쪽.

남자들은 저녁에 들어오면 근본 일하는 게 없어요. 집에서 가정일도 안 하고 … 없어요. 밥도 여기하곤 달리 밥상 다 들어다 바쳐야 되고 … 제가 집에서 일할 때 일체 가정일은 남자가 안 봐 주어요. 연탄 같은 것도 여기서 처럼 연탄을 갖다 주는 게 아니라 가루탄을 갖다 준다구요. 가루탄을 갖다 주면 여자들이 찍어야 해요.

위 증언들과 다른 탈북 여성들의 증언을 종합해 볼 때, 북한의 남성은 가정 연료 만들기와 공동청소에는 대부분 참여하나, 일상적 가사노동에는 참여하지 않는다. 그런데 가정 연료 만들기와 주택 수리 작업에는 많은 시간이 들기 때문에 상대적으로 남한 남성에 비해 가사노동 참여 시간이 긴 것으로 나온다. 그러나 증언들에서 나타나듯, 북한 사회는 일상 가사에 대한 여성 편중과 아내에 대한 남편의 권위주의적 태도가 남한의 경우보다 강하다. 서울대학교 생활과학연구소의 조사도 북한 남성의 가사노동 시간이 남한 남성에 비해 훨씬 길다는 결과를 보고했으나, 연구자들은 북한 남성이 남존여비 사상에 익숙해 가사를 거의 하지 않는다는 탈북민 진술을 근거로 볼 때 이 결과는 자기 기입식 조사가 가져오는 답변의 과장 가능성이 크다고 판단했다. 즉, 실제 북한 남성의 가사노동 시간은 하루 평균 1시간 46분에 미치지 못한다는 것이다.[146]

그러나 **첫째**, 북한 남성의 가사노동 종류가 시간을 많이 필요로 하는 땔감 준비와 공동노동임을 고려하고, **둘째**, 대부분의 북한 부부가 경제생활을 함께 한다는 것, **셋째**, 여러 계층의 탈북민 증언을 고려할 때 과거 북한 남성의 가사노동 시간은 남한 남성보다 길었던 것으로 판단된다. 결정적 으로, 집안 시설 수리와 가정 연료 마련 등의 노동을 주로 남성들이 했

---

146 이기춘 외, 앞의 책, 139쪽.

기 때문으로 보인다.

모성 갈등

북한 여성들이 경험하는 모성 갈등은 크게 두 가지다. 하나는 기혼 여성이 직장 생활로 인해 양육에 신경 쓸 여력이 없어서 생기는 내적 갈등 및 자녀와의 갈등이며, 또 다른 하나는 양육의 사회화가 진행되면서 가정 분위기가 삭막해지고 자식에 대한 어머니의 애정을 제대로 표현할 수 없어서 생기는 가족 구성원 간의 갈등과 내적 갈등이다.

먼저 직장 생활로 인한 양육의 어려움을 사례 중심으로 살펴보자. 전쟁 미망인인 한 여성은 남편이 없기 때문에 아이들을 엄하게 키웠고, 직장 생활로 인해 살갑게 지낼 시간도 없었다. 그러던 어느 날, 아이의 담임선생이 가정방문을 하여 아이가 우울하고 동료들과 어울리지 못한다는 말을 전해주었다. 아이들의 성격적 결함은 직장 생활에 쫓겨 아이들을 통제하려고만 했던 양육 방식 때문이었다.[147]

사리원종합상점 재봉공 리금희는, 아이들의 담임을 만나고서 아이들이 시키는 일은 하는데 활기가 없고 남 앞에 나서기를 주저한다는 것을 알았다. 그녀는 남편과 함께 직장 생활을 하면서 7남매를 길렀다. 그래서 아이들이 시키는 일을 제대로 하지 않거나 일을 저지르면, 엄격하게 길러야 한다면서 덮어놓고 욕설만 했다.[148]

비록 여러 가지 문제를 양산했지만 한국전쟁 이후 북한에서는 양육의 사

---

147 〈5남매를 키우면서〉, 《로동신문》, 1957년 3월 8일.
148 〈7남매의 어머니〉, 《로동신문》, 1962년 3월 8일.

회화가 꾸준히 진행되었고, 이는 북한의 가정과 여성 생활에도 큰 변화를 가져왔다. 1970년 국토통일원 조사연구실에서 진행한 〈북한 이질화 실태조사〉와 이태영의 연구 결과는 그 상황을 비교적 잘 보여 준다(〈표 8〉 참조).

〈표 8〉 북한의 국가 양육이 가정생활과 여성에게 미친 영향

시기	가정생활	여성 자신
1953년 이전	1. 가정 분위기 파괴(2명) 2. 자식에 대한 애착심 유발(1명) 3. 수고 감소(1명)	1. 모성 상실(3명)
1954~60	1. 가정 분위기 삭막(5명) 2. 가정에 취미 상실(3명) 3. 자녀와 거리감 조성(2명)	1. 노동의 노예화(4명) 2. 초조, 불만, 고민(3명) 3. 직장 생활 가능(2명)
1961~65	1. 전통 가족제도 파괴(2명) 2. 자식의 부모 불신, 효성 상실 (3명)	1. 모성애 감소(3명) 2. 직장 생활 강요(1명) 3. 젖 먹이는 수고 감소(1명)
1966~70	1. 가정 분위기 삭막(2명) 2. 편해짐(1명)	1. 부담 경감(4명) 2. 노력동원(1명) 3. 허전한 괴로움(1명)
1971~80년대	1. 자녀교육 불충분(2명) 2. 모자간 정 파괴(2명) 3. 편해짐(1명)	1. 자녀교육 관심 희박(3명) 2. 편안함(2명)

출처 : 이태영, 1988, 227쪽.

〈표 8〉을 볼 때 국가가 주도한 탁아소와 유치원이 가정생활에 미친 영향은 1965년까지는 가정 분위기를 삭막하게 한 것이다. 그러나 1966년 이후에는 가정생활의 부담이 없어졌다는 평가가 나오고 있다. 이것은 기혼 여성들이 직장 생활에 쫓기다 보니 양육을 부담스럽게 여기고, 전후 지속적으로 양육의 사회화를 추진한 결과, 이를 자연스럽게 받아들이게 된 점을 그 원인으로 볼 수 있다. 특히 1970년대 이후에는 교육과 양육의 사회화가 제도화되어, 탁아소와 유치원에 자녀를 맡기는 것이 당연하게 인식되었다.

반면 양육의 사회화가 여성에게 미친 영향은, 1965년까지는 주로 모성 권리와 자녀와의 유대 관계가 약해지면서 초래된 불안감과 갈등이다. 그러나 1966년부터는 부담이 줄어들었다, 편안해졌다 등의 평가도 나온다. 한마디로, 1960년대 중반 이후부터는 북한 여성들이 산업화 시기를 경과하며 지속적으로 추진된 양육의 사회화를 자연스럽게 받아들이게 되었다고 할 수 있다.

1960년대 중반까지는 양육의 사회화로 가정 분위기가 삭막해지고 자녀를 중심으로 유지되는 전통적 가족 구조가 파괴되었으나, 1960년대 중반부터는 사회 양육을 당연하게 인식하며 가족 구조도 이에 적응한 것이다. 이러한 양상은 수령제가 제도화된 1970년대 이후 사회주의 생활문화와 가족 생활윤리 등이 여성에게 교육되면서 그 사상학습이 거둔 효과로도 볼 수 있다. 또한 1966년 이후 사회 전체에 팽배한 전쟁 분위기, 충성과 감시의 시선 속에서 여성들도 직장 생활과 사회 활동 때문에 더는 탁아소와 유치원 양육에 저항할 여력이 없었기 때문일 수도 있다. 대부분의 북한 여성들은 북한 사회에 적응하는 방법을 선택한 것이다.

1960년대는 가정과 학교, 가정과 사회단체 등의 연계교육이 강조되었으나, 1970년대 이후 사회적 양육이 제도화되면서 북한 여성의 자녀 교육에 대한 관여도나 관심도도 낮아진 것으로 보인다. 이에 대해서 한 탈북 여성은 다음과 같이 증언한다.

북한에서는 부모가 자녀 교육에 관여하는 부분이 적은 편이죠. 왜냐하면 남자들은 고등중학교만 나오면 거의 의무적으로 군대를 갔다와야 하니까. 딸의 경우도 대부분 당에서 직장에 무리배치(국가의 노동력 배치 기준에 따른 졸업생에 대한 집단적 직장 배치)를 하는 편이니까. 어느 정도 인생경로가 결정되어 있으니까 부모가 욕심을 부린다고 어떻게 되는 부분은 적죠. 국가에

서 키우는 것이기 때문에 부모가 자식을 이렇게 저렇게 키우겠다는 생각은 안 하게 되죠.[149]

게다가 1970년대 이후 직장과 사회단체에서 밤 11시까지도 사상학습을 하는 통에 양육에 신경 쓸 여력도 없었다. 이에 대해 핵심계층 50대 탈북 여성은 다음과 같이 증언한다.

직장에 정신이 다 팔려 있다 보니까 집의 일은 잘 못했습니다. 어떤 때는 우리 막내가 유치원은 안 가고 어디 애들과 기차 타고 나가서, 거기서 '어이 ~ 비서네 아니구나' 하고 데리고 오는 사람들도 있고···.[150]

1970년대 이후 북한의 거의 모든 기혼 여성들이 직장이나 가내작업반 생활을 하였기에 가족 간 대화 시간은 거의 없었다. 여기에 교대제 근무로 아내와 남편이 출퇴근 시간이 다르면 한동안은 거의 얼굴도 보지 못하고, 휴일도 서로 다를 경우가 많기 때문에 대화 부족은 더욱 심각했다. 탈북 여성 최봉례도 북한에서는 서로 바빠 대화할 시간이 거의 없다고 증언한 다. 자식들에겐 정치적으로 잘못된 말만 하지 말라는 것이 고작이었다.[151]

자녀들의 사정도 비슷했다. 자녀들도 소년단, 사로청 등 조직 활동을 해 야 했기에 여유 있게 가정 구성원이 모일 수 있는 기회는 많지 않다. 앞서 설명한 청소년들의 패거리 문화는 부모가 둘 다 직장 생활을 하면서 자녀 에게 관심을 갖지 못하는 가정의 청소년들 사이에서 형성되는 경우가 많았

149 동요계층 50대 여성 증언, 민무숙 외, 앞의 책, 162쪽.
150 핵심계층 50대 여성 증언, 민무숙 외, 앞의 책, 162~163쪽.
151 북한 연구소, 앞의 책, 142쪽.

다. 그럼에도 불구하고 탈북민들은 북한의 부모가 남한 부모들보다 잘 못해 주어도 북한의 자녀들은 부모를 귀하게 여기는데, 남한의 자녀들은 과잉보호로 키워 부모를 귀하게 여기지 않는다고 인식한다.[152] 그 주된 이유는 북한에서 정책적으로 추진한 사회주의 생활문화와 가족윤리로서 효孝문화가 충忠문화와 어우러져 도덕적 규범으로 작용하고, 사회적 위계성이 부모-자식 관계에도 그대로 투영되기 때문으로 보인다.

한편 사회와 가정에서 노동자성과 모성을 동시에 요구받았던 여성은 직장에서 승진과 직위에 차별을 받았으나, 상당수 북한 여성들은 이를 당연하게 받아들이고 있다.

여자가 직장에 배치 받았다 하더라도 애를 낳아야 되고 또 애들을 키워야 되는 게 의무잖아요. 그리고 나면은 남자들과 똑같이 일을 할 수도 없고, 또 애를 낳고 기르는 기간 동안은 휴직이나 휴가를 내야 되고, 그러니까 이런 차원에서 여자들이 자질이 있건, 능력이 있건 그런 것 상관없이 성공은 상상도 못하고, 항상 남자들 밑에서 지시 받으며 일하는 것이 기본… 뭐랄까 고질적으로 되어 있다고 봐야죠.[153]

자식을 낳는 것이 여성의 일차적 의무이기 때문에 직위에서 남성에게 밀리는 것은 당연하다는 인식이다. 출산이 여성의 선택 사항이라는 사고는 거의 확인할 수 없다. 1970년대 이후 산아제한 정책과 바쁜 사회생활로 피임이 일반화되었으나, 출산을 거부할 수 있다는 의식은 거의 찾아보기 힘들다. 따라서 북한 여성들은 가정과 직장 생활을 함께 하기 쉬운 직종과

---

152 이기춘 외, 앞의 책, 243쪽.
153 핵심계층 50대 탈북 여성 증언, 민무숙 외, 앞의 책, 223쪽.

업무를 선호하고, 직장에서도 기혼 여성을 배려하는 차원에서 부서 이동을 해 주기도 한다. 이는 가사와 양육의 1차 책임자가 여성인 사회 환경에서는 어쩔 수 없는 상황이자, 노동자와 어머니라는 이중역할을 수행하는 데 필요한 북한 여성의 생존 전략이었다.

7장

젠더 위계와 정체성

" 1960년대 중반 이후부터 내외적 위기가 고조되고, 수령을 정점으로 한 위계적 지배 질서가 구조화되면서 양성 간의 위계 역시 강화되었다. 이 시기부터 학교, 공장, 가정에서 성 역할의 위계 구조화도 본격화됐다. 전 시대에 비해 양성 불평등성이 강화되었음은 물론이다. 시기적으로 북한 정치사회의 위계적 구조화와 맞물려 있는 1970년대에 북한의 양성평등 정책은 2단계 굴절을 한다. "

성性정책 변화와 성 역할 교육

전통사회에서 북한 여성은 물리적으로는 다수임에도 불구하고, 사회적으로는 언제나 '소수자'였으며 권력의 시야에서 벗어나 있었다. 여성은 권력의 지반을 지탱하고 있었으나, 농업문화에 기반한 배타적이며 대규모적인 혈연공동체 질서에서 정치사회적 지위를 갖기 어려웠다. 전통사회에서 여성은 대가족 공동체를 관리하고 유지하는 생활관리자였으며, 공동체의 권력자는 남성과 노인이었다.[1]

해방 후 북한의 인구구성에서 직업적으로는 농민이, 성별로는 여성이 다수였다. 무산자계급 주도의 사회주의국가 건설을 추진한 김일성 세력은 해방 후 여성의 사회 진출을 추진하는 동시에 정치사회적 지위도 향상시키려 했다. 그러나 한국전쟁을 경과하며 국가와 가족이 일체화되면서 전 사

---

1 이에 대한 구체적 연구는 한국여성 연구소 여성사연구실 편,《우리 여성의 역사》, 청년사, 1999; 한국고문서학회 편,《조선시대 생활사1》, 역사비평사, 1996; 한국고문서학회 편,《조선시대 생활사2》, 역사비평사, 2000; 여성한국사회연구회 편,《한국가족론》, 까치, 1990 등 참조.

회적으로 위계질서가 강화되었고, 여성의 정치사회적 지위는 '무산자계급'의 지위 향상에 비해 크게 향상되지 않았다.

해방 후 북한 정권은 남녀평등권 법령, 공민증제도, 선거사업 등을 통해 대가족의 핵가족화와 여성의 개체화를 추진하였다. 특히 1946년 8월 9일 임시인민위원회 결정 57호로 채택된 〈공민증에 관한 결정서〉는 호적을 대신하여 공민증으로 신원을 확인하게 한 조치로, 이 결정으로 만 18세 이상의 모든 여성이 남성과 동등하게 공민증을 교부받게 되었다. 공민증은 이를테면 양성평등의 신분적 징표였다.[2]

그러나 전쟁 후인 1955년 3월 5일 내각결정 28호 〈공민의 신분등록에 관한 규정〉으로 공민증의 내용과 이에 대한 사회안전부의 확인 절차, 그리고 혼인 등록 절차 등을 강화하는 사회재정비 사업이 추진되면서 북한 여성의 권리 신장에 제동이 걸렸다.[3] 이제 사회 전체적으로 가국家國 일체화와 집단화가 중요시되었다. 이에 따라 가정을 안정화시켜 효율적인 통치 구조를 구축한다는 목적 아래 이혼이 제한되었다. 해방 이후 여권신장과 함께 전개된 자유이혼 분위기를 정권이 나서서 제어한 것이다.

1956년 3월 8일자 내각결정 제24호로 협의이혼 절차가 폐지되고, 재판에 의한 이혼만이 인정받게 되었다. 또한, 임신 중이거나 생후 1년 미만의 자녀를 가진 여성에게는 이혼소송을 제기하지 못하도록 했다. 이를 위반하여 소송을 제기한 경우나, 소송 진행 중 앞의 사유가 발생할 경우에는 소송을 기각하게 하였다.[4] 국가와 가족의 일체화 정책으로 이 시기에 북한의 양성평등 정책은 1단계 굴절을 겪는다.

---

2 윤미량, 앞의 책, 76쪽.
3 윤미량, 앞의 책, 89쪽.
4 조일호, 《조선 가족법》, 평양: 교육도서출판사, 1958, 130쪽.

그러면서도 북한 정권은 여성의 혁명성과 능동성을 강조했다. 산업화에 필요한 노동력을 여성의 생산 활동으로 충당하려 했기 때문이다. 그러나 산업화 시기 중공업 우선주의에 따른 산업 간 위계는 남녀 노동자 간의 위계에도 영향을 미쳤으며, 산업 내부에서도 성 역할론에 따라 여성 노동자에게는 생산 증대 외에 애정과 헌신성으로 노동자들의 생활을 관리하는 '노동자의 어머니' 역할을 요구했다. 더욱이 1967년을 기점으로 '수령제'라는 위계적 지배 질서가 구조화되면서, 소위 '혁명하는 남편'의 보조와 '혁명의 후비대' 양성, 그리고 생활경제를 책임지는 '내조형 인간'으로서 혁명적 어머니 역할이 강조된다. 즉, 공장과 가정에서 성별 위계가 구조화된 것이다. 시기적으로 북한 정치사회의 위계적 구조화와 맞물려 있는 1970년대에 북한의 양성평등 정책은 2단계 굴절을 한다.

1970년대 이전 탈북민 90명을 대상으로 국토통일원에서 실시한 〈북한 이질화 실태조사〉 결과를 보면, 1960년대 중반까지 북한에서 진행된 양성평등성을 확인할 수 있다.

〈표 9〉 북한의 남녀평등 사례(1953~1971)

시기	사례
1953년 이전	1. 여성의 군사교육 참가　2. 여성의 중노동 3. 여성의 입후보　　　　4. 투표 참가 5. 교육 기회 부여　　　　6. 여성 기관사, 운전사 배출 7. 여성 군인 활동　　　　8. 여성의 사회 활동 9. 여성 간부　　　　　　10. 발언 가능
1954~60	1. 직업 선택의 기회 부여　　　2. 선거·피선거 권리 3. 동일 노동에 대한 동일 임금　4. 여성의 사회 활동 5. 회의 중 자기 남편 공격
1961~65	1. 동일 노동에 대한 동일 임금　　2. 유급휴가 3. 노동 참가　4. 기혼 남성의 혼외정사 중죄 처벌 5. 훈련 참가　6. 발언권　7. 남성과 평등한 교육

1966~70	1. 동일 노동에 대한 동일 임금 2. 미혼녀의 사회 진출 3. 결의권
1971~	1. 동일 노동에 대한 동일 임금 2. 여성의 정치 활동 참여 3. 남성 비판 4. 사회주의 건설에 남성과 함께 참가

출처 : 이태영, 1981, 86~87쪽.

〈표 9〉를 보면 1960년대 중반까지 북한 사회의 양성평등성이 전(前) 사회에 비해 높았음을 알 수 있다. 동일 노동에 동일 임금이 책정됐으며, 여성의 사회 활동이 장려되고, 여성도 능력에 따라 사회적으로 인정받을 수 있는 길이 열렸다. 교육권과 선거권 등 각종 사회적 권리를 여성도 누릴 수 있게 되었다.

양성평등성이 높아지면서 나타난 사회현상을 탈북민들은 다음과 같이 지적한다. 우선, 사회 활동이 활발해지면서 여성이 가정에 소홀해져 전통적 가정 구조가 파괴되었다. 여성의 남성화와 함께 여성이 짊어져야 할 정신적·육체적 부담이 가중되었다. 결과적으로 여성의 지위가 향상되었다.[5]

그러나 1966년 이후부터 양성평등이 약화되며 그 사례도 현격하게 줄어들었다. 1960년대 중반 이후부터 내외적 위기가 고조되고, 수령을 정점으로 한 위계적 지배 질서가 구조화되면서 양성 간의 위계 역시 강화된 것이다. 이 시기부터 학교, 공장, 가정에서 성 역할의 위계 구조화가 본격화됐다. 전 시대에 비해 양성 불평등성이 강화되었음은 물론이다. 앞서 살펴본 핵심계층 50대 탈북 여성의 증언대로 "여자가 직장에 배치 받았다 하더라도 애를 낳아야 되고 또 애들 키워야 되는 게 의무"였기 때문에, "여자들이 자질이 있건, 능력이 있건 그런 것 상관없이 성공은 상상도 못 하고, 항상

5 이태영a, 앞의 책, 55쪽.

남자들 밑에서 지시 받으며 일하는 것이 기본"이었다.[6]

직장을 배치받을 때부터 여성은 차별을 받았다. 핵심계층 40대 탈북 여성은 다음과 같이 증언한다.

김일성종합대학을 남녀가 똑같이 졸업하고도 직장 배치는 상당히 틀려지죠. 당 간부 쪽으로는 여자들이 거의 못 갔어요. 여자들의 입장에서 … 많이 좌절돼요. 왜냐면 특히 중앙당 같은 경우에는 아주 조금 뽑거든요. 당 간부를 등용하는 것은 아주 적어요. 그러기 때문에 일반 행정 간부 같은 경우에는 괜찮은데 일반적으로 당 간부는 정말 힘들어요. 실제 북한은 행정 간부가 운영하는 게 아니라 당 간부가 운영하거든요. 그런 면에서 여자들이 실질적인 자리에 올라간다는 것이 힘든 편이죠. 또 여자들이 대외 부문 같은 쪽으로 가는 것도 거의 드물죠. 내 기준에서 본다면 김대(김일성종합대학) 학생들을 보면 여자들은 언론기관에 많이 갔어요. 언론기관에 많이 가고, 연구 부문 있잖아요? 뭐 사회과학원 이런 데 연구 부문에 많이 하고, 대학교수 있잖아요, 그런 분야로 많이 가고…[7]

전통적인 남아 선호도 지속되었다. 특히 농촌에서는 도시에 비해 그 정도가 더 심했다.[8] 남아 선호가 지속된 이유는 북한 어머니들이 남자아이를 좋아해서라기보다, 북한 사회가 아들이 더 살기 편한 사회라고 인식했기 때문이다. 1960년대 중반부터 본격화된 군 강화 정책·수령제와 사회주의 애국주의·사회주의 생활문화 정책이 전통적 요소인 인격적 위계질서를

---

6 민무숙 외,《북한의 여성교육에 관한 연구》, 한국여성개발원, 2001, 223쪽.

7 민무숙 외, 앞의 책, 219~220쪽.

8 북한 연구소, 앞의 책, 115쪽; 이기춘 외, 앞의 책, 244쪽.

강화하며 여성의 헌신성을 강조했고, 북한의 산업화와 군사화 역시 남성적 군사문화에 기초해 있었다. 일반 주민들의 생활과 의식에 내재해 있는 전통적 요소도 쉽게 사라지지 않았다.

이렇다 보니 여성의 높은 생산 활동 참여율과 혁명화 정책에도 불구하고, 북한 교육 내용도 성 역할론에 기초한 성별 위계성이 강한 내용으로 채워졌다. 남녀 간 예절을 다루는 고등중학교 3학년 24과 단원을 보자.

이 단원은 두 가지 내용으로 구성되어 있다. 하나는 남녀 간에 예의를 지키고 존중할 것, 또 다른 하나는 남녀가 지닌 서로 다른 특성을 인정하고 그에 맞게 행동할 것이다. 남녀 간 예의와 관련된 내용에서 남성은 여성을 비하하거나 경시하는 언사나 행동을 하지 말 것, 여성은 남성 앞에서 단정한 옷차림을 갖추고 예의에 맞게 행동할 것이 강조된다. 특히 남성에게는 언사에 대한 강조가 두드러진다. 예를 들면, "남자들이 여자들의 인격을 무시하거나 반말을 사용하는 등의 행동", "녀학생들이 정당한 주장을 할 때 중뿔나게 나선다고 비방하는 행동", "남자들이 여자들에게 반말하는 것은 당연시 여기며", "녀자들은 남자들에게 꼭 존경어를 써야 되는 것으로 생각하는 것" 등이다. 이러한 행동을 봉건주의적 태도라고 비판한다.[9] 이 내용으로 볼 때, 여성 비하 발언이나 행동 등이 현재까지도 북한 사회에서 공공연하게 벌어지고 있음을 짐작할 수 있다.

이러한 남성 중심의 사회문화를 비판하면서 여성에게 요구하는 덕목이 단정한 옷차림과 예의 바름이라는 것은 양성평등과 거리가 멀다. 실제로 북한의 교과 내용은 성별 신체 특성에 맞는 행동을 요구한다. 여성은 남성의 거친 면을 다듬어 주고 주변 환경을 정리하고, 강인함·부드러움·조용

---

9 민무숙 외, 앞의 책, 94쪽.

함·섬세함 등을 지녀야 한다는 것이다.[10]

해방 이후부터 1960년대 중반까지는 한국전쟁이라는 특별한 계기로 인한 1단계 굴절이 있었음에도 불구하고, 여성의 노동자계급화 정책에 따라 양성평등이 추진되었다. 그러나 1960년대 중반부터 군사문화와 수령이라는 절대권력을 중심으로 전 사회가 위계적으로 재구성되면서, 특히 1970년대 중반 세습체제 구축과 경제 위기가 맞물리면서 양성평등 정책의 2단계 굴절이 확연해졌다.

여성 간부, 여성의 정치 진출

북한 여성의 정치사회적 지위를 확인할 수 있는 지표 중 하나는 여성 간부와 여성의 정치 진출 정도이다. 북한의 여성 간부는 세 가지 유형으로 나뉜다. 첫 번째는 김일성 계열 만주 항일투쟁가나 그의 가족이다. 두 번째는 월북한 남로당이나 소련파 계열 인사, 그의 가족이다. 세 번째는 조선로동당이 발굴한 노동자·농민 출신 여성이다. 이 가운데 여성 간부로서 주도적 역할을 한 것은 첫 번째 유형이다.

김일성 계열 만주 항일투쟁가 집안 출신 여성 간부들은, 각 시기별 종파투쟁을 거치며 숙청되거나 좌천된 여성 간부 자리에 세 번째 유형인 정권에 충실한 여성 농민과 노동자를 등용하였다. 두 번째 유형은 몇 차례에 걸친 종파투쟁을 통해 대부분 쇠락하였다. 첫 번째와 세 번째 유형은 당과 김일성에 대한 충성심이 강하며 중앙정책에 헌신적인 유형인 반면에, 두 번

---

10 민무숙 외, 앞의 책, 95~96쪽.

째 유형은 일제강점기 근대화와 유학 경험으로 자유주의적인 신여성[11]의 정서가 강했다. 이들 대부분은 종파투쟁 과정에서 좌천되었다.

초기 북한의 여성 간부에 대해 전쟁 시기에 그들을 직접 만난 성혜랑은 다음과 같이 증언한다.

노동여성 출신인 그들은 자기들의 과거가 너무 버젓한 나머지 어금니를 꽉 깨물고 거무튀튀한 얼굴에 웃음조차 담지 않았다. 웃는다는 것은 약자의 표정이며 너무 부드러운 것이다![12]

북한의 여성 간부 중 대표적 인물은 해방 이후부터 1965년까지 여맹 위원장을 지낸 박정애이다. 그녀는 해방 초기에 김일성과 소련군 사령부를 잇는 역할을 하고, 전쟁 시기에는 국제활동을 주도하여 스탈린상을 받기도 했다. 또한 세계평화옹호 부위원장으로 활동하는 등 국제활동을 왕성하게 벌였다. 그녀는 정치적 야망이 컸으며, 초기부터 김일성 절대권력을 수립하는 데 큰 공을 세웠다. 그러나 박정애 또한 김일성의 아내인 김성애가 대두하던 1960년대 중반에 상업상으로 좌천되었다.[13]

산업화 시기는 북한 여성 간부의 재생산이 이루어진 시기다. 재생산된 여성 간부들은 대개 혁신적 여성 노동자 출신들이었다. 당운실, 길확실 등 여성 혁신노동자들이 김성애를 중심으로 한 여성 권력의 구성원이 되었다. 대부분 노동자·농민 출신으로, 헌신적 활동으로 생산을 증대하고 당과 김일성에 대한 충성으로 여성 간부가 되었다. 그 대표적인 사례가 당운실이다.

---

11 이들에 대한 자세한 내용은 성혜랑, 《등나무집》, 지식나라, 2000 참조.
12 성혜랑, 앞의 책, 177쪽.
13 성혜랑, 앞의 책, 322~325쪽.

당운실은 북한의 방직·제사·견직 등 섬유공장에서 대대적으로 전개된 '국 안 먹기 운동'을 처음 도입했다. 여성 직공들이 화장실에 간 사이에 종종 올실이 끊어져 기계가 멈추거나 올실이 없는 불량품이 생산되는 현상을 방지하기 위해 시작된 운동이다. 작업 내내 서 있어야 하는 생산공정에서 직공들이 쉬기 위해선 화장실에 가는 길밖에 없었기에, 여성 노동자들은 화장실에 가서 종종 휴식을 취했다. 1964년 평양방직공장에 몇 대의 자동식 방직기계가 설치된 후에도 실이 한 줄만 끊어져도 기계가 자동적으로 정지되어, 자동식 기계를 설치한 후 오히려 생산량이 감소하는 일이 벌어졌다. 그 원인을 분석해 보니 노동자들이 자리를 비울 때 기계 정지가 빈번하였다. 이에 대한 대책을 논의할 때 평양방직공장의 열성당원이며 노력영웅인 당운실이 여자 직공들의 화장실 출입 횟수를 줄이기 위해 국은 먹지 말고 물은 되도록 적게 마시자는 운동을 제안한 것이다. 이 운동은 이후 북한 섬유공장 전체에서 전개되었다.[14] 이와 같은 헌신적 활동과 충성이 여성 간부가 되는 조건이었다. 당운실은 이후 이 공장의 지배인이 되었다.

여성 노력영웅들은 당과 김일성에 대한 충성으로 과도한 노동을 동료들에게 요구하였고, 이로 인한 갈등과 폐해가 상당했다. '여성 착암수 중대 해체 사건'이 대표적이다. 1965년 4월 자강도 지역의 여성 착암수 중대가 중대원의 태업으로 해체된 사건이다. 여성들도 중노동을 해낼 수 있다는 본보기로 노력영웅 이연옥은 당 결정에 따라 여성 착암수 중대를 조직하여 지하 중노동을 시작하였다. 그러나 습기 찬 지하 막장에서 착암기를 들고 돌을 부숴야 하는 중노동이 계속되자, 중대원 여성들이 지치거나 병이 들어 중대 자체가 해체되기에 이르렀다. 이들의 이야기는 '여성 착암수 중대'라는

---

14 이항구,《북한의 현실》, 신태양사, 1988, 290쪽.

영화로 만들어져 선전되었다. 물론 주인공은 노력영웅 이연옥이었다.[15]

1960년대 말 당 지도원으로 승진되고 28세에 공장의 첫 여성 세포비서 (당원 5~30명으로 구성된 노동당 최하 기층 조직인 당세포의 책임자. 당세포비서)로 선출된, 토목기사 출신 60대 탈북 여성 장인숙은 자신의 경험을 근거로 여성 간부의 조건과 특혜를 회고했다.

사회 경험이나 연령으로 보아 미숙했지만 입당 연한이 있고 열성을 보여 그랬나 봐요. 세포비서는 남보다 먼저 출근해야 하고 또 제일 늦게 퇴근해야 해요. … 북한에서는 수시로 숙박검열을 하면서 안전원들이 집에 들어와 심지어 옷장까지 열어 볼 때도 있는데, 유급 당일꾼 집은 숙박검열에서 제외되는 특혜가 있어요.[16]

전체적으로 당과 김일성에 대한 충성과 출신성분이 기초가 되고, 생산과 집단활동에 헌신적인 이들이 간부로 충원된다. 이렇게 선출된 여성 간부들은 자신을 선출해 준 상부 당원과 간부에게 더욱 충성하게 된다. 또한, 각종 감시제도에서 상대적으로 자유로웠으며 사회적 존경과 특혜를 받았다.

그러나 공장과 농촌에서 여성의 생산 활동 참여율이 50퍼센트에 육박해도 남성에 비해 여성 간부 비율은 낮았다. 유급 간부들은 생산 활동을 하지 않는데, 수많은 유급 간부를 대부분 남자가 맡다 보니 생산 현장에 여성들만 있는 경우도 많았다. 특히 중앙 경공업과 지방산업, 농촌은 그 정

---

15 그러나 중대의 해산과 함께 영화 상영도 금지되었다. 한편 평안남도 숙천군 여성 트랙터 운전수 대대원들 중에는 과중한 노동으로 불임증不姙症이 된 여성들이 속출했다고 한다. 이항구, 앞의 책, 437쪽.

16 여성한국사회연구소 편, 앞의 책, 342쪽.

도가 심했다. 때문에 김일성은 1971년 10월 7일 조선민주녀성동맹 제4차 대회에서 여성 간부 비율을 높일 대책을 제시하는데, 특히 만혼으로 전문성을 쌓으라는 지시가 눈에 띈다.

여성들이 의무교육을 마치고 5년제 대학에 들어가도, 22살 정도면 대학을 졸업할 수 있으므로 시집갈 때까지 5~6년 동안 사회노동에 집중하라는 것이다. 이러한 김일성의 지시를 계기로 1970년대 이후 북한 미혼 여성의 결혼연령이 25~28세 이상으로 높아진다. 만혼은 결혼 전 20~30년 동안 집단생활을 가능하게 하므로, 여성의 혁명화와 노동계급화에 도움이 된다는 주장이다.

김일성이 지시한 또 다른 대책은, 국가 양육의 강화이다. 기혼 여성 대부분이 생산과 사회 활동을 했으나, 직장과 여맹 등 모든 단체의 여성 간부들은 대부분 미혼이었다. 따라서 김일성은 기혼 여성의 적극적 활동을 위해 회의나 출장이 많은 여성 간부들과 여성 기자·배우 등의 자녀를 대상으로 한 주週탁아소, 월月탁아소, 주週유치원 등을 운영하게 한다.[17]

김일성의 이 지시를 두고 여맹을 비롯한 각 사회단체는 **첫째**, 여성들의 사회적 지위와 역할을 높여 주고, **둘째**, 여학생들을 혁명화하여 여성 간부들을 많이 양성하게 하고, **셋째**, 여성 조직을 조직·사상적으로 강화시켰다고 설명했다. 사회주의·공산주의 건설 시기에 해결되어야 할 여성 문제의 올바른 지침이라는 것이다. 그리하여 김일성의 지시는 "녀성 문제를 로동계급의 혁명 위업과 분리시켜 녀성들의 인권 옹호나 남녀 간의 문제에 귀착시키며 그것을 순수 기술실무적으로 다루려는 부르죠아 대변자들과 기회주의자들의 반동적인 견해에 타격을 주었으며, 녀성 문제의 본질에 관한 로동계급의 혁명리론의 순결성을 고수하는 데 거대한 기여를 하였다"고

17 김일성, 〈녀성들을 혁명화, 로동계급화할데 대하여〉, 《김일성 저작집》 26권, 1984, 384~387쪽.

선전되었다.[18]

그러나 아무리 미혼 여성의 결혼연령이 늦춰져도 여성 간부 비율은 여성 생산 활동 비율에 비례하여 상승하지 않았다. 재단사 출신 탈북 여성 강금식은 이에 대해 다음과 같이 증언하였다.

책임 있는 자리는 남자가 다 맡고 그 보조는 여자가 하는 게 보통이에요. 직장장은 주로 남자를 뽑거든요. 북한 사회에서도 여자가 성공하기는 힘들어요. 김일성이 밀어 주는 경우를 제외하면 거의 힘들지요. 노동하는 여자의 숫자는 많아요. 남자는 거의 군대를 가므로 여자가 노동하는 경우가 많은데, 남자만큼 대우를 받지 못해요. 가정에서도 남녀의 역할이 구분돼요. 직장 생활을 똑같이 해도 가사일은 철저하게 여자의 일이에요.[19]

또한, 여성의 전문성이 강조됐으나 전문가가 되는 통로는 너무나 좁았다. 일반적으로 공장대학 입학은 시험 없이 공장 당위원회의 추천으로 이루어지는데, 여성의 입학율은 남성에 비해 훨씬 낮았다. 그도 그럴 것이, 교육과정 자체가 남성 노동 분야에 편중되어 있기 때문이다. 즉, 기계·전기·건축공학과와 기계제작과 등이 대부분이고, 방직공학과 염색가공 등 여성 전문 분야를 다루는 공장대학은 평양공업대학 한 곳뿐이다. 공장대학과 농장대학 등에 입학할 자격을 갖춘 여성 자체가 소수이다. 공장대학에 가고 싶어도 고등기술학교를 나오지 못했기 때문에 대학 공부를 할 수 없는 여성들이 상당수였다. 시간적 제약 때문이다. 성인 직업교육인 공장대학의

---

18 사회과학원, 《〈녀성들을 혁명화, 로동계급화할 데 대하여〉에 대하여》, 평양: 사회과학출판사, 1975, 51~53쪽.
19 여성한국사회연구소 편, 앞의 책, 91쪽.

수업연한은 보통 5~6년이고, 강의는 주로 저녁 시간에 이루어진다. 이런 장기간의 교육 기간은 결혼 적령기와 겹쳐 여성들이 직업교육을 기피하는 원인으로 작용한다. 또한 직장과 가정에서 이중역할을 해야 하는 기혼 여성들로서는 저녁에 강의를 듣는 것이 상당한 부담이 될 수밖에 없다.[20]

북한 여성의 정치사회적 지위를 볼 수 있는 또 다른 지표는, 여성의 정치 진출이다. 인민위원회 대의원과 노동당 중앙위원회의 여성 비율은 이를 잘 보여 준다. 여성 대의원 수는 전체적으로 생산 참여율에 비례해 상승했다. 그러나 1948년에 비해 1962년에 북한 여성의 생산 활동 참여율이 비약적으로 상승했음에도 불구하고, 1962년 여성 인민위원회 대의원은 1948년보다 훨씬 낮은 비율이다. 중공업 중심의 산업화 정책과 남성 중심적인 생산문화로 정치 영역에서도 여성 할당에 대한 고려가 부차화된 것으로 볼 수 있다(〈표 10〉참조).

〈표 10〉 최고인민회의 여성 대의원 비율(1948~1990)

선거일	대의원 총수 (명)	여성 대의원 수 (명)	여성 비율 (퍼센트)	임기 (년)	비 고
제1기 1948. 8. 25	572	69	12.1	9	인구 5만에 1명 선출. 헌법상 임기 3년 (흑백함 투표)*
제2기 1957. 8. 27	215	27	12.6	5	헌법상 임기 4년(흑백함 투표)
제3기 1962. 10. 8	383	35	9.1	5	인구 3만에 1명 선출(단일함 투표)
제4기 1967. 11. 25	457	73	16	5	〃
제5기 1972. 12. 12	541	113	21	5	〃
제6기 1977. 11. 11	579	120	20.8	4	〃

20 민무숙 외, 앞의 책, 189쪽.

제7기 1982. 2. 28	615	121	19.6	5	〃
제8기 1986. 11. 2	655	138	21.1	4	〃
제9기 1990. 4. 22	687	138	20.1	4	〃

출처 : 리경혜, 1990, 73쪽; 손봉숙 외, 1992, 235쪽 재구성.
*'흑백함 투표'는 찬성과 반대 투표통을 따로 설치하여 투표하는 방식이고, '단일함 투표'는 하나의 투표통에 찬반 투표를 같이 하는 방식이다.

한편, 최고인민회의 대의원은 북한에서 형식적 성격이 강한 직위이기 때문에 대의원 비율과 여성의 정치사회적 지위가 비례하지는 않는다. 북한 정치의 실세는 노동당 중앙위원이다. 북한 사회의 핵심 권력인 노동당 중앙위원회의 여성 위원 비율은 남성 위원에 비해, 그리고 최고인민회의 대의원 비율에 비해서도 절대적으로 낮았다(《표 11》 참조).

〈표 11〉 노동당 중앙위원회 여성 위원(1946~1980년대)

당대회	위원장	부위원장	정위원	후보 위원	대표자 총수
제1차 1946.8			박정애, 허정숙 (총 42명 중)		801명
제2차 1948.3			박정애, 허정숙 (총 69명 중)		990명
제3차 1956.4		박정애	허정숙, 박정애 (총 71명 중)		916명
제4차 1961.9			박정애, 김옥순 (총 85명 중)	리양숙 외 3인 (총 50명 중)	1,157명
제5차 1970.11			김성애, 정경희 외 6인 (총 117명 중)	허영숙 외 5인 (총 55명 중)	1,734명
제6차 1980.11			김성애, 허정숙 외 8인 (총 169명 중)	정경희 외 18인 (총 122명 중)	3,220명

출처 : 손봉숙 외, 1992, 242쪽

여성이 노동당 중앙 요직에 진출하는 비율은 기타 중앙 정치기관이나 지방 정치기구 등에 비교해서도 매우 낮다. 북한의 핵심 권력기관인 노동당에서 여성 간부화 정책을 제기했음에도 불구하고, 실질적인 여성의 정치진출은 제한되었음을 반영한다.[21]

성 역할 위계의 구조화

공장의 성별 위계

권력이 요구하는 여성 혁신노동자의 조건에는 당과 김일성에 대한 충성과 생산 증대 외에, 정권이 요구한 고정된 성 역할이 추가되었다. 바로 헌신적 애정과 생활관리로 반원들을 모범 노동자로 만드는 것이다. 구체적으로 헌신성, 동료에 대한 사랑과 애정, 인내심 있는 행동으로 뒤쳐진 노동자들을 선진노동자로 만들고 그들의 생활을 관리해 주는 것이다. 즉, 노동자들의 어머니가 되라는 것이다.

그 대표적 사례가 산업화 시기 여성 공장노동자들의 모델이 된 길확실이다. 그녀의 수기는 각종 단행본과 신문 등을 통해 북한 전 지역에 선전되었고, 여성 노동자들이 많은 공장에서는 그녀의 사례를 조직적으로 학습했다. 길확실과 같은 노동자들은 '노력혁신자'로 불리며 도급(일정 시간 안에 끝내야 할 일의 양을 몰아서 맡음)임금제에 기반한 더 많은 임금과 무료 견학과 혁명 전적지·혁명 사적지 답사, 정양소·휴양소 이용 우선권 등 사회적 특혜를

21 손봉숙 외, 앞의 책, 243쪽.

받는다.[22] 사회적 지위가 상승하고 어디를 가나 칭송과 대우를 받으며, 각종 감시 대상에서 제외되기도 한다. 길확실 같은 여성 혁신노동자들의 삶은 혁신적 노동자성을 획득하고자 하는 여성들에게 삶의 지표가 되었다.[23]

이에 반해 남성 혁신노동자의 조건은, 국가계획을 선도하는 혁신적 행동이다. 구체적으로는 생산 과제 수행을 위해 불면 불휴하며 목표를 달성할 것, 어떠한 갈등이 있어도 당 정책과 수령의 지시를 고집스럽게 관철시켜 나갈 것, 기계 문제로 생산에 차질이 생기면 기계 자체를 만들거나 기술혁신을 주도할 것 등이 요구된다.

북한의 대표적인 남성 혁신노동자로는 진응원과 주성일이 있다. '천리마작업반운동의 선구자'로 불리는 진응원은 강선제강소에서 강재鋼材 12만 톤을 생산하는 과정에서 최초로 천리마작업반운동을 시작했다. '기술혁신의 기수'로 불리는 주성일은 전후 복구 및 산업화 시기에 룡성기계공장의 선반공에서 천리마 작업반장으로, 그리고 직장장에 이어 1980년대에는 공장 지배인이 되었다. 주성일은 작업반장 시기에 작업반원들과 함께 많은 대형기계를 만드는 데 큰 공훈을 세웠다. 그는 "대담하게 생각하고 대담하게 실천하라는 당의 부름에 따라 모든 애로와 난관들을 용감하게 뚫고 여러 가지 창의고안을 도입하여 제품 가공 시간을 수 배·수십 배씩 줄였으며 가장 힘든 부분들의 가공"도 도맡았다.[24]

공장 내 남녀 간의 역할 차이는 성性 역할의 위계를 구성하고 이를 반영한다. 중앙 중공업 공장의 미혼 여성 노동자 김옥순의 사례를 보자.[25] 그녀는 수천 명 노동자들 중 유일한 여성 단조공鍛造工(금속을 두들기거나 눌러서 형

22 사회과학원 주체경제학 연구소,《경제사전 1권》, 평양: 사회과학출판사, 1985, 519~520쪽.
23 길확실,《천리마 작업반장의 수기》, 평양: 직업동맹출판사, 1961.
24 근로단체 출판사,《우리 시대의 영웅들》, 평양: 근로단체 출판사, 1988, 86~94쪽. 98~109쪽.
25 변철환,《로동당시대의 영웅들》, 평양: 직업동맹 출판사, 1961, 214~224쪽.

태를 부여하는 직공)으로 중공업 열성자대회에서 공로 메달까지 받았다. 당시 마흔 살이던 직장장도 24세 처녀인 김옥순을 '직장 어머니'라고 불렀다. 여성 노동자 증대정책에 따라 1958년 초 이 직장에서도 김옥순 외에 여성이 20여 명으로 증가했다. 직장에서는 옥순을 여맹 위원장으로 추천했다.

김옥순은 동시에 군郡과 공장의 직맹·민청위원으로도 활동했다. 그녀는 여맹 위원장이면서 직맹위원이며 민청위원이었던 것이다. 1970년대까지 노동당원을 제외하고, 개별 여성 노동자들은 근로단체에 동시 가입할 수 있었다. 모든 여성은 여맹과 민청 등의 성원이었다. 그리고 혁신노동자이며 당원인 이들은 각 사회단체의 위원장이나 위원 등 간부 역할을 하였다. 전체적으로 여맹에서 관리하는 대상은 기혼 여성이었으나, 여맹 위원장 등 간부는 미혼 여성이 하는 경우가 대부분이었다.

김옥순이 '직장 어머니'로 불린 것은 그녀가 단지 직장 여맹 위원장이었기 때문이 아니라, 동료 노동자들이 김옥순에게서 어머니의 사랑을 느꼈기 때문이다. 그녀는 새로 들어온 신입 여성 노동자들이 직장 생활에 적응하고 단합할 수 있도록 노력하였다. 당시 여성들은 중공업 공장에서 할 일이 없다고 생각했다. 직장에 한두 명씩 여성 노동자가 증가되었으나, 그들은 무엇을 해야 할지 몰라하고 적응도 못하여 다른 공장으로 가겠다고 했다. 고향이 먼 미혼 여성 노동자들은 향수까지 겹쳐 더욱 적응하지 못했다.

이러한 사정을 파악한 김옥순은 1959년부터 명절과 공휴일이면 자기 집이 아닌 기숙사에서 생활했다. 향수로 공장 생활에 적응하지 못하는 미혼 여성 노동자들을 위해서였다. 때로는 20여 일씩 합숙 생활을 같이 하면서 호실을 청소해 주고, 저녁이면 잠자리를 함께 하면서 잠들 때까지 여러 이야기를 해 주곤 했다. 그들이 다 하지 못한 바느질감이 있으면 그길로 뛰어가서 재봉기로 수선도 해 주고, 집에서 맛있는 음식을 하면 함께 나누어 먹었다. 이러다 보니 제아무리 고집 세고 심술궂은 노동자라고 해도 김옥순의 이야기와 어머니다운 손길 앞에서 머리를 숙이지 않을 수 없었다. 자기들보다 몸도 더 약해 보이는 그녀가 생산에서는 보통 2~3배를 하면서 허우대 큰 남자들과 어깨 걸고 나가고, 회의와 사회사업에 참가하는 시간도 비할 바가 아니었으니 절로 따른 것이다. 그러면서도 김옥순은 항일 빨치산들의 회상기와 당 정책 등을 설명해 주면서 동료 여성 노동자들의 생활까지 깨우쳤다.

이러한 김옥순의 모범과 동지애는 뒤떨어진 동료들을 강제하였다. 김옥순은 여성들을 설득하여 전체 직장 동료들과의 사업에 착수하였다. "직장 내에서 가장 중요한 생산공정을 담당하고 있는 남성 로동자들의 생산 성과를 가일층 높이기 위하여" 여성으로서, 당원으로서, 사회단체 간부로서 할 수 있는 모든 일을 하기 시작했다. 그녀는 이렇게 결심하였다고 한다.

녀자들은 모든 생활에서 어머니처럼 처신하여야 한다. 살뜰한 어머니가 있는 집안은 항상 화목하고 깨끗하다. 그러니 우리 직장에 몇 명 안 되는 녀성들이 할 일이 참으로 많다. 어머니가 솥에 윤을 내듯이 우리의 귀중한 기계들을 깨끗이 거두며 어머니처럼 로동자들의 장갑과 옷에 이르기까지 세심한 관심을 돌리며 사소한 상처가 나도 쳐매 주어야 한다. 그리고 작업반장들과 직장 내 간부들을 도와 … 뒤떨어진 동무들과의 사업도 해야 한다.[26]

1961년 7개년계획이 시작된 첫해 첫 작업날, 김옥순과 함께 근무하는 단조직장 처녀들은 남성 노동자들보다 일찍 출근하여 가열로에 불을 지피고 직장 안팎을 청소하며 주유 작업과 소재 운반 작업까지 하였다. 옥순은 한 달 동안 계속 이 운동을 주도하며, 이러한 행동을 생활화하도록 하였

---

26 변철환, 앞의 책, 220쪽.

다. 그녀는 직장 여성들의 선두에서 노동보호물자의 절약과 효과적 이용에 주력하였다.

옥순은 실장갑보다 원가로 따지면 거의 배나 되는 노동보호용 장갑을 한 달에 100여 켤레씩 재생하였다. 그리고 사비로 비누를 사서 노동자들이 작업시 착용하는 앞치마와 작업복을 모아 밤에 세탁하고, 성한 부분을 재단하여 토시까지 만들어 주었다. 이러한 활동으로 남성 노동자들 사이에 그녀에 대한 칭찬이 퍼지기 시작했다. 직장 내 통신원은 직장의 속보판·게시판에 그녀와 동료 여성 노동자의 헌신적 활동을 선전하고 공장 신문에 게재하면서, 직장 내 모든 여성이 그들을 본받자고 해설하였다. 그 후 여성 노동자들이 점차 바늘과 실을 가지고 나와서 남성 노동자들의 장갑을 기워 주는 일이 일반화되었다.

한편 김옥순은 공장 생활에서 문제를 일으키는 동료들이나 기숙사 생활을 하는 동료들을 교화하는 작업에도 집중하였다. 당시 김옥순의 공장에는 집단생활을 싫어하고 불성실하게 노동하며, 동료들과 어울리지 않고 고집이 강한 미혼 남성 노동자가 있었다. 그런 그도 김옥순이 단추를 달아 주고 옷을 빨아 주거나 장갑에 토시를 붙여 주면서 누나처럼 묻는 말에는 대답하지 않을 수가 없었다고 한다.

김옥순은 이렇게 겨울 한철 내 500여 켤레의 솜장갑을 재생하여 쓰면서 국가 재산을 절약하였고 꾸준히 개별 교양을 강화했다. 자진하여 직장 내 산업위생[27]사업의 말단 역할인 위생초소병 역할도 했다. 이 사업을 통해 그

---

27 북한의 산업위생은 가스, 먼지 등을 막고 채광, 조명, 통풍 등을 관리하기 위한 위생대책과 개인 보호대책을 기본 내용으로 한다. 산업위생은 기본적으로 노동자 건강에 해로운 가스와 먼지를 제거하는 청소사업이다. 북한의 산업위생에서 가장 중요한 것은 노동자 스스로 자신의 신체를 관리하는 개인보호대책이다. 사회과학원 주체경제학 연구소, 《경제사전 2권》, 평양: 사회과학출판사, 1985, 25쪽. 그러나 실제 북한 공장에서 하는 산업위생은 작업장 청소를 하고, 개별 노동자들의 작업복과 도구를 깨끗하게 하거나 수선하는 정도이다.

녀는 직장 내 생산문화를 높이고 간단한 위생 처치도 해 주면서 노동자들이 480분 합리화운동, 노동보호, 안전조작법 준수에 관심을 갖도록 했다.

김옥순은 안전조작법을 위반하여 손을 벤 동료들에게는 그때마다 상처를 싸매 주면서 교양하였다고 한다. 다른 간부들도 노동자 교양을 하였으나, 그녀의 이야기가 "남달리 말썽군들을 사로잡게 되는 까닭은 바로 그 자신이 생활의 모든 면에서 모범인 까닭이다. 일에 대해서 이야기할 때는 로숙한 작업반장과도 같았고 상처에 대하여 이야기할 때면 다정스러운 누님 같으며 생활에 대하여서는 꼭 어머니같이 세심하였다. … 단조공들이 한바탕 일을 재끼고 나서 쉴 참에 한 대 피울 생각을 할 때면 어느 사이엔가 옥순이가 담배곽을 가져다 터뜨려 놓는다. 담배를 피우지 않는 동무들에게는 인단(은단) 봉지가 돌아간다."[28]

김옥순은 모든 직장 노동자들의 '어머니'로 선전되었다. 특히 여성 노동자들은 김옥순의 모범을 따라 배우도록 강제되었다. 김옥순의 사례에서도 공장 내 여성들이 자재와 원료를 보호하고 절약하는 등 생산 보조적인 역할에 주력하는 모습을 확인할 수 있다. 반면에 남성 노동자들에게는 기계 문제를 해결한다거나 설비를 개조하는 등 생산 증대를 위한 창의고안과 문제 해결을 위해 불면 불휴로 뛰어드는 모습이 요구되었다.

이처럼 봉건적인 성 역할과 성별 위계가 강조되는 상황에서 여성 간부들은 남성 노동자들을 어떻게 관리했을까? 이 역시 남성 중심적인 공장문화 속에서 여성 혁신노동자들이 해결해야 할 과제였다. 남녀 노동자들이 함께 작업하는 작업반을 지도한 여성 작업반장의 사례를 보자.[29]

규격품직장의 여성 작업반장 김병원은 21세 민청원으로, 노동 경력 1년

---

28 변철환, 앞의 책, 224쪽.
29 변철환, 앞의 책, 161~173쪽.

반에 작업반장 경험은 6개월이었다. 반원에는 남성 노동자가 20여 명 포함되어 있었다. 김병원은 한 가지 작업 지시를 하는 데도 떨리고 작업반장을 남성이 했으면 했다. 그러나 당단체위원장은 항일 빨치산 여성 선배들의 이야기를 들려주며 작업반장을 계속 하게 했다. 어느 날, 김병원은 반원 중 병으로 결근한 남성 노동자를 만나러 남성 기숙사로 갔다. 그러나 그 남성 노동자는 부끄럼도 모르느냐며 재수 없으니 빨리 가라고 문전박대했다. 그는 평소에도 고집이 세고 생산 열의가 없어 쉬운 일만 찾아 여러 공장을 떠돌아다니는 노동자였다.

당단체는 김병원에게 혁명성과 헌신성을 설교하며 성심으로 지도할 것을 지시했다. 김병원은 먼저 그 남성 노동자의 생활을 이해하려 했다. 그의 장단점을 찾고, 작업반원 중 당원인 남성 노동자들 통해 그의 합숙 생활을 조사했다. 이 과정에서 그녀는 하루에 한두 시간씩 수면 시간을 줄여 가며 김일성의 교시와 혁명 전통 자료, 공화국 영웅과 노력영웅의 전기를 공부하며 결의를 높였다. 조사해 보니 그 남성 노동자는 한국전쟁시 아버지를 잃고 어머니와 헤어졌다. 또한, 처음 노동자 생활을 할 때 사소한 실수로 비판과 추궁을 받았다. 그는 이러한 비판문화에 적응하지 못하고 공장 생활에서 문제를 일으키기 시작한 것이다. 더욱이 고집이 센 그는 갈수록 배짱을 부렸다. 일터에 마음을 붙이지 못하고 직장과 작업반을 여러 번 옮겼으나, 노동과 조직생활이 불성실한 그는 매번 생산 현장과 조직에 적응하지 못했다. 이 사실을 안 김병원은 중요한 문제는 모든 동료가 그를 따뜻하게 대해 주는 것이라고 판단하고, 그가 담당한 기대와 작업 실적, 그가 속한 학습단위, 그가 입는 옷과 생활공간 어디에서나 뒤떨어진 그를 보살펴 주었다. 그가 잠자는 틈에 작업복을 가져다 빨래해 주는 식이었다.

이러한 행동을 이상하게 여기는 어머니에게 김병원은 반원들의 옷을 반장이 빨아 주는 것은 당연할 일이라며, 어머니가 가족의 옷을 빨아 주는 것과 같은 이치라고 대답했다. 또한, 동료들을 통해 학습장도 새것으로 마련해 주고 출근 한 시간 전에 먼저 나와 그의 기대부터 청소해 주었다. 사소한 것이라도 그의 좋은 점을 찾아서 칭찬해 주며 작업에 대한 이야기를 함께 나누었다. 나이가 어린 반장이 잘해 주고 자신의 의견을 존중해 주니 차차 이 남성은 그녀에게 허물없이 대했다. 김병원은 또 그가 독서에 취미를 갖도록 도와주었다. 이렇듯 "처녀다운 섬세한 손길"로 그를 이끈 것이다. 김병원과 작업반 핵심들의 노력으로 이 노동자는 혁명정신을 상징하는 '불사조' 마크를 가슴에 붙인 돌격대원이 되었다. 한 마디로, 김병원은 남성 노동자가 공장에서 중요한 역할을 할 수 있도록 그의 생활을 관리하고 내조해 준 것이다.

가정의 성별 위계

북한 가정에서 어머니는 생활경제의 책임자, 혁명하는 남편의 보조, 혁명의 후비대 양성, 사회주의 생활문화 구현으로 가정의 혁명화를 이루는 주체로 구성되었다. 이에 비해 아버지는 혁명과 권위의 상징일 뿐 가정혁명화를 위해서는 별다른 역할이 강제되지 않았다. 이러한 부부 간의 위계는 양성 자녀 간 위계와 가사노동에도 직간접적으로 반영되었다. 그 모델은 김일성의 어머니 강반석과 김정일의 어머니 김정숙이었다.

1967년을 기점으로 김일성의 절대권력이 확립되면서, 김일성의 어머니 강반석이 북한 여성의 귀감으로 자리잡는다. 1967년 7월 31일자 《로동신문》은 "그이는 우리 모두의 어머니시다"라는 제목으로 강반석을 소개했다. 이 시기부터 북한 여성, 특히 기혼 여성이 따라 배워야 할 지표는 강반석이 되었다. 1970년대부터는 각급 여맹이 《강반석녀사를 따라 배우자》 100번 읽기 운동'을 전개하며 모든 여맹원에게 이 책을 암기시켰다. 전통적 여성성과 근대적 사회주의 혁명성을 접목한 북한의 여성 신화가 창출된 것이다.

이제부터 북한 권력이 강반석을 어떻게 '조선의 어머니'이자 북한 여성의 지향점으로 선전했고, 이를 통해 1967년 이후 북한에 어떻게 '혁명적 어머니' 모델이 수립되었는지를 살펴보자.[30]

당시 북한 각종 매체들의 보도 내용에 따르면, 김일성의 어머니 강반석의 배우자 선택 기준은 혁명성이었다. 그녀는 혁명가를 만나기 위해 어릴 적부터 훌륭한 품성을 갖추었다. 그리고 남편 김형직의 보이지 않는 후원자가 되어 그가 걱정하지 않고 사회 활동을 하도록 집안을 알뜰하게 꾸려 나갔다. 생활관리의 핵심은 절약과 위생이었다. 또한 아무리 힘들고 어려워도 가족 구성원을 힘들게 하지 않고, 스스로 가정생활의 위기를 극복했다. 가정생활이 어려워도 결코 우울한 표정을 짓거나 표현하지 않았고, 주변 사람을 배려하고 보살펴 주었다. 강반석은 아내로서 중요한 것은 '중요한 사회 활동을 하는' 남편의 일에 맞추어 사는 것이라고 믿었다. 즉, 남편이 사회 활동을 잘할 수 있도록 내조하는 것이 아내가 발휘할 수 있는 최대의 사회적 기여라는 것이다.

북한 정권은 이러한 논리로 대리만족 심리를 자극하는 한편, 강반석을 아군에게는 한없이 인자하고 선량했지만 적에게는 무조건 반대하는 선악 개념이 분명한 사람으로 선전했다. 지금 아무리 어렵고 힘들어도 언젠가는 승리한다는 혁명적 낙천성으로 현실의 고통을 이겨 내야 한다는 메시지도 빼놓지 않았다.

그러나 기혼 여성의 가장 큰 위대함은 혁명가를 낳아서 키우는 것이다.

---

30 조선민주녀성 중앙위원회,《강반석녀사를 따라 배우자》, 평양: 조선민주녀성 중앙위원회, 1967; 김신숙, 〈조선공산주의녀성운동의 탁월한 선구자 강반석녀사〉,《근로자》, 1972년 제3호; 〈그이는 우리 모두의 어머니시다〉,《로동신문》, 1967년 7월 31일; 〈위대한 조선의 어머니이시며 열렬한 공산주의투사이신 강반석 어머님〉,《로동신문》, 1969년 7월 31일; 〈서사시–조선의 어머니〉,《로동신문》, 1970년 7월 31일자 내용에 기초.

여기서 주목할 점은, 자식을 혁명가로 양육하라는 지침을 남편이 내렸다는 것이다. 강반석이 지닌 주체성은 남편의 당부로 만들어진 것이다. 이에 따라 강반석은 스스로 모범을 보여 자식을 감화시키는 방식으로 자식을 교육했다. 그러면서 자식의 일상적 학습과 생활을 관리하는 교육자 역할도 충실히 수행했다.

강반석은 남편이 죽은 후 남편의 뜻에 따라 여성해방운동을 하였고, 아들 김일성의 지도를 받으며 여성 조직을 건설하고 여성사업을 지도했다. 이 대목에서도 남편과 아들의 역할이 강조되고 있음을 알 수 있다.

이 같은 강반석의 삶은 1967년 이후 북한 정권의 여성관을 대표하게 된다. 북한 정권이 주장한 '혁명성'이란 이데올로기 부분만 제외하면 어릴 적엔 아버지, 결혼해선 남편, 남편 사후엔 아들의 뜻에 따라 살아가는 조선시대 '삼종三從의 여성상'과 크게 다를 바 없다.

> 강반석 녀사는 조국의 광복을 위하여 싸우신 남편 김형직 선생의 혁명 활동을 자기의 모든 것을 다 바쳐 도와주신 방조자였으며 친근한 전우였을 뿐만 아니라 김일성 동지를 조선 민족의 탁월하고 위대한 수령으로 키우신 어머니이시며 조국의 광복과 녀성들의 해방을 위하여 녀성 대중을 혁명에로 불러일으키는 투쟁을 직접 조직지도한 훌륭한 혁명가였다. … 녀사의 빛나는 생애와 활동은 혁명하는 남편을 어떻게 도우며 자제분들을 어떻게 키우며 시부모는 어떻게 공대하고 가정은 어떻게 혁명화해야 하는가를 우리 녀맹원들과 녀성들에게 가르쳐 주는 생활과 투쟁의 훌륭한 본보기이다.[31]

1967년 이후 강반석은 북한의 여성 신화이자 '가정혁명화'의 표본이 되었

---

31 조선민주녀성 중앙위원회, 앞의 책, 1~2쪽.

다. 각 지역 여맹에서는 '강반석 따라 배우기 운동'을 전개했고, 젊은 여성과 여학생들은 그녀를 따라 배우기 위한 연구토론 모임을 조직하여 활동했다. 북한 여성들은 강반석 전기 100번 읽기 운동, 강반석 기념관 참관과 탄생지 견학, 각종 기념대회 등을 통해 강반석 신화를 교육받았다.[32]

1970년대 중반부터는 김정일 후계체제가 가시화되면서, 강반석 외에 김일성의 전前 아내이자 김정일의 생모인 김정숙이 "위대한 수령님께 끝없이 충직한 주체형의 혁명투사"로 선전된다.[33] 김정숙의 생애는 '수령에 충직한 주체사상'으로 재구성되어 '충성의 귀감'이자 자식을 키워 혁명의 대를 잇게 한 혁명적 어머니의 최고봉이 된다.

온 사회의 주체사상화를 실현하는 성스러운 위업이 찬란히 꽃피고 있는 오늘 혁명의 어머니 김정숙녀사를 따라배워 어머님처럼 위대한 수령님께 모든 충성을 다 바치며 대를 이어 주체의 혁명위업의 승리를 위해 끝까지 싸워 나가려는 것은 전체 근로자들의 한결같은 지향으로 혁명적 의지로 되고

---

32 1967년 이후 《로동신문》에 실린 강반석 관련 기사를 살펴보면 현재까지 지속되는 북한의 '혁명적 어머니'화 정책을 알 수 있다. 대표적 기사는 〈그이는 우리 모두의 어머니시다〉, 《로동신문》, 1967년 7월 31일; 〈강반석녀사의 고매한 혁명정신과 강의한 품성을 따라 배우자〉, 《로동신문》, 1968년 7월 28일; 〈강반석어머니처럼 투쟁한다면 세계 녀성해방의 위업은 성취될 것이다〉, 《로동신문》, 1968년 7월 31일; 〈위대한 조선의 어머니이시며 열렬한 공산주의투사이신 강반석 어머님〉, 《로동신문》, 1969년 7월 31일; 〈조선의 어머니〉, 《로동신문》, 1970년 7월 31일; 〈조선의 위대한 어머니 강반석녀사께서 남기신 숭고한 혁명정신과 불멸의 투쟁업적은 우리 조국청사에 찬연한 빛을 뿌리고 있다〉, 《로동신문》, 1971년 7월 29일; 〈조선의 위대한 어머니 강반석녀사를 따라배우기 위한 평양시청년학생들의 연구토론모임〉, 《로동신문》, 1971년 8월 1일; 〈우리나라 공산주의녀성운동에 쌓아올리신 강반석어머님의 불멸의 업적을 깊이 학습한다〉, 《로동신문》, 1972년 7월 29일; 〈〈참관기〉 강반석 어머님께서 걸으신 영광의 새벽길〉, 《로동신문》, 1972년 7월 30일; 〈조선의 위대한 어머니 강반석녀사의 빛나는 생애와 고귀한 업적은 우리 인민과 녀성들의 심장속에 영생불멸할 것이다〉, 《로동신문》, 1972년 7월 31일; 〈강반석 녀사께서 남기신 불멸의 업적은 별처럼 빛나고 있다〉, 《로동신문》, 1972년 7월 31일 등이다.

33 근로단체출판사, 《주체형의 혁명투사의 빛나는 귀감이신 김정숙녀사》, 평양: 근로단체출판사, 1980, 4쪽.

있다.[34]

이 지점에서 '혁명의 후비대' 양성을 위한 아버지의 역할이 무엇이었는지 묻지 않을 수 없다. 북한에서 아버지라는 존재는 양육의 주체라기보다는, 일제강점기와 한국전쟁 시기의 고통을 알려 주고 자식들이 현실에 만족하며 노동당과 김일성에게 충성하도록 독려하는 일반적인 '권위자'의 모습을 하고 있다. 북한 정권이 '혁명하는 아버지'라고 소개한 사례는 이를 보여 준다.

라진 출신의 엄아바이는 해방 전 머슴살이를 하며 가난하게 살다가, 해방 후 토지개혁의 수혜를 받아 잘살게 되었다. 한국전쟁 발발 후 그는 아들들에게 너희들은 조국을 지키기 위해 원수들과 끝까지 싸워야 한다며 자식들을 전선으로 보냈다. 전쟁이 끝나자 아들들은 제대해 공부를 하였는데, 그중 하나가 당시 김책공업대학의 교원이 되었다. 은퇴하여 자식과 함께 살게 된 아버지는 온 세상 사람들이 다 사회주의를 건설하고 있는데 며느리가 해 주는 밥이나 먹고 있는 것은 노동당원으로서 부끄러운 일이라며, 평양 인근 농촌에서 모범 협동조합원으로 일하며 당 정책을 충실히 따랐다.[35]

또 다른 사례로, 북청군 마산협동농장 제3작업반 분조장 리명화가 있다. 그는 자식들에게 한국전쟁 시기 용감하게 싸운 인민군 이야기를 자주 들려주며 그들의 혁명정신, 노동당과 수령에 대한 무한한 충성심을 본받도록 꾸준히 교양하였다. 그의 노력으로 아이들은 학습과 소년단 생활에서 모범을 보였다.[36]

---

34 근로단체출판사, 앞의 책, 5쪽.

35 〈자녀교양에서 어머니들의 임무: 전국어머니대회에서 한 연설 1961년 11월 16일〉, 《김일성 저작집》 15권, 1981, 343쪽.

36 〈나라의 믿음직한 일군으로 키운다〉, 《로동신문》, 1967년 3월 8일.

사례에 등장하는 아버지들은 하나같이 국가의 고난과 자신의 비참했던 삶을 이야기하며 자녀들에게 현재의 행복을 인식시키고, 당과 김일성에 충성할 것을 유도한다.[37] 앞서 살펴본 것처럼, 자식을 양육하며 자애로운 어머니이자 알뜰한 주부이며 조국과 인민에 무한히 충실하며 재능 있고 근면한 노력전사가 되어야 했던[38] 어머니들의 적극적 역할과는 대비되는 모습이다. 전시에 출전한 두 딸을 잃은 김득란의 사례는 이를 극명하게 보여 준다.

김득란은 기총사격에 쓰러진 둘째 딸을 묻으면서 "오냐, 어머니는 네가 살아서 할 일까지 모두 해내마!"라고 다짐한다. 그 후 그녀는 10년간 군郡인민위원회 위원장으로, 14년 동안 군대의원으로 활동하면서 최고인민회의 대의원까지 지냈다. 1960년 당시 김득란은 9명의 자식과 1명의 고아를 양육하는 어머니이며, 70 넘은 시부모를 모시는 며느리였다. 그러나 그가 지닌 중책은 남편을 비롯한 가족들을 섬기며 자식들을 양육하는 일에 더 좋은 영향을 주었다고 한다. 엄격하고 따뜻한 어머니 품에서 아이들이 건전하게 자라난다는 것이다.[39]

북한에서 혁명투사로 선전된 마동희를 양육하고, 딸과 며느리까지 혁명에 몸 바쳐 싸우게 한 마동희의 어머니 장길부의 사례도 있다. 장길부는 아들 삼형제를 키워 항일 빨치산으로 보내고 자신도 빨치산을 원호했다는 이유로 염보배, 리수복, 강호영, 한계렬 영웅의 어머니들과 함께 혁명적 어머니로 선전되었다. 이렇듯 북한 정권은 일제강점기 여성 혁명가들과 영웅의 어머니들을 교양과 학습 재료로 이용했다.[40]

---

37 〈아버지의 절절한 마음〉, 《로동신문》, 1967년 3월 8일.

38 〈그 어떤 고초도 풍상도 굽힐 수 없었던 영광의 길〉, 《로동신문》, 1960년 3월 8일.

39 〈맹세한 그대로〉, 《로동신문》, 1960년 3월 8일.

40 〈항일 빨찌산 참가자들의 회상기 중에서〉, 《로동신문》, 1960년 3월 8일.

혁명화와 노동계급화의 효과

노동 중시

일상화된 동원노동에 대한 불만이 높으면서도, 북한 여성은 노동을 중시한다. 90년대 이전 탈북 여성을 주 대상으로 한 한국여성개발원 조사에서도 북한 여성의 사회노동 중시의식을 뚜렷하게 확인할 수 있다. 탈북 여성들에게 직장 생활을 하는 삶과 전업주부로서의 삶 중 어느 쪽을 선택하겠느냐는 질문에, 탈북 여성 23명 중 21명이 일하는 여성의 삶을 선택했다.[41] 가사와 양육을 함께 해야 하는 이중부담에도 불구하고, 북한 여성들이 직장 생활을 계속하려는 이유는 무엇일까? 여기에는 북한 여성 특유의 주체의식과 정권의 이데올로기, 현실적인 이유가 복합적으로 얽혀 있다.

첫째는 자아 개발이다. 직장 생활을 해야 사회 현실과 삶의 방법을 알고 배우며 발전할 수 있다는 것이다.[42] 핵심계층 출신의 40대 탈북 여성의 말대로, 북한 여성들은 "사람이라는 게 가정에 파묻히는 것보다는 사회 나가서 사람들을 많이 상대하게 되고 사회 돌아가는 현실도 많이 알게 되고, 집에 있게 되면 그 돌아가는 현실을 모른다"고 여긴다. 사회적으로 가사노동의 가치를 인정하지 않기에, 탈북 여성들도 대부분 가사노동을 무가치하다고 여긴다. 사회노동을 통해서만 자아를 실현할 수 있다고 인식하는 것이다.

둘째, 경제적 이유이다. 취업을 하면 700그램의 식량 배급과 적지만 월

---

41 민무숙 외, 앞의 책, 226쪽.
42 민무숙 외, 앞의 책, 227쪽.

급을 받는다. 그러나 부양가족일 땐 식량 배급량이 300그램으로 줄고 월급도 없다. 가내작업반을 통해서도 돈을 벌 수 있지만, 식량 배급은 300그램으로 제한된다. 따라서 여성의 취업은 가정경제에 큰 도움이 된다. 방직 기술이 있거나 활동력이 높은 여성은 가내작업반 활동으로 직장에서보다 더 많은 수입을 얻는다. 반면에 특별한 기술이 없는 여성은 취업이 유리하다.

셋째, 인민반 생활과 동원 때문에 전업주부의 생활이 쉽지 않다. "직장에 안 나가더라도 인민반 생활이 또 워낙 힘들잖아요. 말이 직장에 안 나갔지 인민반에서 사상학습 다 하지, 생활총화 하지, 무보수 노동 또 나가지, 그럴 바에는 차라리 직장 나가서 월급 타고, 배급 700그램 타고, 이렇게 하는 게 낫다 싶어서 나가는 경우가 더 많"다.[43] 전업주부도 여맹에서 조직생활을 하게 되는데 생활총화와 정치학습 외에, 무보수 노동으로 동원되는 경우가 직장보다 더 빈번하다. "전업주부로 인민반에 속한 사람들은 각종 동원으로 직장에서보다 더 들볶인다."[44] 따라서 일반적으로 보수를 주는 직장 생활을 더 선호한다.

넷째, 사회적 가치를 인정받기 위해서다. 북한 여성들은 주변으로부터 가치를 평가받는 것에 익숙하며 이를 중요하게 생각한다. 탈북 여성들은 대개 자기주장이 강하고 자긍심 또한 높다. 그 원인은 주체사상 학습과 사회 활동, 그리고 각종 총화회의에서 자기주장을 펴는 데 익숙해져 있기 때문이다. 그래서 북한 여성은 사회적 평가를 중요시한다. 이와 관련하여 재단사 출신 탈북 여성 강금식은 다음과 같이 증언한다.

인간에게서 자존심을 빼면 동물보다 못하다고 생각해요. 정말 나는 북한

---

43 민무숙 외, 앞의 책, 227쪽.
44 성혜랑, 앞의 책, 326~327쪽.

에서는 자존심 하나로 살았다고 생각해요. … 북한에서는 아침에 집 청소하고 9시까지 출근해 8시간 일하고 집으로 가지요. 그 사이에 휴식 시간도 있고 돈에 얽매여 살지도 않았어요. … 돈 때문에 휴식도 없이 하루 종일 일하는 것이 정말 이해가 안 가요. 북한에서 열심히 일하는 이유는 인정받기 위해서 살아요. 당으로부터 이웃으로부터 인정받기 위해서이죠."[45]

그래서 탈북 여성들은 "여자는 직장 생활보다 좋은 가정을 꾸미는 것이 더 중요하다"(42.8퍼센트)와 "여자는 약하니까 남자들이 보호해야 한다"(42.9퍼센트)는 전통적 성 역할에 대한 동의율이 비교적 낮은 편이다. 이러한 여러 가지 이유로 북한 여성 대부분은 전업주부보다는 직장인의 삶을 선호하며, 여성보다는 노동자로서의 의식이 더 강하다.[46] 여기서 1983년 국토통일원이 탈북민 100여 명을 대상으로 한 조사 결과는 다소 의외이면서 의미심장하다. 이 결과에 따르면, 북한 주민이 가까운 미래에 원하는 삶은, 가정 생활이 중시되고 돈이나 물질적 재산에 그다지 집착하지 않으면서 일을 통해 삶의 보람을 느끼는 상태이다.[47]

이렇듯 북한 정권이 추진한 여성의 혁명화·노동계급화는 북한 여성들에게 노동에 대한 긍정적 태도와 생산 활동 선호의식을 형성시켰다. 그 속에서 북한 여성은 자신의 이해를 추구했으며, 그 방식은 사회생활을 통해 사회성을 높이고 경제활동을 통해 경제력을 확보하는 것이었다.

북한 여성들의 '적극성'은 북한의 남녀 간 노동 태도를 비교해 봐도 두드러진다. 북한 여성은 북한 남성보다도 노동중시 의식이 더 강하다. 이와 관

---

45 여성한국사회연구소 편, 앞의 책, 93~94쪽.
46 민무숙 외, 앞의 책, 229~230쪽.
47 국토통일원d, 앞의 책, 129쪽.

련하여 품질감독원 출신 40대 탈북 여성 이순복은 다음과 같이 증언한다.

> 남자들은 다 간부 같은 거 말고 작업장에 나가면 오히려 남자들은 일도 안 해요. 우리나라 남자들은 전통적으로 건달기가 있나 봐요. … 대한민국은 좀 안 그렇던데 북한을 먹여 살리는 건 여자예요. 농촌에도 나가 보면 농장 밭에서 일하는 건 다 여자들이고 남자는 한 명도 없어요. 남자는 싹 간부만 하고 건들건들 일도 안 하면서 왔다 갔다 하구요. 일 맡기면 남자 맡긴 데와 여자 맡긴 데가 차이가 나요. 여자들은 딱딱 하라는 대로 하고 빈틈없이 매끈하게 하잖아요. 남자들은 술이나 먹고 건들건들 왔다 갔다 해요. 그래도 책임자는 남자지요.[48]

이러한 의식은 노동만족도 차이로도 이어진다. 여성의 노동관이 남성의 노동관에 비해 훨씬 긍정적이고 적극적인 것이다. 1980년대 이후 탈북민 165명을 조사한 박현선의 연구에 따르면, 생활 만족 부분에선 성별이나 탈북 시기에 따른 유의미한 차이가 나타나지 않았다. 반면에 직장 생활 만족도에서는 차이를 보였다. 여성이 직장 생활에 만족하는 비율(37.1퍼센트)이 남성의 경우(18.0퍼센트)보다 두 배 이상 높았다. 직장 생활에 대한 불만족 비율도 남성이 37퍼센트, 여성은 25.7퍼센트로 조사되었다.[49] 이를 통해 북한 여성의 직장 생활 적응력과 만족도가 남성에 비해 훨씬 높음을 알 수 있다. 이렇게 된 원인은 무엇일까?

첫째, 1960년대 중반 이후 남성이 군軍 부문에 많이 배치되고, 70년대 이

---

48 여성한국사회연구소 편, 앞의 책, 255~256쪽.
49 박현선, 《현대 북한 사회와 가족》, 한울, 2003, 130쪽.

후로는 여성이 전체 경제활동인구 중 다수를 차지하면서 상대적으로 여성이 사회노동을 책임져야 한다는 의식이 강화된 것을 꼽을 수 있다.

둘째, 북한의 수많은 간부와 지도원을 남성들이 대부분 맡고 있어 여성들이 상대적으로 노동 생활에 익숙하다는 점도 꼽힌다.

셋째, 여성에 비해 남성이 정치지향성이 더 강해서 현장 노동보다는 정치 진출과 정치 관계를 더 중시한다는 점도 있다.

넷째, 여성의 혁명화·노동계급화 정책의 효과로 볼 수 있다.

국가와 지도자 중시

북한 여성은 국가를 중시하고 최고 지도자에 대한 신뢰도가 높은 편이다. 특히 국가와 최고 지도자를 하나로 본다는 점이 특징이다. 그래서 탈북 여성들은 남한 사람들이 남한 대통령이나 국가체제를 비판하면 상당한 거부감과 우려를 나타낸다. 국가가 없으면 어떻게 국민들이 살 수 있느냐는 강한 국가주의적 태도를 가지고 있다. 김일성에 대한 전 계층을 초월한 절대적인 지지는 이 같은 국가주의적 태도에서 비롯되었다.

이와 관련하여 1983년 국토통일원에서 발표한 탈북민 100여 명을 대상으로 한 실증조사 결과를 보자.[50] 개인, 가정, 직장, 사회단체, 국가에 대한 중요도 의식을 우선순위별로 조사한 결과, 전체적으로 국가 → 가정 → 개인 → 직장→ 사회단체 순으로 나타났다. 이를 탈북민들의 생활수준과 연관시켜 보면, 생활수준이 상류와 중류인 사람들은 국가 → 가정 → 직장 → 개인 → 사회단체 순이었고, 하류 계층의 경우에는 국가 → 개인 → 가

---

50 이 조사의 연구 대상은 1950~60년대 탈북민 64퍼센트, 70년대 탈북민 20퍼센트로, 대부분이 북한의 산업화를 경험한 탈북민 100여 명이다. 국토통일원d, 앞의 책, 24쪽.

정 → 직장 → 사회단체 순이었다.[51] 이 결과는 탈북민들 대부분이 체제와 갈등하여 북한을 이탈한 사람들임에도 여전히 국가를 가장 중시한다는 것을 보여 준다. 따라서 북한에 거주하는 주민들의 국가중시 의식은 더 클 것이다.

북한 체제에 대한 북한 주민 만족도 조사에는 북한 지도층에 대한 지지도가 포함되었는데, 김일성에 대한 선호가 압도적이다. 김일성에 대한 지지와 존경심이 가장 높고, 그 다음으로 기술 간부 → 당 간부 → 경제 간부 → 김정일 순이다. 여기서 김일성 다음으로 기술 간부의 순위가 높다는 사실이 이례적이다. 산업화 과정에서 혁신노동자와 기술자 간의 갈등이 북한 공장들의 주요 내부 갈등 요인이었음에도, 노동자 대부분은 기술자를 당 간부나 행정 간부보다 더 선호했다. 이 결과를 통해 당시 기술을 경시하는 풍조와 노동력 중심 생산정책에 대한 일반 노동자들의 반발을 확인할 수 있다.[52]

김일성에 대한 탈북 시기별 지지도는 1940년대 후반기와 1950년대 탈북민의 경우에는 34퍼센트 정도로 저조하다. 당시 탈북민들 대부분이 김일성의 계급정책에 불만을 품고 탈북했기 때문이다. 그러나 이후 김일성에 대한 지지도는 급상승하여 1960년대 76.6퍼센트, 1970년대에는 81.5퍼센트로 절정에 달하였다. 1980년 이후에는 76.3퍼센트로 하강하기 시작했다.[53]

1980년 이후 나타난 김일성 지지율 하락은 경제 위기 이후 북한 사회의 동요를 반영한다. 다만, 지지세가 다소 꺾였을 뿐 김일성에 대한 존경심은 여전했다. 1980년대 탈북한 최봉례는 김일성은 나라의 왕인데 잘 모셔야

---

51 국토통일원d, 앞의 책, 39쪽.

52 국토통일원d, 앞의 책, 45쪽.

53 국토통일원d, 앞의 책, 46쪽.

되겠다고 생각했고, 김일성에 대해선 그렇게 나쁘다고 생각한 적이 없다고 증언한다. 60대 탈북 여성 장인숙은 1958년 김일성을 처음 대면했을 때를 이렇게 회상했다.

너무나도 박식하고 인자한 그 모습에 반해, 나는 당시 일생 수령을 위하여 모든 것을 다 바치리라 결심했어요. 김일성은 현지에서 우리들한테 밥도 더 주고 부식물도 더 잘해 주라고 지시했어요. 비록 잡곡밥이라도 배불리 먹게 된 우리는 세상에서 우리 수령처럼 인민을 위해 헌신하고 사랑하는 분은 없을 것이라고 생각하면서 고마움에 목이 메었어요. 그 후 나는 그 일을 일생의 큰 자랑거리로 생각하였어요.[54]

1968년 1월 '미제 무장간첩선 푸에불로호' 사건으로 국가 위기감이 증폭되었을 때에는 "용감한 해병들에 대한 보도가 터져 나왔고 우리는 강철의 영장 김일성 장군의 놀라운 대담성과 지략에 눈물을 흘리면서 감격"[55]했다고 밝혔다.

북한 거주 당시 누구를 국가의 주인이라고 생각했는가라는 질문에는 김일성과 김정일(57퍼센트)이 가장 높게 나타났고, 북한 주민(26퍼센트) → 노동당 간부(9퍼센트) → 정무원 간부(1퍼센트), 인민회의대의원(1퍼센트) 순으로 조사되었다.[56] 앞선 선호도 조사에서는 김정일을 지도층 중에서 가장 낮게 평가했으면서도, 김정일을 김일성과 같은 '국가'로 이미 받아들이고 있었음을 알 수 있다. 수령제가 후계체제와 연계되어 있음을 북한 주민도 인식하고

---

54 북한 연구소, 앞의 책, 260쪽; 여성한국사회연구소 편, 앞의 책, 325쪽.

55 여성한국사회연구소 편, 앞의 책, 340쪽.

56 국토통일원d, 앞의 책, 125쪽.

있다는 증거이다. 김정일이라는 답변보다 더 놀라운 것은, 김일성 부자 다음으로 북한 주민들 스스로 국가의 주인임을 자임했다는 점이다.

이러한 주인의식의 형성은 김일성의 통치 방식과 긴밀히 연관돼 있다. 김일성의 대중정치는 해방 후부터 일관되게 간부를 비판하고 대중을 추켜세우는 방식이었다.[57] 이러한 대중정치 방식은 한편으론 북한 주민들에게 국가의 주인은 일반 노동자와 농민이라는 의식을 갖게 했으며, 다른 한편으론 사회체제의 문제를 수령이 아닌 간부의 잘못으로 치부하게 했다. 일반 주민들이 후과에 대한 두려움으로 말하지 못하는 간부의 잘못을 절대 지도자가 대리 만족시켜 주는 역할도 했다. 그러므로 경제가 어려워지고 간부들이 부패해도, 이는 김일성과는 별 상관이 없고 김일성의 지시를 제대로 관철하지 못한 '관료주의적인 간부'의 잘못이 되었다. 이러한 김일성의 대중정치 방식을 '책임 전가의 정치'라고 할 수 있다.

이렇게 김일성은 국민을 대표하는 국가와 동일시되었다. 앞선 중요도 및 선호도 조사에서 국가와 김일성이 각각 1위를 차지한 것은 첫째, 김일성의 대중정치 방식이 효과적으로 작용했고, 둘째, 민족주의 의식과 일상화된 전쟁 분위기 탓이 컸다. 1967년을 기점으로 유일체제가 전면화가 되고, 갑산파와 중앙당 엘리트가 숙청되었다. '갑산파'는 일제시대 함경도 등 북쪽 지역에서 활동하던 항일 공산주의 세력으로, 50년대 종파투쟁 당시 김일성 세력을 지지한 종파이다. 이들에 대한 숙청과 함께 수령 우상화, 항일 무장투쟁의 절대화, 수정주의 비판이 전개되면서 북한 사회는 공포와 긴장 상태였다. 이때도 성혜랑은 "수령님이 이런 지시를 할 수는 없다고 믿고 있었다. 극좌적 이데올로기병에 걸린 충신인 체하는 간신이 하는 짓이라고밖

---

57 이에 대해서는 《김일성 저작집》 전권을 살펴보면 뚜렷하게 확인할 수 있다.

에 볼 수가 없었다"고 김일성에 대한 신뢰를 드러냈다.[58]

김일성에 대한 충성과 국가중시 의식, 주인의식 등과 연결지어 볼 때 북한 여성들이 특징적으로 보이는 노동 친화성과 적극성은 정권의 혁명화·노동계급화 정책이 내면화된 결과로도 볼 수 있다.

불만의 변화와 자생적 대응

앞서 2장에서도 다루었듯, 북한 여성의 불만은 크게 기혼 여성의 경우 의식주를 중심으로 한 일상생활이 풍요롭지 못한 것과, 미혼 여성의 경우 결혼 제약이 가장 크게 나타난다. 특히 결혼은 지배 구조와 계층 간 불평등에 따른 구조적 제약이기에 체제에 대한 구조적 문제의식을 갖게 한다. 그리고 1972년과 1977년 국토통일원에서 70년대 이전 탈북민 각 100여 명씩을 대상으로 북한 주민의 불만을 연구한 두 조사 결과를 비교해 볼 때, 1970년대 중반 이후 경제난과 물자 부족이 주민 생활에 직접적인 영향을 미쳤음을 확인할 수 있다. 1970년대 중반부터 드러난 경제 위기에 대해 탈북 미용사 김미자(60대 후반)는 다음과 같이 증언한다.

북한도 60년대에는 잘살았어요. 제도적으로 잘 돼 있어서 요양소도 갔고, 휴양소도 갔고, 휴가도 받아서 갔어요. 그리고 정신병, 간염, 결핵에 걸리면 전문병원도 갔어요. 큰 회사 같은 곳에서는 야간정양소도 있었어요. 낮에는 일하고 밤에는 야간정양소에 가서 밥을 먹고 치료 받고 아침에는 도시락 싸 주는 것 가지고 출근하고 밤에는 다시 정양소로 갔어요. 그런데

---

58 성혜랑, 앞의 책, 312~314쪽.

《조선녀성》 1979년 5월호. 노동자구 안의 모든 여맹원들이 짐승을 길러 후방 공급사업을 원활히 수행하고 있다고 선전하고 있지만, 1970년대 중반을 지나면서 북한 내부에서는 식량과 물자 공급에 대한 불만이 확산되고 있었다.

이런 생활이 70년대 중반부터 무너졌어요.[59]

　이 증언대로 1970년대 중반을 지나며 식량과 물자 공급에 대한 불만이 확산되었고, 이 과정에서 북한에 자생적 시장이 출현한다.

　북한의 시장은 전통적으로 지속된 '농촌시장'이 그 출발점으로, 농촌시장은 1958년 전 산업의 사회주의적 개조 이후 위축되어 '농민시장'으로 재구성되었다. 텃밭이나 부업밭, 돼지밭 등에서 생산되는 농축산물이나 부업을 통한 생산물을 거래하는 농촌 장터로, 시市 단위에 3~4개, 군郡 단위에 1~2개씩 개설하고, 해당 지역 상업관리소에서 직접 관리·운영했다.

---

59 여성한국사회연구소 편, 앞의 책, 160쪽.

텃밭은 애초에 농촌 지역 주민들에게 세대당 16~30평 규모의 개인 밭 경작을 허용하여 채소 등 부식물을 재배 및 자급하도록 한 것이나, 식량난 이후 옥수수나 콩 등 부식물이 아닌 주식물을 재배하게 되었다. 부업밭은 1987년경부터 기관, 기업소 노동자들에게 1인당 50여 평 규모의 밭을 허용하여 개인 경작을 할 수 있게 한 것이다. 뙈기밭은 개인이 산간 오지나 주거지, 하천 주변의 빈 공터 등을 개간하여 개인적으로 경작하는 밭으로, 그 면적이 뺨 뙈기만 하다고 하여 붙여진 이름이다. 텃밭과 부업밭은 북한 당권이 인정한 공식 경작 형태이나, 뙈기밭은 비공식 경작 형태이다.

1980년대까지 농민시장은 10일에 한 번씩 열리는 10일장이었다. 농민시장은 북한 정권이 인정하는 합법적인 '사회주의적 상업'의 한 형태이다. 북한에서는 농민시장을 협동농장의 공동경리와 농민들의 개인 부업경리에서 생산한 농축산물의 일부를 일정한 장소에서 주민에게 직접 파는 상업의 한 형태로 정의하고 있다. 1970년대까지 농민시장은 북한의 계획경제와 배급제 시스템으로 사적私的으로 화폐가 별다른 기능을 하지 못하게 되면서 단순 교환과 거래의 장소로 활용되었다.

1990년대 이전의 농민시장의 전개 과정을 보면 형성기와 위축기, 확산기로 나눌 수 있다. 먼저 해방 시기부터 1958년까지가 형성기이다. 해방 직후에는 사적 상공업자가 소매상품 유통의 대부분을 차지했다. 그러나 소비협동조합의 발족과 국영상업의 개시를 계기로 소매상품 유통은 중앙집권적 체계를 갖추게 되었다. 그리하여 소비조합과 국영상업이 확대됨에 따라 개인 상인의 비중은 급격히 축소되었다. 바로 1958년부터 1970년대까지 이어진 농민시장의 위축기다. 사영상공업의 사회주의적 개조가 완료된 이후 북한의 사회주의 상업은 계획적 물자공급사업 형태로 발전했고, 이 시기에는 농민시장의 비중과 규모가 작았다. 그러나 80년대 북한의 농민시장이

활성화되기 시작하는데 이 시기가 확산기다.[60]

농민시장의 발달과 관련하여 주목할 시기는 1970년대 중반 이후이다. 1970년대 말부터 북한의 공장과 기업소에서 생산 위기가 외현화되었다. 자재 부족과 전략난 등으로 생산과정의 불안정성이 증대하여 '생산의 정상화'가 핵심 모토가 될 정도로 경제 위기 징후가 드러났다. 따라서 공장 및 기업소에 유휴노동력이 증대했다. 이에 따라 북한 정권은 가정주부들의 출근을 전前 시대에 비해 강제하지 않게 되었다. 오히려 거주지 지역에서 자체 수입원을 증대하여 '자력갱생'할 것을 독려하게 된다. 그리하여 지방산업이나 가내작업반을 통해 중앙의 재정 부담을 줄이고, 적절한 일자리가 없는 여성들이 가내작업반에서 생산 활동을 하게 한다.[61]

80년대에는 경제 위기가 배급제 불안정과 농민시장의 확대 등 전 사회적으로 영향을 미치기 시작한다. 자재와 전력 부족으로 공장 가동률이 불안정해지면서 먼저 구조조정 대상이 된 기혼 여성 노동력 위주로 발전시킨 가내작업반[62]과 이를 통한 생활비 보충정책이 활발해지면서 농민시장이 확장되었다.

가내작업반은 도시와 노동자구의 노동자·사무원의 부양가족 전업주부들로 구성되어 공장에서 원료·자재·반제품·폐설물들을 가져다가 일상 생활용품을 생산하는 생산단위다. 노동수단은 개인이 소유한 간단한 도구가 대부분이나 공장에서 가져다 쓰는 경우도 있다. 노동 형태는 반원들이 개별 가정에서 일하거나 공동장소에서 함께 일하기도 한다. 노동시간은 정해져 있지 않으며, 보수는 생산량에 따라 받는다. 가내작업반은 반원들이 공

60 이영훈, 〈농민시장〉, 세종연구소 북한 연구센터 엮음, 《북한의 경제》, 한울, 2005, 159~163쪽.
61 김일성, 〈지방예산수입을 더욱 늘일데 대하여-1978년 4월 11일〉, 《김일성 저작집》 33권, 평양: 조선로동당출판사, 1987, 173~174쪽.
62 사회과학원 주체경제학 연구소, 《경제사전》 1권, 평양: 사회과학출판사, 1985, 49쪽.

장이나 기업소의 재적 종업원 수에 들어가지 않으므로 비공식 노동 부문에 속한다.

특히 1984년 김정일 주도의 '8·3 인민 소비품 생산운동[63]이 상업망 전체의 중요한 과제가 되면서 인민반과 공장·기업소까지 가내작업반이 확장되었다. 이에 따라 각 생산단위의 자력에 의한 자재 공급과 제품 생산으로 '생산자 몫 7 : 국가 몫 3' 식으로 제품의 일정 비율을 개인과 생산단위가 독자적으로 거래할 수 있게 되어, 농민시장으로 공업 생산물이 유입되고 암시장이 발전한다. 이것이 북한 시장화의 자생적 통로로 작용하게 되었고, 그 주체는 여성이었다.

감시와 규율제도가 공고화되고 경제 위기가 현실로 체감되면서 북한 주민들의 사회적 불만도 높아 갔다. 이 상황에서 북한 여성들은 다양한 공조를 통해 감시의 눈길을 피하면서 생활에 도움이 될 수 있는 비공식 경제활동을 벌이게 된다. 이때 가내작업반 생산품의 유통 및 농민시장과 암시장을 통한 소규모 비공식 상행위 과정에서 각종 네트워크를 활용한 협조가 중요한 역할을 했다.

북한 여성들이 참여한 대표적인 비공식적 경제활동은, 도시의 가내작업반과 농촌 텃밭을 통한 개인 재산 축적 및 장마당 등을 통한 거래이다. 생필품 생산과 관리를 담당한 직장 노동자들의 물품 빼돌리기와 거래 등도 활발해졌다. 방직공 출신 탈북 여성 정순덕은 자신이 북한에서 어떻게 사적 재산을 축적했는지를 다음과 같이 증언한다.

---

63 김정일, 〈주민들에 대한 상품공급사업을 개선하는 데서 나서는 몇 가지 문제에 대하여〉, 《김정일선집》 8권, 평양: 조선로동당출판사, 1998, 140쪽; 김일성, 〈조선로동당 중앙위원회 제6기 제10차전원회의에서 한 결론〉, 《김일성 저작집》 38권, 평양: 조선로동당출판사, 1992, 441~442쪽; 김정일, 〈근로단체사업에 대한 당적 지도를 강화할데 대하여〉, 《김정일선집》 8권, 평양: 조선로동당출판사, 1998, 290쪽.

가내반에 속해 있으면서 5년 동안 집에서 편직編織(뜨개질)을 했어요. 개인들이 주문을 받아 편직을 하고 돈을 받으면 협동조합에 일단 갖다 바쳐요. 80원을 바치면 15퍼센트는 조합에서 갖고 85퍼센트는 본인에게 주어요. 그렇게 해서 돈을 좀 많이 벌었어요. 남편은 대학 기계공학과를 졸업하고 종합주택에 들어가서 제강공 용접공을 했어요. 하지만 돈은 내가 편직일을 해서 더 많이 벌었어요.[64]

북한에서는 남편이 죽으면 대개 아내가 남편 직장에 들어가서 일한다. 정순덕 역시 남편 사망 후 주택 배급을 받기 위해 사망한 남편 직장에 들어갔다가 아파트를 배급받고는 다시 편직물 가내작업반에 들어갔다. "200원 벌어서 조합에 넣으면 식구들 식량 배급 타는 것 제하고 70원을 받아요. 그래도 공장보다는 훨씬 나았어요. 그러다 이름은 편직계에 걸어 놓고 장사를 시작"하기 위함이었다.[65]

이처럼 가내작업반은 주로 북한 도시 여성들이 사적 재산을 가질 수 있는 계기가 되었으며, 북한 제2경제의 기초가 되었다. 가내작업반을 통해 만든 제품과 수입收入을 기반으로 장사나 재산 축적을 할 수 있었기 때문이다. 이 과정에서 앞서 언급한 각종 연계와 협조 관계가 큰 역할을 한다. 정순덕도 공장에서 주택을 받는 과정, 공장을 나와 다시 가내작업반으로 들어가는 과정, 가내작업반에 이름을 등록해 놓고 장사를 하는 과정 등에서 다양한 연계 및 협조망을 활용했다.

농촌에서는 협동농장에서 일하고 1년에 한 번 분배를 받는 것으로는 몇 달을 넘기기 어려웠다. 물품 부족 문제뿐 아니라 공산품이 농산물보다 비

---

64 여성한국사회연구소 편, 앞의 책, 130쪽.
65 여성한국사회연구소 편, 앞의 책, 134~136쪽.

싸기 때문이다. 따라서 상당수 농민들이 개인 밭을 일구었다. 텃밭 등 개인 밭에서 추수한 곡식은 농민시장을 통해 도시의 공산품과 교환되거나 시장 가격으로 매매된다. 여성 농민들도 돈의 가치를 알게 되었다.

교환수 출신 탈북 여성 최수련은 기혼 여성의 재산 축적 방법을 다음과 같이 증언한다.

사택 마을 부인들이 각자 직장이 따로 있지만 가내부업반을 만들어 리에 다가 '일 좀 해야 되겠으니 농사 지을 땅을 달라'고 해서 농사를 지었어요. 농사작업반, 세탁작업반, 재봉작업반, 음식작업반, 그런 작업반들이 모여서 관리위원회를 조직했는데 거기서 내가 관리위원장을 했어요. 가내부업반에서 생산된 것은 광산 경리부에다 얼마 넘기고 나서, 가내부업 경리부에서 조합원들에게 싼값으로 주고 나머지는 장마당에 내다 팔아요. 거기서 나온 수입의 일부는 년 1회 얼마씩 노임으로 분배를 하죠.[66]

이러한 재산 형성 경험을 바탕으로 최수련은 80년대 후반부터 장마당에 본격적으로 나섰다. 그리고 생계를 위해 별의별 장사를 다 했다.[67] 봉제공 출신인 70대 탈북 여성 최순희는 "직장을 다니면 수입이 없어요. 그래서 미싱하는 직장을 다니다 미싱만 배우고 그만두었어요. 애들 옷은 집에서 미싱 돌려서 다 해 입혔어요"라고 증언한다.[68]

여성의 경제활동은 경제 위기 심화에 비례하여 강화되었다. 공장 내에서 각종 원료나 자재를 빼 오는 현상도 일상화되었다. 그러다 보니 다양한 연

---

66 여성한국사회연구소 편, 앞의 책, 294쪽.
67 여성한국사회연구소 편, 앞의 책, 313쪽.
68 여성한국사회연구소 편, 앞의 책, 262쪽.

계망과 협조망이 더욱 발전하였다. 이 과정에서 나타난 대표적인 사회현상이 하급 관리와의 결탁 및 각종 뇌물이다. 재단사 출신 40대 탈북 여성 강금식은 다음과 같이 증언한다.

국가에서 물자를 전체적으로 관리하는데 국가의 물건은 싸거든요. 싼 국가 물건을 다른 쪽에 팔면 돈을 모을 수가 있어요. 예를 들어 서너 트럭 분의 공급 물자가 들어왔다고 하면 그중에서 표 안 나게 조금 떼어서 암시장이나 개인들에게 몰래 팔아요. 그것을 팔면 엄청 많은 이익이 남거든요. 또는 그것을 가지고 뇌물로도 써먹을 수 있고 다른 사람의 부탁도 들어줄 수 있고요. 상업 계통에 일하는 사람을 알아 두면 좋은 점이 많아요. 그런 것을 잘하면 능력이 있다고 해요. 북한 사회는 돈 주고 사 먹는 체제가 아니기 때문에 떨어지는 부스러기가 많은 직장일수록 인기죠. 국가에서 주는 배급만으로는 살기 힘들기 때문이에요. 그러니까 북한의 능력 있는 사람은 부정부패를 많이 저지른다고도 볼 수 있어요.[69]

실제로 북한 주민들은 이러한 '융통성'을 사업능력이라고 인식한다. 강금식은 "나의 아버지는 사업능력이 없었거든요. 그래서 나는 자라면서 저렇게는 살지 않겠다고 생각해서 상업과를 택했"다고 말한다. 경제 위기 이후 북한 여성들은 당 정책만 따르는 사람을 무능력하게 본 것이다. 사회 전체에 이 같은 인식이 확산되니, 서로 간의 결탁 혹은 연계도 구조화되며 수월해졌다. 이에 대해 식품생산 작업반원 출신 30대 탈북 여성 홍영란은 다음과 같이 증언한다.

비리가 많은데 간부들보다 오히려 그 밑에 있는 하바닥에 있는 사람이 더

---

69 여성한국사회연구소 편, 앞의 책, 89~90쪽.

잘살아요. … 거기 있는 사람은 대부분 월급으로 살지 않았어요. 술을 몇 병 내다 팔면 한 달 월급이 되고 새 옷도 사 입을 수 있었죠. 원래 한 달에 몇 입방을 생산해야 한다는 과제가 있고 그것을 수행해야 월급을 받는데 사람들은 거의 매달 그 과제를 수행 못 해서 오히려 집에서 2원, 3원씩 가져와야 했어요. 술을 살짝 빼내서 팔았기 때문이었어요. 수행 못 한 과제량은 국가에서 정한 단가로 계산하여 부족한 만큼 돈으로 내야 했어요. 그런데 그 돈이 몰래 파는 것보다 훨씬 쌌어요. 물론 생산량 심사 때 직장단이나 작업반장한테 빌어야 했고 그 사람들도 날마다 봐줄 수는 없었지만 내놓고 얘기는 못 해도 능력껏 하라는 식이었어요. 채지(눈치채지 못하게, 살짝) 가져가지 못하면 바보라고 했어요. … 윗사람한테 잘 보이기만 하면 일단 출근해서 출근부에 도장을 찍고 놀아도 되었고 어디 가서 자고 와도 되었어요. 출퇴근만 꼬박 꼬박 하면 아무 탈이 없는 거예요.[70]

이상의 내용을 정리해 보면, 북한 여성의 경제활동이 남성에 비해 활발하게 진행될 수 있었던 이유는 다음과 같다.

첫째, 남성 노동자들 다수는 일감이 없어도 직장에 나가야 했다. 국가에서는 그냥 식량 배급표를 줄 수는 없었기 때문에 생산 활동이 진행되지 않아도 출근을 강제했다. 특히 남성 노동자는 세대주이며 중앙 중공업 공장에 많이 근무한 까닭에 강하게 통제 받았다.[71]

둘째, 여성 노동자들이 집중 배치된 작업장에서는 주로 생필품을 생산했고, 물자 부족으로 생필품 수요가 높아지면서 상대적으로 이 물품들

---

70 여성한국사회연구소 편, 앞의 책, 105~106쪽.
71 김미자 증언, 여성한국사회연구소 편, 앞의 책, 163쪽.

을 사적 시장에서 거래하기가 쉬웠다. 경공업과 지방산업, 그리고 가내작업반과 농업 노동을 통해 생필품 제작 기술을 익힌 데다, 생필품 제작에 필요한 각종 원료 및 자재도 손쉽게 입수할 수 있었던 것이다. 이러한 직업군의 특수성으로 북한 여성이 남성에 비해 상대적으로 용이하게 사적 재산을 취득하고 이를 기반으로 장사를 할 수 있었다.

셋째, 역설적으로 여성 간부가 적은 것이 오히려 여성의 경제활동에 도움이 되었다. 여성은 남성에 비해 각 부문의 책임자나 간부가 되기 어려웠고, 그 수도 적었다. 따라서 상대적으로 책임질 일이 적었고, 노동규율과 작업장 통제에 따른 제약도 적게 받았다.

넷째, 북한 생활경제의 책임자는 여성이다. 북한의 학교교육은 여학생들에게 성실한 임무 완수와 조신한 행동을 요구한다. 반면에 여성 노동자와 기혼 여성에게는 혁명성과 적극성을 요구한다. 이러한 혁명성과 능동성은 경제 위기 이후 억척스러움과 대담성으로 발전하였다. 특히 기혼 여성들은 자식과 남편을 위해 목숨을 걸고 국경을 넘나들고 장사를 하는 과감성과 강인함을 발휘했다.

이중적 주체화와 능동적 생활력

북한 여성은 북한 정권이 요구한 '혁신적 노동자—혁명적 어머니' 역할을 내면화했으며, 국가와 수령에 대한 신뢰도가 높다. 그러나 다른 한편으론 노동을 통한 자아실현과 생존을 위한 적극적 활동으로 이익 추구에 민감한 특징을 보인다. 한 마디로, 이중적으로 주체화되어 있는 것이다. 두 가지 특징은 상황과 국면에 따라 갈등하기도 하고 조화를 이루기도 하였다.

앞서 다루었듯 1967년을 기점으로 위계적 지배 질서가 제도화되면서 북한 여성들은 강반석이라는 헌신적인 여성 모델을 학습받았고, 가정혁명화와 사회주의 생활문화 정책으로 근대적 혁명성과 전통적 헌신성을 담지한 여성상을 요구받았다. 북한 여성들로서는 역할 갈등을 경험하지 않을 수 없었다. 그럼에도 불구하고 갈등을 표출할 수 없는 사회구조 속에서 여성에게 주어진 이중역할은 내면화되었다. 이 내면화된 이중역할이 '북한 녀성'이라는 독특한 정체성을 만들어 냈다.

북한 여성들의 의식은 북한 남성들과 미묘하지만 중대한 차이를 드러낸다. 북한 주민의 성별에 따른 여성 역할 인식을 보자. 다음의 표《표 12》는 1980년대 입국한 탈북민 165명을 설문조사한 결과로, 여성 역할에 대한 국가 이념 및 성별에 따른 의식 차이를 잘 보여 준다.

〈표 12〉 북한 여성의 역할에 관한 국가−남성−여성 인식 비교 (단위: 퍼센트)

여성 역할	국가 이념	남성	여성
혁명투사	26.4	0.9	6.7
생산자	35.4	6.4	16.7
부인	9.0	39.1	20.0
어머니	21.5	43.6	36.7
며느리	2.8	3.6	16.7
딸	−	0.9	−
현모양처	−	2.7	3.3
기타	4.9	2.7	−

출처 : 박현선, 2001, 261쪽.

〈표 12〉를 볼 때, 국가가 강조한 여성 역할은 생산자(35.4퍼센트), 혁명투사(26.4퍼센트), 어머니(21.5퍼센트) 순으로 노동자 역할을 어머니 역할보다 중시한다. 반면에 북한 남성이 바라보는 여성 역할은 어머니(43.6퍼센트)와 부인

(39.1퍼센트)의 역할이 가장 크다. 그런데 북한 여성은 어머니(36.7퍼센트)와 부인(20.0퍼센트)의 역할을 중요하게 인식하지만, 그 비중이 남성에 비해 떨어진다. 즉, 여성은 남성과 달리 생산자(16.7퍼센트)와 며느리(16.7퍼센트)로서의 역할 인식이 높다. 또한, 혁명투사 역할도 남성(0.9퍼센트)에 비해 여성(6.7퍼센트)이 훨씬 높다.

이상의 내용을 정리하면, 북한 정권은 여성의 생산 활동과 충성심을 가장 중요하게 인식한다. 여성은 남성에 비해 생산자 역할을 높게 인식한다. 그런데 북한 여성의 경제활동이 활발함에도 불구하고 남성들이 여성의 경제적 역할을 낮게 인식하는 것은, 여성의 경제활동을 인정하지 않으려고 하는 북한 남성의 위계적 태도 때문으로 보인다.[72]

이러한 상황에서 우리가 생각하듯 북한 여성들은 가정과 직장에서 남성에게 순종했을까? 북한의 성 역할은 산업화 시기에 위계적으로 구조화되었지만, 북한 여성은 위계적인 성 역할에 순종하지만은 않았다는 것이 일반적인 분석이다.[73] 일반적으로 가정에서는 남편의 뜻을 따랐다. 그러나 직장이나 사회생활에서는 대부분이 남성인 상사에게 순종과 대응이라는 이중적 태도를 보였다. 특히 노동성이 강한 북한의 기혼 여성들은 남편 이외의 남성들은 순종의 대상으로 인식하지 않았다. 이로 인한 내적 갈등이 없을 리 없다.

우리는 남녀평등권 법령이 있다고 교육을 받아요. 하지만 세부 교육에서는 가부장적 교육이지요. 강반석 여사 따라 배우기를 비롯해 봉건시대 여성상을 교육하고 있지요. 그러니까 이렇게 이원화된 모순 속에서 사람들이

---

72 박현선, 〈성별 사회화 및 재사회화〉, 《통일과 여성》, 이화여자대학교출판부, 2001, 261~262쪽.
73 민무숙 외, 앞의 책, 230~231쪽.

살기 때문에 나 자체도 모순적입니다. 그러니까 사회적으로 남녀가 평등하고, 여성이 권리를 주장할 수 있다고는 하지만 내가 보고 듣고 느끼고 배운 모든 면이 그렇지 않기 때문에….[74]

노동자 역할과 어머니 역할을 동시에 강제받은 사람이 당연히 느낄 수밖에 없는 내적 갈등이다. 노동자 역할에 따르면, 여성은 남성과 똑같은 생산자로서 동일한 의무와 권리를 갖는다. 반면 어머니 역할에 따르면, 남편에게 순종하고 자식을 혁명가로 키우기 위해 헌신해야 한다. 근대의 능동적인 노동자성과 수동적인 전통 어머니성이라는 조화되기 어려운 역할이 '혁신적 노동자-혁명적 어머니' 상으로 재구성되면서, 북한 여성은 이중적 주체화라는 고유의 길을 걷게 된다.

북한 여성은 자기주장이 강하고 당당한 태도를 보인다. 일상적인 생활 총화의 결과일 수도 있지만, 노동자 역할을 통해 형성된 주체성의 소산이기도 하다. 또한, 경쟁과 논쟁에서 이겨야 한다는 강한 승부집착형 문화에 익숙하다. 반면에 이성 관계에 미숙하고 성性의식이 별로 없어 부부 관계에 수동적이다.[75] 그럼에도 가정생활을 꾸려 나갈 때에는 강인한 모습을 드러낸다. 한 마디로, 북한 여성의 특성은 '슈퍼우먼 콤플렉스'로 정리된다.

실제로 경제 위기로 초래되는 사회경제적 비용은 저항하기가 어려운 사회적 약자들에게 더 많이 전가되는 경향이 있다. 더욱이 경제 위기는 생활 세계를 관리하는 여성에게 출혈노동을 강제한다. 이러한 여성의 출혈노동은 경제 위기 과정에서 사회적 충격을 흡수하는 역할을 한다. 여성은 경제 위기로 인해 감소된 가계소득을 보충하기 위해 일차적으로 집 안에서의

---

74 핵심계층 30대 탈북 여성 증언, 민무숙 외, 앞의 책, 231쪽.
75 김정희, 〈유아기·아동기의 성별 사회화〉, 《통일과 여성》, 이화여자대학교출판부, 2001, 294쪽.

재생산 노동을 증가시킨다. 그리고 자신의 노동력을 과다소비하면서 경제 위기로부터 가족 생계를 지탱하려 한다.[76]

이에 대해 핵심계층 출신 30대 탈북 여성은 다음과 같이 증언한다.

직장 생활도 하고, 가정생활도 하고 어느 것 하나 놓치지 않고 둘 다 잘해야지요. 뭐 내가 직장 생활만 해서 가정을 버리면 여성이 아니지요. 아내가 아니지요. 그렇다고 아내라고 사회생활에 적극 참여를 안 하고 집안 구석에서 아이 낳고, 설거지나 하고 빨래나 하면 가치가 없어지죠. 이것도 저것도 다 잘하는 그런 사람, 나는 그런 걸 바랬지요. 뭐 주부로만 떨어지겠다, 난 직장일만 하겠다 그런 생각은 해 본 적이 없어요.[77]

북한 여성은 근대의 특성인 능동적이고 합리적인 노동자성과, 전통의 특성인 헌신성과 가족관리자 특성을 내면화하는 과정에서 생활의 능동성을 주체화했다. 이러한 북한 여성의 주체화 양상이 북한 여성의 공장과 가정에서의 이중적 태도 및 경제난 이후 자생적 시장화 과정에서 드러난 능동적 생활력을 설명해 준다.

76 다니엘 엘슨·김숙경 옮김, 〈구조조정에서 남성 편향〉, 《발전주의 비판에서 신자유주의 비판으로》, 공감, 1998, 137~162쪽. 장기 지속되는 북한의 경제 위기 속에서 여성들은 다양한 방법으로 가족 생존을 책임지고 있다. 박현선은 경제 위기 이후 북한 가족의 생존 전략을 생계 유지 전략, 가족 구조 변화 전략, 사회연결망 활용 전략으로 분석하였다. 박현선, 《현대 북한 사회와 가족》, 한울, 2003, 35~40쪽.

77 민무숙 외, 앞의 책, 230쪽.

제4부

시장/선군/세습,
변화하는 젠더

8장

사회변동기 시장과 젠더

"북한 여성들의 근면과 알뜰함을 넘어선 '이악함'은 자연스럽게 형성되었다기보다는, 북한 권력이 여성들에게 강제한 젠더정책의 연장선상에서 이해해야 한다. 특히 경제난 이후 두드러진 북한 여성들의 강한 생활력은 군사주의 국가정책의 자원 배분 과정에서 부차화된 주민 생계와 이를 여성에게 책임지운 군사주의 젠더정책의 결과물이자, 더 근본적으로는 해방 후부터 사회와 가정에서 이중노동을 수행해야 했던 북한 여성의 역사적 소산이다."

시장 확대가 가져온 균열 혹은 모색

현재까지도 부분적이지만 여전히 배급제가 시행되고 있으며, 경제 관련 계획과 조정이 국가권력으로부터 변함없이 제시되고 있지만, 그럼에도 지금 북한 사회에서 시장의 존재와 필요성을 부인하는 사람은 없다. 북한의 대내외 상황과 정권의 선군정치先軍政治를 고려해도 북한의 시장과 시장화를 막을 순 없는 상황이다. 선군정치가 병영체제로 제도화되는 상황에서도 갈수록 가속도가 붙고 있는 북한의 시장화는 내적으로는 주민 생존을 더 이상 국가가 책임질 수 없는 경제 위기와, 외적으로는 사회주의권의 몰락 및 신자유주의적 세계화 등 국제 정치경제의 변화가 크게 작용했다.

그러나 20세기 현실 사회주의국가의 사례를 봐도 사회주의적 계획이 관철되지 않는 경제 공간, 즉 농민시장이나 암시장 등 소위 '2차 경제'가 존재하지 않은 사회주의국가는 없다. 또한, '부족의 경제'로 상징되는 사회에서 각종 부업이나 텃밭 생산을 통해 주민 생활에 필요한 생필품을 보충하지 않은 사회도 없다. 소련·중국·동유럽 사회주의국가에서 합법적이건 불법적이건, 규모가 크든 작든지 간에 사적 생산과 거래 및 거래 공간으로서 농민시장과 암시장은 항상 존재했다.

'잉여 재화와 필요 재화를 교역交易하는 공간'인 시장은 씨족에서 부족으로 발전한 인간 공동체가 형성되던 고대로부터 '생존의 장'이자 '축제의 장'으로 이어져 왔다. 자신이 가지고 있는 물건과 타인이 가지고 있는 물건의 가치를 평가하고 확인하며, 필요한 재화를 얻기 위해 예측하고 흥정하는 생활 세계의 압축장으로서 시장은 여전히 유효하다.

시장이 인간 사회에 미치는 영향력은 생산과 소비에 모두 작용한다. 생산 측면에서는, 기본적으로 '선택의 폭'을 확대시키고 창의력에 의한 소기업 설립을 용이하게 한다는 장점 외에, 근본적으로 인간에게 '새로운 가치'를 일깨운다는 점이 있다. 그것은 "새로운 생산력으로서의 개성"이다. 개성은 개개인 속에만 존재하는, 다른 사람이나 집단이 간섭하거나 개입할 폭이 상당히 작은 영역이다. 더욱이 개성은 개개인의 기호와 관련되어 있다. 따라서 권력과 집단이 요구하는 도덕과 규범으로부터 상대적으로 자유롭다. 바로 이 때문에 개성은 개개인의 자유와 자율의 가치를 요구하는 것이며, 다양한 선택 항목이 존재하는 '자유시장'이 사회적으로 요청되는 것이다.[1]

소비 측면에서 시장은 개개인이 자유롭게 선택하고 소비할 수 있는 장소만을 제공한다. 그러나 수많은 물건 중 자기에게 가장 적합한 양복을 고르고, 좋아하는 음식과 기호품을 찾아 선택하는 기호를 발휘하는 행위, 즉 "자기 나름대로 선택하고 찾을 수 있는 것"은 시장의 자유 없이는 불가능

---

1 따라서 '소프트한 사회' 또는 개성이 사회적으로 그 무게감을 더해 가는 시대에는, 대개 구체적 개인을 지도하거나 통제하는 인간관계는 부정적으로 평가된다. "자율하는 자유를 제한하지 않으며, 선택 가능한 시장이 그와 같은 의미에서도 요청되는 것이다." 또 하나 중요한 점은, 이렇게 요청된 '시장'이 다시 개별 인간들에게 "개성의 기초"로 작용한다는 점이다. 오니시 히로시 지음, 조용래 옮김,《자본주의 이전의 사회주의와 자본주의 이후의 사회주의》, 한양대학교출판부, 1999, 120쪽.

하다.[2]

이런 의미에서 시장은 개성의 기초이자 전제 조건이다. 이 과정에서 시장은 '자립'과 '자유'를 가치로서 규정한다. 시장의 확대는 여러 재화와 서비스를 금전적인 거래 관계 속으로 끌어들이지만, 거꾸로 이것은 돈만 있으면 타인에게 의지하지 않고 자립하여 살아갈 수 있음을 의미하기 때문이다. 결국 "타인으로부터의 강요를 거부하는" 자유에는 생활의 자립이라는 현실 조건이 필요불가결하며, 그 조건을 실현시킨다는 의미에서 '시장'의 확대는 결정적인 사회적 의의와 가치를 갖는다.[3]

우리가 체제 구조를 규명하기 위해 시장을 주목하는 이유는, 시장에는 잉여 생산물의 단순 교환을 넘어서는 파급력이 있기 때문이다. 시장의 본질적 기능인 '교환'의 의미는, "교환 이후의 가치 합계가 교환 이전의 가치 합계보다 더 크다"는 것이다. 교환은 무엇인가를 주고받는 두 과정의 단순한 합숨이 아니라 제3의 새로운 현상이며, 그 속에서 '사고 파는' 각각의 과정은 동시에 다른 과정의 원인이고 결과이다. 그리하여 대상이 양도를 통해서 획득하는 가치는 경제적 가치가 된다.[4]

이 경제적 가치는 사회와 인간에 엄청난 파급력을 미치는데, 그 계기가 된 일이 바로 '화폐'의 출현이다. 화폐는 "수단이 목적으로 변화되는 가장 극단적인 보기"다. 자신의 가치를 화폐라는 수단적 성격, 즉 더 명시적인 가치물로 전환될 수 있는 가능성에 두고 있는 대상 중 화폐만큼 근본적으로

---

2 제복·교복 등 입어야 할 옷이 주어지고 먹을 것과 살아야 할 집이 정해지는 체제라면 스스로 소비품을 찾아 나서고 선택을 위해 고민해야 하는 번거로움은 사라지겠지만, 자신이 원하는 것을 찾을 수 있는 자유와 개성은 극히 제한된다. 그러므로 시장이란 강요를 해서라도 개성을 만들어 내는 하나의 사회 시스템이다. 이러한 의미에서 시장 또한 일종의 '강제'임이 분명하다.

3 오니시 히로시 지음, 조용래 옮김,《자본주의 이전의 사회주의와 자본주의 이후의 사회주의》, 121~122쪽.

4 게오르그 짐멜 지음, 안준섭 외 옮김,《돈의 哲學》, 한길사, 1983, 105, 116쪽.

심리적이고 절대적인 가치에까지 도달한 경우는 역사상 한 번도 없었다. 시장의 확대와 함께 화폐에 대한 궁극적 욕구가 점차 상승한 이유는 화폐가 지배할 수 있는 대상의 범위가 끊임없이 증가하고, 대상들은 더욱더 화폐의 힘에 굴복하기 때문이다. 문제는 이 과정에서 화폐는 제 특수성을 점차 더 잃어버림으로써 대상의 모든 성질과의 관계에서 더욱 강력해진다는 점이다.[5]

그 계기는 시장의 확대와 성격 전환이다. 역사적으로 시장은 인간들의 생명력에 따라 움직이는 전통적이고 '타율적인 조정 기제'에서, 서구의 제국주의적 상업과 19세기 이후 독점적 소수 자본에 의해 발전되어 "걷잡을 수 없는 자기조정 체계로 변화"[6]되면서, 본래 지니고 있던 '생존과 축제의 장'으로서의 힘은 미미해지고 홉스식의 '만인의 만인에 대한 투쟁' 공간이 되어 "인간관계를 철저히 분열"[7]시킬 위험이 커졌다.

그 기점은 '자본-임노동 관계'를 제도화하는 '노동시장'의 형성이다. 소수의 개인 또는 가족 경영일지라도 서서히 노동자를 고용하게 되는 길, 즉 '아래로부터의 자본주의화' 길로 들어서는 것이다. 바로 이것이 노동력 상품화가 진척되면서 노동시장이 제도화되는 과정이다.

구소련에서는 1987년 〈개인적 노동활동법〉이 시행되어, 본래의 중앙경제 체제와 어울리지 않는 가내수공업이나 생활서비스 부문의 개인기업이 장

---

5 화폐가 가치의식 속에서 절대화되는 정도는 원시적 생산으로부터 공업적 경영으로 경제적 관심이 이행함에 따라서 변화한다. 현대인과 고대인의 화폐에 대한 태도는 상이하다. 옛날에는 화폐가 소비에만 기여한 반면, 지금은 본질적으로 생산에 기여한다. 이 차이가 화폐의 목적론적 역할에서 아주 중요하며, 이 역할은 경제 전반의 지표가 된다. 과거에는 일반적인 경제적 관심이 생산보다는 소비를 지향했다. 즉, 지배적인 농업 생산과 전통적인 단순 기술은 계속 변모하는 산업보다 경제적인 의식의 소모를 요구하지 않았다. 그러므로 이 의식은 경제의 다른 측면, 즉, 소비에 집중되었다. 게오르그 짐멜 지음, 안준섭 외 옮김, 《돈의 哲學》, 297~299쪽.

6 칼 폴라니 지음, 박현수 옮김, 《거대한 변환: 우리 시대의 정치적 경제적 기원》, 민음사, 1991, 78쪽.

7 오니시 히로시 지음, 조용래 옮김, 《자본주의 이전의 사회주의와 이후의 사회주의》, 한양대학교출판부, 1999, 122쪽.

려되었다. 이 법률이 시행되던 시기에 이미 이 부문의 전체 노동자 수는 37만 명이었는데, 1년 후인 1988년 4월 이 노동자 수는 73만 명으로 증가했다. 당시 이 개인기업은 가족노동의 범위를 넘을 수 없었으며, 그 결과 '자본-임노동 관계'의 창설로까지는 발전하지 못했다. 그러나 가내수공업과 개인기업의 발전은 암시장 확대와 함께 역행할 수 없는 노동시장 확대로 이어졌다. 더욱이 당시 소련 경제가 인민 생필품 공급에 난항을 겪으면서, 소련 당국은 이미 현실화된 사회 흐름을 인정하지 않을 수 없었다. 특히 개인기업에 의한 노동자 고용을 허가하는 단계로 진행할 수밖에 없었던 배경에 1988년 시행된 '협동조합법'이 있었다.[8]

당시 소련의 소규모 협동조합들의 종업원 규모는 평균 25.1명으로, 이미 상당한 자본-임노동 관계가 성장하고 있었음을 알 수 있다. 이 신법이 시행된 후 1년 여 동안 이러한 임노동 체계를 가진 기업은 약 17만 개였고, 1989년 당시 이미 총 403만 명의 종업원이 일하고 있었다.[9]

사회변동기 북한에서도 소련과 비슷한 역사가 진행되며 집단사회의 균열을 초래하고 있다. 그리하여 현재 공식 기업에 소속을 두고 시장 행위를 하는 8·3노동자나 8·3공장 등의 활동으로 사유재산 규모에 따른 북한 사회의 위계적 계층화와 불평등이 이미 제도화된 상태이다. 이 과정에서 여성의 경제생활은 지속적으로 증대했지만, 권력과 사회의 성 역할 규범에는 변화가 없어 여성의 내핍 및 출혈노동이 지속되고 있다. 또한, '비사회주의적' 현상을 넘어선 각종 일탈과 불법이 사회 전체에 만연해 있다. 이 모든 변화 역시 시장을 매개로 확장되었다.

앞선 사회주의국가의 사례에서처럼, 북한에서도 시장은 주민 생존의 공

---

8 오니시 히로시, 앞의 책, 33쪽.
9 오니시 히로시, 앞의 책, 33쪽.

간인 동시에 사회 균열을 초래하는 공간으로 작동하고 있는 것이다. 그리고 북한의 시장 및 시장화의 주체는 가내작업반으로부터 성장한 북한 여성들이다.

선군시대 젠더 역할론

1995년부터 시작된 북한의 선군정치는 2000년대 김정일 정권의 생존 전략으로 더욱 구조화되어 북한 체제 전체를 '병영兵營화'하였다. 군대 중시뿐 아니라 일상화된 전쟁 준비로 남성은 국가 보위를, 여성은 일상생활을 책임지는 주체로 젠더 역할이 구성되었다. 군대와 간부층 그리고 평양 지역을 제외하곤 식량 배급이 제대로 이루어지지 않는 현 상황에서도, 북한 정권은 국가 안보와 군사사업을 앞세우며 군사주의 문화를 강화시키고 있다.

이런 상황에서 북한 남성에게 주어진 역할은 조국을 지키는 전사가 되는 것이다. 남성들이 군대와 후방에서 국가 안보를 위해 충성을 다 바치는 사이에, 북한 여성은 여전히 "당과 수령에 대한 높은 충성심과 애국심을 가지고" "인민군 군인들의 살림살이 기풍을 본받아 자기가 사는 집과 마을, 공장과 일터를 선군시대의 맛이 나고 정신이 번쩍 들게 꾸려야" 한다.[10] 특히 기혼 여성은 자식을 소위 '혁명의 3세대, 4세대'로 키워 군대로 보내 '군인가정화'의 주역이 되어야 하고, 준전시 상황에서 헌신적이고 이악스러운 생활과 노동으로 가족의 생존과 사회 재생산을 책임져야 한다.[11]

---

10 리경림, 〈선군시대에 창조된 생활문화, 군인문화를 적극 따라 배우자〉, 《조선녀성》, 2006년 2월호, 43쪽.

11 리순금, 〈선군시대의 애국녀성〉, 《조선녀성》, 2006년 4월호; 리춘길, 〈녀맹조직들은 사회주의에 대한 신념교양을 일관성있게 틀어쥐고 나가자〉, 《조선녀성》, 2006년 4월호.

선군시대 북한의 젠더정책은 한 마디로 '남성은 전방의 전사, 여성은 후방의 전사'로 요약할 수 있다.

여기서 주목할 점은, 군사주의 권력이 병영체제를 구축하는 과정에서 젠더 위계가 더 극명해진다는 사실이다. 단순한 생물학적 성차性差와 양성 간차별을 넘어, 이러한 젠더 위계는 사회문화적으로 모든 사회 구성원을 군사적 남성지배 담론에 구속시키는 특징이 있다. 이 개념은 남성과 여성의역할 차이를 넘어선다. 군사적 남성지배 담론은 남성 중심적이고 불평등한성적 폭력을 용인하는 체제에 긍정적인 '남성성'과 남성 중심 사회의 해체와 폭력적 위계를 철폐하려는 '여성성' 사이의 차이를 위계화하여, 모든 주민을 '남성적 젠더 위계에 동의시키는 과정'을 수반한다.[12]

군사주의 국가권력은 대개 '적의 존재와 위협'에 대응하는 '안보체제 구축'을 근거로 사회의 중심과 응집력을 규범화하는데, 그 중심과 응집력은국가 안보를 책임지는 남성적 가치를 기준으로 구성된다. 이때 명심할 사항이 20세기 이후 형성된 군사주의 국가에서 남성 주도의 중심과 응집력은 '적의 존재와 위협' 때문이라기보다는 '권력을 지탱하기 위한 적'을 필요로 하는 과정에서 강조되었다는 점이다.

고난의 행군 이후 북한 권력은 선군정치와 함께 '북한식 사회주의 체제'수호를 명분으로 군사주의 정책을 제도화하고 있다. 이 정책의 특성은 그의도와 무관하게 젠더 위계성을 사회 전 구성원에게 강제하며, 이 과정에서 민족국가 건설 시기부터 구축된 권력에 의한 양성 간 젠더 위계 구조를지속하게 한다.[13] 제2차 세계대전 전후 냉전 질서가 구축되는 과정에서 민

---

12 오오고시 아이코, 〈참회의 가치도 없다〉, 코모리 요우이치·타카하시 테츠야 엮음, 이규수 옮김,
《내셔널 히스토리를 넘어서》, 삼인, 2000, 162쪽.
13 오랜 세월 민족주의, 인종주의, 나치즘 등을 연구한 20세기 대표적 역사학자 조지 모스George L.
Mosse에 의하면, '자본의 축적 욕망'과 '사적 재산 옹호를 위한 공동체 파괴'에 대한 대안사회 이

족국가 건설이 보편화되면서 전 세계적 현상이 된 민족주의는, 사나이다움과 남성적 인내와 같은 남성적 이상을 도입해 민족적 정형stereotype을 구축했다. 이를 통해 신체적인 것으로부터 남성과 여성의 미덕에 대한 정형이 만들어졌다. 당시 국가권력은 남성의 개인적 열망을 민족국가의 이상ideal으로 승화시키면서, 남성의 최고 가치를 '조국을 위해 투신하는 것'으로 이상화했다. 반면 여성에게는 남성성을 높이 받들며 보호하고, 아버지에서 아들로 이어지는 민족전사를 재생산하는 역할이 주어졌다.[14]

이 과정을 거치며 전쟁 경험과 '안보와 자위'를 내걸고 전쟁을 일상적으로 준비하는 국가권력은 위계화된 젠더를 구성한다. 전쟁과 정치야말로 불균형하고 이질적이며 불안정하고 긴장된 권력관계를 통합하는 최대의 국가 전략이다.[15] 따라서 전쟁을 준비하는 시기는 다양한 인간성을 남성과 여성, 남성성과 여성성이라는 이원화되고 위계적인 역할 모델과 성性 정체성으로 구축할 수 있는 적기다. 그러므로 전쟁을 준비하는 국가권력은 '전선의 전사'가 되어야 할 남성에겐 폭력과 죽음을 인내할 용맹함·명예·근엄함 등을 요구하고, '후방의 전사'가 되어 인간 공동체와 주민 생존을 책임지

넘을 지향하면서 형성된 서유럽 사회주의자들은 제1차 세계대전 이후 평화와 평등 이념의 증대와 함께 성장한 독일, 오스트리아 등 서유럽 내에서 전쟁의 폭력과 인간 학살에 환멸을 느꼈던 사람들이다. 이들은 전쟁과 군사주의의 잔인함과 인간성 파괴를 목격하면서, 전쟁과 이를 떠받치고 있는 '남자다움'에 문제를 제기하고 '평등하고 새로운 인간성'을 모색하였다. 국가권력에 대한 충성과 맹목적 민족주의를 거부하고, 연대와 평화에 대한 지향과 그 심성을 교육하는 것이 군사화된 사회 내 남성성을 정화하는 길이라고 인식했으며, 양성평등과 동등교육을 주장했다. 그러나 제1차 세계대전 이후 혁명과 내전 과정에서 초기 서유럽 사회주의자들의 주장과 문제 제기는 '혁명국가를 지켜야 한다는 국가권력의 논리'에 패배하였다. 모스는 당시 서구 사회주의 진영내 '남성성 재구성'의 실패를 다음과 같이 표현하고 있다. "전통적인 남성성은 사회주의 운동 안에서 자신을 주장하지 않았지만, 사회주의 운동의 수면 아래에는 전통적인 남성성이 도사리고 있었다." 조지 L 모스, 이광조 옮김, 《남자의 이미지》, 문예출판사, 2004, pp. 205~208, 215.

14 George L. Mosse, Nationalism and Sexuality London: University of Wisconsin Press, 1985: Anthias Floya & Yuval Davis Nira, "Women-Nation-State", J. Hutchinson & Anthony D. Smith eds., *Nationalism: Critical Concepts in Political Science* vol. 4New York: Routledge, 2000.

15 미셸 푸코, 이규현 옮김, 《성의 역사: 제1권 앎의 의지》, 나남, 1997, 107쪽.

고 전후 미래를 준비해야 할 여성에겐 헌신적 모성·성스러운 민족 전통 계
승·섬김의 도덕·돌봄의 윤리 등을 요구한다.

전쟁과 군사주의가 성(性)의 재편을 내포한다는 점에서 우리가 또 하나 주
목해야 할 지점은, 젠더 위계를 떠받치는 국가권력의 자원과 권위 배분이
다. 자원 배분의 우선순위가 전쟁 준비를 비롯한 군비 증강에 놓이면, 전쟁
과 안보 체계에 자원이 집중되며 특히 여성의 노동과 빈곤은 가중된다. 자
원 배분에서 군사적 주체인 남성에 비해 여성이 소외될 수밖에 없기 때문
이다. 그러므로 한 사회에서 자원 배분의 기준이 '복지 중심적인가 군비 중
심적인가'는 여성의 사회적·경제적 여건에 가장 민감하게 영향을 끼친다.[16]

다음으로 체제 전반에 군사주의 질서가 형성됨에 따라 권위 배분 또한
폭력적으로 위계화된다. 호전적이고 남성적인 주장과 행위는 용맹하고 정
당하며 숭고하게 인식되는 반면에, 평화적이고 여성적인 주장과 행위는 비
겁하고 저열한 것으로 인식된다. 전쟁과 군사주의가 젠더 위계와 여성의
지위에 결정적 영향을 미치는 것이다.

이렇듯 군사주의가 젠더 위계를 제도화하는 인식론적 원인은 호전적이
인 전쟁 및 안보체제가 위계적 여성 억압의 구조와 연계되어 있기 때문이
며, 역사적으로도 공격적인 전쟁 및 안보체제가 남성의 '남자다움'과 연결
되어 있기 때문이다. 남성성은 곧 군인의 조건이었고, 군역(軍役)에 종사하는
것은 해당 사회의 실질적인 시민권의 조건이기도 했다.[17] 따라서 시민운동
이 일찍이 성장한 서유럽에서도 여성의 시민권 확보에는 오랜 시간과 여성
계의 거친 투쟁이 필요했던 것이다. 그러므로 군사주의 국가권력의 집중성
과 폭력성은 사회뿐 아니라 인간 위계의 원천이 되며, 남성과 군대를 중시

---

16 이삼성, 《20세기의 문명과 야만》, 한길사, 2003, 124쪽.

17 Klare, Michael T., ed., *Peace and World Security Studies*, London: Lynne Riener Publishers, 1994.

하는 병영체제에서 자원과 권위는 당연히 남성 중심적 가치와 함께 상대적으로 남성에게 많이 배분될 수밖에 없다.

생존전쟁의 전사

체제 내 자원 배분의 우선순위가 군사 및 군수공업에 주어지면, 일상생활 세계를 꾸려 나가는 여성은 가족의 생존을 위해 내핍_{內乏}의 생활 습관을 갖게 된다. 그렇지 않아도 오랜 세월 동안 의·식·주를 중심으로 한 기초 생활 유지를 책임지는 주체로 구성된 여성들은, 상황이 어려워지면 일차적으로 내핍과 출혈노동을 감내한다. 특히 1990년대 중·후반 자연재해와 국제적 고립이 겹쳐 극도의 경제적 어려움을 겪은 '고난의 행군'기를 경유하며 100만 명 이상이 기아로 죽거나 사상 및 실종되는 상황에서, 북한 여성들은 내핍과 출혈노동을 넘어 자신과 가족의 생존을 위해 강한 생활력을 발휘하게 된다.

이러한 현실은 그 누구보다도 여성들 자신이 잘 알았다. 당시 북한 여성들은 장사하며 만나는 여성들끼리 "달리는 여맹, 앉아 있는 당, 서 있는 사로청"이라고 비아냥댔다.[18] 경제난이 심화돼도 당은 그저 편히 앉아서 '이거 해라, 저거 해라' 지시만 내린다고 해서 '앉아 있는 당'이라고 하고, 사로청으로 대표되는 남성들은 아무것도 하지 못하고 가만히 서 있기만 한다고 해서 '서 있는 사로청'이 되었다. 반면 여맹으로 대표되는 여성들은 꼭두새벽

---

18 여맹(조선민주여성동맹)은 타 단체에 속하지 않은 만 31~55세의 북한 여성들이 의무적으로 가입하는 대중조직으로, 여기서는 1995년 경제난 이후 매매賣買를 위해 시장에 나서는 일반 여성들을 대표한다. 한편 사로청(김일성사회주의청년동맹)은 '청년·학생·직장인·군인' 등으로 구성된, 북한 사회에서 주로 남성을 대표하는 조직이다. 당(조선로동당)은 권력층을 대표하는 조직이다.

내핍을 독려하는 작업장 풍경. 1996년 《조선녀성》 6월호. 1990년대 중·후반 자연재해와 국제적 고립이 겹쳐 극도의 경제적 어려움을 겪은 고난의 행군기에 '자력갱생'은 두려운 말이었다. 100만 명 이상의 주민이 기아로 사상 또는 실종되는 상황에서 내핍은 곧 출혈을 의미했다.

부터 일어나 길 닦기·마을 청소·수해 복구·농촌 활동 등에 동원되고, 낮에는 시장에 나가 장사를 해서 가족 생계를 지탱하는 등 사회 전반을 장악하고 있었기 때문에 '달리는 여맹'이라고 했다.[19] 여성들끼리 농담으로 하는 소리지만, 현재 북한 사회가 어떻게 움직이고 있는지 보여 주는 말이다. '생존전쟁의 전사戰士'로 살아가는 북한 여성들의 자조 섞인 푸념인 셈이다.

여기서 북한 여성 특유의 '이악함'이 드러난다. 이 특성은 북한 여성을 이해하는 데 아주 중요한 키워드이다. 많은 북한 연구자들이 탈북 여성을 만나면서 느끼는 아이러니는, 북한 여성들이 상당히 가부장적인 의식을 가지고 있음에도 불구하고 어려운 사회에서 어머니 또는 여성으로 살면서 형성되는 일반적인 '헌신적인 모성' 또는 '강한 생활력'만으론 설명할 수 없는, 억척스러움을 넘어선 특유의 승부욕과 이익에 대한 민감함 등을 가지고

---

19 좋은벗들 북한 연구소, 《오늘의 북한소식》 38호., 2006년 9월호.

있다는 점이다. 이 같은 북한 여성의 고유한 특성이 북한의 공식 문헌에서도 확인할 수 있는 '이악함'이다.

요즘 우리나라에서는 잘 쓰이지 않는 '이악하다'는 말은 순우리말로, 첫째, 자기 이익에만 마음이 있다. 둘째, 달라붙는 기세가 굳세고 끈덕지다. 셋째, 이익을 위해 지나치게 아득바득하는 태도가 있다 등의 의미가 있다. '악착스럽다'라는 말과 비슷하지만, 이보다 훨씬 강한 의미다.

북한 여성들의 근면과 알뜰함을 넘어선 '이악함'은 자연스럽게 형성되었다기보다는, 북한 권력이 여성들에게 강제한 젠더정책의 연장선상에서 이해해야 한다. 특히 경제난 이후 두드러진 북한 여성들의 강한 생활력은 군사주의 국가정책의 자원 배분 과정에서 부차화된 주민 생계와 이를 여성에게 책임지운 군사주의 젠더정책의 결과물이자, 더 근본적으로는 해방 후부터 사회와 가정에서 이중노동을 수행해야 했던 북한 여성의 역사적 소산이다.

일반적으로 여성은 가족 내 가부장적 권력인 아버지와 남성 형제와의 갈등 속에서 남성보다 먼저 순응과 타협, 침묵과 저항을 통해 자신의 신체 보호와 이익 추구 기술을 익힌다. 이러한 일상적 생존 능력은 한편으론 사회규범과 연계되어 수동성·연약함·부드러움 등으로 나타나기도 하지만, 다른 한편으론 남성보다 훨씬 강한 위기 대처 능력·생존력·인내력 등으로 나타나기도 한다. 이러한 생존 능력은 국가권력에 위한 성별 '차이의 정치'와 사회화 과정에서 습득된 특성, 그리고 위로부터의 강제에 대응하면서 자신의 이해를 실현하기 위해 여성 스스로 체득한 성격이 결합되면서 드러난다.

특히 북한과 같이 '당—국가 일체화' 권력이 절대적인 영향력을 미치는 사회에서는 여성의 생존술이 훨씬 다양하고 은밀하게 드러났다. 따라서 외현적인 소수 여성 영웅이나 간부들의 숫자와 비율이 아니라 그들이 경험한 갈등과 행위를 주목해야 하며, 더 중요하게는 간부나 영웅이 아닌 일반 여성의 경험과 갈등, 행위 양태를 주목해야 한다.

이악함은 식량난 이후 북한 주민의 생존을 책임지고, 아래로부터 '시장사회화'를 주도하고 있는 북한 여성의 저력이다. 선군정치로 남성은 체제를 지키는 군대와 군수산업에 투입되고 여성은 일상생활에 필요한 농업과 경공업에 배치되었을 뿐 아니라, 이마저도 자원 부족으로 거의 가동되지 않는 상태에서, 북한 여성을 이악하게 만든 것은 국가권력이었다. 삶과 죽음을 넘나드는 극한의 생존 과정에서 북한 여성들은 스스로 이악함을 내면화할 수밖에 없었다. 꼭 여성이 아니더라도, 일상적인 대적對敵의식과 생존 및 체제 유지 불안감에 시달리는 북한 사회에서는 이악하지 않으면 견디기 힘들 것이다.

이것은 단순히 저발전국 여성의 자연스러운 특성이라기보다는, 경제 자원이 부족한 상태에서 군사주의 노선을 관철하는 북한 권력이 국민 부양 의무를 여성에게 전가하며 적극적으로 구성하고 요구한 특유의 여성성이다. 특히 민족주의를 강조하는 국가일수록 여성은 생존을 중심으로 한 사적 질서의 수호자로 이상화된다. 민족주의가 강한 국가에서는 개인적 자율성이 극도로 제한되고, 개인적 열망을 민족적 이상으로 환치시키기 때문이다.[20]

이처럼 북한 사회에서 남성성은 조국을 위해 죽을 줄 아는 '전선의 전사'로, 여성은 남성 부재 사회에서 인간 공동체를 유지할 책임을 지는 '후방의 전사'로 구성되었다. 그러나 전쟁은 구호만 무성하고 핵심 권력층 내부에서만 구체화될 뿐, 전선의 교착 상태가 20년 넘게 지속되면서 전선의 열기는

---

20 Anthias Floya & Yuval Davis Nira, "Women-Nation-State", J. Hutchinson & Anthony D. Smith eds., *Nationalism: Critical Concepts in Political Science* vol. 4, New York: Routledge 2000, pp. 1480-1483.

내부로부터 무기력해졌다. 반면 20년 넘게 권력이 방기하던 '후방의 생존전쟁'은 갈수록 치열해지고 전세가 확장되었다. 이 과정에서 북한 권력이 구성하고 남성 주도 군사주의 사회가 제도화한 양성 불평등적 젠더 인식이 북한 여성에 의해 재구성되기 시작한다.

여성의 시장주체화

위로부터의 주체화

1990년대 들어 사회주의권 붕괴로 인한 정치경제적 고립와 지속적으로 악화된 경제 및 생산구조는 북한을 더 어려운 지경으로 몰아 갔다. 급기야 1995년부터 시작된 재앙적 자연재해는 1994년 김일성 사망과 함께 북한 체제에 정권 수립 이후 최대의 위기를 가져왔다. 더욱이 김일성에 이어 최고 권력자가 된 김정일은 경제적 마인드와 경험이 부족했다. 후계자로 성장하는 과정에서 사상·문예출판·군사·당 등 주로 정치사상 분야에서 활동했기 때문에 경제와 생산 영역에 대해 잘 알지 못한 것도 한 요인이었다.

수많은 사람들이 죽어 나가고 공장 가동이 멈춘 상태인데도 김정일은 상황을 정확히 파악하지 못했다. 1996년 4월 22일 조선로동당 중앙위원회 책임일군들과의 담화에서, "나는 당사업도 보고 군대사업도 보아야 하기 때문에 경제관리사업에서 제기되는 문제를 일일이 다 보아 줄 수 없습니다. 경제사업은 경제 일군들이 맡아 하여야 합니다"라고 할 정도로 그는 경제와 생산 문제에 큰 관심을 보이지 않았다. 그의 표현에 따르면, "물론 제국주의자들의 경제봉쇄 책동이 강화되고 사회주의 시장이 없어진 조건에서 나라의 경제사업에 난관이 적지 않은 것은 사실"이지만, 경제조직과

"경애하는 김정일 장군님께서 다녀가신 안주시 룡흥리 제5작업반 탁아소". 1996년 《조선녀
성》 3월호. 고난의 행군 시기임에도 김정일이 현지지도한 탁아소는 운영되었다.

인민동원사업을 잘하면 해결할 수 있다는 것이었다. 다만, 군대와 관련된
군수공업 부문에는 관심이 컸다. 이 같은 김정일의 인식과 지도 노선 때문
에 북한에서는 "군수공업이 제일 실속" 있는 경제 부문이었다.[21]

배급제가 마비되어 시장의 공급 기능을 통하지 않고서는 생존 자체가
불가능한 상황이었음에도, 당시 북한 남성들이 여전히 장사에 나서는 것을
부끄럽게 여긴 것도 이 같은 김정일의 인식과 연결하여 유추해 볼 수 있
다. 따라서 생존 책임은 온전히 여성의 몫이 되었다. 1996년 7월 30일 개최
된 북한의 남녀평등권 법령 발포 50돌 기념 중앙보고회에서, 여맹 위원장
은 다음과 같이 여성 역할을 강조한다.

---

21 김정일, 〈경제사업을 개선하는 데서 나서는 몇 가지 문제에 대하여조선로동당 중앙위원회 책임
일군들과한 담화 1996년 4월 22일〉,《김정일 선집》14권, 160, 171쪽.

래일을 위한 오늘에 살자는 투철한 인생관을 지니고 혁명적 군인정신을 본받아 사회주의 건설의 모든 부문에서 애국적 헌신성을 높이 발휘하여 조선 녀성의 높은 혁명성과 전투력, 근면성, 알뜰한 일솜씨를 남김없이 보여주어야 하겠습니다. 특히 모든 녀성들은 자력갱생, 간고분투^{艱苦奮鬪}의 혁명정신으로 당이 제시한 농업제일주의, 경공업제일주의, 무역제일주의 방침을 철저히 관철하여 인민 대중 중심의 우리식 사회주의를 옹호 고수해야 하겠습니다.[22]

국가권력의 요구에 따라 그리고 가족 생존을 위해 북한 여성들은 목숨 건 생존투쟁을 전개했고, 95~97년에 걸친 '고난의 행군'을 견디어 냈다. 1998년 고난의 행군을 마무리하며 북한 당국이 〈조선의 어머니들을 자랑한다〉며, "총포성 없는 전쟁으로 세상에 공인된 90년대의 우리의 고난의 행군의 나날 우리 어머니들의 모습은 우리의 기억 속에 생생히 부각되었다"고 칭송할 정도였다.[23] 그리고 "장군님의 사상과 령도를 충성으로 받들고 김일성민족이 사는 내 나라, 내 조국의 부강번영을 위하여 억세게 싸워나갈" 것을 강조했다.[24] 북한에서는 김정은 시대 들어 '김일성민족', '김정일 조국'이라는 말이 본격적으로 사용되기 시작됐다.

그리하여 김정일 정권과 선군정치가 공식화된 1998년 개최된 제2차 〈전국어머니대회〉 대회장에는 김정일에 대한 충성과 함께 '녀성들은 김일성조선을 사회주의 강성대국으로 일떠세우는데 적극 이바지하자!'라는 구호들이 나붙는다.[25]

---

22 《로동신문》, 1996년 7월 30일
23 《로동신문》, 1998년 9월 28일.
24 《로동신문》, 1998년 3월 8일.
25 《로동신문》, 1998년 9월 29일.

'고난의 행군' 시기, 굶주림 속에서도 정치사업을 앞세워 여성들의 광물 증산 활동을 독려하는 여맹의 모습. 《조선녀성》 1996년 3월호.

1999년 11월 3일 〈제2의 천리마대진군 선구자대회〉[26]를 기점으로 2000년대 들어 자력갱생에 기초한 '제2의 천리마운동'이 사회화되면서, 이악하게 생활 세계를 꾸려 나가야 할 여성 주체화의 모습이 구체화된다. 2000년 3월 8일 《로동신문》 1면에 '당의 위업에 충실한 조선녀성들의 혁명적 기개를 떨치자'라는 사설이 실렸다. 그 내용을 보면 "고난의 행군, 강행군의 나날에 우리 녀성들은 당과 수령에 대한 충실성의 전통을 빛나게 이어 당을 따라 준엄한 시련을 헤치며 억세게 싸워 왔다"며, 21세기에 더욱 강화되어야 할 여성 주체화를 다음과 같이 강조한다.

　　모든 녀성들은 불타는 애국심을 안고 자주, 자립, 자위의 사회주의 강국을 일떠세우기 위한 투쟁에 적극 이바지해 온 것처럼 강계정신을 높이 발휘

26 《로동신문》, 1999년 11월 3일.

하여 제2의 천리마대진군을 힘 있게 다그쳐 나가야 한다. 우리 시대의 영웅들을 따라 배워 당의 혁명적 경제정책 관철에서 누구나 새로운 기적과 위훈의 창조자가 되여야 한다. 생산과 건설에서 이악하고 근면하며 알뜰한 조선 녀성의 훌륭한 기질을 남김없이 과시하여야 한다. 모든 녀성들이 내 조국의 부강번영과 후대들을 위한 좋은 일을 더 많이 찾아 하는 열렬한 애국자가 되여야 한다. 녀성들은 생산문화, 생활문화를 세우기 위한 투쟁에서 앞장에 서야 한다. 자강도의 녀성들처럼(군수공업이 밀집한 자강도 지역의 여성 노동자들은 혁신적인 활동으로 선전되었다.) 가정과 마을, 공장과 일터를 사회주의 맛이 나게 알뜰한 꾸리며 어려울수록 살림살이를 이악하고 간지게 해 나가야 한다.[27]

근면성, 알뜰함, 이악함, 억셈 등 국가권력이 책임지지 못하는 생활 세계에 대한 책임을 여성에게 지우기 위해 억척스러운 여성 주체화 구성에 박차를 가하고 있다. '조선 녀성의 힘은 강하다'는 정신이 강조되고, "고난과 시련 속에서 더욱 억세여진 조선 녀성의 힘은 백배, 천배로 강해졌다. 20세기의 령마루에서 세계를 놀래운 조선 녀성의 힘은 우리 조국이 강성대국으로 빛을 뿌리게 될 21세기에 더더욱 온 세상의 경탄을 불러일으킬 것이다"라는 독려들이 2000년대 이후 더욱 자주 등장한다.[28] 선군시대가 요구하는 후방의 전사인 북한 여성은 전방의 남성을 돌보면서 다음과 같은 역할과 정신을 가져야 했다.

불패의 생활력을 깊이 인식하고 선군정치를 구현하는 데서 높은 혁명성을 발휘 … 선군시대는 우리 녀성들이 그 어느 때보다도 혁명적으로, 전투

---

27 《로동신문》, 2000년 3월 8일.
28 《로동신문》, 2000년 7월 30일.

적으로 살며 일해 나갈 것을 요구하고 있다. 모든 녀성들은 자기가 사는 마을과 거리와 일터들을 선군시대의 요구에 맞게 근본적으로 일신시키는 데서 앞장에 서야 하며 어려울 때일수록 살림살이를 더욱 알심 있게 짜고 들어야 한다. … 례절 밝고 문명하며 근면하고 강인한 것은 조선 녀성 고유의 아름다움 … 그 아름다움은 오늘 우리 녀성들의 숭고한 정신세계와 사회적 역할로 하여 보다 빛을 뿌리고 있다. 새로운 녀성미가 선군시대와 더불어 이 땅에 활짝 꽃피어 … 우리 녀성들은 선군사상의 열렬한 신봉자, 선군정치의 견결한 옹호자, 관철자들이다.[29]

이 인용문은 북한 권력이 요구하는 여성 주체화를 총집결하여 압축적으로 표현하고 있다. 예절은 보은과 섬김, 근면은 알뜰과 이악함, 강인은 돌봄과 헌신이다. 이 같은 특징이 조선 여성 고유의 아름다움이니, 그 민족성과 전통성을 계승해야 한다. 여기서 선군사상의 신봉자는 섬김, 옹호자는 돌봄, 관철자는 이악함이라는 선군시대 북한 여성에게 맡겨진 역할의 표현이다. 생존 문제를 자력갱생으로 해결하는 주체가 여성일 수밖에 없었던 북한 체제의 현실이 고스란히 반영된 언명이다.

그리고 2000년 이후 모든 여성대회에는 '강성대국 건설에서 조선 녀성의 영웅적 기개를 떨치자!'라는 구호가 나붙고, 여맹 위원장이 앞장서서 "위대한 선군령장이시며 자애로운 어버이이신 경애하는 김정일 장군의 현명한 령도 밑에 오늘 우리 녀성들이 사회주의 강성대국 건설을 위한 보람찬 투쟁에서 총대와 마치, 낫과 붓을 억세게 틀어잡고 조국의 부강번영에 적극 이바지하고" 있음을 보고하였다.[30]

---

29 《로동신문》, 2003년 3월 8일.
30 《로동신문》, 2004년 3월 8일.

해방 이후부터 김일성의 지시로 제시된 '여성들은 혁명의 한쪽 수레바퀴'라는 논리는 선군시대로 돌입하며 견고한 군대식 역할분담론이 되어, 남성은 군대 및 군수공업, 여성은 경제 및 일상생활이라는 '전시戰時역할론'으로 발전하였다. 조선로동당 창당 60년을 맞이한 2005년 10월, 《조선녀성》은 상징적인 제목의 사설을 게재했다. 〈녀성들은 선군혁명의 한쪽 수레바퀴를 계속 힘있게 떠밀고 나가자〉이다.[31]

여기서 체제 규범을 벗어난 개인주의는 용납되지 않는다. 오로지 "선군혁명 령도 따라 고난의 행군을 헤쳐 왔으므로 오늘은 강성대국 건설을 향해 나가"야 한다.[32] 다음은 《조선녀성》에 실린 '장군님과 녀성들'이라는 제목의 기사이다.

사회주의 강성대국 건설을 위한 선군혁명 총진군 길에서 자주적이며 창조적인 생활을 마음껏 누리며 생활의 꽃, 혁명의 꽃으로 온 나라에 아름다운 향기를 풍기는 조선 녀성들, 볼수록 미더운 그 모습에서 우리 인민 모두가 가슴 뜨거이 받아 안는 것이 있으니 그것은 경애하는 김정일 동지는 우리 녀성들을 삶의 최절정에 올려 세워주시고 운명도 미래도 다 맡아 안아주며 보살펴주시는 위대한 령도자이시라는 격조 높은 웨침이다.[33]

'사생결단의 험난한 길'에서 북한 체제가 존속될 수 있었던 것은 군사를 중시한 김정일의 선군정치 덕분이므로, 여성들은 후방을 지키기 위해 이악스럽게 생활을 꾸려 나가야 한다.[34] 김정일은 인민들에게 "군대를 앞세우고

---

31 《조선녀성》, 2005년 10월호.
32 《조선녀성》, 2006년 3월호, 5쪽.
33 《조선녀성》, 2006년 3월호, 9쪽.
34 《조선녀성》, 2006년 4월호, 12쪽.

"사생결단의 험난한 길에서 북한 체제가 존속될 수 있었던 것은 군사를 중시한 김정일의 선군정치 덕분이다." 《조선녀성》 2000년 6월호.

국방을 강화하기만 하면 공장을 살리고 인민들의 생활을 높이는 것은 문제로 되지 않는다. 첫째도 둘째도 셋째도 나라를 지키고 봐야 한다"며, 국방공업을 우선적으로 발전시키는 데 크나큰 심혈을 기울"인다. 그러니 여성들은 "불패의 강성대국을 건설하기 위하여 자신의 모든 것을 아낌없이 바쳐야" 한다.[35] "그 어떤 보수나 평가를 바람 없이 누가 보건 말건 조국의

---

35 《조선녀성》, 2005년 10월호, 45쪽.

부강번영을 위하여 자기의 모든 것을 다 바쳐야" 한다.[36]

즉, 북한 여성의 이악함은 북한 여성의 개인적 심성 문제가 아니라 정권의 정책적 강제의 결과인 것이다. 북한 정권은 여성들에게 강성대국 건설의 생활경제 주체가 되어 주민들의 생존을 책임지라고 독려하고 있다. 현재 북한의 생활경제는 사실상 시장을 통해 이루어지고 있다. 위로부터 생존에 대한 책임을 부여받은 여성들이 시장의 주체로서 시장화를 주도하지 않을 수 없는 이유이다.

아래로부터의 주체화

앞서 살펴본 대로, 북한 여성들을 시장의 주체로 만든 역사적 내부 공간은 가내작업반이다. 가내작업반이란 도시와 노동자구의 노동자·사무원의 부양가족 전업주부들로 구성되어 공장에서 원료·자재·반제품·폐설물들을 가져다가 일상생활용품을 생산하는 생산단위다. 가내작업반의 반원들은 각자 소유한 간단한 도구나 공장에서 가져온 수단을 가지고 개별 집에서 일하거나 공동장소에서 함께 일한다. 노동시간은 정해져 있지 않고, 보수도 생산량에 따라 받는다. 그러므로 이들은 공장이나 기업소의 종업원 수에 포함되지 않는 비공식 노동자들이다.[37]

1957년 제1차 5개년 계획 시기부터 시작된 가내작업반이 대규모화된 것은 1980년대이다. 중앙의 지원 없이 주민의 일상생활 단위인 인민반이나 노동자구가 책임지고, 취업하기 어렵거나 적절한 일자리가 없는 가정부인들과 산업폐기물로 버려지는 자원을 최대한 활용하여 중공업 우선주의 정책

---

36 《조선녀성》, 2006년 4월호, 40쪽.
37 사회과학원 주체경제학 연구소, 《경제사전》 1권, 평양: 사회과학출판사, 1985, 49쪽.

으로 부차화된 일상생활용품 생산을 보조하고, 부족한 생계비를 자력으로 보충하도록 한 정책이다.[38]

북한 경제는 이미 1960년대 초반부터 이상 징후를 보이기 시작했다. 1962년 경제국방 병진노선 이후 공급 위기 징후가 나타나서, 김일성이 언급했다시피 한 가정에서 한 사람이 벌어 가지고는 부식물을 다 사 먹을 수 없는 형편이었다. 한 가정에서 적어도 두 사람은 벌어야 현금 수입이 100원 이상으로 먹고 살 정도였다. 정권은 취업할 수 있는 조건이 안 되는 가정부인들은 가내작업반이라도 조직하여 가정부인도 40~50원의 수입을 가져가게 했다. 급기야 1968년 10월 11일, 김일성은 이 사업을 직맹·농근맹·사로청·여맹 등 모든 대중조직이 앞장서게 하고, 주민 생활관리 차원에서 동과 인민반 사업을 강화하며 인민반의 가내작업반 활동 강화를 추진했다.[39]

그런데 1970년대 말부터 자재 공급 불안정성 등 부족의 경제가 심해지고 작업 정지로 인한 유휴노동력이 늘어나면서 가내작업반 사업은 또 한 번의 전기를 맞게 된다. 이제는 공장에 다니는 기혼 여성도 퇴출해야 할 상황이었다. 북한 당권은 이렇게 퇴출된 기혼 여성들로 하여금 가내작업반을 조직하고 일상생활에 자립도를 높이게 했다. 1984년 김정일의 지시로 시작된 '8·3 인민 소비품 생산운동'은 이 정책의 연장선에 있는 것이다. 이 운동으로 인민반과 공장·기업소까지 가내작업반이 확대되었고, 각 생산단위는 자력으로 자재 공급과 제품 생산을 하게 됐으며, 생산 제품의 일정 비율을 개인과 생산단위가 독자적으로 거래할 수 있게 되었다. 식량난을 거치며 이 운동은 더욱 발전하여 가내작업반은 북한의 시장 및 생산물 시장

38 김일성, 〈근로단체들의 역할을 더욱 높일데 대하여〉, 《김일성 저작집》 23권, 평양: 조선로동당출판사, 1983, 72쪽.

39 김정일, 〈동, 인민반 사업을 개선강화하자〉, 《김정일선집》 2권, 평양: 조선로동당출판사, 1993, 398쪽.

확대에 큰 역할을 한다.

가내작업반은 무엇보다 북한 여성들이 생산물 생산과 거래를 통해 시장의 주체로 자리매김하는 데 결정적 역할을 했다. 특히 기술이 있거나 생산성이 높은 여성에게는 상당한 자금을 축적할 수 있는 공간이 되었고, 여성들은 가내작업반을 통해 주체적으로 생활의 어려움을 극복하고 생존을 꾀하게 되었다. 그리고 이 과정에서 '돈의 맛'을 알게 된 여성들이 등장하며, 권력에 의한 북한의 가부장적 젠더 인식은 아래로부터의 변화 양상을 보이기 시작한다.

사적 소유는 '집단에 대한 개인의 독립화'를 추동한다. 화폐의 효과는 개별 인간의 원자화 또는 내부의 개인주의화를 초래한다. 화폐경제가 출현하기 이전의 개인은 자신이 속한 집단에 직접 의존했으며, 서비스의 교환이 모든 사람을 전체 사회와 긴밀하게 결합시켰다. 반면에 화폐경제가 확장되면, 화폐가 표시하는 가치가 확대되어 모든 사람이 다른 사람들의 업적에 대한 권리 주장을 평가할 수 있게 된다. 모든 사람이 언제 어디서 이러한 권리를 주장할 것인지를 결정할 선택권도 갖게 되어, 초기 교환 형식의 직접적 관계는 자연히 약화된다. '집단적 이해관계로부터의 독립'을 개인에게 부여해 줄 수 있는 힘, 이것이 화폐가 인간 사회에 미치는 가장 큰 위력이다. 이 힘은 물물교환경제와 화폐경제의 근본적인 대립일 뿐 아니라, 화폐경제의 내부에서도 나타난다.[40]

북한에서도 이 같은 화폐의 효과가 나타났는데, 특히 가내작업반을 통해 개인 재산을 가지고 시장에 나선 여성에게 가장 큰 영향을 미쳤다. 선군정치로 인한 병영체제화가 가속화되면서 여성 주도 시장경제 활동이 제도화되었고, 여성 생산 활동 인구는 비공식 부문을 중심으로 증대되었다.

---

40 게오르그 짐멜 지음, 안준섭 외 옮김, 《돈의 哲學》, 431~432쪽.

1990년대 중반에는 퇴직 후 가내작업반에서 일하려는 여성 노동자들과 공장 간부들 간에 빈번한 마찰이 있어 출근 거부 사태가 자주 발생했다. 가내작업반에 들어가 활동하는 것이, 직장에서 일하는 것보다 훨씬 큰 이득이 되었기 때문이다.

한편 가내작업반은 당국에 공식적으로 등록해야 했지만, 국가 납부금이 늘어나자 반원들이 등록을 회피하는 사태가 빚어졌다. 그러나 당국이 가내작업반을 철저히 통제하기는 어려웠고, 등록하지 않는 작업반이 늘어났다. 이렇게 되자 북한 당국은 직맹과 여맹원들로 구성된 조사반 요원들로 하여금 비공식 부업자들을 가내작업반에 편입시키고, 수입금의 20퍼센트 이상을 납부금으로 내도록 유도하게 되었다.[41] 이렇듯 북한의 경제 위기는 가내작업반의 발전을 촉진하는 계기가 되었고, 가내작업반의 활성화는 북한 여성의 경제활동을 활성화시켰다.

1990년대 중반 경제난 이후 현재까지도 북한에서는 가정을 중심으로 여성이 움직이면 먹고 살고 여성이 가만 있으면 굶주리는 상황이다. 경제난 속에서 북한 여성이 남성보다 적극적으로 생활의 어려움을 극복할 수 있었던 까닭은, 북한 여성들이 각종 부업과 가내작업반 활동으로 생산을 지속시키고 시장 거래와 재투자 등의 방법을 발전시켜 생활의 재원을 마련하기 때문이다.

북한이 '생산의 정상화'를 경제의 중요 슬로건으로 선전한 시기는 1970년대 말부터이다. 그러나 이미 70년대 중반부터 공장 가동이 불안정하여 생산이 정상적으로 이루어지지 않고 있었다. 원료와 자재가 부족했기 때문이다. 공장에 출근한 노동자들이 생산노동이 아닌 자재 수급이나 각종 동원사업 참여하는 일이 빈번해졌다. 이 시기부터 북한 기혼 여성들에게는

---

41 내외통신사, 《북한실상 종합자료집》, 229쪽.

공장 취업이 권장되지 않았고, 자식을 낳으면 퇴직하는 것이 일반화되었다. 공장 가동률이 낮아지고 유휴노동력이 증대하면서, 정규 배급을 줄 수 있는 공식 노동자의 수를 줄여야 했기 때문이다. 경제 위기에 따른 노동력 감축에서 가정주부들이 일차 구조 조정 대상이 된 것이다. 그러나 퇴직 여성이나 가정주부들은 인민반에 소속되어 시기별로 농촌 지역 노력동원과 각종 국가동원사업에 일차적으로 동원되었다. 동시에 주로 주민들의 일상에 필요한 생활용품을 생산하는 각종 가내작업반으로 조직되었다.

대개 국가 상업망이 가내작업반에서 생산한 상품을 수매할 때, 생산자가 상품 대가의 60~90퍼센트를 차지하고 나머지 10~40퍼센트는 국가에 바치도록 하였다. 지역과 시기, 그리고 생산품의 특성에 따라 차이가 있었으나 평균적으로는 생산자가 생산량에 따라 수익의 70~80퍼센트를 가져가고 국가에 20~30퍼센트를 납부하였다. 이 과정에서 특히 제봉 기술이나 기타 생산 능력이 뛰어난 여성들은 상당한 자금을 모을 수 있었다. 가내작업반과 부업 활동 등으로 사적 자본을 축적한 여성들이 생겨났고, 이들은 이 자본을 기반으로 시장에 진출하여 장사와 무역에 나섰다.

그리고 시장 주체화된 여성들은 점차 국가권력의 집단 규율마저 넘어섰다. '고난의 행군' 말경인 1997년 북한 당권은 '체제재정비사업'을 추진하면서 기존 노동자들을 공장과 기업소로 복귀시키려 했다. 북한 당국이 상품 경제를 공식적으로 인정한 부분개혁 조치로 평가되는 2002년 '7·1 조치' 이후에도 마찬가지였다. 그러나 이미 시장의 주체로 자리잡은 북한 여성들은 당국의 조치에 따르지 않으려 했다. 이때 기업이 추진한 조치가 8·3 노동자 등록이다. '8·3 노동자'는 앞에서도 설명했다시피 1984년 김정은이 '인민소비품생산운동'을 처음 제기한 날짜가 8월 3일이라는 사실에서 유래한 명칭으로, 8·3 노동자 등록은 비공식적이지만 공공연하게 실행되는 제도이다. 한 마디로, 개인이 기업에 적을 걸어 두고 그 대가로 매달 일정 금액의 현금을 기업에 내는 것이다. 이렇게 등록한 노동자는 서류상으로는 해당 기업의 종업원이지만, 출근을 비롯 각종 의무로부터 면제되고 자유롭게 상행위를 할 수 있다. 자유로운 상행위를 원하는 개인들로선 당국의 제재를 받지 않고 시장 활동을 할 수 있어서 좋고, 기업 또는 기업 간부 입장에서는 이름만 올려 주고 비공식적인 수입을 거둘 수 있는 제도이다. 특히 외화벌이 사업소 같은 곳에 적을 두면 기업 이름으로 장사를 할 수 있어 훨씬 수월하다고 한다. 기업소가 모두 국가 소유로, 노동자와 그 가족을 관리 및 통제하는 행정기관이자 경제기관 역할까지 수행하는 북한의 독특한 사회구조에서 나온 비공식적 제도이다.

여성의 시장 주체화는 계획경제의 침해도 초래했다. 배급이 제대로 이루어지지 않으니 공장 내에서 각종 원료나 자재를 빼 오는 현상도 확대되었다. 그러다 보니 경제활동을 매개로 한 다양한 연계와 협조망이 발전하였다. 이러한 하층 결탁과 연계망 구조는 경제 위기의 심화에 따라 더욱 구조화되었다. 가내작업반이 생산한 제품을 시장에서 거래하고 사적 재산을 늘리는 과정에서 형성된 다양한 협조와 연계망은 북한 하층 간부들의 부패 구조와 맞물려 오히려 북한 여성들의 생존 능력을 강화시키는 계기가 되었으며, 동시에 북한 시장화의 기초가 되었다.

도시 여성들만 그런 것이 아니다. 농촌 여성들도 개인 밭(텃밭) 경작과 가축 기르기 등으로 얻은 생산물을 장마당에 내다 팔았다. 20세기 현실 사회주의국가가 남성을 노동자로 여성은 농민으로 형상화했듯, 북한 여성들은 상당수가 농업에 종사한다. 개인 밭에 기반한 이들의 식량 확보 및 시장 거래 활동이 북한 여성 전체의 생활력 강화의 토대가 되었다. 거래로 자기 재산을 소유하게 된 여성 농민들 중 자금력과 배포가 있는 여성들은 국경을 넘나들며 중국 상인을 상대로 사적 무역에 나섰고, 이 중 일부는 북한의 '돈주'로 성장했다.

이러한 과정을 거치며 북한 여성은 자생적 시장 주체로 성장했다. 그 결과, 북한 여성의 '젠더 인식' 또한 변화를 맞았다. 이 같은 젠더 인식 변화를 가능하게 한 질적 요인은 화폐의 기능과 시장 확장이 초래한 자유·자립에 대한 욕구와 가치 변화 등이지만, 이러한 추상적 욕구를 현실화시킨 계기는 봉건적 성별 분업이 여성들에게 강요한 희생과 착취에 대한 불만이다.

고난의 행군을 경과하며 시장 주체로 자리매김한 북한 여성들의 의식 변화는 그들의 행위 변화로 발전하고 있다. 기혼 여성들은 북한 사회에서 어렵다고 알려진 재판이혼을 감행하거나 집을 나가는 사례가 늘고, 미혼 여성의 경우에는 아예 결혼을 기피하고 탈북을 모색하거나 북한이 아닌 새로운 사회의 남성을 찾아 떠나고 있다. 80년대까지는 도저히 상상하기 힘들었던 북한 여성들의 변화이다.

9장

아래로부터의 젠더 전략

" 시장화와 함께 각종 정보들이 유입되면서 북한 여성들의 생활은 물론이고 의식까지 변하고 있는 것이다. 경제난과 선군정치 이후 떠안게 된 경제적 책임감은 강력한 주체성과 자립심으로 이어졌고, 장사 등 경제활동은 권력에 대한 충성보다는 물질적 이익 추구가 자신의 삶에 이롭다는 실용주의로 귀결되었다. "

시장화와 함께 아래로부터의 변화가 일어나면서 북한 주민의 일상생활 세계를 책임지고 있는 북한 여성의 생활 방식 및 의식 변화도 다양한 경로로 확인되고 있다.

1990년대 이후 대내외적 위기로 사회변동을 겪고 있는 북한에서, 인구의 다수를 차지하며 생산적 노동으로 가족 단위의 주민 생존을 책임지고 있는 북한 여성들이, 군대를 앞세워 비생산적 사회 위계를 공고히 하려는 북한 정권의 선군정치를 '자신의 삶에 이롭게' 비껴 가거나 그것에서 벗어나기 위해 다양한 전략을 모색하고 실행 중이다. 이 장에서는 그 구체적 실태를 탈북 여성 심층면접 구술 자료를 중심으로 살펴본다.[1]

---

1 이 장은 박영자, 〈북한의 젠더 시스템과 여성 삶의 전략〉,《동북아연구》제16집, 경남대학교 극동문제연구소, 2011 중 일부를 수정 보완한 것이다. 이 장에서 인용 자료로 활용한 심층면접 대상 탈북 여성들의 기본 인적 정보는 다음과 같다. KYJ: 평북 박천군 소년회관 화술지도원 출신(30대 말), KMS: 함북 온성군 상업 출신(30대 말), KSY: 함북 회령시 신발공장 노동자 출신(30대 초), KSH1: 양강도 갑산군 예술선전대 출신(30대 초), KSL: 자강도 자성 농장원 출신(40대 말), KGC: 황남 삼천 부양가족 출신(50대 초), KSH2: 함북 명천 제철소 노동자 출신(40대 중반), KHY: 함북 길주 재정부기과 지도원 출신(40대 중반), PYO: 함북 무산 외화벌이 사무원 출신(20대 말), KMH: 함북 청진 공장 자재지도원 출신(60대 중반), JYS: 함북 청진 양복점 직원-상업 출신(40대 말), YSO:

권력을 비껴 가는 생존 전략

국가 수립 과정에서부터 이어진 북한의 여성정책은 전통적인 어머니 역할에 사회적 역할을 부가한 '어머니-노동자 이중역할론'이었다. 기본적으로 고난의 행군 이전 시기에도 가사·육아와 사회·조직생활을 동시에 해야 했던 북한 여성, 특히 어머니들은 이중적 노동 부담을 감내해야 했다. 그런데 북한의 경제난과 선군정치는 북한 여성에게 이에 더하여 극한의 생존 책임까지 짊어지게 했다. 이처럼 생존 자체가 위기를 맞은 상황에서 북한 여성들이 선택한 생존 전략은 크게 내핍과 출혈노동, 관계망 극대화, 출산 기피, 성매매 등으로 나타났다.

내핍과 출혈노동

오랜 세월 동안 가족의 일상생활을 관리하는 주체로 구성되어 온 여성은, 가족에게 경제적 어려움이 닥치면 그 어떤 구성원보다도 먼저 내핍과 출혈노동을 감내했다. 그런데 북한처럼 체제 자체의 자원 배분 시스템이 군사와 군수공업 중심으로 돌아가게 되면, 그 일차적 피해와 부담은 고스란히 여성의 몫이 된다. 북한 여성들은 자신과 가족의 생존을 위해 우선적으로 참고 견디는 삶을 선택했다. 그리하여 고난의 행군을 지나며 상당수 주민이 기아로 죽거나 실종되는 절대 위기와 군대 중심의 선군정치가 만들어낸 남성 부재 사회에서, 북한 여성들은 내핍과 출혈노동을 넘어 가족의 생존을 위해 강한 생활력을 발휘하게 되었다.

함북 샛별 탄광 기계운전공 출신(30대 말), JBG: 함북 샛별 농장분조장 출신(30대 말), KMS: 함북 청진 군보위부 출신(40대 말), KJJ: 함북 경성 부양가족 출신(30대 중반)이다. 면접 대상자 정보 보호를 위해 이름은 영문 기호를 사용하였고, 나이는 면접이 이루어진 2007년 당시 연령대이다.

고난의 행군 시기까지도 북한 사회에서는 장사에 대한 인식이 좋지 않았고, 장마당에 나서는 걸 부끄러워하고 심지어 천하게 여겼다. 그러나 상당수의 북한 여성은 "이러다 내 식구 다 굶어 죽이겠다"는 절박함을 느끼며, 장마당에 나서거나 먹거리를 찾아 별의별 장사를 다 해 보았다고 한다.(KMH, 60대 초반 탈북 여성) 여성들은 대개 새벽 4~5시경에 일어나 길을 나섰다가 밤 10~12시가 넘어서야 집에 도착하고, 잠깐 눈을 붙였다가 밥을 해 놓고 다시 장사에 나선다. 평균 70~80리 구간을 하루에 왔다 갔다 하느라 걷지도 못하고 뛰어다닌다고 한다. 20리쯤 걷다가 30리 정도는 버스나 기차로, 다시 30리는 걸어서 짐을 지고 이쪽 장마당과 저쪽 장마당을 오가거나 물건을 사서 팔러 다니는 것이다. 다수는 주로 커다란 등짐배낭을 지고 근거리 장사나 먹거리를 찾아 나서고, 그중 장사 수완이 좋은 여성들은 달구지나 기차와 버스를 이용하며, 일부 자산資産을 축적한 여성들은 트럭을 사서 실질적으로는 국가 기업소나 기관 소속의 트럭을 임대하는 형태로 크게 장사를 벌인다.(KSH1, 30대 초반 탈북 여성)

상황이 이런데도 여성이 자녀 양육과 가족 생계를 책임지는 것을 당연시하는 사회문화 때문에, 가족 내에서 아버지들은 대개 양육과 일상생활에 크게 관여하지 않아 여성들이 다 애를 들쳐 업고 나가서 장사를 한다.(KMS, 30대 중반 탈북 여성) 이에 대해 한 여성 탈북민은 "집 지키는 멍멍이, 남자들이 하는 일이 없어요. 솔직히 말해서 다 여자들이 벌어먹이지. 거기는 여자들이 죽다 살아요. 응당 그저 말배낭을 그렇게 가뜩 가뜩 지고 와도 응당 그게 우리가 해야 될 일인가? 북조선 사람들은 다 그렇게 생각한단 말이에요"라고 증언한다.(KSL, 40대 말 탈북 여성)

이러다 보니 북한 여성의 영양 상태는 점점 나빠졌고, 영양부족으로 신체 변화까지 빈번히 일어나게 되었다.

영양이 약하니까 월경이 다 없어지고, 몇 년씩 월경을 못 했어요. 나도 그러니까 내가 내 시기 놓고 보니까, 내 저기 청진이라는 데 가서 집단진출 (동원) 나갔다 그랬잖아요? 그런데 거기 나갔는데 거기 우리 여자들이, 남자가 6명이고, 여자가 15명인지 그렇게 돼요. 그런데 다 월경을 안 하거든요. 3년이 됐는데도 이 월경이 없어졌어요.(KSL, 40대 말 탈북 여성)

북한처럼 가족을 기본 단위로 삼는 집단주의 체제에서 개인은 단지 가족의 한 구성원에 지나지 않는다. 이 가운데서도 여성은 가족 내의 종속적 존재로 간주된다.[2] 게다가 1990년 중후반 시작된 선군정치는 북한 사회에 남성 및 전투 중심적 군사주의가 파생시킨 위계적 젠더 문화와 사회적 가치를 강화 확장시켰다. 다수 남성이 직간접적으로 국방사업에 동원된 상황에서 전쟁 대비와 농촌 지원 등 각종 동원사업을 수행하며 가족 생존까지 책임져야 하는 여성의 '출혈노동'을, 군사주의 정권은 오히려 당연시하고 정당화하고 있다. 이런 상황에서 생존을 위한 여성의 노동이 온전히 평가받을 리 없다. 도리어 개인적인 차원의 자구 노력으로 인식될 뿐이다.

더 나아가, 선군정치와 최악의 경제 위기는 여성의 이 같은 '생계노동'을 선군정치 구조에 종속시켜 노동에 따른 어떠한 사회적 가치나 권리도 인정받을 수 없게 만들었다. 남성이 안보를 담당하고 있으니, 여성은 당연히 경제를 책임져야 하는 상황인 것이다. 이러한 현실이 이어지면서 북한 여성들 내부에서 체제에 대한 불신과 심리적 저항이 싹트게 되었다.

---

2 글로리아 스타이넘Gloria Steinem 지음, 곽동훈 옮김, 《여성 망명정부에 대한 공상》, 현실문화, 1995, 61쪽.

관계망의 극대화

일반적으로 여성은 공동체의 재생산, 즉 출산과 육아를 통해 개개인의 사람들과 밀착된 관계를 형성하고, 가족 구성원의 일상생활에 긴밀하게 관여하면서 어릴 적부터 인간관계의 복잡하고 다양한 양상을 남성에 비해 빈번히 경험한다. 그러다 보니 수많은 양성평등 연구자들이 지적하듯이, 남성에 비해 공동체 내 인간관계에 훨씬 깊이 관여하고 뛰어난 관리능력을 갖게 되었다.

이 같은 성별 특성은 경제난과 함께 도래한 사회 변화 속에서, 북한 여성이 생존을 위해 '3차원의 관계망'을 발전시킬 수 있는 기초로 작용했다. 북한 사회에서 생존을 위한 관계망은 크게 3단계로 확대되는데, 가족 관계가 1차 관계망이라면, 2차 관계망은 안면 관계 및 뇌물을 매개로 한 관료와의 관계, 3차 관계망은 장사를 하면서 맺은 관계망이다. 이외 과거 직장이나 인민반을 통해 맺은 관계망이 있으나, 이 관계망은 고난의 행군 이전 시기에 비해 생존이나 일상생활에 별 기여를 하지 못하는 것으로 판단된다.

북한 주민의 생존에 가장 크게 기여하는 1차 관계망인 혈연 네트워크에 대해 한 탈북 여성은 다음과 같이 증언한다.

저희는 중국에 저희 삼촌도 있고, 고모도 있고 있으니까 드문히 도움도 좀 받았어요. 그리고 언니가 중국에 있으면서 돈도 좀 보내 주고 물품도 보내 주고 그랬어요. 그래서 유지하며 살았어요. … 도움으로 살지, 도움 없으면 못 살죠, 우리끼리 어떻게 살아요. 아무것도 없는데 뭘로 하겠어요. (KMS, 30대 중반 탈북 여성)

생존에 기여하는 2차 관계망은, 일상생활과 시장에서 북한 주민에게 일상적이고 직접적인 권력을 행사하는 중하급 관료와의 친밀도이다. 이 관계는 관료들이 사회 전반에 큰 영향력을 행사하는 권위주의 사회에서 일반화된 후견-피후견 관계의 특징 중 하나이기도 하다. 그러나 북한의 경우에는 물질적 이익을 매개로 한 직접적이나 비인간적인 관계의 일상화라는 점에서 다른 권위주의 사회와 차이가 있다. 즉, 부패 구조에 얽힌 일상화된 뇌물과 인간관계는 비신뢰성이 그 특징이다. 예를 들어 "단속을 맞았다가도 그 사람들이 또 어떻게, 돈 많은 사람은 돈을 또 밀어 넣고 이렇게 고이고서 또 빼내고, 이러고 또 다시 팔고, 뭐 계속" 그런 상황이다.(KSH2, 40대 중반 탈북 여성)

특히 검열 및 통제 단위인 국가보위부와 사회안전부 소속원들이 가장 광범위한 2차 관계망의 대상이 되고, 이익의 규모가 클수록 이 대상의 직위도 높아져 당과 검찰 간부들이 주 대상이 된다. 그 외 1999년도부터 구역의 청년조직에서 청소년 교양소조를 따로 조직해 시장을 단속하기 시작한 '청소년교양소조그루빠'도 비록 액수는 적지만 뇌물과 부패 관계로 얽혀 있다. 각종 명목으로 걷는 소규모 비용도 만만치 않기 때문이다.

이와 관련하여 한 여성 탈북민은 "밤에 장마당 켠에 내가 무슨 일 있어서 단속실 문 두드리니까 직접 관리소에 가 보라 하더란 말입니다. 관리소에 가니까는 몽땅 거꾸로 엎드려서 맨 5원짜리니까 산더미 같죠. 완전 한 톤이나 되겠어요. 그거 거꾸로 엎드려 모두 세고 있는데 '야, 이 간나 새끼 문 닫아' 하는데, 나는 그 돈 보고 놀랐어요."라고 증언한다.(KMH, 60대 중반 탈북 여성)

생존을 위한 3차 관계망은 장사를 하면서 알게 된 인간관계이다. 고난의 행군 이전에는 북한 주민의 일상생활에서 직장이나 인민반 등 직업 및 지역을 통해 알게 된 인간관계가 중요한 역할을 했다. 그러나 공장과 기업소가 가동되지 않고 시장이 생존에 중요한 공간이 되면서, 과거처럼 직업이나 거주지를 매개로 한 관계망은 북한 주민의 생존에 별 영향을 미치지 못하고 있다. 오히려 여기저기 이동하며 장사를 하는 과정에서 알게 된 인간관계가 중요해졌다.

그게 무슨 직업, 어떤 직업을 가지고 있었다 그거는 관계없더란 말입니다. 내가 그러니까 돈이 없으니까 그 마을에, 장사 시작하고 보니까 그 마을 그 도움이 많이 영향을 미치더란 말입니다. 그중에서도 누가 먼저 이렇게 눈 떠 가지고 어떤 장사를 먼저 시작했는가, 저 사람이 어느 만한 이익을 보고, 생활이 어떻게 피는구나 이러면 다 그걸로 하고, 우리 북향동에 신발이 이렇게 먼저 선구자들이 있어 가지고 그걸로 해서 먹고 살기 또 유리해지니까 그게 다 우리 특수에요. 스물여섯 세대에 네 세대인가 빼놓고 몽땅 신발 했어요, 우리 북향동은. 그와 같이 제품 날라 오는 사람들도 중국 집이면 중국에 이렇게 친척한테 가서 상품을 차로 실어 들였잖아요? 이러면 돈만 있는 사람들 대상할 수 없잖아요. 그때는 또 인간관계로 외상으로도 주고 이렇게 그 마을 돌며 간단 말입니다. 이렇게 하면 옛날 직장에 관계없이 내가 장사해 보고 싶다면 그런 거 외상 쥐어서 날라 올 수도 있고."(KMH, 60대 중반 탈북 여성)

북한 사회에서 여성이 남성보다 다양한 관계망 형성에 몰입하는 이유는, 여성에게 생계를 책임지우는 군사주의 젠더 시스템이 파생한 성별 역할 규범 때문이다. 국가권력에 의한 성별 '차이의 정치'와 사회화 과정에서 습득된 특성, 그리고 권력 통제에 대응하면서 스스로 체득한 습속이 결합되면서 북한 여성들은 어떻게든 필요한 사람과 관계를 맺으려고 노력한다. 이때 가족 내 가부장 권력인 아버지와 남성 형제들과의 갈등 속에서 남성보다 먼저 인간관계 형성의 중요한 전략인 순응과 타협, 침묵과 저항을 통해 자신의 신체와 이익을 보호하는 기술을 무의식적으로 터득하는 여성 고유의 특성은 인간관계 형성의 중요한 자산으로 기능한다.

여성의 우월한 생존 능력은 한편으로는 사회규범과 연계되어 인간관계의 갈등을 조절하는 부드러움 또는 관리능력으로 나타나지만, 다른 한편으론 남성보다 훨씬 강한 위기 대처 능력과 인내력 등으로 나타나기도 한다.

가족해체·출산 기피·성매매

고난의 행군 이후 현재까지 북한에서 나타나는 가장 대표적 사회현상은, 생존을 해결하는 과정에서 발생하는 가족해체 현상이다. 일정한 거주지 없이 식량을 찾아 전국을 떠도는 어린아이들을 가리키는 이른바 '꽃제비'의 증대는 북한의 가족해체를 단적으로 보여 주는 현상으로, 사회 혼란 유발 가능성 때문에 북한 당권이 특히 중시하는 문제이다.[3]

꽃제비 문제가 심각한 사회문제로 떠오르자, 북한 당국도 1997년도부터 전국적으로 '꽃제비 구제소'인 〈917상무〉를 조직하여 활동하게 했다. 증언에 따르면, 〈917상무〉는 식량난으로 가족이 붕괴되면서 부모와 헤어지거나 부모로부터 버림받아 길가·역전·시장 등을 떠도는 어린 꽃제비들이나, 기아나 정신 또는 신체장애로 거리를 헤매는 일부 나이 든 꽃제비들을 모아 죽이라도 쑤어 주는 등 꽃제비들을 돌보는 조직이다. 그러나 식량 배급 사정이 더 어려워지고 꽃제비들의 수가 급격히 증대하면서 시체를 처리하는 일이 주요 업무가 되기도 했다. 고난의 행군 시기 〈917상무〉에서는 시체들을 관도 없이 가마니 등으로 말아서 한 구덩이에 묻곤 했다고 한다.(KSH1, 30대

---

3 북한 당국은 전국 꽃제비들을 약 3~4만 명으로 추산한다. 좋은벗들 북한 연구소, 《오늘의 북한소식》 제82호, 2007년 7월 25일.

초반 탈북 여성)

고난의 행군 시기 식량난의 피해를 크게 본 지역이 함경도였다면, 이제는 그 피해가 평안도로 확대되는 양상이다. 이에 따라 평안도 지역의 꽃제비 전략 가정이 증대되었다.[4]

꽃제비가 식량 위기로 인한 가족해체 현상이라면, 출산 기피는 이처럼 어려운 상황에서 여성이 선택한 생존 전략에 가깝다. 고난의 행군 시기 상당한 인구를 상실한 북한 정권이 2000년대 들어 출산장려 정책을 지속하고 있음에도, 기존 가족 성원의 생계도 책임지기 힘든 북한 여성들은 임신을 기피하고 임신을 하더라도 낙태를 선택한다.(KSL, 40대 말 탈북 여성) 특히 생계 해결을 위해 별거하는 가정이 증대하면서 장사나 양육 문제 때문에 임신과 출산을 기피하는 현상이 늘고 있다.(KMH, 60대 중반 탈북 여성)

이런저런 방법으로도 목숨을 부지하기 어려운 여성들이 선택하는 마지막 방법은 성매매이다. 북한 사회에서 급속히 확장된 성매매 현상을 이해하기 위해서는 북한 여성의 성교육 수준과 성의식, 성매매 원인과 확산 경로, 그리고 이로 인한 문제 등을 다각적으로 살펴봐야 한다.

기본적으로 북한 사회와 학교 교육과정에서는 성교육이 거의 이루어지지 않는다. 급격한 신체 변화를 겪는 청소년기에도 성 문제에 대한 기본 교육이 부재하다. 여기에다 성 문제에 관한 사회 규율조차 존재하지 않는 상황에서 성 문제는 개인적이고 부끄러운 것, 드러내서는 안 되는 은밀한 것이라는 봉건적 사회 풍토까지 합쳐져서 북한 여성들의 성 의식은 매우 낮은 편이다. 빈약한 정보와 이해도로 인해 성 문제가 자신의 육체와 정신에 미치는 영향력을 간과하거나, 성 의식 자체가 없는 경우가 허다하다. 이는 더 나아가 자의적이거나 굴절된 성 의식으로 이어지기도 한다. 즉, 성을 수

4 좋은벗들 북한 연구소,《오늘의 북한소식》제83호, 2007년 8월 2일.

단화하여 목적을 이루려는 태도이다. 대표적인 현상이 식량난 이전에도 공공연히 문제가 되었던 입당이나 특혜를 매개로 소수 여성과 남성 간부 사이에 발생한 성 상납이다.

이 같은 상황에서 발생한 생존 위기는 성의 수단화를 증폭시켰고, 성 상납을 넘어 성매매가 일종의 생존 수단으로 자리잡게 되었다. 그 결과, 라진-선봉시를 중심으로 중국인 왕래가 자유로웠던 지역에서 생계를 위해 은밀하게 시작된 성매매가 항구와 역전, 도시 전반으로 확산되고, 성매매 상대도 중국인 중심에서 일반 주민과 군인 등으로 확대되는 양상이다.

이렇게 된 데에는 경제 위기 외에 성교육 부재가 큰 역할을 했다. 북한 여성들은 신체적 변화가 급격하게 드러나고 성 의식이 형성되기 시작하는 중학교 시기에도, 성 문제를 개인적 문제로 치부하는 집단주의적 교육과정과 성 문제를 터부시하는 가부장적 분위기 때문에 학교와 가정에서 성性에 대한 정보나 논의 소재를 전혀 공급받지 못한다. 다음은 북한 교과의 '여성 교육'에 대한 증언이다.

여학생 실습은 중학교 2학년에 배우는데 열두 살, 열세 살부터 배우는데, 그 시간에는 주로 옷을 하는 미싱법, 손수 놓는 법, 음식 하는 거, 그런 거 위주로 배웠어요. 2학년 때 여학생 실습 시간에 마지막에, 여성 위생이라는 거를 가르치는데, 딱 한 장 나오더라구요. 제가 배울 때에, 그때는 생리나 그런 거를 이성에 대한 거를 너무너무 부끄럽게 생각하는 게 너무 심한 거예요. 남자든 여자든 다 그렇게 부끄럽게 생각을 하고, 이거를 과학적으로 배워야 할 상식이라고 생각하기보다는, 그저 부끄러운 거라고 생각을 해요. … 인식이 그렇게 되어 있어요. 부모들이 예전부터 흐름이 그래서, 지금도 남녀가 같이 있는 것만 봐도 다 쳐다보는 정도니까 애인이 생겨도 앞에 서서 걷거나 하면서 그렇게 떨어져서 걸어가요. 그렇게 부끄럽게 이성 문제를 보다나니까요. 그 당시 저희 위생 선생님이 처녀 선생님이었는데요, '오늘은 〈여성과 위생〉 배우겠습니다. 잘 읽어 보십시오.' 그렇게 하고는 막 나가 버리더라고요. 그런데, 우리가 그 교과서를 제일 처음 탔을 때, 일 년 전에 다 타니까 보는데, 맨 뒤에 보면 달거리가 나오고, 여성들이 한 달에 한 번씩 생리적으로 피가 흐르는 것을 한글로 써 놓았어요. 외국 사람은 몇 살 때부터 하고, 우리 조선인은 어떻고, 이건 병이 아니다라고 하고, 임신 주기나 그런 거는 안 나오고. 딱 요렇게 한 페이지가 나와요. 우리가 중학교 열여덟 살에 졸업하는데 위생을 한다라는 게 다예요.(KYJ, 30대말 탈북 여성)

피임 뭐 이런 거는 안 배워 주고 그냥 뭐 위생하고 이런 데서는 또 말 다르게 하니까. 그런 거, 그게 뭔가. 그래서 우리는 그런 데 대한 상식이 없어 가지고 첨에는 남자가 앉았던 자리에 앉아도 우리는 임신하는 줄 알았어요.(KSY, 30대 초반 탈북 여성)

다음으로 성매매의 원인과 확산 경로이다. 앞서 언급했듯이 식량난 이전에도 입당을 매개로 한 성상납은 있었으나,[5] 식량난 이후 생계를 해결하기 위한 성 거래가 라진-선봉시를 중심으로 한 경제특구에서 시작되어 항구와 역전 및 도시 전반으로, 그 매매 주체도 과부 및 처녀뿐 아니라 남편이 있는 아이 엄마들로까지 확산되고 있다.

라진·선봉시에 와서 대체로 중국 회사에 가서 일해 주는데 남자 노력만 쓴단 말입니다. 남자들 중국 사람들이 짐 싣고 오면 그거 풀어 주고 이렇게,

---

[5] 이와 관련하여, "여자도 몸만 주면 입당하는 거고 그랬어요. 여자들 입당하면 다 몸 줘서 입당했다 이렇게 해요."(KHY, 40대 중반 탈북 여성)라는 증언도 있다.

그런데 여자들은 그 힘든 걸 부리지 못하거든요. 그러니까 아닌 게 아니라 여자들이 대부분 이렇게 보면 몸 판단 말입니다.(KHY, 40대 중반 탈북 여성)

중국 사람들한테다 자기 몸을 다 팔아 가지고. 밤에 밤작업 나간다 그래서 나 그거 무슨 소린가 했거든요. '밤작업 어디서 하는가? 나도 그러면 나가서 좀 일하자' 나 모르고 그랬거든요. 그러니까 '밤작업 하는 게 있다'고 무슨 그래서 '밤작업 하면 나도 좀 나가서 일했으면 좋겠다' 하니까 … 며칠 있으면서 이렇게 보니까 중국 사람들한테다 몸 팔아서 온 가족을. 한 여자는 함북도 은덕에 있는 여자인데 자기는 7년을 몸 팔아서 가족을 먹여 살린대요. … 라선시에는 여자들이 몸 팔아 산다고 그래요.(KSL, 40대 말 탈북 여성)

이제 군대들을 꼬셔 가지고도 하고, 또 '꽃 사시오, 꽃 사시오' 한다는 거지. 그러니까 벌써 여자들이 별나게 화장하고 밤에 이렇게 젊은 여자들이 나온대요. … 뭐 군대들이, 대체로 군대들이 그런다는 거지. '얼마에요?' 하면 '적당히 한 시간에 얼마' 뭐 이렇게 한다는 거지. … 어떤 때는 빵 하나 가지고도 잘 때도 있고.(KJJ, 30대 중반 탈북 여성)

그런데 성에 대한 상식이 없다 보니 성으로 매개되는 질병에 취약할 수밖에 없다. "역전 앞에서 거기서 그렇게 해서 이런 매독이 걸려서 병원에 가는 것도 가뜩하다"고 증언할 정도이다.(KSL, 40대 말 탈북 여성) 성 관련 전염병의 급속한 증대뿐 아니라, 피임 관련 정보나 기구도 없어 이로 인한 여성들의 2차 피해가 심각하다.

북한엔 피임이 없어요. 먹는 피임약이나 콘돔 같은 거 알지도 못해요. 뭔지 몰라서 제가 흑룡강에 가니까 그 집 아줌마가 산부인과에 다녔는데, 처음에 그 집에 갔는데, 굴러다녀요 콘돔이. 저는 거짓말 아니고 처음 봤어요. 병원에 다니니까 그게 집에 있는데, 뜯어 보진 못 하고 만져 보니까, 이게 분명 약이겠는데, 소리도 들어 보고, 매끈하기도 하고 해서, 요만한데. 제가 주인집 아저씨한테 물어보니까 이게 못 먹는 약이라고 해서 그렇게 알았는데, 나이 서른 된 여자가 그렇게 멍청해요. 거기도 사람이 사니까 성교가 있을 때에 그런 게 결혼 전에 그런 게 있을 수도 있고 없을 수도 있으니까, 그래서 하면 100퍼센트 임신이에요. 그래서 병원에 가서 소파(임신중절)를 하고, 어떤 여자는 한 열 번도 해요. 우리 여기 탈북한 여자 중에요 열두 번 한 여자도 있대요. 그러다가 하도 수술을 하니까 이제는 병원에서도 안 해 줘요. 애들을 하도 안 낳으니까, 먹을 것도 없고 살기 힘든데 누가 낳아요. 이제 몇 년도 정도 있으면 북한의 인구가 현격히 줄어든다고 해서 낳아야 한다고 그러는데 그런데 누가 그래요? 있는 자식들도 굶겨 죽이는 판인데. 어쨌든 부부 생활은 하니까, 애는 생기고 해서 가서 생기면 소파를 하고. 결혼하기 전에 여자들은 소파 수술, 애기 긁어 내는 걸로 몸을 버려야 하고. 열 번, 열두 번까지 해도 일상사예요.(KSL, 40대 말 탈북 여성)

권력으로부터 벗어나는 발전 전략

시장의 확산과 정보 유통, 국경 왕래가 잦아지면서 오직 생존에만 급급했던 북한 여성들의 의식에도 변화가 생기고 있다. 경제난과 선군정치가 20년 이상 지속되면서 이로 인한 압박과 고통에서 벗어나려는 새로운 움직임도 감지된다. '오늘보다 더 나은 내일을 위해' 사적 재산을 축적하고, 권력의 통제에서 벗어나려는 것이다. 생존을 넘어선 북한 여성의 발전 전략이다.

시장사회화와 사유재산 축적

익히 알려져 있듯 북한의 시장Market Place 운영 주체는 여성으로서, "시장 나가서 돌멩이 뿌리면 맞는 게 다 여자"라고 할 정도이다.(KSY, 30대 초반 탈북 여성) 생존을 위해 시작된 장사로 시장이 활성화되면서 북한의 시장사회화가 진전되었으며, 장사의 주체인 여성들의 사유재산 축적이 가능해졌다. 그리고 시장의 효용성을 경험한 북한 여성들이 더 나은 삶과 미래를 추구하게 되었다. 생존 전략을 넘어선 발전 전략이 실행된 것이다. 그러나 시장(경제)에 대한 북한 여성들의 인식이 처음부터 호의적이었던 것은 아니다.

시장경제라면 모든 걸 팔고사고 하는 것도 다 그저 이렇게, 그러니까 앞으로 시장경제로 된다 이렇게 말을 하죠. 지금은 아니죠. 완전한 시장경제가 아니잖아요. 그러니까 시장경제로 가는 길이다. 이렇게 하나하나 지금 뜯어 고치는 게 완전히 뜯어 고치지는 못하고 한꺼번에 못 고치고, 위에서도 그저 한꺼번에 고치자면 많이 그러니까 어쨌든 좀 하나하나 고치는 게 지금 토지부터 시작돼 가지고 이거 개방한다 이걸로 해 가지고 말하고, 이제 앞으로 이게 지금 이렇게 이제는 시장에서부터 지금 모든 게 다 시작되잖아요. 물가도 시작되고, 지금 모든 게 오르고 내리고 하는 게 다 식량부터 시작해 가지고. 그러니까 이게 자연히 시장경제 된 거 아니에요. 사회주의가 이제는 없어졌다 이거란 말이에요. 그러니까.(KSH1, 30대 초반 탈북 여성)

북한 여성들도 처음에는 계획경제와 봉건적 사회문화 속에서 장사를 천시하는 의식이 강했다. 그러나 생존을 위해 거리로 나서 장사를 시작하고, 더 나은 미래를 모색하면서 장사와 시장에 대한 의식이 확연히 달라졌다. 그 결정적 계기는 '돈맛'이었다. 돈을 알게 되면서 돈이라는 물질이 자신과 가족의 삶을 발전시키는 중요한 매개라고 인식하게 된 것이다. 이와 관련한 증언들을 살펴보자.

처음에는 장사하자니까 부끄럽기도 하고 처음이라 막 당황하기도 하고 남이 볼까 봐 창피스러워서 아는 사람 지나가면 고개를 막고, 장사하는 거 처음에는 망신으로 생각했거든, 수치로. 그렇게 교양 받았으니까. … 그러다 돈의 맛을 알게 되면서 쥐고 나가는 거예요, 팔아 보겠다고….(KMH, 60대 초반 탈북 여성)

고난의 행군 들어가기 전에는 장사하는 사람들 영 천하게 생각하고, 장사를 하는 것을 손가락질하고 이랬는데, 대체로 다 그랬단 말입니다. … 96년도 제일 힘들 맨데, 그래 나는 그저 집에서 도와주는 걸로 살고, 장사라는 것도 막 장사라는 거 창피스럽게 막 이러니까 '내 어떻게 나가서 장사하는가' 이렇게 했지. 그런데 누구나 다 그때는 힘들었으니까 장사를 다 나가서 하고, 차라리 점점 가면서 장사를 못하는 게 더 창피스러운 정도가 됐지. … 장마당에서 거기서 재미 붙고 … 돈에 대한 개념 생긴 게 벌써 미공급탁(배급 미공급) 들어가서부터 장사를 하면서 돈에 대한 개념이 탁 생기더란 말입니다, 사람이. 장사를 하면서 사람이 '아, 돈이란 게 이렇구나.' 돈은 진짜 뭐 부자간에도 뭐 진짜 이런다는 소리. 그래 벌써 사람이 돈맛이 드니까는 벌써 다 사회가 달라지고, 모든 사람들이 다 박해지고, 인색해지고, 그때부터 완전 자본주의로 싹 … 그런데 벌써 돈에 대한 개념이 튼 사람이 생기면서리 이기주의 생기며 완전히 진짜 그 이웃도 모르는 이런 사람들도 많이 나오고, 그 돈을 벌기 위해서 별난 짓을 다 하는 게 다 있단 말입니다. 그전에는 진짜 뭐 돈에 대한 거 생각 못할 때는 뭐 사람들이 그저 써라, 먹어라 그저 막 이렇게 다 공동으로 완전 이렇게 생각했는데, 미공급 들어가면서

사람들이 다 박해졌어요.(KJJ, 30대 중반 탈북 여성)

처음에는 생존을 위해 가내 작업이나 부업 생산, 장마당으로 나왔던 여성들이 돈맛을 알게 되면서 생존 이상의 목표, 즉 돈을 모아 잘살겠다는 욕심을 내기 시작한 것이다. 급격한 의식 변화는 물질만능주의로 확대되었다. 이에 따라 사유재산 규모에 따라 북한 사회에 새로운 계층화가 이루어지고, 더 나은 생활을 향한 욕구가 증대된다.

부모들이 그저 어떻게 하든 돈 모아서 딸들을 옷을 해 입히고, 시기에 따라서 뭐 누가 무슨 어떤 옷을 해 입었다 하면 그게 또 유행이 돼서 그거 다 사 입어야 되는데, 어떤 부모들은 못하는 사람들은 자기 딸한테 사 주지 못한단 말입니다. 그러니까 미공급 시기에 탁 들어가며, 고난의 행군 들어가면서부터 장사를 하면서는 많이 댕기는 게 다 높아졌단 말입니다.(KMH, 60대 초반 탈북 여성)

계층화 이후 북한에서는 '5장 6기'라는 말이 유행했다. 가정에 5개의 장과 6개의 기를 갖추어야 잘사는 집이라는 것이다. 5장은 이불장, 옷장, 장식장, 책장, 식장(식기진열대)이고, 6기는 TV 녹화기(비디오), 녹음기, 세탁기, 선풍기, 냉동기(냉장고)이다. 그 외 자전거가 추가된다. 이 같은 욕구를 증폭시킨 외적 계기는 생존을 위한 이동 증대와 정보 입수 및 교류이고, 이 흐름에 따라 개혁·개방에 대한 욕구가 증대된다.

소련도 들어가고, 중국도 들어가고 자주 이렇게 비공식적으로 방문하는 거 이렇게. 그런데 이 사람들이 그 내용을 어떻게 아냐면 회령이면 거기 그 안테나로 해서 다 들어요. 지금 중국 방송도, 다 연변 방송도 조선어 번역으로 해서 다 나오잖아요. 그거를 원래 못 듣게 됐거든요. 다 뜯어 놓고 했는데 어쨌든 가만가만 다 들어요, 밤 12시에. 그래 그런 걸 하니까 국경 연선에 있는 사람들이 머리가 더 튼 거예요. 아는 거 많거든요. … 개방하면 잘산다 하는 것도 있고.(JBG, 30대 말 탈북 여성)

시장화와 함께 각종 정보들이 유입되면서 북한 여성들의 생활은 물론이고 의식까지 변하고 있는 것이다. 경제난과 선군정치 이후 떠안게 된 경제적 책임감은 강력한 주체성과 자립심으로 이어졌고, 장사 등 경제활동은 권력에 대한 충성보다는 물질적 이익 추구가 자신의 삶에 이롭다는 실용주의로 귀결되었다.

물론 사회적인 모든 그 환경이 이렇게 지배해 준 것도 있겠지만. 뭐 우선은 저한테는 돈 버는 길밖에는 있은 거 같지 않아요, 저한테는. 제가 이겨야겠다고 선택한 길은 돈 버는 길밖에 없었을 것 같아요. 그건 제가 고난의 행군이 아니라 할지라도 저는 그 길을 먼저 택했을 거예요. 제가 모든 거, 저한테는 권력도 없고, 저는 능력으로서도 안 되는 거예요. 제가 실력으로서도 안 되는 거고. 단지 사람이 쌀독에서부터 인심이 난다고, 상대방한테 뭘 주라 하게 되면, 뭐 가져라 하게 되면 나빠할 사람이 어디 있어요. 그만큼 나한테 뭐 있어야 또 남한테 그렇게 뭔가 해 주는 거고 주는 거기 때문에, 난 나한테 뭔가 있어야겠다, 내한테 뭐가 있자면 돈이 있어야 되겠다. 그래야 남한테 주고 남한테서 그만 한 걸 받을 수 있다고 이미 전부터 저는 그걸 항상 생각을…(PYO, 20대 말 탈북 여성)

정말 우리 집은 사람들이 착 들어왔다가도 시당책임비서도, 라진 시당책임비서도 이렇게는 못 산다는 거예요. 나는 다 집안 장식해 놓고, 사 넣을 거 싹 넣어 놓고 막 이랬어요. 그러니까 남들 다 들어와서 그저 얼떨떨해서 구경만 하는 거, 어쨌든 깨 고소하면서리, 안전원들도 와서 돈 필요하다는 거 깨 고소하고 있잖아요, 내 앞에 머리 숙이는 거 나는 통쾌하고 깨 고소하고. 우리 아이들도 청혼이 이렇게 들어오게 되면 옛날에 이게 고난의 행군 전에는 가계만 보기 때문에 아이들 시집가기 참 곤란해요. … 고난의 행군 떡 들어와 장사 이렇게 하니까, 아이들이 다 능력을 발휘해서 장사하니까 이제는 사람들이 앞으로 살 길을 생각하니까 돈 잘 버는 여자를 더 요구하고, 이제는 그런 걸 많이 선택해요. 부모들은 아직 고태故態(옛 상태)잖아요. 그러니까 부모들 설복하면서리 무슨 '당중에서, 토대에서 돈이 나오니, 밥이 나오니?' 이러면서 이제는 부모들도 설복해요.(KMH, 60대 초반 탈북 여성)

조직과 규범으로부터의 일탈

더 나은 삶을 향한 욕구는 기존 사회체제를 유지하려는 권력의 통제로부터 벗어나려는 행동으로 발전하게 된다. 대표적 양상이 절대권력자에 대한 충성심 약화이고, 그 다음이 주민동원 및 조직생활을 통한 통제력 약화이다. 특히 출신성분 때문에 상처 받았거나 불만을 가졌던 주민들의 일탈이 두드러졌다. 뿐만 아니라 사회문화적 규범의 변화와 각종 범죄가 증가하는 등 권력이 강제하는 조직과 규범으로부터의 일탈이 다양한 양상으로 드러나고 있다. 먼저 김일성 집권기에 비해 절대권력자에 대한 신뢰와 충성심이 상당히 약화되었다.

김정일이는 해 놓은 거 없잖아요. 무슨 낳아서부터 자기가 하고 싶은 거 다 하면서 생활한 사람이잖아요, 김정일 자체는. 그러기 때문에 그 성격의 표현이 지금도 그렇게 되는 거 같아요. 제 뜻대로 아무거나 다 움직이게 하고, 앞에서는 밑에 사람들은 그 눈치 맞추려 하고 있잖아요. … 순응하지 않는단 말입니다, 지시에. 옛날처럼 그저 뭐 허리 굽히고 예, 예 이러지 않죠. 이제는 막 그저 제 멋대로 사업하고, 그저 말과 행동이 달라요.(KMH, 60대 초반 탈북 여성)

진짜 솔직히 말해서 조선에서 김일성, 김정일이 하나만 바라보고 살았댔단 말이에요. 우리도 다 그렇게, 죽어도 살아도 그렇게 바라보고 살았는데, 아닌 게 아니라 그때 김일성 있을 때는 좀 몰랐어요. 김정일이 그때부터는 숱한 사람이 죽어 나가고, 그러니까 아마 다 중국으로 넘어왔겠죠. 내 이제 생각해 보면 여자들이 진짜 솔직히 말해서 조선이란 나라는 완전히 버렸어요. 도덕도 없고, 국정가격(당국이 공식 결정하는 가격)하고 도덕은 없어진지 오래에요, 완전히. … 사발정치, 사발정치란 게 김정일이 사발정치, 울타리 안에서만 정치한다는 거죠. '그 사발정치가 언제 끝나겠는가?' 저네끼리 '이 사발정치가 끝나야 된다'고 안전원들도 저네끼리 앉아서 막 그래요. 그래 내 그 소리 듣고 '안전원들도 다 이렇게 생각하는구나' 이렇게 생각했댔어요.(KSL, 40대 말 탈북 여성)

이 같은 정권에 대한 불신에도 불구하고 북한 사회에서 그에 대한 직접적 저항이나 대중적 봉기를 확인하기 힘든 이유는, 군대 및 통제기구 중심으로 체제를 유지하는 정권이 사회에 대한 통제력을 직접적이고 거칠게 행사하기 때문이다. 즉, 일상적 감시체제 작동뿐 아니라 저항에 대한 피해가 '강하고 직접적인 위해'로 돌아오기 때문이다.

백성들이 누구나가 다 당하는 거니까 입에서 나오는 그마다 말투가 너무 더러우니까. 간나란 말은 보통이거든요. 법관들이 조금만 죄 지어서 분주

小分駐所(파출소 같은 말단 사회안전기관) 울타리만 들어오면은 이 간나, 저 간나 는 보통이잖아요. 다 나이가 어린 사람들이. 그러니까 아예 예의가 없는 거 라고, 완전히 정말 법이라고 해도. 그리고 어쨌든 그 사회는 이렇게 법 가진 사람들이 칼자루 쥔 거나 같으니까 백성들은 그저 꼼짝 못하게 되먹었으니 까. 그래 불편은 해도 막 내뱉거나 표현은 못 해요.(KSH1, 30대 초 탈북 여성)

이렇게 국가기관의 권위가 무너지다 보니, 북한의 대표적인 주민통제 방 식인 조직생활을 통한 통제력도 약화되었다. 직장 생활이나 반드시 참여해 야 하는 생활총화 때에도 "건들건들하며 해 다 넘어간 다음에 쓱 얼굴 한 번 비치고, 또 쓱 사라지고 이런 식"이다.(KMH, 60대 중반 탈북 여성) 주민들 사 이에 생계 해결이 우선이라는 공감대가 형성된 때문이지만, 더 깊이 들여다 보면 과거 조직생활에 대한 충성이 자신의 삶에 도움이 되지 않았다는 자 기성찰과 사회 비판 의식을 확인할 수 있다. 이 같은 비판 의식은 개인을 넘어 가족 전체로 확산되었다.

'내가 뭐 때문에 이렇게 머저리처럼 이렇게 하는가?' 그래서 어느 정도로 고지식한 방법 했댔는가 하면 96년도에 사회생활이 다 이렇게 바빠 들어오 기 시작하며 다른 사람들은 기업소 그만두고 생계를 위해서 돌아다닐 때 나는 낮에는 장마당 나가고, 밤에는 또 공장에 들어와 경비 서고 이렇게 계 속 머저리 노릇을 했단 말입니다. 그 공장을 못 잊어서, 어떻게 이렇게 할 수 있겠는가 하고 밤에는 공장 경비 나와 서고, 낮에는 또 장마당 나가 장 사하고 이러다가 … 본격적 장사로 나서면서 머저리라는 생각에 … 우리 아 이들이 처음에 장사를 하니까 모두 부끄러워해 가지고 장마당에 심부름만 했는데 … 이제는 '야, 너네 야심 그렇게도 없는가? 내 같으면 이 좋은 기회 에 벌자고 애쓰겠는데, 너네 돈은 1전도 안 다치겠는데 너네 다 벌어라' 이렇

게 됐단 말입니다. '이제부터 너네 벌어서 시집갈 준비해라' 이래 해서 걔네
돈을 다치지 않으니까 돈 버는 재미가 생긴 거예요, 그 돈 불어 가는 재미
가.(KMH, 60대 초반 탈북 여성)

비판 의식과 경제력의 결합은 자연스럽게 '자유에 대한 욕구'로 연결되었
고(KSH1, 30대 초반 탈북 여성), 출신성분에 따른 차별과 통제에 대한 저항과 일
탈로 이어졌다. 특히 북한 사회에서 소외되었던 적대계층의 변화가 두드러
졌다. 시장이 발전하면서 적대계층 주민들은 "돈 버는 길이 곧 출세하는 길"
이고, 돈이면 권력도 명예도 살 수 있음을 몸소 보여 주었다.(PYO, 20대 말 탈
북 여성) 그중에서도 출신성분 때문에 진학이나 직장 배치, 결혼 등에서 불이
익을 경험한 이들의 의식 및 행위 변화가 두드러진다. 과거에는 천시받았던
일본, 중국, 남한 등 국외 출신자 가족들이 오히려 동경의 대상이 된 것도
달라진 점이다. 다른 나라의 친척들에게 경제적 지원을 받기 때문이다.

내가 가깝게 지내던 아주머니가 1년이면 중국에 몇 번 왔다 갔다 한단 말
입니다. 회령에서, 본가집이 회령에 있었으니까는 그래 나는 그 여자 이야기
많이 들었기 때문에 중국에 대한 인식 내가 많이 가지고, 그리고 또 저희 남
편이 또 중국에 가고 이랬으니까는 중국에 대한 거는 내 알려고도 그랬어
요. 그런데 주변에 있는 사람들 자체는 이 중국을, 처음에는 중국 한 번 갔
다 왔다 하면 저거 완전히 진짜 막 어떻다 할까 '자기 나라를 배반하고 무
슨 중국을 가는가?' 이런 식으로 처음엔 말했는데, 고난의 행군 이렇게 다
겪으며 이렇게 하니까는 중국에 친척 있어 지원 받는 사람들 완전히 부러워
하고 '어, 우리도 중국에 친척 있었으면 좋겠다' … 그렇지 않으면 출신 성분
이 좋아서, 그래도 지금은 간부들이랑 이런 사람들 잘사니까는 그런 가족
에 대해서 막 부러워하는 사람들 많단 말입니다.(KJJ, 30대 중반 탈북 여성)

자유와 실용 중심의 사고가 생겨나면서 사회문화적으로는 가부장적 규범이 해체되는 양상이 드러나고 있다. 과거에는 미혼모이거나 이혼을 하면 뒷말이 많아 그 지역에서 살기가 힘들었는데, 시간이 지날수록 "더 뻔뻔스럽게" 된 것이다.(KMS, 30대 중반 탈북 여성) 가장 광범위하게 드러난 사회병리적 일탈은 사기와 각종 범죄의 증대이다. 특히 시장경제를 여성이 주도하다 보니 경제사범의 약 80퍼센트 정도가 여성이고, 강도와 살인 등 강력 범죄자는 주로 남성이라는 점도 특이하다.

그러니까 사기 치는 사람들의 형태 부류가 여러 가지죠. 사방에서 하루도 몇 번씩 그저 장마당에서 왕왕 하고 울고불고 난리예요. 몽땅 협잡 받아 가지고 돈 다 떼어 가지고, 잊어버려 가지고. 그저 그 방법은 얼마든지, 얼마나 묘한지. 막 어디서 그 형태로 말한다 하면 막 감탄이 들어와요. 그런데 그 머리작업은 다 여자들이 하는 거예요. 그래서 나도 돈을 벌기 시작하고, 돈이 있고, 재산이 늘어나기 시작하니까는 안전원들이 많이 왔다가 허물없이 이야기하게 되면 하여튼 조선 여자들이 머리가 좋다 한단 말입니다. 직접적으로 범죄자들 놓고 이렇게 보게 되면 80퍼센트가 여자 머리에서 나오는 거라는 거지. 직접 이렇게 죄를 범하는 것이 그 나머지 20퍼센트가 우둔한 남자들이 강도짓 하거나 사람 죽이고 이런 거고, 20퍼센트의 그 나머지가 앞장서 하기는 했는데 작전의 머리는 여자라는 겁니다. … 여자들이, 장마당에 나가서 도는 것이 다 여자니까 이제 그 어떤 형태로, 어쨌든 사기 치는 방법만 얘기해도 내 여기서 한 30분 넘어 얘기해야 될 거 같아요. 나도 들어보면 막 희한하고 … 그래 그저 어쨌든 재미있는 일이 많아요. 그래서 이런 그러니까 남자들은 강도질하고, 자전거 한 대 때문에도 사람 죽여서 살인 치는 게 많더란 말입니다. … 장마당 곁이니까 복잡하니까 매일 살인 사건 하나씩 일어나더란 말입니다. 살인 사건이 막 정신 못 차리게. 나도

'야, 안전원이 이렇게 힘든 직업이었는가?' 하는 거 그때 느꼈어요. 자전거 한 대 때문에 그래요, 도끼로 찍어.(KMH, 60대 중반 탈북 여성)

각종 규범과 통제가 무너지면서 각종 일탈 현상이 전국적으로 일반화되어, 현재 북한 사회는 '법을 어겨서라도 먹고 살아야 한다'는 분위기를 넘어서 '비법非法(불법)을 해야 먹고 산다' 의식이 만연하다. 이에 대해 1996년부터 '북한동포돕기운동'을 펼치고 있는 사단법인 좋은벗들은 "고난의 행군 시기에 모두 크게 혼났기 때문에 더 이상 가만히 앉아서 죽음을 기다리려 하지 않는다. … 마약과 밀수, 해외 친척들을 찾아 도움을 받거나 여자가 있는 집들은 15세 이상이면 몸을 팔아서라도 살아간다. 이젠 공개적으로 누구도 비웃지 않는다. 먹고 살 수만 있으면 어떤 것을 하더라도 재간 있으니까 한다는 말을 한다"고 전한다.[6]

결혼관의 변화와 탈북

처녀로 있는 게 더 좋거든요

애초에는 생존 문제로 시작된 북한 여성들의 출산 기피 현상은 가족해체 문제뿐 아니라, 북한 여성들의 가치관 변화와 연결돼 있다. 개인의 삶에 눈 뜬 북한 여성들이 결혼과 출산을 '더 나은 내일'에 장애가 되는 요소들로

---

6 좋은벗들 북한 연구소,《오늘의 북한소식》제83호, 2007년 8월 2일. 한편 지난 2007년 7월 6일 김일성주석 추모일을 앞두고 소위 '반동 삐라'가 각지에 나붙은 사건 이후, 유사 사건이 발생하여 국가보위부가 국경을 봉쇄하고 간첩 색출에 나서는 등 북한의 보안 당국이 초긴장 상태였다. 좋은벗들 북한 연구소,《오늘의 북한소식》제82호, 2007년 7월 25일.

인식하기 시작했다는 것이다.

실제로 출신성분과 집안을 따지던 과거와 달리 현재 북한 여성들의 제 1 결혼 조건은 경제력과 발전 가능성이고, 미혼 여성들의 결혼 기피 현상이 만연하다. 또한 상대적으로 부부와 가족 관계에서 여성이 독립적일 수 있는 연상연하 커플이 늘어나고 있다.(KGC, 50대 초 탈북 여성; KSY, 30대 초반 탈북 여성)

북한에는 여자들이 시집가면 여자들이 다 먹여 살려야 되거든요. 북한에서 시집만 가면 그 다음부터는 고생이 그 장사, 장삿길에 나서야 되는데 배낭 매고 여행 다니면서 '사세요, 사세요' 한다든가 빵장사를 한다든가 이렇게 해야 되는데. 아우, 전 그런 건 못 해요. 그러니까 처녀로 있는 게 더 좋거든요.(KMS, 30대 중반 탈북 여성)

시집도 잘 안 가자고 그래요. 여자들이, 나이 먹은 여자들이 가뜩하죠. 또 제대군인들이 집에 와 보면 미공급 시기에 부모들도 죽었지 믿을 데 없잖아요. 그러니까 똑똑한 사람들은 애 엄마, 애 엄마도 이런 공업품 장사나 좀 하고, 애가 둘이 있든 뭐 자기보다 위인 여자 데리고 산단 말이에요. 그러니까 자기보다 나이가 위이고 그런 여자, 어지간히 생활에 경험이 있는 여자를 데리고 산단 말입니다. 그러니까 '리찬의 시대'다 그래요, 말하는 거 보면. 그러니까 그렇게 해서 어지간히 거기에 붙어서 산단 말입니다. 그래 남자들이 자기보다 이상, 5살, 6살 이상의 여자 데리고 살아요. 애가 둘이든 관계없어요. 그렇게 결혼하는 게 가뜩해요. 그런데 또 그게 위에서 그렇게 하지 말라 그러는데도.(KSL, 40대 말 탈북 여성)

'리찬'은 해방 후 〈김일성 장군의 노래〉를 만들어 유명해진 북한 시인으로, 중학교 시절에 10년 연상의 여인과 사랑에 빠져 결혼한 그의 사연이 북한에서 영화화되어 유명해졌다. 연상연하 커플 및 자유연애 흐름이 퍼지면서 '리찬식 사랑'이라는 말이 북한 사회에 유행했다. 현실적으로는 선군정치와 경제난으로 북한 여성들의 생계 부양 책임이 가중되면서, 당국에 혼인신고를 하지 않는 동거 및 미혼 여성들의 결혼 기피가 광범위하게 나타나고 있다. 여성, 특히 아내와 어머니에게 생계 책임을 지우면서 나타난 부작용이다. 북한의 남성들은 대부분 군대와 군수산업, 외화벌이 등 체제 유지 사업에 배치되어 있어, 사회적으로 남성의 수가 여성보다 월등히 적다. 남성들은 대개 군복무 의무를 마친 뒤에 결혼하는데, 여성들 입장에서는 조건에 맞는 남자들이 드물다 보니 아예 결혼하지 않는 '노처녀'들이 늘고 있는 것이다.

이와 관련하여 또 하나 주목할 현상은, 고난의 행군 이후 현재까지 지속적으로 증대되어 사회문제로 대두한 여성 주도 이혼이다. 그 현상만 놓고 보면 생존 과정에서 나타나는 가족해체 양상으로 볼 수 있으나, 그 속을 들여다보면 북한 여성들이 더 이상 참고 살지 않겠다는 '독립선언'에 가깝다. 특히 생계 문제 그 자체보다는 그동안 참고 넘겨 온 가부장적 부부 관계가 경제적 어려움을 계기로 부부 갈등을 고조시키는 원인으로 작용한다는 점을 주목할 필요가 있다. 예를 들어 생계로 인한 부부 갈등 과정에서 남편들이 아내에게 폭력을 휘두를 때, 과거와 달리 아내들이 이를 참지 않고 이혼하는 비율이 상당히 증대한 것이다.[7] (KMS, 30대 중반 탈북 여성)

북한 여성들 사이에 '더 이상 과거처럼 당하고 살지 않겠다'는 의식이 형성된 것이다. 사회적으로 이혼이 자유롭지 못한 재판이혼 제도 하에서도 일단 결혼하면 참고 살아야 한다는 봉건적 부부관이 아래로부터 깨지고 있다.

---

7 폭력 등을 이유로 이혼해도 남성이 재혼하기가 훨씬 수월하다. 남자들은 다 군대에 갔다가 30살이 넘어 사회로 나오기 때문에 일상생활에서는 여성의 수가 절대적으로 많기 때문이다. 증언에 따르면, 북한에서 체감하는 여자와 남자의 비율은 6 대 1 정도라고 한다.

이혼하는 일은 이전에는 많이 못 봤었어요. 그런데 이렇게 전 사회가 이제는 많이 야박해지고 이러면서 가정도 파괴되는 일이 많고, 특히 생활난 때문에 식량도 없고 이러면서는 서로 이가 맞지 않아서 튀고 이런 사람, 가정이 이렇게 이혼하는 일은 그래서 많이 봤어요.(KSH1, 30대 초반 탈북 여성)

때려 가지고 매 맞으니까 못 살겠다고 해서 이혼하고 … 그러니까 여자들이 대들죠. 그거 맞고 어떻게 살아요. 그래 막 싸움하죠. 그저 뭐 두들고, 맞고 그 없는 살림에. 그것 때문에 이제 이혼하죠. … 그런데 특히 여자 못 살겠다는 거는 괜찮은데 남자 못 살겠다는 거는 시켜 준대요.(KMS, 30대 중반 탈북 여성)

과거에 비해 이혼 판결이 쉬워졌지만, 남성 중심적인 사회답게 이혼할 때에도 남성의 의사가 더 중시된다는 얘기다. 이 같은 남성 중심적인 이혼 판결도 여성들의 결혼 회피와 새로운 이성관 모색의 한 원인이다. 북한 전역에서 이혼 요구가 확산되자, 북한 당국은 이혼하는 자는 강제추방하겠다고 강하게 통제하고 나섰다. 그러나 이제 북한 주민들은 당국의 엄포에 그리 주눅 들지 않는다. 결혼이나 이혼을 굳이 당국에 신고할 필요가 없다고 생각하기 때문이다. 신고 없이 살다가 안 맞으면 헤어지면 된다는 의식이 생긴 것이다. 실제로 결혼식을 올리고도 혼인신고를 하지 않은 채 몇 달 혹은 몇 년간 같이 살다가 갈라서는 사람들이 늘고 있다.[8]

---

8 좋은벗들 북한 연구소, 《오늘의 북한소식》 제83호, 2007년 8월 2일.

차라리 밥이라도 실컷 먹는 나라에 가서

북한 체제에서 더 이상 희망을 보지 못하는 여성들이 늘면서, 북한을 벗어나 새로운 세상에서 살고 싶어 하는 여성들도 많아졌다. 그러나 탈북을 감행하는 사람은 소수이다. 탈북에는 돈과 인맥 외에도 각종 위험을 무릅쓸 정도로 강력한 동기가 필요하기 때문이다. 그럼에도 불구하고 김정은 집권 이전까지 탈북자의 수는 비약적으로 늘어났다.

2012년 김정은 정권 들어서 국경 경비를 대대적으로 강화하고, 중국을 왕래할 수 있는 비자 발급을 확대하는 등 탈북민 가족에 대한 대대적인 회유정책을 펼치면서, 2012~2014년 상반기까지 탈북민의 남한 입국 비율은 절반 수준으로 줄어들었다. 그러나 북한 주민들의 의식 변화에 따라 체제 개방 필요성이 갈수록 증대하고 있다. 이는 북한 주민들의 탈북 성격을 보면 알 수 있다.

생존 자체가 절대 위기 상황이던 2000년 이전까지는 오로지 식량을 구하기 위한 단순 탈북이 대부분이었다. 식량을 구해 북한으로 돌아가든, 생존이 최우선이었다. 그러나 2000년 이후 북한 체제가 일단 생존 위기 국면을 넘긴 후에는, 더 나은 사회와 삶에 대한 욕구가 탈북의 주요인이 되었다.

기본적으로 사람이 쓴 정, 단 정 다 든 게 고향 땅이잖아요. 자기 살던 집 안이잖아요. 정든 사람들 있고, 정말 깨진 그릇까지 다 정드는 게 자기가 살던 곳이잖아요. 정든 사람들도, 정든 물건들도, 정든 땅들도 다 버리고 떠난다는 게 말처럼 쉽지를 않습니다. … 탈북자들의 공통된 이유는 처음엔 다 먹고 살기가 힘들었다는 거, 혹심한 식량난이 첫 번째 이유가 되고요. 그 다음에는 또 각자에게 어쩔 수 없는 사정들이 다 있어요. 좋은 사람들이 있는가 하면 나쁜 사람들이 있잖아요. 북한의 견지에서 볼 때는 죄인인데, 더는 발전할 수 없고, 들켜서 잡혀가고 살인을 치거나 하는 사람도 있고, 일반적으로 큰 퍼센트를 차지하는 사람들은 혹심한 식량난으로 넘어온 것이고, 저 같은 경우에는 이제처럼 출신성분이 걸리니까 발전도 할 수 없고, 시집도 마음대로 갈 수 없고, 자기 원하는 대상자와 결혼을 할 수가 없어요. 제가 출신성분 때문에 가슴 아픈 일을 당한 게 바로 이 발전할 수 없다는 거, 그러니까 인간의 희망이라는 게 다 절단되어 버리는 거예요. 그리고 저는 여성이잖아요. 남성이나 여성이나 이성 문제가 가장 중요하잖아요. 그런데 자기가 원하는 스타일과 결혼을 할 수 없다라는 것에 크게 상처를 입게 된 여자입니다. 이 땅에서는 인간이 살아야 할 가치도 없는 것이고, 또 제가 산다고 해도 하대가 태어나면 제 자식까지도 그 아픔을 겪으며 살아야 할 것이 뻔한데 그 땅에서 살고 싶지 않았어요. 제가 산다면 그 땅에다가 제 하대를 낳고 싶지 않았어요. 차라리 얼굴 모르는 외국인하고 외국 땅에다가 하나 뿌려 버리든지, 밥이라도 실컷 먹는 나라에 가서 그 나라에다 후손을 낳고 싶은 게 소원이었어요. 그래서 제가 결혼을 안 하고 떠났어요. …(KYJ, 30대 말 탈북 여성)

물론 전체적으로 보면 북한 체제로부터 벗어나려는 욕망, 즉 탈북에 직접적인 영향을 미친 요인은 경제적 문제이다. 그러나 과거에 비해 수월해진 정보 유입과 유통이 없었다면 아무리 어려워도 탈북까지 감행하는 사람은 그리 많지 않았을 것이다. 이는 국경 지역의 탈북자 수가 많은 것을 보면 알 수 있다. 국경 지역의 경제 상황이 권력의 핵심 기반인 평양을 중심으로 한 평안도 지역보다 더 나빴고, 탈북이 용이한 지역적 조건도 무시할 수 없으나, 무엇보다 중국과 남한이 잘살고 있다는 등 타국과의 비교 정보가 내륙보다 많이 유입된 측면을 주목해야 한다. 이에 대해 한 탈북 여성은 "중국이 옆에 있으니까 중국도 이밥은 다 아무리 못살아도 다 이밥 수준"이라는 것과 "중국 사람이 다 한국에 돈 벌러 갔다"는 정보를 들으며 탈북을 모색했다고 한다. 이런 경우, 흔히 탈북 브로커 또는 중국인 장사꾼과 연계한다.(KMS, 30대 중반 탈북 여성)

탈북에 영향을 미치는 또 다른 주요인은 부모·형제·자매를 중심으로 한 혈연 요인이다. 가족 중 한 명이 먼저 탈북한 후 브로커나 중국인 장사꾼, 아는 사람들을 통해 가족의 탈북을 제안하고 지원하는 경우이다. 앞서 살펴본 이혼도 탈북에 영향을 미친다. 북한 사회에서 이혼이 늘었다고는 하나 이혼한 여성에 대한 편견은 사라지지 않았으며, 대개 이혼 여성들은 마음에 상처가 있다. 그래서 탈북을 결심하는 이들도 있다. 남자는 이혼해도 대개 바로 결혼하고 능력만 있으면 별 차별 대우를 받지 않는데, 여성의 경우에는 여전히 뒷말이 돌기 때문이다.

이외 탈북에 영향을 미치는 요인은 출신성분이다. 북한 사회에서 진학 및 취업·결혼·사회생활 모든 측면에서 차별 대우를 받던 적대계층 출신 주민들이 해외 정보를 접하면서 탈북을 모색하는 것이다.

제 이름 뒤에는 그 항상 얼룩덜룩한 토대뭉치가 같이 따라다니는 거예요. 그러니까나 제가 버는 애다 쟤 돈 많다, 항상 아니면 쟤 아버지 정치범이니까. 그걸 다 낱낱이 뭉개 놓는 거예요. 그러니까 항상 제가 내가 북한 사회에서 제일 가슴 아픈 게 이렇게 차별 없는 데서 내 마음껏 돈 벌어 보고 싶고, 정말 이렇게 남자들이 눈에 들어오다가도 그런 문제가 제일 가슴 아파요. 아버지 정치범이니까. 북한 사회에서 정치범이라는 건 이루 말할 수 없이 그저 정말 최하층의 대상이고 더 대상할 나위 없이 쓰레기 집안이잖아요.(PYO, 20대 말 탈북 여성)

출신성분 때문에 첫사랑에 실패하고, 고난의 행군 시기 수많은 죽음을 목격하면서 탈북한 탈북 여성은 다음과 같이 증언한다.

그렇게 사람들이 많이 죽었었는데, 시간이 가고 날이 갈수록 그곳에 살고 싶지 않더라고요. 그래서 이제 떠나자 했어요. 이제 내가 내 스타일대로 시집갈 수도 없고, 후대를 생각하니까 너무 무서운 곳이었어요. 자식 앞에 죄 같고. 어머니한테 제가 한때는요 잠이 안 와서 술을 사발에다 쏟아서 마셔서, 술을 못 마시는 사람이 마시니까 정신이 핑핑 돌아서 잠을 자고 일어나는데, 그때에는 술 없이 잠을 못 잤어요. 어머니한테 하루는 제가 주정을 했대요. 왜 세상에 나를 낳았냐면서, 쥐약 어디 있냐면서 그걸 입에 넣고 죽겠다고 하고, 어머니는 밤새 저 잡고 말리고 하면서 해서 밤을 샌 적도 있는데, 그렇게 해서 이 땅을 떠나자고 한 게…(KYJ, 30대 말 탈북 여성)

그러나 워낙 감시와 통제가 심한 사회이고, 오랫동안 그런 환경에 길들여진 탓에 마음은 있어도 결행하지 못하는 주민들이 많다.

그런 환경과 조건에서 성장하다 나니까는 사람이 많이 이렇게 모든 걸 재고, 재는 동안에 어떤 거는 행운이 지나가 버릴 때도 있지만 무스그 생각한다 하면 소심해서 끝이 없이 생각해 보고, 그거 결심 내린 다음에는 그 즉시 집행하려고 하는데 많이 결정하기 힘들어해요.(KMH, 60대 중반 탈북 여성)

어느 사회에서나 탈출과 상승 욕구는 그 사회의 약자들에게 더 강하게 나타난다. 북한의 경우에도 탈북민의 70퍼센트 이상이 여성이다. 비록 여러 여건상 탈북하지는 못하더라도 상당수의 북한 여성들이 북한 사회의 변화를 원하고 촉진하면서 더 나은 미래를 준비하고 있다. 현재의 생존을 책임지며 더 나은 내일을 위한 발전 전략을 끊임없이 모색하고 실행하는 북한 체제 변화의 역동적 주체가 바로 북한 여성들인 것이다.

10장

김정은 정권의 젠더 프레임

" 김정은 정권의 젠더 프레임은 기본적으로 전통적 남성/여성 분리 역할론, 국가가부장제, 가정과 국가의 일체화를 통한 애국주의 등 전통을 고수하는 것이다. 권력의 통제 하에 기획된 수많은 여성 구호와 도덕율, 그리고 역할 이데올로기들은 김정은 정권의 젠더 프레임이 김정일 시대 젠더 시스템을 고수하려는 데 있음을 확인하게 한다. "

2011년 12월 17일 김정일이 사망하고, 같은 해 12월 30일 북한군의 최고통수권을 행사하는 최고사령관으로 그의 아들 김정은이 추대된다. 그리고 이듬해인 2012년 4월 11일 김정은은 당 제1비서로, 4월 13일 국방위원회 제1위원장으로 추대된다. 이로써 김정은이 북한의 군, 당, 국가기구 최고 권력자 자리를 승계하며 3대 세습체제가 형성된다. 급변하는 국내외 정세에 따라 김정은 시대의 젠더 프레임 역시 기본 골격은 유지하면서 미묘한 변화를 보이게 된다.

김정은이 김정일의 후계자로 공식화된 시기는 2009년이다. 이때부터 현재까지의 시기를 대상으로 1절에선 2010년 제정된 〈여성권리보장법〉의 의미를 분석하고, 이어서 담론 분석으로서 프레임 분석을 활용하여 2절에서 2012년 이후 김정은 정권의 젠더 프레임과 여성정책의 변화 양상을 다룬다. 3절에서는 2절의 분석 내용에 기초하여 김정은 정권의 젠더 프레임과 그 특성을 분석한다.

〈여성권리보장법〉 제정의 의미

김정은이 정권의 최고지도자 자리를 승계할 무렵, 북한 사회는 경제 문제가 촉발한 사회구조적 문제에 직면해 있었다. 최악의 경제 위기는 넘겼지만 시장화 진전으로 사회적 양극화가 심화되고 정보화 등으로 북한 주민의 의식도 변화되었다.

북한 여성들은 가족 부양 책임을 떠맡아 출혈노동을 감수했지만, 그에 대한 정치사회적 평가는 낮았다. 정권 수립 초기부터 이어져 온 가부장제 체제에서 여성들은 건강 악화와 성폭력, 인신매매, 가정폭력 등의 각종 사회적 위험에 노출되어 있었고, 북한 아동들 역시 만성적 기아와 영양실조, 약물, 북한산 마약(빙두) 남용 등으로 인한 가정 파괴, 열악한 가정환경 등으로 사회의 기본 단위인 가정이 뿌리째 흔들리고 있었다.

이로 인해 사회 기강마저 흔들리고 집단주의가 약해지자, 북한 당국도 이를 수습할 방안을 모색한다. 특히 가족해체는 권력을 지탱해 온 '세포'를 잃는다는 점에서 간과할 수 없는 문제였다. 가정을 되살리고, 북한 경제의 핵심 역할을 하는 활동력 높은 여성들을 정권 내로 다시 인입시켜야 했다. 이와 함께 국제사회에서 지속적으로 문제를 제기한 여성과 아동인권 요구도 일정 정도 수용해야 하는 상황이었다. 2010년 제정된 〈여성권리보장법〉은 흔들리는 북한의 전통적 젠더 시스템을 정비한다는 의미가 있었다.

2010년 12월 22일, 우리의 국회에 해당하는 북한 최고인민회의 상임위원회는 〈녀성권리보장법〉과 〈아동권리보장법〉을 채택 및 발표했다. 〈여성권리보장법〉은 총 7장 55개 조항으로 구성되어 있으며, 그 구성은 1장 녀성권리보장법의 기본, 제2장 사회정치적 권리, 제3장 교육·문화·보건의 권리, 제4장 로동의 권리, 제5장 인신 및 재산적 권리, 제6장 결혼·가정의 권리,

제7장 여성 권리보장사업에 대한 지도통제이다.[1]

이 중 여성 및 가족정책과 깊이 연관된 〈여성권리보장법〉의 특성과 의미, 한계를 살펴보자.

〈여성권리보장법〉의 제1장에서는 이 법의 사명이 여성의 권리 보장을 통한 여성의 지위 및 역할 제고임을 밝히고, 다음과 같은 기본 규정들을 명시하고 있다. 그 기본 규정은 첫째, 여성에 대한 차별 금지와 사회적 관심 제고 및 여성 권리 보장, 둘째, 여성 권리 보장을 위한 기본계획 수립 및 실행, 셋째, 기관·기업소·단체·각급 지방인민위원회·근로단체·법기관 등에서 여성의 권리보장 의무와 국제 교류 및 협조, 법의 규제 범위와 적용 등이다.

제2장에서는 여성의 사회·정치적 권리와 관련한 다음과 같은 규정들을 명시하고 있다. 첫째, 남성과 평등한 선거권, 피선거권 및 국적 취득, 변경, 보존 권리, 둘째, 국가기관에서의 사업 권리 및 여성 간부의 계획적 양성 및 등용과 간부 선발에서의 차별 금지, 법기관에서의 여성 인격 존중 및 권리와 이익 보장, 셋째, 여성의 신소伸訴와 청원 권리 등이다.

제3장에서는 교육, 문화, 보건 분야에서의 여성 권리와 관련한 다음과 같은 규정들을 명시하고 있다. 첫째, 입학·진학·졸업 후 배치에서 남녀평등 보장, 둘째, 여학생의 신체와 건강 보호 증진 및 의무교육 관련 부모의 의무, 셋째, 여성들에 대한 직업기술 교육 조건 보장 및 남성과 평등한 문화생활 권리와 치료받을 권리, 넷째, 농촌 여성들의 교육·문화·보건의 권리 보장 등이다.

---

1 한편 〈아동권보장법〉은 총 6장 62조로 구성되어 있으며, 그 구성은 제1장 아동권리보장법의 기본, 제2장 사회생활 분야에서의 아동권리 보장, 제3장 교육·보건 분야에서의 아동권리 보장, 제4장 가정에서의 아동권리 보장, 제5장 사법 분야에서의 아동권리 보장, 제6장 아동권리보장사업에 대한 지도통제이다. 임순희, 김수암, 이규창, 《북한의 여성권·아동권 관련 법 제정 동향》, 통일정세분석 2011-08, 통일연구원, 2011.6, 1~25쪽.

제4장에서는 여성 노동의 권리와 관련한 다음과 같은 규정들을 명시하고 있다. 첫째, 여성들의 노동조건 보장 및 노력 배치에서의 여성 차별 금지, 둘째, 여성 근로자의 노동 보호 및 여성에게 금지된 노동 분야와 직종 구분, 셋째, 노동 보수와 기술, 기능 자격 및 급수 판정에서의 남녀평등, 넷째, 산전·산후 휴가 보장과 부당한 제적 금지 및 사회보험제 적용 등이다.

제5장에서는 인신 및 재산적 권리와 관련한 다음과 같은 규정들을 명시하고 있다. 첫째, 여성 인신 및 여성 건강, 생명의 불가침권, 둘째, 여성 유괴, 매매 및 매음 행위 금지와 여성의 인격권 및 명예권 보장, 셋째, 가정 재산 소유권을 남편과 공유할 권리 및 남성과 평등한 재산 상속권 등이다.

제6장에서는 결혼 및 가정의 권리와 관련한 첫째, 여성의 자유 결혼 권리와 여성에 대한 가정폭행 금지, 둘째, 이혼 제기 중지 사유와 이혼시의 재산 분할, 셋째, 미성년 자녀 보호에 대한 권리 의무와 출산의 자유 및 임산부 보호 등을 규정하고 있다.

제7장에서는 여성 권리보장사업에 대한 지도 통제와 관련한 규정들로 첫째, 여성 권리보장사업에 대한 지도 및 여성단체의 임무, 둘째, 여성 권리보장사업에 대한 감독 통제 및 행정적 또는 형사적 책임 등을 규정하고 있다.

〈여성권리보장법〉은 전반적으로 북한의 시장경제 활성화와 함께 가정을 중심으로 주민 생활을 책임지고 있는 여성들의 사기 진작, 그리고 여성들이 권력에 대해 엇나가는 것에 대한 불안이 반영되어 있다. 이전에 비해 북한 당권이 여성의 권리 신장을 위해 제도적·법적 노력을 취하려 했다는 점에 이 법률의 의미가 있다.

그러나 이 법률이 보장하는 내용들을 살펴보면 북한의 기존 젠더 시스템을 법률적으로 정비한 것에 불과하다는 인상을 지울 수 없다. 집단주의의 기초인 가족을 사회의 세포로 재강화하고, '국가=사회주의 대가정'이라

김정은이 지시한 '70일 전투'에 앞장선 여성 혁신노동자들을 축하하는 모습. 《노동신문》
2016년 3월 8일자.

는 프레임을 견고하게 유지하려는 의도가 엿보이기 때문이다. 그리하여 갈
수록 저하되는 출산률을 상승시키고, 육아에 대한 여성의 책임성을 보완
하는 등 기존의 여성 역할을 강화하려 하고 있다. 그 구체적인 근거로, 〈여
성권리보장법〉 '제6장 결혼, 가정의 권리' 제44조~제51조의 내용을 보자.

　　제44조 결혼, 가정에서 녀성권리보장의 기본요구　녀성은 남성과 평등한
결혼 및 가정의 권리를 가진다. 결혼과 가정은 국가의 보호를 받는다.

　　제45조 녀성의 결혼자유권　녀성은 자유결혼의 권리를 가진다. 녀성의
결혼자유권을 침해하거나 간섭하는 행위를 할 수 없다.

　　제46조 가정폭행의 금지　가정에서는 녀성에 대한 온갖 형태의 폭행을
하지 말아야 한다. 지방인민위원회와 기관, 기업소, 단체는 가정폭행을 막기
위한 주민들과 종업원교양사업을 정상적으로 하여 관할지역 또는 자기 소

속 공민들의 가정에서 가정폭행행위가 나타나지 않도록 하여야 한다.

제47조 리혼제기중지사유 부부 간에 리혼문제가 발생하였을 경우 남성은 안해가 임신 중에 있거나 해산 후 1년 안에 있다면 리혼을 제기할 수 없다. 녀성이 남편을 상대로 리혼을 제기하는 경우에는 앞 항의 영향을 받지 않는다.

제48조 리혼시의 재산분할 부부가 리혼하는 경우 주택과 가정재산분할 문제는 쌍방이 협의하여 해결한다. 협의가 이루어지지 않을 경우에는 해당 재판소가 쌍방의 구체적 실정에 근거하고 자녀와 녀자측의 리익을 보호하는 원칙에서 해결한다.

제49조 미성년자녀보호에 대한 권리, 의무 녀성은 남편과 평등하게 미성년자녀를 보호할 권리와 의무를 가진다. 남편이 사망하였거나 행위능력을 상실하였거나 기타 부득이한 사정으로 미성년자녀의 후견인으로 될 수 없을 경우에는, 녀성에게 자녀를 보호할 권리와 의무가 있다.

제50조 출산의 자유 녀성은 자녀를 낳거나 낳지 않을 권리가 있다. 국가적으로 녀성이 자식을 많이 낳아 키우는 것을 장려한다. 삼태자, 다태자를 낳아 키우는 녀성과 어린이에게는 담당의사를 두며 훌륭한 살림집과 약품, 식료품, 가정용품을 무상으로 공급하는 것 같은 특별한 배려와 혜택을 돌린다.

제51조 임산부에 대한 보호 녀성이 해산을 하는 경우 해당 의료기관은 안전하고 효과적인 약품과 치료기술을 제공하여 녀성의 건강을 책임적으로 보장하여야 한다. 보건기관과 해당 기관, 기업소, 단체는 임산기의 녀성건강보호에 깊은 관심을 돌리며 산모와 어린이의 건강을 잘 돌봐주어야 한다.

이 구체적 조항들을 통해 〈여성권리보장법〉이 제정된 2010년 당시 북한 가정의 실태와 이 법률의 입법 배경을 유추해 볼 수 있다.

우선, 북한 사회에서 여전히 가정폭력이 많이 일어나고 있으며, 이에 대한 교육이나 예방 정책이 거의 없었음을 알 수 있다. 그 다음으로, 육아와 자녀 보호가 아버지와 어머니의 공동 의무이자 권리임을 명시했으나, 여러 가지 아버지의 부재 상황을 상정하여 양육이 여성의 의무임을 강조하고 있다. "남편이 사망하였거나 행위능력을 상실하였거나 기타 부득이한 사정으로" 미성년 자녀를 양육할 수 없을 때 엄마가 자녀를 양육할 의무가 있다는 조항은 기본적으로 북한이 부계사회임을 확인시켜 준다. 현실 법리 적용에서 남편이 미성년 자녀를 양육할 수 없을 때에만 엄마에게 양육권이 주어지기 때문이다.

〈여성권리보장법〉은 또 "녀성은 자녀를 낳거나 낳지 않을 권리가 있다"고 하였으나, 바로 뒤에 "국가적으로 녀성이 자식을 많이 낳아 키우는 것을 장려한다", "삼태자, 다태자를 낳아 키우는 녀성과 어린이에게는 담당의사를 두며 훌륭한 살림집과 약품, 식료품, 가정용품을 무상으로 공급하는 것 같은 특별한 배려와 혜택을 돌린다"고 명시하여, 출산이 여성의 선택 사항인 것처럼 선전하면서 실제 정책과 제도는 여성의 고유한 의무로 전제하고 있다.

마지막으로, 북한 〈가족법〉의 하위 법인 〈여성권리보장법〉의 조항을 통해 북한 체제에서 여전히 이혼이 국가 법제의 규제를 받고 있음을 알 수 있다. 일반 여성들이 재판이혼이라는 장애물을 딛고 이혼에까지 이르기란 쉽지 않다. 그러므로 재판이혼제도를 고수한다는 것 자체가 여성의 이혼과 자유권을 제한하는 일이다.

시기별 젠더 프레임과 여성정책

김일성 모델: 2012년 1~6월

집권을 전후한 시기 이래로 김정은 정권의 젠더 프레임과 여성정책은 크게 3단계로 나누어 볼 수 있다. 이른바 '김일성 모델'을 따른 집권 초기에는 김정은이 경험이 미천하고 나이가 어리다는 대중적 우려를 씻어 내기 위해 김일성의 후광과 김정일의 유훈에 기반한 대중 통치술을 보였다. 이 시기 정권의 인식틀은 《조선녀성》의 제1~6호 표지 구호인 "온 사회를 위대한 수령 김일성동지의 혁명사상으로 일색화하자!"로 집약된다. 《조선녀성》은 북한에서 매월 발행되는 조선민주녀성동맹 중앙위원회 기관지로, 이 잡지의 호별 기사와 주요 내용들을 통해 이 시기 김정은 정권의 젠더 인식을 확인할 수 있다.

2012년 1월호 《조선녀성》은 "위대한 령도자 김정일동지는 영생불멸할 것이다"라는 특집기사들 후에 "조선로동당 중앙군사위원회 부위원장 김정은을 조선인민군 최고사령관으로 높이 모시였다"[2]는 보도, 그리고 김일성·김정일·김정숙을 우상화하는 "영원히 받들리 백두산 3대장군"이라는 기사를 다루었다. 2호에는 연속기사 "영원히 받들리 백두산 3대장군", 학습자료 김일성회고록 《세기와 더불어》, '주체사상, 선군사상 해설' 코너 등이 자리하고 있다. 그리고 '선군시대의 전형들을 따라 배우자!'는 코너로 "모든 녀맹원들을 수령결사옹위의 전위투사로 키우겠다", "선군시대 전형들이 발휘한 헌신적인 복무정신과 혁명적인 일본새, 투쟁기풍을 적극 따라 배우겠다", "초급단체 녀맹원들 속에서 집단주의정신, 혁명적동지애의 정신이 높이 발

---

2 《조선녀성》, 2012년 1호, 28쪽.

휘되도록 이끌어나가겠다"는 제목의 세 여맹 대표들의 결의를 통해 김정은 정권의 젠더정책을 구현할 여성 간부들의 임무를 제시했다.[3]

《조선녀성》 2012년 3호도 동일한 구성으로 이루어졌으나, 이때부터 김 정은에 대한 충성심 고양과 여성의 사회적·생산적 역할이 강조된다. 3·8 국제부녀절을 맞이하여 제시된 "전체 녀성들은 경애하는 김정은동지의 두 리에 굳게 뭉쳐 함남의 불길높이 강성국가 건설대전에 힘차게 떨쳐나서자" 라는 사설에서 "지금 온 나라 녀성들은 위대한 수령, 위대한 장군님의 품 속에서 가장 값높은 삶과 행복을 누리며 조선녀성운동의 빛나는 앞길을 개척해온 력사와 전통을 감회 깊이 돌이켜보며 경애하는 김정은동지의 두 리에 굳게 뭉쳐 강성국가 건설위업을 끝까지 완성해나갈 불타는 결의와 신 심에 넘쳐 있다"며 3대로 이어지는 대를 이은 충성을 정당화한다.

그리고 "령도자를 삶의 태양으로 여기고 자기 령도자밖에는 그 누구도 모른다는 확고한 신념으로 투쟁해 나가는 것은 우리 녀성혁명가들의 고귀 한 전통이다. 경애하는 김정은동지와 함께라면 기쁨도 슬픔도 시련도 영 광이라는 혁명적신념으로 혁명의 년대기들마다에 높이 발휘되었던 전세대 녀성들의 고상한 정신세계를 따라배워 어려운 때일수록 령도자와 심장의 박동을 함께 하는 진실한 인간, 령도자의 구상과 의도를 빛나게 실현하기 위하여 뛰고 또 뛰는 참된 동지가 되어야 한다."며 김정은 시대 여성 규율 을 제시했다.

《조선녀성》 2012년 4호에는 김일성 탄생을 기념하는 "민족최대의 명절 인 태양절 만세!"라는 세로 구호와 "온 사회를 위대한 수령 김일성동지의

---

3 《조선녀성》, 2012년 2호, 53~54쪽.
4 《조선녀성》, 2012년 3호, 3쪽.
5 《조선녀성》, 2012년 3호, 3쪽.

혁명사상으로 일색화하자!"는 구호 하에 연속기사 "영원히 받들리 백두산 3대장군", '주체사상, 선군사상 해설' 코너 등과 함께, "전체 녀성들은 위대한 수령 김일성동지께서 개척하신 자주의 길, 선군의 길, 사회주의의 길을 끝까지 걸어나가자"는 사설[6]을 실었다.

5호와 6호는 4호와 동일한 구호와 연속기사 속에 사설 내용만 바뀌는데, 5호의 사설 제목은 "전체 녀성들은 경애하는 김정은동지의 현명한 령도따라 최후의 승리를 향하여 억세게 싸워나가자"[7]이고, 6호에 실린 사설은 "위대한 김정일 동지의 영원불멸한 당 건설 업적을 끝없이 빛내여 나가자"로 김일성·김정일·김정숙에 대한 찬양을 통해 김정은 통치의 정당성을 설파하였다.[8]

김일성·김정일 결합 모델: 2012년 7~12월

"온 사회를 위대한 수령 김일성동지의 혁명사상으로 일색화하자!"는 《조선녀성》의 핵심 구호는, 김정일 정권 말기부터 김정은 집권 초기 북한군 총참모장으로 군부 핵심 실세였던 리영호가 숙청된 시기인 2012년 7월부터 "전동맹을 김일성-김정일주의화하자!"로 바뀐다. 그리고 7월부터 김정일 찬양과 함께 김정일 사상을 계승했다는 김정은이 부각된다.

주요 행사 일정에 따른 기사들이 가감되기는 하나 2012년 7~12월 《조선녀성》 내용을 분석한 결과, 초기 김정은 정권의 젠더 프레임은 '대를 이은 보은과 충성, 혁명적 어머니와 혁신적 노동자 역할을 수행하는 여성'으

6 《조선녀성》, 2012년 4호, 3~4쪽.

7 《조선녀성》, 2012년 5호, 11~12쪽.

8 사설 〈위대한 김정일 동지의 영원불멸한 당 건설 업적을 끝없이 빛내여 나가자〉, 《조선녀성》, 2012년 6호, 3~4쪽.

로 기존의 젠더 프레임과 큰 차이가 없다. 실제로 '영원히 받들리 백두산 3 대장군', 희세의 천출위인 김일성·김정일 회고록 학습자료 소개, 주체사상·선군사상 해설, '함남의 불길상쟁취를 위한 사회주의경쟁', '사회주의 도덕과 생활, 사회주의적 생활양식을 철저히 세우자', 유구한 력사와 민속 등 2012년《조선녀성》의 고정 코너들은 이 프레임에 충실하다.

"안해의 다심하고 너그러운 이해력", "안해가 하는 일", "녀성들의 옷차림", "자녀들의 옷차림과 어머니의 역할" 등등[9] 세부 기사 내용들 역시 북한의 전통적 여성 모델을 고수하며 기존 젠더 시스템을 보강 및 정비하는 것을 확인할 수 있다. 이러한 젠더 프레임에 따라 2012년 11월 김정은이 참석한 제4차 〈전국어머니대회〉가 개최되었다. 2005년 제3차 〈전국어머니대회〉 이후 7년 만이었다. 제4차 〈전국어머니대회〉를 통해 김일성·김정일에 이어 북한 여성운동을 선도하는 김정은에 대한 충성이 강조되었다. 이 대회의 의의에 대한 당시 북한 당국의 평가는 다음과 같았다.

지난해(2012) 11월의 꿈같은 영광도 우리 녀성들은 영원히 잊지 못한다. 위대한 김일성, 김정일 조선의 창창한 미래가 펼쳐지는 격동적인 시기에 제4차 〈전국어머니대회〉를 성대히 진행하도록 크나큰 은정을 베풀어 주시고 뜻깊은 대회에 참가한 어머니들 모두를 영광과 행복의 절정에 높이높이 내세워주신 경애하는 원수님, … 경애하는 원수님을 한자리에 높이 모시고 한생에 잊을수 없는 영광을 받아안은 그 극적인 순간 우리 조선의 녀성들은 심장으로 웨치였다. 우리에게는 우리 녀성들을 제일 아끼고 사랑하시는 세상에서 제일 인자하시고 친근하시며 위대하신 경애하는 김정은 원수님의 품이 있다!영원한 운명의 품, 위대한 스승의 품을 우러러 드리는 다함없는

---

9 《조선녀성》, 2012년 8호, 42~43, 51~52쪽.

경모의 노래, 감사와 영광의 노래이다. … 승리와 영광으로 빛나는 주체의 조선녀성운동, 우러를수록 한없이 인자하고 친근하신 인품에 매혹을 금치 못하고 승리의 신심이 넘쳐나는 경애하는 김정은원수님께서 우리 녀성들의 값높은 삶과 행복을 위하여 심장을 불태우시던 위대한 대원수님들의 숭고한 뜻을 높이 받드시여 조선녀성운동의 앞길을 휘황히 펼쳐주시기에 주체의 조선녀성운동사는 더욱 눈부시게 빛날것이다.[10]

이와 관련하여《조선녀성》의 주요 기사들은 당시 김정은 정권이 구사한 대중통치술과 젠더 프레임의 구체적 양상을 보여 준다.《조선녀성》2012년 7호에는 사회집단 규율, 가족 규율, 여성 역할 규율이 두드러진다. "대중체육을 활발히 벌려", "사회주의적 생활양식을 철저히 세우자", "후방가족어머니의 긍지", "시대의 꽃이 되리", "자녀들이 생활규범과 규칙을 잘 알도록", "부모들은 자녀들에 대한 가정교양에 마음을 합쳐야 한다" 등 사회와 가족 내에서의 혁명적 어머니 역할이 강조된다. 또한 '함남의 불길상쟁취를 위한 사회주의경쟁' 코너를 통해 혁신적 여성 노동자 역할도 강조한다. "애국의 마음을 불러일으켜" '사회주의 경쟁운동에 온 맘과 열을 다바쳐야 한다'는 것이다.

이어 2012년 8호에서는 1946년 7월 30일 발포된 〈남녀평등권법령〉 66돌을 기념하는 사설 "위대한 수령 김일성동지께서 녀성운동발전에 쌓으신 불멸의 업적을 영원히 빛내여나가자"를 통해 북한의 여성운동이 김일성으로부터 시작되었고 때문에 여성 문제가 올바르게 이해되었다는 논리를 펼친다. 여기서 여성 문제는 인권 문제가 아니라 여성들의 지위와 역할이 높아지는 차원의 문제이며, 김일성의 이 같은 인식이 북한의 여성운동을 강화

10 《노동신문》, 2013년 7월 30일.

"남녀평등권 법령 발포 70돐 기념 중앙보고회". 《노동신문》 2016년 7월 30일자.

발전시켰다는 논리가 제기된다. 당시 국제사회에서 비판받던 북한 인권 문제에 대한 대응 논리로 볼 수 있다. 한편 김일성이 어머니 강반석을 도와 북한 여성운동의 시원始原을 열었다는 논리도 반복된다.

수령님께서는 녀성 문제는 단순한 인권에 관한 문제가 아니라 그들의 사회적 지위와 역할을 높이는 문제이며 그들을 착취와 압박, 온갖 구속으로부터 해방하여 자기 운명의 참다운 주인으로 되게 하는 문제라는데 대하여 밝히시였다. … 녀성 문제에 관한 위대한 수령님의 독창적인 사상리론에 의하여 수천년 세월 천대와 멸시, 압제의 대상으로만 되여오던 녀성들이 남자들과 동등한 정치적 권리와 자유를 가지고 당당한 혁명력량으로 력사 무대에 등장하게 되었으며 이로부터 조선녀성운동은 수령의 옳바른 령도 밑에 수령의 위업 실현을 위하여 투쟁하는 주체의 녀성운동으로 강화발전되게 되었다. … 수령님께서는 일찍이 불요불굴의 혁명투사 강반석 어머님을 도

우시여 우리 나라에서의 첫 혁명적 녀성대중조직인 반일부녀회를 결성하도록 하시여 새로운 녀성운동의 시원을 열어 놓으시고 녀성운동의 자주적 발전의 길을 빛나게 개척하시였다. … 수령 김일성동지께서는 해방 직후 지체없이 북조선민주여성동맹을 창립하시고 그를 참다운 민주주의적대중조직으로 강화발전시키시여 광범한 녀성들을 민주주의 기발 아래 튼튼히 묶어 세우시였다. …[11]

이에 발맞춰 2012년 7월 30일 《노동신문》은 사설 "녀성들은 강성국가 건설을 떠밀고나가는 힘있는 력량이다"를 통해, 일편단심 당과 수령에 대한 충실성·김정일애국주의·선군의 사회주의 대가정이라는 젠더 시스템 정비의 3대 프레임에 기초해 김정은 시대의 여성 도덕율을 제시한다. 그리고 이를 실행할 여맹 및 전체 여성들의 역할을 다음과 같이 제시한다.

녀맹 조직들은 녀성들 속에서 사상교양사업을 심화시켜 모든 동맹원들을 선군시대의 참된 녀성 혁명가들로 더욱 튼튼히 준비시켜야 한다. 녀성들 속에서 발휘되는 긍정적 소행들을 적극 내세워주고 여러 가지 형태의 대중운동과 사회주의경쟁을 힘있게 벌려야 한다. 당 조직들은 사회적으로 녀성들을 사랑하고 존중하며 도와주는 기풍을 세우며 녀성들과 어린이들을 보호하고 우대하는 인민적 시책들이 철저히 실현되도록 하는 데 깊은 관심을 돌려야 한다. 전체 녀성들은 경애하는 김정은동지의 사상과 령도를 높이 받들어 내 나라, 내 조국의 부강번영을 위한 오늘의 총진군에서 조선녀성의 불굴의 기상을 힘있게 떨쳐나가자.[12]

---

11 《조선녀성》, 2012년 8호, 3쪽.

12 사설 〈녀성들은 강성국가 건설을 떠밀고나가는 힘있는 력량이다〉, 《노동신문》, 2012년 7월 30일.

이는 《조선녀성》 2012년 8호 사설 "위대한 김정일동지의 불멸의 선군혁명령도업적을 끝없이 빛내여나가자"와 맥을 같이하는 주장이다. "지금 우리 녀성들과 녀맹원들은 선군혁명령도로 우리 혁명의 자랑찬 력사를 승리와 영광으로 빛내여주신 위대한 김정일동지에 대한 다함없는 경모의 정으로 가슴 불태우며 장군님의 선군혁명 위업을 경애하는 김정은동지의 령도 따라 빛나게 계승완성해나갈 불타는 맹세를 다지고 있다"[13]며 김정일의 선군정치를 대를 이어 받들고, 김정은을 따르는 충성스런 신민臣民이 될 것을 요구한다.

이어 《조선녀성》 2012년 9호는 "항일의 녀성영웅 김정숙동지의 서거 63돐을 맞으며"를 특집[14]으로, "새 조국건설의 나날에 높이 발휘된 백두산녀장군의 수령결사옹위정신", "건국의 초행길에 남기신 어머님의 당부" 등으로 채워진다. 그 외에 김정숙 관련 도서 《영원한 태양의 해발》 중에서 "김일성 장군님은 너희들의 아버지이시다", "나라를 사랑하는 마음으로", "총은 마음으로 쏘아야 한다"는 세 꼭지를 소개하며 김정숙처럼 아버지 수령을 목숨 바쳐 사수하는 여성이 되어야 한다고 규율한다.[15]

여기서 김정숙 모델을 통한 김정일애국주의 논리를 주목할 필요가 있다.

조국과 애국자, 이것은 하나의 생명체와도 같다. 개인은 조국이 없이 살수 없고 조국은 애국자 없이 존재할 수 없다. 하기에 력사는 자기의 갈피마다에 수많은 애국자들의 이름을 기록하였고 후대들은 선대 애국자들의 삶을 인생의 거울로 삼았다. 하다면 물어보자 역사여! 오늘 우리 시대 인간들이

13 《조선녀성》, 2012년 8호, 3쪽.
14 《조선녀성》, 2012년 9호, 13~17쪽.
15 그 외 "군중체육활동을 활발히 벌리자" 등 집단주의 생활규율을 강조하는 기사들이 있다.

어이하며 애국주의를 위대한 김정일동지의 존함과만 결부시켜 부르는것인가. 어이하여 선군조선의 천만군민과 녀성들이 산악같이 떨쳐일어나 우리 모두 위대한 김정일동지처럼 조국을 사랑하고 그이처럼 온넋을 바쳐 조국을 빛내이자고 심장으로 웨치는가. 한평생 애국으로 심장을 불태우시던 우리 장군님의 고결한 넋과 숨결과 땀과 헌신이 쌓아올린 불멸의 그 업적이, 존엄도 국력도 인민에 대한 사랑도 최상의 경지에 올라선 선군조선의 저 푸른 하늘이 말한다. 위대한 김정일동지는 동서고금 그 어디에서도 찾아볼 수 없는 절세의 애국자이시라고. 경애하는 김정은동지께서는 다음과 같이 말씀하시었다. "위대한 장군님은 수령님에 대한 절대적인 충실성과 조국과 인민에 대한 열렬한 사랑을 지니시고 오로지 조국의 부강번영과 인민의 행복을 위하여 모든 것을 다 바치신 위대한 령도자이시고 절세의 애국자이시며 인민의 자애로운 어버이이십니다." …[16]

특히 "위대한 령도자 김정일동지께서 조선로동당 총비서로 높이 추대되신 15돐을 맞으며"라는 특집으로 장식된 《조선녀성》 2012년 10호는 "조선로동당을 영광스러운 김일성동지의 당으로 강화발전시키신 불멸의 업적", "영원한 부름 어머니 우리 당, 언제나 대중과 호흡을 같이해 나가도록", "위대한 령도자 김정일동지의 명언해설"이란 기사를 통해 '김일성=김정일=당'의 일체화 논리를 본격적으로 제시한다. 김정은의 당 중심 지배의 정당성을 규율화하는 이데올로기 작업을 펼치는 것이다.

특히 정론 "영원히 놓지 않으리, 위대한 우리의 당기를!"에서 "조선로동당은 위대한 수령님과 장군님을 영원한 수령으로 높이 모신 김일성, 김정일동지의 당입니다"라는 김정은의 언술을 인용하며, "조선로동당, 그대는 어

---

16 정론 "우리 장군님처럼 조국을 사랑하자", 《조선녀성》, 2012년 9호, 3쪽.

머니!"라며 어머니=당 논리를 재구축한다. 그리고 "녀성들이여, 인민이 사는 곳, 병사들이 있는 곳 그 어디에나 소중히 모셔져 있는 위대한 대원수님들의 태양상을 숭엄히 우러르시라"는 충성 규율을 제시한다.[17]

이어서 《조선녀성》 2012년 11호는 "총돌격전을 힘있게 벌려 뜻깊은 올해를 승리적으로 결속하자!"며 연말 계획 완수와 각종 총화사업을 주도적으로 수행할 것을 제시한다. 사설 〈김정일애국주의를 구현하여 사회주의 강성국가 건설에서 새로운 승리를 이룩해 나가자〉[18]가 제시하는 "위대한 김정일동지의 유훈을 높이 받들어 주체혁명위업의 새 승리를 이룩해 나가자"(《조선녀성》 2012년 12호 사설)는 '보은의 대물림' 이데올로기 선전과 충성맹세를 다음과 같은 담론으로 요구한다.

　우리는 위대한 장군님께서 가르쳐주신대로 함남의 불길, 새 세기 산업혁명의 불길을 더욱 세차게 일으키며 대혁신, 대비약을 이룩하였다. 세계는 어버이장군님의 강성부흥리상이 빛나게 실현된 위대한 주체의 강국을 반드시 보게 될 것이다. … 우리 혁명의 앞길은 아직도 멀고 험난하다. 우리가 승리하는 길은 위대한 수령님께서 열어주신 길, 경애하는 장군님께서 한생을 바쳐 헤쳐오신 길밖에 다른 길은 없다. 그 어떤 시련과 난관이 닥쳐와도 자주의 길, 선군의 길, 사회주의 길로만 나아가는 여기에 김일성민족, 김정일조선이 영원히 강성번영하는 길이 있다.[19]

17 《조선녀성》, 2012년 10호, 3쪽.
18 《조선녀성》, 2012년 11호, 3쪽.
19 《조선녀성》, 2012년 12호, 3쪽.

'김일성-김정일주의' 앞세운 김정일 모델: 2013년~현재

2013년은 북한이 미사일 발사에 이어 제3차 핵실험을 감행한 해이다. 이 3차 핵실험을 기점으로 김정은 정권은 핵보유 국가를 기정사실화하며 독자적 생존전략을 대내외에 선언했다. 내부적으로는 정권 2년차로 접어들며 '김일성-김정일주의'에 기반한 김정은에 대한 충성 규율을 전면에 내세웠다.

2013년 1~12호 《조선녀성》의 표제 기사 구호는 "전동맹을 김일성-김정일주의화하자!"였다. 학습자료로 김정일 우상화를 부각하는 '희세의 천출 위인'과 함께 '주체사상, 선군사상 원리해설' 코너가 지속되었다. 또한 '사회주의 도덕과 생활', '사회주의적 생활양식을 철저히 세우자', '유구한 력사와 민속' 등의 코너도 계속 이어 가며, 집단주의 규율의 내면화를 추진하고 가정과 사회의 집단 규율을 강화하는 데 필요한 여성의 역할과 임무를 다양한 소재와 모범 사례 등을 통해 반복적으로 제시한다.

《조선녀성》 2013년 1호는 "우리의 운명이고 미래이신 경애하는 김정은동지를 천만년 높이 받들어모시렵니다"라는 기치로 충성을 규율한다. 이어 2호에서는 사설 "전체 녀성들은 경애하는 김정은동지의 신년사를 높이 받들고 내 나라, 내 조국의 강성번영을 위하여 힘차게 싸워나가자"를 통해 "우리 녀성들과 녀맹원들은 경애하는 원수님께서 신년사에서 제시하신 전투적 과업을 빛나게 실현함으로써 강성국가 건설에서 결정적 전환을 이룩하고 위대한 대원수님들의 전사, 제자, 혁명과 건설의 힘있는 력량으로서의 사명과 역할을 다해 나가야 한다"고 밝힌다.[20]

2013년 《조선녀성》 3호는 학습자료로 도서 혁명일화총서 《선군태양 김정일장군》의 내용을 소개하며 김정일 우상화 담론을 부각시킨다. 특히 "세

---

20 《조선녀성》, 2013년 2호, 3쪽.

기를 이어 빛나는 혁명의 천리길"이라는 기사는 김정일이 김일성에 대한 충성을 다했듯이 그 대를 이어서 일심단결하여 김정은에게 충성을 다할 것을 강조한다. 김정은 통치의 정당성을 여전히 김일성—김정일에 대한 충성심에서 찾고 있는 것이다.[21]

2013년 3월 8일에 개최된 '3·8국제부녀절 103주년 기념 중앙보고회'의 핵심 구호 역시 "위대한 김일성 조국, 김정일장군님의 나라를 김정은동지 따라 만방에 빛내이자!", "강성국가 건설에서 조선녀성의 영웅적 기개를 떨치자!"였다. 보고자들은 "모든 녀맹일군들과 녀성들이 경애하는 김정은동지의 두리에 굳게 뭉쳐 조국의 부강번영과 조국통일, 주체혁명위업의 완성을 위하여 힘차게 투쟁"할 것을 강조하였다.[22] 특히 이 대회는 "김정은장군 목숨으로 사수하리라"라는 충성의 노래로 종료되었는데, 이 노래에는 혁신적 노동자 역할을 규율할 과제가 담겨 있었다. 다음은 당시 중앙보고회에서 보고된 핵심 내용이다.

"우주를 정복한 그 정신, 그 기백으로 경제강국건설의 전환적 국면을 열어나가자!"는 구호를 높이 들고 생산적 앙양을 일으키기 위한 총돌격전을 힘차게 벌려 공화국창건 65돐과 전승 60돐을 뜻깊게 맞이하여야 한다. 인민경제 선행부문과 기초공업 부문의 녀성근로자들은 애국의 구슬땀을 아낌없이 바쳐 높은 생산실적으로 부강조국건설에 이바지하며 녀맹원들은 이 부문을 돕기 위한 대중운동을 광범히 벌려야 한다. 경공업과 농업 부문의 녀성들은 경제 건설의 주공전선을 지켜선 책임감을 안고 질좋은 인민 소비품들을 더 많이 생산하며 당이 제시한 알곡 생산목표를 반드시 점령하여야

---

21 《조선녀성》, 2013년 3호, 3쪽.
22 〈3·8국제부녀절 103돐기념 중앙보고회 진행〉, 《노동신문》, 2013년 3월 8일.

한다. 녀성과학자, 기술자들은 새 세기 산업혁명의 불길을 더 세차게 지펴올려 나라의 전반적 과학기술을 하루빨리 세계적 수준에 올려세워야 하며 상업, 급양, 편의봉사부문의 녀성들은 봉사사업을 혁명적으로 개선하여 경애하는 원수님의 숭고한 사랑이 그대로 인민들에게 가닿도록 하여야 한다.(《노동신문》, 2013년 3월 8일)

인민군대를 친혈육처럼 사랑하고 도와주며 숭고한 공민적 자각과 애국심을 안고 아들딸들을 많이 낳아 선군조국을 지키고 빛내여나가는 나라의 역군들로 훌륭히 키워야 한다. 모든 녀성들은 우리 당의 문명강국건설구상을 높이 받들고 21세기의 새로운 문명개화기를 활짝 열어나가기 위한 투쟁에서 자기의 책임과 역할을 다해야 한다. 녀성동맹 안에 경애하는 김정은동지의 령도체계를 철저히 세우고 김정일애국주의를 실천활동에 구현하여 누구나 오늘의 성스러운 투쟁에서 애국적 열의와 헌신성을 높이 발휘해 나가야 한다.(《노동신문》, 2013년 3월 8일)

중앙보고회 이후 발간된 《조선녀성》 2013년 4호~12호는 전체적으로 김정은에 대한 충성심을 구체화하는 다양한 담론들이 증대했다는 점이 눈에 띈다. 특히 집권 2년차의 각종 정치행사가 집중된 상황에서 충성의 내면화를 위한 선전선동 담론이 확장되었다. 또한 김정일의 측근이자 김정은의 고모부인 장성택 세력의 숙청과 처형이 이루어진 2013년 12월, 《조선녀성》 12호는 사설 "경애하는 김정은동지의 선군혁명령도를 충직하게 받들어나가자"라며 선군정치의 젠더 시스템을 계속 고수하겠다는 의지를 분명히 했다.

2014년 김정은 정권은 장성택 처형의 부작용을 최소화하면서 인민 생활을 향상시키겠다는 기치의 '민심장악 통치술'과 함께, 1970년대 3대혁명소

조운동 유형의 대중 동원 및 '선전선동의 사상전'을 대중통치술로 활용하였다. 더불어 '적대와 분노 유발'의 전통적 선전선동술을 활용하여 북한 주민들의 대남·대외에 대한 적아(敵我) 대립의 증오심을 극대화시키고, 그 결과가 김정은 정권에 대한 충성심 고양으로 이어지도록 하는 심리적 대중통치술을 강화하였다.[23]

2014년《조선녀성》1호~4호의 핵심 구호는 2013년과 동일하게 "전동맹을 김일성-김정일주의화하자!"였고, '영원한 선군태양', '희세의 천출위인', '주체사상, 선군사상 원리해설' 등의 코너들이 지속되었다. 특이한 점은 '적대와 증오의 파시스트 선동술'이 강화된 것이다. 예를 들어 여러 사례와 기사로 구성된 주요 코너로 1호에는 '피맺힌 력사의 교훈을 잊지 말자'가, 2~4호에는 '력사는 고발한다'가 큰 비중을 차지했다. 그 외 '사회주의 도덕과 생활', '사회주의적생활양식을 철저히 세우자', '유구한 력사와 민속', '마식령속도로 비약의 불바람을 일으키기 위한 사회주의증산 경쟁', '정보산업과 강성국가 건설' 같은 연재물들을 통해 '혁명적 어머니-혁신적 노동자'라는 여성의 이중역할과 임무를 제시하고 있다.

《조선녀성》2014년 2호 사설 "전체 녀성들은 경애하는 김정은동지의 두리에 굳게 뭉쳐 선군조선의 번영기를 힘차게 열어나가자"는 마식령속도(2013년 김정은의 지시에 따라 강원도 마식령에 최신식 스키장을 건설하던 시기에 이루어진 대중동원의 속도전)를 따라 건설의 최전성기를 이어 나가야 하는 생산자 역할을 부각시켰다.[24] 그리고 주체사상과 선군사상 원리해설 코너에서 "선군정치를 왜 김정일 정치방식이라고 하는가"라는 해설을 통해 김정일 시대 선군정치

23 박영자, 〈최근 김정은 정권의 대남 심리전〉, 통일연구원 온라인시리즈, 2014년 6월.
24 《조선녀성》, 2014년 2호, 3~4쪽.

의 젠더 시스템 담론을 재확인했다.[25]

특히 2호에는 2013년 하반기부터 2014년까지 북한 주민들에게 가장 많이 부르게 한 김정은에 대한 충성 규율가 〈우리는 당신밖에 모른다〉가 실려 눈길을 끌었다.

1절 이 조선 이끄는 힘 억세다/ 인민의 운명을 한몸에 안고/ 우리가 바라는 꿈과 리상/ 모두다 꽃펴주실분/ (후렴) 위대한 김정은동지 우리는 당신밖에 모른다/ 위대한 김정은동지 당신께 충실하리라

2절 눈부신 그 리상이 우리 목표다/ 령장의 결심은 인민의 승리/ 그이가 가리킨 오직 한길로/ 천만이 폭풍쳐간다/ (후렴)

3절 하늘땅 바뀐대도 역풍분대도/ 우리의 심장엔 당신만 있다/ 끝까지 생사를 함께 하며/ 그 령도만 받들어가리/ (후렴)

《조선녀성》 2014년 3호에는 같은 주제의 다른 노래 〈그이 없인 못살아〉가 실렸다. 이 노래에서 주목할 점은, 〈우리는 당신밖에 모른다〉가 선군시대 남성의 이미지(남성성)을 투영하여 인민 전체를 대표하는 충성 규율을 표현한 것에 반해, 〈그이 없인 못살아〉는 남성과 대비되는 종속적이고 수동적인 여성의 이미지(여성성)를 모델화했다는 것이다.

1절 친근하신 그이의 정 가슴에 흘러/ 자나깨나 그 숨결로 따뜻한 마음/ 하늘같은 인덕과 믿음에 끌려/ 우리모두 따르며 사네/ (후렴) 그이 없인 못살아 김정은동지/ 그이 없인 못살아 우린 못살아/ 우리의 운명 김정은동지/ 그이 없으면 우린 못살아

---

25 《조선녀성》, 2014년 2호, 28쪽.

2절 우리 마음 그이만이 제일 잘 알고/ 그 언제나 우리 행복 지켜주시네/ 나래펴는 희망도 품은 소원도/ 그 품에서 모두 꽃피네/ (후렴)

3절 함께 온 길 새겨봐도 앞길을 봐도/ 태양같은 그 미소로 가득차있네/ 그 이만을 받들며 세상 끝까지/ 충성다해 모시고 살리/ (후렴)

앞의 노래가 선군시대의 남성성을 내세워 선도적인 김정은의 이미지를 형상화했다면, 뒤의 노래는 이러한 남성성에 종속된 여성들의 역할을 강조하고 있다. 이에 발맞춰 《조선녀성》(2014년 3호) 3·8 국제부녀절 기념 사설 "녀성들은 강성국가 건설의 최후승리를 향하여 억세게 싸워나가자"도 여성해방을 이루어 준 김일성과 김정일의 은혜에 보답하기 위해 선군시대 여성들이 짊어진 노동자 및 어머니로서의 임무를 역설한다.

어버이수령님께서 주체적인 녀성운동의 새 력사를 개척하시고 해방 후 지체없이 조선민주녀성동맹을 창립하신 것은 오랜 세월 사회적 불평등과 봉건적 질곡에서 헤매이던 우리 녀성들의 운명과 지위에서 근본적인 전환이 일어나게 한 극적인 사변이었다. 조선녀성운동이 나아갈 길을 환히 밝혀주시고 녀성들을 따뜻이 손잡아 이끌어주신 위대한 수령님의 자애로운 손길이 있어 우리 녀성들은 혁명의 한쪽 수레바퀴를 떠밀고 나가는 힘있는 력량으로 자라날 수 있었다. 위대한 장군님께서는 어버이수령님의 뜻을 이어 녀성들의 정치적 생명으로부터 생활상 문제에 이르기까지 따뜻이 보살피시며 이 땅우에 녀성 존중의 화원을 펼쳐주시였다. 녀성들에 대한 위대한 장군님의 사랑은 어려운 시기에도 변함없이 실시된 국가적 시책들에도 깃들어있으며 도처에 일떠선 산원들와 탁아소, 유치원들에도 뜨겁게 어려있다.[26]

---

26 《조선녀성》, 2014년 3호, 3쪽.

이러한 은혜를 입었으므로 이제 여성들은 강성국가 건설과 선군先軍조선을 위해 억척스럽게 생산과 원호 임무를 다해야 한다는 논리다. 이 사설은 또한 3년차로 접어든 김정은 정권 하 여성들의 총적 과업과 여맹의 임무를 제기한다. 그 핵심 내용을 살펴보자.[27]

오늘 우리 녀성들 앞에는 위대한 대원수님들의 령도 따라 승리의 한길만을 걸어온 조선녀성들의 자랑스러운 력사와 전통을 끝없이 빛내이며 경애하는 김정은원수님의 선군혁명령도 따라 강성국가 건설의 최후승리를 앞당겨나가야 할 영예로운 과업이 나서고 있다.

녀성동맹 안에 당의 유일적 령도체계를 더욱 튼튼히 세워야 한다. … 녀성들을 참다운 김일성—김정일주의자로 튼튼히 준비시켜 혁명대오의 일심단결을 강화하는 데 적극 이바지하여야 한다. 우리 당의 선군혁명령도를 충직하게 받들어나가야 한다. …

녀성들과 녀맹원들은 사회주의강성국가 건설의 모든 전선에서 비약의 불바람을 세차게 일으켜나가는 오늘의 총공격전에 힘있게 떨쳐나서야 한다. … 경제 건설과 인민생활 향상의 주타격 방향인 농업 부문을 적극 돕기 위한 조직정치사업 … 평양시를 더욱 웅장화려하게 건설하고 도, 시, 군들을 해당 지방의 특색이 살아나게 꾸리기 위한 사업에 한사람같이 떨쳐나서야 한다. … 인민생활 향상을 위한 경공업 발전에 이바지 … 교육, 보건, 문학예술, 체육부문의 녀성들도 자기의 창조적 재능과 열정을 다 바쳐 강성국가 건설사업에 뚜렷한 자욱을 남겨야 한다.

---

27 《조선녀성》, 2014년 3호, 4쪽.

녀맹일군들과 녀맹조직들의 책임성과 역할을 높여나가야 한다. … 당에 대한 절대적인 충실성, 사업에 대한 높은 책임성, 왕성한 사업의욕을 가지고 일판을 통이 크게 벌리고 끝장을 볼 때까지 완강하게 내미는 실천가가 되어야 한다. 각급 녀맹조직들은 녀맹원들의 정신력을 최대로 발양시키기 위한 사상전, 선전선동의 된바람을 일으키며 긍정을 통한 교양을 비롯한 사람과의 사업을 짜고들어 대중 속에서 살아움직이는 산 조직으로, 생기발랄하고 전투력있는 집단으로 만들기 위하여 적극 노력하여야 한다.

위대한 대원수님들의 유훈을 받들어 올해의 조국통일운동에서 새로운 전진을 이룩하여야 한다. … 녀성들에 대한 우리 당의 기대와 믿음은 대단히 크며 선군조선의 번영기를 열어나가는 데서 우리 녀성들의 역할은 매우 중요하다. 전체 녀성들은 경애하는 김정은동지의 두리에 더욱 철통같이 뭉쳐 사회주의강성국가 건설을 위한 오늘의 총진군에서 조선녀성의 혁명적 기개를 더 높이 떨쳐나가자.

3·8절을 기념한 《노동신문》 2014년 3월 8일자 기사들도 대부분 김일성 → 김정일 → 김정은 정권을 관통하는 젠더 프레임에 맞춰 김정은 시대 여성의 규율과 모범들을 제시하는 데 할애되었다. 주목할 점은 "은혜로운 사회주의제도의 품속에서 보람찬 삶을 누려가는 녀성들"이라는 코너의 기사들이다. 이 기사는 남한 여성들이 북한 여성들의 삶을 동경한다는 각종 사례들을 소개하고, 북한이야말로 "녀성들의 삶을 빛내여주는 주체의 사회주의"라며 남북 대립의 경쟁논리를 활용하여 북한의 우월함을 담론화한다.
이 밖에도 체제 우월성을 선전하는 기사들이 곳곳에서 눈에 띈다. "생활의 꿈을 잃은 자본주의나라 녀성들", "그 어디에도 안식처는 없다", "해고바람의 첫 번째 피해자들", "활성화되고 있는 성산업", "삶의 막바지에서 선

2016년 3·8 국제부녀절 행사 후 한국의 국회의사당에 해당하는 만수대 의사당을 나오는 여성 대표들. 《노동신문》 2016년 3월 8일자.

택한 길" 등이다. 이 기사들은 모두 유럽의 선진자본주의와 남한 여성들이 처한 비참한 삶을 선전한다. 그러면서 북한 여성의 인권 피해 실태를 부각시킨 유엔인권보고서 발표를 의식해서인지, "세계최악의 인권유린국가 미국을 단죄한다"는 코너를 통해 "인간생존권의 동토애", "자유, 민주주의, 문명은 기만", "빈껍데기뿐인 만민평등", "세계 인권 파괴의 주범" 등의 제목이 붙은 기사와 논평들로 미국을 비인권적 야만국가로 공격한다.

　이러한 적대적 선동과 비방, 중상의 결론은 사설의 제목으로 요약된다. "최후승리를 위한 오늘의 총진군에서 조선녀성의 혁명적 기개를 힘있게 떨치자." 그러므로 "모든 녀성들은 경애하는 김정은동지의 선군혁명령도를 충직하게 받들며 올해의 영웅적 진군에서 조선녀성의 혁명적 기개를 힘있게 떨쳐나가야" 한다는 논리다.[28]

---

28 《노동신문》 2014년 3월 8일.

전통의 고수와 정비, 변화하는 젠더 프레임

지금까지 살펴본 대로 2012년 집권 후 전개된 김정은 정권의 국가와 사회 인식 및 대중통치술에 내재된 젠더 프레임의 기초는, '주체사상과 선군사상 계승', '김일성·김정일 민족', '김일성·김정일주의'로 요약되는 노골적인 전통의 고수이다. 따라서 선군정치에 따른 군사주의 젠더 프레임인 '사회주의 대가정'이란 가족국가 프레임이 고수되고 있다.

김정은 시대 북한 여성은 '김정일애국주의' 기치에 따라, 김정숙·강반석 등 혁명적 어머니 모델을 본받고 총대(정신으로 무장한) 가정을 모범으로 삼아야 한다. 또한 북한이 인공위성이라 주장하는 장거리미사일과 핵으로 대표되는 '최첨단 시대'에 발맞춰, '마식령 속도'·'조선 속도'[29]의 창조와 지식경제적 아이디어를 창출하는 혁신적 노동자 모델을 본받아 헌신성과 돌파력으로 강성국가 건설을 위한 생산 활동에 나서야 한다.

이 과정에서 특히 여맹을 통해 사회와 여성들에게 많이 선전된 이데올로기가 '김정일애국주의'이다. 2012년 5월 조선로동당은 "전체 일꾼과 당원과 근로자들이 김정일애국주의의 기치를 높이 들고 나갈 것을 바라고 있다,"[30] "전 인민을 김정일애국주의로 튼튼히 무장시켜 온 사회의 김일성·김정일주의화 위업을 실현해 나가려는 것이 우리 당의 의도"[31]라며 주체사상 및 선군사상에 기초한 애국주의를 김정일애국주의로 규정했다. 이어 북한군 총참모장 리영호를 전격 숙청한 2012년 7월 이후에는 김정은이 직접 나

---

29 김정은은 2013년 6월 강원도 마식령에 스키장을 건설하라는 '마식령 속도'를 지시한 데 이어, 2014년에는 같은 강원도의 원산 지역에 송도원 국제 소년단야영소 건설을 지시한다. 이를 그해 5월 1일 《노동신문》이 '조선 속도'라고 명명한다.
30 사설 〈일꾼들은 인민에 대한 헌신적 복무정신을 깊이 간직하자〉, 《노동신문》, 2012년 5월 12일.
31 〈김정일애국주의 교양을 강화하자〉, 《노동신문》, 2012년 5월 21일.

서서 김정일애국주의가 바로 수령중심주의이며 자신에 대해 충성을 다하는 것이라고 공표한다.[32]

김정일애국주의는 김정일이 김일성을 우상화하여 대를 이은 수령으로서 통치의 정당성을 확보했던 것처럼, 김정은도 김정일을 우상화하여 자신의 통치 정당성을 강화하며 어린 나이와 미천한 경험 등 북한 대중이 김정은에게 갖는 불안감을 희석시키기 위해 내세운 이데올로기다. 김정일애국주의는 '김일성-김정일주의' 이데올로기와 함께 김정은 시대 정치이데올로기로 선전되고 있다.

김정일이 1995년부터 내건 정치사상인 선군정치先軍政治를 재정비한다는 김정은 정권의 구호 역시 같은 맥락에서 이해할 수 있다. 북한 남성들은 군인정신과 군사훈련을 강화하며 '총대정신과 규율'을 재정비하고, 북한 여성들은 전통적인 혁신적 노동자이자 혁명적 어머니 역할을 재정비해야 했다. 여성들이 '재정비'해야 할 구체적 도덕이자 규율은 다음의 4가지로 정리된다.

첫째, 김일성·김정일의 은혜에 대한 보답으로 김정은을 섬겨야 한다는 '보은과 섬김'의 이데올로기다.

둘째, 국가총력전을 일상화하는 병영체제 하에서 전방은 남성이 맡고 후방은 여성이 맡는다는 역할론에 근거하여, 여성에게 가족뿐 아니라 군대 및 사회를 헌신적으로 돌봐야 한다는 '돌봄과 헌신'의 규율 담론이다.

셋째, 인민 생활 향상을 위한 농업, 경공업 및 각종 동원사업을 주도적으로 책임지며, 강성대국 건설에 앞장서야 한다.

넷째, 북한식 집단주의 생활 규율을 세우는 여성 주체의 품성으로 '근면함, 알뜰함, 이악함'을 보여야 한다.

---

32 〈김정일애국주의를 구현하여 부강조국 건설을 다그치자〉,《노동신문》, 2012년 7월 26일.

극한의 경제 위기를 넘기며 북한 여성들의 삶과 의식에 분명한 변화가 생겨나고 여성의 사회경제적 활동력이 높아지며, 상업의 발전과 함께 여성들의 직업이 발전하고 사회적 역할과 지위가 향상되었음에도 불구하고, 북한 체제가 내세우는 가치는 별다른 변화를 보이지 않는다.

즉, 김정은 정권의 젠더 프레임은 필요에 따라 약간의 재구성을 하지만 기본적으로는 전통적 남성/여성 분리 역할론, 국가가부장제, 가정과 국가의 일체화를 통한 애국주의 등 전통을 고수하는 것이다. 권력의 통제 하에 기획된 수많은 여성 구호와 도덕율, 그리고 역할 이데올로기들은 김정은 정권의 젠더 프레임이 김정일 시대 젠더 시스템을 고수하려는 데 있음을 확인하게 한다.

순환하지 못하는
닫힌 시스템의 비극

1990년대 대내외 위기에 직면한 이후 북한은 선군정치를 일관되게 강화하는 한편, 체제 지속을 위해 북한 주민의 성 정체성을 상이한 양상으로 구성하였다. 북한의 남성성은 체제 유지에 필요한 핵심 규범과 동일한 맥락에서 구성되었다. 군인정신을 정교화한 '총대정신'으로 대표되는 남성성의 특징은 불변성, 무조건적 충성심, 동지애, 인내심, 용맹함, 비타협성, 단호함, 무자비함, 적에 대한 증오 등이다. 반면 여성성은 수령의 은혜에 보답하는 보은報恩의 도덕, 우러러 받드는 섬김의 자세, 가정·군대·사회 취약 계층까지 돌보는 돌봄의 윤리, 공동체를 돌보는 헌신성, 어려운 생활 조건에서 가족과 지역 공동체 생존을 책임지는 근면·알뜰·이악함 등으로 구성되었다.

선군시대 북한 권력에 의한 여성 역할의 재구성 작업은 경제 위기의 지속과 배급의 불안정성, 선군정치로 인한 사회동원과 주민 생존의 여성 책임, 딸을 포함한 자식을 군대에 보내 군인가정이 되게 하는 정책, 강력한 대적對敵 의식 조장, 시장화와 경쟁 및 물질문화가 확산되면서 상당한 성공을 거두었다.

그렇다면 70년 북한 젠더 시스템의 역사를 관통하는 핵심적 성격은 무엇이고, 선군시대를 이끈 김정일의 사망 이후에는 이 성격이 어떻게 지속 또는 달라졌을까?

해방 후 김일성 정권은 당과 국가기관 건설, 토지개혁·노동법·남녀평등 권 법령 등 각종 제도 개선과 선거사업을 경유하며, 북한 여성을 정치의 대 상으로 구성하는 한편으로, 한국전쟁 이전까지 위로부터의 법제도적 여성 지위 향상을 추진했다. 전前 시대의 성 역할 인식과 가족제도를 재구성하 면서 각종 남녀평등 정책과 제도의 형식을 갖추고 여성의 사회참여를 강제 하고 독려하였다.

그러나 한국전쟁 과정에서 북한 정권의 가국家國 일체화 전략이 내세운 양성평등 정책은 1단계 굴절을 맞게 된다. 바로 '혁신적 노동자-혁명적 어 머니'라는 이중역할 모델의 주체화이다. 이 모델을 관철하는 과정에서 생 산적 노동자 역할과 헌신적 모성이 북한 여성에게 동시에 강제되었다. 정권 은 또한 사회집단 내 성별 위계성을 담지한 여맹을 제도화하고, 여성에게 권력에 헌신하도록 규율하였다. 전후 경제 건설에 필요한 노동력 증대 요구 에 따라, 이중역할 모델은 산업화 과정에서 노동자 역할이 헌신적 어머니 역할에 부가되는 양상으로 나타났다.

여성 노동의 증대는 전후 북한 당국의 성별 노동력 배치정책에 따라 이 루어졌다. 중공업 위주의 산업화 정책에 따라 산업부문의 우위에 있는 중 공업에 남성 노동력을 우선 배치하고, 여성 노동력은 하위에 있는 농업과 경공업 및 지방공업에 배치하였다. 즉, 국가 산업부문의 위계와 함께 성별 분업체계를 제도화한 것이다. 이 정책은 노동자 간 성별 위계에도 반영되 어, 높은 비율의 생산 활동 참여에도 불구하고 여성 노동자들의 직장 내 지위는 향상되지 않았다. 이 성별 위계가 산업화 과정에 내재화되면서 해 방 후 추진된 북한의 양성평등 정책은 2단계 굴절을 겪게 된다.

실제로 산업화 시기 김일성 정권이 여성 노동자들에게 요구한 품성은 '어머니노동자성[註]'이다. 공장과 직장에서도 가정과 유사하게 돌봄의 도덕성과 알뜰한 심성을 발휘하라는 것이다. 이는 계획 달성과 당 정책 관철을 위한 불면불휴의 투철함 및 전투성과 인내심 등 남성 노동자들에게 요구한 헌신적 노동자성 외에 '여성성'까지 갖춘 노동자가 되라는 이중의 요구였다. 이 요구는 특히 기혼 여성들의 부담을 가중시켰다. 가정 내에서 가사·양육·생활관리 등 전통적인 여성 노동을 지속하면서, 새로이 주어진 노동자 역할도 충실히 하라는 요구였기 때문이다.

실제로 1960년대 본격화된 '가정혁명화' 정책이 추진되는 과정에서 북한의 기혼 여성은 생활경제 책임자이자 혁명하는 남편의 보조, 혁명의 후비대 및 체제수호의 전사 양육, 사회주의 생활양식 구현의 주체 등 다중의 역할 주체로 구성된다. 이에 비해 '어버이 수령'이라는 국가 가부장 담론에 따라 가정 내 혁명과 권위의 상징으로 구성된 기혼 남성, 즉 아버지는 가정혁명화 과업에서 특별히 더 맡아야 할 역할이 없었다. 그 결과, 성별 위계에 따른 부부 간의 위계는 자녀 간 성별 위계와 가사노동에도 직간접적으로 반영되었다.

급기야 1960년대 말 수령제와 70년대 세습 체제가 형성되는 과정에서, 북한 체제의 가부장성은 절대권력을 중심으로 전全 사회를 위계적으로 구성하며 제도화되기에 이르렀다. 전체 주민에 대한 권력의 위계도 질적으로 강화되었다. 국가권력의 지배성과 주민의 복종 의무는 양성 간 성별 위계를 구조화하는 기제로 작용했다. 북한 권력은 생산 현장과 가정 내 성 역할을 위계적으로 구조화했다. 이러한 성 역할의 위계 구조는 전통적인 양성 불평등성과 연계되었다. 이에 따라 해방 후 잠시 향상되는 듯했던 북한 여성의 정치사회적 지위는 남성에 비해 낮을 수밖에 없었다.

전체적으로 선군정치 이전 북한 권력이 여성에게 요구한 성적 정체성은 보은과 섬김, 헌신, 근면·알뜰이라는 여성 도덕률에 집중되었다. 이 특성들은 현재까지도 북한 여성에게 강제되는 중요한 여성성이다. 그런데 경제난과 선군정치 시대 이후 여기에 두 가지 새로운 여성성이 추가된다. 바로 돌봄과 이악함이다.

정권이 강조한 '돌봄의 윤리'는 개인적인 차원의 헌신을 사회적으로 확장한 개념으로, 자원이 부족한 상황에서 전쟁 준비와 국방사업에 자원 분배를 집중해야 하는 선군시대에, 국가의 국민 부양 의무를 여성에게 전가한 것이다.

'이악함'은 국가권력과 남성이 주민 생존을 책임지지 못하는 선군정치 상황에서, 공동체의 의식주 해결을 책임지게 된 여성들이 '생존전쟁의 전사'로서 물질 및 실리에 민감해지고 경쟁적인 시장성市場性을 체화한 결과물이라 할 수 있다.

지금도 계속되는 한국전쟁

한국전쟁은 분단 70년 한반도 역사상 남북한 사회와 젠더 구성에 가장 큰 영향을 미친 사건이다. 한국전쟁의 경험은 남북한 모두에서 민주주의의 유예와 국민 통제, 대중 참여를 억압하는 근거가 되었다. 국민은 통제의 대상이자, 동시에 정권의 정치적 필요에 따라 동원 가능한 가장 강력한 자원이 되었다. 반대 세력을 억누르는 가장 효과적인 억압 기제 역시 국민이었다.[1]

특히 폐쇄 체제를 유지한 북한에서 한국전쟁은 현재까지도 북한 체제의 정체성을 구성해 온 사건사이다. 고난의 행군 이후 국가가 국민의 생존을

---

1 박명림, 〈분단질서의 구조와 변화: 적대와 의존의 대쌍관계 동학, 1945~1995〉, 《국가전략》 3권 1호, 1997, 74쪽.

책임지지 못하고 동원과 억압이 지속되는 상황에서도 별다른 저항이나 봉기 없이 3대에 걸친 1인 지배체제가 지속되고, 군대와 군인정신으로 집단적 군사주의를 강화하는 북한의 정치문화가 현재까지 지속될 수 있는 역사적 근원도 한국전쟁의 경험과 '기억의 정치'에서 찾을 수 있다.

푸코가 지적한 것처럼 "전쟁의 위협은 우리의 화폭이고, 우리 존재의 액자"이다.[2] 한국인의 집단적 기억 속에도 한국전쟁은 뿌리 깊게 자리 잡고 있다. 한국전쟁은 단지 지나간 역사의 한 페이지가 아니라 매 시기 우리의 생활을 위협하는 정치 도구가 되었다. 정치권력이 전쟁을 통해 시민市民이 아닌 '신민臣民'을 형성했기 때문이다.

여성의 시각에서 전쟁은 중앙집권적이고 전체주의적인 군사문화와 남성중심주의를 유지시키는 토대로, 전쟁 위기 상황에서는 개인이 사회에 직접적으로 저항하기 어렵다. 한편 남성의 시각에서 전쟁은 군사문화와 군대 경험을 통해 복종과 폭력을 훈련받게 하고, 자유와 평화에 대한 갈망을 잠재운 사건이다. 전쟁 이후 중앙집권적이며 권위적인 국가권력이 강화되었고, 조선로동당과 군대가 사회를 지배하게 되었다. 이 과정에서 국민을 보호해야 할 국가제도는 오히려 국민을 통제하는 기구로 변했다. 국가와 가정이 일체화되는 이 과정에서 북한 여성의 정체성도 구성되었다. 따라서 북한 여성의 정체성은 결국 한국전쟁과 뗄 수 없는 관계에 있다.

이 글은 이러한 이 문제의식에 따라 현재까지 대내외적 위기 상황에서도 체제 지속의 정치문화를 유지하고 있는 북한 사회의 특수성을 한국전쟁 시기 형성된 북한의 '신민형 사회'에서 찾았다.

피점령 시기를 경과한 김일성 주도의 노동당 정권은 권력층 내부의 저항

---

2 미셸 푸코 지음, 박정자 옮김, 앞의 책, 328쪽.

세력을 문책과 숙청으로 제거하며 상층 권력 내부에 '신민형 사회' 틀을 형성했다. 그리고 광범위한 동원과 인민재판을 통해 아래로부터의 '신민형 사회'를 형성하기 시작했다. 아래로부터의 '신민형 사회' 형성 과정에서 사회 갈등을 야기할 수 있는 저항 또는 반대 세력의 월남은 반대 세력의 부재를 초래해 정권에 도움이 되는 요인으로 작용했다. 북한 정권은 인민들의 상처와 고통을 집단적 복수심으로 재구성하였고, 이 집단적 복수를 실현시킬 '인격화된 민족체'로 김일성을 신화화하였다. 이 과정에서 '군주君主―신민臣民' 질서가 형성되었고, 이 위계적 질서는 이후 북한에 '신민형 사회'를 지속시킬 정치문화로 제도화되었다.

북한 정권은 신민의 형성과 충성심 강화를 위해 다음과 같은 정책을 실시했다.

첫째, 인민군 가족·애국열사 유가족·영웅 가족에 대한 지원과 사회적 지위를 상승시켰다.

둘째, 피점령시 학살당한 사람들에 대한 기억을 집단적 복수심으로 재구성하였다.

셋째, 모든 전쟁영웅들의 죽음 직전에는 '김일성장군 만세'가 있었음을 선전하였다.

넷째, 집단적 목표와 행동을 조직하게 했다. 북한 당국은 전쟁기념일뿐 아니라 혁명사적관 방문, 전쟁 회상기 모임 등을 통해 주민들의 집단의식과 행동을 조직하였다. 특히 당 조직과 각종 사회조직에서 일상적으로 수행하는 생활총화와 학습은 정권의 목표 달성에 기여했다.

다섯째, 공격 대상을 비인간화하는 상징화 작업을 진행했다. 즉, 집단적 복수심을 통해 공격 대상을 '정의를 위해 없어져야 할 그 무엇'으로 비인간화하였다. 공격 대상에 대한 비인간화는 복수심을 가져야 하는 개인의 도덕적 갈등을 제거했다.

여섯째, 영웅을 만들어 내고 전파했다. 전쟁 및 전사자의 도덕성과 무관하게 국가와 사회가 나서서 국가의 깃발 아래 전쟁터에서 죽은 이들을 영웅시하고 기념하며 추모한다. 이러한 의식儀式은 통치 세력이 행사한 폭력에 대한 면죄부 역할을 하는 동시에, 권력의 명령으로 자행된 비이성적 행위와 만행을 정당화했다. 이 같은 '기억의 정치'를 통해 현재까지도 북한 정권은 선군정치, 동원체제, 공포정치, 사상교양, 적대의식, 국가에 대한 헌신 등을 정당화하고 있다.

한국전쟁의 역사는 1990년대 이후 북한 사회의 자생적 생존 능력과 시장화 과정을 통해 드러난 북한 여성의 능동적 생활력을 이해하게 하는 주요 열쇠이기도 하다. 그 역사적 배경과 현재적 의미는 이러하다.

한국전쟁 발발 이후 여맹 위원장 박정애는 "고도의 긴장성과 경각성 밑에 우리 후방을 반석같이 견고하게 수호하라"며 다음과 같은 전시 여성 역할을 제기한다.

로동 녀성들과 농민 녀성들은 정의의 전쟁에 궐기한 인민군대에게 군수품과 식량과 의복과 약품들을 보내기 위하여 증산투쟁을 더 일층 가감히 전개하라! 또한 녀성 로력을 광범히 직장에 진출케 함으로써 각 부문에서 남자들이 하던 사업을 우리 녀성들의 손으로써 충당토록 하는 동시에 녀성들은 솔선 부상병들의 간호사업과 인민군대에게 드리는 따뜻한 위문편지 조직과 그 가족 원호사업에 온갖 열성을 다하라! … 조국의 완전통일을 향하여 전체 조선녀성들에게 맡겨진 위대하고도 성스러운 과업을 지니고 나아가는 우리 앞에는 반드시 빛나는 승리가 있을 뿐이다. 조국의 완전통일과 녀성들의 자유와 권리와 후손들의 행복을 위하여 앞으로 앞으로 용감히

전진하자!³

   남성이 부재하는 현실에서 북한 여성들은 이 지침에 따른 전시 여성정책과 생산정책에 따라 파괴된 생활 세계를 지키는 창조적 활동을 다하였다. 그러나 전쟁 과정과 전쟁 후에 이에 상응하는 여성의 정치사회적 지위 상승은 없었다. 전후부터 현재까지 지속되는 북한 정권의 전쟁 대비 및 잦은 준전시체제 선포와 군軍중시 정책은 지속적인 남성 우위 정책과 일상적 생산 활동에 대한 가치 폄하로 이어졌기 때문이다.

   본 책에서 한국전쟁 시기 북한 여성의 노동 세계를 전쟁 현장과 공장 및 농촌 현장을 중심으로 규명한 것은, 남성 주도 권력의 불평등한 성적 배치로 기존 전쟁 이야기에서 배제된 '실제하는 여성 이야기'를 발굴하려는 노력의 발로이다. 반反생산적 파괴와 학살이 펼쳐지는 전쟁 현장에서도 인간과 공동체의 생존 및 평화를 위해 타인의 생명을 지키고, 헌신적 노동을 통해 파괴된 생활 터전과 생산 현장을 복구하며 생산을 지속한, 전시 여성 노동의 창조적 가치를 밝히려 했다. 이는 동시에 사회와 인간의 물적·인적·정신적 세계를 파괴하며 공동체의 일상생활을 붕괴시키는 전쟁의 '반反생산성'에 대한 간접 고발이기도 하다.

   한국전쟁 시기 북한 여성은 전선에서 간호병·통신원·연락병 등으로 활동하는 한편, 후방의 지역·공장·농장에서 주민 생존과 공동체 유지 책임을 맡은 '노동 세계의 주체'였다. 남성 부재 현실에서 북한 여성들은 때로는 자의自意로 때로는 권력에 의해 대대적으로 동원되어, 권력이 요구하는 전시 후방정책에 따라 전선을 지원하였다. 헌신적 노동으로 공동체와 아동·노인 등 사회적 약자를 지킨 것도 여성이었다.

---

3 《조선녀성》, 1950년 11월호.

그러나 여성에게 지워진 역할은 전쟁이 끝난 후에도 종료되지 않았다. 전후 북한의 산업화 및 병영화 과정에서도, 여성은 여전히 '사회적으로 크게 인정받지 못하는' 후방의 생활 세계를 꾸려 나가는 주체로 구성되었다. 오히려 1990년대 중반 이후 북한의 대내외적 위기가 고조되면서 군사주의와 후방의 생활 세계를 책임지는 여성의 역할이라는 논리는 더욱 강화되었다. 현재까지 지속되는 '군사중시 핵—경제 병진노선' 아래서 여성 중심의 헌신적이고 창조적인 생산과 생활 유지 활동은, 남성 중심의 비생산적이며 파괴적인 군사 업무에 비해 그 가치를 인정받지 못하고 있다. '목숨 바쳐 조국을 지키는' 국방 및 군인 중시 노선이, 사회공동체 유지에 반드시 필요한 여성 노동의 생산적 가치를 저평가하게 만들고 있는 것이다. 북한 정권의 젠더 프레임은 한국전쟁 시기와 질적으로 다르지 않다.

한편 한국전쟁 시기 각종 생산 활동에 동원되어 남성 부재 사회를 유지하고 주민의 생존을 책임졌던 북한 여성들은, 지금도 아래로부터의 시장화를 발전시키며 생활 세계 지속과 주민 생존을 책임지고 있다. 따라서 한국전쟁은 북한 여성들의 생존력과 능동성 발현의 역사적 기점이라 할 수 있다. 안타까운 점은, 이 같은 경제사회적 활동이 아직까지는 북한 여성들의 양성평등 사회를 향한 자각과 행동으로 이어지지 못하고 있다는 것이다.

그 이유는 **첫째**, 여성들의 다양한 경제사회활동이 '권력에 의한 동원'에서 출발했다는 한계 때문이다. 서구와 한국의 양성평등 흐름은 여성들의 자기 권리 인식 및 요구로부터 비롯되었다. 그러나 북한의 경우에는, 해방 후 김일성이 내린 '선물'로서 남녀평등 개념이 자리 잡혔고 지속되었다.

둘째, 전후 전개된 북한 당국의 사회통제 및 정보 폐쇄 정책의 영향이다. 1960년대 이후 세계적으로 급격하게 성장한 남녀평등과 관련한 다양한 쟁점과 문제의식, 투쟁 사례 등을 접하지 못한 북한 여성들은 젠더적 자각을 경험하기 어려웠다. 이러한 북한 여성의 역사와 정권의 남성 중심적 전투문화 및 군 중시 정책이 결합되어, 현재까지 북한 사회에서 여성의 '생산적 가치 창출'에 상응하는 사회적 지위 보장은 난망難望한 상황이다.

과거에 머무는 정권, 폭발 직전의 개인

25년 이상 지속된 경제난과 시장화, 그리고 선군정치 속에서 북한 여성의 생존 전략은 권력의 요구에 타협하거나 아니면 그 요구에서 살짝 비껴 나면서 생존을 유지하는 것이었다. 이 전략은 내핍과 출혈 노동, 관계망 극대화, 출산 기피와 성매매 등으로 나타났다. 그러나 이 같은 노력에도 불구하고 그 노력의 가치를 인정받지 못하고, 더 이상 발전할 희망도 보이지 않게 되자, 북한 여성들은 나름의 발전 전략을 꾀하게 된다. 한 마디로, 권력의 작용에서 벗어나 주체적인 발전 전망을 세우고 실행할 마음을 먹게 된 것이다. 그리하여 여성들의 시장사회화 주도와 사유재산 축적, 조직과 규범으로부터 일탈, 가부장적 규범의 해체, 결혼관 변화, 탈북 모색과 탈북 등이 나타나게 되었다.

이 같은 여성들의 변화에 대응하기 위해 북한 정권은 2010년 말 〈여성권리보장법〉 제정 등 가부장적 젠더 전략을 보완하고 있다. 그러나 생존 전략을 넘어선 발전 전략을 실행하며 전진하고 있는 북한 여성들은, 정권의 군사주의 젠더 프레임을 아래로부터 조금씩 해체하며 새로운 사회체제를 열망하고 있다. 극단적인 규율과 감시체제 하에서도 자신과 가족, 특히 자녀들의 더 나은 미래를 위해 탈북라는 극단적인 형태로 북한 체제에서 벗어나려는 시도가 늘어나고 있다. 이 여성들이야말로 북한 체제를 아래로부터 변화시키고 있는 사회 변화의 주체 세력이다.

그러나 선군정치 하 남성들의 삶도 행복해 보이지는 않는다. 오히려 북한 남성들은 선군권력의 젠더 전략에 따른 또 다른 희생자이다. 사회변동의 주체라는 측면에서 보면 남성들이 여성들보다 훨씬 소외되어 있다. 실제로 북한 남성들의 무력감과 무기력은 심각한 수준이다. 이는 남성들이 주로 일으키는 살인 등 각종 범죄와 자해적인 행태, 그리고 북한산 마약인 빙두의 소비 양태와 그 후과를 통해서도 드러난다. 김정일 시대 선군정치와 김정은 시대 '핵—경제 병진노선'이 2017년 현재까지 30여 년간 지속되고 있으나 실제 전투는 발발하지 않고 생활상 고난은 지속되는 상황에서, 북한 남성들의 무기력과 사회적 일탈이 확대되고 있다. 더욱이 시장화와 함께 '사회적 불평등 및 계층 양극화'가 심화되면서 각종 사회적 범죄가 창궐하고 있다.

또한 시장화로 여성과 어머니들의 목소리가 커지는 것에 반해, 10년 이상을 군인으로 생활하다가 사회로 돌아와 제대로 가동되지도 않는 공장과 기업소를 지켜야 하는 남성들의 '현실' 사회적 지위는 점차 낮아지고 존재감도 약화되고 있다. 다수가 군인과 제대군인인 북한의 20~30대 남성들은 차라리 전쟁이라도 일어나기를 바라고 있다. 북한 남성들의 일상화된 욕설 문화와 폭력적 행태 및 각종 범죄 등은 출구를 찾지 못하는 이들의 무기력 과 동요가 폭력적으로 발현된 사회적 현상이다.

분단 70년을 맞은 현재, 북한 젠더 시스템의 3대 행위자는 전진前進하는 여성, 전통적 젠더 전략의 고수 및 정비를 통해 선군의 젠더 프레임을 보수補修하는 정권, 무기력과 폭력을 순환하며 출구를 찾지 못하여 동요하는 남성으로 구성되어 있다. 이 중 여성과 남성의 젠더 프레임은 서로 차이가 있지만 전체적으로 변화하는 양상이다. 그러나 정권은 부분적인 보수만을 시도할 뿐, 여전히 전통적 젠더 시스템의 고수와 정비 사이를 순환하고 있다.

이로 인해 아래로부터의 변화를 수용하지 못하는 북한 젠더 시스템의 무질서와 혼란이 증대되고 있다. 젠더 시스템의 복잡한 진화 과정에서 불확실성과 폭력성 등이 우연적이고 무질서하게 파생되고 있다. 현재까지 드러난 김정은 시대 젠더 시스템의 특징은, 여성으로 대표되는 '행위자의 창발', 정권으로 상징되는 '순환하지 못하는 닫힌 시스템의 엔트로피 증대', 그리고 남성으로 표현되는 '비선형적 진화로 인한 돌출적 폭력성'으로 요약할 수 있다.

참고문헌

1. 북한 문헌

신문·정기간행물·저작집·사료집·사전류

《로동신문》

《조선녀성》

《로동》

《근로자》

《경제 건설》

《인민》

《조선중앙년감》

《김일성 저작집 1-44권》

《김정일 선집 1-15권》

사회과학원 주체경제학 연구소,《경제사전 1-2권》, 평양: 사회과학출판사, 1985.

《정치사전》, 평양: 사회과학출판사, 1973.

《北韓 硏究資料集 I-XII권》, 서울: 고려대학교 아세아문제연구소, 1969-1992.

국사편찬위원회,《北韓關係 史料集 1-30권》, 미군 노획문서.

단행본·문헌집

산부인과전서편찬위원회,《산부인과전서 I》, 평양: 과학백과사전출판사, 1985.

강석희,《조선인민의 정의의 조국해방전쟁사 2》, 평양: 사회과학출판사, 1983.

고상진,《조선전쟁시기 감행한 미제의 만행》, 평양: 사회과학출판사, 1989.

과학원출판사,《해방후 우리나라의 인민 경제 발전》, 평양: 과학원출판사, 1960.

국립출판사,《조선 인민군 및 중국인민 지원군 포로들에 대한 미국 침략자들의 만행에 관한 자료집》, 평양: 국립출판사, 1954.

근로단체출판사,《조선의 어머니 강반석 녀사》, 평양: 근로단체출판사, 1980.

근로단체출판사,《주체형의 혁명투사의 빛나는 귀감이신 김정숙 녀사》, 평양: 근로단체출판사, 1980.

금성청년출판사,《불요불굴의 혁명투사 김정숙 동지를 회상하며》, 평양: 금성청년출판사, 1981.

김경숙,《공산주의생활륜리》, 평양: 사회과학출판사, 1990.

김경애,《인민생활을 높인 경험》, 평양: 사회과학출판사, 1985.

김덕윤,《재정사업경험》, 평양: 사회과학출판사, 1988.

김명렬,《사회주의하에서 물질적관심성과 가치 법칙의 올바른 리용에 관한 주체의 경제리론》, 평양: 과학백과사전출판사, 1986.

김민·한봉서,《령도체계》, 평양: 사회과학출판사, 1985.

김일성,《사회주의 경제관리문제에 대하여 1》, 평양: 조선로동당 출판사, 1970.

김일성,《사회주의 경제관리문제에 대하여 2》, 평양: 조선로동당 출판사, 1970.

김일성,《사회주의 경제관리문제에 대하여 3》, 평양: 조선로동당 출판사, 1970.

김일성,《사회주의 경제관리문제에 대하여 5》, 평양: 조선로동당 출판사, 1983.

김일성,《사회주의 경제관리문제에 대하여 6》, 평양: 조선로동당 출판사, 1996.

김일성,《사회주의 경제관리문제에 대하여 7》, 평양: 조선로동당 출판사, 1997.

김일성,《전후 인민 경제 복구발전을 위하여》, 평양: 조선로동당출판사, 1956.

김일성동지로작해설편집부,《인민생활 향상을 위한 우리 당의 정책》, 평양: 사회과학출판사, 1975.

김일성종합대학출판사,《력사론문집 11》, 평양: 김일성종합대학출판사, 1988.

김필수,《위대한 수령 김일성동지의 생산력배치에 관한 탁월한 리론》, 평양: 사회과학출판사, 1975.

김현환,《김정일장군 정치방식연구》, 평양: 평양출판사, 2002.

력사연구소 민속학연구실,《조국해방전쟁시기 발현된 후방인민들의 혁명적 생활기풍》, 평양: 사회과학출판사, 1976.

리경혜,《여성문제해결경험》, 평양: 사회과학출판사, 1990.

리기섭,《조선민주주의인민공화국 법률제도(로동법제도)》, 평양: 사회과학출판사, 1994.

리원경,《사회주의 화폐제도》, 평양: 사회과학출판사, 1986.

리진규,《위대한 수령 김일성동지께서 밝히신 사회주의적 농업 로동 보수제에 관한 리론》,

평양: 과학백과사전출판사, 1986.

리창근a,《로동행정사업경험》, 평양: 사회과학출판사, 1989.

리창근b,《우리당에 의한 로동행정 리론의 심화발전》, 평양: 사회과학출판사, 1992.

박태호,《조선인민의 정의의 조국해방전쟁사 3》, 평양: 사회과학출판사, 1983.

방완주,《조선개관》, 평양: 외국문출판사, 1987.

사회과학원,《'녀성들을 혁명화, 로동계급화할데 대하여'에 대하여》, 평양: 사회과학출판사, 1975.

사회과학출판사,《혁명의 위대한 수령 김일성동지께서 령도하신 조선인민의 정의의 조국해방전쟁사I》, 평양: 사회과학출판사, 1972.

장종렵,《조국 해방 전쟁의 승리를 위한 조선 인민의 투쟁》, 평양: 조선로동당출판사, 1957.

조선로동당출판사,《새 인간형성과 천리마작업반 운동》, 평양: 조선로동당출판사, 1961.

조선로동당출판사,《우리나라 사회주의 건설에서의 천리마 작업반 운동》, 평양: 조선로동당출판사, 1961.

조선민주녀성중앙위원회,《강반석 녀사를 따라배우자》, 평양: 1967.

조성대 외,《새 기업 관리 운영 체계 확립에서 얻은 경험(대안 전기 공장)》, 평양: 중공업 출판사, 1962.

조일호,《조선 가족법》, 평양: 교육도서출판사, 1958.

주창룡,《대안의 사업 체계의 위대한 생활력》, 평양: 조선로동당출판사, 1963.

직업동맹출판사,《조선 직업총맹동 제3차 전국대회 문헌집》, 평양: 직업동맹출판사, 1959.

직업동맹출판사,《직업동맹 대중생산사업》, 평양: 직업동맹출판사, 1958.

최중국,《사회주의 경제와 균형》, 평양: 과학백과사전종합출판사, 1990.

허영익,《공업에 대한 지도와 관리 경험》, 평양: 사회과학출판사, 1987.

허종호,《조선인민의 정의의 조국해방전쟁사1》, 평양: 사회과학출판사, 1983.

홍순원,《조선보건사》, 평양: 과학백과사전출판사, 1981.

홍승은,《자립경제리론》, 평양: 사회과학출판사, 1984.

황영식,《생활의 거울》, 평양: 민청출판사, 1963.

수기·증언류

근로녀성신문사,《조선녀성들이 걸어온 수난의 력사는 되풀이될 수 없다》, 평양: 근로녀성신문사, 1974.

근로단체출판사,《녀전사의 보고》, 평양: 근로단체출판사, 1977.

근로단체출판사,《신념의 노래》, 평양: 근로단체출판사, 1979.

금성청년출판사,《조국을 지켜싸운 영웅전사들 1》, 평양: 금성청년출판사, 1978.,

길확실,《천리마 작업반장의 수기》, 평양: 직업동맹 출판사, 1961.

농업근로자출판사,《로동계급화, 혁명화하는 길에서(2)》, 평양: 농업근로자출판사, 1974.

변철환(장정),《로동당시대의 영웅들》, 평양: 직업동맹출판사, 1961.

윤세중(장정),《천리마 공장 사람들》, 평양: 직업동맹출판사, 1965.

재일본조선민주녀성동맹 중앙상임위원회,《전국렬사가족 및 영예군인가족대회 문헌집》,
　　　　동경: 조선청년사, 1968.

재일본조선청년동맹 중앙상임위원회,《제2차 전국천리마작업반운동 선구자대회 문헌집》,
　　　　동경: 조선청년사, 1968.

전국영웅대회 기념자료집,《우리 시대의 영웅들》, 평양: 근로단체출판사, 1988.

조선로동당출판사,《인민들 속에서 1-3권》, 동경: 조총련 중앙선전부, 1962.

조선민주녀성동맹,《전국어머니대회 문헌집》, 평양: 조선녀성사, 1962.

2. 대한한국 문헌

단행본과 논문

이효재 엮음,《여성해방의 이론과 현실》, 서울: 창작과비평사, 1993.

강수택,《일상생활의 패러다임》, 서울: 민음사, 1998.

고미숙,《한국의 근대성, 그 기원을 찾아서》, 서울: 책세상, 2003.

권현정,《마르크스주의 페미니즘의 현재성》, 서울: 공감, 2002.

김동춘,《전쟁과 사회》, 서울: 돌베개, 2000.

김선옥 외,《북한여성의 지위에 관한 연구-여성관련 법 및 정책을 중심으로》, 서울: 한국여
　　　　성개발원, 1992.

김진균·정근식 외,《근대주체와 식민지 규율권력》, 서울: 문화과학사, 2003.

김창순,《북한 사회론》, 서울: 북한연구소, 1982.

김학준,《남북의 생활상》, 서울: 박영사, 1986.

남인숙,《남북한 여성, 그들은 누구인가》, 서울: 서울신문사, 1992.

박관수,《북한의 가정과 부녀자》, 서울: 공산권문제연구소, 1972.

박명림a,《한국전쟁의 발발과 기원I: 결정과 발발》, 서울: 나남, 1996.

박명림b,《한국전쟁의 발발과 기원II: 원인과 기원》, 서울: 나남, 1996.

박영자, 〈6·25전쟁과 북한여성의 노동세계: '파괴와 反생산'의 전쟁에서 '창조와 생산의 주체'였던 여성 연구〉,《아시아여성연구》, 숙명여자대학교 아시아여성연구소, 2006.11.

박영자, 〈6·25전쟁기 북한의 '후방정책': 후방 전시동원에 대한《로동신문》분석을 중심으로〉,《軍史》제57호, 국방부 군사편찬연구소, 2005.12.

박영자, 〈북한의 근대 여성주체의 형성(1945~47)〉,《대동문화연구》, 성균관대학교 대동문화연구원, 2004.

박영자, 〈북한의 남녀평등 정책의 형성과 굴절〉,《아시아여성연구》 43집 2호, 숙명여자대학교 아시아여성연구소, 2004.

박영자, 〈북한의 민족주의와 여성〉,《국제정치논총》 제45집 1호, 한국국제정치학회, 2005.

박영자, 〈북한의 여성 정치: '혁신적 노동자-혁명적 어머니'로의 재구성〉,《사회과학연구》 13집 1호, 서강대학교 사회과학연구소, 2005.

박영자, 〈북한의 여성노동 정책: 노동계급화와 수평적·수직적 위계를 중심으로〉,《북한연구학회보》, 북한연구학회, 2004.

박영자, 〈북한의 젠더시스템과 여성 삶의 전략〉,《동북아연구》 제16집, 마산: 경남대학교 극동문제연구소, 2011.

박영자, 〈선군시대 북한여성의 섹슈얼리티Sexuality 연구: 군사주의 국가권력의 성性 정체성 구성을 중심으로〉,《통일정책연구》 15권 2호, 서울: 통일연구원, 2006.

박영자, 〈최근 김정은 정권의 대남 심리전〉, 통일연구원 온라인시리즈, 2014. 6.

박현선,《현대 북한사회와 가족》, 서울: 한울아카데미, 2003.

박형중,《북한의 경제관리 체계》, 서울: 해남, 2002.

박호성,《남북한 민족주의 비교연구》, 서울: 당대, 1997.

백학순,《국가 형성 전쟁으로서의 한국전쟁》, 성남: 세종연구소, 1999.

사회과학연구소 엮음,《근대성의 경계를 찾아서: 기원의 전복, 역사의 비판》, 서울: 새길, 1997.

선한승,《북한노동자의 적응력 실태와 인력 활용방안》, 서울: 한국노동연구원, 1995.

손기웅·길태근,《북한 노동자문화 연구》, 서울: 민족통일연구원, 1994.

손봉숙,《북한의 여성, 그 삶의 현장》, 서울: 공보처, 1993.

손봉숙·이경숙·이온죽·김애실 공저,《북한의 여성생활》, 서울: 나남, 1992.

송두율,《소련과 중국: 사회주의 사회에서의 노동자, 농민, 지식인》, 서울: 한길사, 1990.

송두율,《역사는 끝났는가》, 서울: 당대, 1995.

심정인, 〈여성운동의 방향정립을 위한 이론적 고찰〉,《여성》1집, 서울: 창작과비평사, 1985.

안형관·김상은,《소외와 정의》, 서울: 이문, 1989.

양문수, 〈북한의 종합시장〉,《2005년 경제학 공동학술대회 자료집》, 한국경제학회, 2005.

여성한국사회연구소 엮음,《북한여성들의 삶과 꿈》, 서울: 사회문화연구소, 2001.

여성한국사회연구회 엮음,《한국가족론》, 서울: 까치, 1990.

윤미량,《북한의 여성생활》, 서울: 한울, 1991.

이금순,《남북한 여성 비교연구: 사회적 역할을 중심으로》, 서울: 민족통일연구원, 1994.

이대 한국여성연구소 엮음,《한국 여성과 일》, 서울: 이화여자대학교출판부, 1990.

이대 한국여성연구원 엮음,《통일과 여성: 북한 여성의 삶》, 서울: 이화여자대학교출판부, 2001.

이병천,《북한학계의 한국근대사 논쟁》, 서울: 창작과비평사, 1989.

이삼성,《20세기의 문명과 야만》, 서울: 한길사, 2003.

이온죽 외,《북한사회연구-사회학적 접근》, 서울: 서울대학교출판부, 1990.

이종석,《조선로동당연구》, 역사비평사, 1995.

이종석·손봉숙 외,《북한의 근로단체 연구》, 서울: 세종연구소, 1998.

이태영,《북한 여성》, 서울: 실천문학사, 1987.

이태영,《북한의 여성생활》, 서울: 민족통일중앙협의회, 1981.

이화여자대학교 통일학연구원 엮음,《선군시대 북한 여성의 삶》, 이화여자대학교출판부, 2010.

임순희·김수암·이규창,《북한의 여성권·아동권 관련 법 제정 동향》, 통일정세분석 2011-08, 서울: 통일연구원, 2011.6.

임영태,《북한 50년사 1: 해방에서 천리마운동까지》, 서울: 들녘, 1999.

임영태,《북한 50년사 2: 주체사상의 정립에서 김정일 시대까지》, 서울: 들녘, 1999.

장미경 편저,《오늘의 페미니즘, 세계여성운동》, 서울: 문원출판, 2000.

전광희 외,《한국전쟁과 한국사회변동》, 서울: 풀빛, 1992.

전병재,《사회심리학》, 서울: 경문사, 1981.

전석린,《공산권의 노동운동-소련, 북한의 사회주의노동관계에 대한 고찰》, 서울: 서강대학교 부설 산업문제연구소, 1973.

정근식 외,《구림연구 : 마을공동체의 구조와 변동》, 서울: 경인문화사, 2003.

정기원 외,《분단반세기 남북한의 사회와 문화》, 서울: 경남대학교 극동문제연구소, 1996.

정현백,《노동운동과 노동자문화》, 서울: 한길사, 1993.

조한혜정,《성찰적 근대성과 페미니즘》, 서울: 또하나의문화, 2002.

조순경 엮음,《노동과 페미니즘》, 서울: 이화여자대학교출판부, 2000.

주강현,《북한의 우리식 문화: '우리식 문화'를 알아야 북한이 보인다》, 서울: 당대, 2000.

차인순, 〈소련여성의 경제적 지위〉,《여성연구》, 제36호 1992년 가을호, 서울: 한국여성개발
원, 1992.

최달곤,《북한민법의 연구》, 서울: 세창출판사, 2001.

최완규,《북한의 국가성격 변용에 관한 연구》, 서울: 한울, 2001.

최장집, 〈그람시의 헤게모니 개념〉,《국가이론과 분단한국》, 서울: 한울, 1990.

통일원 엮음,《북한 산업지리도》, 서울: 통일원, 1991.

평화를만드는여성회,《여성평화통일 심포지엄》, 서울: 평화를만드는여성회, 2005.

한국고문서학회 엮음,《조선시대 생활사1》, 서울: 역사비평사, 1996.

한국고문서학회 엮음,《조선시대 생활사2》, 서울: 역사비평사, 2000.

한국여성연구소 여성사연구실 엮음,《우리 여성의 역사》, 서울: 청년사, 1999.

한국여성연구원,《동아시아의 근대성과 성의 정치학》, 서울: 푸른사상, 2002.

한국여성연구회 엮음,《사회주의 여성해방의 현재와 미래》, 서울: 백두, 1992.

황태연,《지배와 이성》, 서울: 창작과비평사, 1996.

학위 논문

권현정,《재생산의 위기와 페미니즘적 경제학의 재구성: '사회적 재생산' 개념을 중심으로》,
서울대학교 경제학 박사학위논문, 2001.

김수영,《동아시아의 자본주의 발전과 가족: 한국과 일본의 사례를 중심으로》, 고려대학
교 사회학 박사학위논문, 2000.

박영자,《북한의 근대화 과정과 여성의 역할(1945-80년대): 공장과 가정의 정치사회와 여성
노동을 중심으로》, 성균관대학교 정치학 박사학위논문, 2004.

박현선,《현대 북한의 가족제도에 관한 연구: 가족의 사회적 재생산과 가족제도의 관계를
중심으로》, 이화여자대학교 사회학 박사학위논문, 1999.

임순희,《북한여성의 정치문화》, 숙명여자대학교 정치학 박사학위논문, 1994.

최달곤,《북한 혼인법연구: 소련법이론, 전통적 가족제도 및 조선로동당의 정책간의 모색을
중심으로》, 고려대학교 법학 박사학위논문, 1975.

3. 번역서 및 해외 문헌

번역서

미셸 푸코 지음, 문경자 외 옮김,《성의 역사: 제2권 쾌락의 활용》, 서울: 나남, 1997.

조지 L 모스 지음, 이광조 옮김,《남자의 이미지》, 서울: 문예출판사, 2004.

G. K. 브라우닝 지음, 손봉숙 옮김,《소련의 여성과 정치》, 서울: 한국정치연구소, 1992.

가르시아, E. A. 지음, 최창현 옮김,〈조직연구에서 복잡 적응 시스템의 활용〉, 삼성경제연구
　　소 편,《복잡성 과학의 이해와 적용》, 서울: 삼성경제연구소, 1997.

게오르게 쿠르베타리스 지음, 박형신 외 옮김,《정치사회학》, 서울: 일신사, 2003.

게오르그 짐멜 지음, 안준섭 외 지음,《돈의 哲學》, 서울: 한길사, 1983.

글로리아 스타이넘 지음, 곽동훈 옮김,《여성 망명정부에 대한 공상》, 서울: 현실문화,
　　1995.

니클라스 루만 지음, 박여성 옮김,《사회체계이론 1》, 파주: 한길사, 2007.

니클라스 루만 지음, 박여성 옮김,《사회체계이론 2》, 파주: 한길사, 2007.

다니엘 엘슨 지음, 김숙경 옮김,〈구조조정에서 남성 편향〉,《발전주의 비판에서 신자유주
　　의 비판으로》, 서울: 공감, 1998.

도로테 비얼링,〈일상사와 양성관계사〉,《일상사란 무엇인가》, 서울: 청년사, 2002.

랄트 데네,〈일상에 한 발짝 더 다가섰던가?〉,《일상사란 무엇인가》, 서울: 청년사, 2002.

레오뽈디나 포르뚜나띠 지음, 윤수종 옮김,《재생산의 비밀》, 서울: 박종철출판사, 1997.

뤼스 이리가라이 지음, 이은민 옮김,《하나이지 않은 성》, 서울: 동문선, 2000.

린다 맥도웰 지음, 여성과 공간 연구회 옮김,《젠더, 정체성, 장소》, 서울: 한울 아카데미,
　　2010.

린지 저먼 지음, 장경선 옮김,《성·계급·사회주의》, 서울: 책갈피, 2003.

마루야마 마사오 지음, 김석근 옮김,《현대정치의 사상과 행동》, 서울: 한길사, 1997.

마루야마 마사오 지음, 박충석 외 옮김,《충성과 반역: 전환기 일본의 정신사적 위상》, 서
　　울: 나남, 1998.

마페졸리·르페브르 외 지음, 박재환 외 엮음,《일상생활의 사회학》, 서울: 한울, 2002.

무타 가즈에,〈가족·성과 여성의 양의성兩義性〉,《동아시아의 근대성과 성의 정치학》, 서
　　울: 푸른사상, 2002.

미셸 바렛 외 지음, 신현옥 외 옮김,《페미니즘과 계급정치학》, 서울: 여성사, 1995.

미셸 푸코 지음, 박정자 옮김,《사회를 보호해야 한다》, 서울: 동문선, 1997.

미셸 푸코 지음, 오생근 옮김,《감시와 처벌: 감옥의 역사》, 서울: 나남, 1994.

미셸 푸코 지음, 이규현 옮김,《성의 역사: 제1권 앎의 의지》, 서울: 나남, 1997.

미셸 푸코 지음, 이정우 옮김,《담론의 질서》, 서울: 서강대학교출판부, 2002.

미셸 푸코 지음, 이혜숙 외 옮김,《성의 역사: 제3권 자기에의 배려》, 서울: 나남, 1997.

발터 리제 쉐퍼 지음, 이남복 옮김,《리클라스 루만의 사회사상》, 서울: 백의, 2002.

부라보이 지음, 정범진 옮김,《생산의 정치》, 서울: 박종철출판사, 1999.

브라우·퍼버 지음, 문숙재 외 옮김,《여성과 남성 그리고 노동의 경제학》, 서울: 학지사, 1994.

브루스 커밍스 지음, 김주환 옮김,《한국전쟁의 기원 下》, 서울: 청사, 1986.

비키 랜달 지음, 김민정 외 옮김,《여성과 정치》, 서울: 풀빛, 2000.

셀라 레웬학 지음, 김주숙 옮김,《여성노동의 역사》, 서울: 이화여자대학교출판부, 1995.

실비아 월비 지음, 유희정 옮김,《가부장제 이론》, 서울: 이화여자대학교출판부, 1996.

아그네스 헬러 지음, 노영민 옮김,〈일상생활의 추상적 개념〉,《일상생활의 사회학》, 서울: 한울, 2002.

아그네스 헬러 지음, 강성호 옮김,《역사의 이론》, 서울: 문예출판사, 1994.

안드레이 란코프 지음, 김광린 옮김,《소련의 자료로 본 북한 현대정치사》, 서울: 오름, 1999.

안마리 울프·아네트 쿤 외 지음, 강선미 옮김,《여성과 생산양식》, 서울: 한겨레, 1986.

알프 뤼트게,〈일상생활의 역사서술-사사로운 것과 정치적인 것〉,《일상생활의 사회학》, 서울: 한울, 2002.

알프 뤼트케 외 지음, 이동기 외 옮김,《일상사란 무엇인가》, 서울: 청년사, 2002.

알프 뤼트케,〈일상사란 무엇이며, 누가 이끌어가는가?〉,《일상사란 무엇인가》, 서울: 청년사, 2002.

앙리 르페브르 지음, 박정자 옮김,《현대세계의 일상성》, 서울: 主流·一念, 1995.

앤 쇼우스틱 싸쑨 지음, 방혜영 외 옮김,《여성과 국가》, 서울: 한국여성개발원, 1989.

앤소니 기든스 외 지음, 임현진 외 옮김,〈탈전통사회에서 산다는 것〉,《성찰적 근대화》, 서울: 한울, 1998.

에릭 홉스봄 지음, 정도영·차명수 옮김,《혁명의 시대》, 서울: 한길사, 1998.

오니시 히로시 지음, 조용래 옮김,《자본주의 이전의 사회주의와 자본주의 이후의 사회주의》, 한양대학교출판부, 1999.

오오고시 아이코,〈참회의 가치도 없다〉, 코모리 요우이치·타카하시 테츠야 엮음, 이규수 옮김,《내셔널 히스토리를 넘어서》, 서울: 삼인, 2000.

와다 하루끼 지음, 고세현 옮김,《역사로서의 사회주의》, 서울: 창작과비평사, 1994.

와다 하루끼 지음, 서동만 옮김,《한국전쟁》, 서울: 창작과비평사, 2001.

와다 하루키 지음, 서동만·남기정 옮김,《북조선》, 서울: 돌베게, 2002.

우에노 치즈코 지음, 이선이 옮김,《내셔널리즘과 젠더》, 서울: 박종철출판사, 2000.

조지 L 모스, 이광조 옮김,《남자의 이미지》, 서울: 문예출판사, 2004.

존 레비스 게디스 지음, 강규형 옮김,《역사의 풍경》, 서울: 에코리브르, 2004.

칼 마르크스 지음, 김수행 옮김,《자본론 I》, 서울: 비봉출판사, 1989.

칼 마르크스 지음, 김태경 옮김,《경제학-철학 수고》, 서울: 이론과실천, 1987.

칼 폴라니 지음, 박현수 옮김,《거대한 변환 : 우리시대의 정치적·경제적 기원》, 서울: 민음
사, 1991.

케이트 밀레트 지음, 정의숙 외 옮김,《성의 정치학 上》, 서울: 현대사상사, 2003.

케이트 밀레트 지음, 정의숙 외 옮김,《성의 정치학 下》, 서울: 현대사상사, 2003.

코모리 요우이치·타카하시 테츠야 엮음, 이규수 옮김,《내셔널 히스토리를 넘어서》, 서울:
삼인, 2000.

클라우제비츠 지음, 강찬구 옮김,《전쟁론 上》, 서울: 병학사, 1991.

폴 스미스 지음, 강선미 옮김, 〈가사노동과 마르크스의 가치론〉,《여성과 생산양식》, 서울:
한겨레, 1986.

피에르 부르디외 지음, 김용숙 외 옮김,《남성지배》, 서울: 동문선, 1998.

한나 아렌트 지음, 김정한 옮김,《폭력의 세기》, 서울: 이후, 2000.

한지아링, 〈중국 여성 발전상에서의 국가의 역할〉; 다이진후아, 〈성과 내러티브: 현대 중국
영화에서 재현되는 여성〉,《동아시아의 근대성과 성의 정치학》, 서울: 푸른사상, 2002.

해외 문헌

Vladimire Andrle, *Workers in Stalin's Russia : Industrialization and Social Changina Planned
Economy,* New York : St. Martin's Press, 1988.

A. Basu, "The Many Faces of Asian Feminism," *Asian Women.* 5, Seoul: Research Institute of
Asian Women, The Sookmyung Women's Press, 1997.

Alec Nove, *The Economics of Feasible Socialism,* London : George Allen & Unwin, 1983.

Andrew Walder, G. *Communist Neo-Traditionalism: Work and Authority in Chinese Industry,*
Berkeley/Los Aneles/London: Univ. of California Press, 1986.

Anne Phillips, "Universal Pretensions in Political Thought," in M. Barrett & A. Phillips (eds., *Destabilizing Theory: Contemporary Feminist Debates*, Polity Press, 1992.

Anthias Floya & Yuval Davis Nira, "Women-Nation-State," J. Hutchinson & Anthony D. Smith eds., *Nationalism: Critical Concepts in Political Science* vol. 4, New York: Routledge, 2000.

Anthony D. Smith, *The Ethnic Origin of Nations*, Oxford: Basil Blackwell Ltd, 1986.

Antonella Picchio, *Social reproduction: the political economy of the labor market*, Cambridge Univ. Press, 1992.

Antonella Picchio, *Social reproduction: the political economy of the labour market*, Cambridge Univ. 1992.

Benedict Anderson, *Imagined Communities-Reflection on the Origin and Spread of Nationalism*, Verso, 1983.

C. Offe, *Industry and Inequality*, London: Edward Arnold, 1976.

Charles K. Armstrong, *The North Korean Revolution, 1945-1950*, New York, Cornell Univ., 2003.

Charles Tilly, Coercion, *Capital and European States, A.D. 990-1990*, Oxford: Blackwell, 1990.

David A. Snow, Rens Vliegenthart, and Catherine Corrigall-Brown, *Framing the French Riots, Social Forces*, Volume 86. Number 2, December 2007.

David Lane, *The Rise and Fall of State Socialism*, Cambridge: Polity Press, 1996.

Deniz Kandiyoti, *Bargaining with patriarchy in Gender and Society 2*, 1988.

Donald Filtzer, *Soviet workers and De-Stalinization*, New York: Cambridge Univ., Press, 1992.

Donald Filtzer, *Soviet workers and Stalinist industrialization*, London: Pluto Press, 1986.

Donella H. Meadows, *Thinking in Systems*, LONDON·STERLING, VA: Earthscan, 2009.

E. Balibar, "Culture and Identity" in John Rajchman, ed., *The Identity in Question*, London: Routledge, 1995.

Eberstadt & Banister, *North Korea: Population Trends and Prospects*, Center for International Research U. S. Bureau of the Census Washington .D. C., 1990.

Eberstadt & Banister, *The Population of North Korea*, Berkeley: University of California, 1992.

Eric Hobsbawm, *Nations and Nationalism Since 1780*, Cambridge: Cambridge Univ., 1990.

Ernest Geller, *Nations and Nationalism*, Oxford: Blackwell, 1983.

Erving Goffman, *Frame Analysis: An essay on the organization of experience*, Cambridge: Harvard University Press, 1974.

Gayle Rubin, "The traffic in women: notes on the political economy of sex," in R. Reitner, ed., *Toward an Anthropology of Women*, New York: Monthly Review Press, 1975.

George L. Mosse, *Nationalism and Sexuality*, London: University of Wisconsin Press, 1985.

H. Hartmann, "Unhappy Marriage of Marxism & Feminism", in L. Sargent, ed., *Women and Revolution: A Discussion of the Unhappy Marriage of Marxism and Feminism*, South End Press, 1981.

H. Moore, *Feminism and Anthropology*, Cambridge: Polity Press, 1988.

Herbert Hirsh, *Genocide and the Political of Memory: Studying Death to Preserve Life*, Chapel Hill & Lonon: The University of North Carolina Press, 1995.

J. Coleman, *Social Theory, Social Research, and a Theory of Action, American Journal of Sociology* 91, 1986.

J. Mincer & P. Solomon, "Family investments in human capital: earnings of women," *Journal of Political Economy*, 1874.

J. Scott, *Gender and the Politics of History*, New York: Columbia University Press, 1988.

Janos Kornai, *The Socialist System: The Political Economy of Communism*, Princeton : Princeton Univ. Press, 1992.

John H. Miller and Scott E. Page, *Complex Adaptive Systems: an introduction to computational models of social life*, Princeton Univ. Press: 2007.

Judith Butler, *Bodies that Matter*, London: Routledge, 1993.

Kenneth Jowitt, *New World Disorder: The Leninist Extinction*, California Univ., 1992.

Kenneth Jowitt, *Revolutionary Breakthroughs and National Development : The Case of Romania, 1944-1965*, California Univ., 1971.

Kenneth Jowitt, *The Leninist Response to National Dependency*, California Univ., 1978.

Klare, Michael T., ed., *Peace and World Security Studies*, London: Lynne Riener Publishers, 1994.

Linda McDowell, *Gender, Identity and Place: Understanding Feminist Geographies*, Cambridge: Polity Press, 1999.

Luce Irigaray, *An Ethics of Sexual Difference*, C. Burke & G. C. Gill, trs., N.Y.: Cornell Univ. Press, 1984.

M. Barrett & M. Mckintosh, "The Family Wage: some problems for feminist & socialism?," *Capital & Class 11*, 1980.

M. Barrett, *Women's Oppression Today*, London: Verso, 1980.

Marta B. Calas & Linda Smircich, from "The Woman's' Point of View: Feminist Approaches to Organization Studies", in S. Clegg, ed., *Handbook of Organization Studies*, London: Sage, 1996.

Michael Burawoy, *The Politics of Production: Factory Regime Under Capitalism and Socialism*, London : Verso, 1985.

N. C. Noonan, "Two Solution to the Zhenskii Vapros in Russia and the USSR- Kollontai and Krupskaia : A Comparison," *Women and Politics* Vol. 11, No. 3. 1991.

N. Yuval-Davis and Anthias, F. eds., *Women-Nation-State*, London: Macmillan, 1989.

N. Yuval-Davis, *Gender and Nation*, London: Sage, 1997.

Niklas Luhmann, John Bednarz, Dirk Baecker, *Social Systems*, Stanford University Press. 1996.

Parker, D. & Stacey, R. Chaos, "Management and Economics: The Implications of Non-Linear Thinking," *Institute of Economic Affairs-Hobart Paper* 125, London: 1994.

R. Turner, "Some Aspects of women's ambition," *American Journal of Sociology* 70, 1964.

Rigby. T. H & Feher Ferenc, *Political Legitimation in Communist States*, New York : St. Martin's Press, 1982.

Robert Connell, *Masculinities*, Cambridge: Polity Press, 1995.

S. Walby, *Gender Transformations*, London: Routledge, 1997.

S. Walby, *Theorizing Patriarchy*, Oxford: Blackwell, 1990.

Skocpol. T, "Why I am an Historical Institutionalist," *Polity*, Fall, 1995.

Susan Hanson and Geraldine Prat, *Gender, Work, Space*, New York: Routledge, 1995.

Victor Nee & David Stark, *Remaking the Economic Institutions of Socialism*, Stanford: Stanford Univ. Press, 1989.

4. 탈북자 조사와 수기 및 증언 자료

국토통일원 조사연구실, 〈북한 이질화 실태조사 보고서〉, 《북한의 여성생활》, 서울: 민족통
　　일중앙협의회, 1981.

국토통일원a, 《북한주민 불만요인 분석》, 서울: 국토통일원, 1972.

국토통일원b, 《남북한 사회·문화 현황 비교》, 서울: 국토통일원, 1975.

국토통일원c(조사연구실), 《북한주민의 계층별 생활분석》, 서울: 국토통일원, 1977.

국토통일원d(조사연구실), 《북한주민 의식구조 변화실태》, 서울: 국토통일원, 1983.

김승철, 《북한동포들의 생활문화양식과 마지막 희망》, 서울: 자료원, 2000.

김태현 외, 《在中 북한 이탈 여성들의 삶》, 서울: 夏雨, 2003.

내외통신사, 《탈북자들의 증언을 통해 본 북한사회》, 서울: 내외통신사, 1995.

민무숙 외, 《북한의 여성교육에 관한 연구》, 서울: 한국여성개발원, 2001.

박현선, 〈성별 사회화 및 재사회화〉, 《통일과 여성-북한 여성의 삶》, 서울: 이화여자대학교
　　출판부, 2001.

북한연구소, 《북괴탈출 김만철 가족 11명 남·북실상 비교 증언집》, 서울: 북한연구소,
　　1987.

성혜랑, 《등나무집》, 서울: 지식나라, 2000.

안계춘, 《북한 주민생활 실태조사》, 서울: 국토통일원, 1989.

여성한국사회연구소, 《북한여성들의 삶과 꿈》, 서울: 사회문화연구소, 2001.

이기춘 외, 《북한의 가정생활문화》, 서울: 서울대학교출판부, 2001.

이종석·김연철, 《북한주민 의식 구조 및 가치관 조사》, 서울: 통일연수원, 1996.

이항구, 《북한의 현실》, 서울: 신태양사, 1988.

좋은벗들, 《북한 사회 무엇이 변하고 있는가》, 서울: 정토출판, 2001.

좋은벗들, 《북한사람들이 말하는 북한이야기》, 서울: 정토출판, 2000.

좋은벗들, 《사람답게 살고 싶소》, 서울: 정토출판, 1999.

통일원정보분석실, 《최근 북한주민 의식변화 동향》, 서울: 통일원, 1992.

한국정신문화연구원, 《例話와 證言으로 엮은 북한의 실상》, 성남: 한국정신문화연구원,
　　1983.

북한 녀자

탄생과 굴종의 70년사

2017년 3월 30일 초판 1쇄 발행

지은이 | 박영자
펴낸이 | 노경인·김주영

펴낸곳 | 도서출판 앨피
출판등록 | 2004년 11월 23일 제2011-000087호
주소 | 우)07275 서울시 영등포구 영등포로 5길 19(37-1 동아프라임밸리)
     1202-1호
전화 | 02-336-2776 팩스 | 0505-115-0525
블로그 | blog.naver.com/lpbook12
전자우편 | lpbook12@naver.com

ISBN 979-11-87430-12-4